文化人類學

領會文化多樣性

Cultural Anthropology:
Appreciating Cultural Diversity, 17e

Conrad Phillip Kottak 著

徐雨村 編譯

McGraw Hill

東華書局

國家圖書館出版品預行編目(CIP)資料

文化人類學：領會文化多樣性 ／ Conrad Phillip Kottak 著；徐雨村
編譯. -- 四版. -- 臺北市：麥格羅希爾, 臺灣東華, 2018.01
　　面；　公分
譯自：Cultural anthropology : appreciating cultural diversity,
17th ed.
　ISBN　978-986-341-379-0 (平裝)

1. CST: 文化人類學

541.3　　　　　　　　　　　　　　　　106023595

文化人類學：領會文化多樣性 第十七版

繁體中文版© 2018 年，美商麥格羅希爾國際股份有限公司台灣分公司版權所有。本書所有內容，未經本公司事前書面授權，不得以任何方式（包括儲存於資料庫或任何存取系統內）作全部或局部之翻印、仿製或轉載。

Traditional Chinese translation copyright © 2018 by McGraw-Hill International Enterprises LLC Taiwan Branch

Original title: Cultural Anthropology: Appreciating Cultural Diversity, 17e (ISBN: 978-125-981-844-8)

Original title copyright © 2017 by McGraw Hill LLC

All rights reserved.

Previous editions © 2015, 2013, 2011 and 2009.

作　　　者	Conrad Phillip Kottak
編 譯 者	徐雨村
合 作 出 版 暨 發 行 所	美商麥格羅希爾國際股份有限公司台灣分公司 台北市 104105 中山區南京東路三段 168 號 15 樓之 2 客服專線：00801-136996

臺灣東華書局股份有限公司
100004 台北市中正區重慶南路一段 147 號 4 樓
TEL: (02) 2311-4027　　FAX: (02) 2311-6615
郵撥帳號：00064813
網址：www.tunghua.com.tw
讀者服務：service@tunghua.com.tw

總 經 銷	臺灣東華書局股份有限公司
出 版 日 期	西元 2025 年 9 月 四版四刷

ISBN：978-986-341-379-0

譯序

　　科塔克教授的文化人類學教科書在 1974 年發行首版，至 2017 年已刊行第 17 版，前後累積長達 40 餘年教學研究的心血，堪稱執北美文化人類學導論書籍之牛耳。本書立基於知識傳統，著眼於時代脈動，深入淺出介紹文化人類學的學科屬性、科學精神、理論與應用、基礎研究主題、當代社會議題等等，並提供進一步探索的基礎。

　　2003 年譯者在國立臺灣史前文化博物館任職期間，於國立臺東大學社會科教育學系兼課開授文化人類學課程，當時從新加坡空運科塔克原文教科書的亞洲學生版做為教材。經過探詢出版商及兩年多翻譯工作之後，2005 年 10 月由桂冠圖書公司首度出版中文版，當時從科塔克教授所著《文化人類學》的原文書第 11 版翻譯。譯者也樂見此後在中國大陸有多家出版社翻譯刊行科塔克的教科書，讓本書的效益擴及世界各國的華人社群。筆者相信，華文世界的學生及各界人士將可藉由本書，領會文化人類學的要義，進而觸類旁通，理解運用本土及世界的民族誌與人類學理論，培養探究自身文化及他者文化的能力與胸襟。

　　在正體中文版方面，本書陸續於 2009 年、2014 年及今年 (2018) 最新改版問世，目前版本譯自英文第 17 版。2009 及 2014 年版係由巨流圖書公司出版，今年由於麥格羅希爾公司在台灣的代理商轉移，譯者應東華書局之邀完成本版修訂。

　　譯者願意藉此機會，感謝桂冠、巨流、東華書局等三家出版公司先後承攬本書正體中文版的出版，以及 2005、2009 年版校閱者台大名譽教授謝繼昌先生的指導提攜。本版的出版工作，感謝東華書局業務部儲方經理、編輯部鄧秀琴經理及工作同仁的鼎力協助。

　　本書翻譯內容若有未臻理想之處，敬請師長朋友不吝指正。感謝。

徐雨村　謹識
2018 年 1 月
於臺北市

作者簡介

科塔克 (Conrad Phillip Kottak)

■ **學歷**

美國哥倫比亞學院文學士、美國哥倫比亞大學博士

■ **學術經歷**

美國密西根大學人類學系朱利安史都華退休榮譽講座教授，於 1996 年至 2006 年擔任該系系主任。由於在大學部人類學教學的傑出表現，榮獲密西根大學、密西根州及美國人類學會頒獎表揚。獲選為美國人文與科學學院及美國國家科學院的院士，並從 2010 年到 2013 年擔任第 51 部門人類學的主任。

■ **專長領域**

曾於巴西、馬達加斯加與美國從事田野工作。主要研究是地方文化如何被整合(以及抗拒整合)進入較大的體系中。這項興趣將他早年對非洲與馬達加斯加的生態與國家形成的研究，連結到最近關於全球化變遷、國家與國際文化，以及大眾傳播媒體的研究。

■ **個案研究**

《對於天堂的侵犯：一個巴西鄉村的社會變遷》(*Assault on Paradise: Social Change in a Brazilian Village*) (2006) 描述他在巴西巴喜亞省亞潤貝長期且持續進行的田野工作。他的《黃金時段社會：從人類學分析電視與文化》 (*Prime-time Society: An Anthropological Analysis of Television and Culture*) (2009) 一書是針對巴西與美國電視節目的本質與影響，所做的比較研究。

■ **著作**

《在今日中的昔日：馬達加斯加高地地區的歷史、生態與文化變異》(*The Past in the Present: History, Ecology, and Cultural Variation in Highland Madagascar*)、《美國文化研究：給人類學學生的指引》(*Researching American Culture: A Guild for Student Anthropologists*) (1982)，以及《馬達加斯加：社會與歷史》(*Madagascar: Society and History*)。最新版(第 17 版)人類學教科書《文化人類學：領會文化多樣性》(*Cultural Anthropology:*

Appreciating Cultural Diversity)、《人類學：領會人類多樣性》(*Anthropology: Appreciating of Human Diversity*) 由麥格羅希爾公司 2017 年出版。並著有《人類本質的鏡子：文化人類學概論》(*Mirror of Humanity: A Concise Introduction to Cultural Anthropology*) (2016，第 10 版)、《人類的視窗：人類學概論》(*Window on Humanity: A Concise Introduction* to Anthropology) (2016，第 7 版)。與克塞提斯 (Kathryn A. Kozaitis) 合著《論差異：北美主流社會的多樣性與多元文化主義》(*On Being Different: Diversityand Multiculturalism in the North American Mainstream*) (2012，第 4 版)，以上皆由麥格羅希爾公司出版。

學術期刊包括《美國人類學家》(*American Anthropologist*)、《人類學研究期刊》(*Journal of Anthropological Research*)、《美國民族學家》(*American Ethnologist*)、《民族學》(*Ethnology*)、《人類組織》(*Human Organization*)、《葡萄牙語巴西人評論》(*Luso-Brazilian Review*)。他也為通俗刊物撰文，包括《交易／社會》(*Transaction/SOCIETY*)、《自然史》(*Natural History*)、《今日心理學》(*Psychology Today*) 與《普通人類學》(*General Anthropology*)。

■ 其他

科塔克與同事探討了巴西生態意識的興起、馬達加斯加的森林砍伐與生物多樣性保育工作的社會脈絡，以及在巴西東北部大眾對於經濟發展計畫的參與。科塔克教授積極參與密西根大學日常生活民族誌研究中心，這是由斯羅安基金會所資助。運用這股力量，科塔克與他的同事迪斯卡提（Lara Descartes）探討中產階級家庭如何運用各種不同媒介，以計畫、經營並評估他們的選擇與解決方案，來面對工作與家庭之間相競爭的需求。這項研究成為《媒體與中產階級母親：工作與家庭的意象與實際》(Media and Middle Class Moms: Images and Realities of Work and Family) (Descartes and Kottak 2009) 一書的基礎。科塔克教授目前正與中田納西州立大學的佩斯教授 (Richard Pace) 及幾位研究生協同進行的研究計畫是「媒體影響力的演進：對於巴西電視及新電子／數位媒體的長期及多田野地點研究」("The Evolution of Media Impact: A Longitudinal and Multi-site Study of Television and New Electronic/Digital Media in Brazil")。

科塔克感謝來自各位教授與學生對於他所撰書籍的評論。各位讀者可藉由電子郵件信箱與他立即取得聯繫：ckottak@bellsouth.net。

譯者簡介
徐雨村 博士

■ **學歷**

加拿大亞伯達大學人類學博士

■ **現任**

國立暨南國際大學東南亞學系專案助理教授

■ **學術經歷**

國立交通大學客家文化學院博士後研究員 (2016)、國立高雄師範大學客家文化研究所專案助理教授 (2013-2015)；國立臺灣史前文化博物館展示教育組主任 (2005-2006)、公共服務組研究助理 (2003-2005)、展示教育組研究助理 (1999-2003) 等職。先後於雲林、金門、馬來西亞砂拉越詩巫完成學士、碩士、博士論文研究。曾任《文化驛站》執行編輯、《史前館電子報》主編、《全球客家研究》編輯委員。主編《土地神信仰的跨國比較研究：歷史、族群、節慶與文化資產》（與張維安、羅烈師合編）(2017)、《族群遷移與宗教轉化：福德正神與大伯公的跨國研究》(2012)。

■ **著作**

《相約五股：六房媽過爐》(與唐淑芳、林啟元、黃漢偉合著) (2015) 及論文十餘篇。

■ **研究專長**

文化人類學、海外華人研究、博物館與文化資產、政治經濟、宗教人類學、民族主義與跨國主義。

電子信箱：yutsuenhsu@mail.ncnu.edu.tw

來自作者的信

歡迎來到《文化人類學：領會文化多樣性》的第17版！

在我撰寫本書的第一版時，我所熱愛的學科——人類學——正處在快速變遷的時代。同事跟我對於人類學全部的四大分支——生物人類學、考古學、社會文化人類學、以及語言人類學——的各種新發現及新方向，都感到十分興奮。當時我的目標就是寫出一本教科書，能夠掌握那些興奮感、指出重要的改變，同時針對核心概念及基本知識提供堅實基礎。

人類學這個強而有力的學科，鼓勵新發現，並探究當前對於人們及社會的深遠影響，本版的文化人類學進行了協同的努力，以合乎今日學生研讀與學習核心內容。我們收集了來自大約兩千名學生的回饋，藉以逐章標示並回應學生所遇到的問題。我運用了這項詳盡的回饋，來修訂、重新思索，並更清晰撰寫各章內容。在準備撰寫本版時，來自學生及教授的反應讓我獲益匪淺。

每次改版都讓我越來越清楚覺得，雖然任何一本合格且有用的教科書都必須呈現人類學的核心內容，但教科書也必須呈現人類學如何關連到我們所處的21世紀。總括來說，每個新版都更動了許多內容以及檢視我們變遷中世界的專欄。例如，本書的「聚焦全球化」專欄檢視了各式各樣的議題，諸如世界體育賽事、流行傳染病、全球性別差距、以及新媒體的政治角色。有幾個章節包含了對新媒體(包括社會媒體)的討論。有許多專欄的主標題是「領會人類學」及「領會多樣性」(每章至少一篇)也呈現了新的發現及議題。

每章開頭都有題為「認識我們自己」的討論文章。這些引言文章，連同本書通篇對於流行文化例子的探討，呈現出人類學如何跟學生的日常生活產生關聯。我的整體目標就是幫助學生領會文化人類學這個領域，及其所研究的各種多樣性。人類學家如何思考與工作？人類學家去了哪些地方，而且如何詮釋我們所見的東西？我們如何反思、比較及分析？人類學如何有助於我們認識這個世界？「領會人類學」專欄聚焦於人類學研究取向的價值及效用，而「領會多樣性」專欄則是聚焦於人類文化多樣性的各種不同形式及表現方式。

大多數閱讀本書的學生將來並不會成為人類學家，甚至也不會主修人類學。本書對於未來確實成為人類學家的學生，應能提供堅實的基礎，讓他們繼續發展。對於不會成為人類學家的學生——換言之，大部分的讀者——我的目標就是灌注一種領會感：對於人類的多樣性、人類學這個學科本身、以及人類學如何能建立起來，並有助於理解學生帶到課堂的經驗。期望這門課程及這本教科書有助於學生以不同方式思考關於自己的文化及其在全球化世界中的位置，並且獲致更廣大的理解。

科塔克 (Conrad Phillip Kottak)

目錄

1　什麼是人類學？　1

一、人類的多樣性　2
　　適應、變異與變遷　4
　　文化力量塑造人類生物性質　6
二、普通人類學　7
三、人類學的分支學科　8
　　文化人類學　8
　　人類學式的考古學　10
　　生物人類學　13
　　語言人類學　14
四、應用人類學　15
五、人類學和其他學術領域　16
　　文化人類學與社會學　17
　　人類學與心理學　18
六、科學方法　19
　　理論、關聯性與解釋　20
　　個案研究：解釋產後禁忌　22
　　科學的價值與限制　24
　　回顧　25

2　文化　27

一、什麼是文化？　28
　　文化是習得的　29
　　文化是象徵的　30
　　文化是共享的　31
　　文化與本性　32
　　文化是包羅萬象的　33
　　文化是整合的　33
　　文化是工具性的、具適應力或適應不良　34

二、文化的演化基礎　35
　　人類及其他靈長類的共同特性　36
　　我們如何有別於其他靈長類　38
三、普同性、一般性與獨特性　39
　　普同性與一般性　39
　　獨特性：文化模式　40
四、文化與個體：能動者與實踐　41
　　文化的層次　43
　　我族中心觀點、文化相對觀點與人權　44
五、文化變遷的機制　48
六、全球化　50
　　全球化：意義與本質　51
　　回顧　53

3　文化人類學的研究方法與理論　55

一、民族誌研究方法——人類學特有的研究策略　56
二、民族誌研究技術　57
　　觀察及參與觀察　58
　　相處共話、訪談、訪談表格　61
　　系譜法　62
　　主要的文化報導人　63
　　生命史　63
　　問題取向的民族誌　64
　　長期研究　64
　　團隊研究　65
三、民族誌觀點　67
　　主位與客位　67
　　擴充分析範圍　68
　　線上民族誌　69

四、調查研究　70
　　五、正確與錯誤地從事人類學：倫理議題　73
　　　　倫理守則　73
　　　　人類學家與恐怖主義　74
　　六、人類學理論史　76
　　　　演化論　77
　　　　歷史特殊論　78
　　　　功能論　80
　　　　形貌論　82
　　　　演化論的回歸　83
　　　　文化唯物論　84
　　　　文化決定論：文化學、超有機及社會事實　85
　　　　象徵與詮釋人類學　86
　　　　結構主義　88
　　　　過程取向　89
　　　　世界體系理論與政治經濟學　90
　　　　文化、歷史、權力　91
　　七、今日的人類學　93
　　　　回顧　94

4　應用人類學　95
　　一、應用人類學家的角色　98
　　　　早期應用方式　98
　　　　學術人類學與應用人類學　99
　　　　今日的應用人類學　100
　　二、發展人類學　101
　　　　均富狀態　101
　　　　負面的均富影響　102
　　三、創新策略　103
　　　　過度創新　103
　　　　低度差異化　105

　　　　原住民模式　106
　　四、人類學與教育　107
　　五、都市人類學　108
　　六、醫療人類學　111
　　　　疾病理論體系　113
　　　　科學醫療相對於西方醫療　114
　　　　工業化、全球化與衛生　115
　　七、人類學與商業　118
　　八、公共人類學與應用人類學　119
　　九、生涯規劃與人類學　122
　　　　回顧　123

5　語言及溝通　125
　　一、什麼是語言？　126
　　二、非人靈長類的溝通　127
　　　　呼喊系統　127
　　　　手語　128
　　　　語言的起源　131
　　三、非口語溝通　132
　　四、語言的結構　134
　　五、語言、思想與文化　137
　　　　夏比爾-霍夫假說　137
　　　　焦點字彙　139
　　　　意義　140
　　六、社會語言學　142
　　　　在各國內部的語言多樣性　144
　　　　性別的口語對比　145
　　　　語言與地位　146
　　　　階層化　147
　　　　非裔美國人英語　152
　　七、歷史語言學　155
　　　　語言、文化與歷史　158

語言流失　159
回顧　159

6　族群與種族　161

一、族群與族群認同　163
　　地位與認同　163
　　少數群體與階層化　165
二、人類生物多樣性與種族概念　167
　　種族不是截然劃分的生理現象　168
　　解釋膚色　171
　　美國人類學會種族計畫　175
三、種族與族群　176
四、種族的社會建構　177
　　降格繼嗣：美國的種族　177
　　人口普查中的種族　180
　　非我族類：日本的種族　182
　　表型與流動性：巴西的種族　185
五、族群、民族、國籍群體　187
　　族群的區域差異　188
　　沒有國家的國籍群體　189
六、族群容忍與調適　190
　　同化　190
　　複合社會　190
　　多元文化主義　191
　　變遷中的人口結構　192
　　對多元文化主義的反彈：族群-國族主義　193
七、族群衝突　196
　　偏見與歧視　198
　　黑人的命也是命　198
　　反族群歧視　200
　　回顧　203

7　謀求生計　205

一、適應策略　207
二、搜食　207
　　搜食者的地理分布　209
　　搜食經濟的相關現象　211
三、植基於食物生產的適應策略　213
　　粗耕　213
　　農耕　214
　　耕作型態的連續體　216
　　集約化：人類與環境　217
四、畜牧　218
五、生產模式　220
　　非工業化社會的生產　221
　　生產工具　222
　　工業化經濟體系的異化　224
　　工業異化的案例　226
六、經濟有效運用與利益極大化　227
　　其他類型的資金開銷　228
七、分配、交換　229
　　市場原則　231
　　再分配　232
　　相互關係　233
　　各種交換原則的並存　236
八、誇富宴　236
　　回顧　240

8　政治體系　241

一、什麼是政治？　243
二、類型與趨勢　244
三、遊群與部族　245
　　搜食者遊群　245
　　部族耕作者　249

村落頭人　250
　　　「大人物」　252
　　　跨部族兄弟會　254
　　　游牧的政治體制　256
　四、酋邦　258
　　　政治與經濟體系　259
　　　地位體系　260
　　　階層化的萌芽　261
　五、國家體系　262
　　　人口控制　263
　　　司法　263
　　　強制力　264
　　　財政支持　265
　六、社會控制　266
　　　霸權與抵抗　267
　　　弱者的武器　268
　　　恥感與流言　269
　　　伊博女人戰爭　272
　　　透過社會媒體的抵抗：個案研究　274
　　　回顧　277

9　性別　279
一、生理性別與社會性別　281
二、一再出現的性別模式　284
三、性別角色與性別階層化　288
　　　較少的性別階層化——母系與從母居社會　289
　　　母權　290
　　　增加的性別階層化——父系與從夫居社會　290
　　　父權與暴力　291
四、工業化社會的性別　293

　　　工作與家庭：實情及刻板印象　296
　　　貧窮的女性化　298
　　　工作與快樂程度　300
五、超越男性與女性　302
六、性傾向　307
　　　回顧　312

10　家庭、親屬與繼嗣　313
一、家庭　314
　　　核心家庭與擴展家庭　315
　　　工業化與家庭組織　318
　　　北美地區親屬關係的變遷　321
　　　搜食者的家庭　325
二、繼嗣　326
　　　繼嗣群體的特性　327
　　　世系群、氏族、居處法則　330
　　　兩可繼嗣　331
　　　家庭相對於繼嗣　331
三、親屬關係計算　332
　　　系譜親屬類型與親屬稱謂　333
　　　美洲的親屬稱謂　334
四、親屬稱謂　336
　　　直系型親屬稱謂　336
　　　二分合併型親屬稱謂　338
　　　行輩型親屬稱謂　339
　　　二分旁系型親屬稱謂　341
　　　回顧　342

11　婚姻　343
一、什麼是婚姻？　344
二、外婚與亂倫　346
三、亂倫及迴避　350

迴避亂倫　351
四、內婚　352
　　　喀斯特　353
　　　王室內婚　354
　　　外顯作用與潛在作用　354
五、同性婚姻　355
六、浪漫愛與婚姻　358
七、婚姻如同群體結盟　359
　　　婚姻的禮物　359
　　　持久的婚姻結盟　361
八、離婚　362
九、多偶婚　364
　　　一夫多妻制　365
　　　一妻多夫制　367
十、線上婚姻市場　367
　　　回顧　370

12　宗教　371

一、什麼是宗教？　372
二、宗教的表現型態　375
　　　精靈存在　375
　　　力量與作用力　376
　　　巫術與宗教　377
　　　不確定性、焦慮、安慰　378
　　　儀式　379
　　　通過儀式　379
　　　圖騰崇拜　382
三、宗教與文化生態　383
四、社會控制　384
五、宗教的類型　386
　　　宗教專家與神祇　386

　　　新教價值與資本主義　387
六、世界宗教　388
　　　復振運動　390
七、宗教與變遷　390
　　　嶄新且另類的宗教運動　393
八、宗教與文化全球化　395
　　　福音教派及五旬節派　395
　　　同質化、本土化或混合？　397
　　　反現代主義與原教旨主義　399
　　　伊斯蘭教的傳播　400
九、世俗儀式　400
　　　回顧　402

13　藝術、媒體與體育　403

一、什麼是藝術？　404
　　　藝術與宗教　406
　　　為藝術定位　408
　　　藝術與個人性　410
　　　藝術工作　411
二、藝術、社會與文化　413
　　　民族音樂學　414
　　　藝術與文化的再現　418
　　　藝術與溝通　418
　　　藝術與政治　419
　　　藝術的文化傳承　420
　　　持續與變遷　422
三、媒體與文化　426
　　　運用媒體　426
　　　評估電視的影響力　429
　　　線上及離線的連結與社交能力　430
四、體育與文化　433

美式足球　433
　　什麼因素決定了國際體育賽事的成功？
　　　434
　　失寵：名人醜聞　439
　　回顧　440

14　世界體系、殖民主義與不平等　441
一、世界體系　443
　　世界體系理論　443
　　世界體系的萌芽　444
二、工業化　445
　　工業革命的起因　446
　　工業革命相關的政治經濟變遷　447
　　工業階層化　447
三、不平等的持續　450
　　美國的財富分配　450
　　美國邊陲地區的環境危機　452
四、殖民主義　455
　　第一階段的歐洲殖民主義：西班牙與葡萄牙　455
　　商業擴張與歐洲帝國主義　456
　　英國殖民帝國　456
　　法國殖民主義　457
　　殖民主義與族群身分　459
　　後殖民研究　461
五、發展　462
　　新自由主義　462

　　北美自由貿易協議的經濟難民　463
六、第二世界　468
　　共產主義　468
　　後社會主義轉型　469
七、今日的世界體系　470
　　回顧　471

15　人類學在全球化世界的角色　473
一、能源消耗與工業化造成的低落　475
二、全球氣候變遷　478
三、環境人類學　482
　　全球化對地方自主性的衝擊　483
　　森林砍伐　484
　　新興的疾病　485
四、族群接觸　487
　　文化帝國主義與地方化　488
　　全球的影像體系　490
　　全球消費文化　491
五、移動的人們　492
六、原住民　494
七、人類學的功課　497
　　回顧　497

中文索引　499

英文索引　503

單元目錄

領會人類學

厭食症走向全球　22

我希望這些語音全都能成為加州的母音　150

潛藏的女人、公開男人－公開女人、潛藏的男人　304

21世紀的美國家庭生活　324

關於婚姻的定義，人類學家可以教最高法院什麼？　356

我會得到你的，我的美人，還有你的小 R2　424

礦業是不是可持續發展的？　466

領會多樣性

誰擁有文化？　46

就算是人類學家，也會遇到文化震撼　58

切合文化的行銷　120

年度代表字　140

穿冠軍綠夾克的人為何這麼白？　178

稀少性與貝其力奧人　230

社會安全、親屬風格　318

這個新時代的宗教　394

亞裔美國人音樂家：網路明星、想成為主流者　414

遭到長期折磨的多樣性：全球力量　及原住民　476

聚焦全球化

世界事件　10

我們這個時代最致命的全球流行病　116

銀髮族與棕髮族　194

美國的全球經濟　224

新媒體的政治角色　264

測量及減低性別階層化　298

在世界什麼地方找得到工作？　448

Chapter 1

什麼是人類學？

- 什麼使得人類學有別於其他研究人類的學科？
- 人類學家如何研究在時空當中的人類多樣性？
- 人類學為何兼具科學性與人文性？

章節大綱

一、人類的多樣性
　　適應、變異與變遷
　　文化力量塑造人類生物性質
二、普通人類學
三、人類學的分支學科
　　文化人類學
　　人類學式的考古學
　　生物人類學
　　語言人類學
四、應用人類學

五、人類學和其他學術領域
　　文化人類學與社會學
　　人類學與心理學
六、科學方法
　　理論、關聯性與解釋
　　個案研究：解釋產後禁忌
　　科學的價值與限制

認識我們自己

在你的成長過程中,最喜歡哪一項運動?足球、游泳、棒球、網球、高爾夫球,或是其他(或者根本就不喜歡運動)?究竟這是因為「你的家世背景」,或是在你小時候有機會練習並參與這項運動所致?想一想你在個人廣告或社交網站上自我介紹時,可能採用哪些詞語——你喜歡或不喜歡的東西、嗜好與習慣等。假使你出生在另一個時空當中,在這些描述事項裡,究竟有哪幾項會維持不變?

當你年幼時,父母可能告訴你,喝牛奶、吃蔬菜會讓你長得「又高又壯」。在那當下,他們可能未能認識到文化在塑造身體、人格特質與個人健康等方面所扮演的角色。假使營養是成長的關鍵因素,文化指導方針也是。對男孩與女孩來說,什麼行為是恰當的?男人與女人應該從事哪些種類的工作?人們應該住在什麼地方?如何善用休閒時間?宗教應該扮演什麼角色?人們應該如何跟家人、朋友與鄰居維持聯絡?雖然我們的基因特質提供個體成長發展的基礎,但人類的生物性質非常有彈性——換言之,具有可塑性。文化是影響我們發展的其中一種環境力量,就好比營養、炎熱、寒冷、海拔高度等。文化也導引著我們的情緒成長與認知成長,並有助於決定我們成人的性格類型。

在各個學科當中,人類學最能提供跨文化的測試。如果我們只研究自己的同類,究竟能對人類的行為、思想與感覺,獲致多大的瞭解?假使我們對人類的全部理解,是依據美國奧勒岡州大學生所填寫的問卷來分析而得出的話,結果會是如何?這是個批判問題,但這應該會讓你思索用來解釋「人類究竟像是什麼」(從個體或群體角度來看)的各種論述的立論基礎。人類學之所以能夠發現許多關於「成為人類究竟意味著什麼」,理由在於這個學科立基於跨文化比較觀點。單單一個文化,根本就不足以告訴我們每一項關於「成為人類究竟意味著什麼」的事情。我們需要進行比較與對比。直到我們拿自身的文化跟另一種文化相互比較之前,我們對文化往往是「習焉不察的」(被認定為正常,或者事情本來就是這樣)。例如,如果我們想要瞭解觀看電視究竟如何影響人類,所需研究的對象就不侷限於現今的北美地區,而是包括其他地方——也可能在其他的時間(如 1980 年代的巴西,參閱 Kottak 1990b, 2009)。跨文化測試是人類學研究的根本,也是本教科書的引導概念。

一、人類的多樣性

人類學家研究人類本身及人類的產物,無論是在何地或何時——肯亞鄉間、土耳其的咖啡店、美索不達米亞的墓葬,或是北美的購物商場。人類學探索著跨越時空的人類多樣性,試著要盡可能理解人類的各種狀況。特別感興趣的就是透過人類適應力而產生的多樣性。

人類是世界上適應力最強的動物之一。南美洲安地斯山的人們住在海拔 16,000 英尺(4,876 公尺)的村落,每天起床後,還要再登高 1,500

英尺(457公尺)到錫礦場工作。澳洲沙漠的原住民部族崇拜動物，並討論哲學問題。熱帶的人們能抵抗瘧疾的威脅而存活下來。人類已曾漫步在月球上。美國華盛頓史密桑尼博物館所展示的企業號星際航艦(USS Enterprise)模型，象徵了人類的諸多渴望之一——「找尋新的生命與文明，大膽航向前人未曾到過之處」。我們可以發現，所有的人類都表達著相同期望：瞭解未知事物、控制未受控制的東西，並為一團混亂的事物找出秩序。創造力、適應力與彈性是人類的基本特質，人類多樣性則是人類學的研究主題。

學生們往往對**人類學**(anthropology)的廣度感到十分驚訝，人類學是對於世界各地及各個時間的人類所做的研究。人類學是一門獨特的比較性(comparative)與**全貌觀**(holistic)的科學。全貌觀點(holism)係指對於人類情況的整體研究：包括過去、現在與未來；也包括生物、社會、語言與文化。大部分的人們認為，人類學家研究的對象是化石以及非工業、非西方文化，確實有許多學者做這些研究工作。但人類學不僅研究非工業社會的人類群體：這一門比較性的學科檢視所有的社會，無論是古代與現代、簡單與複雜、在地與全球。其他的社會科學往往聚焦於單一社會，通常像是美國或加拿大這類工業化國家。然而，人類學提供獨特的跨文化研究觀點，持續將某個社會的某些風俗習慣跟其他社會的同類型風俗習慣相互比較。

如同許多動物(包括狒狒、野狼、鼴鼠，甚至螞蟻)一樣，人類具有社會(society)——有組織的群體生活。然而，文化卻是人類所獨有的。**文化**(cultures)是透過學習而傳承的傳統與風俗，它們構成並引導受其影響的人們所具有的信念和行為。孩童透過在一個特定社會中成長，來學會這個文化傳統，這個過程稱為濡化(enculturation)。文化傳統包括風俗習慣，以及經歷世代傳承而發展出來的，對於各種適當及不當行為的想法。這些傳統回答了下列幾個問題：我們應如何做人處事？我們要如何理解這個世界？我們要如何分辨什麼是對的，什麼是錯的？對於生活在某個特定社會的人們而言，文化使得他們的行為與思想具有某種程度的一致性。

人類學
對於世界各地及各個時間的人類所做的研究。

全貌觀
涵蓋過去、現在與未來；生物、社會、語言與文化。

文化
透過學習而傳承的傳統與風俗習慣。

文化傳統的最重要成分就是它是透過學習(而非生物遺傳)而傳承下去。文化本身並不是生物性的，但植基於人類的某些生物特徵。人類在歷經超過100萬年的演變，至少具備文化發展所需的某些生物能力。這些能力包括學習、以象徵方式思考、使用語言以及製作使用工具。

　　人類學迎戰並思索關於昔日及現在人類存在的許多重大問題。藉由檢視遠古的骨骼與工具，我們揭開人類起源之謎。我們的遠祖究竟在何時跟猿類的遠祖分家？智人(Homo sapiens)究竟源自何時、何地？我們這個物種究竟曾經發生什麼改變？我們目前身處什麼位置，我們正在往何處去？文化及社會的變遷如何影響了生物性質的改變？我們所屬的這個種屬——人屬(Homo)在過去超過100萬年間持續發生改變。人類不斷同時從生物與文化層面進行適應和改變。

適應、變異與變遷

　　適應(adaptation)是指有機體克服各種環境力量與壓力的過程。有機體究竟如何發生改變來適應其所處環境，例如乾燥氣候或高海拔山區？人類如同其他動物一樣，也具備生物適應方式，但人類獨特之處在於兼具生物與文化的適應方式。表1.1歸納人們在高海拔地區所採用的生物或文化適應方式。

　　山岳高原地區樹立許多特別的考驗，這關聯到高海拔及氧氣稀薄。想一想人類用來克服高海拔地區的氧氣壓力較低的四種方式(一種文化的、三種生物的)。在這裡舉出的文化(技術)適應例子是配備氧氣面罩

◆ 表1.1 （對於高海拔的）文化與生物適應型態

適應形式	適應類型	例子
科技	文化的	增壓飛機座艙及氧氣面罩
遺傳適應(跨越世代而產生的)	生物的	高地原住民的更大「桶狀胸部」
長期生物適應(發生在個別有機體的成長與發展過程中)	生物的	更有效率的呼吸系統，從「稀薄空氣」中吸收氧氣
短期生物適應(在個別有機體進入新環境時，自動產生)	生物的	增加心跳速率、呼吸亢進

的增壓飛機座艙。對於高海拔情況有三種生物的適應途徑：遺傳適應、長期生物適應與短期生物適應。首先，在高海拔地區的原住民族群，例如祕魯的安地斯人、西藏與尼泊爾的喜馬拉雅人，似乎已獲得某些在高海拔地區生存的遺傳優勢。安地斯人發展出容量龐大的胸腔與肺葉的這個趨勢，可能具有遺傳基礎。其次，暫且不論他們的基因，在高海拔地區長成的人們比起具有類似基因但在海岸平原長成的人們，變得在體質上更有效率，這顯現在個體成長與發展過程中所產生的長期體質適應。第三，人類也有短期或立即的體質適應能力，平原居民一旦來到高地，就會立刻增加呼吸與心跳的速率。呼吸亢進 (hyperventilation) 增加人們在肺臟及動脈之中的氧氣含量。當脈搏也加快時，血液會更快速到達細胞。各式各樣的適應反應——文化的及生物的——全都滿足為身體維持充足氧氣的目標。

　　隨著我們揭開人類歷史的面貌，社會及文化的適應方式就顯得越來越重要。在這個過程中，人類運用各種方法來克服他們所占據的各種時空環境。人類的文化適應及變遷速率是以加速度前進的，尤其是在最近 10,000 年間。曾有長達數百萬年的時間，人類維持生計的唯一基礎就是對自然資源的狩獵採集——搜食 (foraging)。然而，在大約 12,000 年到 10,000 年前所興起的**食物生產** (food production，植物栽種與動物家養)，在大部分地區只花了數千年時間就取代早先的搜食。在距今 6,000 年到 5,000 年間 [1]，最早的幾處人類文明興起了，這是大規模、強力且複雜的社會，例如古埃及，曾征服並統治廣大的地理區域。

食物生產
植基於植物栽種及動物家養的經濟體系。

　　到了更晚近時代，工業生產的擴散深深影響著人類生活。綜觀人類歷史，重大創新的傳播都以犧牲更早先的創新為代價。每一次經濟革命都產生社會與文化層面的影響。今日的全球經濟體系與通訊，將所有的當代人類全部 (直接或間接地) 連結在當代世界體系中。時至今日，即使是偏鄉居民也會體驗到各種世界力量與事件 (參閱第 10 至 11 頁的「聚焦全球化」專欄)。關於地方人民如何適應於全球力量的研究，為人類

---

[1] 譯注：考古學上的「距今」(before the present, B.P.)，意指以西元 1950 年為基準，往前推算的考古學年代。

學樹立了新挑戰:「由於世人在不斷演變的歷史環境中,重新發明他們的文化,因此有必要持續重新探索世人的文化」(Marcus and Fischer 1986: 24)。

▲ 文化力量塑造人類生物性質

人類學的比較、生物文化觀點,認定文化力量不斷塑造著人類的生物性質 [**生物文化觀點** (biocultural) 是指運用並結合兼具生物與文化的觀點及研究取向,來分析與理解某個特定議題或問題]。正如我們在本章開頭的「認識我們自己」所看到的,文化是決定人體成長與發展的重要環境力量。文化傳統提倡某些活動或能力,壓抑其他活動或能力,並樹立身體健康與吸引力的標準。想一想這究竟如何在運動賽事方面發揮作用。北美地區女子受鼓勵從事各項運動,更因此在運動賽事表現優異,包括花式溜冰、體操、田徑、游泳、潛水及其他項目等。巴西女子雖然在籃球和排球等團隊運動項目表現優異,然而在個人運動賽事的表現就不及於美國與加拿大選手。為何某些國家鼓勵人們成為傑出運動員,但其他國家卻不鼓勵呢?為何某些國家的人們能夠投注極多的時間精力在競爭性的運動賽事上,導致他們的身體發生顯著改變?

文化對於吸引力與合宜體態所樹立的標準,影響著人們的運動參與及成就。美國人從事游泳或跑步,其目的不僅為了競賽,更為了保持苗條與健康。巴西的傳統審美標準接受略帶肥胖的體態,尤其是女性臀部。巴西在男子游泳及徑賽項目締造國際佳績,但很少派出女性游泳或徑賽選手參加奧運,巴西女子特別規避游泳競賽的一項理由就是這種運動對身體的影響。經過多年的游泳訓練後,往往會塑造一種獨特身材:上半身軀幹變大、厚實頸部、強有力的肩膀與背部。成功的女子游泳選手會變得壯碩、強壯與粗線條。美國、加拿大、澳洲、德國、北歐各國、荷蘭、前蘇聯各國經常產生這類選手。在這些國家,這種體態並不會如同在拉丁國家一樣蒙受汙名。巴西文化比較偏愛女子具有較大的臀部,而不是肌肉發達的上半身,因此許多巴西女子游泳選手寧可選擇放棄這項運動,而不願放棄她們文化的「女性嬌柔的」理想體態。

生物文化觀點
兼採生物及文化的研究取向,來分析某個特定問題。

二、普通人類學

人類學的學術學科，也稱為**普通人類學** (general anthropology) 或是「四大分支人類學」，包含四個主要的次學科或次領域：社會文化人類學 (sociocultural anthropology)、人類學式的考古學 (archaeological anthropology)、生物人類學 (biological anthropology)，以及語言人類學 (linguistic anthropology) [此後，我們將以一個較短的術語──文化人類學 (cultural anthropology)，做為「社會文化人類學」的同義詞]。文化人類學聚焦於當今與晚近的社會。人類學式的考古學 (這是更常用來指稱考古人類學的術語) 透過分析物質遺留，來重構古代及更晚近社會的生活方式。生物人類學研究人類跨越時間及跨越地理空間的生物變異性。語言人類學在社會與文化脈絡當中檢視語言。在這些次領域中，文化人類學具有最龐大的陣容。大多數的人類學系都開設這四個次領域的課程。(請注意：在大多數歐洲國家，普通人類學並未發展成一門陣容相當於美國的學科，這四個分支學科往往獨立存在。)

將這四個次領域放在同一學科中，有其歷史緣由。人類學成為一門科學的學科的年代，特別是美國人類學大約可回溯至 19 世紀。早期北美人類學家格外關注北美印地安人歷史與文化。學者對美洲原住民的起源與多樣性的興趣，使得他們將風俗習慣、社會生活、語言及體質特徵的研究結合在一起。直到現在，人類學家依然在思索一些問題：美洲原住民來自何處？究竟有多少次遷徙浪潮把他們帶到新世界？在美洲原住民當中，以及他們與亞洲原住民之間有哪些語言、文化及生物的關聯性？

此外，有一些邏輯理由，可以用來解釋美國為何將四大分支包含在同一個學術領域當中。人類學在解答許多重要問題時，往往需要同時需要瞭解人類生物性及文化，或是昔日與現在。人類學的每個次領域都思考在時間與空間 (也就是在不同的地理區) 當中的變異。文化人類學家和考古學家研究社會生

> **普通人類學**
> 整體的人類學：社會文化人類學、考古人類學、生物人類學，以及語言人類學。

早期的美國人類學特別關注北美洲原住民的歷史與文化。帕克 (Ely S. Parker) 或哈沙諾安達 (Ha-sa-no-an-da，族語名字) 是一位西尼加印地安人 (Seneca)，他對早期人類學做出重要貢獻。帕克也擔任美國印地安事務委員。
資料來源：National Archives and Records Administration

活與風俗的變遷，也包括其他主題。考古學家利用對現生社會與行為模式的研究，來想像昔日人類生活可能的樣子。生物人類學家研究體型的演化變遷，例如人體構造的改變，可能跟使用工具或語言有關。語言人類學家可藉由研究現代語言，重新建構古代語言的基本要素。

這些次領域彼此會產生影響，這是由於不同次領域的人類學家彼此對話、閱讀專書與期刊，並在大學科系及專業場合共事的結果。普通人類學探索人類生物、社會與文化的基本內涵，並思考它們之間的相互關聯。人類學家具有某些共同的基本假設。或許最基本的假設就是：我們不能僅僅研究某一個國家、社會或文化傳統，就足以對「人類本質」獲致可靠的結論，比較性、跨文化的研究取向是最根本的。

三、人類學的分支學科

▲ 文化人類學

文化人類學
對於人類社會及文化的比較性、跨文化研究。

民族誌
在一個特定文化場景的田野工作。

文化人類學 (cultural anthropology) 是對於人類社會及文化的研究，這個分支學科描述、分析、詮釋，並解釋社會與文化的相似性及相異性。為了研究並詮釋文化的多樣性，文化人類學家從事兩類研究工作：民族誌 (植基於田野工作)、民族學 (ethnology，植基於跨文化比較)。**民族誌** (ethnolography) 提供對於某個特定社區、社會或文化的敘述。在民族誌田野工作期間，民族誌研究者 (ethnographer) 蒐集資料，並組織、敘述、分析及詮釋，以建立、呈現一套論述，這可採取書籍、論文或影片的形式發表。傳統上，民族誌研究者生活在小規模社群中，研究當地的行為、信仰、風俗習慣、社會生活、經濟活動、政治與宗教等。如今，每一位民族誌研究者都會認定，外在力量與事件對這類研究場景的影響正在逐漸增加。

從民族誌田野工作所衍生的人類學觀點，往往跟經濟學或政治學的觀點有著明顯差異。這些學科聚焦於全國或官方的組織與政策，而且往往把重點放在統治菁英。然而，人類學家傳統上研究的群體，大多是相

對貧窮及無權者。民族誌研究者往往會觀察到對於這些人的各種歧視行為，他們都體驗了食物及飲水短缺、飲食不足及其他的貧窮面向。政治學家傾向於研究以全國為範圍的計畫者所發展的計畫，但是人類學家則發掘出這些計畫如何在地方層級運作。

昔日的各個社群與文化並不會比現在更孤立存在。事實上，正如人類學家鮑亞士 (Franz Boas) 在多年之前提及的 (1940/1966)，鄰近部落之間一直保持接觸，並延伸到非常廣大的區域。「人類社群是在彼此互動的情況下，而不是在孤立情況下，建構了他們的文化」(Wolf 1982: ix)。村民逐漸參與區域、國家與世界層次的事件，他們暴露在透過大眾媒體、遷移和現代交通工具來到當地的各種外在力量下。隨著觀光客、發展機構代理人、政府官員及神職人員、選舉候選人的到來，城市、國家與世界逐漸入侵地方社群。這些連結關係是顯而易見的區域、國家及全球的政治、經濟與資訊體系的成分。這些大型體系逐漸影響人類學家傳統上研究的人群與地方。對這些連結關係與體系的研究，是當代人類學的主題之一 (請參閱「聚焦全球化」專欄，討論數百萬人所熟悉的世界事件)。

民族學 (ethnology) 檢視、詮釋並分析民族誌的研究成果——從各個不同社會所蒐集的資料。它運用這些資料來進行比較與對比，以產生關於社會和文化的歸納。民族學家的視野從文化的特殊性跳脫到更普遍的層面，他們試圖找出並解釋文化的差異性與相似性，藉以測試假設，並建立理論，來增進我們對社會與文化體系運作方式的理解 (請參閱本章最後一節「科學方法」)。民族學用來進行比較的資料不僅來自民族誌，也可能來自其他的次領域，特別是考古學，這個學科重新建構昔日的社會體系。(表 1.2 歸納民族誌與民族學之間的主要對比。)

民族學
對於社會文化差異性及相似性的研究。

◆ 表 1.2　民族誌與民族學——文化人類學的兩個面向

民族誌	民族學
需要進行田野工作以蒐集資料	運用一系列的研究者所蒐集的資料
通常是描述性的	大多是綜合性的
專指一個群體或社群	比較性的／跨文化的

人類學式的考古學

人類學式的考古學
透過各種物質遺留對人類行為的研究。

人類學式的考古學 (anthropological archaeology) [也稱為考古人類學 (archaeological anthropology)，更簡單的名稱是「考古學」(archaeology)] 透過各種物質遺留 (material remains)，來重建、描述並詮釋人類的行為及文化模式。在人類現住或曾居住的遺址中，考古學家 (archaeologist) 發現曾由人類所製作、使用或修整的器物 (artifacts) 與物質項目，例如工具、武器、營地遺址、建築物與垃圾等。動植物的遺留和垃圾都訴說著有關人類消費與活動的故事。野生及人類栽植的穀物具有不同特徵，可讓考古學家區分採集植物與農作物。動物骨骸顯示被宰殺動物的性別與年齡，並提供其他有用的資訊，以判斷這些物種究竟是野生或家養。

藉由分析這些資料，考古學家回答幾項關於古代經濟體系的問題。這個群體究竟是藉由狩獵來取得肉食；或是家養與繁殖動物，只宰殺某些達到特定年齡或某性別的動物？植物源食物究竟來自採集野生植物，或是由播種、耕種、收割穀物而來？當地居民是否製作、銷售或購買某

聚焦全球化
世界事件

世界各地的人們──甚至連偏鄉的村民──現在都參與世界事件，特別是透過大眾媒體。在當代人類學當中，對於全球──地方連結關係的研究逐漸成為顯學。哪一類事件會產生全球的興趣？災難提供例證。想看看行蹤成謎的飛機、核電廠熔毀，以及肆虐泰國、印尼、日本等地的地震與海嘯等。也請想想太空：人類最後的邊境：在 1969 年全球有多達 6 億人收看人類首次 (阿波羅 11 號太空船) 登陸月球──在那個全球電視發展的初期，這是龐大的觀眾人數。也請想想英國王室，特別是適合上鏡頭的消息。英國威廉王子與凱特王妃的婚禮吸引 1 億 6,100 萬人收看──這是英國全國人口的 2 倍。他們的兒子喬治，也是英國王位的未來繼承人，在 2013 年出生、公開亮相及命名，同樣吸引國際關注。就在一個世代之前，數以百萬的人們收看黛安娜王妃與查爾斯王子的婚禮。黛安娜王妃的葬禮也吸引全球觀眾收看。

然後，當然也要想想體育賽事：數十億人收看 2016 年巴西里約奧運。想一想每 4 年一度的世界盃足球賽決賽。在 2006 年，據估計有 3 億 2,000 萬人收看，到了 2010 年，這個數字增加近 3 倍，達到 9 億 900 萬人，而且有超過 10 億人收看 2014 年德國擊敗阿根廷的決賽。世界盃足球賽吸引全球大批觀眾，因為它是真正的「世界大賽」，有來自五大洲 32 支國家代表隊角逐冠軍。同樣地，世界盃板球賽每 4 年舉行一次 (最近一次是 2015 年)，是世界上觀眾第三多的運動賽事：僅次於夏季奧運及世界盃足球賽。2015 年的世界盃板球賽在世界各地超過 200 個國家播出，吸引 22 億人收看。

些特定的物品？原料能否在當地取得？如果不是，它們來自何處？考古學家從這些資訊，重建生產、貿易與消費的模式。

考古學家花費許多時間研究陶片 (potsherds)，也就是陶器的碎片。陶片比其他器物 (如編織品與木器) 更耐久。陶片的數量可用來估算人口規模與密度。如果發現製陶者使用的原料並非當地所能取得的，就顯示昔日曾存在貿易體系。不同遺址出土的器物在製作方式與裝飾紋路上的相似性，可能是它們具有文化關聯性的證據。擁有相似類型陶器的幾個群體，彼此可能具有共同的歷史，他們可能有共同的文化祖先，或者他們相互貿易，或隸屬於同一個政治體系之下。

許多考古學家探討古生態學 (paleoecology)。生態學 (ecology) 研究在一個環境中，各種現生的生物體之間的相互關係。有機體與環境共同構成一套生態體系 (ecosystem)，這是一套有模式可循的能量流動與交換。人類生態學 (human ecology) 研究包括人類在內的生態體系，將焦點放在人類對「自然力量的運用方式，以及這些方式如何受社會組織與

美國職棒將一年一度的冠軍賽稱為「世界大賽」，看來是一個非常自大的名號，其中唯一能參加這項賽事的非美國隊伍是加拿大的多倫多藍鳥隊。(這個名稱可回溯到 1903 年，當時的全球化程度較小，而且具有更多的美國人偏狹觀點。) 只要看看當今棒球的全球化程度有多大？世界大賽是不是足以代表世人？棒球流行於世界許多國家：美國 (包括波多黎各)、加拿大、日本、古巴、墨西哥、委內瑞拉與多明尼加。南韓、台灣與中國也都有職棒聯盟。但在世界其他地方，這項運動就沒有那麼引人矚目。

在另一方面，當我們把焦點放在美國職棒球員，就可看到多元族群世界的縮影。美國職棒有來自拉丁裔 (中南美洲) 與日本的球員，似乎比美國職籃及美式足球具有更大的族群多樣性。特別具多樣性的表徵就是 2012 年美國聯盟年度「最有價值球員」的最後入圍名單，這個獎項最後由底特律老虎隊的委內瑞拉籍米格爾·卡布瑞拉 (Miguel Cabrera) 獲得；第二名是洛杉磯天使隊，出生於紐澤西州的非西語裔白人麥可·楚奧特 (Mike Trout)；第三名與第四名是兩位拉丁裔，艾德里安·貝爾垂 (Adrian Beltré)、羅賓森·坎諾 (Robinson Cano)；第五名則是喬許·漢米爾頓 (Josh Hamilton) 這位北卡羅萊納州人。前一年的最佳五人名單包括雅戈比·艾爾斯布里 (Jacoby Ellsbury) 這位美國大聯盟登錄的美洲原住民球員，柯蒂斯·格蘭德森 (Curtis Granderson) 則是一位非裔美國人。你能否想到另一個體育賽事跟棒球同樣具有族群多樣性？最近一次吸引你注意的世界事件是什麼？

文化價值所影響」(Bennett 1969: 10-11)。古生態學探討昔日的生態體系。

考古學家除了重建昔日的生態模式外，也能推論文化的轉型過程，例如藉由觀察各個遺址的規模與類型，以及這些遺址間的距離。在某個區域發展出來的某一座城市，在數個世紀前可能只是一座城鎮、村落或小部落，在一個社會中，聚落層次(城市、城鎮、村落、小部落)的數目多寡，就是社會複雜程度的一項指標。建築物提供有關政治與宗教特性的線索。神廟與金字塔顯示一個古代社會的存在，這個社會具有一種權力結構，能徵集所需勞力來建立這些龐大建築物。某些建築結構的出現或欠缺，例如古代埃及與墨西哥的金字塔，就顯示各個不同聚落之間的功能差異。例如，某些城鎮是人們前來參加儀式的場所，其他地方則是墓葬地點，另有一些是農耕社區。

考古學家也藉由發掘，來重建昔日人類的行為模式與生活風格。這包括在一個特定遺址中，發掘相連續的層位。隨著時間的流逝，特定區域的聚落型態及目的可能會發生改變。況且，聚落之間的連結關係也可能轉變。考古發掘工作可以記錄當地在經濟、社會與政治活動的變遷。

雖然在大眾印象中的考古學家以研究史前史(prehistory，亦即文字發明前的時代)為主，但他們也研究歷史時期，甚至現生人類的文化。藉由研究佛羅里達州外海的沉船，水下考古學家(underwater archaeologists)從載運非裔美國人的祖先到新大陸成為奴隸的那些船舶上，驗證當時的生活狀況。在 1973 年美國亞利桑那州的土桑(Tucson)所展開的一項計畫中，考古學家雷斯傑(William Rathje)藉由研究現代的垃圾，來瞭解現代人的生活方式。「垃圾學」(garbology，這是雷斯傑對這門學問的稱呼)的價值在於，它提供「人類確實做了什麼的證據，而不是他們認為自己做了什麼，或是他們認為自己應該做了什麼、或是研究者認為這些人應該做了什麼」(Harrison, Rathje, and Hughes 1994: 108)。垃圾學的研究顯示，人們所報導的事情可能與他們的實際行為有著強烈差異。例如，垃圾學家在土桑發現有三個社區宣稱，他們飲用的啤酒數量是全村最少的，事實上計算每家平均的啤酒廢罐數量，他們卻

是屬於數量最多的一群 (Podolefsky and Brown 1992: 100)！來自垃圾學的研究發現，也挑戰了關於垃圾掩埋場當中的垃圾種類與數量，若干常見的錯誤觀念：雖然人們大多認為速食容器與免洗紙尿褲是主要的垃圾問題，事實上若是相較於紙張 (包括具環保概念的再生紙)，它們的分量相對上是微不足道的 (Rathje and Murphy 2001; Zimring 2012)。

▲ 生物人類學

生物人類學 (biological anthropology) 研究跨越各個時間以及現存於世界的人類生物多樣性。生物人類學有五項特別的研究專長：

1. 化石證據所呈現的人類演化過程 [古人類學 (paleoanthropology)]。
2. 人類遺傳學。
3. 人類成長與發展。
4. 人類的生物可塑性 (人體在克服種種壓力時，例如高溫、低溫與高海拔，所具有的改變能力)。
5. 靈長類學 (primatology，對於猴類、猿類及其他非人靈長類的研究)。

貫穿這五個研究專長的一條共同線路，就是對人類生物多樣性的研究興趣，包括人類的遠祖及其在動物界的近親 (猴類與猿類)。

這些研究興趣使得生物人類學連結到其他學科：生物學、動物學、地質學、解剖學、生理學、醫學與公共衛生學。骨骼學 (osteology) 的知識，對於那些檢視並詮釋頭骨、牙齒、骨骼等化石的人類學家而言都很重要，無論這些骨骼是屬於現生人類或已變成化石的遠祖。古生物學家 (paleontologist) 是研究化石的科學家。古人類學家則研究人類演化的化石紀錄。古人類學家經常與研究人類器物的考古學家合作，來重建人類演化的生物面向與文化面向。化石與工具經常同時出土。各種不同類型的工具提供許多資訊，顯示當時使用它們的人類遠祖的生活習性、風俗習慣及生活方式等。

大約在一個多世紀前，達爾文 (Charles Darwin) 提到存在於任何生物族群中的多樣性，能讓某些具優勢特質的個體在生存與繁殖方面比其

生物人類學
研究跨越時間及現有的人類生物多樣性。

他個體更成功。在達爾文之後發展出來的遺傳學 (genetics)，讓我們瞭解這種多樣性的起因與傳遞過程。在任何個體的生命歷程中，環境與遺傳同時發揮作用，決定其生物特徵。例如，一群具有體型較高基因的人，如果在孩童時期營養不良，也可能長得較矮。因此，生物人類學也探討身體成長與成熟過程中，環境所產生的影響。在身體發展過程中，產生影響的環境因素包括營養、高度、溫度與疾病，以及文化因素，就像我們先前討論的吸引力標準。

生物人類學 (連同動物學) 也包含靈長類學。靈長類包括我們在動物世界的近親——猿類與猴類。靈長類學家經常在動物所處的自然環境中，研究牠們的生物、演化、行為及社會生活等。靈長類學有助於古人類學的研究，靈長類行為可提供部分關於早期人類行為與人類本性的線索。

▲ 語言人類學

我們並不瞭解 (也可能永遠不會知道) 我們的遠祖究竟在何時開始說話，縱使生物人類學家曾檢視人類臉部與頭骨的體質構造特徵，以推測語言的起源。靈長類學家也描述猴類與猿類的溝通系統。我們確知的是，發展完備、文法複雜的語言已存在數千年之久。就人類學在比較、變異及變遷的研究興趣而言，語言人類學提供更進一步例證。**語言人類學** (linguistic anthropology) 在語言所處的社會文化脈絡中研究語言現象，它跨越世界各地及各個時間。某些語言人類學家在研究語言的普遍特徵時，可能將他們的推論連結到人類大腦的共同性。有些學者藉由比較古代語言的各種當代發展形式，來重建各種古代語言，並探索語言的歷史。此外，有些學者研究語言相異性，以發現在不同文化的各種不同認知及思考模式。

歷史語言學 (historical linguistics) 探討隨著時間流逝而產生的語言變異現象，例如中世紀英文 (大約在西元 1050 年到 1550 年間使用的) 與現代英文，在語音、文法及字彙方面的變遷。**社會語言學** (sociolinguistics) 研究社會多樣性及語言多樣性間的關聯。沒有任何一種語言會成為一個

語言人類學
研究語言本身，以及在時間、空間及社會當中的語言多樣性。

社會語言學
研究在社會當中的語言。

同質體系，其中每個人所說的話都和其他人一模一樣。不同的說話者究竟如何使用同一種語言？各種語言特性如何與社會因素(包括階級及性別差異)產生關聯？地理因素是解釋多樣性的理由之一，例如區域性的方言與腔調。語言多樣性也呈現各個族群的雙語現象。語言人類學家與文化人類學家合作研究語言和其他文化層面的關聯性，例如人們究竟如何追溯親屬關係，以及如何認知與分類顏色。

四、應用人類學

當你聽到人類學家這個名稱時，心中所浮現的是哪一種男性或女性形象？雖然人類學家曾被描寫成古怪與反常的人，留著鬍子、戴眼鏡，但人類學並不是一門由象牙塔裡的乖僻學者研究奇風異俗的科學。相反地，人類學有許多可以告知大眾的東西。人類學最頂尖的專業組織——美國人類學會 (American Anthropological Association, AAA) 正式認定人類學所具有的公共服務角色，承認人類學具有兩種面向：(1) 學術人類學；以及 (2) 實用人類學 (practicing anthropology) 或**應用人類學** (applied anthropology)。應用人類學運用人類學的資料、觀點、理論及方法，以找出、評估與解決當前的社會問題。正如美國人類學家詹柏斯 (Erve Chambers 1987: 309) 所說：「應用人類學是一門研究領域，關注人類學知識及其在人類學之外的應用，以及知識與應用之間的關係。」有越來越多來自四個分支的人類學家在這些「應用」領域從事工作，例如公共衛生、家庭計畫、商業、經濟發展與文化資源管理等。

由於人類學所具備的廣度，應用人類學有諸多運用方式。例如，應用醫療人類學家同時思考疾病與病徵在社會文化和生物上的脈絡及意涵。各個文化對健康或健康欠佳，以及真正的健康威脅與問題，都有不同的感知。各個社會和族群團體確認不同的疾病、症狀、起因，並發展出不同的健康照料體系與治療策略。

應用考古學，通常稱為公共考古學 (public archaeology)，包含文化

應用人類學
運用人類學以解決當前的問題。

資源管理、大眾教育計畫、歷史保存等。美國立法明文規定，要求對於受到水庫、公路及其他建設活動所威脅的遺址進行評估，這就創造公共考古學的重要角色。**文化資源管理** (cultural resource management, CRM) 的工作，就是決定什麼東西必須保存下來，一旦有一些遺址無法保存下來時，則設法保留關於昔日歷史的重要資訊。文化資源管理包含的範圍不僅是保存遺址，也容許讓較不重要的遺址毀壞。這個名詞的管理部分指的就是評估與決策過程。如果有必要提供更多資訊供決策參考，則可進行調查或發掘。在美國，文化資源管理的經費來自聯邦、州、地方政府，或是必須遵行這些文物保存規章的發展計畫執行者。文化資源管理者大多為聯邦、州、地方的機構及其他業主。應用文化人類學家有時會與公共考古學家合作，評估可能因這類計畫性變遷所導致的人因問題，並決定如何著手減緩與解決這些問題。

> **文化資源管理**
> 當整個考古遺址無法保存下來時，決定有哪些東西必須保存。

五、人類學和其他學術領域

正如前面所提的，人類學和其他研究人類的學科領域的最主要差別之一就是全貌觀點，這是人類學獨有的，結合生物、社會、文化、語言、歷史與當代等許多觀點。但弔詭的是，雖然全貌觀點是人類學的特色，但它所具有的廣度也成為人類學跟其他學科相連結的關鍵所在。我們用來為化石與器物進行年代測定的技術，是從物理學、化學及地質學進入人類學當中。由於人類學家往往會在人類骨骼與器物附近發現動物和植物遺骸，因此，他們也常與植物學家、動物學家及古生物學家共同合作。

人類學是一門**科學** (science)：一套「有系統的研究領域或知識體系，其目標在透過實驗、觀察與推論的過程，對物質及自然世界的現象，產生可靠的解釋」(*Webster's New World Encyclopedia* 1993: 937)。本書將人類學呈現為一門人文科學 (humanistic science)，致力於探索、描述、瞭解與解釋在不同時空的人類及其祖先所具有的相似性與相異性。克羅孔 (Clyde Kluckhohn 1944: 9) 將人類學稱為「研究人類相似性與相異性

> **科學**
> 一個研究領域，試圖對於物質及自然世界的現象，產生可靠的解釋。

的科學」，他對這門學科的必要性所做的陳述，至今依然站得住腳：「人類學提供一個科學基礎，用來處理今日世界中重要的兩難情境：有著不同外表、說著無法互通的各種語言，以及生活方式大異其趣的人們，究竟要如何和平共處？」人類學已撰述一套令人印象深刻的知識體系，也是這本教科書想要涵蓋的內容。

人類學除了連結到自然科學 (如地質學、動物學)，以及社會科學 (如社會學、心理學)，也與人文學 (humanities) 具有強烈關聯。人文學包括英文、比較文學、古典學、民俗學、哲學與藝術學等。這些領域研究語言、文本、哲學、藝術、音樂、展演及其他的創作表演形式。民族音樂學 (ethnomusicology) 研究世界各地的音樂表現形式，特別與人類學有所關聯。同樣有所關聯的是民俗學，對各種不同文化的故事、神話、傳說的有系統研究。學者也可能主張在所有的學術領域中，人類學最具人文色彩，因為它對人類多樣性有著最基本的尊重。人類學家傾聽、記錄並再現來自各個國家、文化、時間及空間的各種聲音。人類學尊重地方知識、各種不同世界觀及另類哲學觀點。文化人類學與語言人類學特別將比較性與非菁英的觀點，帶入對創造性表現形式的研究，包括語言、藝術、論述方式、音樂與舞蹈，並從它們所處的社會文化脈絡當中加以檢視。

▲ 文化人類學與社會學

社會學可能是跟人類學最接近的學科，特別是社會文化人類學。如同人類學 (尤其是文化人類學)，社會學家研究社會——包括人類的社會行為、社會關係及社會組織等。在社會學與人類學之間的重要區別，反映著它們各自在傳統上所研究的社會類型。社會學家一般是研究當代、西方、工業化社會；相對地，人類學家則聚焦於非工業化與非西方社會。社會學家與人類學家也發展出不同的研究方法來探討這些不同類型的社會。社會學家為了研究當代西方社會，它們往往是大規模、複雜的國家，運用調查研究及其他方法來蒐集大批量化資料。社會學家必須運用抽樣與統計技術來蒐集與分析這類資料，而且統計訓練已成為社會

學的基礎。然而,人類學家傳統上在更小型社會進行研究,例如村莊,人類學家幾乎認得村子裡的每個人,因此較不需要抽樣與統計。然而,由於如今人類學家已逐漸增加在現代國家的研究,因此運用抽樣與統計變得越來越常見。

傳統上,民族誌研究者研究小型且無文字(欠缺書寫文字)的社群,並發展出合乎這些情境脈絡的研究方法。民族誌研究者直接參與另一個文化的日常生活,而且必須成為專心、翔實的觀察者,探討人們的所言所行。這個焦點就是針對一個真實的、活生生的社群,而不僅是一個母群體當中的一個樣本。在民族誌田野工作期間,人類學家親身參與他所觀察、描述及分析的事件。我們可以這麼說,人類學比社會學更具個人性質且更不拘形式。

然而,在當今這個相互連結的世界當中,人類學與社會學的研究興趣及方法正在逐漸匯合——並肩齊進——因為它們正在研究某些相同主題及領域。例如,許多社會學家目前在非西方國家、較小型社群及其他場景進行研究,昔日這是人類學的主要勢力範圍。隨著工業化與都市化散布跨越全球各地,人類學家現在逐漸增加在工業化國家及城市的研究,而不是鄉村。在當代社會文化人類學所研究的各種課題當中,包括鄉村到都市的遷徙、跨國遷徙(從某個國家到另一個國家)、都市適應、城市內部生活、族群多樣性與衝突、犯罪與戰爭等。如今人類學家也可能就像社會學家一樣,準備要研究全球化與不平等的議題。

▲ 人類學與心理學

心理學家就像社會學家一樣,往往只在同一個社會——自己的社會——從事研究。然而,人類學家知道,有關「人類」心理的各項陳述,不能僅僅仰賴對某個單一社會的觀察。跨文化比較的結果顯示,某些心理模式可能確實是普同的。其他模式則發生在某些社會而非全部社會。此外,有些其他模式則限定在一個或非常少數的文化。**心理人類學(psychological anthropology)**研究各種心理特質及條件的跨文化相似性與變異性(參閱 LeVine 2010)。在 1920 年代、1930 年代及 1940 年代

有幾位知名的人類學家，包括馬凌諾斯基 (Bronislaw Malinowski 1927) 與米德 (Margaret Mead 1935/1950; 1928/1961) 在內，描述特定文化如何藉由灌輸給孩子特定的價值、信念與行為模式，來創造出具有該文化特色的成人人格特質。人類學家已提供學者所需要的跨文化觀點，包括在發展與認知心理學 (Kronenfeld et al. 2011; Shore 1996)、精神分析詮釋 (Gijswijt-Hofstra et al. 2005; Paul 1989)，以及精神治療條件 (Gijswijt-Hofstra et al. 2005; Kleinman 1991) 等方面。

　　例如，人類學家熟悉各式各樣的文化特定症候群 (cultural specific syndromes)。這限定於某一個文化或是由幾個相關聯文化所構成的一個群體之中，不尋常、偏離常軌的，或不正常的行為模式 (參閱 Goleman 1995)。有一個例證是柯羅病 (Koro)，這是一個東亞地區的詞彙，用來指稱由於恐懼自己的性器官縮回體內並導致死亡，所導致的頻繁焦慮感。南美洲的特定症候群是蘇思脫 (susto)，或是失魂，其症狀是極度悲傷、昏睡與倦怠，受害者往往是在經歷一場個人悲劇，例如摯愛親人的死亡，此後就深受蘇思脫所折磨。有一種更溫和疾病是「邪眼」(mal de ojo)，往往出現在地中海國家。邪眼的症狀主要會影響孩童，包括斷斷續續的睡眠、哭泣、生病與發燒 (Goleman 1995)。西方社會也具有獨特的精神症狀，其中有些症狀也透過全球化而傳播到國際。本章的「領會人類學」專欄討論其中一種症狀——厭食症，正從美國及西歐傳播到其他國家。

　　正如同任何其他在 21 世紀從事研究工作的人類學家，心理人類學家必須體認到當地、本土的模式 (在這個案例當中，是心理學——心理治療模式) 如何跟全球化力量發生互動，包括這些模式正在散播的概念與條件。

六、科學方法

　　正如前面所提的，人類學是一門科學，即使它是一門亟具人文性質的科學。任何一種科學的目標就是追求能預測未來情況的可靠解釋。精

確的預測,在面對設計用來否定(否證)它們的測試時,就能站得住腳。科學解釋端賴資料,資料可能來自實驗、觀察及其他有系統的程序。科學性質的歸因是物質的、具體的或自然的(如病毒),而不是超自然的(如鬼魂)。

▲ 理論、關聯性與解釋

安柏夫婦(Melvin Ember and Carol Ember)在 1997 年的〈人類學中的科學〉(Science in Anthropology)一文中,描述科學家如何藉著不斷測試假設,來改進我們對世界的理解。**假設**(hypothesis)是指對於某項事物所提出的解釋。但直到這項解釋獲得測試之前,它依然是假設性的。假使測試證實了這項解釋,它就是一個好的解釋。一項解釋(explanation)呈現某個變項如何及為何導致另一個變項,或是它如何及為何跟我們所欲解釋的另一個變項具有緊密關聯。**關聯性**(association)係指各變項的共變關係(covariation);共變關係意指這些變項會同時改變——當某個變項發生改變時,另一個也會改變。理論提供對於關聯性的解釋(Ember and Ember 1997)。那麼究竟什麼是理論?**理論**(theory)就是由某些邏輯相關的概念所構成的一個架構,這能幫助我們解釋的關聯性不只一個,而是有很多個。換言之,最有用的理論能夠涵蓋許多例子。

當我們說某個特定變項的改變,往往會隨之發生或關聯到另一個變項的改變時,我們就提出歸納。一個法則就是一種歸納,適用於某一種關聯性的所有案例,並加以解釋。舉例來說,法則就是一項陳述:「水在華氏 32 度(攝氏 0 度)時凝結。」這句話陳述在兩個變項之間一成不變的關聯性:水的狀態(無論是液態或冰)與大氣溫度。我們藉由重複觀察水的冷凝過程,而且水不會在高於華氏 32 度凝結的這項事實,來證實這個陳述的正確性。法則的存在讓我們更能預測這個世界,幫助我們瞭解過去,並預測未來。昨天水會在華氏 32 度以下結冰,明天依然如此。

社會科學很少有(就算有)任何像是這種水凝結的絕對法則。在社會科學的「法則」往往成為不盡完美的歸納,而且社會科學所提出的是

假設
一項被提出但尚未獲得證實的解釋。

關聯性
在兩個或更多的變項之間,一項透過觀察而得出的關係。

理論
由幾個概念所構成的一個組合,用來解釋某件事。

可能性的解釋,而非確立的解釋。經常會出現例外,換言之,有時候解釋會站不住腳。那麼這是否意味著這種解釋沒有效用?絕非如此。設想有個法則說,水在華氏 32 度以下結冰的機率有 83%。雖然我們無法依據這項歸納做出一項精確預測,但我們可以正確預測水正在結冰。舉一個來自社會科學的真實例子,我們可以提出歸納說:「隨著一個群體的人口規模增加,衝突往往也會隨之增加。」假使說這項陳述只適用於 83% 的情況,但它依然是有用的。在社會科學中,包括人類學在內,對於我們所感興趣的研究變項,往往傾向於採用可預測方式來陳述其關聯性;而且經常存在著例外。表 1.3 總結本段所討論的重要詞彙:關聯性、假設、解釋、理論、歸納與法則。

◈ 表 1.3 理論與關聯性

	主要問題:你要如何解釋關聯性?
關聯性	在各個變項之間的有系統關係,當其中一個變項發生改變(變異),其他變項也隨之改變(共變)。 例證:當溫度下降時,水就會凝結。
假設	一項被提出的解釋,用來說明相關性;必須被測試——可能被證實或被否定。 例證:隨著一個群體的人口規模增加,衝突往往也會隨之增加。
解釋	推論某一種關聯性如何與為何存在。 例證:脖子較長的長頸鹿,相較於脖子較短的同類,具有獲取食物的優勢;在食物稀少的時候,牠們能夠餵飽自己。
理論	由某些邏輯相關聯的概念所構成的解釋架構,用來解釋多個現象。 例證:達爾文的演化論用來解釋長頸鹿的長脖子,以及其他許多物種的適應特徵。
歸納	一種陳述,當一個變項發生改變,往往會隨之發生或關聯到另一個變項的改變。 例證:當某個社會的食物蛋白質含量較低時,比起其飲食的蛋白質含量較豐富時,往往會具有更長期的產後性接觸禁忌。
法則	普遍有效的歸納。 例證:當溫度下降到華氏 32 度(攝氏 0 度)時,水從液態變成固態(冰)。

▲ 個案研究：解釋產後禁忌

有一項經典的跨文化研究，顯示一種強大的（但不是百分之百的）關聯性或相關性，存在於一種性接觸禁忌與一種飲食方式之間。有一種長期的產後性接觸禁忌（在孩子出生後一年或更久時間，禁止丈夫與妻子發生性行為）往往會發生在飲食當中蛋白質攝取偏低的社會 (Whiting 1964)。

這項相關性透過跨文化資料 (cross-cultural data，從一套包含著多個社會的隨機樣本所取得的資料) 而得到確認。學者究竟要如何提出解釋，為何一個依變項 (dependent variable，準備要解釋的事物，在這裡是產後性接觸禁忌) 關聯到預測變項 (predictor variable，蛋白質攝取偏低情況)。一項可能的解釋就是，當嬰兒飲食當中的蛋白質含量太少，就可能發展出一種蛋白質匱乏的疾病：庫希奧科病 (kwashiorkor)，並可能因而死亡。但若是母親延遲下一次懷孕，她現有的嬰兒就可哺乳較長一段

領會人類學

厭食症走向全球

文化人類學家及生物人類學家都對於醫療人類學提出貢獻，這是一門逐漸茁壯的研究領域，檢視各種不同的衛生條件究竟如何與為何影響著特定的人群，以及在不同社會當中，疾病如何受到社會所建構、診斷與治療。特定的文化與族群，都會找出不同的疾病、症狀及病因。

人類學也普遍認識到文化特定症候群——限定於單一文化或一群彼此關聯的文化之中所發生的健康問題，往往是一種心智——心理學的成分。在本書前面曾經討論的例子包括科羅病（東亞）、蘇思脫（拉丁美洲）與「邪眼」（地中海國家）。深具影響力的《心理異常診斷與統計手冊》(Diagnostic and Statistical Manual of Mental Disorders) 是由美國心理治療協會 (American Psychiatric Association) 於 2013 年出版，現在認定「文化限定症候群」(cultural-bound syndromes) 的存在，這是文化特定症候群的另類稱法。

在我們當代的世界體系，隨著人們遷徙，帶著自己的文化包袱，包括他們的症候群，跨越了國界。如今，在西歐及美國的診療者可能會在晚近的移民當中，遇到蘇思脫、邪眼，甚至科羅病的患者。再者，有些曾經一度是侷限於西方文化的症候群，正隨著全球化而散播。其中一例就是厭食症 (anorexia nervosa，拒吃食物或極端節食導致自我挨餓)，這種一度限定在西方工業化社會的症候群，現在正不斷傳播到國際。

1990 年代早期（如 Watters 2010 的報導）在香港執業的心理治療師及研究者李誠醫師，記錄在當時的香港，厭食症是一種文化限定的疾病，而且非常罕見。有別於美國的厭食症患者，李醫師的病人並未憂慮變胖，他們減少食物攝取是為了試著排除有害的身

時間，因而從母親那裡得到更多的蛋白質，並增進其存活機會。如果過早孕育另一個孩子，會被迫提早斷奶，就會危及前一個孩子的存活。因此，這項產後禁忌增進嬰兒的存活。當這項禁制變成制度化，而成為一項文化期望時，人們往往更可能會順從於這項禁制，而較不可能屈服於一時的誘惑。

理論提出若干模式及關係，而且它們可以產生新的假設。例如，依據這套理論，產後性接觸禁忌的存在是由於飲食蛋白質含量較低時，它能降低嬰兒的死亡率，那麼學者即可提出假設，若是支持這項禁忌的某些條件發生改變，有可能導致這項禁忌消失。例如，藉由採行避孕措施，夫妻即可間隔生育孩子的時間，而不需要迴避性交。假使孩童開始收到蛋白質補充品，就減少庫希奧科病的威脅，這項禁忌也可能消失。

表 1.4 總結運用科學方法的主要步驟。在假設測試方面，相關變項應當被清楚定義 (如「身高以公分計」或「體重以公斤計」，而非「體

體症狀——最常見的是胃脹氣。然而，當李醫師開始出版他的研究發現時，就在一位十餘歲的厭食症女孩在繁華城區街道上路倒死亡之後，香港對於厭食症的認識突然發生改變。她的死亡成為當地報紙爭相報導的主題，有著聳動的標題「厭食症讓她只剩下皮包骨」。

由於在當時的香港，厭食症是罕見的，當地記者並不知道是什麼因素導致了這個症狀的發生。在報導這位女孩的死訊時，許多記者根本就只是抄寫美國的診斷手冊，然後就散播一個概念，香港的厭食症狀跟存在於美國與歐洲的厭食症是相同的。隨著香港人變得越來越熟悉美國對厭食症的診斷，李醫師的患者開始仿效美國人的症狀，而且厭食症的發生率也增加了。李醫師的厭食症病人數快速上升，從每年兩到三個人，增加到每月許多人。到最後，李醫師總結

說，有多達 10% 的香港年輕女性淪為飲食障礙的患者。有別於他先前的病人，這些女性——到最後其中有 90%——主述她們不想吃東西的主要理由是害怕變胖 (Watters 2010)。

在今日的全球化與社會網絡連結的世界當中，各種疾病和症候群，包括生理的與心理的在內，都能輕易跨越國界傳播。《心理異常診斷與統計手冊》逐漸成為跨國的參考書及標準。顯然，如果沒有當代媒體的推波助瀾，西方型態的厭食症就不會在香港如此迅速傳播。畢竟，西方心理醫療專家花費超過半世紀才為厭食症命名、編入病症名單，並建立定義。相對地，就在一場廣為人知的繁華街頭路倒死亡的事件之後，香港人只花了幾個小時就學會關於厭食症及其「西方」症狀的知識 (Watters 2010)，而且只花了幾個月時間，其中一些香港人就開始受到這種疾病所苦。

◆ 表 1.4　科學研究方法的步驟

提出研究問題	為何某些社會具有產後性接觸禁忌？
建立假設	當食物中蛋白質攝取量偏低時，延遲母親的性行為，會降低嬰兒死亡率。
假定一套機制	當哺乳時間更長，嬰兒會獲得更多蛋白質；哺乳並不是可靠的避孕方法。
蒐集資料以測試你的假設	運用一組 (隨機的) 樣本，這是跨文化的資料 (來自幾個社會的資料；這種資料組合用於跨文化研究)。
設計測量途徑	對各個社會進行編碼：1——當某個社會具有長達一年或更久的產後性接觸禁忌，0——當某個社會欠缺這種禁忌；1——當食物內容的蛋白質含量較低，0——含量較高。
分析資料	注意這批資料所顯示的各種模式：長期的產後性接觸禁忌往往出現於食物蛋白質含量較低的社會，然而食物蛋白質含量較高的社會則往往欠缺這種禁忌。運用合適的統計方法，以估算這些關聯性的強度。
提出結論	在大部分例子中，這項假設得到確認。
衍生意涵	這類禁忌往往會在食物內容變好，或者可取得新的生育控制技術時消失。
提出貢獻給較大的理論	文化行為可能具有適應價值，因為它們可增進後代的存活。

型大小」)，並以可信賴的方式測量。這些研究結果的強度與重要性，應當運用合理的統計方法來評估 (Barnard 2011)。學者應當小心避免一種常見的歸納偏誤——只揀選那些能證實其假設的個案，而忽略否定其假設的個案。最理想的程序就是從一個廣大的社會樣本當中隨機選出樣本，這些樣本並不是全都合乎這項假設。

科學的價值與限制

科學是理解世界的一種方式——也是一種極佳的方式，但它必定不是唯一的方式。確實，有許多知名人類學家的作品跟人文學有著更多的相同點，而不是嚴格的科學步驟。許多文化人類學家偏重於分析與詮釋文化的各個面向，而不是嘗試用科學角度加以解釋。總結來說，在本書

所考量的人類學研究取向，連同量化及科學性的研究取向在內，是詮釋性、質性與人文學的。

1. 從「生物文化」的研究取向如何協助我們理解，各個人類群體用來適應其環境的各種複雜方式？
2. 有哪些主題及研究興趣，使得人類學各個分支學科合而為一？在你的答案中，請提出可用來解釋人類學一體性的某些歷史緣由。在人類學發展為一門學科的每個地方，這些歷史緣由是否都類似？
3. 假使如同鮑亞士在美國人類學早期階段所呈現的，文化並不是孤立存在的，那麼民族誌如何能針對一個特定社群、社會或文化，提出一套敘述？請注意：這個問題並沒有輕易回答的答案！當人類學家界定其研究問題與計畫時，他們會持續面對這個問題。
4. 美國人類學會藉由認定人類學具有兩個面向：(1) 學術人類學、(2) 實用或應用人類學，而正式認定人類學具有公共服務角色。什麼是實用或應用人類學？依據你對本章的閱讀，從當前發生的事件挑選幾個例子，在其中人類學家能協助找出、評估與解決當代社會問題。
5. 在本章中，我們學習到人類學是一門科學，即使它是亟具人文性質的科學。你認為這意味著什麼？假設測試在建構人類學研究上，扮演著什麼角色？在理論、法則與假設這三者之間，有著什麼區別？

Chapter 2

文化

- 什麼是文化？我們為何要研究它？
- 文化與個體之間的關係是什麼？
- 文化如何發生變遷？特別是隨著全球化而變遷？

章節大綱

一、什麼是文化？
　　文化是習得的
　　文化是象徵的
　　文化是共享的
　　文化與本性
　　文化是包羅萬象的
　　文化是整合的
　　文化是工具性的、具適應力或適應不良
二、文化的演化基礎
　　人類及其他靈長類的共同特性
　　我們如何有別於其他靈長類
三、普同性、一般性與獨特性
　　普同性與一般性
　　獨特性：文化模式
四、文化與個體：能動者與實踐
　　文化的層次
　　我族中心觀點、文化相對觀點與人權
五、文化變遷的機制
六、全球化
　　全球化：意義與本質

認識我們自己

你這個人究竟有多麼特別？你「做自己」究竟能到什麼程度？你有多大程度屬於自己特定文化的產物？文化背景影響你的行動與決策的程度有多少？又應該有多少？美國人可能不會充分領會文化的力量，因為他們的文化重視「個體」，美國人喜歡認為每個人都是獨特的。然而，個體主義(個人主義)本身就是一種獨特的共享價值，美國文化的一項特徵，經常在我們日常生活傳承下去。不妨數一數在媒體報導當中，有多少故事聚焦於個體，又有多少聚焦於群體。從媒體人物到我們的父母、祖父母和教師，持續不斷堅持我們全都是「某個特別的人」。換言之，我們首先是個體，然後才是群體成員，這是本章關於文化討論內容的反例。確實，由於我們是個體，因此具有獨特的特徵，但我們也有其他屬於許多文化群體的特徵。

例如，對於美國、巴西、義大利，乃至於幾乎全部拉丁語系國家的比較，顯示在美國壓抑身體情感表現的國家文化，以及完全相反的其他國家文化之間的強烈對比。巴西人彼此碰觸、擁抱與親吻的次數，遠比北美人頻繁，這個行為反映多年暴露在特定文化傳統的結果。巴西的中產階級教導其子女——男孩與女孩，必須親吻他們見到的每位成年親人(在兩頰，來回兩到三次)。在巴西人具有大規模擴展家庭的情況下，這種親人可能多達數百人。女人終其一生，會親吻每一位親人；男孩親吻所有的成人親屬。男人往往終其一生持續親吻女性親人及朋友，並持續親吻他們的父親與叔伯。

你會不會親吻你的父親？你的叔伯？你的祖父？那麼你的母親、姑姑、姨母或祖母呢？對這些問題的解答，可能因男性與女性而異，對男性親人與女性親人也有不同。文化可以幫助我們理解這些差異。美國文化對同性戀的恐懼(homophobia)，可能使得美國男人避免對其他男性展現情感；類似地，美國女孩往往被鼓勵展現情感，但美國男孩往往不被鼓勵。重要的是，注意到這些文化解釋是依學習榜樣及預期而定，而且沒有任何文化特質的存在是因為它是自然或正確的。**我族中心觀點 (ethnocentrism)** 就是誤將自己的文化視為較優越，並運用自己文化的價值觀，來評斷其他文化人們的行為與信念。對你來說，想要超越由自己經驗的我族中心觀點盲點，究竟有多容易？在你討論關於情感表現的議題時，是否抱持著我族中心的立場？

一、什麼是文化？

文化 (culture) 是人類學的基本概念。在一百多年前，英國人類學家泰勒 (Edward B. Tylor) 在他的《原始文化》(*Primitive Culture*) 一書中提議，文化——人類行為與思想的體系——依循著自然法則，因此可運用科學方法加以研究。泰勒對文化的定義，至今依然提供對人類學各項主題的一個概述，並廣為學者所引用：「文化……是做為社會成員的人們習得的複雜整體，包括知識、信仰、藝術、道德、法律、習俗和其他的

能力與習性」(Tylor 1871/1958: 1)。這裡的關鍵句就是：「做為社會成員的人們習得的……」。泰勒提出的這套定義聚焦於人們透過學習而獲得的特性，這些特性不是透過生物遺傳，而是藉由人們在某個特定社會中成長，在那裡他們暴露在一套特定的文化傳統下。**濡化** (enculturation) 就是一個孩童學會他／她的文化的過程。

濡化
人們習得文化並將其代代相傳的過程。

▲ 文化是習得的

孩童能輕易吸收任何一套文化傳統，憑藉的是人類格外複雜的學習能力。其他動物可從經驗當中學習，例如一旦發現火焰會讓牠們受傷，從此就會遠離火焰。社會動物也可從群體的其他成員學到東西，例如野狼從群體的同伴學會狩獵策略。這種社會學習對於人類在生物學上最近的親戚——猿類與猴類尤其重要。但我們所擁有的**文化學習** (cultural learning) 是憑藉人類獨特發展的使用**象徵** (symbols) 的能力，象徵是一些符號，與它們所指稱或代表的事物並不具有必然或自然的關聯性。

象徵
某個口語或非口語的事物，用來代表其他事物。

人類以文化學習為基礎，創造、記憶與處理了許多概念。他們掌握並運用特定的象徵意義體系。人類學家葛茲 (Clifford Geertz) 將文化定義為：植基於文化學習與象徵的一些概念。他將文化描寫成由「控制機制——計畫、祕訣、規則、步驟」所構成的組合，「就像電腦工程師所稱的用來控制行為的程式」(Geertz 1973: 44)。我們透過在一個特定文化傳統中的濡化過程，吸收了這些程式。人們逐漸內化一套先前樹立的意義與象徵體系。他們運用這套文化體系定義自己的世界、表達感情、做出判斷。在生活的各個層面，這套體系有助於引導我們的行為與感知。

每個人透過這個濡化過程，經由有意識和無意識的學習，以及與他人互動的過程，隨時開始內化或整合一個文化傳統。有時候文化是直接教導的，就像父母教導子女，當某個人給他們某個東西或幫忙後，就告訴他們要說「謝謝」。

我們也透過觀察來學習文化。孩童留意到周遭正在發生的事情。他們修正自己的行為，不僅因為別人告訴他們要這麼做，更有些是出於自己的觀察結果，並漸漸意識到他們文化所認定的是非對錯。北美人習得

關於跟他人講話時應當距離對方多遠的位置,這個文化概念並不是透過被他人告知,而是透過一個漸進過程,包含觀察、體驗、有意識與無意識的行為修正等。並沒有人告訴拉丁裔,當他們面對面交談的時候,要比北美人站得更靠近彼此,但無論如何他們都學會這麼做,成為其文化傳統的一部分。

人類學家同意文化學習是人類單獨發展出來的,且所有的人類都具有文化。人類學家也同意,雖然個體 (individuals) 在情緒與智力的傾向及能力有所差異;但所有的人類群體 (populations) 都具有同等的文化能力。不論他們的基因遺傳與體質外表如何,人們都能學會任何一種文化傳統。

如要瞭解這個觀點,可以想想當代的北美人是來自世界各地,在遺傳基因上非常混雜的人們的後代。北美人的祖先生活在不同的國家與大陸,參與數百種的文化傳統。然而,早期殖民者、後期移民及他們的後代,全都成為美國和加拿大生活方式的主動參與者,現在全部共享同一個國家文化。

▲ 文化是象徵的

對於人類與文化學習而言,象徵思想是獨一無二且非常重要的。人類學家懷特 (Leslie White) 將文化定義如下:

> 依靠著象徵化的過程……文化係由工具、裝備、器具、服裝、裝飾、風俗習慣、制度、信念、儀式、遊戲、藝術作品、語言等所構成 (White 1959: 3)。

懷特認為,文化的萌芽時刻,就是當我們祖先獲得運用象徵的能力之時,也就是針對一件事物或事件,產生意義並賦加在其上;而且相對地掌握與理解這些意義 (White 1959: 3)。

象徵就是某種口語的或非口語的事物,在特定的語言或文化中,用以代表某些其他事情。在這個象徵本身和它所象徵的事物之間,並不存在著明顯的、自然的或必然的關係。我們把一隻會吠叫的寵物稱為狗,

並不會比起將牠稱做 chien、Hund 或 mbwa 更自然，這些字彙分別是法語、德語及東非的斯瓦希里語 (Swahili) 用來稱呼我們叫做「狗」的東西。語言是智人 (Homo sapiens) 的獨有特徵之一，其他動物並未發展出如人類語言一樣複雜的東西。

此外，也有十分豐富的非語言象徵。例如，國旗代表國家，就好比拱形代表著某一家漢堡連鎖店。在天主教裡，聖水是有力量的象徵。正如所有的象徵一樣，一個象徵 (水) 與一個被象徵的東西 (神聖性) 間的關聯性，先是任意派定 (arbitrary)，而後約定俗成的 (conventional)。在本質上，水並不會比牛奶、血液或其他天然液體更神聖。聖水的化學成分也與平常的水一樣。聖水是一種天主教的象徵，天主教則是國際文化體系的一部分。這種天然物質已約定俗成連結到天主教的特殊意義，天主教徒分享著共同的信仰與經驗——植基於學習，且代代相傳的。我們的文化讓我們沉浸在一個包含著語言象徵與非口語象徵的世界當中。特殊的服飾項目與品牌，例如牛仔褲、襯衫或鞋子，可能會得到某些象徵意義，就如同我們的手勢、站姿及身體裝飾品等。

數十萬年來，人類共享文化所賴以存在的能力。這些能力包含學習、運用象徵思考、使用語言，與使用工具及其他文化產物，組織他們的生活並克服環境。每一種現代人類族群都具有使用象徵的能力，也藉此創造與維持文化。我們的近親——黑猩猩與大猩猩——具有初步的文化能力。但是，依然沒有其他動物能具備如同人屬 (Homo) 的精緻文化能力——學習、溝通，以及儲存、處理與運用資訊。

▲ 文化是共享的

文化並不是一種完全屬於個體的屬性，而是身為群體成員的個體所具有的屬性。文化在社會中被傳遞。我們藉由跟他人之間的觀察、傾聽、交談與互動來學會文化。共享的信念、價值、記憶和期望，連結在同一個文化中成長的人群。濡化過程藉由提供我們許多共同經驗，使人們具有一致性。今天的父母就是昨日的孩童，假如他們在美國長大，就會吸收某些代代相傳的價值與信念。人們成為其子女的濡化施行者，正如父

母對他們所做的一樣。雖然一個文化是變動不居的，但某些基本的信念、價值、世界觀與兒童養育行為依然持續。舉例來說，美國人持續存在的共同濡化過程，就是他們對自我信賴與獨立成就的強調。

就算是典型的美國觀念，認為人們應該「自己下定決心」或「有權表達自己的意見」，然而美國人所能想到的東西很少是原創的或獨特的。美國人經常和其他人彼此分享意見與信念——如今不僅是透過個人接觸，更是透過新媒體。想想看你有多麼經常（而且跟哪些人）分享資訊與經驗，透過傳簡訊、臉書(facebook)、Instagram 跟推特(Twitter)。舉例說明共同文化背景的力量，美國人可能最感贊同或舒服的一群人，就是在社會、經濟與文化等面向跟他們相類似者。這就是為何身處外國的美國人往往會彼此建立社交關係，就如同法國與英國的殖民者在他們海外帝國曾經做過的。物以類聚（鳥是由同一種羽毛集合而成），但對人類而言，熟悉的羽毛就是文化。

▲ 文化與本性

文化承接了我們及其他動物共同具備的自然生物驅力，並教導我們如何以獨特方式來表現這些驅力。人們必須吃東西，但文化教導我們吃什麼、何時吃、如何吃。在許多文化裡，人們在中午享用主要的一餐，但大多數北美人比較偏重一頓豐盛晚餐。英國人會在早餐吃魚，但北美人可能較喜歡熱騰騰的蛋糕與冰牛奶泡玉米片。巴西人將熱牛奶加入黑咖啡裡，但北美人則把冰牛奶加進淡味茶中。美國中西部的人在下午五、六點吃晚餐，西班牙人則在晚上十點才吃晚餐。

文化在許多方面塑造了「人類本性」。人們必須將排泄物排出體外。有些文化教導人們站著排泄，但有些則要求坐著排泄。在一個世代之前，法國的巴黎及其他城市，男人可在市街上簡陋遮蔽的公共廁所(pissoirs)排尿，且絲毫不感害羞。我們的「洗手間」生活習慣，包括清理排泄物、洗澡和牙齒保健等都是文化傳統的一部分，已將自然行為轉換成文化習慣。

我們的文化——以及文化變遷——影響人們感知自然、人類本性與「大自然」的方式。透過科學、發明及探索，文化的進展克服了許多「自然的」限制。我們預防並治療許多曾讓祖先致死的疾病，例如小兒麻痺和天花。我們服用威而剛恢復並增進性能力。透過複製，科學家改變了我們對於生物身分及生命本身意義的思考方式。當然，文化無法讓我們免於自然災害。颶風、洪水、地震及其他自然力量，一再挑戰了我們透過建築、發展與擴張來改變環境的企圖。

▲ 文化是包羅萬象的

對人類學家而言，文化所涵蓋的內容遠遠超過高雅、品味、成熟、教育與藝術鑑賞等。「受到文化薰陶的」不僅僅是大學畢業生，更包括所有的人。最有趣也最重要的文化力量是影響人們日常生活的部分，特別是透過濡化而影響孩童的部分。從人類學角度來定義文化，它包含許多被視為微不足道或不值得審慎研究的特質，例如「流行」文化。想要瞭解當代北美地區文化的話，我們必須把社會媒體、手機、網際網路、電視、速食餐廳、運動與賭博都考慮在內。就文化現象而言，搖滾巨星可能跟交響樂作曲家一樣引起興趣，漫畫書可能和得獎作品同等重要。

▲ 文化是整合的

文化並不是由各種風俗習慣與信念所構成的雜亂組合。文化是整合的、有模式可循的體系。假使這個體系的某個部分(如經濟體系)發生改變，其他部分也會跟著改變。例如，在 1950 年代，大多數美國的女性生涯規劃是家庭主婦與母親。此後，有為數越來越多的美國女性，包括妻子與母親，進入勞動力市場。在 1960 年只有 32% 的已婚美國女性在家庭以外就業，相較之下，現在約有 60%。

經濟變遷具有後續的社會影響。我們對婚姻、家庭與孩子的態度都發生轉變。晚婚、「同居」及離婚變得越來越常見。工作對於婚姻與家庭責任的相互競爭，減少了能夠投注於照料子女的時間。

核心價值
用來整合某個文化的主要的、基本的、或中心的價值。

　　文化的整合,不僅透過它的主要經濟活動及相關社會模式;也透過價值、觀念、象徵與判斷方式的組合等。文化訓練其個別成員共享某些人格特質。一套**核心價值**(core values,主要的、基本的、中心的價值)整合每個文化,並有助於將這個文化跟其他文化區別開來。例如,工作倫理與個人主義,就是世世代代整合美國文化的核心價值。其他文化則具有不同的核心價值組合。

🔺 文化是工具性的、具適應力或適應不良

　　文化是用來解釋人類適應力及成功的主要理由。其他動物依賴生物的適應手段(如毛皮或鯨油以適應寒冷),人類也有生物適應——例如,在寒冷時發抖,或在炎熱時流汗。但人們也有文化適應手段,為了克服環境壓力,我們習慣使用技術或工具。我們獵捕耐寒動物,並用牠們的毛皮做成我們的外衣;我們在冬天吹暖氣、夏天吹冷氣,或採取行動來增加自己的舒適度,我們可以喝冷飲、跳進泳池,或在夏天找個地方避暑、在冬天找地方避寒。人們採用有利於自己的方式來運用文化;換言之,滿足自己對於食物、飲料、居住場所、舒適與繁衍的基本生物需求。

　　人們也運用文化來滿足其心理與情緒需求,例如友誼、夥伴、贊同與性慾望。人們尋求不拘形式的支持——由在乎他們的人們所提供的協助——以及正式的支持,來自社團與機構。為了達到這些目的,個人以共同經驗、政治利益、美感鑑賞力或個人吸引力為基礎,跟他人建立連結關係。人們越來越常使用網路平台,例如臉書、Google+ 及 LinkedIn,來創造及維持社會或專業的連結。

　　在某個層次,假使某些文化特質(如空調)有助於個人克服環境壓力,可稱為具適應力。但在另一個層次,這些特質也可能不利於適應;換言之,它們可能威脅群體的長久存在。從空調機器逸散的物質具有威脅人類及其他生物的環境影響力。從長遠角度來看,許多當代文化模式是不利於適應的。例如,鼓勵人口過度增加的政策、不良的食物分配體系、過度消費,以及環境的工業汙染。

二、文化的演化基礎

人類用以發展文化的能力具有演化基礎，其年代延伸回溯距今可能到 300 萬年，這是依據考古記錄所見的早期工具年代，由我們的遠祖所進行的工具製作，若是由猿類使用及製作工具的觀察來看，極有可能再往前推 (Mercader et al. 2002)。

人類與我們的近親猿類在解剖學、腦部結構、遺傳與生化成分等方面，具有顯著的相似性。與我們最緊密關聯的是非洲大猿 (African great apes)：黑猩猩與大猩猩。人科 (hominidae) 是動物分類學上的一個科，包括化石人類與現生人類。黑猩猩與大猩猩也涵蓋在**人科動物** (hominids) 範圍之內。**人族** (hominins) 這個術語用來指稱朝向人類發展的這個群體，而非朝向黑猩猩與大猩猩發展，而且人族涵蓋所有曾經存在的人類物種。

人類的許多特質，反映了我們的靈長類祖先曾經樹居的事實。這些特質包括抓握能力及靈巧的雙手 [特別是對向性拇指 (opposable thumbs)]、深度視覺與彩色視覺、植基於一個較大腦子的學習能力、雙親對有限數目子嗣的教養投資、朝著社會性與合作的傾向。如同其他靈長類，人類具有靈活的、五根指頭的手部，以及對向性拇指：拇指可碰觸到同一隻手掌上的其他手指。如同猴類與猿類，人類也具備絕佳的深度視覺和彩色視覺。我們的雙眼位於頭骨正前方，並向前直視，因此雙眼視覺範圍相重疊。假使沒有重疊的視覺範圍，就不可能有深度視覺。深度視覺已證實在樹林裡具有適應能力——例如判斷距離。具有彩色視覺與深度視覺，也有助於辨別各種不同食物來源，以及相互梳毛 (grooming)，從毛髮中找出芒刺、蟲子及其他小東西。梳毛是形成與維持社會連結關係的途徑。

靈巧雙手與深度視覺這兩個特質的結合，使得猴類、猿類及人類能夠拿起小東西，把它們放在眼前，並且評估這些東西。我們穿針引線的能力，反映著歷經數百萬年的靈長類演化而獲致的精巧繁複的手眼協調能力。這種手部靈巧性，包括對向性拇指對於操控物體的行為，以及人

人科動物
人科的成員，任何化石或現生型態的人類、黑猩猩及大猩猩。

人族
除了非洲大猿以外的人科動物，所有曾經存在的人類物種。

類的重大適應能力——工具製作——賦予極大優勢。在靈長類，特別是人類，腦子與身體的尺寸比例超越大多數的哺乳類。更重要的是，腦子的外圍皮層——關於記憶、聯想與整合等功能——相對較大。猴類、猿類與人類在其記憶中，儲存許多視覺影像，這能讓牠們學到更多。這種學習能力是極大的適應優勢。如同大多數其他的靈長類，人類大多每次生育一個嬰孩，而不是生出一堆。這個嬰兒能得到雙親更多的注意，增加學習機會。這項對於子女更長久與更專心的照料，對於由社會群體所提供的支持，樹立了一個演化選擇的價值。人類已充分發展這些靈長類傾向而成為社會動物——經常跟同一物種的其他成員生活與互動。

人類及其他靈長類的共同特性

在靈長類社會(有組織的群體生活)與完全發展的人類文化(植基於象徵思考)之間，存在著一條巨大鴻溝。儘管如此，對於非人靈長類的研究，呈現牠們與人類的諸多相似點，例如從經驗學習，並因此改變行為。如同人類一般，猿類與猴類終其一生都在學習。例如，在日本獼猴的一個群體裡，一隻3歲大的母猴率先在吃甘藷前，用水洗掉甘藷表皮的泥土。起初是牠的母親，然後是牠的同年齡夥伴，最後是整個猴群，也開始清洗甘藷。對猴類與人類而言，學習及從經驗獲益的這項能力，賦予極大的適應優勢，得以避免致命錯誤。面對著環境變遷，靈長類不需等待一項需要長時間發展的遺傳或生理的反應。牠們可轉而修訂其習得行為或社會模式。

雖然人類確實比其他動物更常使用工具。然而，工具使用也出現於人類以外的物種。包括鳥類、海狸，特別是猿類(參閱 Campbell 2011)。人類也不是唯一依據心中特定目的而製作工具的物種。棲息在象牙海岸塔伊森林的黑猩猩使用石器來敲開堅硬的、如高爾夫球般大小的核果(Mercader, Panger, and Boesch 2002)。在某些特定位址，黑猩猩將蒐集來的核果放在木頭或平坦的石頭上，再用厚重石頭敲打這個核果。黑猩猩也必須選擇適合用來敲開核果的槌石，並將石頭帶到核果樹生長之處。敲開核果是習得的技術，黑猩猩的母親會為孩子示範如何進行。

1960 年，珍古德 (Jane Goodall) 在東非坦尚尼亞的岡貝溪流國家公園 (Gombe Stream National Park) 開始觀察野生環境中的黑猩猩——包括牠們的工具使用方式與狩獵行為 (參閱 Goodall 2011)。關於黑猩猩製作工具的行為，受到最多研究的是「釣白蟻」，黑猩猩製作工具以深入白蟻丘。牠們選擇細長的樹枝加以修整，去掉樹葉，再剝去樹皮，露出裡面的黏性表層。牠們將這些樹枝帶到白蟻丘，用手指挖洞，然後將樹枝塞進去。最後，牠們把樹枝拉出來，吃掉那些受到黏性表層所吸引的白蟻。從我們已知的猿類工具使用及製作能力，幾乎確定早期人族也跟我們一樣具備這種能力，即使人族製造工具的年代最久遠證據，只能回溯到距今 300 萬年前。直立雙足行走能讓人們攜帶並使用工具與武器，以對抗掠食者與競爭者。

大猿具有其他學習文化的重要能力。野生的黑猩猩與紅毛猩猩會瞄準和投擲目標。我們的另一個近親——大猩猩，欠缺了黑猩猩所具有的製作工具的傾向。然而，大猩猩確實會築巢，而且會投擲樹枝、草、藤蔓及其他物品。人族充分發揮瞄準與投擲的能力，假使沒有這種能力，我們就永遠不會發展出拋射技術與武器——或棒球。

就如同工具製作，人類學家以往認為狩獵是人類的獨有特質，而不是我們與猿類近親所共同具備的特質。然而，靈長類研究再度顯示，其他靈長類是習慣上的狩獵者，特別是黑猩猩。例如，在烏干達奇巴勒國家公園 (Kibale National Park)，黑猩猩形成較大規模的狩獵隊伍，每支隊伍平均包含 26 個成員 (幾乎大多是成年與青春期的雄性)。大部分的獵捕行動 (78%) 至少會捕獲一隻獵物——比起獅子 (26%)、土狼 (34%)、印度豹 (30%)，這是極高的成功率。當地黑猩猩最喜歡的獵物是紅疣猴 (Mitani et al. 2012)。

人類至少在距今 300 萬年前就從事狩獵，這是依據早期的切割獸肉用石器所做的推測。依據我們現在對黑猩猩狩獵行為與工具製作的理解，可推論人科動物可能在最早考古學證據之前的很長一段時間就已進行狩獵。由於黑猩猩往往把獵獲的猴子吃個精光，只留下極少的殘跡，因此我們可能永遠無法發現最早的人族獵捕行為的考古學證據，尤其這是在未使用石器的情況下所進行的。

🔺 我們如何有別於其他靈長類

雖然黑猩猩經常分享來自獵捕所得的肉類,但猿類與猴類傾向於各自填飽肚子(除了哺育幼子之外)。合作與分享更像是人類的特色。直到非常晚近的年代(距今 12,000 年到 10,000 年前),所有的人類都是狩獵採集者,生活在遊群 (bands) 的小型社會群體。在世界某些區域裡,這種狩獵採集生活方式延續至今,能讓民族誌研究者從事研究。在這類社會,男人與女人把獲取的食物資源帶回營地分享,每個人都共享來自一頭大型獵物的獸肉。年長者能在生育年齡之後繼續存活,由遊群的年輕成員提供食物與保護,並因他們的知識經驗而受到尊重。人類是靈長類當中最具合作性的──在食物追尋及其他社會活動方面。此外,儲存在人類遊群中的資訊數量,遠比其他任何靈長類群體更多。

介於人類和其他靈長類的另一個不同點在於性交。狒狒、黑猩猩與巴諾布猿的大多數性交是發生於雌性進入發情期時,這段期間牠們的陰部會發出氣味並變紅。願意接受性交的雌性會與雄型構成暫時伴侶關係,並進行性交。相對地,女人並沒有明顯可見的發情期,而且她們的排卵期是隱而不見的。在不知何時會排卵的情況下,人類一年到頭都可能發生性交,使他們的繁殖成功機會達到最大。人類為性交而組成的伴侶關係,往往比黑猩猩的伴侶關係更為獨占與長久。跟我們更頻繁的性生活有所關連的是,所有的人類群體都具有某種型態的婚姻。就性交而言,婚姻提供可靠的基礎與保證,特別賦予配偶對於彼此的性權利,即使這項權利並不經常是獨占的。

婚姻在人類與非人靈長類之間創造另一項重要對比:外婚制與親屬體系。大多數文化具有外婚規則,要求其成員必須在自己的親屬或地域群體以外,找尋婚配對象。連同對於親屬關係的認定,外婚制提供許多適應優勢。它在配偶雙方的各個出生群體之間創造了連結關係。他們的孩子在兩個(而不是只有一個)親屬團體都擁有親戚,乃至於盟友。關鍵點在於,除了人屬之外,靈長類的不同地域團體的成員之間,往往欠缺情感連結與相互支持。其他靈長類往往在青春期時四散。黑猩猩與大猩猩的雌性往往向外遷徙,到其他群體找尋性交對象。人類也是從原生

群體外選擇配偶,且往往至少有一方配偶必須搬家。然而,人們與兒子及女兒維持終生的連結關係。親屬與婚姻體系維持這些連結關係,這在人類及其他靈長類間提供一項重要對比。

三、普同性、一般性與獨特性

人類學家研究各個時空中的人類多樣性,區分了普同性、一般性與獨特性。某些生物、心理、社會與文化的特質是人類**普同性** (universal),見諸於每個文化。其他特性是**一般性** (generality),在數個文化裡是常見的,但並非全部的人類群體所共有的。此外,還有其他特性是**獨特性** (particularity),只由某些文化傳統所獨有。

▲ 普同性與一般性

植基於生物性質而產生的普同性,包含漫長的嬰兒依賴期、一年到頭都可發生性關係(沒有發情期),以及一個複雜腦子,使得我們具備使用象徵、語言與工具的能力。社會普同性就是在群體及某個類型家庭中的生活。一般性發生在不同時空環境中,但未必存在於所有的文化。有一種出現在許多社會,但並不存在於全部社會的文化一般性就是核心家庭,由父母與子女所組成的親屬團體。雖然許多美國中產階級人士會採取我族中心觀點,將核心家庭視為一種合宜且「自然的」團體。即使說事實上核心家庭僅占當代美國家庭總數的 20%,但這種觀點依然存在。從跨文化的觀點也是如此,這種「傳統」家庭絕對不是普同的。在印度馬拉巴海岸的納雅人 (Nayars),傳統上居住在以女性家長為首的家戶中,丈夫與妻子並未同住。在許多的其他社會之中,核心家庭隱藏在更大規模的親屬群體中,例如擴展家庭、世系群、氏族等。

各個社會可藉由採借,或透過來自同一個文化祖先的(文化)傳承,而共享相同的信仰與風俗習慣。說英語是北美及澳洲人們共享的一般現象,這是由於兩地都有英國移民。另一個用來解釋一般性的理由則是宰

普同性
存在於每一個文化的某件事物。

一般性
某些文化模式或特徵,僅僅存在於某些社會,而不是全部社會。

獨特性
特別或獨特的文化特徵、模式或整合方式。

制 (domination)，如在殖民統治期間，一個更強大文化的某些風俗習慣與辦事程序，強加於另一個文化上。在許多國家裡，使用英語的現象反映著殖民歷史。到了更晚近年代，當英語透過傳播而散布到許多國家時，就成為世界最通行的旅行、商務及網路語言。

▲ 獨特性：文化模式

　　文化獨特性，就是尚未變成一般性或廣泛傳播的文化特徵或特質；而是限定在單一地點、文化或社會。但由於文化採借已透過現代運輸與通訊體系而加速，昔日在分布區域曾經受限的特質，現在已變得越來越廣泛傳播。有些文化特質比其他特質更可能向外傳播：有用的、能迎合較大一群人，而且不會牴觸可能採行者的文化價值。儘管如此，有些文化特殊性依然持續存在。有個例子就是特殊食物 (如有一種裹著芥末醬的烤豬肉，只能在美國南卡羅來納州買到；或是肉餡餅——將牛肉放在派皮麵糰中慢火烤乾，這是密西根半島的特色美食)。傳播這項理由可用以解釋為何文化獨特性逐漸變少，例如麥當勞的分店，起初只有在加州的聖伯納帝諾 (San Bernardino)，然後散播跨越全世界。此外，存在著其他理由。有許多文化特質被人們所共享，成為文化普同性，以及成為一項獨立發明的結果。世界不同地方的人們面對著類似問題，想出相似的解決管道。

　　在個別文化特質或成分的這個層次 (如弓與箭、熱狗、HBO 電影頻道)，獨特性可能越來越稀少，但在較高的層次，獨特性可能更加明顯。不同的文化強調不同的東西。文化以不同方式被整合與模式化，而展現出非常驚人的變異性與多樣性。當文化特質被採借時會受到修訂，以切合於採用這些特質的文化。它們被重新整合——重新模式化——以切合它們的新場景。在德國或巴西的真人秀影集《老大哥》(Big Brother)，絕對不會跟美國的同一個節目一模一樣。正如先前「文化是整合的」一節所述，模式化的信念、習俗與行為為特定的文化傳統提供獨特性。

　　想想看一些普同的生命循環事件，例如由許多文化所遵行與關注的出生、成年禮、婚姻、成為父母和喪禮等。這些場合 (如婚禮、喪禮)

可能是一模一樣與普同的。但人們遵循這些儀式的模式可能會有著極大差異。單單就哪些場合值得特別慶祝，各個文化就會有所不同。美國人認為，相較於奢華的喪禮，昂貴的婚禮較符合社會的需要。但是，馬達加斯加的貝其力奧人 (Betsileo) 卻抱持著相反看法，婚禮是一件微不足道的事，只由新婚夫妻及近親參加。然而，喪禮是死者的社會地位與終生成就的指標，可能會吸引上千人參加。貝其力奧人說，當一個人可以花錢修葺墳墓的時候，為什麼要花錢在房子上面？墳墓是一個人未來跟故世親人永遠同住的地方。這與當代美國人擁有住家的夢想，以及喜歡快速且不昂貴的喪禮，在觀念上有很大的差異。火葬日益成為美國人最常選擇的葬禮選項 (參閱 Sack 2011)，但這可能會惹惱貝其力奧人，對他們來說，祖先遺骨是重要的儀式物件。

各個文化在其信念、行為、整合與模式上，有著極大的變異性。人類學家藉著將焦點放在這些另類的風俗習慣，並嘗試加以解釋，迫使我們重新評估自己熟悉的思考模式。在這個充滿文化多樣性的世界，當代美國文化只是其中一種，比起其他文化，它或許較強力，但不會較為自然。

四、文化與個體：能動者與實踐

幾個世代以來的人類學家，已針對介於「體系」(system) 相對於「個人」(person) 或「個體」(individual) 之間的關係建立理論。「體系」可用來指稱許多概念，包括文化、社會、社會關係與社會結構等。個別的人們往往會組合或建構體系。但是生活在某個體系中的人們，也會 (至少在某個程度上) 受到它的規則或其他個人的行動所限制。文化的規則對於應該做什麼及如何做提供行為方針，但人們不會一直遵循規則所指示的應該做的事情。人們會主動或有創造力地運用其文化，而不是盲目遵從文化的支配。我們並不是如同電腦程式所控制的機器人一般的消極個體，依循著我們的文化傳統而行事；相反地，人們可採取許多不同方

式,學習、詮釋與操縱同一套規則——或許他們各自強調較符合自身利益的不同規則。文化也是相互競爭的 (contested)：社會中的不同群體彼此競爭,看看誰的觀念、價值與信念占優勢。即使是共同象徵,對於同一文化中的不同個體與群體也會具有截然不同的意義 (meanings)。麥當勞的金黃色拱門商標 (golden arches) 可能讓某個人垂涎三尺,但另一個人卻因而策劃一場素食者的抗議行動；人們也可能揮舞同一面旗幟來支持或反對某一場戰爭。

即使人們對於什麼該做、什麼不該做,可以達成共識,但人們並不會經常依據文化所引導的方向,或他人的期望行事。人們會違犯許多規則,有一些是經常違犯的 (如行車速限)。某些人類學家發現將理想文化與實際文化區分開來,是有幫助的。理想文化 (ideal culture) 包含人們說自己應該做些什麼,以及他們說自己做了什麼。實際文化 (real culture) 係指由人類學家所觀察到的,人們的實際行為。

文化兼具公共與個體的性質,同時存在於世界與人們的心智中。人類學家感興趣的,不只是公共與集體的行為,也包括個體如何思考、感覺與行動。個體與文化是連結在一起的,因為人類的社會生活是個體將公共的 (文化的) 訊息加以內化的一個過程。那麼,人們無論是獨自或在群體中,都可藉由將個人的 (且往往是分歧的) 理解轉換成公共的表現形式,進而影響文化 (D'Andrade 1984)。

人類學家習慣將文化視為社會凝聚劑,跨越世代而傳承,透過人們共同的昔日經歷而將他們結合起來；而不是將文化視為在當下不斷被創造與重新發揮作用的事物。這種傾向係將文化視為一個實體,而非一個不斷改變的過程。當代人類學家現在強調日常的行動、實踐或抵抗,究竟如何創造與再創造文化 (Gupta and Ferguson 1997b)。能動 (agency) 係指個體在文化認同的成形與轉型過程中所採取的行動,無論是獨自或在群體當中。

這種文化研究取向稱為實踐理論 (practice theory)(Ortner 1984),體認在一個社會或文化中的不同個體,具有不同的動機與意圖,且有不同程度的權力和影響力。這些對比可能關聯到性別、年齡、族群、階級,

以及其他社會變項。實踐理論將焦點放在這些不同的個體——如何透過他們的行動與實踐——設法影響、創造和改變這個他們生活在其中的世界。實踐理論合宜地認識到在文化(體系)與個體間的相互關係。文化塑造個體體驗與回應外在事件的方式,但個體也在社會的運作和變遷中扮演主動角色。實踐理論認識到加諸於個體的各種限制,以及文化與社會體系的彈性和可變性。

▲ 文化的層次

我們可以依據文化的成員資格與地理範圍,將文化區分為幾個層次。**國家文化** (national culture) 係指由同一國家的公民所共享的信念、習得的行為模式、價值與制度。**國際文化** (international culture) 用來指稱延伸超越國界的文化傳統。由於文化是透過學習而傳承下去的,而是透過遺傳。因此文化特質可藉由從一個群體到另一個群體的採借或傳播 (diffusion) 而散布。

國家文化
由相同國家的公民所共享的文化特質。

國際文化
延伸超越國界的文化傳統。

有許多文化特質與模式的範圍是國際性的。例如,藉由教會的傳承,在許多國家的天主教徒共享許多信仰、象徵、經驗與價值。現在的美國、加拿大、英國、澳洲等國,共享著由共同的英國語言與文化祖先所傳承的文化特質。世界盃足球賽變成國際文化事件,許多國家的人們知道足球規則、玩足球、追蹤足球消息。

文化的範圍也可能小於國家層次。雖然生活在同一個國家的人們參與著全國的文化傳統,但所有的文化也包含著多樣性。在同一個文化中的各個個體、家庭、社群、區域、階層及其他群體,具有彼此不同的經驗。**次文化** (subcultures) 是在同一個複雜社會中,關聯到特定群體的、植基於象徵的行為模式與傳統,彼此會有所差異。在美國與加拿大這類大型國家,各種次文化源自於區域、族群、語言、階級與宗教團體等。猶太教、浸信會及天主教的教徒間的各種宗教背景,創造他們之間的次文化差異。雖然美國的北方人與南方人共享同一國家文化,但是由於區域差異,他們在信仰、價值及習俗等層面也會有所不同。同樣地,加拿大的法語區和英語區的人們彼此就有所差異。義大利裔美國人擁有的族

次文化
在同一個複雜社會中,關聯到其中各個亞群體的不同文化傳統。

◆ 表 2.1　文化的層次，以國際及美國的運動與食物為例

文化層次	運動	食物
國際	足球、籃球	披薩
全國	怪獸卡車公路賽	蘋果派
次文化	柏西球	大喬烤豬肉 (南卡羅萊納州)

群文化傳統，就有別於愛爾蘭裔、波蘭裔及非裔美國人。表 2.1 以運動與食物為例，舉出幾個國際文化、國家文化、次文化的例子。足球與籃球是國際運動；怪獸卡車公路賽 (monster-truck rallies) 在美國各地舉行；柏西球 (bocci) 是一種來自義大利，類似保齡球的運動，目前有一些義大利裔美國人的社區依然在從事這項運動。

時至今日，許多人類學家依然不願使用次文化這個詞彙。他們認為「次」(sub-) 這個字首會讓人感到不舒服，因為它意味著「低下」。「次文化」會因此被認定比一種主流的、菁英的，或全國的文化更「低等」或次級。在這段有關文化層次的討論中，我並沒有這樣的意思。我的論點就是，一個國家中可能包含許多不同的、由文化所界定的群體。正如先前提過的，文化是相互競爭的。各個群體在和其他群體或整個國家比較時，往往會努力抬高自己的行為、價值與信念所具有的正確性和價值 (參閱本章的「領會多樣性」專欄，看看當代原住民究竟如何努力對付各種不同層次的文化、爭論與政治規章)。

▲ 我族中心觀點、文化相對觀點與人權

我族中心觀點
運用自己的文化標準來評斷其他文化。

我族中心觀點 (ethnocentrism) 是一種傾向，將自己所擁有的文化信念視為較優越，並運用自己的標準與價值觀來評斷其他文化。當我們看到人們認為他們所熟悉的解釋方式、意見與習俗，比起其他人群，都是更加正確、合宜、合乎道德的，這就是我族中心觀點。然而，人類學是一門對於人類多樣性的研究，其基本概念在於這項事實：對我們而言怪異的 (甚至噁心的) 東西，對其他地方的人可能是正常、合宜，甚至受到鼓勵的 (參閱前面關於文化特殊性的討論，包括喪葬風俗)。當人類

學家呈現各種用來解釋這些陌生行為的理由時，文化多樣性的事實使得人們質疑我族中心觀點。在人類學課程中，學生往往會重新檢視自己的我族中心信念。有時當我們開始熟悉怪異的行為時，原先熟悉的行為就會變得有些怪異，甚至不會如同以前一樣令人感到自在。人類學的目標之一，就是呈現他者生活方式的價值。但是，這項目標到什麼程度就會過頭了？當文化行為、價值及權利跟人權相衝突時，會發生什麼情況？

在非洲及中東地區的某些社會具有修整女性陰部的傳統。陰蒂割除術 (clitoridectomy) 就是將女孩的陰蒂割除；陰唇縫合術 (infibulation) 則是將兩片陰唇縫合起來，以便束緊陰道的開口；這兩種手術都減少了女性的性歡愉，有些社會相信此舉可減低通姦的可能。這兩種行為是一些社會的傳統，但這些損害女性生殖器官的行為受到人權提倡者 (特別是女權運動團體) 的反對。其理念在於，這個傳統侵犯一種基本人權──對個人身體與性生活的掌控權。雖然這類行為仍在許多地方持續進行，但是由於世人的關注，以及不斷改變的性別角色，它們已逐漸式微。在西方國家開始接納來自這些文化的移民後，某些非洲國家明文禁止或不鼓勵這些程序。類似議題也出現在割除男性包皮及其他性器官手術上，在非洲與澳洲的部分地區，依然在要求青少年男孩參加集體的割禮，以實踐其文化傳統，這是否恰當呢？在未經本人瞭解與允許下，割除一個男嬰的包皮是否正當？這種行為也經常出現在美國，而且是猶太人與穆斯林的習俗。(在 2011 年，美國舊金山有一場要求禁止割包皮的法令提案，但未能成案，因此未交付公投。)

依據**文化相對觀點** (cultural relativism) 這個概念，不宜採用外界的文化觀點來判斷某個社會的行為，我們應將這類行為放在其文化脈絡中來加以評價。人類學家運用文化相對觀點，並不是將它當成道德信念，而是方法論立場：為了充分理解另一個文化，我們必須嘗試理解，該文化的人們如何看待事情。當他們做這些事情的時候，什麼促使他們這麼做──他們在想些什麼？這一種研究取向並沒有排除做出道德判斷。在女性陰部修整的例子，學者僅能藉由從事那些行為者的觀點，以理解用來解釋這項行為的動機。學者在做到這一點之後，就能面對道德問題，

文化相對觀點
不宜採用外界標準來評斷行為，而是放在這個行為所發生的文化脈絡來加以評價。

是否應當對這件事情採取某些行動。

我們也應認識到，在同一個社會的不同人群與群體——例如，女性相對於男性，或老人相對於年輕人——對於什麼事情是合情合理的、必要的，以及合乎道德的，可能抱持著截然不同的觀點。當一個社會存在著權力差別，某個特定行為由某些人支持的程度，可能高於其他人(如老年男子相對於年輕女子)。我們在任何一個文化脈絡中，嘗試理解某個行為或信念的意義時，應提出疑問的是，就那個風俗而言，哪些人處於相對優勢與相對劣勢。

人權
植基於正義與道德的權利，這超越且優於特定國家、文化與宗教。

人權(human rights)這個觀念提倡一個正義與道德領域，它超越而且優於特定國家、文化與宗教。我們常認為人權是賦予個人的，包含言論自由、宗教信仰自由而免於迫害，免於遭到謀殺、傷害、奴役，或是

領會多樣性

誰擁有文化？

原住民族群具有保存其傳統文化實踐的權利，究竟可以到達哪個程度？在今日的世界體系，當地人所應關注的不僅是自己的文化規則與習俗，更是包括在國家及國際層次運作的機構、法律與訴訟。你不妨思考一下，在動物權、文化權、經濟權、法律權之間可能存在的衝突。也請你思考一下，各個不同的文化與行政層級(地方性、區域性、全國性及全球性)，現在決定人們如何過他們的生活。

馬卡人是一群美國原住民，人口約1,500人，生活在接近美國華盛頓州奧林匹克半島。傳統上，他們的經濟仰賴在太平洋捕魚及捕鯨。馬卡人的祖先利用在海上航行的獨木舟，獵捕北太平洋東北角的灰鯨，已有超過1,000年的時間。超乎他們能力所及的各種外在力量，已阻擋馬卡人從事捕鯨約一個世紀之久，除了在1999年一場短暫的僅僅一次的捕鯨與獵殺行動之外。

馬卡人的有系統捕鯨行動在1920年代終止，當時商業捕鯨已將灰鯨族群捕捉殆盡。美國最終將灰鯨列入瀕臨絕種動物的名單當中。經過這些年，國家與國際對於捕鯨的禁令，使得灰鯨數量得以恢復，而且美國政府在1994年就把北太平洋灰鯨從瀕臨絕種動物的名單除名。五年之後，從未放棄捕鯨渴望的馬卡人再度獲得獵鯨的許可。

馬卡人這場短暫的恢復捕鯨發生在1999年。那時馬卡人的捕鯨經驗只存在於口語傳說的經驗當中，沒有任何一位族人曾親眼見過捕鯨，也未曾嚐過北太平洋灰鯨。1999年的這場獵捕行動採用魚叉及魚槍，確實捕到一頭30噸重的灰鯨。回到岸上，捕鯨人屠宰這頭鯨魚，加以處理並保存鯨肉供未來食用。這個事件持續陷入捕鯨人及抗議者之間的法律訴訟與密集媒體報導。

有數個動物權利團體，包括美國人道協會(Humane Society of the United States)在內，提起訴訟要求馬卡人停止捕鯨。回應著這項訴訟，上訴法庭暫停馬卡人的捕鯨，並宣布美國海洋與大氣總署(National Oceanic and Atmospheric Administration, NOAA)必須詳盡研究，馬卡人的獵捕對於鯨魚物種存續的影響。

免於未經審判就遭到監禁。這些權利並不是由個別政府制定與實行的一般法令。人權被視為具有不可剝奪性 (inalienable，國家不可縮減或終結人權)，以及國際性 (大於且優於個別的國家與文化)。有四項聯合國文件幾乎陳述全部的人權內容，這已受到國際認定。這四項文件是《聯合國憲章》、《世界人權宣言》、《經濟、社會與文化權利公約》、《公民與政治權利公約》。

在人權運動興起的同時，也產生一股保存文化權的意識。有別於人權的是，**文化權** (cultural rights) 並不是賦予個體的，而是賦予群體的，包括原住民社群、少數宗教群體及少數族群。文化權包含一個群體的許多能力：保存他們的文化、用祖先方式教育其後代、延續其語言，以及不會被國家剝奪他們居住地的經濟根基。許多國家跟境內文化少數族群

文化權
賦予宗教及族群少數群體以及原住民社會的權利。

馬卡人認為捕鯨是他們文化的核心，他們陳述說捕鯨既是文化權，又是條約保障的權利。他們引述捕鯨這件事除了實質的物質利益之外，更有象徵與精神上的意義，並指出他們在 1855 年與美國政府簽訂的條約中，認定他們擁有捕鯨的權利，用以交換大面積的馬卡人傳統領域。

馬卡人的情況究竟有多不尋常？在阿拉斯加原住民的幾個部族，以捕捉另一個鯨魚物種——北極鯨維生，這在 1972 年就列在《海洋哺乳類保護法》的管制條款之外。但是，馬卡人就算享有 1855 年條約的權利，卻並未獲得這項豁免。馬卡部族向法院提起上訴，要求政府開立豁免書，賦予他們一項永久權利，得以在任何一段五年期間，獵殺不超過二十頭的灰鯨。

那些積極反對馬卡人捕鯨的動物權團體，並不是反對阿拉斯加原住民部族的生計取向地捕鯨。他們主張馬卡人並非為了生計而捕鯨，而「僅僅是」為了文化上的理由，而且鯨肉並非他們不可或缺的食物。馬卡人及其支持者則主張，他們的文化與生計是交織在一起的。

馬卡人捕鯨的未來現在端視 NOAA 漁業部門的決定。在 2015 年春天，NOAA 發表一篇報告，列舉未來馬卡人捕鯨的幾項替代方案，範圍從禁止一年一度的捕鯨，到容許馬卡人一年捕捉五頭鯨魚，但在六年期間不可超過 24 頭。NOAA 打算到最後發出一項最終的文件，建議究竟是否可恢復獵捕，假使可以的話，是在什麼條件之下。隨後這項建議必須提交給行政法官，此後再交給 NOAA 的漁業部門首長，他將必須簽署同意這項法律判決。

馬卡人的案例顯示著，在現今世界充滿著律師、管理機構及社運份子的情況下，想要贏回一個文化權，同時也是一個條約保障的權利，究竟會面臨一場多麼漫長、艱辛且不確定的過程。

想瞭解馬卡人的最新發展，請參閱他們的網站：http://makah.com/makah-tribal-info，也請參考 http://indiancountrytodaymedianetwork.com/2015/06/23/whale-wars-groups-vs-makah-who-decides-if-tradition-are-authentic-160741。

資料來源：Hopper 2015, Kershaw 2005 及馬卡人網站。

原住民智慧財產權
原住民集體知識及其運用方式。

簽訂協議，賦予許多權利，包括自決權、某種程度的地方自治權，以及實行這個群體的宗教、文化與語言的權利。與此有關的是**原住民智慧財產權** (indigenous intellectual property rights, IIPR) 這個概念的興起，藉以保存每個社會的文化根基——其核心信念與原則。原住民把原住民智慧財產權當作文化權而提出訴求，讓他們得以掌握哪些人可能會知道並利用他們的集體知識及其應用方式。許多傳統文化知識具有商業價值，例如民族醫學 (ethnomedicine，傳統醫療知識與技術)、化妝品、農作物、食物、風俗、藝術、工藝、歌謠、舞蹈、服飾及儀式等。依據原住民智慧財產權的概念，一個特定的群體可以決定他們的原住民知識及這套知識的產物，可採取何種方式使用與傳布，並需要取得什麼等級的補償。(本章的「領會多樣性」專欄討論法律、文化權與動物權等概念如何相衝突)。

　　文化權這個概念令人回頭思考文化相對觀的觀念，而且先前討論的議題又再次浮現。面對那些干涉人權的文化權，學者可做些什麼？我相信，人類學是對於人類多樣性的科學研究，應該致力於精確敘述與解釋文化現象。大多數的民族誌研究者在他們對異文化的敘述，嘗試做到客觀、精確、敏感。但是，人類學家採取客觀性、敏感性與跨文化觀點，並不意味著他們必須忽略國際性的正義與道德標準。人類學家並不需要贊同殺嬰、食人與凌虐等風俗習慣，才得以記錄這些現象，並確定其起因。然而，每一位人類學家對於即將前往從事田野工作的地點都可以做出抉擇，有些人類學家選擇不去研究某個特定文化，因為他們事先知道，或在田野工作初期發現某些當地在道德上令人反感的行為。每一位人類學家一旦面臨這類行為時，他／她必須做出判斷，應當對這個行為做些什麼行動。你認為呢？

五、文化變遷的機制

傳播
不同社會間的文化特質採借。

　　文化究竟為何及如何發生變遷？有一個途徑是**傳播** (diffusion)，或是不同文化間的文化特質採借。這種資訊及產品的交流在人類歷史上持

續發生，這是由於從來沒有一個文化是真正遺世獨立的。鄰近群體間的接觸持續存在著，且延伸到廣大的區域 (Boas 1940/1966)。當兩個群體彼此貿易與通婚，或發生戰爭，就是直接 (direct) 傳播。當某個文化征服另一個文化，並將其生活習慣強加在這個被控制的群體上時，就是強迫 (forced) 傳播。當某些項目從甲社群，經由乙社群傳播到丙社群時，而不是藉由甲社群與丙社群的任何第一手接觸時，就是間接 (indirect) 傳播。在這種情況下，乙社群可能由貿易者或商人所組成，將各地生產的各種貨物帶到新的市場；或者乙社群的地理位置處於甲社群與丙社群中間，它從甲社群取得的東西，最終傳到丙社群，反之亦然。在今天的世界裡，更多的跨國傳播歸因於大眾傳播媒體及先進資訊科技的廣為流傳。

涵化 (acculturation) 是第二種文化變遷的機制，這是文化特質的交換，這導因於兩個以上的文化群體間，具有持續不斷的第一手接觸。任何一方或雙方都可藉由這類接觸而改變 (Redfield, Linton, and Herskovits 1936)。透過涵化，這些文化的某些部分會產生改變，但每個群體依然保有獨特性。在持續接觸的情況下，這些文化在食物、烹飪方式、音樂、舞蹈、服飾、工具、技術與語言等方面，可能發生交換或混雜。

涵化的一項例證就是*洋涇濱* (pidgin)，這是一種混合語言，當兩個不同社會的人們接觸時，為了便於溝通而發展出來的。例如，洋涇濱英語 (Pidgin English) 是簡化的英語，它混合英文文法與當地語言的文法。洋涇濱英語首先用在中國港口的商業貿易。稍後在巴布亞紐幾內亞與西非地區發展出類似的洋涇濱。

獨立發明 (independent invention)——人類藉此過程創新、有創造力地發現問題的解答——這是第三種文化變遷的機制。在不同社會的人們面臨著類似的問題與挑戰，採取類似的方式來創新與變遷，這是文化一般性之所以存在的原因。一個例子就是在中東與墨西哥，農業的獨立發明。在人類歷史中，歷次的重大創新都是以犧牲先前的創新為代價。一項重大的創新 (如農業)，往往觸發一系列後續的相關變遷過程。這些經濟革命都會產生許多社會與文化的間接影響。在墨西哥與中東地區，農業導致許多社會、政治與法律的變遷，包括財產觀念，以及在財富、階級與權力的社會階層區別。

涵化
處在第一手接觸的幾個群體之間，文化特質的交換。

獨立發明
在不同的社會，各自獨立發展出某一項文化特質。

六、全球化

全球化
在今日的世界體系當中，各國的加速相互依賴。

全球化(globalization) 所描述的是一系列的過程，它們跨越國界發揮作用而促進世界的變遷，其中各個國家與人們逐漸相互連結與互相依賴 (參閱 Spooner 2013)。促使這項連結發生的是經濟與政治力量，以及現代的運輸與通訊體系。全球化的推動力量，包括國際貿易、旅遊與觀光、跨國移民、傳播媒體，以及各種高科技的資訊流通 (參閱 Appadurai 2001; Friedman and Friedman 2008; Haugurud, Stone, and Little 2011; Kjaerulff 2010)。新的經濟聯盟組織 (在各個成員國可能會遭逢相當程度的抵抗) 是透過世界貿易組織、國際貨幣基金及歐盟而創立的。

各種媒體，包括網際網路及衛星與數位傳輸，對於全球化扮演重要角色。長途通訊比以前更容易且迅速，而且現在覆蓋全球大部分地區。我可以發電子郵件、Skype、發臉書訊息、打電話給巴西亞潤貝的朋友，我在 40 年前第一次前往研究時，當地沒有電話，甚至沒有郵政服務。現在任何人，包括可能前往觀光的遊客，都可透過數以百計的網頁來取得亞潤貝的資訊，包括當地人製作的 YouTube 影片。任何東西都可在谷歌 (Google) 上面搜尋。大眾傳播媒體助長跨國消費文化，促進人們在全球金融經濟體系的參與。傳播媒體傳遞有關商品、服務、權利、制度及生活方式的訊息。移民跨國傳遞著訊息與資源，在此同時，他們依然維持與故鄉的連結 (透過電話、Skype、推特、視訊會議、傳簡訊、電郵、造訪、匯款等)。就某種意義來說，這類的人們過著多地點的生活──同時在不同的地點跟文化。他們學會依據不同的情況及脈絡，來扮演各種社會角色，並改變其行為與身分認同。

全球化的影響廣大，而且並非經常受人歡迎。地方人群必須妥善面對由更大體系所產生的各種力量。由外來者與潛在發動變遷的機構所組成的龐大勢力，現已入侵到各地人們身上。觀光成為世界第一大產業。經濟發展機構與傳播媒體提倡一個觀念，工作應當是為了賺錢，而不是主要為了滿足生計而已。原住民與傳統文化運用各種不同策略，應付對其自主性、身分認同與生計方式的各項威脅 (Maybury-Lewis, Macdonald and Maybury-Lewis 2009)。新型態的政治動員與文化表現方式，包括先前討論的爭取權利運動，正從地方、區域、國家、國際等層次的文化力量間的交互作用中不斷衍生 (參閱 Ong and Collier 2005)。

▲ 全球化：意義與本質

史密斯與道爾 (Mark Smith and Michele Doyle 2002) 區分全球化的兩種意義：

1. 全球化如同事實：跨越世界的產品、通訊與科技的傳播及連結。這是全球的首要意義，也是本書所採用的意義。
2. 全球化如同彼此競爭的意識型態與政策：由國際貨幣基金、世界銀行 (World Bank) 及其他國際金融強權所做出的各種努力，以創造一個全球性的勞務與財貨的自由市場。在這個定義，對於其提倡者來說，全球化是世界應該走的一條路；對於其反對者而言，這是世界不應該走的一條路 (Lewellen 2010)。

第一個全球化定義較為持平。全球化如同有系統的連結關係，這項事實反映世界體系持續不斷的成長。雖然世界體系已存在數個世紀之久，但是現在它有幾個重要的新面向。有三個面向值得一提：全球通訊的速度、全球網絡的規模 (複雜性與大小)，以及國際交易的數量。

蘇聯帝國的沒落 (1989 年至 1990 年) 才使一套嶄新且真正的全球經濟得以萌芽 (Lewellen 2010)。這套全球經濟體系有三個關鍵特徵：(1) 它植基於知識與資訊；(2) 它的網絡是跨國的；以及 (3) 它的核心活動，即使是分散各地，可同時以同一個單位的方式向前推動。

網際網路及手機使得極其快速的全球貨幣、資源與訊息流動變得可能。在空間上非常分散的各項工作任務，現在可以即時進行協調。昔日需要面對面接觸所做的交易行為，現在可跨越非常遠的距離來進行。例如，當你運用網際網路訂購某項東西，可能需要講話的對象是快遞司機，而且遠處傳來的車輛嗡嗡聲也會替代那位司機的聲音 (只要聽到車子駛近的聲音，就知道貨物送到，根本就不用跟司機說話)！幫你處理亞馬遜網站訂單的電腦可能位在不同的大陸上，而且你所訂的貨物可能來自

任何一處倉庫。現在一般的食物都運送超過 1,300 英里 (2,092 公里)，而且在它到達美國消費者手上之前，經過十多次的換手處理 (Lewellen 2010)。

在這樣一個世界當中，布拉沃伊 (Michael Burawoy) 提議人類學家應該轉換他們的研究，「從研究『地點』(sites) 轉變為研究『場域』(fields)，換言之，研究的是地點之間的關係」(Burawoy 2000: xii)。人們的生活範圍逐漸擴大，跨越邊界，並維持跟超過一個國家的社會、財務、文化與政治的連結 (參閱 Lugo 1997)。這種經營「多重地點」生活的人們的例子，包括商業與知識的領導者、發展工作者、跨國公司的人員，以及遷移外地的居家看護、農業工與建築工 (參閱 Lewellen 2010)。

跨國企業將生產、銷售與服務部門轉移到工資與物料都便宜的區域。這場勞力的全球化，由於產業外移及外包，產生本國勞工失業的結果。跨國企業也尋求開拓新市場，致力創造新的需求，特別是年輕人的市場。年輕人日益將他們的身分認同建立在消費行為上，特別是品牌產品。成功的跨國企業，例如耐吉、可口可樂、蘋果電腦，都投入大筆金錢推銷它們的品牌，目標是把特定品牌變成人們看待自己時，不可或缺的一部分。

跨國企業逐漸影響國家政策，它們意圖跟政治人物及政府官員形成利益夥伴關係。跨國企業的影響力延伸到重要的跨國組織。隨著金融市場的全球化，國家對於本國經濟體系的控制降低了。你能夠想到幾個例子嗎？世界銀行、國際貨幣基金、歐盟、歐洲中央銀行經常限制與支配各國的經濟政策，例如西班牙及希臘。

舉例說明那些對抗全球化的政治動員，就是在有關國際貿易的主要機構舉行會議時，經常發生的抗爭行動。抗議者持續呈現他們對於世界貿易組織、國際貨幣基金及世界銀行政策的不滿。反全球化的抗爭者責難這些組織的政策，在於它們提升企業的財富，而以犧牲農民、勞工，以及身處經濟底層或底層附近的人們為代價。這些抗議者也包括環境運動者，尋求建立更嚴格的環境管控，以及貿易工會提倡全球的勞工基準。跟這些抗議有關的是 2011 年領占華爾街運動，並迅速蔓延到美國及加

拿大的其他城市。這項運動抗議北美地區不斷增長的不平等——介於最頂端的 1% 及其他人之間。類似的情緒也促發 2016 年的桑德斯 (Bernie Sanders) 參選美國總統民主黨提名。[1]

◀ 回顧

1. 本章內容包含各類型作者 (泰勒、葛茲、科塔克) 所提出的文化定義。這些文化定義的相似性有多大？相異性有多大？對本章的閱讀，如何改變你對文化的定義？
2. 我們的文化——以及文化變遷——影響著我們感知自然、人類本性與「自然界」的方式。這項主題持續讓科幻小說作家感到著迷。請想想最近的一部科幻小說、電影或電視影集，以具創造力的方式探索自然與文化之間的界線。作者如何巧妙鋪陳，營造文化與自然之間的緊張關係？
3. 在今日的美國文化，人們將「多樣性」這個術語運用在許多情境脈絡當中，通常指稱我們人類經驗的某些正面屬性，也就是某種值得領會、維持，甚至增進的東西。你曾經聽過人們在哪些情境脈絡下使用這個術語？這個術語所指稱的內容有多麼明確？
4. 你發現有哪些議題是難以抱持文化相對觀點的？假使你是一位人類學家，正好被賦予在實際生活探討這些議題，你能設想一些步驟來設計一項研究計畫，盡你所能，實行在方法論上的文化相對論嗎？(你可能想要回頭看看第 1 章所呈現的，將科學方法運用於人類學研究計畫。)
5. 本章敘述哪幾種文化變遷的機制？你能為每一種機制提出其他例子嗎？也請回想文化與個體之間的關係。個體能否成為文化變遷的推動者？

---

1 譯注：桑德斯主張要改變美國的貧富不均，但於 2016 年 7 月 26 日民主黨全國黨代表大會後宣布退選。

Chapter 3

文化人類學的研究方法與理論

- ♦ 文化人類學家在什麼地方與如何從事田野工作？
- ♦ 研究當代社會的方式有哪些？
- ♦ 在過去，有哪些理論引導著人類學家的研究？

章節大綱

一、民族誌研究方法——人類學特有的研究策略

二、民族誌研究技術
　　觀察及參與觀察
　　相處共話、訪談、訪談表格
　　系譜法
　　主要的文化報導人
　　生命史
　　問題取向的民族誌
　　長期研究
　　團隊研究

三、民族誌觀點
　　主位與客位
　　擴充分析範圍
　　線上民族誌

四、調查研究

五、正確與錯誤地從事人類學：倫理議題
　　倫理守則
　　人類學家與恐怖主義

六、人類學理論史
　　演化論
　　歷史特殊論
　　功能論
　　形貌論
　　演化論的回歸
　　文化唯物論
　　文化決定論：文化學、超有機及社會事實
　　象徵與詮釋人類學
　　結構主義
　　過程取向
　　世界體系理論與政治經濟學
　　文化、歷史、權力

七、今日的人類學

認識我們自己

對許多人來說，人類學這個詞彙可能會讓他們聯想到考古發掘。但請記得人類學有四大分支，只有其中兩個分支(考古學與生物人類學)需要許多挖掘工作——至少在地面上。誠然，文化人類學家所「挖出來」的資訊是各種不同的生活風格，而語言人類學家則是無文字語言的各項特質。傳統上，文化人類學家所做的工作就像《星際戰艦》(Star Trek)主題的一個變種，所尋找的雖然未必是新奇的，但至少是不一樣的「生活」與「文明」，有時則大膽前往其他科學家未曾到過的地方。

即使在全球化潮流下，現在文化人類學家所探究的文化多樣性，可能就跟昔日一樣龐大，因為人類學的範圍已擴展到當代國家。今天的人類學家有可能研究美國邁阿密的藝術家或黎巴嫩貝魯特的銀行行員，就跟研究南太平洋超布連(Trobriand)群島的航行者一樣。儘管如此，我們不能忘記人類學確實是源自對非西方、非工業化社會的研究。人類學的研究技術，特別是在民族誌這個標籤之下所涵蓋的各種研究技術，是發展用來研究小型社群。即使是在當代國家從事工作，人類學家依然認為對小型群體進行民族誌研究，是瞭解人們如何生活及做出決策的極佳方式。

對於一般大眾而言，生物人類學家與考古學家往往因為其研究內容，而比文化人類學家更出名。當我就讀大學時，有一位文化人類學家曾是極為重要的公眾人物——米德(Margaret Mead)因為她在薩摩亞的青少年性生活及紐幾內亞人性別角色的研究作品而出名，可能是歷來最知名的文化人類學家。我在哥倫比亞大學就讀時，米德是我的一位教授，她經常上美國國家廣播公司(NBC)的《今夜》(The Tonight Show)節目。米德透過所有的管道，包括教學、博物館工作、電視、人類學電影、大眾讀物與雜誌，協助美國人領會人類學對於理解他們日常生活的相關性。我在本書的其他地方會提及她的作品。

一、民族誌研究方法——人類學特有的研究策略

當早年學者在印地安(美洲原住民)保留區，並航行到遠方搜食者(狩獵採集者)與農耕者的小型群體進行研究時，人類學就發展成為獨立學科。傳統上，成為文化人類學家的過程，大多需要在另一個社會從事田野工作的經驗。早期的民族誌研究者生活在小規模、相對孤立的社會，當地具有簡單的技術與經濟體系。

如此，民族誌研究法(ethnography)就發展成為一種研究策略，探討對象是文化一致性較高與社會階層分化較少的社會，而不是大型、當代的工業化國家社會(參閱 Konopinski 2014; Moore 2012)。傳統上，民族

誌研究者試圖瞭解特定文化的全貌 (或者更切合實情地說，在有限的時間與認識下，盡可能做到這一點)。為達到這個目標，民族誌研究者採取一種不限定範圍的策略來蒐集資料。在某一個特定的社會或社群中，民族誌研究者走過一個又一個的場景、地點、主題，來發現社會生活的整體面貌與相互連結。民族誌研究法擴展我們對人類多樣性的知識，藉此提供一個基礎，以提出關於人類行為與社會生活的普遍原則。民族誌研究者運用各式各樣的技術，拼湊出異文化生活方式的圖像。人類學家經常運用下文所要討論的幾項技術 (但很少全部採用)(請參閱 Bernard 2011; Wolcott 2010)。

二、民族誌研究技術

民族誌研究者所使用的典型田野研究技術 (field techniques)，包括下列幾項：

1. 對日常行為的直接、第一手的觀察，包括參與觀察 (participant observation)。
2. 各種正式程度不同的相處共話 (conversation)。從有助於維持互信關係的閒話家常，到提供現場正在發生什麼事情的知識，到長時間的訪談 (interview)，訪談可以是有結構或非結構的。
3. 系譜法 (genealogical method)。
4. 就社群生活的一些特殊領域，與主要報導人 (key consultants/ informants) 進行詳盡的工作。
5. 深度訪談 (in-depth interviewing)，大多會導向蒐集特定個人 (敘述者) 的生命史 (life histories)。
6. 各種類型的問題取向研究 (problem-oriented research)。
7. 長期研究 (longitudinal research) ——對一個區域或地點的連續長期研究。

8. 團隊研究 (team research)——由多位民族誌研究者所進行的協同研究。

🔺 觀察及參與觀察

民族誌研究者必須留意數以百計關於日常生活、季節事件與突發事件的細節。他們應該如實記錄所見到的事情。事情會漸漸不像剛抵達當

領會多樣性

就算是人類學家，也會遇到文化震撼

我第一次在巴西亞潤貝（Arembepe）的田野經驗是在 1962 年就讀紐約哥倫比亞學院的大二與大三期間，我在那裡主修人類學。我因參加一項（現已停辦的）研究計畫而前往亞潤貝，其目的在為大學生提供民族誌研究經驗——對某個他者社會的文化與社會生活的第一手研究。

人類學家在某一個文化中被扶養長大，雖然對他者持續具有好奇心，但他們依然會體驗到文化震撼（culture shock），尤其是在首次的田野之旅。文化震撼指的是，有關個人置身在一個陌生場景中的一整組感覺，以及接踵而來的反應。這是一種令人恐懼、毛骨悚然的疏離感，在那裡並沒有一些在我們自身文化中最普通、微不足道的（也因而成為基本的）線索。

1962 年，當我啟程前往巴西時，我根本無法理解，如果沒有自己的語言與文化做為掩飾的話，我會感到多麼空虛。我在亞潤貝的旅居生活，將是我在美國以外的第一趟旅程。我是一個都市男孩，在喬治亞州的亞特蘭大市以及紐約市長大。在自己的國家，我對鄉村生活的經驗很少，完全欠缺對拉丁美洲的經驗，而且我只接受了很少的葡萄牙語訓練。

由紐約市前往巴西巴喜亞省的薩爾瓦多市，中間僅在里約熱內盧短暫停留，在田野工作結束時，則在那裡停留了一段較長的時間，這成為一項獎勵。當我們的飛機接近熱帶地區的薩爾瓦多市時，我不敢相信

圖 3.1　巴西巴喜亞省亞潤貝位置圖

沙灘顏色竟如此白皙。「那該不會是雪吧？」我告訴另一位同行的田野隊成員。……

我對巴喜亞的第一印象是氣味——熟透且腐爛中的芒果、香蕉與百香果所發出的奇異味道——以及不斷拍打隨處可見的果蠅，在此之前我從未見過這種東西，雖然我曾在遺傳學課程中，廣泛閱讀過有關牠們的生殖行為。那個地方有非常怪異的混合飲料，內容物包括米穀、黑豆、無法辨識的肉類所製成的凝膠狀丸子，以及漂浮的肉皮等等。咖啡非常濃烈，加上粗製的蔗糖，每一張餐桌上都有牙籤罐子。此外有木薯粉

Chapter 3 文化人類學的研究方法與理論

地的頭幾個星期所見的那麼怪異。人類學家在抵達新的田野地點時，往往會經歷文化震撼(culture shock)──令人不寒而慄且深刻的疏離感(參閱 Cohen 2015)。雖然人類學家研究人類多樣性，但正如我們在本章的「領會多樣性」專欄所見的，需要花費一段時間才能習慣真實田野的多樣經驗。到最後，民族誌研究者對於一開始曾感怪異的當地文化模式，會逐漸熟悉並接受它，將它視為正常。民族誌研究者大多在這個田野研

罐子，用來灑在每一樣人們可能吃的東西上面，就像美國人使用帕馬爾乾酪(Parmesan cheese，產自義大利的帕馬爾)一樣。我記得燕麥湯，此外有一道用番茄燉煮的黏糊糊的牛舌頭。有一道菜是一個熟爛的魚頭，魚眼還黏在上面，好像盯著我看，當時它身體的其他部分，浮在一碗清澈的橘色棕櫚油當中。

我只能大略記得抵達亞潤貝的頭一天所發生的事情。有別於那些研究南美洲內陸或巴布亞紐幾內亞高地遙遠部落的民族誌研究者，我並不需要徒步或駕著一艘獨木舟航行好幾天，才能到達田野地點。相較於這些地方，亞潤貝並不是相對孤立的，然而相較於我曾到過的其他地方，亞潤貝確實是孤立的。

我確實能回想我們到達時所發生的事情。那時沒有正規道路進入這個村子。車子從亞潤貝的南端進入，就沿著先前車輛走過的痕跡，在椰子樹叢裡蜿蜒穿過。一群孩童已聽說我們要來這裡，他們在村子街道上，一路追逐著車子，直到我們停在接近中央廣場的寄宿房屋前。我們在亞潤貝的頭幾天，都花在這些到處跟著我們的孩童身上。有好幾個星期，我們幾乎沒有什麼隱私。孩子透過臥室窗戶，觀看我們的一舉一動。有時候其中某個人會說出一個我們無法理解的話語，通常他們就只是站在那邊。……

在巴西東北部以及在亞潤貝，生活中的各種聲音、感官、視覺、氣味，逐漸變得熟悉。……我漸漸習慣這個沒有可麗舒紙巾的世界，只要亞潤貝流行感冒，孩童的鼻孔下就會流著兩行鼻涕。在這個世界，

科塔克在 2004 年重訪亞潤貝，與他的巴西姪子基爾勒密‧哈舒(Guilherme Roxo) 合影。
© Conrad P. Kottak

女人毫不費力地在頭上頂著一桶 18 公斤的水，男孩們玩風箏並把徒手抓蒼蠅當成運動，老女人吸著菸槍，店家主人在早上九點供應甘蔗酒(蘭姆酒)，男人如果沒有出海捕魚，就會在慵懶的午後玩著骨牌。我當時造訪的這個世界，人們的生活朝向一些水域──海洋，男人捕魚的地方；潟湖，女人群聚在那裡洗衣服、碗盤，以及洗澡。

這段敘述摘自筆者的民族誌研究《對於天堂的侵犯：一個巴西鄉村的全球化》(Assault on Paradise: The Globalization of a Little Community in Brazil, 4th ed.) (New York: McGraw-Hill, 2006)。

究地點停留超過一年,這可使民族誌研究者重新體會她或他抵達當地的那個季節,在那段期間,由於剛開始的不熟悉與文化震撼,可能會錯過某些事件或過程。

許多民族誌研究者在個人日記 (diary) 裡,記載他們對當地的印象,這有別於正式的田野筆記 (field notes)。往後,這項最初印象的記錄將有助於指出文化多樣性的最基本層面,包括獨特的氣味、當地人發出的聲響、他們吃東西時如何遮掩嘴巴、他們如何凝視別人等。這些模式可能過於基本,以至於被看成微不足道,然而這就是馬凌諾斯基所說的「在當地人生活及典型行為中,不能確實判定或解釋的層面」(Malinowski 1922/1961: 20)。這些文化特徵可能非常基本,因此當地人將之視為理所當然。它們也太過基本,以至於沒有人會談論,但由於初來乍到的人類學家對這個地方不熟悉,他的獨特目光將這些現象挑出來。在此後,因為這些現象變得熟悉,就會逐漸淡出意識的邊緣。在本章的「領會多樣性」專欄,我會提到自己對於巴西東北部文化的這種不能確實判定或解釋的層面所具有的最初印象。

民族誌研究者致力和他們的東道主建立互信關係 (rapport) ——植基於個人的接觸,所建立的良善、具友誼的工作關係。民族誌最具特色的研究程序之一,就是參與觀察,這意味著當我們研究這個社群時,參與這個社群的生活。由於人類是共同生活的,我們無法成為完全不偏不倚或置身事外的觀察者。我們對許多正在觀察的事件與過程,也必須參與其中,並嘗試理解。藉由參與過程,我們可理解當地人如何且為何覺得這些事件有意義,正因我們明瞭要如何籌畫及執行這些事件。

在巴西亞潤貝,我隨著當地漁夫的簡陋船舶航行在大西洋上,以瞭解關於捕魚的事情。我駕著吉普車載送營養不良的嬰兒、懷孕婦女,有一次載送被鬼靈附身的少女,這些人都必須求助於村子之外的專家。我在亞潤貝的節慶場合上跳舞、飲用慶祝新生兒的祭酒,並成為一位村落女孩的教父。大多數的人類學家具有類似的田野經驗。研究者與被研究者 (民族誌研究者和被研究社群) 所具有的共同人性,使參與觀察成為必然發生之事。

相處共話、訪談、訪談表格

參與當地生活，意味著民族誌研究者經常與當地人交談，並向他們提出問題。隨著民族誌研究者逐漸增加對地方語言與文化的知識，就會瞭解更多。學習一種當地語言，有幾個階段。首先是記名稱階段 (naming)——逐一詢問出現於周遭的各項事物名稱。隨後我們就能提出更複雜的問題，並理解人們的回答內容。我們開始理解兩位村民之間的簡單對話。假使我們的語言熟練程度夠深的話，最後就能理解一些飛快熱絡的公開討論及群體相處共話。

我曾運用在巴西亞潤貝與馬達加斯加的資料蒐集技術，包含一種訪談表格在內的民族誌調查方法。1964 年，我與協同田野工作者嘗試完成一項對亞潤貝全部 160 個家戶的訪談表格。我們幾乎進入每一個家戶(拒訪者少於 5%)，按照預先印妥的表格，詢問一組問題。我們的研究結果，提供了一套關於這個村落的普查資料與基本資訊，記錄每個家戶成員的名字、年齡、性別。我們在這一份八頁的表格蒐集許多資料，包括家庭類型、政黨、宗教、目前與過去的工作、收入、開銷、飲食、財產，以及許多其他項目等。

雖然當時進行的是調查，但我們的研究取向有別於社會學家及其他社會科學家經常用在大型工業化國家的調查研究設計。下文將會討論的調查研究，涉及抽樣 (從一個較大的母群體，選出一個較小的、能夠處理的研究群體) 以及不具個人性質的資料蒐集。人類學家並不是從一整個群體中，選擇一個局部的樣本；相反地，我們嘗試訪問這個被研究社群的每個家戶 (也就是取得全部樣本的資料)。我們使用的是一種**訪談表格** (interview schedule)，而不是**問卷** (questionnaire)。民族誌研究者運用訪談表格，與人們面對面交談、提出問題並填寫答案。問卷的研究程序，往往是比較間接與不具個人性質的；經常由受訪者在表格內填上答案。想看看過去一個月來，你曾被要求在某些線上調查中填寫問卷，這在美國經常是透過一項稱為「調查猴子」(Survey Monkey) 的服務來完成。當你致電給某家公司或機構的客服專線，往往在通話結束時被要求答覆一份問卷。這項調查在表面上的目的就是為了改進客服。然而，在

訪談表格
用來建構正式的、但個人的訪談的表格 (指引)。

問卷
社會學家所採用的表格，以便從受訪者那裡獲得可進行比較研究的資訊。

此調查過程當中，人們不會見到彼此。

相對地，我們取得一套完整樣本的目標，使得我們幾乎見到這個村落的每個人，並有助於建立互信關係。在數十年後，亞潤貝人仍會熱烈討論，我們對他們的生活很感興趣，拜訪每一家，並向他們提問。我們的樣子完全不同於村人過去所認識的其他外來者，他們往往認為村人過於貧窮且落後，所以不需要認真對待。

然而，如同其他的調查研究，我們的訪談表格確實也蒐集許多可量化分析的資訊。這提供我們仔細衡量村民生活的各種模式與例外狀況的一項基礎。我們的訪談表格包含一組準備向每個人提出的核心問題。然而，在訪問過程中，經常出現一些有趣的衍生議題，我們會在當時或後續研究過程中持續追蹤。我們追蹤這類線索，深入瞭解村落生活的許多面向。例如，有一位女人擔任產婆，後來在我們想瞭解關於當地生育習俗的細節時，她就成為重要的文化報導人；另一位女人在城裡見習非洲裔巴西人的坎東貝列 (candomblé) 祭儀，她依然持續前往學習、跳舞，並讓神靈附身，也成為我們的坎東貝列專家。

如此，我們依據訪談表格所做的調查提供一個架構，引導但並未限制住我們這些研究者，使我們的民族誌得以兼具量性 (quantitative) 與質性 (qualitative)。量性資料包含著我們所蒐集的基本資料，往後可運用統計技術來分析；質性資料則來自我們的後續追蹤問題、沒有預設答案的討論、暫停閒聊，以及與主要報導人的共同研究等。

▲ 系譜法

正如平常人一樣，許多人類學家藉由追溯系譜來瞭解祖先與親人。目前有多種電腦軟體，能讓我們追溯「家系」及彼此的關聯程度。**系譜法** (genealogical method) 是一套發展完備的民族誌研究技術。在非工業化社會，長期的親屬關係是顯著的社會組織基本成分，當地人每天都與近親共同生活和工作。人類學家需要蒐集系譜資料，以便瞭解當時的社會關係，並重建歷史。在許多非工業化社會，透過親屬與婚姻所建立的連結構成社會生活的核心。人類學家甚至將這類文化稱為「以親屬為基

系譜法
運用線條及符號來記錄親屬連結關係。

底的社會」(kin-based society)。每個人透過親屬彼此建立關係,並將大部分時間花在親屬身上。依附在特殊親屬關係之上的各種行為規則,就是日常生活的基礎(參閱 Carsten 2004)。婚姻對於組構這類社會也是重要的,這是由於介於各個村落、部族、氏族之間的策略性婚姻,創造政治結盟。

▲ 主要的文化報導人

文化報導人 (cultural consultant/informant) 這個名詞,就是指民族誌研究者在田野之中想要瞭解的那些人,他們向民族誌研究者教導自己的文化。每個社群都會有一些人,由於個人的機運、經驗、天分或訓練,而有能力針對某些特定生活面向,提供最完整或最有助益的資訊。這些人就是**主要的文化報導人** (key cultural consultants),也稱為主要報導人 (key informants)。在我花最多時間進行研究的馬達加斯加貝其力奧人的伊發托村落 (Ivato),拉科托 (Rakoto) 這個人特別通曉村落歷史。然而,當我要求他共同進行系譜記錄,探究埋葬在村落墓園之中的 50 到 60 名村人的關係時,他請來更瞭解這項主題的人:他的表兄弟——週二老爹 (Tuesdaysfather)。在 1919 年蔓延全球的一場流行性感冒中,馬國也飽受蹂躪,週二老爹倖存下來。他對這種疾病具有免疫力,因此在親人過世之後,他進行許多次令人望而生畏的埋葬工作,他對每一位葬在這座墳墓的人保有記憶。週二老爹協助我完成墓中人物的系譜。拉科托陪著他,告訴我關於這些已故村人的個人細節。

▲ 生命史

如同西方社會一樣,非工業社會的每個人在人格特質、興趣與能力上都有所差異。某些村民比其他人對民族誌研究者的工作更感興趣,而且更能提供協助、風趣與愉快。人類學家在田野中也會發展出喜歡或不喜歡的人,就如同我們在故鄉一樣。當我們發現某個人特別引起興趣,就會蒐集他(她)的**生命史** (life history)。這樣一個充滿各種經驗的生命歷程的回溯,提供更平易近人的、具個人色彩的文化圖像,這是其他研

文化報導人
向民族誌研究者教導自己文化的那些人。

主要的文化報導人
對於當地生活的某個特定面向的專家。

生命史
主要文化報導人的生命史;在文化當中的某個人的生命圖像。

究方法可能做不到的。生命史可採取攝影或錄音，做為後續回溯與分析之用，這些記錄呈現特定人士對於影響他們生活的這個變遷過程，究竟如何感知、做出反應並提出貢獻。由於這種敘述的焦點在於，不同的個人究竟如何詮釋與處理一些相同問題，因此生命史可呈現任何社會中的多樣性。許多民族誌研究者將蒐集生命史納入其重要研究策略。

▲ 問題取向的民族誌

雖然人類學家對人類行為的整體脈絡感興趣，但他們不可能研究每一件事情。大多數的民族誌研究者在進入田野前，大多明確帶著一個準備探究的問題，他們蒐集與這個問題有關的資料（參閱 Murchison 2010; Sunstein and Chriseri-Strater 2012）。民族誌研究者所選擇探究的問題，包括婚姻行為、性別角色、宗教與經濟變遷等。問題取向研究的例證則包括由人類學家所執行的各種影響評估研究，例如電視、網際網路、教育、乾旱、颶風或政府的變革，對於特定社群或社會所具有的影響。

在探究一個特定主題時，今天的人類學家往往需要將目光投向當地人之外，以找到相關資料。政府機構或國際組織可能蒐集各種資訊，包括氣候及天氣狀況、人口密度與聚落模式。然而，人類學家往往必須依據他們所探究的問題，進行他們的資料蒐集，包括田地面積、飲食量或時間配置等。民族誌研究者感興趣的資訊，並不侷限於當地人所能夠且確實告訴我們的內容。在這個漸趨相互連結與複雜的世界，當地人往往欠缺對於影響他們生活的各項因素的認識——例如，國際恐怖主義、戰爭，或是來自區域、國家與國際的核心地區對他們所行使的權力（參閱 Sanjek 2014）。

▲ 長期研究

如今地理因素對人類學家的限制，已比昔日少了許多，當年可能要花上好幾個月才得以抵達田野地點，很少重訪。新的運輸系統能讓人類學家擴展他們的研究區域，而且可一再重訪。現在的民族誌報告往往包括兩次以上田野停留期間所蒐集的資料。**長期研究** (longitudinal

長期研究
長時間研究；往往是基於一再重訪。

research) 是對於一個社群、區域、社會、文化或其他單位所做的長時間研究。

長期研究的最佳案例就是尚比亞的滾貝區 (Gwembe District)。早在 1956 年就被擬定為長期計畫，由蔻森與史庫德 (Elizabeth Colson and Thayer Scudder) 所執行，他們與來自不同國家的協同研究者進行後續計畫。正如許多長期研究的例子一樣，滾貝的研究計畫也是團隊合作——由多位民族誌研究者的協同研究 (Colson and Scudder 1975; Scudder and Colson 1980)。研究者已在不同區域的四個村落從事長達 60 年以上的研究工作。定期的村落普查提供關於人口、經濟、親屬及宗教行為的基本資料。接受普查的人們如果遷到他處，則會進行追蹤及訪談，以比較他們跟留在村內者的生活差異。

早期的研究焦點是大型水力發電水庫所帶來的影響，滾貝人因而被迫遷村，這座水庫也帶來道路建設及其他活動的快速發展，使得滾貝人與尚比亞其他地區間的聯繫更加密切。在後續研究中，蔻森與史庫德 (1980) 檢視教育如何提供獲得新工作機會的方式，它擴大在不同教育程度者之間的社會鴻溝。第三項研究主題則是檢視釀酒與飲酒模式的變遷，包括酗酒行為的增加，將它連結到持續不斷變遷的市場、運輸，以及鄉民接觸城鎮的價值之下所受的影響 (Colson and Scudder 1988)。蔻森已年過九旬，從加州大學柏克萊分校退休，並擔任該校的退休榮譽教授。她搬到滾貝定居，在那裡持續進行這項研究。

團隊研究

我從 1962 年開始在巴西的田野地點亞潤貝從事研究，提供長期研究的例證。正如前面所提的，長期研究往往是團隊研究。亞潤

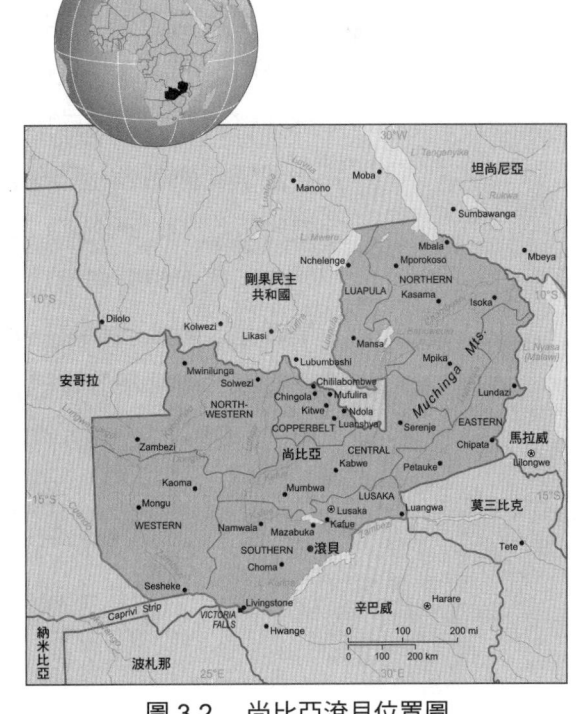

圖 3.2　尚比亞滾貝位置圖

貝在 1960 年進入人類學世界時，就是一處由田野團隊所研究的村落。它是現在已告結束的「哥倫比亞、康乃爾、哈佛、伊利諾四校人類學暑期田野研究計畫」的四處田野地點之一。至少有三年期間，這個計畫每年送出約 20 名大學部學生前往外國從事短期暑期研究，筆者也是其中之一。我們駐紮在四個國家的鄉村社群：巴西、厄瓜多爾、墨西哥與祕魯。請參閱本章的「領會多樣性」專欄 (頁 58-59)，以瞭解一位初學的大學部民族誌研究者究竟如何感知亞潤貝這個地方。

由於吾妻科塔克 (Isabel Wagley Kottak) 和我從 1960 年代開始研究亞潤貝，因此這裡成為長期田野研究地點，多位研究者持續監控各種變遷與發展面向。亞潤貝現已成為一座小城市，並可做為全球化在地方發展過程的例證，它的經濟體系、宗教及社會生活已告轉型 (參閱 Kottak 2006)。

巴西籍和美國籍研究者共同參與我們的團隊研究計畫，包括在 1980 年代 (探討電視的影響) 與 1990 年代 (探討生態意識及環境危機的認知)。從各大學前往亞潤貝的研究生，在探討有關亞潤貝的各種主題時，都援引我們從 1960 年代開始蒐集的基礎資料，他們的探討主題包括身體吸引力的標準、家庭計畫與改變中的女性、生育策略、從天主教轉宗到基督新教，以及回應全球化而改變的食物偏好與營養等。亞潤貝變成一個研究據點，在那裡各類型的田野工作者成為長期研究團隊的成員。最晚近進入的研究者以先前學者的接觸與發現為基礎，增進關於當地人如何因應與經營新環境的知識。最近在 2013 年到 2014 年間，研究者收集資訊，更新我們在 1980 年代對於媒體的研究。我們最初的研究焦點是電視，但這項計畫已擴充到包括網際網路及其他新媒體，包括社會媒體的影響。

三、民族誌觀點

▲ 主位與客位

民族誌研究的目標就是發現當地人的觀點、信念與認知，這可拿來對照民族誌研究者自己的觀察和結論。在田野地點，民族誌研究者往往結合兩種研究策略：主位觀點(當地人取向的觀點)、客位觀點(科學家取向的觀點)。這些術語源自語言學，並由許多人類學家運用在民族誌研究。哈里斯(Marvin Harris 1968/2001b)推廣這兩個術語，定義如下：**主位**(emic)觀點的研究取向，探究的是當地人如何思考。他們如何感知、分類與解釋各種事物？他們用來解釋行為的規則是什麼？對他們而言，什麼東西是有意義的？在運用主位觀點的研究之中，民族誌研究者探索「當地觀點」(native viewpoint)，他們依靠當地人來解釋事物，並說明某件事物是否重要。

客位(etic)觀點(科學家取向的觀點)把焦點從當地人的觀察、分類範疇、解釋與詮釋等方面，轉移到民族誌研究者所具有的這些東西。客位研究法所體認的是，某個文化的成員往往過度投入自己正在進行的事情，以至於無法不偏不倚地詮釋他們的文化。民族誌研究者運用客位觀點，強調他／她(身為觀察者)所注意到且認為重要的事情。民族誌研究者做為訓練有素的科學家，應嘗試把客觀且具穿透力的觀點帶入對異文化的研究。當然，民族誌研究者如同其他科學家，也是帶有文化盲點的人類，這使得他們無法達到全然客觀。正如在其他科學，妥善訓練有助於減少觀察者的偏誤，但無法完全消除。但人類學家確實具有專門訓練，得以比較不同社會的行為。

舉例說明主位觀點相對於客位觀點。想想北美地區的假日，感恩節特別重要。從北美人的主位觀點，感恩節是獨特的文化慶典，紀念某些特定歷史主題。但從更廣闊的客位觀點，會將感恩節僅僅視為許多社會所舉行的收穫節慶的其中一例。另一個例子則是當地人(包括許多美國人在內)可能相信風寒會導致感冒，科學家已知感冒由病毒引起。在欠

主位
聚焦於當地人的解釋方式與意義。

客位
強調民族誌研究者的解釋方式與概念範疇。

缺某些病毒疾病理論的文化中，從主位角度來看，可能將病徵解釋為源自於一些不同原因，從精靈、祖先到巫師等。病徵 (illness) 係指文化 (主位) 對健康不良狀態的感知與解釋，然而疾病 (disease) 係指對於健康欠佳狀態 (包括已知的病原體) 的科學 (客位) 解釋。

在進行田野工作時，民族誌研究者大多結合客位與主位的研究策略。當地人的陳述、感知、分類範疇與看法，有助於民族誌研究者瞭解文化如何運作。當地人的信念本身就是相當有趣且有價值的。然而，當地人往往不會承認，甚至不會體認到他們的行為起因與結果。對於北美人及其他社會的人而言，這都是同樣確實的。

頓恩（Janet Dunn）是在亞潤貝從事田野工作的人類學家之一。她的研究聚焦於家庭計畫及女性的生育策略。亞潤貝在哪裡？有哪幾種研究曾在那裡完成？
© Christopher M. O'Leary

擴充分析範圍

先前討論長期與團隊研究的段落，顯示文化人類學的重要轉向。傳統的民族誌研究聚焦於單一社會或「文化」，或多或少在空間時間上被視為孤立且獨特的。這項轉向認定在人群、技術、影像及資訊等方面，有著持續與不可避免的流動。對這類流動與連結的研究，現已成為人類學分析的一部分。並且，反映著今日世界——其中人群、影像與資訊的流動空前快速——田野工作必須變得更有彈性，且建立在更大規模之上。民族誌研究逐漸變成多時間與多地點的 (參閱 Howell and Talle 2012)。馬凌諾斯基可聚焦於超布連島文化，並將大部分的田野研究時間花在某個特定社群。時至今日，我們再也無法如同馬凌諾斯基一般，忽視「外來者」(如移民、難民、恐怖份子、軍人、觀光客、發展專家)，他們漸漸侵入我們從事研究的地方。現在對我們的分析而言，非常重要的是外在的組織與力量 (如政府、商業、非政府組織)，他們在世界各地對土地、人民及資源提出要求。

人類學家逐漸增加對移動中的人群之研究。例子包括生活在國界附

近的人們、遊牧民族、無家可歸或流離失所的人們、移民及難民 (參閱 DeLeon 2015; Lugo 1997, 2008)。當田野工作逐漸改變，越來越少針對一個空間固定的研究地點，我們可從傳統的民族誌得到什麼？古帕塔與佛古森正確地指出：「人類學典型上對日常生活的固定型態與生命經驗的重視」(Gupta and Ferguson 1997a: 5)。將各個社群視為獨立存在的實體，可能是昔日發生的事情。但是，「人類學傳統上對特定地點的特殊生活方式，進行近距離觀察的關注」(Gupta and Ferguson 1997b: 25) 具有持久不變的重要性。這種近距離觀察的研究方法，使得文化人類學有別於社會學與調查研究 (參閱下一節「調查研究」)。

▲ 線上民族誌

相對晚近創造出來的虛擬世界，已吸引當代的民族誌研究者探索網路社群世界。2012 年，波樂史托夫 (Tom Boellstorff)、納笛 (Bonnie Nardi、皮爾斯 (Celia Pearce) 及泰勒 (T. L. Taylor) 提供在虛擬世界進行田野工作的手冊。這四位作者都探索線上遊戲環境，包括《第二人生》(*Second Life*)、《魔獸世界》(*World of Warcraft*)、《夢景》(*Dreamscape*)、《你瞧》(*There.com*) 及《神祕島線上遊戲》(*Myst Online: Uru Live*) 等。民族誌研究者運用各式各樣的技術來研究虛擬世界。最重要的技術是參與觀察，民族誌研究者在觀察這個線上環境及在其中進行互動時，成為熟練的玩家。

每個虛擬世界都發展出自己的文化，包括規則與管理、習慣的行為與事件、社會角色與互動模式，以及權力差異。當《神祕島線上遊戲》在 2008 年終止時，神祕島的難民遷移到其他的虛擬世界，他們在那裡創造並維持強大的神祕島族群認同感。雖然虛擬環境是由軟體設計師所創造，但那些進入虛擬世界求生存的玩家，可在「系統」(包括軟體程式及其他玩家) 所設定的條件限制內進行創新。在這些世界當中，線上民族誌研究者觀察並描述各種不同型態的遊戲、展現、創造力與儀式。

虛擬世界深受科幻小說所影響。早期的遊戲歸功於想像的中土世界 (Middle Earth)，由托爾金 (J. R.R. Tolkien) 所創造出來的，他以《哈

比人》(The Hobbit) 與《魔戒》(The Lord of the Rings) 而聞名於世。線上世界是建構成熟的想像空間，具有自己的物種、器物、人物性格與風俗習慣。化身就是虛擬世界當中，自我的再現。在網路空間當中人們可以具有多重的身分，其中往往是跟他們在真實世界的身分相反，例如性別。一個人的多重化身也稱為另類認同或另類性格 (alternative identities or personalities)。

線上民族誌研究者有時會離線，到真實世界場景當中訪問玩家 (如家裡或網咖)。在某些例子裡，民族誌研究者會造訪外國，看看在不同國家的人們如何玩同一種遊戲，以及真實世界的文化如何影響人們在虛擬世界的參與。民族誌研究者也會參與虛擬世界粉絲的聚會。訪談地點可選擇在玩家的虛擬或真實世界的家。線上的非正式訪談，則可反映玩家在參與遊戲時的想法。為了瞭解在這些虛擬田野地點的社會組織，民族誌研究者可以繪製社會關係圖表，類似在真實世界田野時所繪製的系譜。時間序列表有助於瞭解虛擬事件的先後發生順序，這些事件包括舞蹈、節慶或拍賣。短暫的現地造訪可用來回應即時訊息、隨時注意到公告訊息，並找出玩家大多在何時登入。虛擬世界的研究提供各種不同的研究技術，包括如何在線上環境做紀錄、做筆記及錄音，也包括對話錄音與截圖，以及影音紀錄等。

本段的討論擷取由波樂史托夫和他的共同作者 (Boellstorff 2012) 所討論的線上研究特性，有興趣從事虛擬世界田野工作的讀者應當參照他們所寫的手冊。

四、調查研究

當人類學家逐漸增加在大規模社會的研究工作時，他們發展創新的研究法，結合民族誌研究與調查研究 (Fricke 1994)。在檢視這類由各種田野方法所組合而成的研究前，讓我們先思考調查研究的特性，以及調查研究與民族誌研究的主要差異。由於社會學家、政治學家與經濟學家

主要在人口眾多的大型國家進行研究，他們發展並改善**調查研究** (survey research) 的設計，包括抽樣、不具個人性質的資料蒐集與統計分析。調查研究往往從大規模的母群體中，抽取一組**樣本** (sample，一個可被妥善處理的研究群體)。藉由研究經妥善選擇且具代表性的樣本，社會科學家可對這個較大群體做出精確推論，或至少是較佳的推測。

在小規模社會與社群中，民族誌研究者會設法認識大部分的人們。然而，在國家的規模與複雜性更加龐大的情況下，調查研究不可避免地變成較不具個人性質。調查研究者將其研究對象稱為**受訪者** (respondent)，他們就是在一項調查的進行過程中，對問卷提出回答的人們。有時候調查研究者會親自或透過電話來訪問他們；有時調查研究者要求受訪者填寫一份紙本或線上的問卷。研究者可將預先印妥的問卷郵寄或以電子郵件傳送給隨機選擇的樣本。在一組**隨機樣本** (random sample) 中，這個母群體的所有成員都具有相同的統計學上的機會，被選入這個樣本中。一組隨機樣本是經過隨機抽樣程序而被選出，例如亂數表，這可在許多統計學教科書中找到。

可能大家最熟悉的例子是預測選舉的民意調查。媒體僱用民調機構來預測選舉結果，並在投票所舉行出口民調，以發現哪些種類的人們投票支持哪一位候選人。在抽樣過程中，研究者蒐集有關年齡、性別、宗教信仰、職業、所得及政黨傾向的資訊。我們現在知道，這些特性 [**變項** (variables) ——在一組樣本或母群體的成員中，彼此有所差異的某些特性] 可能影響政治投票的選擇。

相較於民族誌研究賴以發展茁壯的小型社群，在一個當代國家中，有更多變項影響著社會認同、經驗與活動。在當代北美地區，有數百項因素影響人們的社會行為與態度。這些社會預測因素包括他們的宗教；他們在什麼地區長大成人；究竟是出身於城鎮、市郊或大都市；以及父母的職業、族群來源與所得等級。

民族誌研究可用來補充調查研究的不足，並加以微調。人類學家可將民族誌研究的個人化、第一手研究的技術，轉移到任何一處包含人類在內的場景中。調查研究與民族誌研究的結合，可對於**複雜社會**

調查研究
透過抽樣、統計分析，以及不具個人性質的資料蒐集，來研究社會。

樣本
一個較小的研究群體，它被選出以代表一個較大群體。

隨機樣本
在母群體內的所有個體都有同等的統計機率，被納入這套樣本中。

變項
因不同個人或個案而異的某些特性。

複雜社會
大型、人口眾多的社會（例如國家），具有社會階層化及中央政府。

表 3.1　民族誌研究與調查研究的對照

民族誌研究（傳統上）	調查研究
研究整體的、運作中的社群。	研究在一個較大的母群體中的一組小樣本。
大多是植基於第一手的田野工作，在研究期間，研究者與當地主人基於個人的接觸，建立互信關係後，再蒐集資料。	在研究對象與研究者間，往往很少有個人接觸，訪談大多由助理透過電話訪談或預先印妥的問卷來進行。
在傳統上對地方生活的所有面向都感興趣（全貌觀）。	大多關注在少數變項，例如影響選舉的各種因素，而不是關注人們生活的整體面貌。
傳統上在非工業化、小規模的社會中進行研究，當地人大多欠缺閱讀或書寫能力。	在現代國家中進行，大多數的人們都識字，受訪者能自行填寫問卷。
很少運用統計資料，因為研究對象大多是小型社群，除了基於年齡、性別與個體人格特質的變異外，具有極少的差異性。	大量依賴統計分析，以便對一個大型並具差異性的人群進行推論，植基於對這個群體的一個小規模次群體所蒐集的資料。

(complex societies，大型且人口眾多的社會，具有社會階層化與中央政府）的生活，提供一些新觀點。先期的民族誌研究，也有助於發展出合乎當地文化的問題，以納入調查研究中。表 3.1 歸納民族誌研究與調查研究間的主要區別。

在任何一個複雜社會，許多預測變項 [社會指標 (social indicators)] 影響行為與大眾輿論。由於人類學家必須有能力探尋、測量與比較這些社會指標的影響力，許多當代的人類學研究具有一套基本的統計資料。即使在鄉村做田野工作，現在人類學家也越來越常進行抽樣、蒐集量化資料，並運用統計技術來詮釋這些資料 (參閱 Bernard 2011, 2013)。量化資料可讓我們精確估算在不同社群當中的相似性與相異性，統計分析則可支持並增益對於地方社會生活所做的民族誌敘述。

然而，在最佳的人類學研究作品中，民族誌研究的註冊商標依然存在：人類學家進入社群，並認識當地人。無論是在城市或鄉村進行研究，他們參與地方活動、人際網絡及社會組織。他們觀察國家、國際政策與計畫對地方生活的影響。民族誌研究方法及在社會研究中強調人際關係，就是文化人類學帶給任何社會研究的可貴貢獻。

五、正確與錯誤地從事人類學：倫理議題

人類學家克羅孔 (Kluckhohn 1944: 9) 對這門科學的必要性所做的陳述，至今依然成立：「人類學提供一個科學基礎，用來處理今日世界的一些重要兩難情境：有著不同外表、說著無法互通的各種語言，以及生活方式大異其趣的人們，究竟要如何和平相處？」人類學家若是質疑，人類學能否增進人類福祉的話，就不會選擇這項專業。由於我們生活在充斥著失能國家、不安、戰爭與恐怖主義的世界中，因此必須思考人類學家在研究這類現象所扮演的合宜角色。

人類學家不能僅僅因為事情有趣或是對科學有所價值就進行研究，必須同時考慮倫理議題。人類學家在國外從事研究，並身處文化多樣性的脈絡當中，將要面臨不同且往往彼此產生挑戰的倫理守則及價值體系 (參閱 Fluehr-Loban 2013; Whiteford and Trotter 2008)。

人類學家必須敏銳覺察到文化差異性，而且通曉地主國家 (從事研究的地點) 的辦事程序與標準。研究者必須通知當地官員和學術同事，有關他們研究的目的、發現、可能的結果、產物及影響。研究者應當從任何提供資訊者或可能會受這項研究所影響的人們，取得**知情同意** (informed consent)。

人類學家應當嘗試：(1) 將地主國家的學術同事納入他們的研究計畫當中；(2) 與地主國家的機構建立協同合作關係；(3) 將地主國家的學術同事納入研究成果 (包括出版) 的發表者；以及 (4) 確保某些東西會「回饋」給地主國家。例如，將研究設備留在地主國家、為地主國家的學術同事爭取研究經費、參與國際會議，或造訪外國機構等。

▲ 倫理守則

美國人類學會的倫理守則認定，人類學家對於他們的學術領域、大社會、人類，其他物種、以及環境都負有責任 (參閱 Piemmons and Baker 2015)。人類學家最基本的責任就是不要傷害受他們研究的人群

知情同意
人們在受到充分告知這項研究的性質、程序與可能影響之後，同意參與研究。

2009 年 6 月在伊拉克巴斯拉（Basra）的市場，美軍人類地域系統部隊的一員（圖左），透過通譯跟當地人交談。人類學家參與這類計畫的話，會發生哪些問題？
資料來源：U.S. Air Force photo by Staff Sgt. Chrissy Best/Released

(參閱 Borofsky and Hutson 2016)。這套守則的目標就是提供行事方針，並提倡討論及教學，而不是調查可能的錯誤舉措。這套守則的兩項重點在於：(1) 人類學家應當充分告知所有受他們研究影響的各界人士，關於這項研究的性質、目標、程序、潛在影響與經費來源；(2) 研究者應與他們從事工作的國家及社群建立合宜的關係。美國人類學會的完整倫理守則在 2012 年修訂，請參閱下列的網頁 http://ethnics.aaanet.org/category/statement。

▲ 人類學家與恐怖主義

美國人類學會認為，人類學家對恐怖主義與暴力的根源所做的研究是「最為重要的」。應該如何著手進行這類研究？可能會衍生哪些倫理議題？

想一想美國國防部的「彌涅耳瓦計畫」(Project Minerva)[1]，這是在小布希總統(George W. Bush，任期為 2001-2009 年)執政晚期所啟動的，設計用來引進社會科學專長人員，以處理國家安全威脅。這項計畫尋求學者協助，以翻譯在伊拉克擄獲的原始文件，研究中國朝向更開放政治體系的變動，並解釋塔利班在阿富汗的再度崛起 (Cohen 2008)。彌涅耳瓦及相關計畫已引發人類學家的嚴重關切，學者憂心政府會運用人類學的知識，透過倫理上有問題的途徑，達成政府本身的目標。政府政策及軍事行動可能會傷害人類學家所研究的人群。

最近，人類學家特別大膽說出對人類地域系統 (Human Terrain System, HTS) 計畫的看法。這項計畫始於 2007 年 2 月，將人類學家及其他社會科學家編入伊拉克與阿富汗的軍隊當中。2007 年 10 月 31 日，美國人類學會執行委員會發出聲明，反對人類地域系統計畫——詳細列舉這項計畫如何違反美國人類學會的倫理守則 (參閱 http://www.aaanet.org/about/policies/statements/human-terrain-system-statement.cfm)。該委員會指出，人類地域系統計畫將美國軍方約聘的人類學家置於戰地，他們在那裡負責蒐集文化社會資料供軍方使用。由這些活動所引起的倫理關注包括下列幾點：

1. 身處戰地的人類學家不可能將自己的身分界定為人類學家，從而有別於其他的軍事人員。這限制他們身為人類學家的倫理責任，進而隱瞞他們的身分及所做所為。
2. 人類地域系統計畫的人類學家被要求在數個群體擔任協調角色，包括當地人群及他們所屬的軍事單位。他們對軍事單位所具有的責任，可能跟他們所研究或訪談的這些人群所負有的責任相衝突，這可能牴觸美國人類學會倫理守則明文規定的責任：不傷害當地人。
3. 在戰火蔓延的戰地，當地人很難在不感到被迫提供資訊的情況下，給予知情同意。結果是，「出於自願的知情同意」(如美國人類學會

---

[1] 譯注：彌涅耳瓦原意是古代羅馬的智慧女神、戰神、藝術家和手工藝人的保護神，相當於希臘的雅典娜。

倫理守則)原則被迫讓步。

4. 由人類地域系統計畫的人類學家提供給戰地指揮官的資訊，可能幫助軍方為了軍事行動，而將目標鎖定在特定群體。從田野工作所衍生資訊的這種用途，可能會違反美國人類學會倫理守則所規定的不傷害當地人原則。
5. 人類學及人類學家跟美國軍方的這種關聯性，可能會間接地(透過關聯性而衍生的懷疑有罪)危害其他在世界各地的人類學家及其報導人所做的研究及人身安全。

你認為人類學家在研究恐怖主義及戰爭時，所扮演的合宜角色是什麼？

六、人類學理論史

人類學有各式各樣的父親與母親。父親包括摩爾根(Lewis Henry Morgan)、泰勒、鮑亞士、馬凌諾斯基。母親包括了潘乃德(Ruth Benedict)、米德。有些父親更適合被歸類為祖父，像是鮑亞士，由於他是潘乃德與米德的知識之父，而且因為現在所稱的鮑亞士學派人類學，其興起主要是為了反對19世紀摩爾根與泰勒的演化論。

本章後半段的目標，就是檢視人類學在19世紀後半葉興起之後，塑造人類學特色的各個主要理論觀點(也請參閱Erickson and Murphy 2013; McGee and Warms 2012; Moberg 2013; Moore 2012)。演化觀點，特別是跟摩爾根與泰勒有關的觀點，主導了19世紀的人類學。在20世紀早期出現許多對19世紀演化論的回應。在英國的功能論者，例如馬凌諾斯基與芮克里夫-布朗(Alfred Reginald Radcliffe-Brown)，拋棄演化論者的臆測歷史論點，轉而支持當今現生社會的研究。在美國，鮑亞士及其追隨者拒斥對各個演化階段的探索，轉而支持歷史研究取向，追溯各個文化間的採借，以及文化特質跨越不同地理區域的傳播。功能論者與鮑亞士學派同樣將文化看成是整合的、有模式的。

▲ 演化論

我們對於人類學歷史的探索，將會從摩爾根 (美國) 及泰勒 (英國) 開始，兩人在 19 世紀都寫出經典巨著。摩爾根 (Lewis Henry Morgan) 雖是人類學的重要創始者，但他並非受過專業訓練的人類學家。他是紐約州的律師，喜歡造訪附近的一處西尼加人 (Seneca) 保留區，並學習這個部族的歷史及風俗習慣。他書寫有關西尼加人及其他伊洛魁人 (Iroquois) 部族的研究，成為《伊洛魁人的聯盟》(*League of the Ho-dé-no-sau-nee or Iroquois*) (1851/1966)，這是依據偶爾為之的田野工作，而不是長期田野工作。透過他的田野工作，以及他與受過西式教育的西尼加人帕克 (Ely Parker，見第 1 章) 的友誼，摩爾根得以描述伊洛魁人生活的社會、政治、宗教與經濟原則，包括他們部族聯盟的歷史。他舉出伊洛魁社會的基礎結構原則。摩爾根也運用律師專業，協助伊洛魁人對抗歐格登 (Ogden) 土地公司，這家公司想要掌握他們的土地。

摩爾根第二本深具影響力的書籍是《古代社會》(*Ancient Society*) (1877/1963)，這是一本理論專著，而不是民族誌。《古代社會》是 19 世紀演化論運用在社會研究的重要例證。摩爾根認為人類社會係經過一系列階段而演進，他將這些階段稱為蒙昧 (savagery)、野蠻 (barbarism) 與文明 (civilization)。他分別再將蒙昧與野蠻時期細分為三個次階段：蒙昧早期、中期、晚期，以及野蠻早期、中期、晚期。依據摩爾根的理論架構，最早的人類生活在蒙昧早期，以水果與堅果維生。在蒙昧中期，人們開始捕魚並獲得用火的能力。弓箭發明開啟蒙昧晚期。野蠻早期始於人類開始製作陶器時。野蠻中期在舊世界始於動植物的家養，在美洲則始於灌溉農業。煉鐵術與鐵製工具的使用開啟野蠻晚期。最後，文明隨著書寫文字的出現而產生。

摩爾根的演化論稱為**單線演化論** (unilinear evolutionism)，他認為每個文化都必須經由一條演變的線路或路徑。任何一個處於野蠻晚期的社會，它的歷史都必須依序經過蒙昧早期、中期、晚期，然後是野蠻早期、中期。再者，摩爾根相信設法存續到 19 世紀的原住民社會，在某種意義上，可被視為「活化石」，可被定位在不同階段。某些社會的發展仍

單線演化論
19 世紀的概念，探討文化發展的單一線路或路徑。

未超越蒙昧晚期。有些社會已達野蠻中期,另有一些社會則已達文明。

對摩爾根的批評,爭論焦點放在其理論架構的各個不同部分,特別是他所採用的「蒙昧」、「野蠻」與「文明」等術語,以及用來分類進步的標準。摩爾根假定社會只會循著同一條演化路線發展,這是錯誤的。事實上,各個社會依循著多樣的發展路徑。

就如同摩爾根一樣,泰勒也是透過個人經驗而非透過正式訓練,而進入人類學。在1855年,泰勒離開英國前往墨西哥及中美洲旅行,從那裡他展開對不熟悉文化的研究調查,最後變成終身工作。回到英國後,泰勒繼續進行他對非西方社會人群的風俗信仰的研究——包括當代及史前時代。他寫出一系列的書籍,建立了學術威望,到最後獲任命為牛津大學的首位人類學教授。

泰勒在他的兩鉅冊作品《原始文化》(1871/1958),提出一項深具影響力且持續至今的文化定義(參閱本書的「文化」一章),並且提議文化是一項科學研究主題。《原始文化》的第二冊標題是《原始宗教》(*Primitive Religion*),提供宗教人類學的演化研究取向。泰勒提議一條單線演化路線——從泛靈信仰到多神教、然後是一神教,最後是科學。依據泰勒的觀點,一旦科學提供更佳的觀點時,宗教就會衰退。泰勒與摩爾根都對遺存(survivals)感興趣,這是從早期演化階段存續到當代社會的一些行為。例如,今天對鬼魂的信仰,就代表從泛靈信仰階段(對於神靈的信仰)延續至今的遺存。遺存被視為某個特定社會歷經早期演化階段的證據。

▲ 歷史特殊論

鮑亞士是美國四大分支人類學之創始者。他的《種族、語言與文化》(*Race, Language, and Culture*)(1940/1966)一書,是探討這些重要主題的論文集。鮑亞士對文化人類學、生物人類學與語言人類學均有貢獻。他研究移民到美國的歐洲人,呈現並測量表型的可塑性。這些移民者孩子的體型與父母不同,這並不是因遺傳的改變而來,而是因為他們在不同環境中長大。鮑亞士呈現人類生物性質是有彈性的,可依環境(包括文

化力量)而被改變。鮑亞士及其門生致力呈現,生物性質(包括種族)並不會決定文化。潘乃德在《種族、科學與政治》(*Race, Science, and Politics*)(1940)這本重要書籍中強調一個觀念,許多種族的人們曾對一些重大歷史演進有所貢獻。

鮑亞士在他的民族誌田野工作之中,研究美洲原住民的語言與文化,最有名的研究對象是北美洲的北太平洋沿岸的瓜求圖人(Kwakiutl)。鮑亞士及他許多具影響力的門生,在紐約市哥倫比亞大學從事研究,從許多角度檢討19世紀的演化論。他們討論摩爾根用來界定各個階段的標準。他們質疑單一演化路徑的觀點,主張同一個文化特徵,例如圖騰崇拜,不會僅有單一的解釋方式,因為有許多途徑可以發展圖騰崇拜。他們的立場是**歷史特殊論** (historical particularism) 的一支。由於在A、B、C三個社會的圖騰崇拜歷史全都不同,這些圖騰崇拜的形式具有不同起因,這使得它們無法被比較。它們可能看似相同,但由於各自具有分別發展且獨特的歷史,因此它們確實不一樣。鮑亞士學派相信,從圖騰崇拜到氏族的任何一種文化形式,都可能因各式各樣的理由而發展出來的。

為了解釋文化一般性(由某些社會所共享的文化特色,但並非所有的社會),19世紀演化論者強調獨立發明:在許多不同區域的人們,會針對一個共同問題想出相同的文化解決方式。例如,農業就多次被人們所發明。鮑亞士學派雖未否定獨立發明這件事,但他們強調從其他文化傳播(或採借)的重要性。他們用來研究傳播的分析單位是文化特質 (culture trait)、特質叢 (trait complex) 與文化區 (culture area)。文化特質就像是弓箭之類的某個物件。特質叢是由弓箭發展出來的狩獵模式。文化區是植基於文化特質或特質叢的傳播,跨越一個特定的地理區域,例如北美的中部平原、西南部或太平洋北岸。這些區域往往具有環境上的邊界,這可限制某些文化特質傳播超出那個區域。對鮑亞士學派而言,歷史特殊論與傳播是互補的。當文化特質傳播時,隨著它們進入或經過各個特定社會時,就會發展出獨特的歷史。

歷史特殊論
鮑亞士提出的概念,不同的歷史是無法比較的;不同的發展路徑可能導致相同的文化結果。

歷史特殊論所依據的概念是，文化的每一項成分(如文化特質與特質叢)具有其獨特歷史，而且各種社會形式(如在不同社會的圖騰崇拜)可能看起來非常類似，但絕非一模一樣，這是由於它們具有不同的歷史。歷史特殊論拒斥比較與歸納，轉而支持研究個別文化的歷史。從這項拒斥的態度，歷史特殊論的立場跟往後發展的大多數研究取向相對立(參閱 Salzman 2012)。

▲ 功能論

對演化論(也是對歷史特殊論)的另一項挑戰來自英國。功能論將對於起源(透過演化或傳播)的追尋置於次要位置，轉而聚焦於文化特質與行為在當代社會的角色。**功能論** (functionalism) 的兩大派別是馬凌諾斯基與芮克里夫-布朗，馬凌諾斯基是波蘭裔人類學家，主要在英國教學。

功能論
這個研究取向聚焦於社會體系中，社會文化行為所扮演的角色(功能)。

馬凌諾斯基

馬凌諾斯基與芮克里夫-布朗兩人都聚焦於現時，而非歷史重構。馬凌諾斯基針對現生人群進行具帶頭作用的田野工作。正由於他在超布連群島的多年田野工作，馬凌諾斯基往往被認定為民族誌之父。馬凌諾斯基是功能論人類學家，這有兩種意義。首先，根植於他的民族誌，他相信在社會當中所有的風俗與制度是整合且彼此關聯的，因此當其中一個發生改變，其他也會隨之改變。每一種風俗與制度，對其他風俗與制度具有一項功能 (function)。那麼，這種信念的必然結果是，民族誌研究可從任何一個主題開始，到最後能理解這個文化的其他部分。如此，對於超布連人捕魚方式的研究，最後會引導民族誌研究者探究整個經濟體系，以及巫術、宗教、神話、貿易與親屬的角色。馬凌諾斯基功能論的第二條線路稱為*需求功能論* (needs functionalism)。馬凌諾斯基 (1944) 相信，人類具有一組普同的生物需求，因此各種風俗習慣發展出來，以滿足這些需求。任何一種行為的功能，就是它對於滿足這些普同生物需求(如對食物、性生活、住所等)所扮演的角色。

芮克里夫-布朗與結構功能論

依據芮克里夫-布朗的說法 (1962/1965)，雖然歷史是重要的，但人類學家可能從未希望探索無文字人群的歷史。他既不相信演化，也不相信傳播論的歷史重構。由於所有的歷史都是推測的，芮克里夫-布朗敦促社會人類學家將焦點放在當前的社會生活中，特定行為所扮演的角色。在一篇有名的論文中 (1962/1965)，芮克里夫-布朗檢視莫三比克的巴頌加人 (Ba Thonga) 的母舅所扮演的特殊角色。先前在莫三比克研究的一位演化論派教士，將這個父系社會所出現的母舅特殊角色，看成是他們社會昔日曾採取母系繼嗣原則的遺存 (在父系繼嗣社會，人們歸屬於其父親的群體；在母系繼嗣社會，人們歸屬於其母親的群體。單線演化論者相信，所有人類社會在成為父系社會之前都經歷過母系社會階段)。由於芮克里夫-布朗相信巴頌加人的歷史只能被推測，於是他就引述當時巴頌加人的各種制度，而不是昔日的巴頌加社會，來解釋母舅的特殊角色。芮克里夫-布朗主張社會人類學是**同時限** (synchronic) 學科，而不是**貫時限** (diachronic) 學科，換言之，他研究的是目前存在狀態 (同時限、在同一時間) 的社會，而不是跨越時間 (貫時限) 的社會。

同時限
在同一時間（研究各個社會）。

貫時限
跨越時間（研究各個社會）。

結構功能論 (structural functionalism) 這個術語會讓人聯想到芮克里夫-布朗與伊凡-普里查 (Edward Evans-Pritchard)。伊凡-普里查是另一位傑出的英國社會人類學家，他因撰寫許多書籍而聞名，包括《努爾人》(*The Nuer*)(1940) 這本民族誌經典作品，清楚呈現蘇丹有組織的努爾社會的各項結構原則。依據功能論與結構功能論，風俗 (社會行為) 發揮功能來維持社會結構。依據芮克里夫-布朗的觀點，任何行為的功能就是它對維持這個體系的貢獻，它是這個體系的一部分。這個體系具有一種結構，它的各個部分發揮功能來維持這個整體。芮克里夫-布朗認為社會體系可比擬於身體構造與生理系統。有機體與生理過程的功能，就是維持身體順利運轉。因此，他也認為風俗、習慣、社會角色與行為都發揮作用，以保持社會體系順利運轉。在這種暗示和諧的情況下，某些功能學派的模型被批評為潘格羅斯學派 (Panglossian)，以潘格羅斯博士 (Dr. Pangloss) 為名，這是伏爾泰 (Voltaire) 的《憨第德》(*Candide*)

一書中的一個角色,他喜歡宣稱「世上一切都臻於至善」。潘格羅斯學派功能論意指一種傾向,事物發揮功能不僅是維持這個體系,更是盡可能以最合適方式來達成,因此任何偏離正常狀態,只會被視為有損於這個體系。

曼徹斯特學派

在英國曼徹斯特大學的社會人類學家稱為曼徹斯特學派,他們因非洲研究及偏離潘格羅斯學派社會和諧觀點而知名。例如,曼徹斯特人類學家葛拉克曼 (Max Gluckman) 讓衝突成為其分析的重要部分,葛拉克曼撰寫有關反叛的儀式。然而,葛拉克曼和他的同事並未全然拋棄功能論。曼徹斯特學派的人類學家檢視反叛與衝突如何被調解和消除,藉此維持這個體系。

當代功能論

今日有一類功能論持續存在,採用一個被廣泛接受的觀點,存在著社會文化體系,而且其成分或構造組件是功能相關的(是彼此的功能),因此它們是共變的:當某個部分發生改變時,其他部分也會改變。同樣持續存在的觀念是,某些成分——往往是經濟成分——比其他部分更重要。例如,很少人會否認重大的經濟變遷(如逐漸增加的女性受薪就業),已導致家庭與家戶組織及相關變項的改變,諸如初婚年齡和離婚率。工作與家庭生活安排方式的變遷影響其他變項,例如在美國及加拿大,人們上教堂的頻率已經衰減。

▲ 形貌論

形貌論
將文化視為整合且有模式的。

鮑亞士最知名的兩位門生潘乃德與米德,發展名為**形貌論** (configurationalism) 的文化研究取向。就文化被視為整合的這項意義而言,這與功能論有所關聯。我們見到鮑亞士學派追溯各種文化特質的地理分布。但鮑亞士認為傳播並非自動產生。各種文化特質假使遇到環境障礙,或者未被某個特定文化所接受,就有可能不會傳播。這個文化與這個傳播進入的特質必須相契合,而且被採借進來的特徵必須本土化

(indigenized)——加以修訂以適應於採用它們的文化。雖然各種文化特質可從不同方向傳播進來，但是潘乃德強調文化特質——實際上，整個文化——都受到獨特的模式化或整合。她的暢銷書《文化模式》(*Patterns of Culture*)(1934/1959) 描述這類文化模式。

米德最著名的研究焦點是兒童養育行為，也在她研究的許多社會發現某些文化模式，包括薩摩亞、巴里島與巴布亞紐幾內亞。米德對於各種不同的濡化模式特別感興趣。她強調人類本質的可塑性，將文化視為一種強大力量，創造出幾乎無限的可能性。即使在相鄰的社會中，不同的濡化模式將孩童塑造成不同類型的成人，因此鄰近文化可能因此具有非常不同的性格類型及文化形貌。米德最知名(雖然引發爭議)的書籍是《薩摩亞人的成年》(*Coming of Age in Samoa*)(1928/1961)。在米德依然是年輕女子時，她前往薩摩亞研究青少年時期的女性，以便與美國同一段生命時期的例子相比較。她質疑生物決定論的普遍性，轉而假定薩摩亞的青少年跟美國的同齡者有所不同，而且這將會影響成人之後的性格。她運用在薩摩亞的民族誌發現，將薩摩亞的性自由拿來對比於美國對青少年性生活的壓制。她的研究發現支持鮑亞士學派的觀點，文化(而非生物)決定人們行為與性格上的變異。米德後來在紐幾內亞的亞拉沛旭(Arapesh)、穆杜辜穆(Mundugumor)、燦布利(Tchambuli)所做的田野研究，使她寫出《三個原始社會的性別與氣質》(*Sex and Temperament in Three Primitive Societies*)(1935/1950)。這本書記載在三個鄰近社會當中，男性與女性在人格特質和行為方面的變異，做為對文化決定論的進一步支持。

▲ 演化論的回歸

在 1950 年代左右，隨著第二次世界大戰的結束，以及逐漸高漲的反殖民運動，人類學家重新恢復對文化變遷乃至於演化的興趣。美國人類學家懷特 (Leslie White) 與史都華 (Julian Steward) 對鮑亞士學派頗有微詞，認為他們把嬰兒(演化觀念)和洗澡水 (19 世紀演化論的概念架構所具有的特殊缺陷)一起倒掉。懷特在《文化的演化》(*The Evolution of Culture*)(1959) 一書中，主張回歸到泰勒與摩爾根所使用的同一套文化演化概念，然而這個概念現在由一個世紀以來的考古學發現，以及一套更大規模的民族誌記錄所補充。懷特的取向稱為一般演化 (general evolution)，這個概念是歷經時間，並透過考古學、歷史與民族誌的記錄，我們可以瞭解整體的文化演化過程。例如，人類的經濟體系從舊石器時代搜食開始演變，經過早期農耕與畜牧、集約的農耕型態，到工業主義。在社會政治方面也歷經演化，從遊群與部族發展到酋邦與國家。懷特主張，無庸置疑的是，文化經過演化。但懷特有別於19世紀單線演化論者的是，他瞭解各個文化可能不會朝著同一個方向發展。

懷特認為能量取得是文化進展的主要推動力。文化的進展可由一個社會的每人每年所運用的能量總值來衡量。依據這個觀點，加拿大與美國就成為世界最進步的國家，因為年均能源使用量最高。懷特認為社會的進展可由能源消耗量來衡量，這個概念如今看來非常怪異，把耗盡自然資源的社會看成比致力保護自然資源的社會更進步。

史都華在他深具影響力的一書《文化變遷的理論》(*Theory of Cultural Change*)(1955)，提出一套不同的演化模型，他稱為多線演化 (multilinear evolution)。他呈現各個文化如何沿著幾條不同路線而演化。例如，他分析朝向國家發展的幾條不同路徑 (如由灌溉社會接著產生的國家，對比於無灌溉社會的國家)。史都華也是人類學的一個領域的先驅，他稱為**文化生態學** (cultural ecology)，現在大多稱為生態人類學 (ecological anthropology)，特別關注文化及其環境之間的關係。史都華有興趣探討因果關係，並將技術與環境視為文化變遷的主因。他將人們可取得利用的環境與技術，視為他所稱的**文化核心** (culture core) 的一部分。文化核心是環境及經濟因素的組合，決定任何一個社會的整體樣貌。

▲ 文化唯物論

文化唯物論
哈里斯的概念，文化的下層結構決定了結構與上層結構。

哈里斯 (Marvin Harris) 在提出**文化唯物論** (cultural materialism) 這個理論典範時，採用跟懷特與史都華有關的決定論模型。哈里斯 (Harris 1979/2001a) 認為所有的社會都具有三個部分：下層結構、結構與上層

結構。下層結構 (infrastructure) 類似於史都華的文化核心，由技術、經濟體系與人口所構成——生產與再生產的體系，沒有它的話，社會就無法生存。從下層結構發展出來的是結構 (structure)——社會關係、各類型的親屬與繼嗣關係、分配與消費的模式。第三層是上層結構 (superstructure)：宗教、意識型態、遊戲——這些文化層面距離使文化得以生存的物質基礎最遙遠。哈里斯與懷特、史都華及馬克思 (Karl Marx) 等人所共享的基本信念，追根究柢，就是下層結構決定結構與上層結構。哈里斯藉此觀點反對幾位理論家 [他所稱的「唯心論者」(idealists)]，例如韋伯 (Max Weber) 主張宗教 (上層結構的一個面向) 對改變社會扮演著重要角色 (參閱「宗教」一章)。就如同我們到目前為止所討論的大多數人類學家，哈里斯堅持認為人類學是一門科學。對哈里斯來說，就如同對懷特與史都華而言，人類學做為一門科學，其重要目標就是尋求解釋——因果關係。

▲ 文化決定論：文化學、超有機及社會事實

在本節中，我們思考三位傑出的早期人類學家 (懷特、克魯伯與涂爾幹)，他們強調文化的重要性，以及它在決定個體行為所扮演的角色。雖然懷特自稱是演化論者，但他也強烈相信文化的力量。懷特將文化人類學視為一門科學，並將之命名為文化學 (culturology)。懷特相信，由文化學所研究的文化力量非常強大，因此個體所能產生的差別極小。懷特非常駁斥當時的「歷史巨人理論」，這套理論主張某些特殊人物造就偉大發明與劃時代改變；相反地，懷特認為許多文化力量的匯集產生偉大的個人。在某些特定歷史時期，例如文藝復興，各種條件適於展現創造力與偉大發明，因此個人天分就綻放開來。在其他時代或地方，可能也有同樣多的偉大心靈，但那個文化並未鼓勵他們的表現。為了證明這套理論，懷特指出許多重要發現被同時提出的例證。在人類歷史上有許多次事件，當文化已條件俱足時，在不同地方各自獨立從事研究的人們，就會產生相同的革命性思想或成就。例子包括達爾文與華萊士 (Alfred Russel Wallace) 同時提出演化透過自然選擇而發生的理論，1917 年三位

科學家分別再次發現孟德爾的遺傳學原理，以及美國的萊特兄弟與巴西的杜蒙 (Santos Dumont) 各自獨立發明飛行技術。

著作等身的鮑亞士學派人類學家克魯伯 (Alfred Kroeber, 1952) 也強調有需要建立一門嶄新且獨特的科學，聚焦於文化，將之理解成一個獨特的領域，他稱為**超有機** (superorganic)。他認為，對於超有機研究的重要性就如同有機 (organic，生物學) 以及無機 (inorganic，化學與物理學) 的研究。在他對於時尚流行的研究，例如每一年女性裙子的長度變化。克魯伯 (1944) 試圖呈現文化力量凌駕於個人。他認為，個體很少能夠做出自己的選擇，只能依循時代的風格潮流。

超有機
克魯伯的觀點，這個特定的文化範疇超越了有機與無機的領域。

在法國，涂爾幹 (Èmile Durkheim) 採取類似的取向，公開宣稱一門嶄新社會科學的出現，它植基於他以法文所稱的 *conscience collectif*。這個名詞常被譯為「集體意識」(collective consciousness)，這個常見的英文譯詞並未充分傳達這個概念跟克魯伯的超有機或懷特的文化學的相似點。涂爾幹提議，這項新的科學將植基於社會事實 (social facts) 的研究，在分析上有別於個體，這些事實從個體的行為被推論出來。許多人類學家同意這個中心前提，人類學家的角色就是研究某些超乎個體的事物。心理學家研究個體；人類學研究的個體則是更多其他事物的再現。人類學家應該研究的對象就是那些較大的體系，包含各種社會位置——地位與角色，且透過濡化代代相傳。

當然社會學家也研究這類社會體系，涂爾幹同時是傑出的人類學與社會學的開拓者。涂爾幹撰寫關於澳洲原住民宗教，以及當代社會自殺率的書籍。依據涂爾幹的分析，自殺率 (Durkheim 1897/1951) 與宗教 (Durkheim 1912/2001) 都是集體現象。個體因各種理由而自殺，但自殺率的變化 (這只運用在集體) 可以且應該連結到社會現象，例如在特定時代與特定地方的失序感、抑鬱或疏離。

▲ 象徵與詮釋人類學

特納 (Victor Turner) 早先是葛拉克曼在曼徹斯特大學社會人類學系的同事，也因此在他遷居美國之前曾是前面所提的曼徹斯特學派的一

員。他在美國先後任教於芝加哥大學與維吉尼亞大學。特納撰寫討論儀式與象徵的重要作品。《象徵的森林》(*The Forest of Symbols*)(1967) 是探討尚比亞恩丹布人 (Nbembu) 象徵與儀式的論文集,特納在當地進行他的主要田野工作。在《象徵的森林》中,特納檢視象徵與儀式如何被用來管控、預防及避免衝突。他也檢視由許多象徵意義構成的一個層級關係,從象徵的社會意義與功能,到象徵在個體心中的內化過程。

特納認定在他與道格拉斯 (Mary Douglas 1970a) 居於先驅地位的**象徵人類學** (symbolic anthropology,在社會與文化情境脈絡中對象徵的研究),以及其他領域 (社會心理學、心理學與精神分析) 之間,具有某些連結關係。在精神分析中,象徵的研究是最重要的。精神分析的創始者佛洛伊德 (Sigmund Freud) 也承認在各種象徵間的一套層級關係,從潛在的普同象徵到那些對特定個體有意義的象徵,這是從對他們夢境的解析與詮釋所產生的。特納的象徵人類學在芝加哥大學大放異彩,在那裡有另一位主要提倡者施耐德 (David Schneider),發展一套象徵方法以研究美國文化,這呈現在他的《美國人的親屬:一個文化敘述》(*American Kinship: A Cultural Account*)(1968)。

與象徵人類學有關,也同樣關聯到芝加哥大學 (以及後來的普林斯頓大學) 的是**詮釋人類學** (interpretive anthropology),主要倡導者是葛茲 (Clifford Geertz 1973, 1983)。葛茲將文化定義為植基於文化學習與象徵的概念。在濡化過程中,個體內化一套早在他們出生前就已建立的意義及象徵體系,他們運用這套文化體系來定義他們的世界、表達他們的感覺,並做出他們的判斷。

詮釋人類學 (Geertz 1973, 1983) 將文化視為文本,這些文本的意義,必須在特定的文化與歷史場景中被解析。葛茲的研究取向令人回想起馬凌諾斯基的信念,民族誌研究者的基本任務就是:「掌握當地人的觀點,他與生命的關係,理解他對於他的世界的觀點」(Malinowski 1922/1961: 25——重點為馬凌諾斯基所加)。自從 1970 年代,詮釋人類學認為,描述與詮釋的這項任務是對於當地人具有意義之事。葛茲 (1973) 認為,人類學家可在一個文化中,選擇任何令他感到興趣之事 (如他在一篇知

象徵人類學
在象徵本身所處的社會文化脈絡中,對象徵所做的研究。

詮釋人類學
葛茲的概念,將文化視為一套意義體系來研究。

名論文所詮釋的巴里島鬥雞)，補充其細節，並詳盡闡述，讓讀者知道關於那個文化的細節。意義是由共同的象徵形式所承載，包括話語、儀式與風俗。

結構主義

在人類學，結構主義 (structuralism) 主要關聯到李維史陀 (Claude Lévi-Strauss)，他是一位著作等身且長壽的法國人類學家，在 2009 年以 100 歲高齡辭世。李維史陀的結構主義歷經長期發展，從他早年對親屬與婚姻體系的結構，到他晚近對人類心智結構的興趣。就這個較晚近的興趣而言，李維史陀學派結構主義 (1967) 的目標並非解釋各個文化層面的關係、主題與連結，而是將它們發掘出來。

結構主義植基於李維史陀的信念：人類心智具有某些普同特徵，這源自於智人 (Homo sapiens) 腦子的共同特質。這些共同心智結構導致世界各地的人們，無論其社會與文化背景為何，都採取類似方式進行思考。在這些普同心智特徵中，其中有些就是分類的需要：對於自然的各個層面、人們與自然的關係，以及人群之間的關係，強加了秩序。

依據李維史陀，分類的普同面向就是對立，或對比。雖然許多現象是連續的，而不是清楚分立的；但由於心智對強加秩序的需要，將這些現象看成有別於它們本身的東西。最常見的一種分類方式就是運用二元對立。善與惡、黑與白、年老與年輕、高與低都是對立組，依據李維史陀，這反映了普同的人類需求，將程度的差異轉變為類別的差異。

李維史陀將其關於分類體系和二元對立的假設，運用在神話與民間故事。他呈現這些論述具有簡單的建築單元——基本結構或「神話主題」(mythemes)。檢視不同文化的傳說故事，李維史陀呈現一個故事可透過一系列的簡單操作，轉變為另一個故事，例如，依據下列過程：

1. 將一個神話的正面成分轉變為它的負面成分。
2. 翻轉各個成分的順序。
3. 將一位英雄替換成一位英雌。
4. 保留或重複某些重要成分。

透過這樣的運作過程，兩個明顯不同的神話故事，可被呈現為一個相同結構的變異種；換言之，兩者是彼此的轉型。有個例子是李維史陀 (1967) 對「灰姑娘」(Cinderella) 的分析，這是一個廣為流傳的故事，在相鄰的文化間，這些成分會有所不同。透過翻轉、對立與否定，隨著這個故事被訴說、一再訴說、傳播，以及被整合到後來承接這個故事的社會傳統中。「灰姑娘」變成「灰男孩」，一系列的其他對立形式也隨之改變 (如繼父相對於繼母)，這關聯到主角性別由女性變成男性。

過程取向

能動

人類學家傳統上習慣將文化視為代代相傳的社會凝聚劑，透過人們共同的歷史——文化傳統而將他們結合起來。近來，人類學家已轉向將文化視為在當下不斷被創造與重新發揮作用的東西。當代人類學家現在強調個體的日常行動，究竟如何創造及再創造文化 (Gupta and Ferguson 1997)。**能動** (agency) 係指個體對於形成與轉變文化所採取的行動，無論是個別或在群體中。

能動
個體對於創造及轉變文化所採取的行動，無論是個別或在群體中。

實踐理論

實踐理論 (practice theory)(Ortner 1984) 的文化研究取向，體認在一個社會或文化中的各個個體，具有不同的動機與意圖，且具有不同程度的權力與影響力。這些對比可能關聯到性別、年齡、族群、階級及其他社會變項。實踐理論聚焦於這些不同的個體——究竟如何透過他們的行動與實踐——影響並改變他們生活在其中的世界。實踐理論適切地體認在文化與個體間具有相互關係。文化塑造了個體體驗與回應外在事件的方式，但個體也在社會的運作與變遷中扮演主動角色。實踐理論認定加諸於個體的各種限制，以及文化與社會體系所具有的彈性和可變性。知名的實踐理論學者包括美國人類學家歐特納 (Sherry Ortner)、法國社會理論家布爾狄厄 (Pierre Bourdieu)、英國社會理論家紀登斯 (Anthony Giddens)。

李區

　　實踐理論 [有時也被稱為行動理論 (action theory) (Vincent 1990)] 的某些根源，可追溯到英國人類學家李區 (Edmund Leach)，他撰寫了影響深遠的《上緬甸諸政治體系》(*Political Systems of Highland Burma*)(1954/1970)。李區聚焦於個人如何運作以取得權力，以及他們的行動如何轉變社會。在緬甸的克欽山 (Kachin Hills)，李區描述三種社會政治組織類型，他稱為貢龍 (gumlao)、貢紮 (gumsa) 與撣人 (Shan)。李區藉由採取一個區域觀點，而不是地方觀點，提出一個非常重要的論點。克欽人參與一個區域體系，其中包含這三種組織型態。李區呈現他們如何在同一區域並存與互動，當地每個人都知道這幾種形式與可能性。他也呈現克欽人如何以具創造力的方式進行權力鬥爭，例如將貢龍轉換成貢紮組織，他們如何在這個區域體系中調整身分認同。李區將過程概念帶進結構功能論的形式模型。他藉由聚焦於權力及個人如何取得與運用權力，呈現個體在不斷轉變文化的過程中，所扮演的創造性角色。

▲ 世界體系理論與政治經濟學

　　李區的區域觀點及對於權力的研究興趣，跟同時代的另一項人類學理論發展並無太大不同。我們在前面的討論提到，史都華的多線演化論及文化生態學作品。他在 1946 年加入哥倫比亞大學任教。史都華在那裡跟幾位研究生共同工作，包括沃爾夫 (Eric Wolf) 與敏茲 (Sidney Mintz)，他們後來都各自成為傑出的人類學家。史都華、敏茲、沃爾夫及其他學者策畫與執行在波多黎各的一項團隊研究計畫，這詳述於史都華的《波多黎各的人群》(*The People of Puerto Rico*)(1956) 這本巨著。這項計畫顯示人類學在二次大戰後的轉向，逐漸遠離「原始」與非工業化社會 (這些社會被假定是有些孤立和自主的)，轉向當代社會的研究，這些社會受到殖民主義所塑造，並充分參與當代世界體系。這個團隊包括敏茲與沃爾夫在內，研究位於波多黎各個不同區域的幾個社群。他們挑選這些田野地點做為重要事件與適應的樣本，例如這座島嶼歷史中的蔗糖熱帶栽培業。這個取向強調經濟學、政治與歷史。

沃爾夫與敏茲在學術生涯當中保持對歷史的興趣。沃爾夫寫出當代經典作品《歐洲與沒有歷史的人》(*Europe and the People without History*)(1982)，本書將地方人群(如美國原住民)放在世界體系事件(如北美地區的毛皮貿易)的情境脈絡中審視。沃爾夫將焦點放在這些「沒有歷史的人」——亦即，沒有文字的人們，他們缺乏自己的書寫歷史——參與世界體系並因而被轉型，以及資本主義的擴散。敏茲的《甜味與權力》(*Sweetness and Power*)(1985)則是另一個歷史人類學的例子，焦點放在**政治經濟學**(political economy，相互關聯的經濟與權力關係所構成的網絡)。敏茲追溯蔗糖的種植與傳播、它在英國所扮演的轉型角色，以及蔗糖對新世界所造成的影響，在加勒比海與巴西，蔗糖變成以奴隸為基底的熱帶栽培業經濟體系的根基。這些探討政治經濟學的作品，顯示人類學朝向跨學科方向的改變，援引了其他學科領域，特別是歷史學。人類學的世界體系研究取向，被批評為過度強調外來者的影響，對這些「沒有歷史的人」本身發動的轉型行動所寄予的關注不足。表 3.2 總結各個主要的理論觀點及相關的重要作品。

政治經濟學
在社會之中，相互關聯的經濟與權力關係網絡。

文化、歷史、權力

更晚近的歷史人類學研究取向，雖然與世界體系理論家同樣對研究權力感興趣，但已更聚焦於地方的能動者，也就是在被殖民社會中個體與團體的轉型行動。在晚近的歷史人類學，檔案研究成為顯學，特別是對區域的討論，例如印尼，就殖民者與被殖民者間的關係，以及殖民情境中各種不同行動者的行動而言，殖民與後殖民時期檔案包含許多有價值的訊息(參閱 Roque and Wagner 2011)。對於文化、歷史、權力的研究，大量援引歐洲社會理論家的作品，例如葛蘭西(Antonio Gramsci)與傅柯(Michel Foucault)。

葛蘭西(1971)發展出霸權(hegemony)的概念，來指稱一個階層化的社會秩序，其中從屬階層遵從統治者，藉由將統治者的價值加以內化，而且接受這種統治關係的「自然性」(事情本來就應該是這樣)。布爾狄厄(1977)與傅柯(1979)兩人都認為，控制人民的心靈比控制他們的身

表 3.2　人類學理論的年代表與重要作品

理論取向	重要作者與作品
文化、歷史、權力	Ann Stoler, *Carnal Kanowledge and Imperial Power* (2002); Frederick Cooper and Ann Stoler, *Tensions of Empire* (1997)
再現的危機／後現代主義	Jean Francois *Lyotard, The Postmodern Explained* (1993); George Marcus and Michael Fischer, *Anthropology as Cultural Critique* (1986)
實踐理論	Sherry Ortner, "Theory in Anthropology since the Sixties" (1984); Pierre Bourdieu, *Outline of a Theory of Practice* (1977)
世界體系理論／政治經濟學	Sidney Mintz, *Sweetness and Power* (1985); Eric Wolf, *Europe and the People without History* (1982)
女性人類學	Rayna Reiter, *Toward an Anthropology of Women* (1975); Michelle Rosaldo and Louise Lamphere, *Women, Culture, and Society* (1974)
文化唯物論	Marvin Harris, *Cultural Materialism* (1979), *The Rise of Anthropological Theory* (1968)
詮釋人類學	Clifford Geertz, *The Interpretation of Cultures* (1973)*
象徵人類學	Mary Douglas, *Purity and Danger* (1970); Victor Turner, *The Forest of Symbols* (1967)*
結構主義	Claude Lévi-Strauss, *Structural Anthropology* (1967)*
新演化論	Leslie White, *The Evolution of Culture* (1959); Julian Steward, *Theory of Culture Change* (1955)
曼徹斯特學派與李區	Victor Turner, *Schism and Continuity in an African Society* (1957); Edmund Leach, *Political Systems of Highland Burma* (1954)
文化學	Leslie White, *The Science of Culture* (1949)*
形貌論	Alfred Kroeber, *Configurations of Cultural Growth* (1944); Margaret Mead, *Sex and Temperament in Three Primitive Societies* (1935); Ruth Benedict, *Patterns of Culture* (1934)
結構功能論	A. R. Radcliffe-Brown, *Structure and Function in Primitive Society* (1962)*; E. E. Evans-Pritchard, *The Nuer* (1940)
功能論	Bronislaw Malinowski, *A Scientific Theory of Culture* (1944)*, *Argonauts of the Western Pacific* (1922)
歷史特殊論	Franz Boas, *Race, Language, and Culture* (1940)*
單線演化論	Lewis Henry Morgan, *Ancient Society* (1877); Sir Edward Burnett Tylor, *Primitive Culture* (1871)

* 包括了先前發表的論文。

體更容易。當代社會除了使用身體暴力之外，也運用各種型態的社會控制形式，包括各種勸說、強迫與管理人民的技術，並監控與記錄人民的信念、行為、活動及接觸。對於文化、歷史與權力感到興趣的人類學家，例如史托勒 (Ann Stoler 1995, 2002, 2009)，在各式各樣的情境脈絡中 (包

括殖民地、後殖民地及其他階層化的情境脈絡)，檢視權力、宰制、調和與抵抗的體系。

七、今日的人類學

早期的美國人類學家，都對一個以上的次領域提出貢獻。從 1960 年代以來，如果說人類學有個重要潮流的話，就是逐漸增加的專門化。1960 年代，當我在哥倫比亞大學讀研究所時，必須研讀四個次領域，並通過這四大分支的資格考。情況已經改變了。美國依然有許多陣容堅強、涵蓋四大分支的人類學系，但許多優秀的人類學系缺少一個或更多個分支。即使在具有四大分支的人類學系，依然要求研究生必須選擇專精於某一個領域。在鮑亞士學派人類學，這四個次領域都共享一套關於人類可塑性的理論假設。今天，隨著專門化的結果，引導這四個次領域的理論已有所分歧。各類型的演化理論仍主導著生物人類學，在考古學中這個理論也依然是強力概念。然而，在文化人類學，從演化論居於主導地位的那個時代至今，已過了數十年。

民族誌也產生更多的專門化。文化人類學家現在帶著心中的一個特定問題前往田野，而不是帶著寫出一篇全貌觀點民族誌的目標──對一個特定文化的完整敘述──例如摩爾根與馬凌諾斯基分別研究伊洛魁人和超布連島人時所抱持的企圖。鮑亞士、馬凌諾斯基與米德前往某個地方並停留在那裡，研究地方文化。今天，人類學家所研究的「田野」已無可避免且合宜地延伸到區域與全國體系及人們的移動，包括跨越國界的移民與離散人群。邊境理論 (border theory)(參閱 Lugo 1997) 是一個正在興起的領域，檢視位於社會各個邊緣位置的社會關係，在這些情境脈絡當中，不同群體的成員越來越常相遇及互動。邊境研究的進行地點可以在兩國的邊界，例如美國與墨西哥的邊界 (DeLeon 2015; Lugo 2008)，也可在一個國家境內的許多地方，在那裡，各種不同的社群會經常接觸。現在有許多人類學家追尋著人群、資訊、財務與媒體的流動，

前往多處田野地點進行研究。這類移動——以及人類學家對其進行研究的能力——是由於運輸與通訊體系的進步而成為可能。

　　反映著這股專門化潮流，美國人類學會現在有許多類型的活躍次群體。在美國人類學會創立之初，只有一群被一視同仁的人類學家。現在有許多專門化群體分別代表生物人類學、考古學、語言人類學、文化人類學與應用人類學。美國人類學會有數十個圍繞著特殊興趣與身分而組成的團體。研究興趣諸如心理人類學、都市人類學、文化與農業等，身分則包括美國中西部或東南部人類學家、社區大學與小型學程的人類學家。美國人類學會更包括資深人類學家、LGBT（包括女同性戀者、男同性戀者、雙性戀者與跨性別者）人類學家、拉丁裔人類學家等。

　　人類學也見證了一場再現(representation)的危機——對於民族誌研究者的公正性與民族誌敘述的有效性，所提出的質疑。科學本身的價值也是可受挑戰的，所有的科學家來自特殊個人或文化背景，這阻礙了他們的客觀性。假使我們(就像我所做的一樣)繼續與米德一樣，將人類學視為人文科學，在瞭解與改進人類生活條件方面具有獨特貢獻的話，應該要何去何從呢？我認為，我們應該試著不斷意識到自己的偏誤，以及我們無法完全避免偏誤的這項事實。最佳的科學選擇，應該將對於客觀性的持續追求，以及對於達到客觀抱持著懷疑態度，兩者相互結合。

回顧

1. 拿民族誌研究跟調查研究相比，你會看到它們有哪些優點與缺點？哪一種研究提供較精確的資料？有可能是其中一種適合發現問題，另一種適合找出答案嗎？或者這是依據研究的情境脈絡而定？
2. 就何種意義來看，人類學研究是比較性質的？人類學家如何探討這個比較議題？他們所比較的是什麼東西(什麼是他們的分析單位)？
3. 就你看來，人類學是不是一門科學？在歷史上，人類學家如何處理這個問題？人類學應不應該成為一門科學？
4. 在歷史上，人類學家如何研究文化？當代有哪些文化研究的潮流？這些潮流如何改變人類學家從事研究的方式？
5. 在本章所檢視的各個理論，是否關聯到你在其他課程所學到的理論？這些課程與理論是什麼？這些理論究竟是較具科學性或較具人文性，或是介於兩者之間？

Chapter 4

應用人類學

◆ 變遷如何會變得不好？
◆ 人類學如何應用於醫療、教育與商業？
◆ 人類學學習如何切合職業生涯？

章節大綱

一、應用人類學家的角色
　　早期應用方式
　　學術人類學與應用人類學
　　今日的應用人類學
二、發展人類學
　　均富狀態
　　負面的均富影響
三、創新策略
　　過度創新
　　低度差異化
　　原住民模式
四、人類學與教育
五、都市人類學
六、醫療人類學
　　疾病理論體系
　　科學醫療相對於西方醫療
　　工業化、全球化與衛生
七、人類學與商業
八、公共人類學與應用人類學
九、生涯規劃與人類學

認識我們自己

變遷有沒有可能是不好的？在美國文化當中，創新是人們所嚮往的，這個概念幾乎是不證自明且不容質疑的——特別是在廣告當中。「嶄新、改良」是美國人耳熟能詳的口號，比起「老字號、信譽卓著」更容易聽到。你認為哪一種比較好——改變或是墨守成規？

但「嶄新的」東西不見得是「改良過的」，這是可口可樂公司在1985年所學到的慘痛教訓，當年該公司改變其最受歡迎的飲料配方，並引進「新可樂」(New Coke)。在當時一場遍及全美各地的騷動之後，其中有一大群消費者提出抗議，可口可樂公司將舊有的、人們熟悉的、令人信賴的可樂帶回市場當中，命名為「經典口味可口可樂」(Coca-Cola Classic)，如今依然大行其道，新可樂已走入歷史，提供一個忽視消費者的經典例證。當時可口可樂公司嘗試發動一場由上而下的變遷（一場由頂端階層所決定與發動的變遷，而不是由受影響的社群所發動）。消費者並未要求可口可樂公司改變它的產品，而是經營階層做出這項改變口味的決定。

就如同政策制定者，企業經理人經營著提供財貨與勞務給人們的各種組織。市場研究的領域聘用了大量的人類學家，這是基於他們有需要瞭解，實際及潛在消費者所做、所想與所要。聰明的計畫者研究並傾聽人們的聲音，試著要確定植基於地方需要的需求。普遍來說，運作良好的東西（只要不是歧視性或違法的）應當受到維持、鼓勵與強化。假使某些事情是錯誤的，那麼要如何以最佳方式修訂這些錯誤？人們（以及哪一群人）所想要的變遷是什麼？如何調和相互衝突的期望與需求？應用人類學家協助回答這些問題，這對於瞭解變遷是否有其必要，以及變遷如何發揮作用，是相當重要的。

當創新合乎文化時，就會最成功。這個應用人類學的自明之理，能引導國際性的社會經濟變遷計畫的傳播，以及商業的傳播。每當一個組織擴展到一個新國家，就必須設計一套合乎當地文化的策略，以融入這個新的場景。各種不同的跨國公司，例如麥當勞、星巴克與福特，在進行國際擴展時，已學會藉由融入當地生活習慣來賺取更多利潤，而不是試圖將當地習慣加以美國化。

應用人類學
運用人類學以解決當前的問題。

人類學有兩個面向：學術與應用。**應用人類學** (applied anthropology) 是運用人類學的資料、觀點、理論與方法，來找出、評估並解決當前的問題（參閱 Pelto 2013; Wasson, Butler, and Copeland-Carson 2012）。應用人類學家協助讓人類學關聯到學科之外的大世界，並發揮效用（參閱 Beck and Maida 2013）。例如，醫療人類學家擔任公共衛生計畫的文化詮釋者，以使這些計畫契合於地方文化。發展人類學家為國際發展機構工作，例如世界銀行 (World Bank) 或美國國際發展署 (USAID)。考古學對廢棄物的研究：垃圾學關聯到美國的環境保護署、造紙工業、包裝與貿易組織；考古學也應用於文化資源管理、歷史保存。

表 4.1　人類學的四大分支與兩種面向

人類學的分支 (學術人類學)	應用的例子 (應用人類學)
文化人類學	發展人類學
考古人類學	文化資源管理
生物人類學	法醫人類學
語言人類學	教室內的語言多樣性研究

　　生物人類學家將他們的專業應用於公共衛生、營養、遺傳諮詢、成癮藥物濫用、老年、心理疾病等工作。法醫人類學家 (forensic anthropologist) 與警察機構、醫事檢驗單位、法院與國際組織共同工作，對犯罪案件、意外、戰爭與恐怖行動的受害者進行鑑識。語言人類學家研究醫師與病人的言語互動方式，並呈現 (學生的) 方言差異對教室學習的影響。普遍來說，應用人類學的目標，在於尋求各種人道且有效的途徑來協助當地人群。表 4.1 顯示人類學的四大分支與兩種面向。

　　民族誌研究方法是應用人類學特別有價值的工具。上一章提到民族誌研究者從第一手資料研究社會、觀察，並從一般人那裡學習。參與社會變遷計畫的人類學家以外的其他學者往往認為，與官員交談、閱讀報告、抄寫統計數據就已足夠。然而，應用人類學家一開始提出的要求，可能就像是「帶我到當地人那裡」這類的話語。人類學家知道人們在這場對他們產生重大影響的變革中，必須扮演主動角色，而且「人民」擁有的資訊是「專家」所欠缺的。

　　人類學的理論，也就是由四個次領域所提出的發現與歸納，導引著應用人類學。理論協助實踐，應用也有助於理論的增長 (參閱 Rylko-Bauer, Singer, and Van Willigen 2006)。當我們對於社會變遷政策與計畫進行比較時，也就增加對因果關係的瞭解。我們對於文化變遷所獲得的新歸納，來增補從傳統與古代文化所發現的歸納。

一、應用人類學家的角色

▲ 早期應用方式

人類學就是(而且長久以來一向是)聚焦於非西方社會的學科。一項實例就是在20世紀前半葉,人類學家扮演殖民政權的代理人與諮詢者角色。在殖民主義的背景下,某些人類學家的工作是行政人員,或是擔任較低層次的職位,包括政府代理人、研究者與諮詢者。其他支持殖民主義的人類學家擔任大學教授,為殖民政權提供建議。在當時的歐洲強權國家──英國、法國、葡萄牙與荷蘭──全都聘用人類學家。當那些殖民帝國在二次大戰之後,隨著前殖民地獲得獨立而開始瓦解,有許多人類學家繼續針對他們最熟悉的區域與文化,對於政府機構提供建議。

在美國,美國人類學家們針對其國境之內,被歐洲移民所征服的美洲原住民族群,做了詳盡的研究。19世紀的美國人類學家摩爾根研究生活在紐約州的西尼加伊洛魁部族,他們距離摩爾根在羅徹斯特的家不遠處。摩爾根也是一位律師,代表伊洛魁人出庭,對抗想要掌握他們部分土地的一家公司。就如同摩爾根代表著西尼加人,如今有許多人類學家代表他們所研究的非西方社群。其他的人類學家則是擔任政府雇員及代理人,協助建立並執行由統治階級所發展的政策,其目標是地方人群。

出生於波蘭的學者馬凌諾斯基的大部分學術生涯是在英國教學,他是20世紀早期最傑出的文化人類學家之一。馬凌諾斯基因其在南太平洋的超布連群島的民族誌田野工作,以及他建立民族誌田野方法的角色,而聞名。他也被認定為應用人類學的創始者之一,他稱為「實用人類學」(practical anthropology)(Malinowski 1929)。如同在他那個時代的許多人類學家,馬凌諾斯基跟殖民政權一起工作,而不是反對歐洲對非西方人群的併吞。

馬凌諾斯基將其「實用人類學」聚焦於英國的非洲殖民地,以支持並促進殖民統治,他相信人類學家可協助歐洲殖民官員有效管理非西方

社會。人類學家可協助回答下列問題:「土著」可以忍受多少的稅賦及強制勞動而不至於反抗?歐洲定居者與殖民官員的接觸,會如何影響部落社會?人類學家可藉由研究土地權利關係與利用方式,以協助殖民政府決定土著應當保留多少土地,而歐洲人可取用多少土地。馬凌諾斯基並不是質疑歐洲人對於其所征服的社會的統治權。對他來說,人類學家的職責並非質疑殖民統治,而是盡可能讓殖民統治以和諧方式運作。其他的人類學家則對法國、葡萄牙與荷蘭政權提供類似的建議(也請參閱 Duffield and Hewitt 2009; Lange 2009)。

在二次大戰期間,美國人類學家的應用人類學試圖針對他們敵國——主要是德國與日本——獲致其動機和行為的透視。米德(1977)估計在 1940 年代,有 95% 的美國人類學家從事各項戰爭工作。例如,潘乃德(1946)寫出一本深具影響力的對於日本國民性格的研究作品,這並非透過在日本從事田野工作而達成,而是研究日本文學、電影及其他文化產品,並訪問在美國的日本人。她將這種研究方法稱為「文化遙研」(the study of culture at a distance)。在二次大戰後,美國人類學家在太平洋的數座島嶼進行工作,希望在這些先前由日本所控制而當時受美國統治的地方,促進當地人對美國政策的合作。

在本段所描述的早期人類學應用方式當中,有許多是有問題的,因為它們協助並鼓動軍事強權社會對非西方文化的併吞與控制。大多數當代應用人類學家將他們的工作視為強烈脫離殖民時代的應用人類學。今日的應用人類學家則將他們的工作視為一種助人專業,設計用來協助當地人。

▲ 學術人類學與應用人類學

在二次世界大戰後,始於 1946 年,在 1957 年達到頂峰的戰後嬰兒潮,助長美國教育體系,乃至於學術工作的大幅擴張。美國新設許多專科學校、社區大學與四年制大學,人類學成為大學的常開課程。在 1950 年代與 1960 年代,大多數的美國人類學家擔任大學教授,雖然有些學者依然在機構或博物館工作。

在 1970 年代及 1980 年代，大多數的人類學家依然在大學及博物館工作。然而，有越來越多的人類學家在國際組織、政府、商業界、醫院與學校找到工作。今天，應用人類學家在非常多樣的環境脈絡當中從事工作，包括大型發展組織、社群與文化群體、公共機構、政府組織、非政府組織與非營利組織、國際政策體，以及私人機構，包括工會、社會運動組織和漸漸增加的商業與公司 (Rylko-Bauer et al. 2006)。美國人類學會估計，如今美國新近畢業的人類學博士，超過一半尋求在學術界之外的職業生涯。這個朝向應用層面的轉變，已使這個學科受益菲淺。這已迫使人類學家思考，他們的研究具有的較大社會價值與意義。

▲ 今日的應用人類學

依據留爾寇—鮑爾 (Barbara Rylko-Bauer)、辛格 (Merrill Singer) 及威立根 (John van Willigen)(2006) 的研究，當代的應用人類學家運用來自人類學的理論、概念及方法來面對人類問題，例如貧窮，這往往對於深刻的社會受苦者有所貢獻。

然而，應用人類學家也為既非窮人，也非無權者的業主工作。為企業工作而擔任市場研究員的應用人類學家，嘗試為雇主或業主解決如何增加利潤的問題。有某些倫理上的兩難議題可能會浮現，這也出現於文化資源管理。文化資源管理人類學家協助在遺址受到發展或公共建設所威脅時，決定如何保存重要的遺留與資訊。某個準備興建道路或工廠的業主經常僱用文化資源管理公司。在這些例子中，業主可能較感興趣的結果是：並未發現任何需要保護的遺址。即使應用人類學家此時不是為殖民強權或軍方工作，他們依然面臨諸多倫理議題：研究者的效忠對象是什麼？而且假使堅持事實，可能會帶來什麼問題？當應用人類學家並未參與制定他們所必須執行的政策時，會發生什麼狀況？人類學家如何對他們曾參與的計畫提出批評？人類學的專業組織已藉由建立倫理守則，並設置倫理委員會，來處理這類問題。

人類學家是人類問題與社會變遷的專家，他們研究、瞭解並尊重文化的價值。在這個背景下，人類學家極有資格提議、計畫並執行足以影

響人們的政策。應用人類學家的適切角色包含：(1) 找出當地人民所感受的變遷需求；(2) 與當地人共同合作，設計出合乎當地文化需要，且具有社會敏感度的變遷方式；(3) 保護當地人，避免他們受到有害政策或計畫所影響。

數十年來，應用人類學家直接跟社區協同合作，藉此達成以社區為導向的變遷。應用人類學家不僅是跟當地人合作，而且他們到最後甚至可能由這類社區所聘用，來代表社區進行倡導。一個例子就是瓊斯頓 (Barbara Rose Johnston, 2005) 代表瓜地馬拉幾處受到奇克索 (Chixoy) 水庫興建工程不利影響的社區，所做的研究。瓊斯頓的報告記載這座水庫對這些社區的長期影響，也提出建議及一項賠償計畫。

二、發展人類學

發展人類學 (development anthropology) 是應用人類學的一個分支，聚焦於經濟發展的社會議題與文化面向。發展人類學家不僅推動由其他人所計畫的發展政策，他們也會計畫與引導政策 (對於發展人類學各項議題的更詳細討論，請參閱 Crewe and Axelby 2013; Edelman and Haugerud 2005; Mosse 2011)。

然而，發展人類學家經常面臨倫理兩難情境 (Escobar 2012; Venkatesan and Yarrow 2014)。外來援助 (包括經濟發展的資金) 未必能送到最需要與受苦最深的地區。相反地，這類資金的消耗方式往往是依據國際捐助者、政治領導者和強力利益團體所認定的政治、經濟與策略的優先順序而定。計畫者的目標及利益可能會忽略當地人民的最佳利益，或者與之衝突。雖然大多數發展計畫目標是增進生活品質，但在發展目標區域的生活水準卻往往下滑。

▲ 均富狀態

在最近的發展政策中，經常被提及的目標就是提升均富。**促進均富**

> **發展人類學**
> 應用人類學的分支，檢視經濟發展的社會文化面向。

> **促進均富**
> 赤貧狀況的減少，以及更公平的財富分配。

(increased equity) 意味著 (1) 減少貧窮，以及 (2) 更平均的財富分配。各項發展計畫的受益者不應只是「有錢人」，更要包括「沒錢人」。假使那些已經過得很好的人得到計畫的大部分好處，就不是促進均富。

然而，假使發展計畫目標是促進均富，就必須受到具有堅定改革決心的政府所支持。有錢有權者往往會抗拒那些將更多資源給「沒錢人」(而不是「有錢人」)的計畫，他們往往會主動反對那些將會改變現況的計畫。

▲ 負面的均富影響

某些發展計畫不僅並未促進均富；事實上，它們確實加大「有錢人」跟「沒錢人」之間的鴻溝。我們會說這種情況具有負面的均富影響 (negative equity impact)。我在巴西巴喜亞省的亞潤貝親眼觀察到負面均富影響的案例，這裡是大西洋岸的一個捕魚社群 (參閱 Kottak 2006)，在當地的一個發展組織提供購買漁船馬達的貸款，但是只有那些已經擁有航行船隻的人 (「有錢人」) 能夠獲得這些貸款，未擁有船隻者 (「沒錢人」) 就不具申請貸款的資格。在取得這些貸款之後，船東為了償付貸款，就從在其漁船工作的漁夫身上，增加他們所分得的漁獲比例。他們運用不斷增高的利潤，購買更大型、更昂貴的船舶。他們引述新增加的資本開銷，做為付給漁夫較少工資的理由。歷經多年之後，在「有錢人」跟「沒錢人」之間的鴻溝確實擴大了。最終導致的結果就是社會經濟階層化——在昔日曾是平權的社會，創造出社會階級。昔日亞潤貝的漁船是簡易的航行船隻，僅依靠風力推動，任何一位有企業精神的年輕漁夫能夠期盼到最後擁有自己的漁船。然而，在這套新經濟體系當中，漁船變得很昂貴，昔日一度想在漁業尋求發展的年輕人再也沒有機會購得屬於自己的船舶，轉而在陸地上找尋受薪勞工的工作。為了避免發生上述結果，授信機構應該找出具企業精神的年輕漁夫，並投資在他們身上，而不是只將貸款借給船主與已具優越財力的商人。我們在這裡所看到的教訓，就是政府所述的增加均富目標說的比做的更容易。由於「有錢人」往往比「沒錢人」具有更好的連結關係，他們更有可能發現關於

新計畫的資料,並且加以運用,也往往更能影響政府官員,官員大多決定哪些人會因一項特定的計畫而獲益。

三、創新策略

發展人類學家應當跟當地人(特別是「沒錢人」)共同且主動合作,以評估並協助他們來理解自己的期望及對變遷的需求。有太多地方上的實際需求,大力要求取消一些浪費金錢的發展計畫,這可能不適於甲地,但適於乙地,或在任何地方都沒有實施必要。發展人類學可協助找出這些甲地與乙地,並順應其需求來投入合適計畫。若要將某項計畫實施在某個人群,首先必須與人們進行諮詢,呼應他們所陳述的需求,找出他們所需要的發展方向 (Cernea 1991)。為了獲致最大的社會與經濟利益,發展計畫必須:(1) 合乎當地文化情況;(2) 呼應當地人認定的需求;(3) 在計畫與推動足以影響當地變遷的計畫時,將男性與女性都納入考量;(4) 運用傳統組織;以及 (5) 具有彈性 (Kottak 1990b, 1991)。

想一想最近一個因忽略地方文化而失敗的發展計畫例子。民族誌研究者柯本 (Noah Coburn 2011) 在阿富汗塔利本政權垮台後,於製陶村落伊斯塔利夫 (Istalif) 從事田野工作。他發現有一個非政府組織耗資 2 萬美元購買一座電窯,能夠大幅增進當地製陶者的生產力。唯一的問題是,這座電窯是捐給一個婦女中心,男人不可進入其中。這些受到誤導的捐款者忽略了一項事實,伊斯塔利夫的製陶工作是由男人所開始的──製陶與升火──這才能使一座窯運作起來。女人在製陶工作的角色是在後半段──上釉與裝飾。

▲ 過度創新

當發展計畫避開**過度創新** (overinnovation,改變過多) 的謬誤時,就最有可能成功。人們往往希望,這些變遷只要足以維持現況,或稍加改善就好。人們修訂行為的動機來自於傳統文化,以及日常生活的細小

過度創新
試圖要達成過多的改變。

關注點。鄉民所抱持的價值並非:「學會更好的方法」、「不斷進步」、「增加技術知識」、「改善效率」,或「採用現代技術」這類的抽象概念;相反地,他們具有腳踏實地與特定的目標。人們期望增加其稻田產量、累積舉辦一場儀式所需的資源、讓孩子受教育,或有足夠金錢可以支付帳單。農夫及漁夫的目標與價值,有別於那些為賺取金錢而從事生產的人,也有別於發展計畫者。

　　各個失敗的計畫往往在經濟與文化層面都無法合乎當地需要。例如一項在南非推行的計畫,向農民推廣栽種洋蔥與胡椒,希望這種農耕行為能切合既有的勞力密集水稻耕作體系。種植這些經濟作物並非該區域的傳統行為。這項計畫與當地既有的作物種植優先順序以及農民的其他利益,是彼此衝突的。結果是胡椒與洋蔥的勞力需求高峰,正好與水稻同時,農民很自然地優先照顧水稻。這項計畫之所以失敗是因為過度創新。提倡了過多的改變,引進農民所不熟悉的作物,而且是跟既有的體系相衝突,而不是以它為基礎並互補。計畫者應該理解的是,新作物的栽植將會跟這個區域的主要生計作物相衝突。一位好的人類學家應該已經告訴他們。

　　最近在阿富汗所做的發展計畫也可做為過度創新的問題本質的例證。人類學家柯本與巴菲德(Thomas Barfield)(2011)報導在塔利班政權垮台後,在阿富汗推行的幾項社會變遷計畫,他們批評這些由上而下的計畫經證實跟當地文化不相容。柯本建議在阿富汗鄉間維持和平的最佳策略,就是運用現有資源,援引當地的信仰及社會組織。所需避免的就是來自外界的過度創新計畫,無論是來自政府或是外國捐款者。柯本表示,注定失敗的嘗試是依據功績而創造的非個人性的科層組織。同樣也會失敗的計畫就是將性別自由的信念強加在村落層次,這些西方概念特別跟鄉村地區不相容。巴菲德也指出,直接嘗試要改變鄉區阿富汗人根深蒂固的概念,像是宗教及性別平等,是徒勞無功的。他建議,更好的策略是讓這些發動變遷的機構先在都市區域從事工作,在那裡會比較容易接納創新,然後再讓這些創新逐漸傳播到鄉區。

　　巴菲德也責難西方強權想將專制體系強加在鄉區,在那裡的政治情

況下，專制是無法長久維持的[卡爾扎伊(Karzai)政權在2014年終結]。在2014年，阿富汗選出的新總統加尼(Ashraf Ghani)是人類學家，他在紐約的哥倫比亞大學獲得人類學博士學位，曾在世界銀行擔任發展人類學家。我們期望加尼的人類學與發展背景，將可鼓勵他所領導的國家進行更多合乎文化需要的發展策略。

▲ 低度差異化

低度差異化 (underdifferentiation) 的謬誤，即是傾向將「低度發展國家」想像成更像低度發展的樣子。發展機構往往忽略了巨大文化差異(如巴西與波札那之間的差別)，而採取一視同仁的策略，來處理一些非常不同的社會。計畫者也試圖強加不符合當地需要的財產觀念與社會單位。在最常見情況是，這項錯誤的社會設計所假定的發展目標有二：(1) 個人化的生產單位 (individualistic productive units)，是由個人或夫婦所私有的，且藉由一個核心家庭而運作；或者是 (2) 合作農場 (cooperatives)，其基礎至少有一部分來自先前東歐集團與社會主義國家的模型。

運用不恰當的第一世界發展模型(個人與核心家庭)的一個例證是，針對西非地區所設計的一項計畫，當地的社會基本單位是擴展家庭。即使這個計畫具有錯誤的社會設計，但它成功了，這是由於參與計畫者運用傳統的擴展家庭網絡吸引更多的移民。最後，由於擴展家庭的成員蜂擁前往計畫地區，而使超過原先設計2倍以上的人們獲益。在這裡，移民者依循其傳統社會的原則修改了這項原先強加在他們身上的計畫。

第二種常見於發展策略的不可靠外來發展模型是合作農場。在鄉村發展計畫的比較研究之中，新設立的合作農場表現極差。只有當人們採用既有的地方社群制度來運作時，合作農場才會成功。這是一項更普遍原則的必然結果：當參與者群體是立基於傳統社會組織或成員間的社會經濟相似性時，才是最有效的 (Kottak 1990b, 1991)。

另一種外來模型的選項有其必要：就是將當地原住民的社會模式大量運用在發展之上。在非洲、大洋洲及其他許多地區，有一些傳統的社

低度差異化
將低度發展國家一視同仁；忽略了文化多樣性。

會單位,例如氏族、世系群及其他類型的擴展親屬群體,以及社群共有的土地資產與資源。對每個目標區域而言,最人道且具生產力的變遷策略,就是將創新的社會設計立基於傳統社會形式之上。

原住民模式

有許多政府並未真誠或務實改善其國民的生活。來自一些強大勢力的干預,也可能使政府無法實現人民所需的改革。然而,有時某個政府確實擔任管理人民且為人民著想的執政者。有一個歷史例證是馬達加斯加,該國人民馬拉加西人 (Malagasy) 在這個原住民國家於 18 世紀誕生之前,已組成許多繼嗣群體。馬力那人 (Merina) 是馬達加斯加最主要的前殖民國家的創造者,他們將這些繼嗣群體組織到國家架構之內,使重要群體的人士成為國王的顧問,因此賦予他們在政府內部的權威。馬力那國供應人民的生活所需,為公共工程建設而徵收稅賦與徵集勞力。也在必要時將資源再分配給有需要的人民。它也提供保護,使人民免於戰爭與奴隸掠奪,並讓他們能在和平環境下種植稻米。政府維護稻米種植所需的水利設施,也為具有雄心壯志的鄉下男孩提供機會,經過努力工作與學習成為公職人員。

縱觀馬力那國的歷史──以及在某種程度上延續到後殖民的馬達加斯加──在個人、繼嗣群體與國家間具有強大關係。地方的馬拉加西人社群的居住型態植基於繼嗣關係,比拉丁美洲與北美洲的社群更具凝聚力與同質性。馬達加斯加在 1960 年從法國取得政治獨立。新政府的經濟發展政策著眼於增加馬拉加西人養活自己的能力。政策強調要增加生計作物稻米的生產,而不是增加經濟作物的生產。更進一步地,地方社群具有傳統合作模式,以及植基於親屬與繼嗣而產生的凝聚力,這些都被視為發展過程的夥伴,而非障礙。

就某種意義而言,繼嗣群體對公平的國家發展提供先期適應的作用。在馬達加斯加,地方的繼嗣群體蓄積資源來教育其具有雄心壯志的成員。一旦受到教育,這些男女就會在這個國家得到有保障的經濟地位,他們隨後會將新經濟地位帶來的利益分享於親人。例如,他們提供房間

與寄宿場所給來到城市就學的鄉間表親，並幫助他們找到工作。

馬達加斯加的例子顯示，當政府官員是「民眾」出身(而不是菁英出身)，並與鄉民有著強大的個人連結關係時，他們更有可能提倡民主的經濟發展。相對地，在拉丁美洲國家，領導者與追隨者往往具有不同的出身背景，並欠缺透過親屬、繼嗣或婚姻的強大連結關係，因此當菁英統治時，菁英往往會飛黃騰達。然而，最近拉丁美洲選出幾位非菁英出身的領導者。當巴西的較低階層選出自己的一份子出任該國總統，這個階層(實際上整個國家)會在政治經濟上獲益。席爾瓦(Luis Inácio da Silva)在 2003 年起連任兩屆巴西總統(任期至 2011 年止)，他先前是工廠勞工，只受過 4 年小學教育，是西半球最受歡迎的領袖之一。

席爾瓦的繼任者羅賽芙(Dilma Rousseff)受過較好的教育，也同樣來自勞工黨，卻成為巴西最不受歡迎的總統之一。由於她的行政團隊違反財政法令，羅賽芙在 2016 年 8 月 31 日遭到國會彈劾，通過罷黜。

務實與成功的發展過程提倡變遷，但不是過度創新。許多變遷是有可能成功的，假使目標是保存地方體系，而讓它們運作更好。成功的經濟發展計畫尊重地方的文化模式，或至少沒有攻擊它。有效的發展計畫運用當地的文化行為與社會結構。當國家日益被連結到世界資本主義經濟體系時，地方社會組織型態分化為核心家庭組織、非個人性與異化的這個模式，絕對不是必然發生的。繼嗣群體，連同其傳統的社群主義與合作凝聚力，在經濟發展扮演重要角色。

四、人類學與教育

對於文化的關注也是**人類學與教育** (anthropology and education) 的基礎，這個領域的研究從教室延伸到家庭、社區與社群 (參閱 Anderson-Levitt 2012; Levinson and Pollock 2011; Spindler and Hammond 2006)。人類學家在教室觀察教師、學生、父母親與訪客之間的互動。亨利 (Jules Henry) 對美國小學教室的經典著作 (1955)，呈現學生如何學會順從同

人類學與教育
在家庭、同伴與濡化過程的脈絡中，對於學生所從事的研究。

伴，並與同伴競爭。人類學家將孩童視為完全的文化產物，孩童的濡化過程及其對教育的態度，屬於一個包含家人與同伴在內的情境脈絡（也請參閱 Kontopodis et al. 2011; Reyhner et al. 2013）。

　　社會語言學家與文化人類學家在教育研究通力合作。一項針對美國中西部都市區域的波多黎各裔七年級學生的研究 (Hill-Burnett 1978) 指出，人類學家發現許多教師所抱持的錯誤印象。例如，教師們錯誤地假定波多黎各裔 (屬於西語裔) 的父母比其他非西語裔更不重視教育，但是許多深度訪談的結果卻顯示，波多黎各裔的父母較重視教育。人類學家也發現某些作為排擠西語裔的學生，讓他們無法得到充分的教育。例如，教師工會及教育委員會都同意採取「將英語視為一種外國語言」(English as a foreign language) 的概念來進行教學。然而，政府並未提供雙語教師，來教育以西班牙語為母語的學生。學校開始給這些「將英語視為一種外國語言」的班級學生 (包括非西語裔者) 較低的閱讀成績，並認定他們有行為上的問題。這個教育災難，將一位不會說西班牙語的教師、只會說粗淺英語的學童，以及一群具有閱讀與行為問題的英語學生結合在一起。以西班牙語為母語的學生的落後科目不只是閱讀，而是所有的科目，如果在他們具備足夠能力閱讀有關科學、社會、數學這些領域的英語教材前，能有一位會說西班牙語的教師先教他們，至少就能在這些科目趕上進度。

五、都市人類學

　　在今日世界，媒體所傳送的影像與資訊對於吸引人們遷徙到都市，扮演著重要角色。人們往往基於經濟理由而遷移到都市，這是由於在家鄉的工作機會稀少。都市也吸引著某些想置身於城市活動的人們。巴西的鄉村居民經常提到 *movimento*，意指都市的活動與刺激，當成是一種被看重的經驗。國際移民傾向於定居於大都會，那裡有許多事情正在發生，而且他們可在族群聚居地感到彷彿置身故鄉一般。想一想，加拿大

的外國出生人口比例極高，僅次於澳大利亞，有七成五的移民定居在多倫多、溫哥華或蒙特婁。據估計，到了 2031 年，15 歲以上的加拿大公民會有將近半數 (46%) 出生於加拿大境外地區，或是至少會有一位在外國出生的父親或母親，這個比例從 2006 年的 39% 向上攀升 (Statistics Canada 2010)。

現在有超過一半的世界人口生活在都市——2014 年是 53%，預估在 2050 年會上升到 70% (Handwerk 2008)。1800 年僅有大約 3% 的人口是都市居民，1900 年有 13%，1980 年超過 40%，如今已超過 50%。在低度發展國家的都市化程度大約為 30%，落在全球平均值 50% 之下。然而，就算是在低度發展國家，都市的人口成長率現在已超過鄉村的人口成長率。到了 2030 年，預估低度發展國家的都市人口比例會上升到 41%。單單在非洲與亞洲，每星期就有 100 萬人遷往都市。在 1900 年，世界僅有 16 座百萬以上人口的都市，如今這種規模的城市已超過 400 座。

目前大約有 10 億人居住在都市貧民窟中，大多數缺乏水源、衛生設備、公共服務與法律安全。假使這個趨勢持續下去，都市人口的增加及人口集中在貧民窟的現象，隨之而來的將是犯罪率不斷升高，以及水源、空氣與噪音的汙染 (參閱 Dürr and Jaffe 2010)。這些問題在低度發展國家將會最嚴重。

在工業化與都市化於全球散播時，人類學家逐漸加強研究這些過程及其衍生的社會問題。**都市人類學** (urban anthropology) 兼具理論 (基礎研究) 與應用層面，針對都市化與都市生活進行跨文化及民族誌研究 (參閱 Gmelch, Kemper, and Zenner 2010; Prato and Prato 2012; Zukin et al. 2015)。美國與加拿大已成為都市人類學的熱門研究舞台，其探討主題包括族群、貧窮、階級與都市暴力等 (Vigil 2010)。

在任何一個國家，都市與鄉村代表著不同的社會體系。然而，當人們、產品、影像與訊息從某處流動到另一處時，文化傳播或採借就發生了。移民者將鄉村的行為與信念帶到都市，並且將都市的行為模式帶回故鄉。鄉村地區的經驗與社會形式，影響了人們對城市生活的適應方式。

都市人類學
對於都市與都市生活的人類學研究。

都市的鄉村居民也發展出新的組織，以因應特殊的都市需求。

　　從應用人類學研究取向探討都市計畫，從找出特定都市脈絡中的各個重要社會群體著手——以避免低度差異化的謬誤。在找出這些群體後，人類學家可能會誘導出這些群體對變遷的期望，將這些需求轉達給提供資金的機構，並與這些機構及當地人共同工作來實現目標。在非洲，相關群體包括族群協會、職業群體、社交俱樂部、宗教團體、喪葬互助社團等。都市的非洲人透過加入這些群體成為會員，維持廣闊的人際接觸與支持網絡，這些群體對他們的鄉村親戚提供金錢支援及都市寄宿場所。有時這些群體認為它們本身就是一個龐大親屬團體，包括都市與鄉村成員在內的一個氏族，成員可能互稱為「兄弟」或「姊妹」。在這種擴展家庭中，富有的成員協助貧窮親戚。然而，一位成員若有不當行為，可能會遭到團體除名——對於身處在一座大型的族群異質化城市的一位移民者而言，這是不愉快的命運。

　　都市應用人類學家所扮演的一個角色，就是協助人們處理與都市機構相關的事務，例如法律與社會服務機構，這是初來乍到的移民可能不熟悉的。在某些北美城市，正如同在非洲的情況，族群協會就是相關的都市群體。一個來自洛杉磯的例子顯示，當地具有美國最大的薩摩亞人移民社群 (Samoans，超過 5 萬人)。在洛杉磯的薩摩亞人運用他們傳統的瑪泰體系 (matai，意指尊重酋長或長者) 處理現代的都市問題。有一個例子是，在 1992 年，一名白人警察射殺兩名手無寸鐵的薩摩亞兄弟，當法院駁回對於這位警官的指控時，地方的領導者運用瑪泰體系讓憤怒的年輕人冷靜下來 (這些人也像大洛杉磯地區的其他族群一樣，組織幫派)。氏族的領導者及長老召集會議，讓社群成員充分參與，他們在其中敦促年輕成員必須克制自己。洛杉磯的薩摩亞人隨後運用美國的司法體系，他們對遭到質疑的警官提起民事訴訟，並迫使美國司法部對此案提出一套公民權利法案 (Mydans 1992b)。但是，並非所有牽涉到幫派與法律執行的衝突事件，都能如此平靜地結束。

　　維吉爾 (James Vigil 2010) 檢視在美國都市大規模移民的適應脈絡中的幫派暴力。他指出，在美國的東岸與中西部都市，1970 年代之前的大

多數幫派位於白人族群聚集地。當時的幫派事件大多是喧鬧鬥毆，使用拳頭、棍棒與刀子。如今有更多幫派由非白人族群所組成，而且手槍已取代昔日較不致命的武器。幫派大多由低收入社區相同年紀的男性青少年組成，據估計，當地約有十分之一的年輕人加入幫派。女性成員比例甚少。幫派係依據年齡而形成階層組織，資深成員督促年輕成員（大多是 14 歲到 18 歲）從事對抗敵對幫派的暴力行為 (Vigil 2010)。都市人類學家要如何探討都市暴力問題？需要將哪些群體納入研究範圍？

六、醫療人類學

醫療人類學 (medical anthropology) 就是對於疾病、健康問題以及健康治療體系的比較性、生物文化研究（參閱 Wiley and Allen 2013）。醫療人類學兼具學術與應用層面，並包含著所有四大分支的人類學家（參閱 Brown and Barrett 2010; Joralemon 2010; Singer and Baer 2012）。醫療人類學起源於在公共衛生及國際發展所做的應用工作 (Foster and Anderson 1978)。當代的醫療人類學持續具有清楚的政策應用，這有部分是由於它經常處理迫在眉睫的人類問題，急切需要解決之道。醫療人類學家檢視諸多問題，例如，哪一些疾病與衛生條件影響著特定的人群（以及為何如此），以及病徵如何由各個社會所建構、診斷、處理與治療 (Lupton 2012; Singer and Erickson 2011)。

疾病 (disease) 是可從科學角度找出的健康威脅，由細菌、病毒、真菌、寄生蟲或其他病原體所引發。**病徵** (illness) 是由身在一個特定文化當中的個人所認知或感覺的健康欠佳狀態。各個族群與文化所認定的疾病、病徵和起因皆有所不同，並發展不同的健康照顧體系與治療策略。

疾病的發生機率與嚴重程度也有所不同（參閱 Baer, Singer, and Susser 2013）。試想，例如將各個健康狀態指標對應於美國人口普查的種族與族群類別：白人、黑人、西語裔、美國印地安人或阿拉斯加土著，以及亞洲人或太平洋島人。非裔美國人在六項指標（整體死亡率、心臟

醫療人類學
對於疾病、健康問題與健康照料體系等所做的比較性、社會文化研究。

疾病
從科學角度找出的健康威脅，這是由已知的病原體所導致。

病徵
由個體所認定或感覺的健康欠佳狀態。

疾病、肺癌、乳癌、中風、凶殺)的發生比率高於其他群體,範圍從 2.5 倍到接近 10 倍。其他族群則是具有較高的自殺率(美國白人)與車禍比率(美國印地安人或阿拉斯加土著)。整體來看,亞洲人的壽命最長(參閱 Dressler, Oths and Gravlee, 2005)。

在檢視世界現存的原住民人群(大約有 4 億人)的健康條件之後,人類學家瓦勒吉亞 (Claudia Vallegia) 與斯諾德格拉斯 (Josh Snodgrass) (2015) 發現他們的健康指標全都是低下的。相較於非原住民族群,原住民族群往往具有較短與較危險的生命。母親較有可能在分娩時死亡;嬰兒與幼童的生存機會較低,營養不良會阻礙他們的成長,而且他們更有可能因傳染病而受害。他們的心血管疾病及其他慢性疾病的比例增加,再加上憂鬱及藥物濫用,反映著他們逐漸暴露在各種全球力量之下。他們所能取得的醫療資源也很有限。有越來越多的人類學家在學術及研究機構,致力於全球健康計畫。無疑地,這個現象將會增加對於原住民健康關注議題的理解——但需要更多人投入。瓦勒吉亞與斯諾德格拉斯 (Vallegia and Snodgrass 2015) 呼籲醫療人類學家更能投身於擴大社區服務的工作,這有助於為原住民提供更好的醫療照顧。

人類學家胡塔多 (Magdalena Hurtado) 和她的同事 (2005) 提到南美洲原住民的普遍衛生欠佳,以及超乎尋常的早年死亡率。相較於其他南美人,當地原住民的平均餘命 (life expectancy) 短少 20 年以上。應用人類學家如何協助改善在原住民及其他群體之間這麼大的衛生差距?胡塔多和同事建議三個有助於改善原住民衛生狀態的步驟:(1) 找出原住民社群所面對的最迫切衛生問題;(2) 蒐集這些問題的解決之道;(3) 與主管原住民公共衛生計畫的機構或組織共同合作,執行解決方案。

在許多區域,世界體系及殖民主義藉由傳播疾病、戰爭、奴役及其他壓迫行為,使得原住民的衛生惡化。傳統上及在古代,狩獵採集者的人口較少、流動性強且相對孤立於其他社會,因此免於那些影響農業社會與都市社會的傳染病所危害 (Cohen and Armelagos 2013)。霍亂、傷寒、瘟疫之類的傳染病盛行於人口稠密地區,也因此影響著農民及都市居民。瘧疾的擴散,關係到人口成長及(跟食物生產有關的)森林減少。

疾病理論體系

各個社會的疾病種類與起因都有所不同，各個文化詮釋與處理病徵的方式也迥異 (參閱 Lupton 2012)。而且，所有的社會都具有福斯特 (George Foster) 與安德生 (Barbara Anderson) (1978) 所稱的「疾病理論體系」(disease-theory systems)，以找出、分類與解釋病徵。依據他們的主張，有三種關於病徵起因的基本理論：個人性、自然性、情緒性。個人性的疾病理論 (personalistic disease theory) 將病徵的產生歸因於能動者，例如法師、巫師、鬼魂或祖靈。

自然性的疾病理論 (naturalistic disease theory) 採用非個人的術語來解釋病徵。其中一個例子就是西方醫療或生物醫療 (biomedicine)，其目標就是將病徵連結到可用科學證明的病源，這些病源對受害者並不帶有個人性質的惡意。如此，西方醫療將疾病歸因於有機體 (如細菌、病毒、真菌、寄生蟲)、意外事件與放射性物質或基因等。其他的自然民族醫學體系，將健康欠佳狀態歸因於不平衡的體液狀態。許多拉丁文化將食物、飲料與環境狀態，分類成「冷的」或「熱的」。人們相信如果同時吃下或喝下熱的與冷的物質，或是在不適當狀態下飲食，健康將受到損害。例如，一個人不應在洗熱水澡後喝冷飲，或在月經時 (一種「熱的」狀態) 吃鳳梨 (一種「冷的」水果)。

情緒性的疾病理論 (emotionalistic disease theory) 推測，情緒經驗會導致病徵。例如，拉丁美洲人可能發生蘇思脫症，這是由焦慮或驚嚇所導致的病徵。其症狀包括嗜睡、表情呆滯、精神渙散，馬達加斯加人們將類似症狀診斷為「失魂」。

所有的社會都具有多種**健康照料體系** (health care systems)，包括信仰、風俗習慣、專家與技術等，目的在於確保健康，並預防、診斷及治療病徵。對疾病的處置而言，一個社會的疾病因果關係理論是重要的。當病徵具有某種個人性的起因，巫術宗教專家可能是很好的治療者。他們運用各式各樣的技術 (神祕儀式與實際治療行為)，這些技術構成他們的特殊專業能力。薩滿可以誘導某個人的靈魂回到身體，來治癒他的失魂狀態；也可解除難產狀態，要求精靈沿著產道而上，引導嬰兒離開

健康照料體系
關於預防及治療疾病的各項信念、習俗與專家。

母體 (Lévi-Strauss 1967)。一位薩滿可藉由反制一個詛咒，或移除另一位巫師在病人身上植入的東西，來治癒病人的咳嗽。

如果在獵人與採集者外，還有一種「世界上最古老的專業人士」的話，就是**治療者** (curer)，通常是薩滿。這些治療者的角色具有某些普同特質 (Foster and Anderson 1978)。治療者係透過一個文化認定的選擇過程 (父母生出的神童、遺傳、幻象或夢境引導)，以及訓練過程 (薩滿的學徒、醫療學校) 而產生。最後，這位治療者透過由資深術士的認證，並取得一個專業形象。病人信賴這位治療者的技術，向他諮詢並支付酬勞。公共衛生的介入計畫必須切合當地文化，並被當地人所接受。在引進西方醫療體系之後，人們在接受這些新方法的同時，大多繼續保有他們的老方法。當地治療者可能繼續處理某些症狀 (如靈魂附身)，現代醫療則是處理其他病症。當地治療者所獲的讚譽可能就如同醫師一樣。

▲ 科學醫療相對於西方醫療

美國人不應抱持我族中心主義的角度，從而忽視**科學醫療** (scientific medicine) 和整體的西方醫療之間的差異。科學醫療仰賴於科技、病理學、微生物學、生物化學、外科醫學、診斷技術與應用等方面的進展。科學醫療在許多方面超越了部落醫療。雖然奎寧、可可、鴉片、麻黃素、羅敷木等藥物，都是從非工業化社會中被發現，但如今有數以千計的有效藥物可用來治療不計其數的疾病。現在的外科手術程序已比傳統社會的程序更加安全有效，這些都是科學醫療的強大利益。

西方醫療指的是在一個特定的當代西方國家 (如美國) 當中的醫療行為。當然，在西方各國中，醫療行為、健康照料的品質及可及性都會有所不同。某些國家讓所有公民都能取得免費或低廉的醫療照顧，但其他國家就沒有如此慷慨。例如，有數百萬的美國人依然沒有受到醫療保險所保障。西方醫療有「支持理由」及「反對理由」。西方醫療最強大的「支持理由」是它包含科學醫療及其許多好處；「反對理由」則包括藥物的濫用、不必要的外科手術、醫病關係的非人性化與不平等。而且抗生素的濫用，似乎正引發一場抗藥性微生物的爆發。另一項對西方醫

治療者
診斷與治療病徵者。

科學醫療
基於科學知識與程序，所建立的健康照料體系。

療的「反對理由」在於，它往往在生物醫療的病因及心理病因之間畫上一條界線。非西方的醫療理論往往欠缺這項明顯的區隔，而是認定不良的健康狀態是由身體、情緒與社會的導因所交織而成 (也請參閱 Brown and Barrett 2010; Joralemon 2010; Strathern and Stewart 2010)。

一套可與「非西方社會的治療者—病人—社群關係」相匹敵的更個人化的疾病治療方式，可能會使西方醫療體系獲益。醫生病人的門診碰面往往是匆促且短暫。那些執行手術或診斷病況的人員通常包括專家(放射線師及實驗室技工) 在內，這是病人從來不會見到的一群。外科醫生不會因其「對待病人的態度」而出名。最近在美國的趨勢是「服務台醫療」的興起，醫師向每位病人要求一筆年費，限制一定數目的看診人數，而且由於看診負擔減輕了，醫師有空閒時間花在病人身上。在某種程度上，網際網路賦予病人力量，他們現在能取得各種醫療資訊，這在昔日是醫師的專屬財產。然而，這項資訊取得也有其缺點。資訊能讓病人在成為健康照料的消費者時能掌握更多資訊，但也會引起更多問題，比起醫生能在一段簡短的看診當中所能回答的還要多。

▲ 工業化、全球化與衛生

即使科學醫療有了許多進展，但工業化與全球化滋生許多重大的衛生問題。某些疾病及身體狀況 (如肥胖)，已隨著經濟發展及全球化而散播 (Inhorn and Wentzell 2012)。肝吸蟲病 (schistosomiasis) 可能是目前已知傳播最快速也最危險的寄生蟲病，它藉由棲息在池塘、水潭與水渠中的蝸牛而傳遞，大多是灌溉計畫的產物。從應用人類學來減少這些疾病的方法，就是瞭解當地人能否感知存在於傳染源 (如水中的蝸牛) 與疾病之間的關聯性。假使他們沒有這種感知，可尋求活動力強的地方群體、學校與媒體協助，提供這些資訊。

在當代世界體系之內，HIV ／愛滋病已透過國際旅遊而傳播。全球感染 HIV 及愛滋病致死人數比例最高的地區是非洲，特別是非洲南部 (Mazzeo, Rödlach and Brenton 2011)。性病的傳播透過來自鄉村，在都市、勞工團隊與礦場賺取薪資的年輕男子嫖妓行為，通常會跨越國界。

當這些男人回到故鄉時,他們傳染給妻子(參閱 Baer et al. 2013)。由於愛滋病導致具生產力的成人死亡,留下依賴他們維生的孩童及年長者。在歐洲、亞洲、北美與南美洲,城市也是性病的主要發生地點。文化因素也影響 HIV 的傳播,受過割禮的男性較少受到感染(想瞭解更多關於愛滋病的資訊,請參閱本章「聚焦全球化」專欄)。

關聯到工業化與全球化的其他問題,包括營養不良、危險的機械操作、缺乏人性的工作、孤立、貧窮、無家可歸、藥物濫用,以及噪音、空氣與水汙染等(參閱 McElroy and Townsend 2014)。隨著工業化與全球化的進展,人們從生計工作(通常在家人及鄰居身邊),轉變成在非個人性質的場景當中的受薪工作,例如工廠。人們現在並不是生活在每個人都彼此認識的鄉村,而是有越來越多人住在都市——而且經常是在貧民窟當中,在那裡往往飲食較差、更多暴露在病原體、衛生欠佳、而且空氣汙染。我們全都記得伊波拉病毒、H1N1,以及其他新生成的病毒。然而,這類病原體並非唯一的,甚至也不是主要的跟工業化及全球

聚焦全球化
我們這個時代最致命的全球流行病

流行病是在國際擴散且影響數百萬人的傳染病。HIV／愛滋病就變成全球性的流行病,HIV 是導致愛滋病的病毒,自從它在 1981 年被發現至今,已奪去大約 3,900 萬人的性命。在世界各地,HIV 感染者人數已由 1990 年大約 800 萬人,增加到今天的超過 3,700 萬人。然而,在許多國家新的 HIV 感染人數及愛滋病病例數已經減少,這是由於數以百萬計的人們開始服用抗逆轉濾過性病毒藥物 (antiretroviral drugs)。(HIV 被分類為逆轉濾過性病毒,其基因轉碼於 RNA 當中,而不是 DNA)。正如知名的對抗愛滋病運動人士愛爾蘭搖滾樂團 U2 的主唱波諾 (Bono) 表示,現在令人難以置信的是,只要「每天服用兩顆小藥錠」就會大大不同(參閱 Bono 2011)。在 2015 年 3 月,大約有 1,500 萬名 HIV 感染者(總數的 41%)接受抗逆轉濾過性病毒治療。

雖然 HIV／愛滋病是一個全球威脅,但在世界某些區域比起其他地方有更多的感染者。超過四分之三 (70%) 的感染者,共有 2,580 萬人生活在非洲次撒哈拉地區——包括全世界 88% 的 HIV 陽性的孩童(參閱 Foundation for AIDS Research 2015)。感染率最高的地區是在非洲南部。以下指出非洲南部九個領土相連的國家,成人(15 歲到 49 歲)的 HIV 感染率:史瓦濟蘭 26.1%、波札那 23.9%、賴索托 23.2%、南非 18.1%、納米比亞 15.3%、尚比亞 15.2%、莫三比克 12.5% 與馬拉威 11.9%。這是世界最高的感染率,沒有其他國家高於 10%。在這些國家中,HIV 是透過性交易而傳播(主要是女子性工作者及其恩客)。感染率最高者是卡車司機、礦工,以及在城市與勞工營找

化有關的衛生問題起因。在工業化國家，衛生問題除了被歸因到病原體外，往往也被歸因到經濟、社會、政治與文化的因素。例如，貧窮會導致許多疾病，包括關節炎、心臟疾病、背痛、聽覺與視覺損害。

如今在美國及其他已發展國家，良好的衛生狀態已成為某種道德責任 (Foucault 1990)。社會期望個人管理自己的行為，並塑造自己跟上最新的醫學知識。那些能夠做到這一點的人們獲得衛生公民的地位——具備當代的身體、健康與疾病知識的人們。這些人民實踐著衛生的生活，並在生病時求助於專業醫療者。那些行為與眾不同的人們 (如吸菸者、攝食過多者、諱疾忌醫者) 都遭到汙名化，並因其個人衛生問題而遭受責難 (Briggs 2005; Foucault 1990)。

時至今日，即使是罹患傳染病 (如霍亂) 也可能被詮釋為道德失誤。人們往往錯誤推斷，只要過著合理生活的人就能避免這類「可預防的」疾病。社會期望個人遵循以科學為基礎的道德責任 (如「煮沸飲水」、「不抽菸」)。人們可能僅僅是因為屬於某個群體 (如男同性戀、吸菸者、

受薪工作的年輕男人。他們回到故鄉村落，感染給妻子及她們所懷的嬰孩。

非洲的整體成人感染率大約 5%。這是特別高的比例，相較於加勒比海人的 1%、東歐的 0.8%、北美、中美及南美的 0.5%，西歐、中歐、北非與中東的 0.2% 而言。東亞的感染率極低，少於 0.1%。在幾個人口眾多的國家，HIV 感染率低於 1%：美國 0.6%，巴西 0.4%，印度 0.3%，中國 0.1% (Avert.org 2010)。

美國的海外援助有助於延緩愛滋病流行。對抗 HIV ／愛滋病的進展被認定是小布希政府 (2001 年至 2009 年) 的重要成就。2003 年小布希總統發動一項 5 年計畫，在 15 個高風險國家對抗 HIV ／愛滋病 (再加上肺結核)。工作進展使得這項計畫於 2008 年繼續展延，在歐巴馬總統任內延續下去。美國針對 HIV ／愛滋病的經費增加，由 2003 年的 23 億美元、2008 年的 60 億美元，到 2011 年的 68 億美元 (Ezekiel 2011)。雖然美國在 2011 年花費在對抗 HIV 的經費比起 2008 年僅僅增加 12%，但有將近兩倍的人們因醫藥費用下降及有效率的計畫管理而獲益 (Ezekiel 2011)。

文化行為在 HIV 傳播扮演著清晰的角色。禁慾及使用保險套延緩了 HIV 的傳播。男子割包皮 (主要是穆斯林的習俗) 也使感染率降低，而且有極少的嫖妓行為。據估計，男子割包皮減少了 60% 的 HIV 傳染。自從 2007 年至今，世界各地有 100 萬名男子割包皮，其中有四分之三的手術由美國政府出資。

退伍軍人)，似乎具有較多罹患某種疾病的風險，就成為受到迴避與歧視的對象。

醫療人類學也研究新科學與醫療技術對於生命、死亡與個人生命狀態 (personhood，成為一個人究竟意指什麼？) 等概念的影響。數十年來，關於個人生命狀態——生命何時開始、何時告終——的各種爭執，已成為針對避孕、墮胎、協助自殺、安樂死等議題，所做的政治與宗教討論的一部分。最近加入這類討論的議題，包括幹細胞研究、冷凍胚胎、人工受孕、遺傳篩檢、複製及延長生命的醫療。

考夫曼與摩爾根 (Kaufman and Morgan 2005) 強調在今日世界中，各種低科技和高科技的出生與死亡方式之間的對比。在非洲，一位絕望的年輕貧窮母親死於愛滋病，然而在半個地球之外，美國的一個天之驕子因為耗資 5 萬美元的試管嬰兒療程而呱呱落地。在 21 世紀的今天，醫療人類學家日益關注生死的各種界線如何受到質疑與妥協。

七、人類學與商業

正如普賴斯 (David Price 2000) 指出，在「應用人類學」這個標籤所涵蓋的活動是極端多樣的，其範圍從研究社會運動的非政府組織到產出民族誌，以及由管理階層所委託的工作場所的時間配置研究等。多年來，人類學家運用民族誌研究法，探討商業的場景 (Arensberg 1987; Jordan 2013)。例如，在汽車工廠所進行的民族誌研究，會把工人、經理、行政人員看成是參與同一體系的不同社會群體，每個群體各有其獨特的態度、價值與行為模式。這些都是透過微環境濡化 (microenculturation) 而傳遞，這是人們在一個有行動範圍限制的社會體系中，學習特殊角色的過程。民族誌研究的自由活動性質，讓人類學家可在各個層級及微文化——從工人到行政人員之間，來回進行研究。每位雇員既是具有個人觀點的個體，也是文化產物——他們的某些觀點是與同群體其他成員共享的。應用人類學家也扮演著「文化媒介者」(cultural brokers) 的角色，

將經理人的目標或工人的關心議題，轉譯給對方瞭解 (參閱 Ferraro and Briody 2013)。

泰勒 (Carol Taylor 1987) 強調在一個大型複雜組織 (如醫院或企業) 中，「常駐人類學家」所具有的價值。當訊息與決策大多透過一套嚴密的上下階層關係而流動時，行動自如的民族誌研究者可成為具敏銳觀察力的怪人。如果人類學家被允許對各類型與各層級的工作人員進行觀察與訪談，他們可對組織現況及問題獲致獨特觀點 (參閱 Briody et al. 2010; Caulkins and Jordan 2013; Jordan 2013)。全錄 (Xerox)、IBM 與蘋果電腦 (Apple) 等公司僱用人類學家擔任許多工作。人類學家近距離觀察人們實際上如何使用電腦產品，他們與工程師共同設計讓使用者更感便利的產品。

對商業具有價值的人類學重要特色包括：(1) 以民族誌研究與觀察做為蒐集資料的方法；(2) 聚焦於文化多樣性；(3) 跨文化研究的專長 (參閱本章的「領會多樣性」專欄)。企業已聽聞人類學家是文化多樣性，以及在自然場景中進行觀察的專家。賀曼卡片公司 (Hallmark Cards) 僱用人類學家觀察各個族群的聚會、假日與慶典，改善該公司為目標客群設計卡片的能力。應用人類學家定期走進人們家中，以瞭解他們實際上如何使用各種產品 (參閱 Denny and Sunderland 2014)。

八、公共人類學與應用人類學

有許多學術人類學家，包括我本人在內，偶爾會從事應用人類學工作。通常我們的角色是在曾經做過「學術」研究的地方，針對變遷的方向提供建議與諮詢。在我的情況，這就是針對馬達加斯加的環境保護及巴西東北部的減少貧窮等議題，所做的政策相關工作。

其他的學者雖然並不是完全從事應用人類學，但已敦促整個人類學領域從事更多所謂的**公共人類學** (public anthropology)(Borofsy 2000; Beck and Maida 2015)，或公共利益人類學 (public interest anthropology)

公共人類學
將人類學的視野延伸到學術之外，而且用來展現人類學的政策相關性。

(Sanday 2003)。他們所建議讓人類學更能讓大眾看到或跟大眾有所關聯的方式,包括非學術性的出版、在政府公聽會出席作證、諮詢、擔任見證專家,以及投身於公民運動、選舉與行政工作 (Sanjek 2004)。學者所陳述的公共人類學目標就是投身於公共議題,這是藉由反對提倡不正義的政策,以及藉由致力於在媒體重新架構重大社會議題的討論,並藉由公務人員。正如留爾蔻－鮑爾跟她的同事 (Rylko-Bauer et al. 2006) 所指出的,也包括在應用人類學的這類目標所引導的一種長期的工作傳統。

新媒體正在協助將人類學知識散播給更廣大的大眾。完整的網際空間世界,包括部落格在內,在提供可由人類學家所取得的資源及溝通機會方面,正在穩定成長。目前受到廣泛閱讀的人類學部落格如下:

領會多樣性

切合文化的行銷

當創新能夠切合於文化時,就會是最成功的。這個應用人類學的定理不僅能協助國際發展計畫,更能協助國際商業擴展,包括速食業在內。每當麥當勞或漢堡王 (Burger King) 擴展到一個新國家,就必須設計切合於當地文化的策略,以便適合這個新的場景。

麥當勞成功擴展國際市場,其現有利潤有將近70% 來自美國以外地區的銷售。做為世界最成功的連鎖速食業,麥當勞在大約 120 個國家擁有超過 36,000 家分店。其中一處成功擴展地點是巴西,那裡的 1 億名大多居住於人口稠密城市的中產階級,為速食連鎖業提供一個集中市場。然而,麥當勞花了一段時間才找出在巴西的正確行銷策略。

1980 年,當我睽違 7 年之後再次造訪巴西,首度注意到巴西逐漸增加參與世界經濟體系的徵兆,里約熱內盧出現兩家麥當勞餐廳。當時巴西與美國的麥當勞並沒有太大差別。這些餐廳看起來都一樣,菜單或多或少相同,四分之一磅牛肉大漢堡的口味也一樣。我拿起一個麥當勞外帶用的包裝袋,就如同當時美國麥當勞所使用的白底黃字袋子。這個袋子是一個廣告工具,帶著某些關於巴西人如何將麥當勞帶進生活的訊息。然而,在我看來,麥當勞的巴西廣告活動遺漏了某些重點,就是關於速食如何在這個重視盛大歡樂午餐的文化中從事行銷。

袋子上的廣告宣稱:「你正要享受(麥當勞所帶來的)不同」,並列舉「你可以享用麥當勞產品」的地方。這張列表顯示,麥當勞的行銷人員正在嘗試適應於巴西中產階級的文化,但他們犯了若干錯誤。「當你陪孩子開車外出時」,這是將北美地區所特別發展出來的公路、廉價車輛與郊區生活的文化綜合體,轉移到一個極其不同的巴西都市生活脈絡中。另一個類似的建議則是:「當你旅行到鄉間時」,即使是擁有鄉間住所的巴西人,也無法在路上見到麥當勞,當時麥當勞的設置地點只限於都市地區,顯然廣告設計者從未驅車前往一處沒有停車空間的社區來購買速食。

其他幾項建議將顧客指向海灘,那裡確實是里約熱內盧居民消磨閒暇時光之處。一個人可在「海中游泳後」、在「海灘上的野餐」,或「觀看衝浪者」的時候,享用麥當勞產品。這些建議忽略了巴西人在海灘食用清涼食品的習慣,例如啤酒、飲料、冰淇淋、

野蠻心靈 (Savage Minds)，共筆部落格
http://savageminds.org

用人類學方式過生活 (Living Anthropologically)，Jason Antrosio
http://www.livinganthropologically.com

神經人類學 (Neuroanthropology)，Greg Downey and Daniel Lende
http://blogs.plos.org/neuroanthropology/

也請參閱人類學部落格最新的詳細名單：

http://www.livinganthropologically.com/anthropology-blogs-2017/

火腿起士三明治。巴西人並不認為熱騰騰、油膩膩的漢堡適合在海灘食用。他們將海洋視為「清涼的」，而漢堡是「熱的」；他們在海灘時避免食用「熱的」食物。同樣在文化上格格不入的是，建議人們在「辦公室吃午餐時」食用麥當勞漢堡。巴西人喜歡在正午享用最豐盛一餐，並且與工作夥伴輕鬆愉快共食。許多公司提供給員工豐富的午餐。其他工作者則利用 2 小時的午餐休息時間，回家與配偶及子女共食。建議孩童以麥當勞當作午餐也是沒有意義的，因為大多數孩童只上半天課，並且回家吃午餐。有兩項建議──在「等公車時」與「美容店等待室」享用麥當勞──確實切合巴西都市的日常生活。然而，這些場所並不會讓漢堡或麥香魚特別吸引人。

吃得起麥當勞的巴西家庭往往擁有廚師與女傭，他們可以做許多美國速食餐廳能做的事情。「在觀看你喜歡的電視節目時」可以享用麥當勞產品，這個建議合乎於巴西文化，因為巴西人常常看電視。然而，巴西的消費階級也可在飢腸轆轆時要求廚師做點心。事實上，巴西人觀看電視的時間，許多是在丈夫從辦公室返家，享用清淡晚餐的時刻。

最合乎巴西人生活型態的建議就是：「在廚師休假的那天」享用麥當勞。那一天就是星期日。巴西人中產階級家庭的星期日生活是前往海灘遊玩，喝上幾公升的啤酒，在下午三點吃一頓飽足的餐點，到了傍晚吃些清淡點心。麥當勞發現星期日晚餐的市場區位，那時候會有許多家庭簇擁前往速食餐廳。

麥當勞在巴西正在快速擴張，而且正如同美國，巴西青少年的口味喜好正在助長速食業的爆炸性發展。隨著麥當勞門市出現於城市社區，巴西青少年在那裡吃課後點心，家庭則在那裡享用晚餐。正如人類學家可能曾經預測的，速食業並未對巴西的食物與飲食習慣帶來革命性影響，而是麥當勞的成功是由於它適應先前存在的巴西文化模式。

巴西與北美地區的主要對比在於，巴西的晚餐較為清淡。麥當勞現在供應晚餐，而不是供應午餐。一旦麥當勞理解到，可藉由切合巴西人的飲食習慣而獲利更多，而不是將這個習慣加以美國化，就開始將其廣告鎖定在這個目標。2015 年，麥當勞在巴西就有超過 800 家分店。

人類學家也參與各式各樣的專題通信服務器 (listservs) 跟網絡群體 (如在 LinkedIn 及 Research Gate)。你若是上網搜尋，也能找到人類學家的個人網頁及研究計畫網站。

九、生涯規劃與人類學

　　許多大學生發現人類學非常有趣，並考慮主修這門學科。然而，他們的父母或朋友可能加以勸阻，問道：「你拿到人類學的學位後，可以找到哪些工作？」想要回答這個問題，第一步就是思考一個更普遍的問題：「你主修任何一個大學學科後，可以做些什麼？」答案是：「沒有多大關聯，假使沒有好好努力、思考、計畫的話。」有一項針對密西根大學文學院畢業生的調查研究顯示，很少有人能夠得到與主修學科直接相關的工作。大多數的專業，包括醫學、法律及許多其他專業，則需要更高深的學位。雖然許多大學提供工程、商業、會計與社會工作等學科的學士學位，但如想在這些領域中找到最佳工作，往往需要取得碩士學位。人類學家也是如此，想要找到報酬優渥的就業機會往往需要博士學位。

　　博雅的大學教育，乃至於主修人類學，可成為在許多領域獲致成功的絕佳基礎。最近一項針對女性經理人的研究顯示，她們大多數並非主修商業，而是主修社會科學或人文科學，直到大學畢業後，才開始研讀商業課程，獲得企業管理碩士。這些經理人認為她們在大學教育的廣度，對其商業生涯發展有極大幫助。主修人類學的大學畢業生繼續攻讀醫學院、法學院或商學院，且在許多專業領域獲得成功，這些領域往往與人類學沒有明確清楚的關聯性。

　　人類學的廣度提供對這個世界的知識與視野，這在許多類型的工作中非常有用的。例如，人類學學士再加上商學碩士學位，是國際企業工作的絕佳準備。廣度是人類學的註冊商標。人類學家從生物、文化、社會與語言的角度來研究人類，包括跨越不同時空、在不同國家、在簡

單與複雜的社會場景等。大多數大學開設文化人類學課程，包括比較不同的文化，以及針對世界某個區域文化的課程，例如拉丁美洲、亞洲、北美原住民。從這些課程所獲得的各個地理區的知識，對許多工作非常有用。人類學的比較視野、長期對本土觀點的關注、對各種生活方式的理解，這些結合起來可為人們找尋海外工作機會提供絕佳基礎 (參閱 Ellick and Watkins 2011; Omohundro 2001)。

　　對於在北美地區的工作，人類學以文化為關心焦點漸漸變得有所關連。美國人每天都會聽到有關文化差異的議題，其解決之道需要一種多元文化觀點──深入瞭解族群差異，且加以調和的能力。政府、學校及私人公司不斷面對來自不同的社會階級、族群與部落背景的人們。在美國的醫師、律師、社工師、警察、法官、教師及學生，若能瞭解在世界有史以來族群多樣性最大的國家所具有的文化差異，他們的工作表現都會更理想。

　　關於一個現代國家的各個群體的文化傳統與信念所具有的知識，就計畫執行某些將會影響這些群體的方案而言是很重要的。對計畫性社會變遷的經驗──無論是北美地區的社群組織，或海外的經濟發展計畫─顯示在推行一項計畫或政策前，必須先完成一項合宜的社會研究。一旦當地人需要這項變遷，而且切合他們的生活方式與傳統，這項計畫將更有機會成功、對當地有所助益又節省成本。

　　具人類學知識背景的人們在許多領域有著傑出表現。即使從表面或顯而易見的角度來看，工作與人類學的關聯很少，甚至一點關係也沒有，但是當我們與人類同伴共同工作時，人類學的知識背景提供很有用處的引導。對大多數人來說，工作就是我們的日常生活。

◀ 回顧

1. 本章運用在人類學與殖民主義之間的關聯性，以呈現早期應用人類學的某些危險。我們也學到在二次大戰期間，美國人類學家如何採用「文化遙研」探究其敵國日本與德國的文化。美國對其他國家與文化的政治及軍事衝突，持續至今日。假使有機會的話，應用人類學家在這些衝突中，可以且 (或) 應該扮演什麼角色？

2. 應用人類學家在發展計畫的設計與執行上，可以扮演什麼角色？依據昔日對這項議題的經驗與研究，應用人類學家可以注意迴避或提倡的是什麼？

3. 本章描寫人類學在教育場景中的某些應用方式。回想你的小學或中學教室，是否存在著人類學家可能感興趣的議題？是否存在著應用人類學家可能協助解決的問題？如何做到？

4. 我們的文化——以及文化變遷——究竟如何影響我們感知自然、人類本質與「大自然的」事物。舉例說明醫療人類學家如何檢視在文化與自然之間，不斷游移的界線。

5. 如果你已知道自己的生涯規劃，請描述你將如何將這門人類學導論課程所學習的知識應用於未來的職業。假使你尚未選擇一個生涯方向，試從以下幾項選擇其一：經濟學家、工程師、外交官、建築師或小學教師。理解某個將來會因你的工作而受到影響的人群文化與社會組織，為何是重要的事情？

Chapter 5

語言及溝通

♦ 什麼使得語言有別於其他溝通形式？
♦ 人類學家和語言學家如何研究語言的普遍性及特定語言的特殊性？
♦ 語言如何發生長期與短期變遷？

章節大綱

一、什麼是語言？
二、非人靈長類的溝通
　　呼喊系統
　　手語
　　語言的起源
三、非口語溝通
四、語言的結構

五、語言、思想與文化
　　夏比爾-霍夫假說
　　焦點字彙
　　意義
六、社會語言學
　　在各國內部的語言多樣性
　　性別的口語對比
　　語言與地位

階層化
非裔美國人英語
七、歷史語言學
　　語言、文化與歷史
　　語言流失

認識我們自己

你能否覺察到，自己的講話方式有什麼獨特或不尋常之處？假使你來自加拿大、維吉尼亞州、喬治亞州沙凡那市 (Savannah)，你可能會把 "out" 說成 "oot"。美國南方人可能想要喝 "soft drink"（無酒精飲料）而不會像紐約人說 "soda"（蘇打水、汽水）。一位山谷女孩 (Valley Girl) [1] 或衝浪好手 (surfer dude) [2] 會如何說話？我們會注意到自己如何說話的時候，往往就是由於某個人批評我們的說話方式。這也許只會發生在學生從某個州或區域遷到另一個地區時，他們才會意識到自己究竟擁有多少的地方腔調。當我是青少年時，從美國喬治亞州亞特蘭大搬到紐約。先前我並不知道自己具有南方腔調，但是新轉入高中的老師確實知道。他們讓我上一門說話課程，指出我從未意識到的語言缺陷。其中一項是我的「遲鈍」，特別是在字尾有三個子音連串時，例如 "tusks"（獠牙）與 "breakfasts" [（複數型的）早餐]。顯然我不會把字尾這三個子音全都發出來。後來我突然想到，這些不是我經常使用的字彙。據我所知，我從未談論關於獠牙的事情，也不會宣稱「我上星期吃了七次早餐」。

有別於文法專家，語言學家及人類學家感興趣的議題是人們確實說些什麼，而不是他們應該說什麼。語言差異關聯到（並告訴我們許多關於）各種社會變項，例如區域、教育、族群背景與性別。男性與女性說話的方式不同。我相信你能夠依據自身經驗，想到許多例子，即使你可能從未理解到女性往往會邊緣化她們所發出的母音，男性則傾向於中心化他們所發出的母音。男性說話有可能比女性更「不合文法」。男性與女性在運動和色彩語彙上也顯現差異。男性往往會知道較多的運動語彙，做出清楚的區別（如美式足球的碼數與分數），並試著比女性更精確運用這些語彙。

相對地，女性往往使用更多的色彩語彙，比男性更精確。當我在講課時，為了突顯這一點，我拿了一件褪色的紫色襯衫到課堂上。我拿起這件衣服，先要求女生大聲說出這件衣服的顏色是什麼。女生的回答很少是單一的聲音，因為她們試著區別確實的色調（木槿紫、丁香紫、薰衣草紫、紫藤花紫，或其他紫色的色調）。然後我問男生，他們的回答始終如一：「紫色！」很少有男性能夠區分倒洋紅色與紫紅色，或是葡萄色與紫紅色。

一、什麼是語言？

語言
人類的主要溝通工具；可以是口語或書寫的。

語言 (language)，可以是說出口的 [口語 (speech)] 或書寫的 [文字 (writing)]，是人類的主要溝通工具。文字已存在約 6,000 年，語言早在

---

1. 譯注：山谷女孩是 1970 年代，因一系列的電視及電影，人們對美國洛杉磯聖費爾南多谷地區年輕女性的別稱，其重要的刻板印象來自其語言腔調，稱為「山谷話」(Valleyspeak)，特點是句尾腔調上揚，導致她們說出的簡單直述句聽起來像是詰問。
2. 譯注：衝浪好手是美國夏威夷及加州等地的衝浪者，有其獨特的圈內語言「衝浪行話」(surf slang)。這往往指稱男性，而與山谷女孩並稱。

文字出現前的數千年即已出現，但沒有人可以確切說出在何時發生的。語言如同一般的文化(語言是其中一部分)，透過學習而傳承，是濡化過程的一部分。語言是植基於字詞及其代表的事物間的關聯性，這種關聯性是約定俗成的、習得的。內容複雜的語言(這是其他動物溝通體系所欠缺的)，使人類得以說明眼前發生的景象、討論過去和未來、與他人分享我們的經驗，並從他們的經驗中獲益。

人類學家在語言的社會文化情境脈絡中，對語言進行研究(參閱 Bonvillain 2012; Salzmann, Stanlaw, and Adachi 2015)。語言人類學展現人類學對於比較、多樣性、變遷等議題的一貫興趣(參閱 Bonvillain 2016; Duranti 2009; Salzmann 2012)。語言的一項重要特徵就是，它往往會不斷變遷。某些語言人類學家藉由比較古代語言的當代各種後代語言，重建古代語言並探索歷史。其他學者則研究語言的差異性，藉以探討在許多文化中，各種不同的宇宙觀與思想模式。社會語言學家檢視在當代民族主義國家(nation-state，或譯國族國家)之中的語言多樣性，其範圍從多元語言主義(multilingualism)到同一種語言在方言與風格上的差異，以呈現口語究竟如何反映各種社會差異(Fasold and Connor-Linton 2014; Labov 1972a, 2006)。語言人類學家也探討在殖民化與世界經濟體系擴張過程中，語言所扮演的角色(Geis 1987; Trudgill 2010)。

二、非人靈長類的溝通

呼喊系統

只有人類會說話，其他動物並沒有類似東西，足以逼近語言的複雜程度。其他靈長類(猴子與猿類)的自然溝通系統，就是**呼喊系統** (call systems)。這些聲音的系統係由一組數量有限的聲音——呼喊 (calls)——所組成，只有在遇到特定的環境刺激時才會發出。這種呼喊的密度與長度可能有所變化，但它們的彈性比語言低了許多，因為這些呼喊是自動發出的，而且無法合併。當靈長類同時遇到食物與危險時，牠們只能發

呼喊系統
非人靈長類的溝通系統。

出一個呼喊。牠們無法將表示食物與危險的呼喊，合併在同一次呼喊過程中，以同時指出兩者的存在(如「這裡有很多香蕉，但也有蛇」)。然而，在人類演化的某些時間點上，我們的祖先開始把呼喊結合，並瞭解這些結合方式的意義。呼喊的數量也逐漸增加，到最後變得太多，只有一部分是透過基因傳遞的。溝通方式變成幾乎完全仰賴學習。

雖然野生靈長類使用呼喊系統，但猿類的聲帶並不適於說話。直到1960年代為止，各種向猿類教導口語的嘗試都顯示牠們欠缺語言能力。在1950年代，有對夫婦養了黑猩猩維奇(Viki)，把牠視為家人，並且有系統地嘗試教牠說話。但是，維奇只學會了四個字(「媽媽」、「爸爸」、「上」、「杯杯」)。

▲ 手語

更晚近的實驗結果顯示，猿類有能力學會使用真正的語言(開口說話除外)。有幾隻猿類已可透過口語以外的方法與人類交談，其中一種溝通系統是美國手語(American Sign Language, ASL)──由聾啞的美國人所廣泛採用。美國手語運用一組數量有限的基本手勢單元，相當於口語的聲音，這些手勢單元可以組合起來，構成字彙及較大的意義單位。

第一隻學會美國手語的黑猩猩是華休(Washoe)，牠是雌性的，2007年去世，享年42歲。1966年，當牠1歲時，在西非被捕獲，由位於美國雷諾市的內華達大學的科學家嘉德納夫婦(R. Allen Gardner and Beatrice Gardner)取得。4年後，牠遷移到奧克拉荷馬州諾曼，住進由農場改建而成的靈長類研究中心。華休大幅改變學者對猿類學習語言能力的討論(Carey 2007)。起初牠住在一間實驗室中，沒有聽到口語。當華休在場時，研究者經常使用美國手語彼此溝通。這隻黑猩猩逐漸學會超過100個代表著英文單字的手語(Gardner, Gardner, and Van Cantfort 1989)。2歲以後，華休開始組合手語(最多5個)，成為簡單的句子，例如「你、我、出去、趕快。」

第二隻學會美國手語的黑猩猩是露西(Lucy)，比華休年輕1歲。露西在1979年被重新放回「野外」，1986年被盜獵者殺害(Carter

1988)。從牠出生第二天起,直到被送回非洲為止,露西皆與奧克拉荷馬州諾曼市的一家人同住。在這個住家附近的靈長類研究中心的研究人員佛特斯 (Roger Fouts),每週 2 天前往測試與改進露西對美國手語的知識。在其他時間,露西運用美國手語和寄養父母溝通。在學會語言後,華休與露西展現了人類語言溝通的多種特質:發誓、開玩笑、說謊、嘗試教別人語言 (Fouts 1997)。

當華休被激怒時,牠會說隔壁的猴子是「髒猴子」,露西會攻擊牠的「髒貓」。有一天,當佛特斯抵達露西的住處時,他發現地板上堆積一堆排泄物。他問這隻黑猩猩那是什麼東西,露西回答:「髒髒」,這是牠對於糞便的表達方式。問牠這是誰的髒髒,露西指名佛特斯的工作夥伴——蘇 (Sue)。當佛特斯拒絕相信露西對於蘇的指控時,這隻黑猩猩就把這些排泄物怪罪到佛特斯身上。

語言的一項基本特性就是透過學習的**文化傳承** (cultural transmission)。人們對你說話且圍繞在你身邊,而你就學會了。露西及其他黑猩猩試著把美國手語教給其他動物。華休向機構中的其他黑猩猩教手語,包括牠在嬰兒時期夭折的兒子瑟圭亞 (Sequoia)(Gardner, Gardner, and Van Cantfort 1989)。

由於大猩猩的體型與氣力都接近成年人類,較不可能成為這類語言實驗的對象。在野生環境的雄性大猩猩重達 400 磅 (180 公斤),完全長成的雌性大猩猩可輕易達到 250 磅 (110 公斤)。正因如此,心理學家佩特森 (Penny Patterson) 在史丹佛大學對大猩猩的研究,看來就比對黑猩猩的實驗更大膽。佩特森在史丹佛的某一座博物館旁邊的實驗室中,養育雌性成年大猩猩科科 (Koko)。科科學會的字彙超越任何一隻黑猩猩。牠經常使用 400 種的美國手語,而且牠一度曾使用多達 700 種手語。

科科與這些黑猩猩都展現猿類與人類所共享的另一種語言能力:**生產力** (productivity)。說話者經常運用其語言規則,以創造全新語句,而且這些語句可由其他的母語使用者 (native speakers) 所理解。例如,我可以創造 "baboonlet" (小狒狒) 這個語詞,來指稱一個狒狒的幼兒。我這麼做是類比於英文名詞的字尾加上 "-let" 的話,就是指稱這個物種的

文化傳承
透過學習而傳承,這是語言的基本特質。

生產力
透過學習而傳承,這是語言的基本特質。

幼兒。任何一位英語使用者只要聽到我所創造的這個新語詞，就可立刻瞭解其意義。科科、華休、露西及其他例子顯示，猿類也能採取具生產力的方式來使用語言。露西運用牠已學會的手語，把西瓜稱為「飲料水果」；華休第一次看到天鵝時，稱牠為「水鳥」；科科知道「指頭」與「手鐲」的手語，因此當牠被套上指環的時候，就組合了「指頭手鐲」這個字。

黑猩猩與大猩猩具有初步的語言能力，牠們在野外可能從來不會發明一套有意義的手語系統。然而，一旦我們傳授給牠們這套系統，牠們即可學習及使用它。當然，猿類使用語言的現象是人類干預及教導的結果。這裡提到的這些實驗，並不表示猿類可以發明語言（人類的孩童也不需要面對這項任務）。即使如此，年輕的猿猴已設法學會基本的手語語言。牠們可以有生產力與有創造力地運用這套手語，雖然牠們不會如同人類手語使用者一般熟練。

置換
談論一些並未出現於眼前的事物或事件的能力；語言的基本特質。

猿類也展現語言**置換** (displacement) 的能力。這是呼喊系統所欠缺的，而且是語言的重要成分。每一種呼喊往往連結到一種環境刺激（如食物）。只有在這個刺激出現時，才會發出呼喊。置換意味著人類可以談論並未出現於眼前的事物。我們不需要在說出字彙前，先看到物體。我們可以討論過去與現在，與別人分享我們的經驗，並從他人的經驗獲益。

佩特森描述幾個例子，說明科科的語言置換能力 (Patterson 1978,1999)。這隻大猩猩有一次為了 3 天前咬了佩特森一口表達歉意。科科用了「等一下」這個手語，來拖延某些牠不想做的事情（道歉）。表 5.1 歸納語言（無論是手語或口語）與靈長類在野外使用的呼喊系統間的對比。

某些學者質疑黑猩猩與大猩猩的語言能力 (Hess 2008; Seboek and Umiker-Sebeok 1980; Terrance 1979)。他們堅決主張科科與這些黑猩猩，可比擬於受過訓練的馬戲團動物，並不是真正具有語言能力。然而，對於佩特森及其他學者所提出的辯護 (Hill 1978; Van Cantfort and Rimpau 1982)，顯示那些提出批評的研究者，其中只有泰倫斯 (Herbert Terrance) 曾從事猿類研究。他對黑猩猩使用手語的教學缺乏連貫性與全心投入，

◆ 表 5.1　語言與呼喊系統的對比

人類語言	靈長類呼喊系統
有能力討論並未出現於眼前的事物與事件（置換）	依刺激而定；關於食物的呼喊只會在食物出現時發出；這個呼喊不會無中生有
有能力結合其他的表現形式，來產生新的表現形式（生產力）	由一組有限數目的呼喊所組成，這些呼喊無法被組合起來，形成新的叫聲
是群體特有的，所有的人類都有語言能力，但每個語言群體具有自己的語言，它是透過文化傳承的。	大多是物種特有的，每種呼喊在同一物種的各個群體間的差異極小

然而這正是佩特森能成功教會科科的關鍵所在 [想要瞭解泰倫斯跟他那頭運氣欠佳的黑猩猩尼姆 (Nim Chimsky) 的事情，請參閱 Hess (2008) 及頗受讚揚的 2011 年出品的紀錄片《尼姆研究計畫》(*Nim Project*)]。

沒有人能否認在人類語言與大猩猩手語間，存在著巨大差異。在人類撰寫一本書或說出一段禱詞的能力，以及由受過充分訓練的黑猩猩所使用的 100、200 個手語，兩者間有著巨大鴻溝。猿類並不是人類，但牠們也不僅僅是動物而已。讓科科來表達這一點吧：當一位記者問科科，牠是人還是動物，科科兩個都不選，牠比出手語：「好動物大猩猩」(Patterson 1978)。

▲ 語言的起源

雖然記憶與組合各種語言象徵的能力，在猿類似乎是隱而未見的，但是要使得這種能力的種子開花結果成為語言，人類的演化是有其必要的。目前已知一個名為 FOXP2 的突變基因，有助於解釋為何人類能夠說話，黑猩猩卻不能 (Paulson 2005)。這個基因對口語能力的關鍵角色，係由對一個英國家庭 (代號為 KE) 的研究而來，該家庭的其中一半成員具有嚴重的遺傳性口語能力缺損 (Trivedi 2001)。導致這項異常現象的同一種 FOXP2 基因變異型態，也存在於黑猩猩的 DNA 之中。具有這種基因的人們，無法進行說出清晰口語所需的細微舌頭與嘴唇活動，而且他們的口語無法被他人所理解──就算對 KE 家族的其他成員而言也一樣 (Trivedi 2001)。黑猩猩具有類似於口語障礙的 KE 家族的相同 (基因)

序列。比較黑猩猩與人類的基因體，這種有利於口語的 FOXP2 基因形式，大約在距今 15 萬年前開始存在於人類基因中 (Paulson 2005)。這項突變在語言起源上扮演著什麼角色？我們現在知道有其他的基因及一系列身體解剖構造的改變，是完整發展人類語言所需要的。將 FOXP2 稱為「語言基因」是一個過度簡化的稱號，一開始是在大眾壓力之中所做出的名稱，這是由於其他基因也決定了語言的發展。

無論語言的遺傳基礎是什麼，語言為智人提供極大的適應優勢。無疑地，語言使得人類社會所能儲存的資訊，超越其他動物群體所獲得資訊的總和。語言是特別有效的學習工具。由於我們可以討論從未經歷的事情，因此可在遇到刺激前預做反應。由於我們的適應手段更有彈性，適應能力就比其他靈長類更快速。

三、非口語溝通

語言是我們主要的溝通方式，但並不是唯一的方式。當我們進行溝通時，會將關於自己的訊息傳送給他人，也從他們那邊接收訊息。我們的臉部表情、身體站姿、手勢及移動 (即使是無意識的) 都傳達了訊息。坦南 (Deborah Tannen 1990) 討論美國男人與女人的溝通風格差異。她注意到女孩與女人在說話時，傾向於直視彼此，然而男孩與男人則不會這麼做。男性與鄰座的人 (尤其是另一個男人) 說話時，較可能向前直視，而不是轉向對方或與對方有眼神接觸。同時，在群體交談的場合中，男人往往會放鬆與伸展四肢。想想看「男人伸展」的現象——男人在使用大眾運輸系統時，傾向於張開雙腿，並因此占據比一個座位還要大的位子。全由女人組成的團體中，女人也會採取類似姿勢；但當她們與男人說話時，則會收起小腿，並採取較拘謹的姿勢。

動作學
透過身體活動及臉部表情來研究溝通方式。

動作學 (kinesics) 透過身體活動、站姿、手勢及臉部表情，來研究溝通方式。語言學家不僅關注人們說些什麼，更關注這些話語如何被說出來，以及語言本身以外的各種傳達訊息的特徵。說話者傳達熱情不僅

透過字詞，還透過臉部表情、手勢及其他生動活潑的符號。我們運用手勢，例如用手捶打另一隻手的動作來表示強調。我們運用口語與非口語的方式，表現我們的情緒：熱情、悲傷、歡愉、追悔等。我們會改變自己發出聲音的語氣、音調與音量。我們透過策略性的暫停，甚至完全沉默來進行溝通。有效的溝通策略可能是改變聲調、音量及文法型態，例如宣布：「我是……」(平靜和緩的語調)；使役：「向前推進……」(強而有力的語調)；提出問題：「你是不是……？」(略帶遲疑且逐漸上升的語調)。文化教導我們，特定的行為舉止與生活風格應當搭配著某種說話方式。我們的行為舉止，無論是口語或非口語，若是將我們在所支持隊伍獲勝時表現的行為，用於喪禮場合或討論嚴肅主題時，就是用錯地方。

我們採取非口語溝通所傳達的訊息，有許多反映著我們的情緒狀態與意圖。但當我們使用便捷的溝通方式，例如傳簡訊與線上傳訊時，可能會產生問題。美國人使用表情符號(emoticons)來顯示在其他場合可能會使用聲調、笑聲或臉部表情來傳達的意思(參閱 Baron 2009; Tannen and Trester 2012)。表情符號的例子包括☺、☹、:~/ (搞糊塗了)、:~0 (哈！免談)，以及縮寫 lol ──大笑(laugh out loud)、omg ──我的天(oh my god)。在本章的「領會多樣性」專欄所思考的是繪文字 (emoji，表情符號) 在數位溝通方面越來越重要的角色。繪文字是一般可在智慧型手機及平板電腦取得的數位影像或圖像，用來表達概念或情緒，例如高興或悲傷。

文化往往扮演著塑造人們如何溝通的角色。從跨文化角度來看，點頭並不是經常表示同意，搖頭也不必然意味著否定。巴西人搖動一隻手指頭表示否定。美國人說 "uh huh" 表示確定，但在馬達加斯加，類似的聲音卻用來否定。美國人用手指指東西，馬達加斯加人則用嘴唇指東西。

身體的活動方式傳達社會差異。在日本，鞠躬是社會互動中常見的部分，但不同鞠躬方式的使用場合，則取決於這群正在互動的人們的社會地位。在馬達加斯加與玻里尼西亞，地位較低者不應讓自己的頭部高過地位較高者，當一個人接近某位年長者或社會地位較高者時，要彎曲

自己的膝蓋，並低頭表示尊敬。在馬達加斯加，當某個人從兩個人中間穿過去時，往往會做出這個動作以示禮貌。雖然我們的手勢、臉部表情及身體站姿都具有靈長類的遺傳根基，也可在猴類與猿類身上看到這些行為，但並未跳脫文化的塑造過程。語言這個溝通領域非常依賴象徵的運用，其中文化扮演著最強大的角色。

四、語言的結構

描述語言學 (descriptive linguistics) 是對於口語語言的科學研究，包含幾個相互關聯的分析領域：音韻學、語法學、語彙與句法等（參閱 McGregor 2015）。**音韻學** (phonology) 是對於口語語音的研究，探討在特定語言中，存在著哪些有意義的聲音；**形態學** (morphology) 研究哪一些聲音如何被組合起來，而構成詞素（morpheme，語彙及有意義的片段）。例如，英文的 cats（二隻以上的貓），包含 cat（貓）及 -s（複數形）這兩種詞素。一種語言的**詞彙** (lexicon)，包含這個語言的所有詞素及其意義的一本字典。**句法** (syntax) 指的是在片語及句子中，字詞的安排順序。句法的問題包括名詞是否往往出現於動詞前面或後面，或者形容詞是否往往出現於它所修飾的名詞前面或後面。

美國人從媒體及跟外國人的真正接觸，得知關於外國口音與錯誤發音的資訊。美國人知道具有濃厚法國腔的人們，發出 r 這個音的方式不會與美國人一模一樣。但至少某個法國人能夠區別 "craw" 或 "claw"，但日本人可能就沒有辦法。在英語與法語，r 與 l 這兩個語音截然不同；但在日語卻沒有區別。在語言學上，這個 r 與 l 間的區別，在英語與法語是音素 (phonemic) 層次的；換言之，r 與 l 都是英語和法語的音素，但不是日語的音素。**音素** (phoneme) 就是語音對比，使得兩個發音模式相近的語音產生區別，分別指稱不同意義。

在某一種語言，我們可藉由比較其中的最小差異音韻配對 (minimal pairs) 以發現它的音素，這是幾個幾乎完全相似的字彙，它們之間的區

音韻學
研究某個特定語言在交談時所使用的語音。

形態學
對於詞素與字彙構造的（語言學）研究。

詞彙
對於詞素與字彙構造的（語言學）研究。

句法
在片語與句子中，字詞的先後安排順序。

音素
最小的聲音對比，可用來區別意義。

別只有一個音。這些字具有完全不同的意義,但彼此的區別只有一個語音。這些相對比的聲音就是該語言的音素。英語的最小差異音韻配對,可以舉 pit/bit 為例。這兩個字的區別是藉由 /p/ 與 /b/ 間的聲音對比 (我們用斜線將音素框起來),那麼 /p/ 與 /b/ 就是英語的音素。另一個例子是不同的母音區別:bit 與 beat (參閱圖 5.1)。這個對比足以區分這兩個字,這兩個母音在英語中寫成 /ɪ/ 與 /i/。

標準 (美國) 英語 (Standard English, SE) 是「不受地域限制」的,由電視新聞主播所使用的方言 (dialect),約有 35 種音素:至少有 11 種母音與 24 種子音。各種不同語言的音素數量多寡不一——從 15 到 60 種,平均約在 30 到 40 種間。在某個特定語言的各種方言間,音素數量

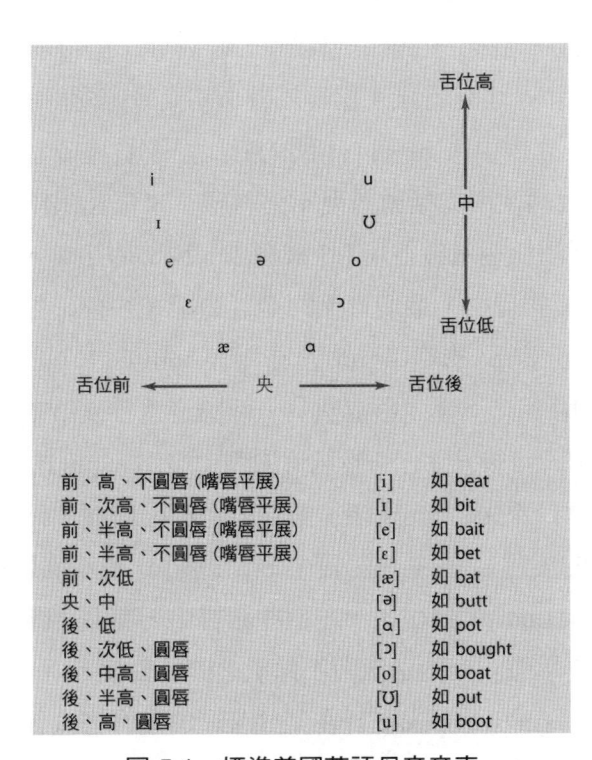

前、高、不圓唇 (嘴唇平展)	[i]	如 beat
前、次高、不圓唇 (嘴唇平展)	[ɪ]	如 bit
前、半高、不圓唇 (嘴唇平展)	[e]	如 bait
前、半高、不圓唇 (嘴唇平展)	[ɛ]	如 bet
前、次低	[æ]	如 bat
央、中	[ə]	如 butt
後、低	[ɑ]	如 pot
後、次低、圓唇	[ɔ]	如 bought
後、中高、圓唇	[o]	如 boat
後、半高、圓唇	[ʊ]	如 put
後、高、圓唇	[u]	如 boot

圖 5.1　標準美國英語母音音素

這裡所呈現的音素是依據舌位的高低,以及舌位的前、中、後。由英語所辨識的音素符號包含這些語音;請注意:大多數是最小差異音韻配對。

資料來源:摘錄自 Figure 2-1 from Dwight L. Bolinger and Donald A. Sears, *Aspects of Language*, 3rd ed., Cenage Learning, 1981. 中文譯詞參考林燾、王理嘉,《語音學教程》,1995: 48-52,台北:五南。

也可能有所不同。例如，美式英語的母音音素會隨著各種方言而有明顯的變異。讀者應該試著依據圖 5.1 發音 (或請別人幫忙)，請注意他們是否清楚區分每一種母音。大多數的美國人並不會發出全部。我的孫子盧卡斯（Lucas）發現，我所發出的語音差異是他不會發出的，他為此而感到好笑。當我看到 wh 字頭的字彙發出的聲音就好比是 hw 開頭。我個人的音素組合包括 /hw/ 和 /w/ 在內，這使我能夠區分 white 和 Wight（就如英國南方的懷特島 Isle of Wight），也能區分 where 和 wear。盧卡斯將這四個字全都發成好像是 [w] 開頭的，因此他並不區分 white 和 Wight，也不區分 where 和 wear。那麼你呢？

語音學 (phonetics) 是對於日常語言聲音的研究，人們在各種語言中確實說出的語音。**音素學** (phonemics) 只研究在某個特定語言中，具有意義的語音對比 (音素)。例如，英語的 /r/ 與 /l/ (記得前面提到的 craw 和 claw)，/b/ 與 /v/ 也是音素，出現於最小差異音韻配對中，像是 bat 與 vat。但在西班牙語中，[b] 與 [v] 間的對比並不會區分意義，因此它們並不是音素 (我們使用方括號，而不是斜線，來框起這兩個不是音素的語音)，西班牙語使用者往往用 [b] 來發出 b 或 v 的字彙。

在任何一種語言中，某個音素的涵蓋範圍往往會延伸到這一個語音之外。英文的音素 /p/ 省略了 pin 的 [pʰ] 與 spin 的 [p] 之間的對比。大多數的英語使用者並不會注意這裡有一個語音差別。[pʰ] 是送氣音，因此發出 [p] 這個聲音後，會有一股氣流由嘴中發出。spin 的 [p] 則沒有(如要看清這項區別，點燃一支火柴，把它放在嘴巴前面，然後發出這兩個字，觀察火焰的變化)。在某些語言中，[pʰ] 與 [p] 的差別是音素層次的，例如北印度語 (Hindi)。換言之，在這些語言中，有些字彙的意義區分，僅僅是依據 [p] 這個語音的送氣與不送氣之間的對比。

母語使用者(native speakers)在某些音素的發音方式往往有所不同。這種變異在語言的演化中非常重要。假使沒有發音上的游移，就不可能發生語言變遷。本章後半段討論社會語言學，思考的是語音變異方式，以及它跟社會身分區別和語言演化之間的關係。

語音學
對語音的研究；人們確實發出的聲音。

音素學
研究某個特定語言的有意義的聲音對比（音素）。

五、語言、思想與文化

知名的語言學家瓊斯基 (Noam Chomsky 1957) 主張，人類的腦子包含著一套數目有限、用以組構語言的規則，因此所有的語言具有共同的結構基礎 [瓊斯基將這組規則稱為普同文法 (universal grammar)]。有一項事實是：人們可以學習外國語言，以及將某個文化的字詞與觀念翻譯成別種語言，這支持了瓊斯基的立場：所有的人類都具有類似的語言能力與思考過程。另一項支持則來自於混合語 (creole languages)，這種語言係由洋涇濱發展而來的，洋涇濱是在文化交流的情境下，當不同社會的人相遇接觸且必須配置溝通系統時所形成的語言 (參閱 Lim and Ansaldo 2016)。洋涇濱是以英語及當地語言為基礎，在中國、巴布亞紐幾內亞與西非等地的貿易與殖民主義情境發展出來的 (參閱 Gu 2012)。最終在歷經無數世代的一再使用後，洋涇濱可能發展為混合語。混合語是更成熟的語言，具有發展完備的文法規則，以及母語使用者 (換言之，在濡化過程中學會這種語言，並將它當作最主要溝通工具的那些人)。在加勒比海的幾個社會使用混合語。古拉語 (Gullah) 由住在美國南卡羅萊納州與喬治亞州的海濱島嶼的非裔美國人所使用，也是一種混合語。混合語是植基於普同文法的這個概念，受到一項事實所支持：這些語言都具有某些特質。從句法學上來說，它們全都使用虛詞 (will、was) 來形成未來式與過去式，使用多重否定 (如 "He don't got none") 來否認或否定。此外，疑問句的構成是藉由改變句子的聲調高低，而不是改變字詞的順序。例如："You are going home for the holidays?" (你正要回家放假？)(說到句尾時，音調向上抬升)，而不是："Are you going home for the holidays?" (是否你要回家放假？)(這是標準英文的句法)。

▲ 夏比爾 - 霍夫假說

其他的語言學家及人類學家在探討語言與思想的關係時，採取另一種研究方向。他們並不找尋普同的語言結構與過程，而是相信不同的語言產生不同的思考方式。這個立場有時稱為**夏比爾 - 霍夫假說** (Sapir-

夏比爾 - 霍夫假說
這個理論主張不同的語言產生了不同思考方式。

Whorf hypothesis)，這是以夏比爾 (Edward Sapir 1931) 與他的門生霍夫 (Benjamin Lee Whorf 1956) 為名，他們兩人是這項假設的最早倡導者。夏比爾與霍夫主張，各種語言的文法範疇會分別引導其說話者，以特殊方式思考他們的事物。例如，英文的第三人稱單數代名詞區分性別 (he、she；him、her；his、hers)；但緬甸的巴隆語 (Palaung) 並沒有這種區別 (Burling 1970)。性別的區隔存在於英語中，但英語並不像法語及其他的羅馬語系語言，發展出一套完整的「名詞陰陽性」與「形容詞同時改變」的體系 [(如法語的這是一個漂亮的女孩，這是一個英俊的男孩 (la belle fille, le beau fils)] 。因此，夏比爾 - 霍夫假設可能指出，英語使用者會不由自主地注意到男女間的差異，其程度比巴隆人要更多，但比法語或西班牙語的使用者少。

英語將時態區分為過去、現在與未來。荷比語 (Hopi)(美國西南原住民普布羅區域的一種語言) 則不是如此。荷比語區分目前存在的事件或已存在的事件 (在這個部分，英語採用現在式與過去式來討論)，以及未曾發生或尚未發生的事件 (英語的未來式，以及想像與假設的事件)。霍夫主張，這個差別導致荷比語的使用者採取有別於英語使用者的方式，來思考關於時間與事實的問題。另一個類似例子則是來自葡萄牙語，它運用一種未來假設動詞式，將某種程度的不確定性帶入關於未來的討論中。在英語中，人們習慣使用未來式，討論他們認為未來可能會發生的事情。英語使用者不會覺得如果要確定「太陽明天會升起」，就有必要加上「假使它沒有變成紅巨星的話。」美國人會毫不猶豫地宣稱：「我明年會看到你。」就算在說話的當下，他們沒有辦法完全確定。葡萄牙語的未來假設動詞式則界定了未來事件的特質，認定未來並不必然是確定的。美國人將未來表現成確定的事情，這對他們而言是很自然的事，因此美國人甚至不會想到這種不確定性，就像荷比人並不認為有必要區分過去與現在，這兩者都是真實的，但未來仍是假設性的。然而，我們可以見到語言似乎不會完全限制人們的思想，因為文化變遷可以產生思想及語言方面的改變，正如我們將在下一段看到的。

🔺 焦點字彙

　　一套字彙(或是詞彙)是一種語言的辭典,也就是這個語言對事物、事件、行動與性質的名稱組合。字彙影響了人們的感知。愛斯基摩人具有幾種獨特的語彙,來指稱不同種類的雪,然而在英語這些情況全都稱為雪 (snow)。大多數的英語使用者未曾注意這幾種雪的差別,就算是某個人指出這些差別,他們想要看清楚的話依然有困難。同樣地,蘇丹的牧牛族群努爾人 (Nuer) 具有非常精細的字彙來描述牛隻。愛斯基摩人有多個用來描述雪的語彙,努爾人也有數十種關於牛隻的語彙,這源自於他們特殊的歷史、經濟體系與環境 (Robson 2013)。一旦有需要,英語使用者也會仔細區分關於雪與牛隻的字彙。例如,滑雪者就會明確稱呼各個類型的雪的名稱,這些語彙是住在佛羅里達州的退休人士可能漏失的。同樣地,德州的牧場主人所擁有的牛隻字彙,遠比紐約市百貨公司的銷售員更豐富。對某個特定群體(經驗或活動的特別注目焦點)格外重要的特殊語彙組合與區分方式,稱為**焦點字彙** (focal vocabulary)。

　　字彙是語言領域中變遷最快速的部分。一旦有需要, 新的字詞或區分方式就會出現並散播開來。例如,在一個世代前,誰會想到「傳簡訊」或用「電子郵件」傳輸任何東西?一旦某些事物變得普遍且重要,它們的名稱就會變得更簡單。在英語中,電視從 television 簡化成 TV;汽車則從 automobile 簡化成 car,數位影音光碟從 digital video disc 簡化成 DVD (參閱本章的「領會多樣性」專欄,以瞭解有關晚近英語字詞用法變遷的討論)。

　　語言、文化與思想是相互關聯的。然而,站在夏比爾-霍夫假說的反向立場,如果我們說文化變遷造成語言與思想的變遷,可能更合理。設想美國女性與男性所使用的色彩語言的差異 (Lakoff 2004)。某一些顏色的語彙,例如肉色、鐵鏽色、桃紅色、棕色、藍綠色、淡紫色、蔓越莓色、暗橘色,可能不會存在於大多數美國男性的語彙中。然而,在 70 年前,這裡有許多字詞仍未出現在美國女性的語彙中。這些變遷反

焦點字彙
字彙的組合,描述了特定的經驗範疇(焦點)。

香料的種類繁多豐富,但究竟有多少種?在土耳其伊斯坦堡香料市場的商人,對於他們所售香料所擁有的焦點字彙,比你我所擁有的更詳盡。
© Conrad P. Kottak

映了美國的經濟、社會與文化的改變。色彩語彙與區別方式，隨著流行時尚與化妝品工業的成長而增加。類似的對比出現在足球、籃球與曲棍球的字彙。運動迷，往往男多於女，運用更多的字彙說明他們所看的比賽，並做出更細緻的區別，例如曲棍球。如此，文化的對比與變遷影響在語意範疇 (如色彩字彙) 中的語彙區別方式 (如「桃紅色」對比於「肉色」)。**語意學** (semantics) 係指語言的意義體系。

語意學
一套語言的意義體系。

▲ 意義

特定語言的說話者運用了許多語彙組合，以組織或分類他們的經驗與認知。語言的詞彙與對比，編排 (具體表現) 人們所感知的意義差異。**民族語意學** (ethnosemantics) 研究在各種語言中的分類體系。曾被人類學家充分研究的民族語意學範疇 (domains，在一個語言中，彼此相關的事物、認知或概念所構成的組合) 包含親屬稱謂與色彩名稱。當我們研究這些範疇，我們正在檢視人們如何認知與區分親屬關係或色彩

民族語意學
一套語言的意義體系。

領會多樣性

年度代表字

每年的「年度代表字」名單提供絕佳例子，來呈現我們使用的字彙究竟如何因應文化變遷而改變。各個國家的許多組織每年固定公開這個名單，它們往往選出一個越來越常見的字彙成為該年的勝利者—「年度代表字」。依據好幾份不同的名單，在 2015 年的英文字彙勝利者包括單字、複合字 [如 binge watch (「煲劇」)]，甚至在一個案例當中，選出一個 emoji (日文「繪文字」，表情符號) 名為「帶著歡愉淚滴的臉」(Face with Tears of Joy)。由美國方言學會 (American Dialect Society) 所列舉的字彙是 they (當成第三人稱單數型代名詞來使用)、binge watch (煲劇)、sharing economy (共享經濟)、identity (認同)、austerity (禁慾生活)、content marketing (置入性行銷)、microaggression (微攻擊)、refugee (難民)、feardom (恐懼國度)，以及 ammo sexual (長槍控) 等。這些字彙被視為反映著 2015 年的民族精神、情緒及成見 (Northovel 2016)。讓我們想想這些較有趣的選項當中的兩項，就是單數型的 they 及「帶著歡愉淚滴的臉」emoji。

有幾個組織選擇單數型的 they 做為年度代表字 (Baron 2015)。they 是一個性別中立的第三人稱代名詞，包括男性與女性在內。數個世紀以來，它曾經在言語或書寫時，不拘形式地被當成單數型代名詞。某些人想要避免在句子裡面使用「he 或 she」的時候，可以用 they—就像筆者一樣。歷史文獻顯示，they 這個字被當成單數型使用長達 600 年之久 (Baron 2015)。把 they 當成單數型來使用，最近漸受歡迎的理由是，它填補了重要的語言區位—英文裡面需要性別中立的第三人稱單數型代名詞。

they 這個字本身是由丹麥移民在西元 9 世紀帶進英語。它逐漸取代當時存在的英文第三人稱複數型代名詞。在此後的數個世紀，英國的寫作者及說話者習

間的區別。其他的民族語意學範疇包含民族醫療 (ethnomedicine)——對疾病的起因、症狀與療法所創造的語彙 (Frake 1961)；民族植物學 (ethnobotany)——當地人對植物的分類方式 (Berlin, Breedlove, and Raven 1974; Carlson and Maffi 2004; Conklin 1954)；以及民族天文學 (ethnoastronomy)(Goodenough 1953)。

　　人類學家發現某些語彙範疇及語彙項目，是依據一套既定順序而產生的。例如，柏林 (Berlin) 與凱 (Kay)(1991, 1999) 在研究 100 餘種語言的色彩分類後，發現 10 種基本的色彩名稱：白、黑、紅、黃、藍、綠、褐、粉紅、橘、紫。這些字彙的數目隨著文化複雜程度而改變。巴布亞紐幾內亞的農耕者與澳洲的狩獵採集者代表著一個極端，他們只運用兩組基本語彙稱呼顏色：黑與白、暗與亮。在這個文化複雜程度的連續體另一端則是歐洲與亞洲的語言，包含著林林總總的色彩語彙。在歷史上長期使用染料與人造顏料的地區，色彩語彙的發展最充分。

慣常將 they 當成複數型與單數型來使用。它的單數型代名詞用法，直到 1800 年左右才開始遭到排斥。文法學家勸阻人們繼續將 they 當成單數型來使用，因為在外表看似複數型代名詞跟單數型動詞之間，缺乏了一致性 (如 "They eats dinner")。那些文法純淨主義者持續排斥將 they 當成單數型代名詞，這讓我們想起英文的單數型代名詞 you 逐漸變成複數型代名詞，這個字最終取代了古英文裡的第二人稱單數型代名詞 thou (汝、爾) 及 thee (thou 的受詞)。依據各種不同的「年度代表字」名單，這個類似的轉變時機已經成熟，使用 they 而不採用常感不便的「he 或 she」。假使某個人想要這麼做，這個人不會受到任何來自於我的抨擊。

　　英文字彙內容正在發生改變的另一個例子是牛津字典 (Oxford Dictionaries) 首度選擇一個 emoji (日文「繪文字」，中譯「表情符號」) 做為 2015 年的「年度代表字」(Oxford University Press 2015)。繪文字是一種數位符號，用來在數位溝通時表達概念或情緒。即使 emoji 這個字看似英文的 emoticon (表情符號) [emotion (情緒) 加上 icon (符號) 所創的新字]，但它事實上來自日文。emoji 在 1990 年代後期就已出現，但它們的用法及 emoji 這個字本身在英文的使用，已有實質增加。無疑反映著，透過我們日常生活溝通所使用的智慧型手機、平板、電腦及其他設備，這些圖像的取得越來越容易。就在 2014 年到 2015 年間，美國與英國對 emoji 這個字彙的使用量增加了 3 倍 (Northover 2016)。依據牛津大學出版社及行動科技公司 SwiftKey 的研究，這個最受歡迎的 emoji：「帶著歡愉淚滴的臉」，在 2015 年占英國的 emoji 全體使用量的 20%、美國的 17% (Northover 2016)。數位傳輸在我們日常生活中佔據越來越重要的角色，包括 emoji 的使用在內，再度呈顯語言及溝通如何在我們這個日益全球化的世界中持續發生演變。

六、社會語言學

沒有一套語言是完全一致的體系，在其中每個人說的話都和其他人一模一樣。社會語言學 (sociolinguistics) 探究社會變異性與語言變異性間的關係 (Edwards 2013; Spencer 2010; Wardhaugh and Fuller 2015)。不同的說話者如何使用同一種語言？語言的各種特徵如何關聯到社會多樣性與階層化，包括階級、族群與性別的差異 (Eckert and McConnell-Ginet 2013; Tannen 1990; 1993)？語言如何被用來展現、強化或對抗權力 (Fairclough 2015; Mesthrie 2011; Mooney 2011; Trudgill 2010)？

社會語言學家聚焦於隨著社會地位與情境，而發生有系統改變的某些特徵。為了研究多樣性，社會語言學家必須在實際社會情境當中，觀察、界定與測量各種不同的語言用法。朱拉夫斯基 (Dan Jurafsky) 在他2014 年的新書《食物的語言》(*The Language of Food*) 描述依據對社會語言學變項的測量所做的研究。朱拉夫斯基和同事分析當代美國 6500家餐廳的菜單，他們的其中一項目標就是看看高檔餐廳所採用的食物語彙，究竟跟廉價餐廳的語彙有何差異。他們所發現的一項重大差異就是，高檔餐廳的菜單更注重所提供餐點的食材來源，它們會標示出特定的農場、園圃、牧場、森林及農夫市集的名稱。假使時令恰當，他們會小心翼翼地標示其番茄或豌豆是特別的家傳品種。極致昂貴的餐廳提到食材源頭的次數是廉價餐廳的 15 倍。另一項重要差異在於，廉價餐廳所提供的菜單選項是高檔餐廳的 2 倍。

字詞長度是另一項差異指標。高檔餐廳的菜單上的字詞長度比廉價餐廳要多出一半。例如，在廉價餐廳就有可能用去咖 (decaf)，而不是去咖啡因的 (decaffeinated)，以及附餐 (sides) 而不是附加餐點 (accompaniments)。用餐者往往都是為了這些較長的字詞，而支付更高的價格：用來描述每一盤菜餚的字詞平均長度每增加一個字母，就意味著那盤菜的價格增加 0.18 美元。

廉價餐廳往往會樂於使用一些無意義的填充語詞，包括正向但意義模糊的字彙，像是美味、可口、令人垂涎、香氣馥郁，或是其他正向卻

Chapter 5 語言及溝通 143

無從衡量的形容詞,像是真好、太好了、令人歡愉及豐盛。在中級餐廳的菜餚,每使用一個正向模糊的字眼,平均價格就會降低 9%。小餐廳也更有可能會保證它們的菜餚是新鮮的,即使說我們找得出理由來質疑其新鮮度。昂貴的餐廳期望他們的老主顧認定其食物是新鮮的,因此無庸贅語。

朱拉夫斯基及其同事也分析在線上葉普餐廳評論 (Yelp restaurant reviews) 所發表的 100 萬則評論,代表著來自七座美國城市——波士頓、芝加哥、洛杉磯、紐約、費城、舊金山與華盛頓特區的看法。這些研究者發現,正評及負評的語言學性質有所不同。評論者會使用多樣的字詞,具有更多鑑別性質的意義,來表達負面的意見,而不是正面的意見。這種傾向一般稱為負面鑑別 (negative differentiation),也延伸到英語,甚至其他語言的各個語言領域。相較於表達正面想法,人們似乎要採用更多樣及詳盡說明的方式,來表達他們的負面想法。葉普餐廳評論的內容確實是人們訴說其經驗的短篇故事。負評來自餐廳人員對於評論者及其共餐同伴所做出的糟糕事情。負評撰寫者想要盡可能詳盡評論餐廳的失敗之處,並把它當成一項共同經歷的經驗。相較於正評,負評撰寫者更有可能運用包含全部的人的代名詞:我們。心理學家知道,精神受創者會藉由強調其歸屬感,而在群體裡面尋求慰藉,在訴說其負面情緒時會較常出現我們。下次當你到餐廳吃飯時,並且被勸說要寫下評論時,不妨注意一下這些有關「食物語言」的研究發現。

語言在一段時間內發生的變異,是不斷進行的歷史變遷。相同的力量逐漸發揮作用,已在數個世紀導致大規模語言變遷,至今依然持續運作。語言變遷並不是憑空發生,而是發生在社會當中。一旦新的說話方式連結到各種社會因素時,它們就會被模仿,然後傳播出去。語言透過這種方式發生變遷。

研究一下來自兩家餐廳的菜單,有一家比另一家更高檔。請注意其中一份菜單採用農場(食物來源)的名稱,而且另一份採用形容詞「美味」(delicious)、「新鮮」(fresh) 及「優質」(premium) 等。其中哪一個來自較高檔的餐廳呢?
© McGraw-Hill Education. Mark Dierker, photographer RF

在各國內部的語言多樣性

就各國人們都會遭遇的語言多樣性而言，當代美國可做為一個例子。族群多樣性呈現於一項事實——在美國人當中有數百萬人的母語並不是英語，西班牙語是最常見的。這些人後來大多具備雙語能力，以英語做為第二語言。在多元語言(包括被殖民的)國家，人們在不同的場合使用兩種語言：例如，一種在家裡，另一種在工作場所或公開場合。在印度，大約有22種語言，一個人在跟老闆、配偶及父母說話時，可能需要分別使用三種不同的語言。僅僅有大約十分之一能說英語這種殖民語言。隨著他們今天在跟全球化的一項重要工具——網際網路——互動時，即使是那些能使用英語溝通者也會感到欣慰的是，能用他們的區域語言閱讀及搜尋網路資訊。

無論是否處於雙語環境，我們都依據情境來改變自己的說話方式：我們進行**風格轉換** (style shifts)(參閱 Eckert and Rickford 2001)。2013年，我跟一位朋友去印度旅行，他是生於印度的美國人，說著一口流利的美式英語。我們在印度停留期間，我總是訝然看著他在三種語言之間來回轉換，介於印度語、帶有強烈印度腔的英語(當他對印度人講英語時)，以及美式英語(當他跟美國人旅遊同伴說話時)。在歐洲的某些地區，人們經常轉換不同的方言。這個現象稱為**雙語體** (diglossia)，運用在同一種語言的各種「較高等級」與「較低等級」變異型態，例如在德語及荷蘭語，人們在大學讀書或寫作時，使用「較高等級」的語言；與家人或朋友的日常交談，則使用「較低等級」的語言。

正如同社會情境會影響我們的說話方式，地理、文化及社會經濟的差異也會產生影響。在美國有許多方言(dialects)與標準(美國)英語 [Standard (American) English, SE] 併存。標準英語本身就是一種方言，它有別於「英國國家廣播公司英語」(BBC English)，後者是一種在英國受到喜愛的方言。依據語言相對性 (linguistic relativity) 的原則，所有的方言都是同等有效的溝通體系，溝通就是語言的主要作用。我們往往認為某些方言較粗魯或較文雅，這純粹是社會層次的判斷，而不是語言學上的判斷。我們會把某些口語模式排序為較好或較差，這是因為我們清

風格轉換
在不同的社會脈絡中，改變個人的口語。

雙語體
在一個語言中，有「較高等級」(正式)與「較低等級」(非正式、熟人使用的)的方言型態。

楚分辨這種語言是由哪個群體所使用,我們對這些群體也進行排序。例如,在美國說著 *dese*、*dem* 及 *dere*(而不是說成 these、them、there)的人們,能與別人進行良好溝通,只要別人瞭解他們在習慣上會把 th 代換成 d。然而,這種語言型態已成為較低社會階層的指標。美國人把這種語言稱為「沒有教養的語言」,就像使用 *ain't* 一樣。*dem*、*dese*、*dere* 的使用,成為美國人能清楚分辨並加以輕視的諸多語音差異之一(參閱 Labov 2012)。

▲ 性別的口語對比

將男性與女性相較,在聲韻學、文法及字彙方面,以及伴隨口語而產生的身體姿勢與動作,都會有所不同 (Eckert and McConnell-Ginet 2013; Lakoff 2004; McConnell-Ginet 2010; Tannen 1990)。傳統的日本女性在公開場合為表示敬意,會刻意發出不自然的高音。在北美地區與英國,女性的發音會比男性更接近標準語言。想想看表 5.2 的內容,這是在美國底特律所蒐集的資料。在所有社會階級的男性較常使用雙重否定,尤其是勞動階級 [如「我不要什麼都沒有」(I don't want none)]。女性傾向於更加留心 (避免說出)「沒有教養的言語」。這個趨勢出現於英國,也出現於美國。男性可能會採用勞工階級的口語,因為他們將它聯想到男子氣概。也許女性比較關心大眾媒體,大眾媒體都使用標準語言。

依據拉可夫 (Robin Lakoff 2004) 的研究,某些種類的字彙用法及表現形式,係與美國女性傳統較低下的權力有關 (也請參閱 Tannen 1990)。例如,親愛的 (Oh dear)、胡說 (Oh fudge)、天啊 (Goodness!) 這

◇ 表 5.2 使用多重否定的比例,依性別與階級分 (%)

	上層中產階級	下層中產階級	上層勞工階級	下層勞工階級
男性	6.3	32.4	40.0	90.1
女性	0.0	1.4	35.6	58.9

資料來源:Peter Trudgill, *Sociolinguistics: An Introduction to Language and Society* (5th ed.) (London: Penguin Books, 1974, revised editions 1983, 1995, 2000), p.70.

些字彙要比下地獄吧 (Hell)、該死的 (Damn) 較不強力。看看電視轉播的體育賽事 (例如一場美式足球比賽)，其中發脾氣的球員。從他們口中說出「你呸！」(Phooey on you) 的可能性有多大？女性比男性更有可能使用一些形容詞：令人崇拜 (adorable)、迷人 (charming)、甜蜜 (sweet)、俏皮 (cute)、可愛 (lovely) 及絕妙 (divine)。

▲ 語言與地位

稱呼語 (honorifics) 是用來稱呼別人的語彙，大多是加在他們的名字前後，表達對他們的「尊敬」。這些名稱可能傳達或隱含著地位差異，這介於說話者與被指稱的人 (「這位好醫生」) 或說話的對象 (「教授」) 之間。雖然美國人往往比其他國家的人民更不拘形式，但美式英語仍有許多稱呼語。例如，以下幾種稱號：先生 (Mr.)、夫人 (Mrs.)、女士 (Ms.)、教授 (Professor)、院長 (Dean)、參議員 (Senator)、牧師 (Reverend)、令人尊敬的 (Honorable) 與總統 (President)。這些稱號大多與名字連用，像是：「威爾森博士」(Dr. Wilson)、「柯林頓總統」(President Clinton)、「克羅布徹參議員」(Senator Klobuchar)。但有一些稱號可直接用來稱呼某個人，無須加上他們的名字，例如「博士」(Dr.)、「總統先生」(Mr. President)、「參議員」(Senator)、「小姐」(Miss)。英國有一套更發達的稱呼語，對應於一些地位區別，這是基於階級、貴族地位 [如「川朗伯閣下與夫人」(Lord and Lady Trumble)]，以及特殊的身分認定 [如受封爵士頭銜—「愛爾頓爵士」(Sir Elton)、「茱蒂女爵士」(Dame Judi)]。

日語有許多稱呼語，其中一些表達更多的尊重。在名字後面加上「樣」(さま，-sama)，表示非常尊重，用來稱呼某一位更高社會地位的人，例如一位貴族或受敬重的教師。女性可用這個字來展現對丈夫的愛意與尊敬。日本人最常使用的稱呼語「さん」(-san)，加在姓氏後面，是有尊重對方的意思，但比英文的「先生」(Mr.)、「夫人」(Mrs.)、「女士」(Ms.) 的正式程度更低 (*Free Dictionary* 2004; Loveday 1986, 2001)。在名字後面加上「さん」，則代表著熟悉感。

稱呼語
表示尊敬的字彙；用以尊稱人們。

親屬稱謂也可能關聯到在年紀、階級與地位的等級差別。爹 (Dad) 這個名詞比父親 (Father) 更熟悉與不正式，但仍比直呼父親的名諱更顯尊重。父母的地位高於子女，他們大多用名字、綽號、或乳名來稱呼孩子，而不會叫他們「兒子」(son) 或「女兒」(daughter)。上了某個年紀的美國南方人，大多會用「女士」(ma'am) 與「先生」(sir)，來稱呼年紀較大或地位較高的女人與男人。

▲ 階層化

我們是在語言以外的力量 (extralinguistic force，社會、政治與經濟力量) 的情境脈絡中，來使用並評價語言。主流的美國人會給予社會地位較低群體的語言負面評價，將它稱為「沒有教養的」。這並不是因為這些說話方式本身是不好的，而是因為它們正好象徵較低的地位。思考一下英語 r 這個音的變異。在美國某些地區，r 這個音經常被發出，而在其他地區則沒有被發出 (不發出 r 這個音，rless)。起先，美國人不發出 r 這個音的口語，是模仿在英國流行的口語。由於不發出 r 這個音所代表的聲望，在波士頓與南方許多地區就採用並延續這種口語。

紐約人在 19 世紀藉由不發出 r 這個音來追求聲望，但在先前的 18 世紀，他們確實發出 r 這個音。然而，當代紐約人正在回歸到 18 世紀發出 r 這個音的模式。人們所在乎並且主宰語言變遷的東西，並不是對於美國中西部人強力發出 r 這個音所做的回應，而是社會評價，究竟 r 這個音剛好是在「圈內」或「圈外」。

對於紐約人 r 這個音的發音方式的研究，釐清了音韻變遷的機制。拉柏夫 (William Labov 1972b) 探討在一些語彙中，位於母音後方的 r 這個音 (如 car、floor、card 與 fourth) 是否被發出。為蒐集這項語言變異如何關聯到社會階級，他採用在紐約三家百貨公司與店員短暫交談所獲得的資料，這三家百貨公司各因其商品價格與地段，而吸引不同社會經濟背景的顧客群。薩克斯第五大道百貨 (Saks Fifth Avenue) 接待上層中產階級客群 (68 次交談)，梅西百貨 (Macy's) 吸引中產階級購物者 (125 次)，斯克連百貨 (S. Klein) 的顧客絕大多數是下層中產階級或勞工階級

(71次)。這些百貨公司人員的社會階級源頭,往往是對應於他們的顧客。

拉柏夫在確定每家百貨公司的四樓都有某個特定展售部門後,他向一樓店員詢問這個部門在哪裡。店員回答:「四樓」(Fourth floor) 之後,拉柏夫再次問道:「哪裡?」,以便得到第二次回答。第二次回答往往較為正式並加強語氣,店員可能認為拉柏夫並未聽清楚,或並未理解第一次的回答。因此,拉柏夫對於每位店員取得這兩個語彙的兩次 /r/ 的發音。

拉柏夫計算這些店員在這些對話中,至少發出一次 /r/ 這個音的百分比。在薩克斯有 62%,在梅西有 51%,但在斯克連只有 20%。他也發現,在較高樓層的店員發出 /r/ 的比例往往比一樓的店員更高。在這些較高樓層 (那裡往往販售價位較高的商品),他向店員問道:「這裡是幾樓?」以蒐集資料 (也請參閱 Labov 2006)。

在拉柏夫的這項研究,總結如表 5.3,/r/ 的發音狀況顯然關聯到聲望。當然,負責甄選職員的人事部門並不是依據計算應徵者發出 /r/ 的次數多寡來決定僱用他們。然而,他們確實運用面試對談,來判斷某些人能否有效銷售某些類型商品。換言之,他們正在進行社會語言學上的篩選,運用語言特徵來決定誰能獲得某些工作機會。

依據他們所居住的地點而定,美國人往往對其他地區的人們所說的英語,具有某種程度的刻板印象。某些刻板印象藉由大眾傳播媒體的流傳,比其他的刻板印象更為普遍。(參閱本章的「領會人類學」專欄,來瞭解關於加州口語模式的刻板印象及實際情況)。大多數美國人認為自己可以模仿「南方腔調」。美國人對於某些地方人們的口語也具有刻

◆ 表 5.3 紐約市百貨公司的 r 發音

百貨公司	次數	r 發音的百分比
薩克斯第五大道百貨	68	62
梅西百貨	125	51
斯克連百貨	71	20

板印象,即使不必然是汙名化。像是紐約市 (coffee 的發音)、波士頓 ("I pahked the kah in Hahvahd yahd",把 /r/ 都發成 /h/,"I parked the car in Harvard yard"),以及加拿大 (把 "out" 說成 "oot")。

有時美國人也主張,中西部 (midwestern) 的人們沒有地方腔調。這個信念源自於一項事實,中西部的英語方言並不具有許多遭到汙名化的語言變項──其他區域的人們會認出並加以輕視的口語模式,例如不發出 r 這個音 (r-lessness),或是將 them、these、there 說成 dem、dese 與 *dere*。

中西部人絕非沒有腔調,即使在同一所高中裡面,也展現了語言變異 (參閱 Eckert 1989, 2000)。再者,對於來自美國其他地方的人而言,好比我自己,某個地方的方言差異是十分明顯的。中西部人的發音變異包括母音在內,最佳的例子是 /e/,這出現於英語的 ten、rent、section、lecture、effect、best 與 test 等字。在密西根州東南部,/e/ 這個音素有四種不同的發音。非裔美國人英語的使用者及來自阿帕拉契山脈的移民,往往將 ten 發成 "tin",就如同美國南方人習慣上的發音。有些密西根人能以標準英語正確發出 ten。然而,其他兩種發音更普遍。許多密西根人並不發出 ten,而是說 "tan" 或 "tun" [聽起來就像他們所說的是 ton (噸) 這個字,這是重量單位]。

學生們的發音時常讓我吃驚。有一天,我在大廳遇到一位在密西根州土生土長的研究生講師。她當時興奮得難以自持。我問她為何如此,她回答說:「我剛剛上了最好的一 [絕] 課」(I've just had the best suction) (譯按:此段翻譯係依據情境,以中文類似發音,來模擬令作者感到困惑的發音)。

她到最後說得更精準一些:「我剛剛上了最好的一 [夾] 課 (saction)」。她覺得「一夾課」是「一節課」(section) 這個字的更清楚發音。

另一個例子是,在一場考試之後,有位學生痛哭流涕地說自己並未「在這場測 [院](驗) 中,盡最大的努 [律](力)」(do her "bust on the tust")。事實就是,各種區域模式影響美國人的說話方式。

我們的語言習慣有助於決定別人如何評價我們，從而決定我們取得工作機會及其他物質資源的機會。正因如此，「合宜的語言」本身就變成重要資源——以及通往財富、聲望與權力之路 (Gal 1989; Mooney 2011)。為了呈現這點，許多民族誌研究者描述口語技巧與公開演說在政治界的重要性 (Beeman 1986; Bloch 1975; Brenneis 1988; Geis 1987)。雷根 (Ronald Reagan) 在 1980 年代連任兩屆美國總統 (任期為 1982 年至 1990 年)，領導美國社會，被譽為「偉大的溝通者」；另一位連任的總統柯林頓 (Bill Clinton，任期為 1993 年至 2001 年) 雖然帶有美國

領會人類學

我希望這些語音全都能成為加州的母音

究竟有沒有「加州腔」？社會大眾對於加州人如何說話的刻板印象，反映在媒體所呈現的意象，包括金髮的衝浪男孩 (surfer boys) 說著 dude (老兄) 及 gnarly (真驚險刺激)，以及山谷女孩用特殊的腔調說 "Like, totally!" (喜歡爆了！) 還有 "Gag me with a spoon!" (用湯匙塞住我的嘴巴呀！) 這些刻板印象有幾分準確性，正如我們會在下文看到的。然而，讓我們同樣感到驚訝的是，語言的多樣性也是當代加州的特色。

為了記錄這項多樣性，史丹福大學的社會語言學家埃克特教授 (Penelope Eckert) 及她的學生正在從事一項多年期的研究計畫，稱為加利福尼亞的聲音 (Voices of California)(參閱 http://www.stanford.edu/dept/linguistics/VolCal/)。埃克特組成 10 到 15 人的研究團隊，每年造訪一處新地點，花費大約 10 天時間記錄在當地成長的居民。最近他們的研究視野放在加州內陸地區，當地比起海岸主要城市地區較少受到研究。這個研究團隊研究了美熹德 (Merced) 郡、瑞丁 (Redding) 及貝克斯菲爾德 (Bakersfield) 等地。研究者經常用某些會引導出特定發音的字彙來做測試，包括 wash (清洗，有時被發成 warsh)、greasy (油膩，發成 greezy)，有時人們會把 pin 跟 pen 發成一樣。在美熹德郡及沙斯塔 (Shasta) 郡的訪談顯示，在 1930 年代經濟大蕭條期間由奧克拉荷馬州的灰盆地區 (Dust Bowl) 遷來的移民，在加州語言當中留下標記，例如他們對 wash 跟 greasy 的發音 (參閱 King 2012)。

那麼，我們看到決定人們究竟如何說話的其中一項因素，就是他們的祖先從哪裡來。另一項因素就是他們關於周遭人們及外在世界的態度與感覺。例如，在加州經濟蕭條的中部山谷，年輕人必須選擇留在當地不動，或是遷到他地找工作。年輕人一旦選擇留下並參與家鄉的社群，他們說的話往往就跟當地人一樣。不希望被認定來自某個特別地方也會影響人們如何說話 (King 2012)。

我深知這種感覺，當我在青少年時，就必須放棄原先的南部腔。事實上，我的口語轉換並非全出於自願，就如先前所提的。我在 13 歲從亞特蘭大遷到紐約市，我就被安排上發音課。同樣的事情也發生在我的大學宿舍室友身上，他來自路易斯安那州的巴頓魯治 (Baton Rouge)，當他在紐約市的哥倫比亞大學註冊時。在那時，我的口語已變成完全沒有腔調，以規避參加任何額外的口語訓練課程。

南方腔，但在某些特定的場合中 (如電視辯論及在城鎮禮堂的演講)，展現的口語技巧是人盡皆知的。溝通上的瑕疵使得某些美國總統無法連任，例如福特 (Gerald Ford，任期為 1974 年至 1977 年)、卡特 (Jimmy Carter，任期為 1977 年至 1981 年)、老布希 (George Bush，任期為 1989 年至 1993 年)。你如何評價貴國現任領導人的語言技巧？

法國人類學家布爾迪厄將語言行為視為象徵資本 (symbolic capital)，受過適當訓練的人們，能將象徵資本轉換成經濟資本與社會資本。某種方言的價值——它在「語言市場」中的位置——端視它在社

除了區域多樣性以外，加州的口語也反映著族群對比。現在非西語裔白人占加州總人口不到 40%，而拉丁裔 (西語裔) 有 38%。加州也擁有龐大且多樣的亞裔美國人社群，以及規模可觀的非裔美國人群體。

奇卡諾人 (Chicano，墨西哥裔美國人) 代表著加州最大的少數群體，以及加州最早的非原住民定居者，他們展現出有趣的口語模式。加州從墨西哥所衍生的人群可以主張，他們具有在該州最久遠且連續不斷的 (非原住民) 語言史，包括西語／英語的雙語，以及當地最重要地名的由來。這種西語的遺緒非常強大，導致於類似西語的母音甚至影響將英語當成第一語言或母語的那一群西語裔人的說英語方式。例如，加州北部的奇卡諾人當中，nothing 這個字的第二音節的母音 /i/，會變成像是西班牙語的 /ee/。奇卡諾人英語的變革並不全部來自西班牙語，在洛杉磯的一項廣為流傳的口語變革是 elevator 第一個母音的降低，因此這個韻律聽起來就像是 alligator 的第一個母音。但這項變革跟西班牙語無關 (參閱 Eckert and Mendoza-Denton 2002)。

即使有這些充分記錄的加州口語的多樣性，語言學家也偵測到朝向一致性的趨勢。自從 1940 年代以來，獨特的「加州腔調」正在不斷發展。而且它的某些特色也確實凸顯在月亮單位 (Moon Unit Zappa) 在 1982 年錄製的唱片《山谷女孩》(*Valley Girl*)。

最明顯的加州腔是在母音，就如我們在下列例證中所見。首先，hock 跟 hawk，或是 cot 跟 caught 的這兩組母音都發成一樣，因此 awesome 跟 possum 的韻律相同。其次，boot 跟 dude 的母音都有飄移，現在發起來像是 cute 或 pure (那麼，boot 發成 "beaut" / bjut/，dude 變成 "dewed" /djud/，而不是 "dood")。第三，在 but 跟 cut 的母音也飄移，因此這些字聽起來更像是 bet 跟 ket。最後，black 這個字常被發成像是 block，bet 像是 bat (參閱 Eckert and Mendoza-Denton 2002)。

這種協調一致的語音改變，稱為連鎖飄移 (chain shifts)。這些連鎖飄移的最極端例子出現在加州年輕白人身上。年輕人往往是語言創新的領導人，這就是為何語言學家花大量時間來研究他們。加州的許多社群把來自不同背景的年輕人聚集在一起。他們的語言風格，就如同他們的服裝及行為風格，會彼此影響。敵對可能會導致人們分裂，並讓他們的風格更趨多樣化；然而，好奇心跟仰慕可能導致人們仿效，或是採用來自其他風格的成分。你是否曾經仿效或是迴避那些人的風格，無論是語言風格或其他？

會中，能讓人們得到期望的工作機會的程度多寡。反之，它反映了這種語言被正式機構（教育組織、教會、有公信力的傳播媒體）所認定的合法性。就算是不使用這種高貴方言的人們，也會接受它的權威性與正確性——亦即，它的「象徵宰制力」(symbolic domination)(Bourdieu 1982, 1984; Labov 2012)。如此，本身缺少權力的各種語言形式，接受這些群體所象徵的權力（參閱 Mooney and Evans 2015）。然而，教育體系（為了抵禦它自身的價值）否定語言相對性，錯誤地呈現尊貴言語本身就是比較好。下層階級與少數族群在說話時經常感到的不安全感，正是這種象徵宰制力所造成的結果。

非裔美國人英語

沒有人會特別注意某個人將 "section" 講成 "saction"。但有些非標準語言的口語型態則帶有更多的汙名。有時汙名化口語型態連結到地區、階級、教育背景；有時則關聯到族群或「種族」。

社會語言學家拉柏夫與幾位同事（包括黑人與白人在內），已對所謂的**非裔美國人英語** (African American Vernacular English，AAVE) 進行詳盡研究。非裔美國人英語是「相對一致的一種方言，由美國大部分地區的多數黑人青年所使用的……尤其是紐約、波士頓、底特律、費城、華盛頓、克里夫蘭等城市的核心地區。它也使用在大多數的鄉村地區，以及許多成年人的日常、親密的交談中」(Labov 1972a: xiii)。這並不意味著全部（或大多數的）非裔美國人都會說非裔美國人英語。

非裔美國人英語
一種有規則可循的美式英語方言，由某些非裔美國人所使用。

非裔美國人英語或許是一種非標準的英語方言，但它並非不合文法的大雜燴。相反地，非裔美國人英語是個複雜的語言體系，具有自己的規則，語言學家已對它做了描述。非裔美國人英語的音韻學與句法近似於美國南方方言。這反映著南方白人與黑人之間歷經許多世代的接觸，對彼此的口語模式所產生的相互影響。許多用來區分非裔美國人英語跟標準英語的特徵，也出現於南方白人的口語中，但出現頻率比非裔美國人英語更低。

語言學家對於非裔美國人英語究竟如何產生，仍在爭論當中

(Rickford 1997; Rickford and Rickford 2000)。史密瑟曼 (Smitherman 1986) 指出，在西非語言與非裔美國人英語之間的某些結構相似性。非洲的語言背景無疑影響著早年的非裔美國人的英語學習方式。他們是否重新組合英語來符合非洲的語言模式？或者非洲奴隸在學習英語時，將英語跟各種非洲語言相互融合，創造出一種洋涇濱或混合語，這影響著非裔美國人英語的後續發展？混合語的口語型態，可能是在 17 世紀與 18 世紀，由加勒比海地區輸入美國殖民地的黑人奴隸所帶來 (Rickford 1997)。

　　除了起源問題，非裔美國人英語與標準英語有許多音韻與文法的差異。有一種語音差異就是非裔美國人英語使用者較少發出 r 這個聲音。事實上，許多標準英語的使用者並不會發出位在子音之前 (ca*r*d) 或字詞結尾 (ca*r*) 的 r 。但是，標準英語使用者確實發出位在母音之前的 r，無論在字詞的結尾 (fou*r* o'clock)，或字詞的中間 (Ca*r*ol)。相對地，非裔美國人英語使用者較有可能省略在兩個母音之間的 r。這個事實所產生的結果就是，這兩種方言的使用者具有不同的同音字 (homonyms，聲音聽起來一樣，但具有不同意義的一些字)。不會發出語音間的 r 的非裔美國人英語使用者，具有以下幾個同音字：Carol/Cal、Paris/pass。

　　我們注意到不同的音韻規則，非裔美國人英語的使用者發出某些特定語音的方式，有別於標準英語的使用者。特別在中學的情境，使用非裔美國人英語的學生所說的同音字，往往有別於使用標準英語的教師所說的同音字。為了評鑑讀音的準確性，教師應該判斷學生能否區辨非裔美國人英語同音字的不同意義，例如 passed、past 與 pass 。教師需要確定學生能否瞭解他們正在朗讀的東西，這可能比他們能否依據標準英語的規範正確發音來得更重要。

　　非裔美國人英語與標準英語使用者間的音韻對比，往往具有改變文法的結果。其中一種就是連詞省略 (copula deletion)，這意指它缺少了標準英語的連詞── be 動詞。標準英語習慣運用縮略，就像說 "you're tired," 而不是說 "you are tired."。在這裡標準英語使用縮略來簡化話語，非裔美國人英語更進一步把連詞也一併省略，於是就變成 "you tired."。

非裔美國人英語的連詞省略就是音韻規則所造成的文法結果，非裔美國人英語的語音規則規定了 r（例如在 you're、we're、they're），以及字尾的 s (he's) 這兩個音的掉音。然而，非裔美國人英語的使用者確實會發出 m 這個聲音，因此非裔美國人英語的第一人稱單數型是 "I'm tired"，如同標準英語一樣。就現在式 be 動詞的省略而言，非裔美國人英語類似於許多語言，包括俄羅斯語、匈牙利語及希伯來語。

標準英語	標準英語縮略	非裔美國人英語	中譯
You are tired.	You're tired.	You tired.	你累了。
He is tired.	He's tired.	He tired.	他累了。
We are tired.	We're tired.	We tired.	我們累了。
They are tired.	They're tired.	They tired.	他們累了。

　　同樣地，音韻規則可能導致非裔美國人英語的使用者，省略了用來標示過去式動詞的字尾 -ed 與名詞複數型的字尾 -s。然而，其他的語言脈絡顯示，非裔美國人英語的使用者，確實瞭解動詞過去式與現在式的區別，以及名詞單數型與複數型的區別。可以確認這一點的例子是不規則動詞（如 tell、told）與不規則複數型（如 child、childern)，這在非裔美國人英語也行得通，就如同標準英語一樣。

　　就語言系統而言，標準英語並未比非裔美國人英語更優越，但它正好是評價較高的方言——在大眾傳媒、書寫、大多數的公共與專業情境中被使用的方言。標準英語是具有最大「象徵資本」的方言。在德國某些存在著雙語體的地區，低地德語 (Plattdeusch) 的使用者學習高地德語 (High German) 方言，以便在全國的情境脈絡下做適當溝通。同樣地，想要晉升較高社會地位的非裔美國人英語使用者，必須學會標準英語。

七、歷史語言學

　　社會語言學家研究口語的當代變異型態——不斷發生的語言變遷。**歷史語言學** (historical linguistics) 處理長期的變遷。語言隨著時間而演變成為許多**次群體** (subgroups，在一套針對相關語言的分類體系中，最緊密相關的那些語言)。歷史語言學家藉由探討古代語言在當代的**子語** (daughter languages) 來重建昔日語言的特徵。這些子語是由同一種母語言 (parent language) 傳承下來，而且各自經歷長達數百年，甚至數千年變遷。我們將這些子語分支的源頭語言稱為**原始語言** (protolanguage)。羅馬語系的語言，例如法語及西班牙語是拉丁語的子語，拉丁語也就是法語及西班牙語的原始語言。德語、英語、荷蘭語及斯堪地那維亞語言，都是原始日爾曼語的子語。拉丁語及原始日耳曼語都是印歐語言 (參見圖 5.2)。在更遙遠的昔日所使用的原始印歐語 (Proto-Indo-European, PIE)，則是拉丁語、原始日耳曼語及其他古代語言的共同原始語言。

　　依據一個理論，原始印歐語是由駕著二輪馬車的遊牧民族，大約在 4,000 年前由黑海附近的歐亞大草原向外擴散而引入的 (參閱 Wade 2012)。用來支持這項觀點的主要證據是語言學的線路：原始印歐語有一套針對二輪及四輪馬車的字彙，包括用來描述「輪子」、「車軸」、「馬具桿子」、「走路去或搭車去」。由歷史語言學家所重建的這些原始印歐語字彙，在諸多印歐語言裡具有可識別的衍生字彙。這顯示人們發明有輪馬車的時間必定是在原始印歐語開始向外分化之前 (Wade 2012)，這種車輛最早可追溯到西元前 3500 年。

　　主要的敵對觀點理論，首先是由考古學家倫福魯 (Colin Renfrew 1987) 提出，他主張原始印歐語是在大約 9,000 年前，由居住在安那托利亞 (Anatolia，今天的土耳其) 的愛好和平的農耕者所使用及傳播的。最近由演化生物學家艾金森 (Quentin Atkinson) 及其同事在紐西蘭所做的研究，支持了原始印歐語由安納托利亞起源的說法 (參閱 Bouckaert et al. 2012)。艾金森的研究團隊聚焦於一組已知會抵抗變遷的字彙項

歷史語言學
一種有規則可循的美式英語方言，由某些非裔美國人所使用。

子語
從共同的母語言所發展的各種語言；例如，法語及西班牙語是拉丁語的子語。

原始語言
幾種子語的共同源頭語言。

圖 5.2　原始印歐語言家系圖

這是一張印歐語言的家系圖。所有語言都可回溯到同一種原始語言,原始印歐語言 (Proto-Indo-European, PIE)。原始印歐語言分裂成一些方言,最終演變成一些分立的子語,這些分立的子語,接下來演變成一孫輩些語言 (granddaughter languages),例如拉丁語及原始日爾曼語,它們是數十種當代語言的祖先。

目。這些包括代名詞、身體部位的名稱,以及家庭關係等。研究者就為數 103 種的印歐語言,拿來與(歷史語言學家所重建的)原始印歐語言原始字彙做比較。顯然是由同一個祖先語彙所傳下來的字彙稱為同源字 (cognates)。例如,英文的 mother(母親)這個字對於具有相同關聯性的字彙來說,就是同源字:德文的 mutter、俄文的 mat、波斯文的 madar、波蘭文的 matka、拉丁文的 mater。這些字彙都是原始印歐語 mehter 的派生字彙。

對每一種語言來說,當字詞是同源字時,研究者都將它編碼為 1;不是同源字時(已被不相關字彙所取代時),編碼為 0。當每一種語言之間的關係都以 1 跟 0 的線路展現出來時,研究者可以建立一套家系圖,來呈現這 103 種語言之間的關係。依據這些關係及子語言的使用範圍,電腦將能決定從一個源頭的最可能移動路線。這項電腦計算結果指向土耳其南部的安那托利亞。這裡正好是倫福魯一開始所提議的源頭,因為農耕正是由此地散播到歐洲各地。艾金森也依據文法來進行一個電腦模擬──再次發現安那托利亞是原始印歐語言可能的起源地 (Wade 2012)。雖然許多語言學家依然支持馬車/草原起源理論,但現在有幾條生物學及考古學的線索顯示,新石器時代經濟的傳播比較可能是透過實際上的農民遷徙,而非透過穀物及觀念的傳播。這看來會支持倫福魯與艾金森的新石器時代農民的原始印歐語起源及擴散模型。

歷史取向的語言學家猜想,有一種非常遠古的原始語言,大約是在距今 5 萬年前的非洲所使用,興起之後演變為所有的當代語言。傑爾曼與陸連 (Murray Gell-Mann and Merritt Ruhlen 2011) 兩人共同主持聖塔菲研究所人類語言演化研究計畫,重構這種遠古原始語言 (protolanguage) 的句法,他們的研究依據當代 2,000 種語言的語彙排列順序,看看在片語及句子之中,主詞 (subject, S)、受詞 (object, O) 與動詞 (verb, V) 如何排列。共有六種排列方式:SOV、SVO、OSV、OVS、VSO、VOS。最常見的是 SOV(「我你喜歡」,如拉丁語),出現在全部語言當中的大約一半以上;接下來是 SVO(「我喜歡你」,例如英文)。較罕見的是 OSV、OVS、VSO 與 VOS。傑爾曼 (Gell-Mann) 與陸連 (Ruhlen) 在 2,000

```
         → OSV      → VSO
SOV  →   → SVO
         → OVS      → VOS
```

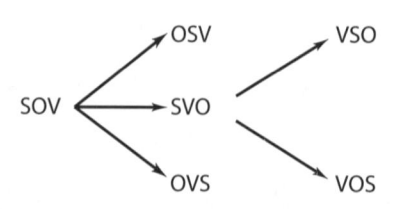

圖 5.3　在古代祖語原始語言當中，從原始的 SOV 以來的字詞順序演變

種當代語言之中，建立一套語言家系圖，其中這六個類型的變遷方向是清晰可見的。那些 SVO、OVS 及 OSV 語言都直接源自 SOV 語言——沒有倒反的情況。再者，VSO 及 VOS 語言往往衍生自 SVO 語言 (參閱圖 5.3)。SVO 語言往往來自 SOV 語言的這項事實，確定了 SOV 是最原初、遠祖型態的語彙順序。

▲ 語言、文化與歷史

在各種語言間的緊密關係，並不必然意味著這些語言的使用者在生物或文化上具有緊密關係，這是由於人們可以採用新的語言。在非洲的赤道雨林地區，「矮黑」獵人已拋棄祖先的語言，現在使用著遷進當地的農耕民族語言。從世界各地來到美國與加拿大的移民，在抵達時說著各種不同的語言，但他們的後代現在說著流利的英語。

對歷史研究感興趣的人類學家而言，語言關係的知識相當具有價值，尤其是針對過去 5,000 年所發生的事件。文化特質可能 (也可能不會) 與語系的分布情況有所關聯。相較於說著不同語言的群體，說著相關語言的群體彼此間可能 (也可能不會) 具有更多的文化相似性。當然，文化相似性並不限定於使用相關語言的說話者。有些群體縱使各自使用著沒有關聯的語言，也可能藉由貿易、通婚或戰爭而彼此接觸。在人類的各個群體之間，觀念與發明廣為流傳。當代英語有許多字彙來自法語。在西元 1066 年，諾曼 (Norman) 征服英格蘭後，雖然法國對英格蘭所產生的影響缺乏文字記錄，但當代英語的語言證據也能顯現英國與法國長期的重要第一手接觸。同樣地，在缺乏書寫歷史的情況下，語言證據也可用來確認文化接觸與採借。藉由研究哪些字彙是採借而來的，我們也可對這項接觸的本質做出若干推論。

🔺 語言流失

語言歷史的一個面向就是語言流失。當語言消失時，文化多樣性也隨之減少。語言學家哈里森 (K. David Harrison) 表示：「當我們喪失一種語言時，我們喪失的是數個世代以來的思考方式，關於時間、季節、海洋生物、馴鹿、可食用花朵、數學、地理景觀、神話、音樂、未知事物，以及日常生活等」(引述自 Maugh 2007)。哈里森的作品《當語言死亡時》(*When Language Die*)(2007)，提及每 2 個星期就有一種原住民語言走向滅絕，也就是當它最後的發音者逝世時。在過去 500 年，世界的語言多樣性已減少一半 (由消失語言的數目計算)，而且目前所留下的語言中，預測約有一半將在本世紀內消失。殖民語言 (如英語、西班牙語、葡萄牙語、法語、荷蘭語、俄羅斯語) 的擴張，往往以犧牲原住民語言為代價。在現存的大約 7,000 種語言中，有 20% 瀕臨滅絕，相較之下，有 18% 的哺乳類、8% 的植物與 5% 的鳥類是瀕臨滅絕的 (Harrison 2010; Maugh 2007)。《國家地理雜誌》(*National Geographic*) 的延續聲音計畫 (網址：http://www.nationalgeographic.com/mission/enduringvoices/about-the-project.html) 致力於保存瀕臨滅絕的語言，找出具有獨特的、較少為人所知的，或受威脅的語言的地理區，並記錄這些語言與文化。這個網站顯示許多語言熱點，在當地瀕臨滅絕的速率範圍從較低到嚴重。在美國，涵蓋奧克拉荷馬州、德州與新墨西哥州的一片區域的速率較高，在這裡約有 40 種美國原住民語言處於危險狀態 (參閱 Coronel-Molina and McCarty 2016)。最嚴重的熱點位於澳洲北部，在那裡有 153 種土著語言瀕臨滅絕 (Maugh 2007)。其他的熱點則位於南美洲中部、北美洲太平洋西北海岸及西伯利亞東部。這些地區的原住民語言，無論出於自願或強迫，其地位都逐漸讓步給殖民語言 (參閱 Harrison 2010)。

◀ 回顧

1. 你說著哪幾種方言與語言？你是否會在不同情境脈絡當中，使用不同的方言、語言或說話風格？為什麼？
2. 文化對於塑造我們理解為「自然」的東西，往往扮演著一個角色。這究竟意味著什麼？試從人類語言與溝通的脈絡當中，舉出三個例子來說明這項事實的關聯性。

3. 請想想日新月異的科技,如何影響你與家人、朋友甚至陌生人的溝通方式。假使你最好的朋友決定就讀研究所,主修社會語言學。就目前不斷演變的科技、語言與社會關係之間的關聯性,你會建議他/她有哪些值得研究的主題?
4. 舉出人們對於某些人群如何說話的方式所抱持的刻板印象。這些刻板印象是真實差異或僅僅是刻板印象?這些刻板印象是正面的或負面的?你為何認為這些刻板印象確實存在?
5. 什麼是語言流失?為何全世界各地有某些研究者與社群,如此關心這項正在成長的現象?

Chapter 6

族群與種族

◆ 為什麼人類學家拒斥種族概念？
◆ 在不同的社會當中，種族與族群認同如何由社會所建構？
◆ 族群認同的正面與負面面向是什麼？

章節大綱

一、族群與族群認同
　　地位與認同
　　少數群體與階層化
二、人類生物多樣性與種族
　　概念
　　種族不是截然劃分的生
　　　理現象
　　解釋膚色
　　美國人類學會種族計畫
三、種族與族群

四、種族的社會建構
　　降格繼嗣：美國的種族
　　人口普查中的種族
　　非我族類：日本的種族
　　表型與流動性：巴西的
　　　種族
五、族群、民族、國籍群體
　　族群的區域差異
　　沒有國家的國籍群體
六、族群容忍與調適

　　同化
　　複合社會
　　多元文化主義
　　變遷中的人口結構
　　對多元文化主義的反彈：
　　　族群-國族主義
七、族群衝突
　　偏見與歧視
　　黑人的命也是命
　　反族群歧視

認識我們自己

當有人問你:「你是誰?」你心裡浮現的第一個反應是什麼?想一想你最近遇到的那個人,或是坐得離你最近的那個人。你會想拿哪個標籤來描述他?人們究竟採用了哪些身分認同的線索,來找出他們正在應對的人們屬於哪些類別,並且如何在各種不同的社會情境中做出反應?在人類具適應力的彈性當中,有一部分就是我們有能力因應不同情境而改變自我展現的身分。例如,義大利人會準備幾套不同的衣服,分別用在出外及居家穿著。他們把更多金錢投資在外出服裝的衣櫃(如此就支持欣欣向榮的義大利時尚工業)——以及所謂的公共角色——比起讓家人和親密夥伴所看見的居家裝束還要多。身分認同與行為會隨著情境脈絡而改變:「我在辦公室可能是個尼安德塔人,但我在家完全是個智人。」我們所占據的各種社會地位,也就是我們所戴的「帽子」,有許多是依據情況而定。一個美國人可能同時是黑人與西語裔,或者同時是父親與球員。在某些特定場景會主張或認知其中一種身分;在其他場景,則是其他身分。在非裔美國人當中,一位「西語裔」棒球球員可能是黑人;但在西語裔美國人當中,他就是西語裔。

當我們主張或感知的身分認同的變化會依據情境脈絡而定,這稱為依情境而定的社會身分轉換。依情況而定,同一位女子可能會宣稱:「我是吉米的母親」、「我是你的老闆」、「我是非裔美國人」、「我是你的教授」。在面對面的接觸當中,其他人可以看見我們是誰——事實上,他們認為我們是誰。依據他們對我們身分(如拉丁裔女子、白人男子高爾夫球員)的感知,他們可能會預期我們將以某種(刻板印象)方式思考與行動。雖然我們無法知道,他們會把焦點放在哪一種身分(如種族、年齡或政黨歸屬),但在面對面的情況下,我們很難匿名或完全變成另一個人。這就是為何需要許多面具、服裝、偽裝及隱藏的理由。誰是那個躲在簾子後面的小人?

有別於我們的祖先,現在人們不僅只是採取面對面的互動。我們經常把金錢跟信任交付給從未謀面的個人與機構。我們打電話、發簡訊、寫信,而且比昔日更常使用網際網路,在那裡我們必須選擇顯露自我的哪些面向。網際網路能夠產生大量的網際社交互動(cybersocial interaction),而且人們可藉由運用不同的「頭銜」來創造新的角色,包括虛擬的名字及身分。在匿名的網際空間,人們可以操縱(「謊稱」)他們的年齡、性別與身體特質,以創造屬於自己的網路幻想。從心理學來看,多重人格是不正常的;但從人類學角度來看,多重身分越來越成為社會常規。

族群植基於文化的相似性(同一族群內部的成員),與差異性(介於此一族群跟其他族群)。各族群必須與他們所居住的國家或區域的其他族群相處。族群關係是個非常重要的主題——特別是由於持續進行的跨國移民及難民(參閱 Mrger 2015; Parrillo 2016)。

一、族群與族群認同

族裔群體（ethnic group，簡稱族群）的成員由於他們的共同背景，而共同具備某些信念、價值、風俗習慣及道德規範。由於這些文化特徵，而將自己界定為與眾不同且獨特的一群。這些區別可能來自語言、宗教信仰、歷史經驗、地理位置、親屬關係，或「種族」(參閱 Spickard 2004, 2012a)。族群的標記可能包括集體名稱、共同祖先的信念、凝聚感，以及對於一塊特定土地的連結關係，這是此一群體可能保有或未能保有的地方 (Ryan 1990: xiii, xiv)。

族群認同 (ethnicity) 意指認同於一個族群，並感覺自己屬於這個族群的一部分，且因著這個歸屬感，而被其他的族群所排除。族群議題可能是複雜的。在各個族群與國家之中，以及歷經時間的洗禮，族群情感與相關行為的強度都可能會有所變化。人們依附於某個族群認同，其重要程度的改變可能反映了政治變遷（蘇聯瓦解——族群情感興起），或個人生命歷程的改變（老年人揚棄其族群背景，或年輕人重新提出主張）。

▲ 地位與認同

族群認同僅僅是群體認同的其中一項基礎。文化差異也可能關聯到階級、區域、宗教及其他社會變項（參閱 Warne 2015）。個人往往具有一種以上的群體身分認同。在美國或加拿大這種複雜社會裡，個人持續不斷調整他們的各種社會身分。我們都「戴著各種不同的帽子」，有時代表某種身分，有時又代表另一種身分。

這些不同的社會認同也稱為地位。在日常交談中，我們聽到人們將地位這個詞彙當作聲望 (prestige) 的同義詞。在這個語言脈絡中，「她得到許多地位」意思就是她得到許多聲望；人們看得起她。在社會科學家中，聲望並不是地位的基本意義。社會科學家採取較中性角度來使用**地位** (status) 這個詞彙——指稱某個人在社會所占據的任何位置，而不論其具有的聲望高低。父母是一種社會地位，教授、學生、工廠勞工、共和黨員、銷售員、流浪漢、勞工領袖、族群成員，以及其他數以千計

族裔群體
在某個社會或區域中，各個文化獨特群體的其中一個。

族群認同
對一個族群的認同。

地位
某個人在社會所占據的任何位置。

的其他社會位置，也都是社會地位。人們往往具有多重的地位 (如西語裔、天主教徒、嬰兒、兄弟)。在我們所占據的許多地位之中，某些特定地位會在特定場景居於主導位置，例如在家中的兒子或女兒、在課堂當中的學生。

天生賦予地位
植基於有限選擇機會的社會地位。

　　有一些地位是**天生賦予地位** (ascribed statuses)：人們對占據這些地位，很少有選擇的機會。年齡是一種天生賦予地位；我們無法選擇不會變老，雖然有許多人，特別是有錢人，會運用文化手段，例如醫美手術，試圖掩蓋生理老化的過程。種族與性別大多是天生賦予的；人們往往一出生就成為某個特定種族或性別的一份子，且終其一生維持這個地位。相對地，**後天獲致地位** (achieved statuses) 並不是自動產生的，而是透過選擇、行動、努力、天分或成就而來，有可能是正面的，也有可能是負面的。後天獲致地位的例子，包括外科醫生、國會議員、罪犯、恐怖份子、業務員、工會成員、父親與大學生等。

後天獲致地位
植基於選擇或成就的社會地位。

　　從媒體的報導裡，你會明瞭最近發生的某些個案，其中性別與種族已成為後天獲致地位，而非天生賦予地位。變性人，包括受到廣泛報導的媒體名人詹納 (Caitlyn Jenner)，修改了他們在出生或童年時被指定的性別。生來屬於某個種族的人們，可能會選擇採用另一個種族身分。在某些案例中，生為非裔美國人的個人可能轉變為白人、西語裔或美洲原住民。在 2015 年，美國廣為報導的一個案例，有一位名為德萊扎爾 (Rachel Dolezal) 的女子，生為白人，到了成年將自己的種族身分改變為黑人或非裔美國人。為了達到這一點，她改變了自己的外貌，藉著改變髮型以期更合乎這個新身分。在文化可改變生物特質的情況下，只有極少數的地位全然是天生賦予的。

　　地位往往是依情境脈絡而定的：在某些場景使用其中一種身分，在其他場景使用另一種。我們將這個現象稱為依情境而定的社會身分轉換 (situational negotiation of social identity)(Leman 2001; Spickard 2013; Warne 2015)。某一個族群的成員可能會轉變其族群認同。例如，西語裔在不同情境脈絡當中，可能會使用不同的族群標籤 (如「古巴人」或「拉丁裔」) 來介紹自己。在最近的一項研究，受訪的西語裔當中，有一半 (51%) 比較喜歡以他們家族的祖源國家做為認同 (如「墨西哥人」、「古

巴人」或「多明尼加人」)，而不是「西語裔」或「拉丁裔」。只有四分之一 (24%) 的受訪者使用這兩種泛族群稱謂的其中一種，而有 21% 的受訪者表示，他們最常使用的是「美國人」這個名稱 (Tylor et al. 2012)。

來自不同祖源國家的拉丁裔，可以為了西語裔的共同利益而動員起來，例如對於非法入境的移民建立一條取得公民權的途徑，但在其他的情境脈絡中則分立為獨立的利益團體。在西語裔當中，比起墨西哥裔美國人或波多黎各裔美國人，古巴裔美國人普遍較為年長且更富裕，他們的階級利益與選舉模式也有所差異。相對於波多黎各裔與墨西哥裔美國人，古巴裔美國人比較有可能投票給共和黨。某些在美國居住了幾個世代的墨西哥裔家庭，就跟新到西語裔移民 (例如跟來自中美洲的人們) 不太相同。

西語裔是美國成長最快速的族群，在 2000 年到 2014 年間增加了 57%──從 3,530 萬到 5,550 萬人。「西語裔」這個族群範疇主要植基於語言，包括一群說西班牙語的白人、黑人與「種族上」的混血者，以及他們具有族群意識的後代 (也存在著「美國原住民」西語裔人，甚至「亞裔」西語裔人)。「西語裔」這個名稱涵蓋來自不同地理區域的人們──波多黎各、墨西哥、古巴、薩爾瓦多、瓜地馬拉、多明尼加，以及其他中南美洲與加勒比海地區使用西班牙語的國家。「拉丁裔」("Latino") 則是範圍更大的範疇，這可將巴西人 (說葡萄牙語) 也容納在內。墨西哥人約占西語裔人口的三分之二，其他是波多黎各人約 9%。生活在美國的薩爾瓦多人、古巴人、多明尼加人、瓜地馬拉人都分別有超過 100 萬的人口。就目前居住在美國的主要種族與族群而言，西語裔是最年輕的一群。他們的年齡中位數是 27 歲，比起全體美國人的中位數更年輕一個世代 (Krogstad 2014)。(表 6.1 列舉美國的各族群，依據 2014 年的數據。)

▲ 少數群體與階層化

之所以將某些人稱為*少數群體* (minority groups)，是由於他們在一套社會階序層級當中，占據一個從屬 (較低) 的地位。相較於多數群

◆ 表 6.1　美國的種族／族群身分 (2014 年)

宣稱的身分	人數 (百萬人)	百分比
白人 (非西語裔)	198.0	62.1
西語裔	55.5	17.4
黑人	42.1	13.2
亞裔	17.2	5.4
其他	6.1	1.9
總人口	318.9	100.0

資料來源：U.S. Census Bureau. QuickFacts. http://www.census.gov/quickfacts/table/PST045215/00.

體 (majority groups)，他們具有較劣勢的權力，取得資源的機會較不安穩。在美國，少數群體是顯著的階層化特徵。在 2014 年的貧窮率，在非西語裔白人有 10.1%、亞裔 12.0%、西語裔 23.6%、非裔美國人 26.2% (DeNavas-Walt and Proctor 2015)。不平等的現象持續顯現於失業率及收入與財富的數據。在 2014 年的家戶收入中位數如下：亞裔美國人 74,297 美元、非西語裔白人 60,256 美元、西語裔 42,491 美元、非裔美國人 35,398 美元 (DeNavas-Walt and Proctor 2015)。在 2013 年的家庭財富中位數，白人家戶是黑人家戶的 13 倍，西語裔家戶的 10 倍以上。介於白人與黑人之間家庭財富中位數差距，在 1989 年達到頂峰，當時白人家戶的財富是黑人家戶的 17 倍，西語裔家戶的 14 倍 (Kochhar and Fry 2015)。(這些階層化的數據歸納如表 6.2 所示。)

◆ 表 6.2　跟少數族群有關的階層化數據

群體	貧窮率	家庭收入中位數
非西語裔白人	10.1%	$60,256
亞裔美國人	12.0%	$74,297
西語裔美國人	23.6%	$42,491
非裔美國人	26.2%	$35,398
整體平均	14.8%	$53,657

資料來源：2014 data from U.S. Census Bureau.

二、人類生物多樣性與種族概念

當美國人在教室、購物商場或大型公眾集會，環顧四周就會看到許多來自不同祖源地區的人們。美洲第一民族(原住民)的祖先跨越一度連結西伯利亞與北美洲的陸橋。後續移民的祖先，也許是學生的父母或祖父母，可能跨洋而來，也可能從各國遷來美國南方。他們基於許多原因來到北美地區：有些是自願的，有些則是被綁著鐵鍊。今日世界的移民規模非常龐大，有數百萬人定期跨越國界，或住在遠離祖先故土的地方。如今在北美地區每天遇到的人具有極大多樣性，他們的生物特質反映著對於各種不同環境的適應，而不是對他們現居環境的適應。對每個人而言，體質特徵的對比都是顯而易見的，人類學的職責就是解釋這些體質差異。

歷史上，科學家主要從兩條途徑來研究人類的生物多樣性：(1)種族分類(現已泰半受到揚棄)，相對於(2)現代的解釋取向，聚焦於瞭解一些特定的差異。首先我們思考的問題是關於**種族分類**(racial classification，嘗試將人類指定為一些分立的類別──種族──依據共同的祖源)。然後我們將會針對人類生物多樣性的幾個特定面向，提出幾項解釋。對我們全部的人而言，生物差異是真實存在、重要且明顯的。當代科學家發現，最具學術創見的研究工作是尋求對這個多樣性提出解釋，而不是嘗試將人類分別置入所謂的種族範疇當中(參閱 Tattersall and DeSalle 2011)。

到底種族是什麼？理論上，一種生物種族可能是某個物種的一個地理獨立分支。這個亞種(subspecies)也許能與同一物種的其他亞種交配繁殖，然而由於它在地理上的孤立，實際上無法做到。若亞種持續處於獨立狀態，並有極長時間孤立於其他亞種而自行繁殖，最後可能發展成不同物種。某些生物學家也使用「種族」(race)這個字彙，來指稱狗或玫瑰的「品種」(breeds)。如此，鬥牛犬與吉娃娃可能是狗的不同品種。這些家養的「品種」已被人類培育許多世代。然而，人類(智人)欠缺

種族分類
將各種人類指定為某些類別，(據稱是)基於共同的祖源。

這類的種族,這是由於人類各群體獨立繁殖的時間還不夠充分,以至於尚未發展出這樣截然劃分的群體。人類也未經歷受控制的品種繁殖過程,就好比用來創造各個品種的狗與玫瑰的技術。

種族分類錯誤地認定人類包含幾個截然劃分的種族,而且每個種族具備一套遺傳的生物基礎 (共享的「血緣」或基因)。人們錯誤認定一個種族反映著共享的遺傳物質 (由一個共同祖先傳承下來的),但早期學者反而是採用表型特徵 (大多是膚色與臉部特徵) 做為種族分類的標準。**表型** (phenotype) 係指有機體的明顯特徵,它的「外顯生物特徵」——解剖構造與生理學。人類展現數以百計的明顯 (可測量的) 身體特徵。包括膚色、頭髮形狀、眼珠顏色、臉部特徵 (這些是可直接目視的特徵),以及血型、酵素分泌 (這些可藉由測試而顯現) 等。

表型
有機體的明顯特徵,它的「外顯生物特徵」——解剖構造與生理學。

植基於表型的種族分類,引發了一個問題,要決定哪一種 (或哪幾種) 特徵是最主要的?種族究竟應由身高、體重、體型、臉部特徵、牙齒、頭顱形狀或膚色來界定?早期歐洲與美國的科學家,就如同他們當時的其他國民一樣,認定膚色是最重要的。如今有許多學校書籍與百科全書,依然宣稱三大種族的存在:白人、黑人、黃人。在 19 世紀晚期與 20 世紀早期的殖民時期,這種過度簡化的分類方式合乎種族的政治用途 (參閱 Gravlee 2009)。這種三分法架構可將歐洲人,乾淨俐落地跟在非洲、亞洲及美洲原住民等統治對象劃分開來。在二次大戰後,殖民帝國開始瓦解,科學家也開始質疑這些根深柢固的種族類別 (參閱 Tattersall and DeSalle 2011)。

▲ 種族不是截然劃分的生理現象

暫且將歷史與政治放到一邊,藉由膚色來分類種族標籤,有個顯而易見的問題:「白種人」、「黑種人」和「黃種人」這些詞彙並未準確描寫膚色。所謂的「白」人可能比白色更接近粉紅色、棕色、黃褐色;「黑」人有著各種的棕色色調,而「黃」人是棕褐色或黃褐色。當我們用一些更具科學性的同義詞——高加索種 (Caucasoid)、尼格羅種 (Negroid)、蒙古種 (Mongoloid),而不用白種人、黑種人、黃種人的時候,

也未能讓這套人類種族的三分法更加明確。

　　藉由膚色來分類人群的另一個問題在於，許多人群無法乾淨俐落地歸入這「三大種族」的其中一個。例如，學者要如何歸類玻里尼西亞人？玻里尼西亞 (Polynesia) 是位於南太平洋一個三角形區域中的許多島嶼，北至夏威夷，東至復活節島，西南至紐西蘭。玻里尼西亞人的「古銅」膚色，能否讓他們串連到高加索種或蒙古種？有些科學家意識到這個問題，擴充了原先的三分法架構，以涵蓋這個玻里尼西亞「種族」。美洲原住民呈現另一個問題，他們是紅人或黃人？同樣地，有些科學家將第五個種族——「紅人」或美洲印地安人，加進主要的種族群體當中。

　　印度南部有許多人群具有深色皮膚，但科學家不願將他們跟黑皮膚的非洲人歸為同一類，因為他們帶有高加索種的臉部特徵與髮型。因此，有些科學家為這些人群創造一個獨立種族。那麼澳洲原住民呢？他們是居住在人類史上最孤立大陸的狩獵採集者。從膚色來看，學者可能把澳洲原住民跟熱帶非洲人歸為同一種族。然而，由於他們與歐洲人在頭髮顏色(白色或紅色)，以及臉部特徵的相似性，導致某些科學家將他們歸類為高加索種。但並無證據顯示，澳洲原住民在遺傳上跟歐洲各族群的關聯性，會比他們與亞洲人的關係更接近。瞭解這項問題後，科學家大多認定澳洲原住民是一個獨立種族。

　　最後，思考一下非洲南部喀拉哈里沙漠的桑人 [San，「布須曼人」(Bushman)]。科學家認為他們的膚色有各種變異，從棕色到黃色。認定桑人皮膚是「黃色」的那些學者會將他們歸類為亞洲人。理論上，同一種族的人們彼此具有更晚近的共同祖源，但並無證據可資解釋，桑人與亞洲人具有晚近的共同祖源。有些學者更合理地將桑人指稱為角種人 [Capoid，這個字彙源自於好望角 (the Cape of Good Hope)]，這個種族被視為有別於住在熱帶非洲的其他群體。

　　當學者運用任何單一特質做為種族分類基礎時，類似問題就浮現了。嘗試運用臉部特徵、身高、體重或任何其他外表特徵等，都是困難重重。例如，居住在烏干達與蘇丹尼羅河上游地區的原住民尼羅提斯人 (Nilotes)。尼羅提斯人往往較高挑，並具有長而細的鼻子，北歐的斯堪

地那維亞人 (Scandinavians) 也很高挑、具有相似形狀的鼻子。在兩者的家鄉相隔如此遙遠的情況下，將他們歸類為同一種族的成員是毫無意義的。我們找不到理由來推斷尼羅提斯人與斯堪地那維亞人之間的關係，會比他們與鄰近一個較為矮小的、具有不同鼻形的族群之間的關係更接近。

如果將種族分類方式的基礎，建立在一個由許多體質特徵所構成的組合上，而非膚色、身高或鼻型等單一特徵，是否會更理想？這或許能避免前面提過的問題，但其他問題依然會浮現。主要這些體質特徵並不會以一整套一致且不變的方式出現。某些高挑的人有著深膚色，有的則是淺膚色。某些矮小的人可能是直髮，也可能是捲髮。想像一下由膚色、體態及頭顱形狀，會有多少種可能的組合，再加上臉部特徵，例如鼻型、眼睛形狀及嘴唇厚度等。深膚色的人們可能高挑或矮小，他們的頭髮可能是捲髮或直髮。深色頭髮的人們可能是深膚色或淺膚色，並且具有各種不同的頭顱形狀、臉部特徵、體型大小及形狀。各種組合方式的數目非常龐大，而且遺傳 (相對於環境) 對這些外表特徵究竟有多少影響往往不甚清楚 (也請參閱 Anemone 2011; Beall 2014)。運用一套體質特徵的組合，無法解決這個建構一套精確種族分類體系的問題。

對於植基於表型的種族分類，還有一項最後的反對意見。人們會假定，表型反映著某些共同具備且恆久不變的遺傳材料。但表型的差異性與相似性並不必定具有遺傳基礎。這是由於環境改變會影響成長與發展中的個體，因此某個群體的各種表型可能在沒有任何遺傳改變的情況下，就發生改變。這有好幾個例子，在 20 世紀初，人類學家鮑亞士 (1940/1966) 針對移居北美地區的歐洲人兒童，描述其頭顱形狀的改變 (如朝向更圓轉的頭形)。由於當時的歐洲移民大多在群體內部婚配，因此這項改變並非源自基因的變化。也有一些孩童生於歐洲，只是在美國被撫養長大。當時環境中的某些事物，可能是飲食因素，正在產生這項改變。我們現在知道，在幾個世代之間藉由飲食差異，在平均身高體重方面的改變是常見的，且可能跟種族或遺傳毫無關聯。

▲ 解釋膚色

傳統的種族分類假定生物特質（如膚色）是由遺傳所決定，且歷經許多世代依然穩定（不變）。我們現在知道，某項生物相似性並不必然意味著晚近的共同祖源。例如，熱帶非洲人與澳洲原住民都具有深膚色，而且是基於共同祖源以外的原因。科學家在解釋人類膚色變異性，連同人類生物多樣性的其他特質等方面，都有了長足進步（參閱 Relethfold 2009）。我們現在將重心從種族分類轉移到解釋，其中自然選擇扮演著重要角色。

自然選擇 (natural selection，又譯為天擇) 是在一個特定環境中，最適應的生命形式生存與繁衍的過程。歷經許多世代之後，較不適應環境的有機體滅絕，受環境所支持的有機體則藉由生育更多後代而存續。以下將以自然選擇在產生膚色變異方面所扮演的角色為例，呈現學者如何運用解釋取向，來探討人類的生物多樣性。下文將提出比較性的解釋，以說明人類生物變異性的其他面向。

自然選擇如何影響人類的膚色？膚色是一項複雜的生物特徵—由數種基因所影響（參閱 Joblonski 2006, 2012）。**黑色素** (melanin) 是人類膚色的主要決定要素，一種由人類表皮所分泌的化學物質。相較於淺膚色者，深膚色者的黑色素細胞產生更多與更大片的黑色素微粒。黑色素可過濾來自陽光的紫外線輻射，提供保護以對抗各種疾病，包括曬傷與皮膚癌。假使一個人住在熱帶地區，當地的紫外線輻射相當強，具有大量的黑色素就會是有利的。

在 16 世紀之前，世界上大部分深膚色人群確實居住於**熱帶地區** (tropics)，從赤道向南北緯各延伸 23 度，介於北回歸線與南回歸線之間的帶狀區域。暗沉膚色與熱帶居住地之間的關聯性，普遍出現於舊世界各地，當地人們及其祖先已居住數百萬年。在非洲，膚色最深的族群並非住在充滿樹蔭的赤道森林，而是在日照強烈的開闊草原或莽原。

在熱帶以外的地區，膚色往往較淺。例如，穿過非洲往北移動時，會逐漸由深棕色轉變為普通棕色。如果一個人繼續往北移動，經過中東，進入南歐，穿越中歐，到達北方的話，沿途所見的平均膚色會越來越白

黑色素
由皮膚細胞所產生的「天然遮光劑」，決定了人類的膚色深淺。

熱帶地區
介於赤道以北 23 度（北回歸線）與以南 23 度（南回歸線）之間的地區。

皙。從熱帶往南走，膚色也會變淺。相較之下，生活在美洲熱帶地區的人們並不具有暗沉膚色。這個情況是由新世界的移居模式所導致，美洲原住民的淺膚色亞洲祖先，在非常晚近的時間才移入美洲，回溯到最早，或許不超過 20,000 年。

然而，除了晚近的遷移之外，我們能否解釋膚色的地理分布？自然選擇提供一項答案。在熱帶地區，密集的紫外線輻射帶來許多威脅，包括嚴重曬傷，使得熱帶淺膚色者面臨適應不利的情況 (表 6.3 歸納了這些威脅)。曬傷破壞汗腺，阻礙身體排汗，也因此阻礙調節體溫的功能。曬傷也增加罹患疾病的可能。淺膚色者在熱帶的另一項不利因素，就是暴露在紫外線輻射下可能導致皮膚癌。黑色素這種天然的遮光劑，對於生活在熱帶的深膚色者，賦予自然選擇優勢 (換言之，有較佳機會存活與繁衍)。(如今，有許多文化選項能讓具有不同膚色者選擇在任何地方生活，淺膚色的人們可以待在室內或運用人造產品，例如陽傘或乳液，來隔離日曬。) 然而，在熱帶以外地區，黑色素阻斷紫外線輻射的角色可能變成不利於適應。

多年前，路米斯 (W. F. Loomis 1967) 致力於研究紫外線輻射在刺激人體產生維生素 D 所扮演的角色。身體沒有被衣物遮蓋的部分，如果暴露在充足陽光下就會自行產生維生素 D。然而，在多雲且天氣寒冷的環境，人們必須經年穿著厚重衣服 (如北歐，當地人發展出非常白皙的膚色)，衣服阻礙了人體的維生素 D 生成。隨著維生素 D 的不足，就會導致腸道的鈣質吸收減少。可能發展出**佝僂病** (rickets)，這是致使骨頭軟化變形的營養疾病。女人若因佝僂病而骨盆變形，可能會影響生育。在寒冷北方，只有相當少量皮膚暴露在陽光直接照射下，白皙膚色能夠極大化紫外線吸收與維生素 D 生成。北方有不利於暗沉膚色的選擇力量，因為黑色素會阻礙紫外線。

這種自然選擇持續至今：有部分原本居住在印度與巴基斯坦的南亞人，最近遷移到英國的北部地區，相較於一般的英國人，他們的佝僂病與骨質疏鬆症 (也關聯到維生素 D 和鈣質不足) 發生率較高。另一個相關例子是，美國阿拉斯加州與加拿大北部的愛斯基摩人 (因紐特人) 及

佝僂病
維生素 D 不足，其特徵是骨頭軟化變形。

表 6.3 深膚色及淺膚色的優勢與劣勢（依環境而定）

這也呈現了可用來彌補生物劣勢的文化選項，以及目前跟膚色有關的自然選擇例證

		文化選項	目前發揮作用的自然選擇
深膚色	黑色素是天然遮光劑		
優勢	在熱帶：過濾紫外線輻射 減低葉酸不足且因此發生神經管缺陷，包括脊髓露出體外癱瘓症的可能性 防止曬傷並因此增進排汗及體溫調節 減少罹患疾病的可能性 減少發生皮膚癌的風險		
劣勢	在熱帶以外：減少紫外線吸收 增加罹患佝僂病、骨質疏鬆症的可能性	食物、維生素D補充品	英國北部的東亞人採用現代飲食的因紐特人
淺膚色	欠缺天然遮光劑		
優勢	在赤道以外：吸收紫外線 身體生成維生素D並因此預防佝僂病及骨質疏鬆症		
劣勢	增加葉酸攝取不足而導致神經管缺陷，包括脊髓露出體外癱瘓症的可能性 減損精子生成 增加曬傷且因此減損排汗及減弱溫度調節的可能性 增加罹患疾病的可能性 增加皮膚癌的可能性	葉酸補充品 遮陽、遮光劑、乳液等	白人依然具有較多的脊髓露出體外癱瘓症

原住民。依據亞伯隆斯基(Nina Jablonski)(引述自 Iqbal 2002)：「看到阿拉斯加，人們可能會認為原住民的皮膚非常蒼白」。當地原住民皮膚並不白皙的原因在於，從地質學時間的角度來看，他們居住在這裡的時間並不長。甚至更重要的是，他們的傳統食物富含魚油，供應充足的維生素D，使得膚色變白變得不那麼必要。然而，再度呈現自然選擇在今天發揮作用的是：「當這些人不再食用原住民傳統食物，包括魚類與海洋哺乳類動物食物時，他們的維生素D缺乏症發生機會急遽升高，例如

孩童的佝僂病與成人的骨質疏鬆症」(Jablonski 引述自 Iqbal 2002)。膚色並非不能改變，它可以很快成為演化趨勢。

依據亞伯隆斯基與卓別林 (George Chaplin)(2000；也請參閱 Jablonski 2006, 2012) 的研究，自然選擇對人類膚色的影響，在於紫外線對葉酸的影響，葉酸是由人體所生成的重要營養素。人類需要葉酸來進行細胞分裂與產生新的 DNA。孕婦需要大量葉酸以支持胚胎的快速細胞分裂，而且在葉酸與個體繁殖成功之間具有直接關係。葉酸不足會導致人類胚胎的神經管缺陷 (neural tube defect, NTD)。神經管缺陷主要由於神經管不完全閉鎖，導致脊椎及脊椎神經無法完全發育。有一種神經管缺陷是，先天無腦無脊髓畸形 (anencephaly) 會導致死產或嬰兒於產後迅速死亡。另一種神經管缺陷則是脊髓露出體外癱瘓症 (spina bifida)，存活率較高，但嬰兒具有嚴重殘障，包括癱瘓。在人類常見的新生兒缺陷中，神經管缺陷僅次於心臟病。

由於深膚色保護身體抵抗紫外線的傷害，例如曬傷及其後遺症，因此在熱帶具有適應力。紫外線輻射會摧毀人體的葉酸。黑色素防止了這項摧毀，因此具有額外的適應優勢，保存體內的葉酸，並藉此保護人們免於神經管缺陷 (Jablonski and Chaplin 2000)。非洲人與非裔美國人極少發生嚴重的葉酸欠缺，它主要影響淺膚色的人群。葉酸也在另一個重要生殖過程中發揮作用，也就是精蟲生成。實驗老鼠與白鼠的葉酸欠缺，可能會導致雄性不孕，因此這也可能對人類發揮類似作用。

當然，時至今日，有許多替代生物適應的文化適應途徑，使淺膚色人群得以在熱帶地區生活，有許多深膚色人群生活在遙遠北方。淺膚色人們可用衣物遮蔽，並找尋遮蔽陽光的地方，並使用人工遮光劑。生活在北方的深膚色人群，可以(實際上也必須)從食物或補充品攝取維生素 D。目前，人們建議孕婦攝取葉酸補充品，以對抗神經管缺陷疾病。即使如此，淺膚色依然跟脊髓露出體外癱瘓症具有高度相關。

亞伯隆斯基與卓別林 (2000) 解釋人類膚色的變異，將其視為源自於一項均衡行動，就介於演化需求，以及 (1) 對抗所有的紫外線危險 (如此有利於在熱帶的深膚色)；與 (2) 充足的維生素 D 供應 (如此有利於熱

帶以外地區的淺膚色) 之間。這段對膚色的討論顯示，共同祖源是人們錯誤認定的種族基礎，並不是解釋各種生物相似性的唯一理由。自然選擇在今日依然發揮作用，對於人類膚色變異的分布及其他的人類生物差異性與相似性，產生重大的影響。

▲ 美國人類學會種族計畫

為了擴展大眾對種族及人類變異性的認識，美國人類學會提出種族計畫 (RACE Project)。其中包含一項獲獎的公共教育計畫名為「種族：我們是否如此不同？」這項計畫的目標觀眾從中年級學童到成人，包括互動網站及巡迴展。你現在即可造訪互動網站：www.understandingrace.org/home.html 。巡迴展的時間表可參閱 www.understandingrace.org/about/tour.html 。

「種族：我們是否如此不同？」這項計畫透過歷史、科學與臨場體驗，檢視種族概念 (參閱 Goodman et al. 2013 有關本計畫的論文集)。它解釋人類變異性如何有別於種族、種族概念是在何時與為何被發明，以及種族與種族歧視如何影響我們的日常生活。這項計畫所提供的三個主要訊息是：(1) 種族是晚近的人類發明；(2) 種族關乎文化，而非生物；(3) 種族與種族歧視是嵌合在制度和日常生活當中 (也請參閱 Gravlee 2009; Hartigan 2013 RACE)。

除了種族計畫以外，美國人類學會也發出對於種族的聲明 (http://www.americananthro.org/ConnectWithAAA/Content.aspx?ItemNumber=2583)。這篇聲明討論種族的社會建構，例如在殖民主義的背景下。它也強調在不同「種族」群體之間的不平等，並非他們的生物遺傳特質所造成的結果，而是社會、經濟、教育及政治環境的產物 (也請參閱 Hartigan 2015)。

三、種族與族群

種族
被假定具有生物基礎的某個族群。

種族歧視
對某個被假定具有生物基礎的族群所施加的歧視。

當某個族群被認定具有生物基礎(獨特的共同「血緣」或基因)時，就被稱為**種族** (race)(參閱 Mukhopadhyay et al. 2014; Wade 2015)。對這個群體所施加的歧視則是**種族歧視** (racism)(Gotkowitz 2011; Scupin 2012)。然而，種族這個字，就如同族群的普遍用法，其實是個文化分類範疇，而不是生物事實。換言之，「種族」的界定是透過在某個特定社會的人們所感知及抱持的若干對比，而不是植基於共同基因所做的科學分類。

在美國文化，人們經常聽到族群 (ethnicity) 及種族 (race) 這兩個字，但並未再清楚區分兩者。例如，人們經常用不恰當的方式，將種族這個字用來指稱「西語裔」，但他們事實上可能是任何一個種族。以下的例子將提供常見於美國文化當中，對於族群與種族概念的混淆。在美國上訴法院法官索托馬約 (Sonia Sotomayor) 獲得提名成為美國聯邦最高法院大法官 (2009 年 5 月提名，8 月通過) 的 8 年前，她在加州大學柏克萊分校法學院發表名為「一位拉丁裔法官的心聲」演講當中，索托馬約 (在一篇更長的演講裡的其中一段) 宣稱：

> 我希望有一位帶有豐富經驗的睿智拉丁裔女性，她多半能比未曾歷經那種生活的白人男性，獲致更好的結論 (Sotomayor 2001/2009)。

保守派人士一聽聞這場演講的內容，包括金瑞契 (Newt Gingrich) 與廣播脫口秀主持人林博 (Rush Limbaugh) 等人，就抓住這項宣稱，當成索托馬約就是「種族主義者」或「反向種族主義者」的證據。然而，她忽略了一項事實，「拉丁裔」(以及性別——女性) 是一個族群範疇，而不是種族範疇。我懷疑索托馬約也使用「白人男性」做為族群—性別範疇，用來指稱非少數群體 (主流群體) 的男性。美國的大眾文化對於族群與種族之間的區分並不一致 (參閱 Ansell 2013; Banton 2015)。

四、種族的社會建構

大多數的美國人誤信,他們包含許多具備生物基礎的種族,並將各式各樣的標籤運用在其上。這些種族標籤包括「白人」、「黑人」、「黃種人」、「紅人」、「高加索人」、「尼格羅人」、「蒙古人」、「美洲印地安人」、「歐裔美國人」、「非裔美國人」、「亞裔美國人」及「美國原住民」。

我們在前面看到,種族雖然被錯誤認定具有生物基礎,但事實上種族是某個特定社會所做的社會建構。現在讓我們思考幾個有關種族的社會建構的例子,就從美國開始談起。

▲ 降格繼嗣:美國的種族

大多數的美國人在出生時取得他們的種族身分,但種族並不是依據生物性質或單純的祖源。舉例來說,在黑人與白人的「種族混合婚姻」所生下的孩子。我們知道這個孩子的基因有 50% 來自其中一個親代,有 50% 來自另一個親代。然而,美國文化忽略了遺傳成分,而是將這個孩子分類為黑人。這套分類規則是任意派定的。依據基因型 (genotype,基因構造) 的基礎,把這個孩童歸類為白人在邏輯上也是站得住腳的。在這裡發揮作用的是**繼嗣** (descent) 規則 (依據祖先起源為基礎來指定社會身分),但這個類型在當代美國以外地區相當罕見。這稱為**降格繼嗣** (hypodescent)(Harris and Kottak 1963)(hypo 意指「較低」),因為它會將種族混合婚姻所生的孩子,自動歸類在少數族群那一方。降格繼嗣將美國社會區隔為許多群體,他們各自在取得財富、權利與聲望的能力並不平等。

這套降格繼嗣的規則可能是任意派定的,但其力量非常強大。美國人要如何解釋,他們共同主張說歐巴馬 (Barack Obama) 是美國第一位黑人總統,而不是第一位具雙重種族身分的總統?[本章的「領會多樣性」專欄,在對於高爾夫球比賽缺乏種族多樣性的討論當中,聚焦於另一位

繼嗣
依據祖先起源而指定的社會身分。

降格繼嗣
依據祖先起源而指定的社會身分。

雙重種族或多重種族的美國成功人物，老虎‧伍茲 (Tiger Woods)]。美國人用來指定種族身分的規則可能是更加任意派定的。在美國的某幾個州，任何人只要被知道具有任何一位黑人祖先，無論這個祖先有多麼遙遠，都被歸類為黑人。以下來自路易斯安那州的例子，是降格繼嗣規則任意派定性質的極佳案例，並顯示政府 (聯邦、州政府) 在法規化、發明或消除族群或種族等方面所扮演的角色 (參閱 Mullaney 2011)。菲普思 (Susie Guillory Phipps) 的皮膚白皙，具有高加索種的特質與黑色直髮，直到長大成人才發現她是個「黑人」。當她申請出生證明時，發現自己的種族被列為「有色的」(colored)。由於她「生來就是白人，並且跟兩名白人先後結婚」，菲普思挑戰路易斯安那州在 1970 年頒布的一條法律，任何人只要有三十二分之一的「尼格羅血統」，在法律上就是

領會多樣性

穿冠軍綠夾克的人為何這麼白？

在高爾夫球的世界中，種族跟族群的因素究竟占多大的成分？這項運動越來越受歡迎，不僅是在美國，在歐洲、亞洲與澳洲更是如此。美國有超過 2,000 萬人打高爾夫球，這項產業也支持大約 40 萬從業人員。數十年來，高爾夫球一向是商業鉅子及政治人物—以白人為主—所喜愛的運動。美國前總統艾森豪 (Dwight D. Eisenhower)(任期 1953 年至 1960 年) 對於高爾夫球的熱愛是眾所皆知的，刻畫一個長久存在 (且準確) 的意象，高爾夫球是一個共和黨員的運動 [即使民主黨籍的前總統柯林頓及歐巴馬也打高爾夫球)。最近的一項調查顯示，在美國職業高球聯盟 (PGA)(美國巡迴賽) 的排名前 125 名球員當中，只有兩人自稱是民主黨人。

只要不經意地看一下電視轉播的任何一場高球比賽，就會看出其中並沒有顯著的膚色差異。在美國，高爾夫球是主要運動賽事當中最後一個廢除種族藩籬的，而且傳統上少數族群都被降級扮演其中的輔助角色。拉丁裔負責維持草地及設施。非裔美國人藉由擔任桿弟，而有極佳機會觀察並學習這項比賽，直到高爾夫球車取代他們的地位為止。事實上，昔日有一項傳統就是，非裔美國人從桿弟變成優秀的高爾夫球員。

這個晉升軌跡的最佳範例是斯弗德 (Charlie Sifford, 1922-2015)，他在 1961 年打破了美國職業高爾夫球的膚色障礙。斯弗德從擔任白人高爾夫球員的桿弟展開他的高球生涯，他繼續努力稱霸全由黑人組成的聯合高球協會 (United Golf Association)，連續贏得五次全國冠軍，但他想跟世界頂尖的高爾夫球員同場競技。在 39 歲那一年，斯弗德成功挑戰並終結美國職業高球聯盟僅收白人會員的政策，成為該聯盟第一位非裔美國人會員。

斯弗德在他的 PGA 生涯初期，必須忍受電話威脅、種族侮辱及其他無理舉動，持續贏得 1967 年大哈特佛公開賽、1969 年洛杉磯公開賽，以及 1975 年壯年組 PGA 冠軍。2004 年，他成為首位進入世界高球名人堂的非裔美國人。他的最大遺憾就是未曾參加

黑人。雖然該州的律師承認，菲普思「看起來像白人」，但路易斯安那州政府堅持，對她的種族分類是正確的 (Yetman 1991: 3-4)。

　　類似菲普思的個案非常罕見，因為種族身分大多在出生時就被賦予，而且不會改變。降格繼嗣規則對黑人、亞洲人、美國原住民與西語裔的影響程度有所不同。想要改變美國原住民或西語裔的身分，要比黑人容易，因為這項具生物基礎的假定並不像黑人那麼強大。

　　一個人如果想被認定為美國原住民，只要在八位祖先(曾祖父母)或四位祖先(祖父母)當中有一位原住民就足夠了。這種認定標準是由聯邦或州的法律，或美國原住民部落議會所決定的。有許多人的祖父母是美國原住民或拉丁裔，但他們認定自己是「白人」，並不會主張他們具有少數族群的地位。

名人賽 (Master Tournament)。這場活動每年在喬治亞州奧古斯塔 (Augusta) 舉行，直到 1975 年才邀請首名黑人球員艾爾德 (Lee Elder) 參賽。另一位非裔美國人高爾夫球員伍茲在 1997 年贏得他在名人賽的第一件冠軍綠夾克 (一共贏得四次)，斯弗德為此感到高興，而沖淡了他當年被排除在名人賽之外的痛苦。

　　就多樣性的角度而論，自從 1970 年代高爾夫球確實是倒退了，在當時有 11 位非裔美國人參加美巡賽。假使我們把多元種族的球員認定為非裔美國人的話，在當今美巡賽的 125 位頂尖球員當中，只剩下一位非裔美國人伍茲。在英國，估計有 85 萬人高爾夫球常客，其中非白人只有 2%。各項經濟因素持續限制著少數族群參與高球的機會。有潛力的高爾夫球員需要花費金錢來支付教練、設備、參與頂尖課程的費用，而且支付旅費參加各地的巡迴賽。亞裔美國人享有較高的社會經濟地位，成為唯一參與高球人數成長的少數族群，包括男子與女子球員在內。

　　目前伍茲是這項由白人、富裕人士及共和黨員為主要參與者的運動當中，唯一例外的非白人球員。伍茲藉由將他高爾夫球的成功，結合悉心打造的家庭好男人的聲譽，成為美國最知名且最受歡迎的運動員之一。他顯現自己是出身亞裔母親及非裔美國人父親的兒子、他努力工作且以成就為導向，以及北歐妻子與兩位適合上鏡頭子女的深情丈夫和父親。伍茲從雲端跌落始於 2009 年末，洪水般的媒體報導將他的形象從居家男人翻轉成玩弄女人的累犯。雖然他的認錯無法挽回婚姻，但他的高爾夫球生涯確實回復了。伍茲重新融入高球世界，甚至贏得 2013 年美巡賽年度球員大獎。那一年他在參賽的 16 場巡迴賽中，贏得五次冠軍，在其他三次則進入前十名。伍茲依然是世界上最傑出且最知名的非裔美國人高爾夫球員，然而他再也不是昔日尚未失去光環的英雄了。你認為在伍茲的晉升、摔落及重新整合的過程中，種族、族群、種族歧視及種族刻板印象等因素曾經扮演什麼角色？

資料來源：Ferguson (2015); Riach (2013); and Starn (2011).

人口普查中的種族

美國人口普查局從 1790 年起,依據種族來蒐集人口資料。圖 6.1 顯示最近一次 (2010 年) 美國人口普查的種族類別,詢問有關種族或西語裔的源頭。你對於這項種族分類有什麼看法?

種族分類是一個政治議題,涉及資源取得,包括職業、選區,以及針對少數族群的各種計畫。降格繼嗣的規則導致所有的人口成長都被歸到了少數族群。有些人試圖要增加一種「多重種族」的普查類別,這已

5. 這個人是否具有西語裔、拉丁裔或西班牙裔源頭?
☐ 不是,沒有西語裔、拉丁裔或西班牙裔源頭
☐ 是的,墨西哥人、墨裔美國人、奇卡諾人
☐ 是的,波多黎各人
☐ 是的,古巴人
☐ 是的,其他西語裔、拉丁裔或西班牙裔源頭——請以印刷體書寫於下,例如:阿根廷人、哥倫比亞人、多明尼加人、尼加拉瓜人、薩爾瓦多人、西班牙人,以此類推。↙

6. 這個人的種族是什麼?在以下的一個或更多個框框畫 ☒。
☐ 白人
☐ 黑人、非裔美國人或尼格羅人
☐ 美洲印第安人或阿拉斯加土著——用印刷體書寫登記的或主要的部族名稱。↙

☐ 印度人　　　　☐ 日本人　　　　☐ 夏威夷土著
☐ 華人?　　　　☐ 韓國人　　　　☐ 關島人或查莫羅人
☐ 菲律賓人　　　☐ 越南人　　　　☐ 薩摩亞人
☐ 其他亞洲人——用印刷體書寫種族名稱,例如赫蒙族 (Hmong)、佬族 (Laotian)、泰族 (Thai)、巴基斯坦人、柬埔寨人,以此類推。↙
☐ 其他太平洋人——用印刷體書寫種族名稱,例如斐濟人、東加人,以此類推。↙

☐ 其他種族——用印刷體書寫種族名稱。↙

圖 6.1　美國 2010 年人口普查,關於種族及西語裔源頭的問卷內容

資料來源:U.S. Census Bureau, Census 2010 questionnaire.

被美國有色人種權益促進會 (National Association for the Advancement of Colored People, NAACP) 與全國拉瑞札議會 (National Council of La Raza，西語裔權益促進團體) 所反對。少數族群擔心他們的人口數目如果減少的話，將會降低其政治影響力。

但情況正在改變。在美國人口普查選擇「其他種族」的人數，從 1980 年 (680 萬人) 到 2010 年 (超過 1,900 萬人) 已增加 2 倍有餘——顯示這些既有類別的不精確，而且人們對此感到不滿。在 2000 年的普查中，有 2.4% 的美國人選擇一個首次出現的選項，將自己認定為屬於一個以上的種族。這個數據在 2010 年普查已增加到 2.9%。異族婚姻與混血兒的人數正不斷增加，為傳統的美國種族分類體系帶來許多重要影響。與雙親共同生活而長大的「跨種族」、「雙種族」或「多種族」的孩子，無疑要認同雙親的某些特質。讓這些人特別感到困擾的是，社會任意派定的降格繼嗣原則，對他們的種族認同竟如此重要。尤其當種族身分並不是平行對應於性別身分時，會顯得格外不協調，例如，由白人父親與黑人母親所生的男孩，或是由白人母親與黑人父親所生的女孩。

加拿大的人口普查並不詢問人們的種族，而只是詢問「外表可見的少數族群」(visible minorities)。該國的《就業平等法》(Employment Equity Act) 將這些群體界定為：「除了土著民族 [意即加拿大的第一民族 (First Nations)、美洲原住民] 之外，在種族上不屬於高加索種，在膚色上不是白人」(Statistics Canada 2001)。「南亞人」與「華人」是加拿大最大的外表可見的少數族群 (參閱圖 6.2)。在 2011 年，加拿大所有的外表可見的少數族群占 19.1% (從 1996 年的 11.2% 向上增加)，相較之下，美國的 2014 年人口普查則約有 38% (從 2000 年的 25% 向上增加)。

就如同美國一樣，加拿大的外表可見少數族群的人口成長速度比起美國整體要快得多。在 1981 年，外表可見的少數族群約占加國總人口的 4.7%；2011 年則有 19.1% (這是本書修訂時所能取得的最新資料)。在 2006 年到 2011 年間，總人口增加 5%，但是外表可見的少數族群上升了 24%。假使最近的移民潮流持續下去，到了 2031 年，外表可見的少數族群將會上升接近加拿大總人口的 31% (Statistic Canada 2010)。

加拿大的外表可見少數族群

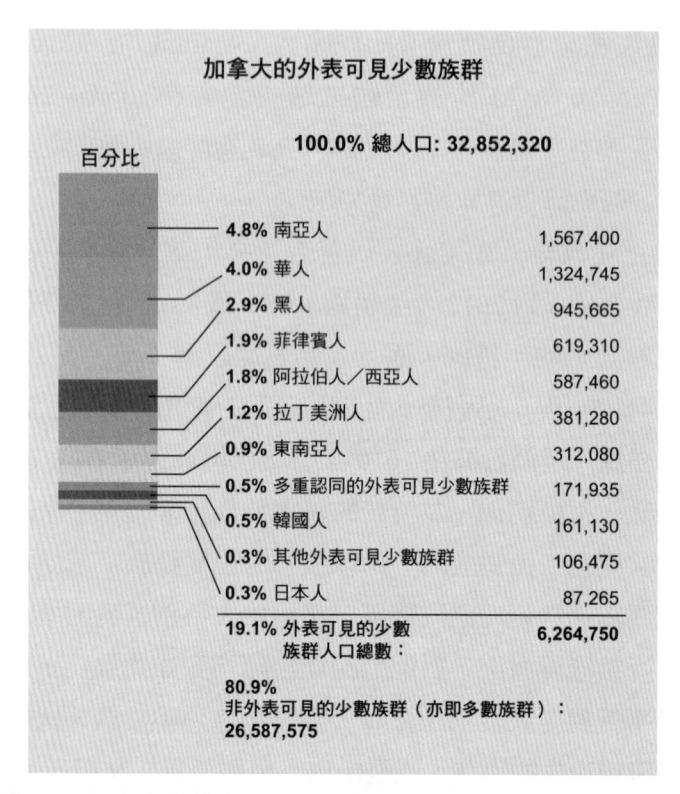

100.0% 總人口：32,852,320

百分比	族群	人數
4.8%	南亞人	1,567,400
4.0%	華人	1,324,745
2.9%	黑人	945,665
1.9%	菲律賓人	619,310
1.8%	阿拉伯人／西亞人	587,460
1.2%	拉丁美洲人	381,280
0.9%	東南亞人	312,080
0.5%	多重認同的外表可見少數族群	171,935
0.5%	韓國人	161,130
0.3%	其他外表可見少數族群	106,475
0.3%	日本人	87,265
19.1%	外表可見的少數族群人口總數：	6,264,750

80.9%
非外表可見的少數族群（亦即多數族群）：
26,587,575

圖 6.2　加拿大的外表可見的少數族群，2011 年全國家戶調查

資料來源：Statistics Canada, 2011 National Household Survey. http://www12.statcan.gc.ca/nhs-enm/2011/as-sa/99-010-x/99-010x20111001-eng.cfm#a4.

非我族類：日本的種族

日本經常自我展現為一個在種族、族群、語言與文化上同質的國家，也往往被這樣看待。

即使日本人口確實比大多數國家更不複雜，但確實包含實質存在的少數群體（參閱 Graburn 2008; Weiner 2009）。據估計，這類少數群體約占日本總人口的 10%，包括原住民愛奴人（Ainu，居住在北海道）、被併吞的琉球人 (Okinawans)、流浪者部落民 (burakumin)、混血婚姻的孩子，以及具外國移民身分的日本國民，特別是韓國人，他們的人口超過 70 萬 (Lie 2001; Ryang and Lie 2009)。（優勢族群）日本人藉由對照其他族群來界定自己，無論這些少數族群究竟是在日本國內或外國人──任

何的「非我族類」。這些「非我族類」應該保持在這個狀態，往往不鼓勵同化。有許多文化機制發揮作用，特別是居住地區的區隔及「跨種族」婚姻的禁忌，讓少數族群保持「在他們的位置」。

為了描述日本的種族態度，羅伯森 (Jennifer Robertson 1992) 運用了阿皮亞 (Kwame Anthony Appiah 1990) 的語彙「內部種族歧視」(intrinsic racism)——某一種 (被感知的) 種族差異，就足以構成一個充分理由，將某個人看成比其他人更低劣。在日本，受到較高評價的族群是占大多數的 (「純種」) 日本人，據信他們共同擁有「相同的血緣」。有一張以日裔美國人為模特兒的印刷照片，上面的註解是：「她出生於日本，但在夏威夷被養育成人。她的國籍是美國，但她的血管裡並沒有流著外國人的血液」(Robertson 1992: 5)。某些類似降格繼嗣的概念也在日本發揮作用，但不像美國那麼精確。在美國，混血的後代自動變成少數族群的成員。由優勢族群日本人及其他族群 (包括歐美人) 通婚而產生的孩子，可能不會得到如同少數族群父母一樣的「種族」標籤，但他們仍因具有非日本人的祖源而蒙受汙名 (De Vos and Wagatsuma 1966)。

在日本文化對種族的概念建構中，他們認為某些族群具有某種生物基礎，在沒有證據的情況下，他們確實會這麼做。最佳的例子是部落民，這是一個被汙名化的群體，至少包括 400 萬人的流浪者。他們有時候被比擬於印度的賤民階級 (untouchables)。無論體型或遺傳，部落民都無法從其他日本人被區別出來。他們有許多人「過關」成為優勢族群日本人 (並與日本人婚配)。但是假使部落民身分被揭穿了，一場蓄意蒙蔽的婚姻可能會以離婚告終 (Amos 2011)。

一般認為，部落民與多數日本人的世系是分開的。透過祖先起源與繼嗣關係 (以此類推，假定上的「血緣」或遺傳關係)，部落民成為「非我族類」。優勢族群日本人不鼓勵混血，試圖藉此維持他們的世系純正。部落民的居住地被隔離在 (鄉村或都市的) 一些社區，稱為部落 (buraku)，這個種族標籤就是由這個社區名稱衍生而來。相較於優勢族群日本人，部落民較不可能讀高中或大學。當部落民與日本人就讀相同學校時，往往面臨歧視，優勢族群的學童及教師可能拒絕與他們共食，因為部落民

被認為是不潔的。

日本人在申請大學入學或找工作,以及向政府交涉事務時,都必須填寫他們的住址,住址就變成戶口登記的一部分。填寫住址會顯露出某個人居住在部落,以及可能具有部落民社會地位的事實。學校與公司就運用這項資訊來進行歧視。(要闖過這個困難的最佳方法,就是經常搬家,到最後部落地址會從戶口登記上消失。) 優勢族群日本人也會防止「種族」混血,聘請婚姻中間人來找出可能婚配對象的家族歷史。他們會特別小心檢查對方是否有部落民祖先源頭 (Amos 2011)。

部落民源自於歷史上的一套階層體系 [從德川時代 (1603-1868) 開始]。位居上層的四個階級是軍事統治者 [武士 (samurai)]、農人、工匠、商人。部落民的祖先處於這個階層體系之下。他們從事「不潔」的工作,像是動物屠宰或處理遺體。如今部落民依然從事類似的工作,包括皮革業及其他的動物類產品。部落民比優勢族群日本人更有可能從事勞工 (包括農場工人),並屬於日本較低的階級。部落民及其他少數族群較有可能從事犯罪、娼妓、娛樂與運動等方面的職業。

就如同美國的黑人,部落民的本身內部也是**階層化** (stratified);換言之,在這個群體內部也有階級差異。由於某些工作被保留給部落民,從事這些行業而獲得成功的人們 (如製鞋工廠的老闆) 可能變得富裕。部落民也可找到政府公務員工作。富裕的部落民可藉由旅遊,包括出國旅遊,暫時逃脫被汙名化的地位。

對於部落民的歧視,極其類似黑人在美國所面臨的歧視。部落民大多生活在居住環境與衛生條件極差的村落社區。他們在教育、工作、舒適生活與衛生設施等資源取得極為有限。日本為了呼應部落民的政治地位流動,已解除對部落民的法律歧視結構,並且致力改善部落的生活條件 (請參閱日本「社團法人部落解放・人權研究所」網站 http://blhrri.org/old/blhrri_hlhrri/about.htm,包括最新有關部落解放運動的資訊)。然而,對於非優勢族群的日本人加以歧視,依然是許多公司的準則。某些雇主說,僱用部落民會為公司帶來不潔的形象,進而在跟其他公司競爭時,會處於不利的情況。

階層化
有階級結構的社會,具有財富、聲望與權力上的差異。

▲ 表型與流動性：巴西的種族

相較於美國與日本在社會上建構種族的方式，有些方式則是更具彈性、較不排他的。想一想巴西的情況。巴西與美國一樣，在歷史上也曾有奴隸制度，但巴西沒有降格繼嗣的規則，也沒有如同日本的種族嫌惡感。

比起美國人跟日本人，巴西人使用更多的種族標籤——據報導已超過 500 個 (Harris 1970)。我在巴西東北部人口僅僅 750 人的亞潤貝，發現當地人使用 40 種不同的種族名稱 (Kottak 2006)。巴西人認定並嘗試描述存在於人群當中的體質變異。美國所使用的種族分類體系，藉由只認定極少數目的種族，蒙蔽了美國人，以至於無法達到如同巴西人的明顯體質特徵對比。巴西人用來建構社會種族的這套體系有著其他特色。在美國，個人的種族是天生賦予地位，它是藉由降格繼嗣原則自動指定的，而且往往不會改變。在巴西，種族身分更具彈性，較像是後天獲致地位。

明確地說，巴西人的種族分類非常注重表型。巴西人的表型與種族標籤可隨著環境因素而改變，例如陽光會讓人曬黑或溼度會影響毛髮狀態。再者，巴西人可藉由改變其穿著、語言、位置 (鄉村到都市) 甚至態度 (採取都市人的行為)，來改變他或她的「種族」(如從「印地安人」變成「混血」)。在巴西所使用的兩個種族／族群標籤是印基歐 (indio，原住民) 與卡布谷羅 (cabôclo，某個「看起來像印基歐」的人，但穿著現代服裝，並參與巴西文化，卻不住在原住民村落內)。在種族／族群分類的類似變動方式，發生在拉丁美洲的其他地方，例如瓜地馬拉 (參閱 Wade 2010)。對於生物性質種族的感知不僅受到體質上的表型所影響，也受到個人如何穿著與行為所影響。

再者，巴西的種族差異在建構社群生活方面根本就不重要，以至於人們經常忘記他們曾用來稱呼他人的名稱。他們有時甚至忘了別人曾用來稱呼自己的詞彙。我在亞潤貝的時候養成一個習慣，在不同的日子要求同一個人，告訴我這個村子裡其他人 (包括我在內) 的種族。在美國，我一直是個「白人」或「歐裔美國人」，但在亞潤貝，我除

這些照片是作者於巴西所攝，這只能瞥見當代巴西社會的表型多樣性的一小部分。
© Conrad P. Kottak

了 branco (葡萄牙文「白人」這個稱號外，還得到許多稱號。我可能是 claro (「淺色」)、louro (「白皙」)、sarará (「白皮膚的紅頭」)、mulato claro (「白皮膚混血兒」)，或 mulato (「混血兒」)。用來描述我這個人或任何其他人的種族名稱可能因人而異，每個星期不同，甚至每天都會改變。我在當地最好的朋友，一位膚色非常深的男人，他不斷改變自稱——從 escuro (「深色」) 到 preto (「黑色」) 到 moreno escuro (「深褐色」)。

數個世紀以來，美國與巴西都具有混血人群，他們的祖先來自美洲原住民、歐洲、非洲與亞洲。雖然兩國的種族都有混血，但巴西與美國的文化以不同方式來建構這個結果。這項對比的歷史緣由，主要在於兩國移居者的不同特徵。美國早期的主要英國移居者，是由女人、男人與家人同時前來的。相對地，巴西的葡萄牙人移居者主要是隻身前來的男

人——商人與探險者。有許多男人與美洲原住民女人結婚，並承認這些「種族上混血」的孩子是他們的子嗣。如同美國的農場地主，巴西的農場地主也與奴隸發生性關係。但因人口與經濟的理由，巴西的地主往往讓這些孩子獲得自由之身(有時這是他們唯一的子嗣)。由主人與奴隸所生的自由子嗣，大多成為農場的工頭與領班，在不斷發展的巴西經濟體系裡擔任許多中介角色，他們並沒有被歸類為奴隸，而且被允許加入一個新的中介類別。甚至在巴西也沒有發展出降格繼嗣的規則，來讓白人與黑人保持分離狀態(參閱 Degler 1970; Harris 1964)。

在今日的世界體系，巴西的種族分類體系在國際認同政治與權力運動的脈絡之中，正在不斷改變。就如同越來越多的巴西人主張原住民族群認同，目前在非裔離散當中，有越來越多人主張其黑人性與自我意識的成員身分。特別是在巴西東北的巴喜亞省，當地非裔人口及文化影響力強大，公立大學建置平權法案學程，把目標放在原住民及特別是在黑人身上。種族認同在國際動員(例如泛非裔美國人與泛美洲原住民)，並且在取得以種族為基礎的重要資源脈絡下，更加鞏固。

五、族群、民族、國籍群體

民族 (nation) 這個語彙曾經是部族 (tribe) 或族群 (ethnic group) 的同義詞。這三個語彙現在都用來稱呼單一的文化，共享著同一種語言、宗教、歷史、領域、祖先起源與親屬關係。因此，我們可以把西尼加人(美國印地安人的一支)，稱為民族、部族或族群。現在美國人的日常用語中，民族已被用來指稱一個**國家** (state)：一個獨立自主的、中央化組織的政治單位——一個政府。民族與國家已變成同義詞。兩者相結合變成**國族國家** (nation-state，或譯民族主義國家) 這個名詞，用來指稱一個自主的政治實體，一個國家。

由於遷徙、征服與殖民主義的關係，大多數國族國家的族群成分並不是同質。2003 年，費倫 (James Fearon) 的研究發現，世界約有 70%

民族
共享著一種語言、宗教、歷史、領域、祖先起源與親屬關係的社會。

國家
具有正式中央政府的階層化社會。

國族國家
獨立自主的政治實體；國家。

的國家擁有一個絕對多數的族群，這個群體平均占該國總人口的 65%；而這些國家的第二大族群，或是最大的少數族群，平均占該國總人口的 17%。美國符合這個模型，其中的多數族群 (非西語裔白人) 占總人口 62%。最大的少數族群(西語裔或拉丁裔)目前有17%，而且持續上升中。世界各國當中，只有 18% 擁有一個超過總人口 90% 的單一族群，包括日本在內。

▲ 族群的區域差異

各國的族群結構具有實質的區域變異。強大的國家，特別是在歐洲 (如法國) 昔日自發且積極致力於同化境內分歧多樣的前現代族群，成為一個共同的國家認同與文化 (參閱 Beriss 2004)。雖然在世界其他地區，欠缺優勢族群的國家非常罕見，在非洲卻是常態。具有多元族群的非洲國家，多數族群人口平均占全國人口 22%，第二大族群約略少於這個數字。盧安達、蒲隆地、賴索托、史瓦濟蘭與辛巴威則是例外，這些國家都有個較大的多數族群，以及一個少數族群構成其餘的人口。波札那具有一個大的多數群體 (茨瓦納人) 再加上一組較少的少數群體 (Fearon 2003)。

大多數的拉丁美洲及加勒比海國家擁有一個多數群體 (說一種歐洲語言，如巴西的葡萄牙語、阿根廷的西班牙語)，以及一個單一的少數群體──「原住民」。「原住民」是一個統稱類別，涵蓋幾個小型的美洲原住民部族或殘存者。例外是瓜地馬拉及安地斯山國家玻利維亞、祕魯與厄瓜多爾，具有較大的原住民人口 (參閱 Gotkowitz 2011; Wade 2010)。

在亞洲與中東／北非，大多數國家具有多數族群。緬甸、越南與泰國等亞洲國家具有大量的平原多數族群，加上周邊片斷分布的山區原住民。在中東幾個產油國家，包括沙烏地阿拉伯、巴林、阿拉伯聯合大公國、阿曼與科威特，包含著一個在族群同質的公民群體，他們構成一個多數或勉強過半的多數，其他的人口則包括族群多樣的非公民勞工。在中東／北非的其他國家包含兩個主要族群或族群宗教群體：在摩洛哥、

阿爾及利亞、利比亞與突尼西亞等國的阿拉伯人和柏柏人 (Berbers)；埃及的穆斯林與埃及土人 (Copts)；土耳其的土耳其人與庫德人；塞浦路斯的希臘人與土耳其人；以及約旦的巴勒斯坦人與外約旦阿拉伯人 (Transjordan Arabs)(Fearon 2003)。

▲ 沒有國家的國籍群體

安德森(Benedict Anderson 1991, 2006)追溯西歐民族主義 (nationalism, 對於民族的歸屬感) 的發展，這可回溯到 18 世紀。他強調口語與印刷在某些地方，例如英國、法國與西班牙，對於民族意識成長過程所扮演的角色。小說與報紙是「想像共同體的兩種型態」，在 18 世紀綻放光芒 (Anderson 1991: 24-25)。目前已擁有 (或想要擁有或重新獲得) 自主政治地位 (自己的國家) 的群體，稱為**國籍群體** (nationalities)。許多在 18 世紀與 19 世紀興起的想像的國家共同體，由於政治紛爭、戰爭與遷徙的因素，已告分裂。在二次大戰之後，德國與韓國的土地，依據社會主義與資本主義的意識型態被強制分為兩個國家。第一次世界大戰劃分了庫德人 (Kurds) 的居住領域，庫德人並未在任何一個國家成為多數族群，而是變成土耳其、伊朗、伊拉克與敘利亞等國境內的少數民族。

殖民主義 (colonialism)──外國勢力對一塊領土的掌控──創立一系列的多元部族及多元族群國家，在殖民主義之下所創造的國家疆界往往很少能呼應先前存在的文化界線。然而，殖民制度也有助於形成新興的超越民族層次的「想像的共同體」。有一個例子是非洲黑人文化自豪感 (négritude，「黑人認同」)，這是由西非的法語系殖民地的非洲知識份子所發展的。黑人文化自豪感可追溯到這個關聯性，以及來自幾內亞、馬利、象牙海岸、塞內加爾，與塞內加爾首都達卡的威廉蓬蒂師範學校 (William Ponty School) 的殖民時期年輕人的共同經驗 (Anderson 1991/2006: 123-124)。

國籍群體
現在擁有、曾經擁有、或想要自己國家的族群。

殖民主義
外國勢力對一塊領土及其人民的長期掌控。

六、族群容忍與調適

族群多樣性可能令人聯想到正向的群體互動與共存，或是聯想到衝突 (在下一節討論)。在某些國族國家 (包括某些低度發展國家)，多元的族群採取合理和諧的方式共同生活。

▲ 同化

同化 (assimilation) 描述當某個族群遷到由另一個文化所主控的國家時，可能會體驗的變遷過程。藉由同化，這個移民群體採用地主國文化的模式與規範。它被整合到這個主流文化之中，直到不再以一個獨立文化單位而存在為止。某些國家，例如巴西，比其他國家具有更多的同化主義者。在 19 世紀後半葉，德國人、義大利人、日本人、中東人與東歐人遷移到巴西，這些移民者開始同化加入一個共同的巴西文化，這個文化具有葡萄牙、非洲與美洲原住民的文化根源。這些移民者的後代都說國語 (葡萄牙語)，並參與國家文化。(在二次大戰期間，巴西參加同盟國，實施強制同化，禁止葡萄牙語之外的各種語言教學—特別是德語。) 美國在 20 世紀初期曾經採取更多的同化主義，現在更盛行的是多元文化主義 (參閱「多元文化主義」的段落)。

▲ 複合社會

同化並非無可避免，而且可以在沒有同化的情況下達成族群和諧。儘管經歷了許多世代的族群接觸，卻依然可保持各族群的獨特性。巴特 (Fredrik Barth 1958/1968) 透過對巴基斯坦史瓦特 (Swat) 地區三個族群的研究，挑戰了一個舊有觀念：互動往往會導致同化。他所呈現的是，族群可以歷經許多世代的接觸而不會同化，而且能和平共存。

巴特 (1958/1968: 324) 把**複合社會** (plural society) 定義為：同時具有族群對比、生態利用方式專門化 (亦即，每個族群運用不同的環境資源)，以及群體間經濟相互依賴的社會 (他把這個概念的適用範圍從巴基斯坦延伸到整個中東地區)。依據巴特的觀點，當各個族群分別占據

同化
少數族群被吸納到主流文化之中。

複合社會
具有數個經濟互相依賴族群的一個社會。

不同的生態區位時，其族群界線最為穩定持久。換言之，他們運用不同方法來謀求生計，而且不會相互競爭。理想上，他們應該依賴彼此的活動，並彼此交換。當不同族群運用同一個生態區位，軍事力量較強大的群體往往會取代較弱小的群體。假使他們或多或少運用同一個生態區位，但較弱小群體善於利用邊緣地帶環境的話，也可能和平共存 (Barth 1958/1968: 331)。在這種區位專門化的情況下，即使每個群體的特定文化特色可能發生改變，族群界線及相互依賴關係可以維持。巴特 (1958/1968, 1969) 將族群研究的分析重點，從個別的文化與族群轉移到各個文化或族群間的關係，他對族群研究提供重大貢獻 (也請參閱 Kamrava 2013)。

▲ 多元文化主義

多元文化主義 (multiculturalism) 這個觀點認為，在國家內部維持文化多樣性，是一個立意良善且可追求的目標 (參閱 Kottak and Kozaitis 2012)。多元文化模型反對同化模型，在同化模型中，少數群體被期望要放棄自己的文化傳統及價值，並以主流社會的文化傳統及價值取代之。多元文化主義鼓勵對各個族群文化傳統的實踐。多元文化社會對其成員所施行的社會化，不僅是讓他們成為主流 (國家) 文化的一員，也成為某個族群文化的一份子。因此，在美國有數百萬人同時使用英語與另一種語言。他們吃「美國」食物 (蘋果派、牛排、漢堡)，也吃「族群」美食；他們慶祝全國的節慶 (國慶日、感恩節) 與各個族群的宗教節慶。

多元文化主義為人類探尋彼此瞭解與互動的途徑，這並不是建立在同一性，而是對於差異的尊重。多元文化主義強調族群的互動，以及他們對國家的貢獻。它認定每個群體都能提出貢獻，並從其他群體學到東西。美國與加拿大已變得越來越趨向多元文化主義，聚焦於內部的多樣性。與其將這兩國描述成「大熔爐」，更好的描述是族群「沙拉」(每種成分依然維持清晰可辨，雖然是在同一個碗裡，但淋上相同的沙拉醬)。

有許多力量驅使北美人逐漸遠離同化觀點，朝向多元文化主義。首先，多元文化主義反映了近年大規模遷移的事實，特別是從「低度發展

多元文化主義
具有數個經濟互相依賴族群的一個社會。

國家」遷移到北美與西歐的「已開發」國家 (參閱 Merger 2015; Parrillo 2016)。當代的全球規模人口遷移，使得許多國家面臨了前所未有的族群多樣性。多元文化主義關聯到全球化：人們運用現代的運輸工具遷移到這些國家，他們透過媒體或造訪自己國家的觀光客，早已認識到那個地方的生活方式。

在低度發展國家，遷移也受到人口快速成長與就業機會不足所助長。隨著農村經濟體系衰退或機械化，失業的農夫遷移到都市，他們與子女往往無法在那裡找到工作。一旦低度發展國家的人們得到更好的教育，就會尋求更具技術成分的工作機會。他們希望參與國際性的消費文化，包括許多現代化的便利設備，諸如冰箱、電視與汽車等 (Ahmed 2004)。

▲ 變遷中的人口結構

在美國與加拿大，多元文化主義的重要性日益增加。這反映了近年來人們意識到族群數目與規模快速增加。這個趨勢將會維持下去，而且在美國人口當中，少數族群比例將在 2050 年超過 50% (參閱圖 6.3)。

2006 年 10 月，美國人口達到 3 億，這是在達到 2 億 (1967 年) 的 39 年之後，以及達到 1 億 (1915 年) 的 91 年後。在過去 50 年，美國的族群成分已急遽改變。在 1970 年的人口普查首度將西語裔列入官方統計，當時他們僅占美國人口 4.7%，到了 2014 年上升到 17.4% ──超過 5,500 萬人。非裔美國人的數目從 1967 年的 11.1%，增加到 2014 年的 13.2%。但是 (非西語裔) 白人 (「盎格魯人」) 則從 83% 減少到 62.1% (DeNavas-Walt and Proctor 2015)。

在 1967 年的美國人口中，僅有不到 1,000 萬人 (5%) 出生在美國以外的地方，如今已有超過 4,100 萬移民 (12.9%)(所有資料來自美國人口普查局)。在 2011 年，美國史上首度在新生兒比例當中，少數群體 (包括西語裔、黑人、亞洲人、美洲原住民及其他混合種族) 超過一半 (50.4%) (Tavernise 2012)。

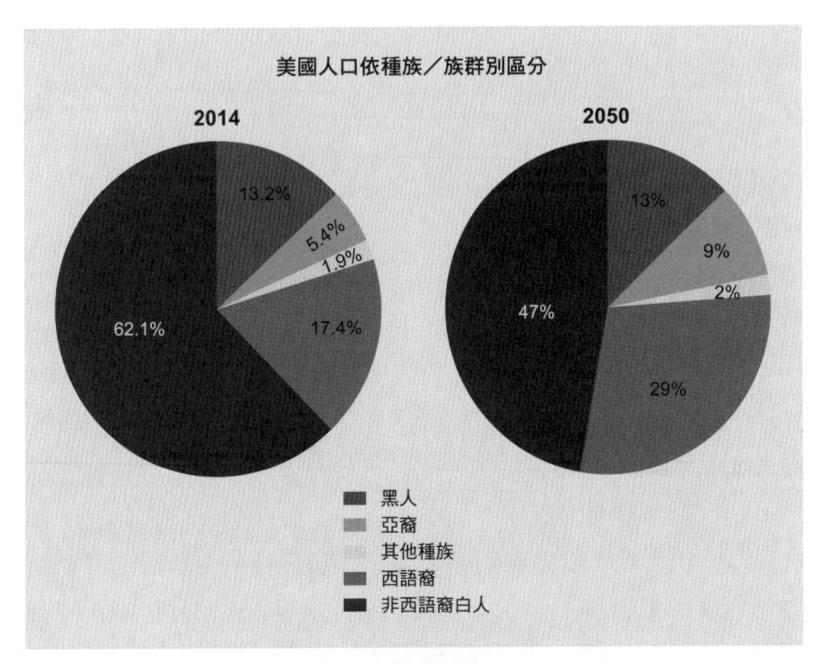

圖 6.3 美國的族群成分

在美國的人口比例當中，白人與非西語裔正在減少。在這裡呈現的 2050 年派餅圖，資料來自美國人口普查局在 2008 年發布的報告。請特別注意西語裔在 2014 年到 2050 年間的急遽增加。

資料來源：2014 年資料來自美國人口普查局 (U.S. Census Bureau，QuickFacts，http://www.census.gov/quickfacts/table/PST045215/00；2050 年資料來自美國人口普查局 2008 年的預估，http://www.census.gov/population/www/projections/analytical-document09.pdf, Table 1, p. 17。

在 1973 年，美國的公立學校學生有 78% 是白人，22% 是少數族群。到了 2004 年，公立學校學生只有 57% 是白人，43% 是少數族群。到了 2014 年，在公立學校當中，拉丁裔、非裔美國人及亞裔學生的總數，首度超越了 (非西語裔) 白人學生。(參閱本章的「聚焦全球化」專欄。)

對多元文化主義的反彈：族群 - 國族主義

歐巴馬 (民主黨籍) 在 2008 年當選美國總統時，在許多評論家眼裡，美國似乎進入後種族時代 (終結了種族歧視)。這位非裔美國人能夠贏得大選來擔任這塊土地的最高職位，被認定是種族及族群關係的進

聚焦全球化
銀髮族與棕髮族

　　國際遷移是全球化的重要特質，轉變了美國、加拿大與西歐國家的人口組成。布朗斯坦 (Ronald Brownstein 2010) 援引布魯金斯機構 (Brookings Institution) 在 2010 年的報告標題是「美國都會的狀態：論人口轉型的前線」(State of Metropolitan America: On the Front Lines of Demographic Transformation)，分析在他所描寫的兩個群體「銀髮族與棕髮族」(the gray and the brown) 之間逐漸增強的衝突。布朗斯坦及布魯金斯報告的其中一位作者人口學家傅瑞 (William Frey)，將焦點放在美國的兩個重要人口趨勢：

(1) 少數群體目前占美國 5 歲以下孩童總人口的 50.2%。美國人口普查局推估到了 2020 年，美國 18 歲以下孩童總人口當中，少數族群的比例將會超過 50%。(2) 美國正在老化，而且老年人口約有 80% 是白人。

　　目前預估美國的 18 歲以下人口比例將穩定維持在 23%，老年人口則由目前的 12% 增加到 2040 年的 20%。美國的工作年齡人口將由目前的 63%，在 20 到 30 年後縮減到 57%。傅瑞認為這些趨勢正在創造一條「文化代溝」(引述自 Brookings 2010: 26, 63)——美國的年輕人跟年長者在態度、優先性及政治傾向等方面的鮮明對比。

　　在政治上，銀髮族 (老人) 與棕髮族 (年輕人) 這兩個群體是兩極對立。年老的白人群體是最可靠的選民，傾向於抗拒稅賦及公共開銷，但年輕群體與少數族群重視政府對教育、衛生及社會福利的支持。在 2008 年及 2012 年的總統大選，年輕人 (特別是少數族群) 強烈支持民主黨的歐巴馬。老年人 (特別是白

步表徵。就在歐巴馬贏得大選之後，很快就開始發生反彈。在 2008 年跟 2010 年間，從共和黨分裂出走的茶黨快速成長，而民主黨的權力在 2010 年選舉之後劇烈下滑。在 2008 年曾經短暫結盟來幫助歐巴馬勝選的同一組年輕人、女性及少數族群聯盟，到了 2012 年再度結合來確保他能連任。然而，到了 2014 年國會期中選舉時，再度發生反對黨共和黨的勢力達到高峰，歐巴馬的民主黨則明顯挫敗。在這場期中選舉，支持歐巴馬的這個聯盟根本就不出來投票。銀髮族——換言之，較為年老、大多為白人的美國人——確實是比棕髮族更可靠的選民 (參閱本章的「聚焦全球化」專欄)。

　　茶黨有一項團結訴求就是「把美國帶回來」。一個類似感覺在 2016 年總統大選時被凸顯出來。商人暨實境電視秀明星川普 (Donald J. Trump) 在 2015 年竄升成為共和黨總統候選人，他的承諾就是「讓美國再度強大」。喜歡挖苦的人揣想著，隱藏在這個口號背後的主張或許

人)則支持共和黨的麥肯(John McCain)。這些差異在選後持續存在,顯現於歐巴馬滿意度的數據——非白人及年輕人一向給他最高評價。

事實上,銀髮族與棕髮族的經濟互賴程度,往往比起他們任何一方所理解的更深刻。假使少數族群孩童從公共教育所獲得的利益不合乎比例原則的,那麼少數族群的勞工必須付出更大比例的工資所得稅,以維持聯邦醫療保險——這些計畫的最直接獲益者就是年老的白人。

美國的移民史有助於我們理解這條在銀髮族和棕髮族之間的代溝如何興起。在1920年代建立的聯邦政策嚴格縮減來自北歐地區以外的移民。在1965年,國會鬆綁限制——結果導致來自南歐、亞洲、非洲、加勒比海與拉丁美洲的移民湧入(參閱Vigil 2012)。

非西語裔白人在20世紀中葉占美國人的絕大多數,包括戰後嬰兒潮(1946年至1964年)。大多數的嬰兒潮出生者在白人的郊區長大,並在那裡生活大半輩子,居住環境跟少數族群相隔離(Brownstein 2010)。隨著他們年老及退休,許多老年白人繼續移住美國(氣候宜人的)東南與西南地區,重新建立這樣的同質化種族居住區(老人住宅區)。

在這類社區中,只剩下整理院子的園丁、建築工人、清潔工是少數族群,年老白人住在遠離少數族群的地方,但少數族群現在代表著美國人口不斷成長的一部分。自從1965年以來,少數族群的移民人數擴張及高出生率改變了美國社會的型態。在1980年,少數族群只占美國人口的20%(現在是38%)、18歲以下孩童人口的25%(現在是45%,預期在2020年超過50%)。類似的潮流在西歐也是顯而易見的,而且成為日常的全球化話題。

真的是「讓美國再度成為白人國度」。在川普的競選活動當中,顯然就是公開支持族群-國族主義(ethno-nationalism),這個概念結合族群性——傳統且占大多數的歐洲後裔及基督徒——以及統治美國的權利。川普鼓吹將非法移民驅逐出境,聚焦於墨西哥人。他也提議要頒布一項臨時禁令,禁止穆斯林進入美國,這一開始是回應在聖伯納帝諾(San Bernardino)由聖戰士恐怖份子的槍擊案件,以及想像中來自伊斯蘭國(ISIS)及敘利亞難民的威脅(直到本書寫作之時,美國所接收的敘利亞難民不到1萬人)。川普承諾要肅清美國的非法移入的族群,並保護美國免於來自該國境內一個少數民族宗教的成員所危害。

其他的共和黨總統黨內初選參選人贊同川普所主張的驅逐出境,但並未支持他所呼籲的穆斯林禁令。然而,他們全都責難當時的美國總統歐巴馬,就如同前任總統小布希,當他談到恐怖份子及敵人時,避免使用極端伊斯蘭(Radical Islam)這樣的字眼。這些共和黨總統參選人也抱

怨「政治正確」(對於少數族群所採取的平等態度)，他們認為這是對於使用某些可能會冒犯特定群體的語言或標籤時，過度謹慎的態度。川普特別採用超高政治正確 (hyper-political correctness) 的主張，來合理化他對於墨西哥人、穆斯林及敘利亞難民的刻板印象。任何抱怨這些侵犯少數民族話語的人，都是「過度反應」——就是超高政治正確。川普的競選活動運用並表達反對多元文化的族群關係模型，這種模型已在美國站穩根基達數十年之久。文化變遷很少沒遇到反對，那些握有權力及特權者並不會馬上就放棄。

七、族群衝突

族群差異可以和諧共存，例如在多元社會或透過多元文化主義。然而，族群差異也可能導致族群衝突及歧視。對文化差異的認知，可能對社會互動帶來災難性影響。為什麼族群差異往往會關聯到衝突或暴力？各族群可能在經濟及／或政治層面相互競爭。假使某個族群感受到來自另一個族群或整個社會的偏見與歧視，或是他們感覺受到貶抑或處於不利地位，可能會做出反應 (參閱「黑人的命也是命」段落)。某個族群可能對於其他族群所具有的真實或認定的特權感到不滿 (參閱 Donham 2011; Friedman 2003)。

族群差異的根源可能是政治、經濟、宗教、語言、文化或種族。今日世界的許多族群衝突帶有宗教成分——無論是介於基督教徒與穆斯林、穆斯林與猶太教徒，或是這些主要宗教的不同教派之間。伊拉克獨裁者哈珊 (Saddam Hussein) 在 2003 年遭到罷黜，他在統治時間偏袒自己所屬的回教遜尼派 (Sunnis)，而對其他群體 [什葉派 (Shiites) 與庫德人 (Kurds)] 進行歧視。雖然在伊拉克遜尼派人口較少，但在當時享有權力、聲望與地位的特權。在 2005 年伊拉克大選，許多遜尼派人士選擇杯葛，什葉派則是取得政權，馬上就報復反對先前偏袒遜尼派的政策。內戰就由「教派暴力衝突」(同一宗教的不同教派之間的衝突) 發展出來。

當時遜尼派(及其外國支持者)援助一場革命行動,以反對新政府及其外國支持者(包括美國)。什葉派更進一步報復遜尼派的攻擊、遜尼派特權的歷史,以及昔日什葉派所感受的歧視等。遜尼派在喪失對於伊拉克政府的控制權之後,到最後協助組成伊斯蘭國(Islamic State,簡稱IS、ISIS、ISIL或Daesh),直到本書撰寫時,伊斯蘭國控制著伊拉克的部分領土及鄰近的敘利亞區域。

伊拉克及敘利亞各自包含相當數目的穆斯林遜尼派、什葉派及庫德族的人口(再加上許多的族群——宗教性質的少數群體)。敘利亞總統巴沙爾・阿薩德(Bashar al-Assad),就如同他的父親跟前任總統哈菲茲・阿薩德(Hafez al-Assad)一樣,支持自己的穆斯林少數團體阿拉維派(Alawites——跟什葉派結盟),而壓制該國的穆斯林多數群體遜尼派。自從2011年開始,敘利亞的緊張情勢已經升高,當時阿拉伯其他國家正在發生統稱為「阿拉伯之春」的一系列反對運動,對抗各國的極權政府。阿薩德政府藉由針對抗議者及最終成為叛亂者的暴力壓制,煽動了內戰的火焰。

在敘利亞持續交戰的各方,首先是阿薩德政府及其外國盟友,包括俄羅斯、伊朗什葉派,以及黎巴嫩真主黨(Hezbollah)軍隊;其次是遜尼派領導的伊斯蘭國持續在敘利亞的北部與東部活動,鄰近伊朗並延伸進入該國領土;第三個群體是「溫和派」叛軍,據推測包括同時反抗阿薩德及伊斯蘭國的遜尼派,目前他們的人數及有效程度都是未知,係由美國及其他遜尼派占優勢的阿拉伯國家所支持。最後,庫德族也由美國所支持,來進行對抗伊斯蘭國的戰爭。

敘利亞的衝突已導致該國2,300萬人口當中,約有一半被迫流離失所。大約有660萬人在國內遷移,而有大約460萬人逃離黎巴嫩成為難民。起初逃離國境者主要在中東國家尋求庇護,包括土耳其、黎巴嫩、約旦、伊拉克與埃及。其他則是跨過愛琴海到達希臘的島嶼及本土,並且從那裡經由巴爾幹半島進入歐陸。還有一些人跨越地中海進入義大利,有些人則從北非跨海到西班牙。瑞典及特別是德國,曾是最歡迎移民的歐洲國家,德國最終曾經接受多達80萬名敘利亞難民。在敘利亞

本身，如果阿薩德最終離開總統職位，遜尼派報復者有可能會對抗阿拉維派及其他宗教少數群體，包括基督徒及什葉派穆斯林 (參閱 Adams 2012)。

▲ 偏見與歧視

某個族群的成員可能會成為偏見 (負面態度與判斷) 或歧視 (行動) 的目標。**偏見** (prejudice) 係指由於某個群體被假定的行為、價值、能力、特性，而加以貶抑的行為。人們若對某些群體抱持著**刻板印象** (stereotype)，並將其加諸個人身上，就是具有偏見。(刻板印象是對於某個群體的成員究竟是什麼樣子，所抱持的固定不變觀念，這往往是不受人喜歡的)。懷有偏見的人們會假定這個群體成員的所作所為，將如同他們「所想像的一樣」(合乎這個刻板印象)，他們將許多個人行為詮釋為這個刻板印象的證據。他們運用這些行為，來確認對這個群體的刻板印象 (以及較低的評價)。

歧視 (discrimination) 係指傷害某個群體及其成員的政策與行為。歧視可能是*法律的* (de jure)(成為法律的一部分)，也可能是*事實的* (de facto)(由人們所實行，但不是法律執行的)。美國南方的隔離政策與南非的*種族隔離政策* (apartheid) 提供兩則法律歧視的歷史案例。昔日在這兩個體系中，依據法律規定，黑人與白人享有不同的權力與特權。他們的社會互動 (「混血」) 受到法律明文禁止。事實歧視的一項例證就是相較於其他美國人，美國少數族群往往會受到來自警方及司法體系更嚴厲的對待。這個不公平的對待並不合法，但無論如何確實發生著，就如下段所述。

▲ 黑人的命也是命

任何經常追蹤新聞消息的人，對於一連串年輕非裔美國男人遭到白人警員槍殺的案例，不會感到陌生。在美國興起的「黑人的命也是命」 (Black Lives Matter) 社會運動，回應著許多事件，其中對於當地警員來說，黑人的生命似乎根本就不算什麼。據戴伊 (Elizabeth Day, 2015) 所

偏見
由於某個族群被假定的特性而加以貶抑。

刻板印象
關於某個群體成員的樣貌，所抱持的固定想法 ---- 通常是不恰當的想法。

歧視
傷害一個群體及其成員的政策與行為。

述，這個運動起源於 2013 年 7 月，當時佛羅里達州山佛 (Sanford) 的社區巡守志工辛莫曼 (Goerge Zimmerman) 槍殺手無寸鐵的黑人青少年馬丁 (Trayvon Martin) 的案件受到無罪開釋，非裔美國女性迦薩 (Alicia Garza) 對此做出的回應。迦薩對於辛莫曼在面對二級謀殺罪及殺人罪指控下，卻被無罪開釋感到震驚，就在自己的臉書刊登如下的訊息：「黑人。我愛你們。我愛我們。我們的命也是命 (Our lives matter)。」

迦薩的朋友卡樂斯 (Patrisse Cullors) 採用迦薩的話語，並開始採用線索標籤 [#黑人的命也是命 (#blacklivesmatter)] 刊登在網路上。這兩位女性想要喚起大眾意識，關注在美國的司法與公權力執行的體系當中，顯然低估了黑人生命的價值。迦薩及卡樂斯運用臉書、湯博樂、推特 (Twitter) 等社群網絡，鼓勵用戶分享這些故事，瞭解為何要推「#黑人的命也是命」這個線索標籤。在 2014 年 8 月，密蘇里州弗格森 (Ferguson)，另一位手無寸鐵的非裔青少年布朗 (Michael Brown) 遭到白人警察從同一支手槍連續擊發十二發子彈身亡。迦薩協助籌組以弗格森為目的地的「為自由而騎」(Freedom Ride) 活動，吸引約 500 人到達聖路易的市郊。當她一到哪裡，赫然發現她的話語被抗議者大聲喊出來，並寫在抗議布條上。在弗格森那裡，當這位警察受到陪審團判定不起訴時，也發生幾場抗爭。此後，隨著一連串手無寸鐵的黑人青少年遭到白人警員射殺的案例，「黑人的命也是命」的這個口號的全國知名度升高了。美國方言學會 (American Dialect Society) 甚至選出「#黑人的命也是命」(#blacklivesmatter) 這個線索標籤做為年度代表字。到了 2006 年，黑人生命平權協會 (Black Lives Matters) 在全美各地設立分會 (Day 2015)。

這個運動的成長，不僅回應著警察的槍擊及殘忍，也追蹤 2015 年 6 月 17 日在南卡羅萊納州查爾斯頓的大屠殺，有九位上教堂的非裔美國人遭到一位美國白人至上主義者恐怖份子所殺害。這場悲劇甚至迫使該州州長出面呼籲並達成決議，將具爭議且帶有種族主義意味的象徵：邦聯戰旗 (Confederate battle flag)，從該州首府哥倫比亞的醒目位置撤下。

社群媒體繼續醒目連結並組織「黑人的命也是命」這個運動。社

運份子已能快速回應後續發生的一系列被廣泛報導的事件 [如在巴爾的摩、巴頓魯治 (Baton Rouge)、芝加哥、克里夫蘭、北查爾斯頓、以及聖保羅]，其中黑人被警方所殺害或是在警方拘留所死亡。對於這項運動的評論者主張，不僅是「黑人的命」，而是「所有的命」都是命，而且確實他們應該如此。然而，這樣的評論忽略並可能減低我們必須關注非裔美國人特別會面臨的問題，遭到警方逮捕、監禁與不當對待的可能性是不合乎比例的。在最近幾年，美國人從未聽聞一系列有關手無寸鐵的白種男人遭到警員槍殺的報導。對於美國少數群體的歧視或許再也不是法律上的歧視，但它依然是事實上的歧視。

反族群歧視

助長族群衝突的因素，包括種族屠殺、強迫同化、族群文化消滅、文化殖民主義之類的歧視。最極端的族群歧視型態是**種族屠殺** (genocide)，蓄意透過大規模屠殺，而消滅某個群體 (如納粹德國的猶太人、波士尼亞的穆斯林，或是盧安達的圖西人)(參閱 Hinton and O'Neill 2009)。在最近，蘇丹西南部的達富爾區 (Darfur) 由政府所支持的一支名為金戈威德 (Janjaweed) 的阿拉伯民兵組織，強迫黑皮膚的非洲人離開他們的故土。這些軍隊被指控進行種族屠殺，殺害多達 3 萬名膚色較深的非洲人。

族群文化消滅 (ethnocide) 是優勢族群蓄意壓制或摧毀某個族群文化。執行族群文化消滅政策的其中一種方法是**強迫同化** (forced assimilation)，優勢族群強迫某個族群採行優勢族群的文化。許多國家懲罰或禁止一個族群 (包括其宗教教派) 的語言與風俗習慣。強迫同化的一個例子是，由西班牙獨裁者佛朗哥 (Francisco Franco，1939 年到 1975 年執政) 所推動的反巴斯克運動。佛朗哥查禁巴斯克語的書籍、刊物、報紙、符號、講道及墓碑。在學校裡使用巴斯克語必須罰款。為了反擊他的政策，民族主義情感在巴斯克區域變得強大，也有一支巴斯克恐怖份子團體成立。

族群驅逐政策 (ethnic expulsion) 的目標是將文化上有別於某個國家

種族屠殺
傷害一個群體及其成員的政策與行為。

族群文化消滅
傷害一個群體及其成員的政策與行為。

的某些群體驅逐出境。最近的例子包括 1990 年代的波士尼亞赫賽哥維納 (Bosnia-Herzegovina)。烏干達在 1972 年驅逐 74,000 名亞洲人。當代西歐國家的新法西斯主義政黨，提倡讓勞工移民返回家鄉 (驅逐出境)，這些勞工移民包括英國的西印度群島人、法國的阿爾及利亞人、德國的土耳其人。在本書此次改版時 (2016 年)，美國國內有大約 1,100 萬名未合法登記的移民，他們之所以能待在美國，是因為他們的簽證或工作簽證逾期居留、非法入境或偷渡，其中有數百萬人工作、繳稅，而且有出生於美國的子女 (美國公民)。他們的未來會是如何？這些未合法登記移民的未來，成為 2016 年美國總統大選期間特別引發爭論的議題。不只一位共和黨總統黨內初選候選人主張要大規模驅逐出境。但沒有人解釋，要讓 1,100 萬人離境需要多少的運送成本。即使說美國未合法登記的移民來自許多國家，而且欠缺法律文件來賦予他們留在美國的權利。但是，這種驅逐出境可能會成為強迫驅逐。

當某個族群的成員被驅逐出境，他們往往會變成**難民** (refugees) ── 被迫 (非自願移民) 或自己選擇 (自願移民) 逃離某個國家以躲避壓迫或戰爭的一群人。政府的族群驅逐政策只是難民源頭的其中一項。占據了 2015 年、2016 年媒體版面的敘利亞難民，是因為內戰及各個派系及其外國盟友的報復行動所驅使。總體來說，他們並非自願難民，但他們並非因為政府的族群驅逐政策而被迫離境。

文化殖民主義 (cultural colonialism) 係指由一個群體及其文化或意識型態，對於其他群體所做的內部壓制。有一個例證就是俄羅斯人的人群、語言、文化與社會主義意識型態，對前蘇聯帝國的控制。在文化殖民主義當中，這個強勢文化將自己塑造成官方文化，反映在學校、傳播媒體與大眾互動。在蘇聯的統治下，由莫斯科所控制的各個共和國與地區中，少數民族所享有的自治極其有限。所有的這類共和國及其人民，都被統一在「社會主義的國際主義」的單一性質之下。文化殖民主義的常見統治技術，就是運用優勢族群的成員來淹沒少數族群的區域。在前蘇聯，政府派遣俄羅斯人殖民者到許多地區定居，以消除當地人民的凝聚力與影響力。

難民
逃離家鄉以躲避壓迫或戰爭的人們。

文化殖民主義
由某個群體及其文化或意識型態，對其他群體的壓制。

例如,當烏克蘭屬於蘇聯時,莫斯科方面提倡俄羅斯人移入及烏克蘭人移出的政策,因此烏克蘭人在該國的人口比例從 1959 年的 77% 下滑到 1991 年的 73%。這個趨勢在烏克蘭獲得獨立之後翻轉,烏克蘭人構成該國人口的四分之三以上。俄羅斯人依然是烏克蘭最大的少數族群,但現在卻不到全國人口的五分之一。俄羅斯人集中在烏克蘭東部,他們發動叛變來對抗烏克蘭的親西方政府。烏克蘭東部,特別是幾個由俄羅斯語言及族群所主控的省份,被認為是俄羅斯併吞的目標。在 2014 年,俄羅斯確實併吞了克里米亞,當地是俄羅斯人主導(占克里米亞人口超過 60%),且以俄羅斯語占優勢。表 6.2 總結先前討論的族群互動的各種類型——包括正面與負面。

◆ 表 6.2　族群互動的類型

類型	互動本質	例證
正面的		
同化	各族群被吸納進入主流文化之中	巴西;早期與 20 世紀中期的美國
多元社會	包含著經濟相互依賴族群的社會或區域	中東的農耕畜牧區域;巴基斯坦斯哇特
多元文化主義	文化多樣性受到重視;各個族群文化與主流文化並存	加拿大;21 世紀的美國
負面的		
偏見	基於某些推想的特質,而貶低某個群體	世界各地
法律歧視	法令規定的傷害族群政策與行為	非洲南部的種族隔離;昔日在美國南部的隔離
事實歧視	未經法令規定,但確實被實行	世界各地
種族屠殺	蓄意透過大規模屠殺來消滅某個群體	納粹德國、波士尼亞、盧安達、柬埔寨、蘇丹南部達富爾地區
族群文化消滅	由主流文化或強權對於文化行為的攻擊	佛朗哥統治時期的西班牙
族群驅逐	強迫某個族群離開一個國家或區域	烏干達(亞裔)、塞爾維亞、波士尼亞、科索沃

隨著蘇聯在 1991 年的瓦解，發生先前各主要群體的族群情感再興。昔日一度由莫斯科所宰制的各族群及國籍群體已尋求，並持續尋求要建立自己的獨立且自主的國家。對於族群自決的重視是族群復興運動的一部分——正如同全球化與跨國主義——是 20 世紀末與 21 世紀初的發展趨勢。這股新興的長期居住的族群權利主張，延伸到英國的威爾斯人 (Welsh) 與蘇格蘭人 (Scots)、法國的不列塔尼人 (Bretons) 與科西加人 (Corsicans)、西班牙的巴斯克人 (Basques) 與加達朗人 (Catalans)。

◀ **回顧**

1. 文化與族群之間的不同點是什麼？你參與哪一種 (哪幾種) 文化？你屬於哪一個 (哪幾個) 族群？你最主要的文化認同根基是什麼？其他人能否立即認知這個根基及認同？為什麼？
2. 請描述人類種族分類所具有的三個問題。
3. 有哪些事實足以解釋人類的膚色？昔日人們用來確定人類膚色的過程，是否延續至今？若是，請舉出幾個例子。
4. 在你的課堂中，找出五位足以呈現表型多樣性的同學。他們最明顯的特徵差異在哪裡？你如何解釋這項變異？是否有些變異是因文化而來，而不是生物性質？
5. 本章敘述各種不同的族群互動類型。這些類型是什麼？它們是正面或負面的？人類學家對於理解昔日與現在持續發生的族群衝突，持續提供重要貢獻，請舉出幾個例子。

Chapter

7

謀求生計

- ♦ 在各種不同類型的社會，人們如何謀求生計？
- ♦ 什麼是經濟體系？什麼是經濟有效運用？
- ♦ 在各個社會中，有哪些原則管控財貨與勞務的交換？

章節大綱

一、適應策略
二、搜食
　　搜食者的地理分布
　　搜食經濟的相關現象
三、植基於食物生產的適應
　　策略
　　粗耕
　　農耕
　　耕作型態的連續體
　　集約化：人類與環境

四、畜牧
五、生產模式
　　非工業化社會的生產
　　生產工具
　　工業化經濟體系的異化
　　工業異化的案例
六、經濟有效運用與利益極
　　大化
　　其他類型的資金開銷

七、分配、交換
　　市場原則
　　再分配
　　相互關係
　　各種交換原則的並存
八、誇富宴

認識我們自己

工作、婚姻與養育孩童等都是人們的基本需求。然而,在人類學所賴以興起的非西方社會,想要在工作(經濟)與家庭(社會)間取得平衡,並不像美國人所面臨的情況一樣嚴峻。在傳統社會裡,人們的工作夥伴往往也是親人。也沒必要特別設一個「帶孩子上班」的日子,因為昔日的大多數女性每天都這麼做。人們並不會跟陌生人一起工作。家庭及辦公室,社會及經濟,全都交錯在一起。

維持生計與社會生活都是基本的人類需求,但這兩者在現代社會發生衝突。人們必須在工作與家庭之間選擇如何分配其時間精力。在雙薪家庭及單親家庭的父母經常面對工作家庭的時間困境,而且生活在這類家庭的美國人在最近幾十年幾乎加倍。在1960年僅有不到總數三分之一的美國妻子在外工作,如今約有三分之二。在同一年,已婚女性且育有6歲以下孩童者,只有五分之一投入勞力市場,如今有五分之三。

想一想你的父母在這個經濟目標跟社會目標相對立的情況下,曾經做出哪些選擇。他們的決定是否極大化他們的收入、生活風格、個人歡愉、家庭利益等?

對你來說,情況又是如何呢?有哪些因素影響著你選擇申請或選填某些大學?你是否選擇就讀距離家裡較近,跟朋友們上同一所大學,或者為了維持一段愛情(以上全屬社會理由)?你是否選擇學費與開銷最低的學校——或是得到一筆優厚的獎學金(經濟理由)?你是否選擇有社會聲望的學校,或是將來可能因母校的名聲,而賺到更多財富(極大化你的聲望與未來財富)?經濟學家往往假定獲利動機在當代社會居於主導地位,然而,不同的個人,就如同不同的文化,可能選擇追求其他在金錢報酬以外的目標。

研究顯示,大多數的美國女性現在期望加入有薪酬的勞動力市場,就像男性一樣。但家庭依然有其吸引力。大多數的年輕女性也計畫待在家裡陪伴年幼子女,等到子女就學,再重返勞動力市場。那麼你的計畫呢?假使你有明確的生涯規劃,你如何想像自己的工作如何切合未來的家庭生活——如果你計畫有一個家庭的話?父母對你的最大期望是什麼——成功的職業生涯,或是跟孩子的快樂家庭生活?也許兩者都是。這些期望容不容易達成?

在今日這個日益全球化的世界,各個社群及社會都以一種加速度的速率,被整合到更大的體系當中。在人類社會體系的成長過程中,第一次的重大加速可回溯到距今12,000到10,000年前,當時的人類開始干預植物與動物的繁殖週期。食物生產就是人類對於動植物繁殖的控制。而且這與先前(至今依然存在於世界某些角落)的搜食經濟具有鮮明對比。搜食者為了謀求生計,從大自然的賜予裡進行狩獵、採集。搜食者可能會收割穀物,但他們並未從事耕種;他們可能獵捕動物,但並未家養動物(除了狗之外)。一直到食物生產者出現,才開始有系統地選擇並繁殖所想要的動植物特徵。隨著**食物生產** (food production)(包括植物栽種與動物家養)的進展,人們(而非大自然)成為生物選擇的能動者。

食物生產
植物栽種與動物家養。

隨著搜食者轉變成食物生產者，人類選擇就取代了自然選擇。

食物生產的起源及傳播加速人類社群的成長，並助長較大規模且更強大的社會與政治體系的形成。文明轉型的步伐大幅增加。本章提供一個架構，讓大家瞭解各式各樣的人類適應策略與經濟體系。

一、適應策略

人類學家柯恩 (Yehudi Cohen 1974) 運用**適應策略** (adaptive strategy) 這個術語，描述一個群體的主要經濟生產體系——謀求生計的方式。柯恩主張，在兩個(或兩個以上)毫無關聯的社會如果出現相似性，最重要的理由就在於它們擁有相似的適應策略。例如，以搜食(狩獵採集)為經濟策略的一些社會，就會有非常明顯的相似性。柯恩依據各個社會的經濟體系與社會特質間的相關性，發展一套社會類型。他提出的社會類型包含五種適應策略：搜食、粗耕、農耕、畜牧、工業化。本章聚焦於前四種適應策略，工業化則在本書最後兩章討論。

適應策略
謀求生計的方法；生產體系。

二、搜食

搜食 (foraging)——植基於狩獵採集的經濟體系及生活方式——直到距今12000年人類開始實驗食物生產為止，曾是人類唯一的謀生途徑。誠然，世界各地的搜食者確實會因其環境差異，而具有若干實質的對比。某些人類群體曾是大型動物的獵捕者，例如冰河時期的歐洲人。如今，北極圈的狩獵者依然將生計重心放在獵捕大型動物。相較於熱帶的搜食者，北極圈人們所食用的植物與食物種類較少。從寒帶往熱帶地區移動時，物種的種類逐漸增加。熱帶地區的生物多樣性非常驚人，具有大量種類的植物與動物，其中有許多由人類搜食者所用。熱帶搜食者獵捕採集種類繁多的動植物。某些溫帶地區也能提供豐富多樣的物種。例如在

搜食
植基於狩獵採集的經濟體系及生活方式。

北美洲北太平洋海岸，搜食者可運用各式各樣的海洋、河流及陸地物種，包括鮭魚及其他魚類、海洋哺乳類、莓果及山羊等。儘管各個搜食經濟體系由於環境差異而彼此有所不同；但全都具備同一個基本特性：人們仰賴當地可取得的自然資源來謀求生計。他們既不栽種穀物，也不繁衍及照料動物。

動物家養（起初是綿羊與山羊）及植物栽種（小麥與大麥）始於距今12,000年到10,000年前的中東地區。以栽種農作物（玉米、木薯、甘藷）為基礎而產生的文明，也在美洲獨立發展出來。在東、西兩半球，大多數社會到最後從搜食者轉變成食物生產者。如今，幾乎所有的搜食者社群，至少有部分生計依賴食物生產，或依賴由食物生產者所提供的食物(Kent 1992, 2002)。

在某些森林、沙漠、島嶼或非常寒冷的地帶，搜食經濟持續存在到當代——那些地方無法採用簡易技術來栽種植物（參閱 Lee and Daly 1999）。圖7.1顯示一部分的當代搜食者的分布情況。他們的棲居地點往往有一個共同點——邊緣性。在朝向食物生產前進時有重大障礙，這些環境並未吸引農耕者或畜牧者。在北極地區顯然無法種植。在非洲南部，由李氏及其他學者（參閱 Solway and Lee 1990）所研究的杜比朱侯安西桑人(Dobe Ju/'hoansi San)的區域，週邊圍繞著大片的無水帶(Solway and Lee 1990)。在美國加州的許多地區，假使沒有灌溉的話就無法農耕，這就是為何昔日當地的原住民族群皆為搜食者。

我們不應錯誤地揣想，一旦搜食者認識到食物生產，就會無可避免地轉向它。其實在許多地區，搜食者已接觸農耕者及畜牧者，至今依然跟他們往來，但搜食者選擇維持其搜食生活方式。在欠缺跟農耕及畜牧有關的勞力需求的情況下，傳統經濟已充分支持他們的生活，並提供充足營養的飲食。在某些地區裡，人們一度試圖採行食物生產，最終放棄而回歸到搜食生活。

所有的當代搜食者都生活在國族國家中，他們也跟周遭的食物生產者、傳教士和其他外來者有所接觸。我們不應將當代的搜食者視為遺世獨立的，或是從石器時代遺留下來的純真倖存者。當代搜食者正受到區

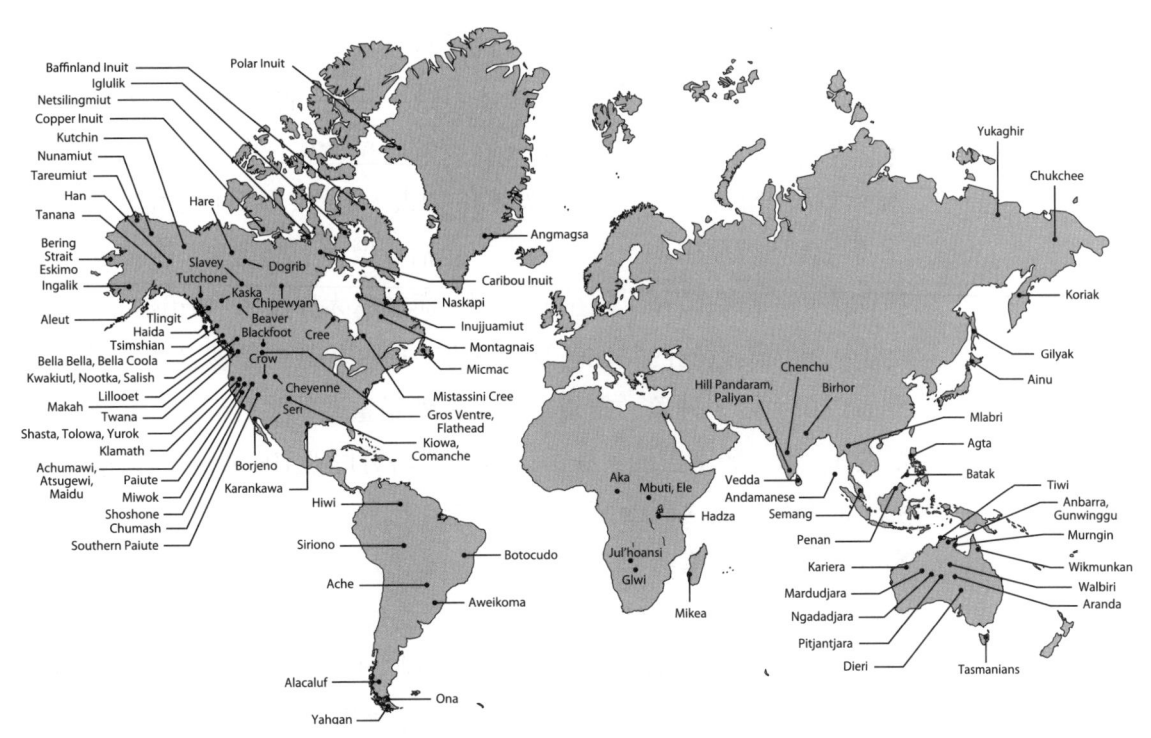

圖 7.1 世界各地狩獵採集者的地理分布圖

資料來源：Kelly, Robert L. *The Foraging Spectrum: Diversity in Forager Lifeways*, fig. 1.1. Copyright © 2007 by Elliot Werner Publications, Inc. All rights reserved. Used with permission of the publisher.

域力量(如貿易與戰爭)、國內政治與國際政治，以及世界體系中的政治經濟事件所影響。

▲ 搜食者的地理分布

在本段的討論當中，參閱圖 7.1 會有所助益。非洲包含兩條廣闊的當代或晚近搜食者地帶。一是非洲南部的喀拉哈里沙漠，這是桑人(「布須曼人」)的家鄉，這個族群包括朱侯安西人(參閱 Kent 1996; Lee 2003, 2012)；另一個地帶則是中非與東非的赤道雨林，這是恩布提人(Mbuti)、艾菲人(Efe)、其他「矮黑人」(Pygmies)的家鄉(Bailey et al. 1989; Turnbull 1965)。

有一些人群依然(或直到最近)仰賴搜食來維持生計，在馬達加斯加、南亞及東南亞、馬來西亞與菲律賓；以及印度外海的某些島嶼某些

偏遠森林中。此外,最廣為人知的近代搜食者是澳洲的土著。這些澳洲原住民已在他們的島嶼大陸上生活超過 5 萬年,而未發展出食物生產。

西半球也有近代的搜食者。在美國阿拉斯加州與加拿大的愛斯基摩人,或稱因紐特人 (Inuit),是知名的獵人。這些 (及其他) 北方搜食者,已將現代科技運用在生計活動上,包括步槍與引擎雪車。在美國加州、奧勒岡州、華盛頓州、阿拉斯加州,與加拿大卑詩省 (British Columbia) 地區、極地附近的內陸地區及大湖區,原住民族都是搜食者。對許多美洲原住民而言,捕魚、狩獵、採集依然是重要的生計活動 (有時是商業活動)。想一想南美洲,在最南端的巴塔哥尼亞 (Patagonia) 有海岸搜食者,而在阿根廷、巴西南部、烏拉圭、巴拉圭等國的草原地區,過去曾有其他的狩獵採集者。

佛提爾 (Jana Fortier 2009) 總結南亞搜食者的基本特徵,比起世界其他區域,當地目前具有更多的完全或部分時間的狩獵採集者。在印度、尼泊爾及斯里蘭卡,據估計約有 40 個社會及 15 萬人持續完全或部分從搜食來謀求生計。丘陵卡理揚人 (Hill Kharians)、雅納迪人 (Yanadis) 是兩個最大的南亞搜食者人群,各有大約 2 萬人。其他有幾個族群是處於高度瀕臨危險狀態,依然從事搜食生計的人口不到 350 人。

現存的南亞搜食社會的成員,即使受到森林減少及不斷擴散的農業社群所影響,而不斷喪失其自然資源,但不願採行食物栽種及其相關的文化現象。這些狩獵採集者跟其他世界各地的搜食者具有某些共同特質:小型社會群體、流動的聚落模式、分享資源、食物立即食用、平權,以及由共識來決策 (Fortier 2009)。

也跟其他地方相同的是,特定的搜食技術反映著環境及資源分配的變異性。居住在丘陵及高山地帶的南亞搜食者偏好於獵捕中型動物 (齡猴、獼猴、豪豬等)。其他的族群追逐較小的動物,或是運用較大範圍的搜食,包括蝙蝠、豪豬與鹿。較大型的群體運用群體獵捕技術,例如在大株的無花果樹上面撒網,以捕捉睡覺中的蝙蝠。某些南亞搜食者專注於野生植物資源,例如山藥、棕櫚及芋頭,再加上百餘種的當地植物。在許多南亞搜食社會當中,採收蜂蜜及蜂蠟是很重要的 (Fortier 2009)。

這些社群成員珍視自己的社群身分，他們在一個生物性質豐富且多樣的環境當中，以搜食謀求生計。他們強調自己需要持續不斷取得豐富的森林資源，以延續其生活方式，但有許多人已被逐出他們的傳統居地。他們想要文化延續的最佳機會，端視國家政府而定；國家維持健康的森林、容許搜食者取得他們的傳統自然資源，並且促進文化存續而非同化(Fortier 2009)。

　　某些政府卻是反其道而行。例如，在 1997 年到 2002 年間，非洲南部的波札那政府重新安置大約 3,000 名巴沙瓦桑人 (Basarwa San Bushmen)(Motseta 2006)。政府強令這些人民遷離其祖先故土，把這個地方轉變為野生動物保育區。在其中一部分人提起訴訟之下，波札那高等法院做出判決，巴沙瓦人被錯誤地逐出「中喀拉哈里野生動物保留區」，並發出法院諭令，允許他們返回。但有幾項強加的條件可能讓他們多數人無法如願。雖然有 3,000 人遭到強制搬遷，但是僅有當時提出訴訟的 189 人及其子女才能自動享有返回故鄉的權利，其他大多數未參與訴訟而想要返鄉者需要申請特別許可證。就算是這 189 位受到優惠待遇的人們，也只被允許建造臨時住屋，而且只能將水用在足敷生計需求的份量。水源可能會是重大障礙，這是由於政府封閉了主要的水井。再者，任何想要從事狩獵的人必須申請許可證。這個例子顯示當代政府如何限制原住民的獨立自決及其傳統生活方式。

▲ 搜食經濟的相關現象

　　類型分類 (typologies) 是有效用的，例如柯恩所說的適應策略，因為它們提出**相關性** (correlations)——換言之，兩個 (或兩個以上) 的變項之間的關聯性或同時改變 [相關變項 (correlated variables) 係指彼此相互連結、並具有關聯性的幾項因素，例如食物攝取與體重，當其中一個發生增減，另一個往往也會改變]。在數百個社會所從事的民族誌研究中，顯示經濟體系與社會生活間的相關性。關聯到每個適應策略的是一大堆特殊的文化特質。然而，相關性很少有完美無缺的。某些搜食者欠缺某些經常跟搜食有關的文化特質；而且我們也可在採行其他適應策略

相關性
關聯性；當某個變項產生改變，其他變項也會改變。

的群體中,發現這些搜食者的文化特質。

那麼,什麼是搜食經濟體系的相關現象?依靠狩獵、採集、捕魚謀生的人們,大多生活在遊群組織型態的社會中,遊群他們的基本社會單位是**遊群** (band),這是人口少於 100 人的小群體,全都有親屬或婚姻關係。遊群規模隨著各個文化而改變,在某些社會,遊群規模經常隨著季節變化而改變。在某些搜食社會,遊群的規模一年到頭都保持一樣。在其他社會,遊群會在一年的某些時段四散。各個家庭離開聚居之處,這時以小規模人力蒐集生活資源會較有效率。過一陣子,他們又重新聚集,從事合作性的工作與舉行儀式。

這種搜食生活的典型特徵是彈性與流動性。在許多桑人 (San) 的群體,例如剛果的恩布提人 (Mbuti),人們在一生當中,可能會多次轉換自己的遊群成員身分。例如,某個人可能出生在母方親屬團體中,後來這個人的家庭可能會搬入某個父方親戚所屬的遊群。由於這些遊群採行外婚制 (人們從自己遊群之外找尋婚配對象),某個人的父母來自兩個不同的遊群,祖父母可能來自四個不同遊群。人們可以加入任何一個具有親屬或婚姻關係的遊群。一對夫妻可能住在丈夫或妻子的遊群,或在兩者之間換來換去。

搜食者社會往往是**平權** (egalitarian),這意味著人們的地位差異極少,這些差異植基於年齡、性別及個人特質與成就。例如,老人——長者——往往被尊為神話、傳說、故事與傳統的守護者;年輕一輩可能會看重長者在儀式與日常事務的特殊知識。優秀的獵人、特別有生產力的採集者,或是經驗豐富的產婆或薩滿可能受到社會認定。但我們知道搜食者的長處在於分享,而不是自吹自擂。他們的地位區隔較不關聯到財富與權力,也不是繼承而來。當我們思考「人類本性」的議題時,應當記得在我們大部分的歷史中,平權遊群是人類社會生活的基本形式。就人類在地球發展的歷史來看,食物生產的存在時間不到 1%,但是食物生產造成龐大的社會階層分化。以下我們就要思考食物生產策略的主要經濟特質。

遊群
關聯性;當某個變項產生改變,其他變項也會改變。

三、植基於食物生產的適應策略

在柯恩的社會類型當中，非工業化社會植基於食物生產的三種適應策略是粗耕、農耕與畜牧。在採行粗耕與農耕的社會，植物栽植成為經濟命脈，而在畜牧社會裡，畜養動物是關鍵。這三種適應策略都源自於非工業化社會，雖然就算在所屬國家已達某種程度的工業化之後，或許會持續存在做為謀求生計的方式。在完全工業化的社會，例如美國與加拿大，大多數的農耕變成大規模、商業取向、機械化、仰賴農業化學等。工業化社會也不採用簡單的畜牧，而是科技成熟的農場體系及牲畜管理。

食物生產者大多從事多樣的經濟活動。在柯恩的分類體系，每一種適應策略係指其主要的經濟活動。例如，畜牧者以乳汁、奶油、畜血、畜肉做為主食，但他們也藉著少量農耕或與鄰族進行交易，而取得穀類食用。

▲ 粗耕

在非工業化社會有兩種耕作類型：**粗耕** (horticulture，粗放、游耕) 與**農耕** (agriculture，集約、連續耕種)。這兩者都有別於工業化國家的商業取向農耕體系，運用大面積的土地，並仰賴機械及石化燃料。

當食物生產分別在中東及墨西哥興起時，最早的耕作者是依賴自然降雨的粗耕者。在更晚近年代，粗耕已變成——而且在許多方面依然是——在非洲、東南亞、太平洋諸島、墨西哥、中美洲及南美洲雨林等部分地區，最主要的耕作型態。

粗耕者使用簡單的工具(如圓鍬或掘棒)種植作物，他們藉著讓農地休耕一段長短不一的時間，來保存其生態體系。粗耕往往仰賴山田燒墾技術 (slash-and-burn techniques)，農民清理土地時，砍倒樹木、幼苗及小樹叢，然後把這些植物燒掉，也會在耕作前直接放火焚燒地上的雜草。山田燒墾不僅能砍除不想要的植物，更能殺死害蟲，並留下灰燼來

粗耕
非工業化社會的植物耕作體系，並有休耕。

農耕
連續與集約使用土地及勞力的耕作方式。

肥化土壤,然後農民就可在這塊清理完成的土地上種植作物、照料與收成。他們並不連續使用這塊田地;通常他們只耕作這塊田地1年到2年。

粗耕也稱為游耕 (shifting cultivation),這是因為農民會在幾塊田地之間前後轉換,而不是連續使用同一塊土地。在採用游耕的情況下,粗耕者會耕作一塊土地1到2年,放棄這塊土地,清理另一塊,然後再耕作1到2年,再放棄它,以此類推。原先這塊土地經過幾年休耕後(各個社會的休耕年數不同),即可再繼續耕作。

游耕並不意味著在農地全被廢棄後,整個村子都必須遷走。粗耕可以支持大型的永久居住聚落。在南美洲熱帶雨林的桂庫魯人 (Kuikuru),有個150人的聚落維持在同一地點長達90年 (Carneiro 1956)。桂庫魯人具有大型家屋,且建置完備。由於建築家屋所需的工作非常龐大,桂庫魯人寧可步行更遠的路途到達園圃,也不願興建一個新的聚落。他們選擇更換農地,而不是更換聚落。相對地,另一群在祕魯安地斯山丘陵地帶的粗耕者生活在大約30人的小聚落裡 (Carneiro 1961/1968)。他們的家屋較小、簡單且容易重建,因此他們在一個地方居住幾年後,然後移居到不同地點,在接近田地附近搭建新屋。他們寧可重建聚落,也不願多走半英里(800公尺)的路程才到田裡。

農耕

相較於粗耕,農耕往往需要更多勞動力,反映在它經常運用家養動物、灌溉或梯田耕作。

家養動物

許多農耕者運用動物做為生產工具——用來運輸、做為耕作工具,以及運用糞便。亞洲農耕者往往將黃牛或水牛納入植基於水稻的農耕經濟體系中。稻農在插秧前,讓牛隻踩過水田,使土壤與水分混合。許多農耕者使用牛隻犁田與耙平,完成在種植或插秧前的準備工作。農耕者也收集這些動物的糞便為農地施肥,以增加產量。動物除了做為耕作工具外,也可佩掛拖車做為運輸工具。

灌溉

當粗耕者必須等待雨季來臨才可展開種植時，農耕者可預先排定農事期程，因為他們控制水源。如同在菲律賓其他的灌溉專家，伊富高人 (Ifugao)（圖 7.2）從河流、溪流、湧泉、池塘，興築水渠來灌溉農地。灌溉使年復一年的耕作得以實現。灌溉涵養土壤的肥力，這是由於灌溉農田是個獨特的生態體系，具有許多種類的植物與動物，其中聚集著許多微小生物，它們的排泄物肥化土壤。

灌溉農田是一個資本投資，往往能提升農地的價值。開墾一塊農地直到開始收成需要花費時間，只需耕作數年後，就能達到完全的生產能力。如同其他灌溉農耕者，伊富高人在一塊田地上代代相傳。然而，在某些農耕地區（包括中東地區）灌溉水源所帶來的鹽分，可能使得這些田地在 50 或 60 年後就無法再利用。

圖 7.2　伊富高人的地理位置圖

梯田

梯田是伊富高人嫻熟的另一項農耕技術,他們的家鄉是由陡峭山脈所區隔的小河谷,由於人口稠密,人們必須在山丘上從事農耕。然而,如果他們把作物種在陡峭山坡上,在雨季,肥沃土壤與農作物可能會被水沖走。為了防止這種情況,伊富高人切割山坡,從河谷底部開始向上興建一階又一階的梯田。位於梯田上方的湧泉,供應灌溉所需的水源。興建及維持梯田系統需要龐大的勞力。梯田的山壁每年會發生崩塌,而且必須被部分重建;將水往下輸送到梯田的水渠,也需要悉心維護。

農耕的成本與效益

農耕需要投入人類勞動力,以建造與維持灌溉系統、梯田及其他工事。人們必須為馴養動物提供食物、飲水及照料。在充分的勞力投入與經營情況下,農地每年可收成一到二次,年復一年,甚至代代相傳。就單一年份的收益而言,農耕田地的產量未必能比粗耕田地更高。在長年拋荒的土地上,粗耕者所種出的首次收成,可能比同面積農耕土地的產量更高。再者,由於農耕者的工作比粗耕者更辛勞,農耕產出與投入勞力間的比例也較低。農耕的主要優勢在於,每單位面積的長期產出比粗耕多得多,且更加可靠。由於一塊田地就能讓田主維持年復一年的生活,因此沒有必要像粗耕者一樣,保留另一塊未耕作的土地,這也是農耕社會的人口密度往往比粗耕社會更高的原因。

🔺 耕作型態的連續體

因為非工業經濟體系可能兼具粗耕與農耕的特性,將各類型的耕作者安插在一條**耕作型態的連續體** (cultivation continuum) 中進行討論,將更有助於我們的理解。粗耕者處於這個連續體的一個極端──「花費較少勞力、不斷轉換的田地」;而農耕者則處於另一極端──「勞力密集、永久耕作的田地」。

我們討論這個連續體,是因為世界各地有許多中間型態的經濟體系,結合粗耕與農耕的特質──比每年更換耕地的粗耕更集約,但比農

耕作型態的連續體
土地與勞力運用方式的連續體。

耕更粗放。例如，南美洲的桂庫魯人在同一塊農地上種植木薯二到三次才休耕；在巴布亞紐幾內亞某些人口較密集的地區，農地被耕作二到三年，休耕三到五年，然後再重新種植。經過幾次循環後，這些農地被拋荒，休息一段更長時間。比起簡單粗耕，這些中間型態的經濟體系更能支持更密集的人口，我們可在西非某些地區，以及在墨西哥、祕魯及玻利維亞的高地看到。

在粗耕及農耕之間的重大差異就是，粗耕往往有個休耕期，農耕則無。

▲ 集約化：人類與環境

隨著人們增加對自然的控制，可用來從事食物生產的環境範圍就擴大了。農民住在許多區域：對於不從事灌溉者而言過於乾燥；或是對於不從事梯田耕作者而言過度陡峭的地方。農業逐漸增加的勞力集約程度與永久的土地利用方式，產生重大的人口、社會、政治與環境影響。

然而，農業是否特別會影響社會與環境？由於農民擁有永久的農地，因此他們採行定居 (sedentary)。人們生活在規模更大與存在更長久的社區，更緊鄰其他聚落。人口規模及密度的成長，增加許多人際與團體之間的接觸。出現更多維持人際關係秩序(包括各種利益衝突)的需求。這類的經濟體系能支持更多人們共同生活，在土地、勞力及其他資源的運用方面，往往需要更多的協調。

集約農耕具有重大的環境影響。灌溉溝渠與水田變成有機廢棄物、化學物品(如鹽分)，以及疾病微生物的溫床。集約農耕的擴張大多以毀滅樹木及森林為代價，砍倒樹林而以農田取代之。伴隨著森林毀滅而來的就是環境多樣性的喪失(參閱 Srivastava, Smith, and Forno 1999)。相較於粗耕，農耕經濟更趨向於專門化。農耕經濟專注於一種或多種熱量主食，例如稻米，並投注於畜養及照料有助於農耕經濟體系的動物。由於熱帶粗耕者往往同時種植數十種作物，一片粗耕田地就是仿照我們可在熱帶森林中見到的植物多樣性。相對地，農耕者藉著砍伐樹木，並專注於少數幾項主食作物，而降低了生物多樣性。

農耕者偏重穩定性，採用可靠的每年收成與長期生產來降低生產風險。相對地，熱帶搜食者與粗耕者嘗試藉著依賴多樣的物種，以及從生態多樣性獲益，藉此降低風險。農耕策略就是把全部的雞蛋放進較大且非常可靠的籃子裡。當然，就算採取農耕，也可能出現單一主食作物歉收的狀況，而引發飢荒。熱帶搜食者與粗耕者的策略是擁有好幾個較小的籃子，其中幾個可能會歉收，但不會危害到生計。一旦有許多孩童需要養育，而且有許多成人必須填飽肚子的時候，農耕的策略就是相當務實的作法。搜食與粗耕則是關聯到較小規模、較分散，以及更具活動性的人群。

有許多原住民族，特別是搜食者或粗耕者，已從事相當多的維護自身資源及保存其生態體系的工作（也請參閱 Menzies 2006）。這些社會具有傳統上分類自然資源及管理其用途的方式。然而，他們的傳統經營體系已受到國內及國際想要利用並破壞其環境的各種誘因所挑戰（參閱 Dove, Sajise and Doolittle 2011）。

四、畜牧

畜牧者
家養動物的放牧者。

畜牧者 (pastoralists) 將活動重心放在家養動物身上，例如牛隻、綿羊、山羊、駱駝與犛牛等。他們生活在北非及非洲次撒哈拉地區、中東、歐洲、亞洲等地。東非的畜牧者，如同其他畜牧社會一樣，與他們的畜群具有共生關係 (symbiosis，這是在幾個生物群體間，一種具義務性質的互動關係——在這裡是動物與人類——這對雙方都有利)。畜牧者努力保護他們的動物，並確保牠們的繁殖，藉以換得動物所提供的食物（乳製品、肉類）及其他產品（如皮革）做為回報。

人們運用各種不同方式利用牲畜。例如，北美大平原的原住民並不會吃掉他們的馬，而是只有騎馬（歐洲人重新將馬引進西半球；美洲原生種馬早在數千年前即已滅絕）。對於平原印地安人而言，馬是「貿易的工具」，用以獵捕野牛的生產工具，野牛則是他們經濟生活的首要目

標。因此，平原印地安人並非真正的畜牧者，而是將馬當成生產工具的狩獵者——就如同許多農耕者運用動物做為生產工具。

相對地，典型的畜牧者往往將牲畜當作食物，他們食用畜肉、畜血與乳汁，也運用乳汁製造優格、奶油與乳酪。雖然有些畜牧者比其他群體更仰賴動物，但不可能只靠動物來謀求生計。因此，大多數畜牧者藉由打獵、採集、捕魚、農耕與貿易，來補充他們的食物內容。

沙米人 [Samis，也稱為拉普人 (Lapps, Laplanders)] 在挪威、瑞典與芬蘭等地家養了馴鹿，這是他們的祖先在 16 世紀曾經獵捕的目標。類似其他的畜牧者，他們跟隨這些動物進行每年一度的季移，從海岸到內陸。如今，沙米人運用現代科技，例如雪上摩托車及四輪傳動車，隨著他們的牲畜沿著年度的路徑移動。其中有些人可能在筆電、平板、PDA 或智慧型手機使用馴鹿管理軟體。雖然他們的環境更加艱困，但沙米人如同其他的畜牧者一樣，生活在國族國家之中，當他們追蹤其畜群，並透過動物馴養、交換及銷售來謀生時，必須跟外人打交道，包括政府官員在內 (Paine 2009)。

搜食及農耕在工業革命之前就已遍布世界各地，與此不同的是，畜牧幾乎完全限定在舊世界。在歐洲人征服美洲前，美洲大陸唯一的畜牧者生活在南美洲的安地斯山區，他們運用駱馬與羊駝做為食物與取用皮毛，並用在農耕與運輸。在更晚近年代，美國西南部的那瓦荷人 (Navajo) 發展出一套植基於綿羊的畜牧經濟體系，綿羊是由歐洲人帶到北美地區的。人口眾多的那瓦荷人變成西半球最主要的畜牧族群。

畜牧有兩種移動方式：游牧與山牧季移。兩者都植基於畜群必須移動，以便運用在不同季節取得特定牧草地帶的事實。在**游牧** (pastoral nomadism) 型態中，整個群體——包括女人、男人與孩童——終年都隨著畜群移動。中東與北非就有許多游牧群體的例子 (參閱 Salzman 2008)。例如，在伊朗，巴瑟力人 (Basseri) 與卡什凱人 (Qashqai) 傳統上依循著一條長度超過 300 英里 (480 公里) 的游牧路線 (參閱 Salzman 2004)。

採行**山牧季移** (transhumance) 的群體，有一部分人隨著畜群移動，

游牧
家養動物的放牧者。

山牧季移
群體之中只有一部分人隨著畜群進行季節性的移動。

但大多數人們留在家鄉的聚落中。歐洲與非洲都有實例。在歐洲阿爾卑斯山區，只有牧羊人——不是整個小聚落、村子或城鎮——在夏季伴隨牲畜前往高地草原。在烏干達的圖爾卡納人 (Turkana)，男人與男孩隨著畜群前往遠處的草原，但是大部分村人留在原地從事粗耕。在他們每年的路徑中，游牧者向其他定居群體進行貿易，交換穀物及其他產品。山牧季移者並不必然需要貿易交換穀物。由於只有一部分的人隨著畜群上山，山牧季移者可維持長年存在的聚落，並種植他們的穀物。(表 7.1 歸納了柯恩所提的適應策略的主要特徵。)

◆ 表 7.1　柯恩的適應策略 (經濟類型)

適應策略	又名	主要特徵／不同類型
搜食	狩獵採集	活動性、運用自然資源
粗耕	山田燒墾、游耕、旱作	休耕期
農耕	集約農耕	連續不斷的土地利用方式，勞力的集約運用
畜牧	放牧	游牧與山牧季移
工業化	工業生產	工廠生產、資本主義、社會主義生產

五、生產模式

經濟體系
對於資源的生產、分配與消費體系。

經濟體系 (economy) 就是生產、分配及消費各項資源的體系；經濟學 (economics) 則是對各種經濟體系的研究。經濟學家聚焦於現代國家與資本主義體系，人類學家則藉由蒐集非工業化社會的經濟體系資料，擴展我們對經濟原則的理解。經濟人類學 (economic anthropology) 對於經濟學的研究，提供比較觀點 (參閱 Carrier 2012; Chibnik 2011; Gudeman 2016; Hann and Hart 2011; Sahlins 2011)。

生產模式
對於資源的生產、分配與消費體系。

生產模式 (mode of production) 是組織生產的方式——「一套由許多社會關係所構成的組合，透過它，人們藉由工具、技術、組織與知識等，運用勞力從自然中取得能量」(Wolf 1982: 75)。在資本主義生產模式中，

貨幣可以購買勞動力，而且在生產過程中的人們（雇主與勞工）之間存在著社會鴻溝。相對地，在非工業化社會裡，勞力往往不是可買賣的，而是做為一種社會義務而施予他人的。這種以親屬為基底 (kin-based) 的生產模式，生產工作的互助是較大社會關係網絡的諸多表現型態之一（參閱 Graca and Zingarelli 2015）。

前面討論的社會，代表著每一種適應策略（如搜食），往往具有大致類似的生產模式。在某個特定生產策略當中，所具有的生產模式差異，可能反映著環境、目標資源或文化傳統的差異。那麼，搜食生產模式可能植基於個別的獵人或狩獵團隊，這是視獵物是獨居或群居動物而定。採集大多比狩獵更具個人色彩，即使說人們可能在某些充裕的植物資源成熟且必須快速採收之際，組成採集隊伍。例如，捕魚可由個人獨力完成（如在冰層中捕魚，或以魚槍捕魚），或採取團隊方式（如在海上捕魚或獵捕海洋哺乳類）。

▲ 非工業化社會的生產

雖然某些關聯到年齡與性別的經濟勞力分工是文化普同性，然而指派給各個性別或年齡層的工作可能大大不同。許多粗耕社會將主要生產角色指派給女人，但有些社會則讓男人負責主要工作。相似地，畜牧者大多由男人照料大型動物，但某些社會由女性負責擠乳。在某些耕作社會，工作是透過團隊合力完成；但在某些社會由較小規模的群體或個人完成。

馬達加斯加的貝其力奧人 (Betsileo) 從事水稻耕作時，有兩個階段需要團隊合作：插秧與收割。團隊規模大小依據田地面積而定。插秧與收割都呈現傳統上藉由年齡與性別的勞力分工，這是貝其力奧人所熟知的，而且跨越世代、相沿成習。插秧的頭一項工作由年輕男人牽引牛隻，在先前土壤結成硬塊的水田中踩踏，以便讓土壤與水分混合。他們在準備插秧前，帶著牛隻踩踏田地。年輕男人吆喝與鞭打牛隻，試著讓牠們進入暫時瘋狂的狀態，使得田地經過適度踩踏。踩踏過程會使土壤硬塊破碎，並與灌溉水分混合，變成柔軟的泥巴，讓女人將秧苗插入其中。

這些負責踩踏者一離開田地,年長女人就立刻到達。她們用鏟子敲碎牛隻沒有踩到的那些土塊。在此同時,田主及其他成人鏟起秧苗,帶到田地裡開始插秧。

在4或5個月後的收成時節,年輕男人從稻梗上把稻穗割下來,年輕女人把稻穗帶到田地上方的空地,由年長女人排列並堆疊起來。最年長的男女站在稻穗堆上,用腳踩踏使它變得緊實。3天後,年輕男人進行脫粒,將稻穗往石頭上敲打,讓穀粒脫離。年紀更長的男人則用木棍敲打稻穗,以確定所有的穀粒都已脫落。

貝其力奧人在稻米種植的其他大部分工作,則由個別田主及其家人完成。家中所有成員都要協助拔除稻田的雜草。男人的主要工作是用鏟子或犁耕田。男人修復灌溉及排水系統,以及區隔兩塊田地的田埂。然而對其他的農耕者,修補灌溉系統則是需要團隊合作與共同勞動的任務。

▲ 生產工具

在非工業化社會,勞動者與生產工具間具有更緊密的關係(相較於工業國家)。**生產工具(或要素)**(means, or factors, of production),包括土地(領域)、勞力、技術與資本。

土地

在搜食者當中,人們與土地的連結關係並不像食物生產者那麼長久。雖然許多遊群具有領域,但這些領域間的界線標示並不清楚,也無法有效行使領域之內的權益。獵人與獵物的利害關係,在於他曾跟蹤這隻獵物,或是將塗上毒藥的箭頭射進獵物體內,比獵物最後死在什麼地方更重要。個人取得使用遊群領域的權利,是藉由他在這個遊群出生的事實,或是透過親屬、婚姻、擬親的連結關係而加入這個社群。在非洲南部的波札那,朱侯安西桑人婦女的工作供應一半以上的食物,她們習慣採收某個特定區域的莓子樹。然而,當某個女人轉換所屬的遊群時,就會立刻取得一塊新的採收區域。

生產工具(或要素)
對於資源的生產、分配與消費體系。

在食物生產者當中，取得生產工具的權利也來自親屬關係與婚姻。在非工業化社會的產食者當中，**繼嗣群體**(其成員宣稱具有共同祖先的群體)相當常見，由共同始祖繁衍的後代共享這個群體的領域與資源。如果其適應策略是粗耕，他們的土地資產就包括現耕的園圃，以及游耕所需的休耕土地。身為繼嗣群體的成員，畜牧者可取得牲畜，開始培養自己的畜群、種植牧草、經營園圃，或取得其他的生產工具。

勞力、工具與專業化

就像土地，勞力也是一種生產工具。在非工業化社會，土地與勞力的取得皆是來自各種社會連結，例如親屬、婚姻與繼嗣。生產的互助行為不僅僅是持續進行的諸多社會關係之一。

非工業化社會與工業化社會的對比在於另一種生產工具：技術。手工製作往往關聯到年齡及性別。女人可能從事編織、男人可能從事製陶，也可能相反。處於某個特定年齡或性別的人們，都會共同具備跟該年齡或性別有關的技術。如果某個社會習慣由已婚婦女製作編籃，那麼每一位或大部分的已婚婦女都會知道如何著手。無論就技術或技術知識而言，專業化程度都不會像國家社會一樣多。

但是，有些部落社會確實提倡了專業化。例如，在委內瑞拉與巴西的亞諾馬米人(Yanomami)(圖7.3)，有些部落製作陶器，有些部落則製作吊床。他們並不像某些人所假定的，因為某些原料正好可在某些部落附近取得，才出現專業化。許多地方都可取得適合製作陶器的黏土。每個人都知道如何製作陶器，但並非每個人都從事這項工作。工藝專業化所反映的是社會與政治環境，而不是自然環境。這種專業化促進貿易，這是跟

圖7.3 亞諾馬米人的地理位置圖

各個敵對部落建立聯盟關係的第一步 (Chagnon 1997, 2013)。專業化對維持和平具有貢獻，即使它依然無法防止村落之間的戰爭。

▲ 工業化經濟體系的異化

在工業化與非工業化經濟體系間，存在著一些重要的對比。當工廠工人的生產是為了銷售及雇主利潤，不再是為自己的用途時，他們可能跟自己所製造的項目產生異化 (alienation)。異化意味著，他們不再對自己的產品感到強烈自豪或個人認同。他們把這些產品視為別人的產品，而非屬於實際運用勞力生產這些東西的男人或女人。相對地，在非工業化社會，人們往往能看到自己的作品從開始到完成的過程，並且對這個產品具有成就感。勞力的果實屬於自己，而非別人 (本章的「聚焦全球

聚焦全球化
美國的全球經濟

經濟體系植基於生產、分配與消費。現在這些過程全部具有全球的，而且逐漸不具個人關係的面向。我們每天所消費的產品、影響與資訊，可能來自全球任何地方。美國人最近從網站、連鎖企業分店或雜貨店買到的東西，有多大可能是美國製造的？而不是加拿大、墨西哥、祕魯或中國？

有許多美國的東西已變成國際的。想一想人們所熟悉的「美國」品牌：好心情冰淇淋 (Good Humor)、法式芥茉醬 (French's Mustard)、富及第家電 (Frigidaire)、愛迪達 (Adidas)、嘉里伯咖啡 (Caribou Coffee)、教堂炸雞 (Church's Chicken)、喬伊有機超市 (Trader Joe's)、假期飯店 (Holliday Inn)、迪奧香皂 (Dial Soap)、T-Mobile 電信、收費站餅乾 (Toll House Cookies)，它們全都由外國人所擁有。下列指標性的品牌也被外國公司買走：百威啤酒 (Budweiser)、我可舒適藥廠 (Alka-Seltzer)、家樂調味醬 (Hellmann's)、IBM ThinkPad 筆電、Ben and Jerry's 冰淇淋、7-Eleven 便利商店、冰棒 (Popsicle) 冰品、《婦女日》雜誌 (Women's Day)、普瑞納寵物食品 (Purina)、嘉寶嬰幼兒用品 (Gerber)、凡士林肌膚保養用品 (Vaseline)、Lucky Strike 香菸、汎世通輪胎 (Firestone)、《人車誌》(Car and Driver) 等。

同樣由外國人所擁有的美國建築地標，例如紐約的廣場飯店 (Plaza Hotel)、熨斗大樓 (Flatiron Building)、克萊斯勒大樓 (Chrysler Building)，再加上印地安納收費道路 (Indiana Toll Road) 與芝加哥天際公路 (Chicago Skyway)。有一位巴西億萬富翁現在擁有漢堡王 (Berger King) 的重要股權，這家連鎖企業在全球擁有超過 12,000 家分店。

美國有許多東西，包括國家債券的一半，現在屬於外國人。依據巴特烈特 (Bruce Bartlett 2010) 的研究，美國國債由外國人持有的比例，在 1970 年代僅有 5%，從那時就開始大幅增長。自從 1970 年代，產油國家就將利潤投資在美國的國庫券，這是著眼於流通性及安全性。1975 年，美國國債的外國人持有比例已達 17%，這個比例一直維持到 1990 年代，此後

化」專欄描寫了今日全球經濟體系逐漸增加的非個人性質)。

在非工業化社會，共同工作者之間的經濟關係，只是更普遍的社會關係的其中一個層面。他們不僅是共同工作者，更是親人、姻親，或同個儀式的參與者。在工業化國家，人們往往不會與親戚及鄰居一起工作。如果共同工作者成為朋友，這種個人關係大多從他們共同的工作發展出來的，而不是植基於先前存在的連結關係。

因之，工業化社會的勞動者與他們的產品、共同工作者、雇主間，具有非個人的關係。人們出賣勞力以獲得金錢，而且經濟領域脫離了日常社會生活。然而，在非工業化社會，生產、分配與消費的關係都是帶有經濟層面的社會關係。經濟體系並非一個獨立存在的實體，而是嵌合 (embedded) 在這個社會中。

中國開始大量購買國庫券。到 2009 年，外國人已持有美國國債公開發行部分的將近一半。

網際網路是 21 世紀全球經濟的維生器官。各種產品——音樂、電影、衣服、應用程式、本書等，你想要什麼就有什麼——全都透過網際網路生產、行銷與消費。散布在世界各地 (也許在不同大陸) 的經濟活動，可同時在線上協同進行。昔日必須仰賴面對面接觸而進行的活動，現在可採取不需個人溝通的方式完成，而且往往是跨越遙遠的距離。當你透過網際網路買東西，可能唯一需要交談的對象是貨運司機 (或郵差)。接收並處理你在亞馬遜書店訂單的電腦可能位於不同的大陸。你所訂購的貨品可能來自世界任何一個地方的倉庫。跨國金融已將地方生活的經濟控制權轉移給外國人 (參閱 Kennedy 2010)。例如，希臘人就責難德國人所施予的財政緊縮政策。

今日的全球經濟究竟跟美國詩人朗費羅 (Henry Wadsworth Longfellow, 1807-1882) 眼中的生產——高尚、地方、自主——有何不同？

在一株繁茂的栗樹下，
有家鄉村鐵匠鋪……
勞累——歡樂——悲傷，
一生中他努力向上；
每天早晨他看著工作開始，
每天晚上又看著它結束。

[(朗費羅詩作，〈鄉村鐵匠〉
(The Village Blacksmith)，1839)][1]

---

1 譯注：譯文引自美國在台協會網站 (InfoUSA 2010-2011 ／藝術與文化／美國文化／美國作家 L 到 Z ／亨利・沃茲沃恩・朗費羅)(http://www.ait.org.tw/infousa/zhtw/PUBS/AmReader/p147.htm)，擷取日期：2012 年 12 月 15 日。

▲ 工業異化的案例

最近數十年來，馬來西亞政府提倡出口導向的工業，容許跨國公司持續在馬來西亞農村設置勞力密集的生產工廠。馬來西亞的工業化是全球策略的一部分。總部設在日本、西歐與美國的公司，為了找尋更廉價的勞工，逐漸將勞力密集的工廠移到發展中國家。馬來西亞現在有數以百計的日本及美國企業的子公司，主要生產服裝、食品與電器零件。在馬來西亞鄉下的電器工廠，數以千計來自農村家庭的年輕女性在那裡組裝電子晶片與電子零件，製作電晶體收音機與電容器。王愛華 (Aihwa Ong 1987, 2010) 進行一項對電器組裝工人的研究，當地有 85% 的工人來自鄰近鄉村的未婚年輕女性。

王愛華發現，有別於鄉村婦女，工廠女工必須面對一套嚴密的工作流程以及男人的經常監督。在地方的學校裡，女孩子學會工廠所看重的紀律，學校制服也有助於她們熟悉工廠的服飾型態。鄉村婦女穿著寬鬆飄逸的短外衣、沙龍裙與拖鞋，但工廠女工則必須穿著整齊的工作服與厚重橡皮手套等，這令她們感到束縛。組裝電器零件需要精準、全神貫注的勞工。要求嚴格、耗盡體力、缺乏人性的勞動，顯示知識活動與手工活動的分離，馬克思認為這是界定工業化工作的特徵——異化 (alienation)。有位女人提到老闆時指出：「他們讓我們感到筋疲力竭，好像他們根本沒有想到我們也是人」(Ong 1987: 202)。在薪資低廉、工作機會不穩定，以及家人對薪水有所需索的情況下，工廠工作並未為女人們帶來實質的收入回報。年輕女人往往只能工作個幾年。生產配額、每 3 天工作輪調、超時工作以及監看，造成心理與身體的耗盡。

對工廠生產關係的一項回應就是精靈附身 (工廠女工被精靈所附身)。王愛華將這個現象詮釋為：在工業化情境當中，針對勞動紀律與男性掌控所發動的潛意識抗爭。有時附身行為是集體的歇斯底里現象。精靈同時侵犯了多達 120 位的工廠女工。虎人 (這是馬來西亞類似其他地方的狼人) 來到這裡，以報復工廠建在原住民的墓地上。受到侵擾的土地與墳墓靈魂聚集在工廠，起初女人看見這些鬼魂，緊接著她們的身體就被鬼魂侵入。這些女人變得暴戾與放聲亂叫。心存報復的虎人讓女

人們逐一發作，哭泣、狂笑或尖叫。為了處理這些精靈附身，工廠僱用了當地術士，以雞或羊為犧牲，企圖抵擋這些鬼魂。這個解決方法只會奏效一陣子，附身現象依然持續發生。女工持續扮演著靈媒角色，以表達自己的挫折感，以及那些心存報復鬼魂的憤怒。

王愛華指出，靈魂附身現象表現由資本主義生產關係所引起的極端痛苦，以及對這種生產關係的抗拒。然而，她也提到，藉由這種抗爭形式，工廠女工避免與這些問題的來源正面衝突。王愛華提出結論：精靈附身雖然表達受壓抑的不滿情緒，卻無助於改善工廠條件（其他策略可能會發揮更大效果，例如籌組工會）。靈魂附身現象甚至有助於維持現有的體系，對累積已久的緊張提供安全閥。

六、經濟有效運用與利益極大化

經濟人類學家向來關注兩個重要問題：

1. 不同的社會，如何組織其生產、分配與消費？這個問題聚焦於人類行為及其組織的各種體系。
2. 在不同的文化中，有什麼動機促使人們進行生產、分配或交換，以及消費？這裡的焦點並不是放在各種行為體系，而是參與這些體系的個人所具有的動機。

人類學家以跨文化觀點同時探討經濟體系與動機。動機是心理學家的議題，但它也隱約或明確成為經濟學家與人類學家的探討主題。經濟學家往往假定生產者與分配者能夠理性運用獲利動機 (profit motive) 進行決策，就像到處比價以找尋最佳價值的消費者。雖然人類學家知道獲利動機並非普同的，但對於資本主義經濟體系與許多西方經濟學理論而言，個人嘗試極大化其利益是個基本假設。事實上，這個經濟學主題往往被定義為**經濟有效運用** (economizing)，或是將稀少的資源（或手段）分配到可選擇目標（或用途）上的理性配置（參閱 Chibnik 2011）。

經濟有效運用
將稀有的經濟手段（資源）配置到各項可選擇的目標當中。

這意味著什麼呢？古典經濟理論假定，我們的欲望無窮，但資源有限。由於資源有限，人們必須進行決策，如何使用其稀有資源：時間、勞力、金錢及資本(本章的「領會多樣性」專欄中，論辯人們往往基於稀少性而進行經濟選擇的這個概念)。經濟學家則假定，當人們面臨選擇與決策時，會傾向做出能爭取最大利益的選擇，這被假定為最理性(最合理)的選擇。

個人進行選擇以極大化(maximization)其利益，這個概念是19世紀古典經濟學家的基本假定之一，也是許多當代經濟學家所抱持的假定。然而，某些經濟學家目前體認到，在西方文化中的個人，就像其他文化一樣，可能會被許多其他目標激勵。這是端視社會與情境而定，人們想要爭取的東西，可能是利益、財富、聲望、愉悅、舒適或社會和諧。個人可能想要實現個人或家庭的雄心壯志，或他們所屬的另一個團體的目標(參閱 Chibnik 2011; Sahlins 2011)。

▲ 其他類型的資金開銷

在各個不同社會，人們會把他們的稀少資源配置在什麼用途上？在世界各地，人們提出一些時間與精力，以儲備生計資金(subsistence fund)(Wolf 1966)；換言之，他們必須工作才可求得溫飽，補充他們在日常活動所消耗的熱量。人們也必須投注在替換資金(replacement fund)，他們必須維持生產所需的技術及其他項目。如果鋤頭或犁破損了，就必須修理或替換；也必須取得與替換一些並非生產所需的日常生活項目，例如衣服及房屋。

人們也必須投資在社會資金(social fund)。他們必須協助朋友、親戚、姻親、鄰居。將社會資金與祭儀資金(ceremonial fund)劃分開來是有幫助的，後者係指祭典或儀式的開銷。例如，若要舉行紀念祖先的儀式，就需要花費時間與金錢。

居住在國家的公民也必須將稀有資源配置在租金資金(rent fund)上。我們往往將租金想成為了使用某項財產而支付的費用。然而，「租金資金」具有一個更大意義，意指人們必須將某些資源支付給政治經濟

階層的上位者。例如，佃農 (tenant) 必須付出租金；採行實物租的佃農 (sharecropper) 則必須將農作收成的一部分留給地主，就如同古代歐洲封建體系下的鄉民。

鄉民 (peasants) 是小規模的農耕者，他們生活在非工業化國家，並具有支付租金資金的義務。他們生產農產品以供應自己所需、出售產品與支付租金。所有的鄉民具有兩個共同點：

1. 他們都生活在具有國家組織的社會中。
2. 他們都生產食物，但沒有使用先進的技術——現代農耕或農企業所使用的化學肥料、曳引機、飛機等。

除了付租金給地主外，鄉民還必須滿足政府的各項義務，以貨幣、產品或勞動的方式支付稅金。對於鄉民而言，租金資金不僅是一項額外的義務，這往往變成他們最大且無法逃躲的責任。有時為了滿足支付租金的義務，自己的糧食需求就會受到影響。支付租金的需求可能使他們必須從各類資金 (生計、替換、社會、祭儀) 挪出一部分。

動機隨著不同社會而異，而且人們在配置他們所擁有的資源時，往往缺乏選擇自由。基於支付租金的義務，鄉民可能無法將其稀少資源配置到自己的目標，而是必須配置給政府官員。因此，即使在具有獲利動機的社會，人們往往受限於超乎其所能控制的因素，無法理性地極大化個人利益。

> **鄉民**
> 經營規模較小的農耕者，具有支付租金基金的義務。

七、分配、交換

經濟學家博蘭尼 (Karl Polanyi 1968) 促進對交換的比較研究，而且有多位人類學家跟隨他的領導。為了從跨文化角度研究交換，博蘭尼界定三種導引著交換的原則：市場原則、再分配、相互關係。這些原則可能同時出現於同一個社會，但在這種情況下，它們分別掌控著不同的交易類型。在任何一個社會中，往往會有其中一種交換原則居於主導地

位。這種主導性的交換原則，也就是該社會配置其生產工具的原則（參閱 Chibnik 2011; Hann and Hart 2011）。

領會多樣性

稀少性與貝其力奧人

在文化多樣性的領域，感知與動機可能會隨著時間而發生重大改變。思考一下馬達加斯加的貝其力奧人，從我開始研究他們至今數十年間所發生的變遷。一開始，相較於當代的消費者，貝其力奧人很少感知到稀少性。現在，隨著人口增加及貨幣取向經濟體系的散播，相對於他們的生產工具，人們所感知的欲望及需求已增加許多。當人們越來越想尋求利潤時，動機也發生改變，即使這意味著向鄰居偷竊或摧毀祖傳的農場。

從 1960 年代晚期，吾妻與我生活在馬達加斯加的貝其力奧人社會中，研究他們的經濟體系與社會生活（Kottak 1980, 2004）。就在我們抵達當地不久，我們遇到兩位受過良好教育的教師，這對表兄妹對這項研究感興趣。這位女子的父親是國會議員，在我們停留期間，他擔任內閣部長。這兩位教師朋友告訴我們，他們來自一座具歷史重要性的貝其力奧人典型村落，名為伊發托（Ivato）。他們邀請我們一同造訪。

在此之前，我們已造訪幾個貝其力奧人村落，我們往往因為村人的迎接方式而感到不舒服。當我們開車進入村子時，孩童們一邊尖叫，一邊跑開；女人趕緊跑進房子；男人退到屋子門口，羞怯地躲在那裡。這個行為呈現貝其力奧人對恩帕卡福（mpakafo）的極大恐懼。馬拉加西人相信吸血鬼恩帕卡福會挖出受害者的心肝，然後吃個精光。據說這些食人魔的皮膚白皙且身材高大。由於我有白皮膚且身高超過 6 英尺（183 公分），自然受到懷疑是恩帕卡福。據人們所知，這些怪物並不會與妻子同行，這有助於我說服貝其力奧人，我確實不是恩帕卡福。

當我們造訪伊發托，我們發現當地居民不一樣──友善且好客。我們在造訪的頭一天進行一場簡短普查，找出誰住在哪個家戶。我們學會人們的名字，他們與這位學校教師的關係，以及他們彼此之間的關係。我們遇到一位極佳的報導人，他瞭解所有的地方史細節。在某些午後時光，我所學到的東西比起在其他聚落花上幾個月所得到的更多。

伊發托人相當樂於交談，因為我們有極為強大的支持者，他們是這個村落與外在世界取得聯繫之人，伊發托人相信這些人會保護他們。兩位學校教師為我們擔保，但更重要的是這位內閣部長，他在這個鎮上就如同祖父與恩人。伊發托人沒有理由害怕我們，因為這些老師在地方上更具影響力的兒子，已經要求人們回答我們所提的問題。

我們一搬進伊發托，老人們就建立每天晚上來造訪我們的習慣。他們來這裡談論事情，一方面受到這兩個喜歡提問的外國人所吸引，更是受到我們提供的酒類、香菸與食物所吸引。我詢問關於他們風俗習慣的問題。到最後我發展出針對各種不同主題的訪談表格，包括稻米生產議題。我油印這些表格，以便運用於伊發托，以及其他兩個研究較不深入的村落。我曾經從事的訪談工作，再也沒有比在伊發托更順利的。

當我們的停留接近尾聲，在伊發托的朋友開始感到悲傷，他們說：「我們會想念你們的。你們離開後，就不會再有香菸、酒類，或再有人向我們提問題。」他們揣想著，我們回到美國的生活會是什麼樣子。他們從我的說明知道，我們在美國有一部車子，而且我經常買東西，包括我分享給他們的酒類、香菸及食物。

▲ 市場原則

在今日的世界資本主義經濟體系，**市場原則** (market principle) 居於主導地位。它掌控著生產工具的分配狀況，包括土地、勞力、自然資源、

市場原則
依據供給與需求，進行購買、銷售與估價。

我有足夠的經濟能力，購買一些他們可能不會擁有的東西。他們下了一個註解：「當你回到你的國家，你需要一大筆錢用來購買汽車、衣服與食物。我們不需要買那些東西。我們幾乎能製作每一樣我們所用的東西。我們不需要像你一樣有錢，因為我們為自己生產。」

對於非工業化社會的人們而言，貝其力奧人的想法是司空見慣的。美國的消費者可能覺得貝其力奧人是奇怪的，但這些稻米耕作者確實相信，他們擁有自己所需的一切。這個來自 1960 年代貝其力奧人的啟示在於，經濟學家視為普同的這個稀少性概念，是因地而異的。雖然非工業化社會確實會發生短缺，但在穩定的生計取向社會較少發展出稀少性 (不充足的生產工具) 的概念，這對比於以工業主義為特色的社會，尤其是對消費財貨的依賴程度增加時。

然而，隨著過去數十年來的全球化浪潮，某些重大變遷已影響貝其力奧人，以及大多數的非工業化社會人群。我最近一次造訪伊發托是在 2006 年，在那裡貨幣與人口快速增加的影響顯而易見——並遍及馬達加斯加各地——全國的經濟成長率每年大約是 3%。馬達加斯加的人口在 1966 年到 1991 年之間加倍——從 600 萬人增加到 1,200 萬人。如今已超過 2,200 萬人——幾乎是我首次在那裡進行田野工作時的 4 倍人口需要填飽肚子。人口壓力的一項結果就是農業集約化。伊發托的農民先前在稻田只種植水稻，目前在稻子收割後，在同一塊田地上種植經濟作物，例如胡蘿蔔。另一個影響伊發托的變遷則是社會政治秩序瓦解，由漸增的貨幣需求所助長。

牛隻偷竊是逐漸增加的威脅。偷牛賊 (有時來自鄰近村落) 正讓先前安全無虞的村民感到恐懼。某些被竊牛隻被送到海邊，外銷到鄰近的島嶼。在這些偷牛賊當中，比較引人矚目的是受過良好教育的年輕人，他們在學期間較長，足以跟外人坦然協商，但他們無法找到正式工作，而且並不願意像祖先一樣在稻田裡工作。正式教育體系讓他們嫻熟外界的制度與規範，包括對貨幣的需求。稀少性、商業與負面互欺關係等概念，目前盛行於貝其力奧人。

在我最近幾次造訪貝其力奧鄉村時，也見到晚近發生的對貨幣著迷的驚人證據。在伊發托的村落活動中心附近，我們遇到一個人正在兜售寶石——電氣石，這種石頭是湊巧在當地稻田裡發現的。在這個角落，我們看到一處驚人的景象：數十位村民正在摧毀祖先的資產，挖掘一大片的稻田，以找尋電氣石——這是貨幣侵蝕當地生計經濟體系的明證。你不能依靠吃寶石來填飽肚子。

在貝其力奧人的故鄉，人口成長與密度正在迫使人們向外遷移。在當地，土地、工作與貨幣都是稀有的。有一名女子，她的祖先來自伊發托，目前住在馬國首都 (安塔那那利佛)，提到目前伊發托的年輕人約有一半居住於那座城市。雖然她有點誇大其詞，然而一項針對伊發托後裔的人口普查資料顯示，確實顯示著大量遷移與都市人口。

伊發托的晚近歷史，就是逐漸增加對貨幣經濟體系的參與。這個歷史連同漸增的人口對地方資源的壓力，已使得稀少性對於伊發托人及其鄰近村落而言，不僅是一個概念，更是一個事實。

技術、資本。「市場交換係指有組織的購買與銷售,這是以貨幣價格計算的」(Dalton 1967; 也請參閱 Hann and Hart 2009)。採用市場交換原則的情況下,財貨項目被購買與販售、使用貨幣、使利潤極大化的目標、價格由供需法則所決定(一旦東西變得更加稀少,或更多人想要它們時,價格就會更高)。

討價還價 (bargaining) 是市場原則交換型態的特色。買家與賣家盡可能極大化自己的利益——讓他們的「貨幣更值錢」。在討價還價的過程,買家與賣家並不一定要親自碰面。但他們的喊價與還價,必須容許在一段極短時間內進行協商。

▲ 再分配

再分配
財貨朝中心移動,然後再由中心流出;酋邦的特色。

當財貨,例如年度收成的一部分,從地方層次朝向中心移動時,**再分配** (redistribution) 就開始運作,到最後這些東西會從這個中心流出。這個中心可能是首都、區域收集點,或是靠近酋長住家的倉庫。各項產品經常透過政府的上下層級系統,朝向位於中心的倉庫移動。沿著這條途徑,各級政府官員及其隨從可能用掉其中一部分,但從來不會全部用光。在到達中心之後,財貨的流動方向最終反轉過來——由中心分配出來,沿著這套層級系統而下,最後回到平民。再分配是各種財貨從不同區域向中心點移動的方式,在中心點儲存這些財貨,到最後供應給大眾。許多宗教所鼓勵的什一捐習俗就是一種再分配,因為教會所收到的捐款可以用來(再分配)嘉惠有需要的人。

再分配體系的例證之一來自切洛磯人 (Cherokee) ——美國田納西河谷原來的主人。昔日,生產力豐沛的農夫依賴玉米、豆類與南瓜來維持生計,輔以狩獵與捕魚。切洛磯人有酋長,他們的每個主要村落都有一座中央廣場,這是酋長議會的開會地點,也是舉行再分配盛宴的地點。依據切洛磯人的習俗,每個家庭農場都會留下一塊區域,把其中的收成交給酋長。這些玉米可用來救助窮人、提供給經過盟友區域的旅行者與戰士。這個倉庫的食物可讓任何有需要的人取得,只要人們瞭解這是「屬於」酋長的,而且是透過他的慷慨而散播出去的。酋長也會在這些主要

聚落舉行再分配盛宴。在那些場合裡，平民能夠享用他們先前以酋長名義捐出去的產品 (Harris 1978)。

▲ 相互關係

相互關係 (reciprocity) 是相互往來的行動——退還、報恩、償債。經濟人類學家將這個術語更明確用在社會對等單位之間的交換，這些單位大多藉由某種緊密的個人連結，例如親屬、婚姻及其他，而產生關係。由於這個行為發生在社會對等單位間，因此在平權社會——搜食者、耕作者、畜牧者——居於重要位置。

有三種型態的相互關係：一般性相互關係、平等互惠關係、負面互欺關係 (Sahlins 1968, 2011; Service 1966)。可以將這三者想像成一個連續體的不同區域，這由以下兩個問題所界定：

1. 參與這項交換的各個單位間的關係，究竟有多緊密？
2. 禮物的相互交換究竟有多麼迅速與無私？

一般性相互關係是最單純的相互關係類型，這是具有緊密關係的人們間的典型交換形式。在平等互惠關係中，社會距離及相互關係的需要同時增加了。在負面互欺關係中，社會距離最遠，而且相互關係必須被仔細計算。這整個範圍，從一般性相互關係到負面互欺關係，稱為**相互關係的連續體** (reciprocity continuum)。

在**一般性相互關係**中 (generalized reciprocity)，某個人將東西贈與另一個人，卻不預期任何具體或立即的回報。這種交換(包括當代美國父母送給孩子的禮物)本質上並非經濟交易，而是個人關係的展現。大多數的父母不會仔細記錄花在子女身上的時間、金錢與精力。他們只希望子女將來會尊重文化習俗，包括對父母的愛、親情、榮譽、忠誠及其他責任。

在搜食者社會中，一般性相互關係——無私地給予，而不求立即回報——往往是最主要的交換形式。人們平常就跟遊群的其他成員分享食物。對於朱侯安西的桑人(圖 7.4)的研究發現，在當地人口當中，有 40% 對於食物供應幾乎完全沒有貢獻 (Lee 1968/1974)。孩童、青少年與

相互關係
掌控著一群社會對等單位間的交換原則。

相互關係的連續體
從一般性相互關係(緊密關聯／延遲回報的)到負面互欺關係(陌生人／立即的回報)的這套連續體。

一般性相互關係
介於緊密關聯的個人之間的交換原則。

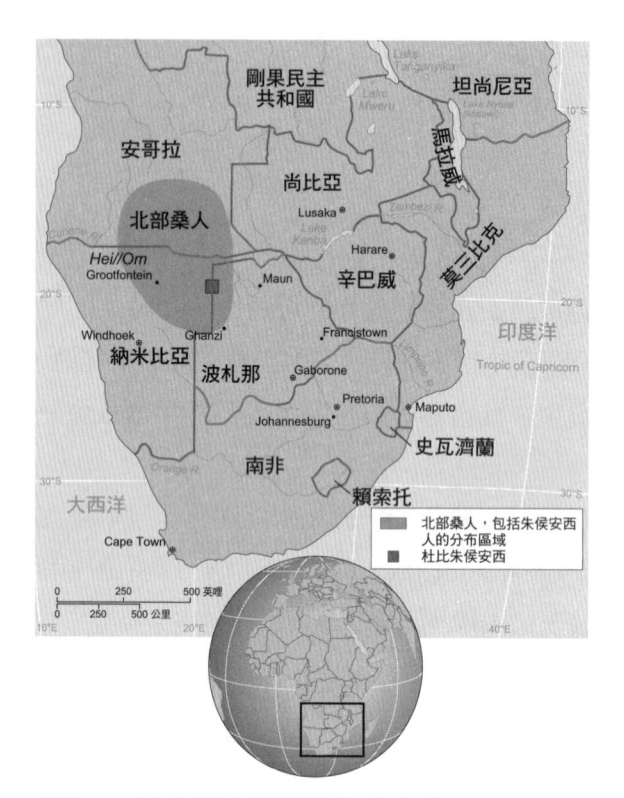

圖 7.4　桑人的地理位置圖，包括朱侯安西在內

60 歲以上的老人依賴他人給予食物。即使有這麼高比例的依賴者，工作者平均花在狩獵或採集的時間 (每個星期約 12 到 19 小時)，大概還不到美國人平均工時的二分之一。無論如何，隨時都會有食物，因為不同的人在不同的日子出外工作。

　　這種相互分享的倫理非常強大，以至於大多數搜食者都缺乏用來表達「感謝你」的口語。表達謝意可能是不禮貌的，因為這會暗指分享是一件不尋常的事情，然而這卻是平權社會的基礎。在馬來西亞中部的搜食族群瑟邁人 (Semai)(Dentan 1979, 2008)，如果要表達敬意，就會對獵人的慷慨或成功，表現出驚訝的神情 (也請參閱 Zhang 2016)。

　　平等互惠關係 (balanced reciprocity) 所描寫的交換，其對象人群的社會距離，比起我們的同一個遊群或家戶更遙遠。例如在粗耕社會，某個男人送禮給鄰村的某個人，這個對象可能是個表親、貿易夥伴或兄弟

平等互惠關係
相互關係的連續體的中間點，介於一般性相互關係與負面互欺關係之間。

的擬親。送出禮物者希望得到某些東西做為回報。這個回報可能不會立刻到來，但如果得不到任何回報，社會關係就會變得緊張。

在非工業化社會的交換，也可做為**負面互欺關係** (negative reciprocity) 的例證，主要對象是位於社會體系之外或邊緣的人們。對生活在一個由緊密人際關係所建立的世界中的人們來說，跟外人的交換充滿著模稜兩可及互不信任。交換是與外人建立友善關係的途徑之一，但這個關係依然非常緊張，尤其在交易開始時。這種初次見面的交換行為，往往非常類似純粹的經濟行為；人們希望立刻可以拿回一些東西。這就像在市場經濟體系一樣，但這個交換過程並未使用貨幣，他們嘗試針對這項投資，取得最佳的可能立即回報 (參閱 Clark 2010; Hann and Hart 2009)。

一般性相互關係與平等互惠關係植基於信任及社會連結關係。但負面互欺關係包含盡可能運用最小的花費來拿取某些東西，就算這個行為意味著精明、狡猾或欺騙。負面互欺關係最極端與「負面」的例子，就是 19 世紀北美印地安人原住民的盜馬──男人潛進鄰近部落的營帳與村子偷走馬匹。現在的東非庫利亞人 (Kuria) 的部落間，一種類似的偷牛行為依然持續進行 (Fleisher 2000)。在這些例子中，展開掠奪的一方可以預期對方的相互行為──對自己村子的另一場掠奪，或更糟的情況。庫利亞人會追捕偷牛賊並殺掉他們，這也是相互行為，其規則是「以牙還牙」。

有一種方法可以減低在負面互欺關係情境當中潛存的緊張關係，就是從事「沉默交易」(silent trade)。例如，非洲赤道雨林的恩布提人「矮黑人」搜食者，與鄰近粗耕村人所進行的沉默交易。在他們的交換過程中，並沒有個人接觸。一位恩布提獵人在經常進行交易的地點，留下獵物、蜂蜜或山產。村落居民拿走這些東西，留下穀物進行交換。交易的各方往往採取沉默的喊價。如果其中一方覺得這些回報並不足夠，只要把東西留在交易地點，即可進行喊價。另一方如果想要繼續交易，就會增加這些回報的物品數量。

負面互欺關係
在陌生人之間，具有潛在敵意的交換。

▲ 各種交換原則的並存

在當代北美地區，市場原則掌控大多數的交換，從生產工具的銷售到消費財貨的銷售。我們也進行再分配。我們有些人繳交稅金以維持政府的存在，其中有一部分會以社會福利、教育、健康照料、道路建設等方式，回饋到我們身上。我們也有相互關係性質的交換，一般性相互關係是親子關係的特色。然而，從失望的父母對養育子女的昂貴成本所提出的抱怨，以及他們提出的一成不變的說法：「我們給了你每一樣可以花錢買到的東西。」居於主導地位的市場心態也浮上檯面。

禮物、卡片、邀約的交換，都是相互關係的例證，大多是平等互惠關係。每個人都聽過如下的說法：「他們請我們參加他們女兒的婚禮，所以我們女兒結婚時，也必須回請他們。」或是「他們來我們家吃過三次晚飯了，還沒有回請我們。除非他們邀請我們，否則不該再叫他們過來吃晚飯了。」這樣精確計算的平等互惠關係，在搜食者遊群可能是不恰當的，他們的資源是社群性的(大家共有的)，植基於一般性相互關係的日常分享，乃是社會生活與存續的一項重要成分。

平等互惠關係似乎是最普遍的交換形式，因為它存在於每一類社會當中，從搜食者遊群到工業化國家。具備著以食物生產為基礎的生產經濟的社會，有著較為開闊的社會經濟網絡，能容許較廣大範圍及更遠距離的交換，以平等互惠關係及甚至負面互欺關係為其特色。酋長統治的社會則有再分配。在有國家組織的社會中，市場原則往往主導各項交換，這會在第 8 章「政治體系」來檢視。

八、誇富宴

誇富宴
在北美太平洋沿岸的印地安人舉行的競爭盛宴。

誇富宴(potlatch) 是北美地區的北太平洋海岸部族的節慶活動，包括美國華盛頓州與加拿大卑詩省(或譯不列顛哥倫比亞)的沙力緒人(Salish) 與瓜求圖人 (Kwakiutl)，以及阿拉斯加州的金西安人 (Tsimshian)(圖 7.5)。誇富宴是參與某個區域交換體系的幾個村落當中，所舉行的

競爭性的盛宴儀式。在每一場誇富宴裡，主辦的社群送出食物及財富項目，例如毛毯、銅片或其他項目，送給來自同一網絡其他村落的訪客。主辦的社群透過送出食物與財富，得到聲望做為回報。聲望會隨著誇富宴的奢侈程度而增加，這些財貨所具有的價值則被分配出去。目前某些北太平洋部族依然會舉行誇富宴，有時是對死者的紀念會 (Kan 1986, 1989)。

昔日舉行誇富宴的部落是搜食者，但他們並非典型的搜食者部落。他們並非生活在居無定所的遊群當中，而是定居的，也有酋長。他們悠

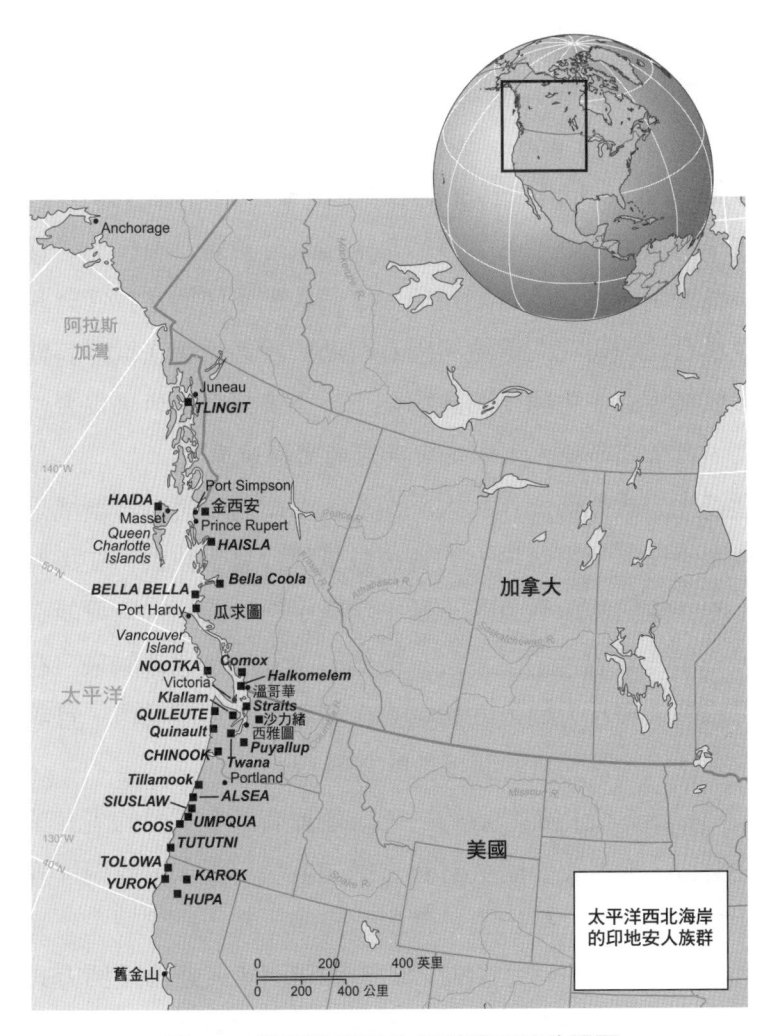

圖 7.5 舉行誇富宴的各群體地理位置圖

哉地取得廣大的土地與海洋資源，最重要的食物包括鮭魚、鯡魚、燭魚、莓果、山羊、海豹、海豚等 (Piddocke 1969)。

經濟學家暨社會評論家韋伯倫 (Thorstein Veblen) 在他極具影響力的《閒暇階級的理論》(*The Theory of the Leisure Class*)(1934)，引用誇富宴做為奢侈消費的例證，主張誇富宴是植基於追求聲望的經濟非理性動力。他的分析強調奢侈與被想像的浪費行為，尤其是瓜求圖人所展現的行為，以支持他的論點——在某些社會，人們以犧牲物質享受為代價，努力要極大化他們的聲望。這種詮釋方式已受到挑戰。

生態人類學 (ecological anthropology)，又稱文化生態學 (cultural ecology)，是人類學的理論學派之一，嘗試從各種文化行為 (如誇富宴) 在協助人們適應自然環境所扮演的長期角色，來詮釋這些文化行為 (參閱 Haenn, Wilk, and Harnish 2016)。對誇富宴的另一種詮釋是由生態人類學家沙陀 (Wayne Suttles 1960) 與韋達 (Andrew Vayda 1961/1968) 所提出。這些學者並不從外顯的奢侈行為角度來分析誇富宴，而是探討它做為文化適應機制所具有的長期角色。這個觀點不僅增進我們對誇富宴的理解，也具有比較研究的價值，因為有助於我們瞭解在世界其他地方類似的奢侈飲宴模式。生態學的詮釋如下：誇富宴之類的風俗習慣是文化適應方式，用來調節地方上富足與匱乏的週期現象。

這種適應方式如何運作？太平洋北部海岸的整體自然環境是適合人居的，然而每一年及每個地方的資源數量都會發生波動。在每個特定地方，每年的鮭魚與鯡魚數量並不是平均充足的。某個村落可能在某一年豐收，另一年卻歉收。過了不久，他們的運氣就會翻轉過來。在這種情境下，瓜求圖人與沙力緒人的誇富宴循環就具有適應價值，且誇富宴絕非無法帶來任何物質利益的競爭性財富展示。

當某個村落享受特別豐收的一年，並擁有許多剩餘的生計項目，他們可將之銷售，換得更多耐久財貨，例如毛毯、獨木舟或銅片等。接下來，他們將這些財貨分配出去，轉換為聲望。許多村落的成員受邀參加一場誇富宴，將這個村落送給他們的資源帶回家。運用這種方式，誇富宴將許多村落結合在一套區域經濟體系中——這套交換體系能使食物與

財貨，從較富裕的村落傳遞到較貧困的村落。這場誇富宴的發起人及其村落也能得到聲望做為回報。舉辦誇富宴的決策，係依據這個地方經濟體系的健康狀態而定。如果某個村落一直出現生計項目的剩餘，經過幾個豐收年後，財富增強了，就有能力舉辦一場誇富宴，將其食物與財富轉換成聲望。

假設某個先前非常繁榮的村落，陷入一段運氣不佳時期的話，這種跨村落飲宴行為所具有的長期適應價值就會變得更清楚。這個村落的人們開始受邀參加較富裕村落所舉行的誇富宴。當暫時富裕者變成暫時貧窮者，餐桌的主人座位方向就**翻轉過來**，反之亦然。這些近來變窮者接受食物與財貨。他們願意接受禮物而非贈送禮物，並因此拋棄某些先前所累積的聲望。他們希望自己的運氣終究會變好，可以重新恢復資源，也能再度獲得聲望。

誇富宴連結許多太平洋北部海岸的地方群體，成為一個區域聯盟與交換網絡。誇富宴及村落間的交換具有適應功能，姑且不論參與者的個人動機。強調人們為了追求聲望而敵對的那些人類學家並沒有錯，但他們只強調動機，卻忽略對經濟體系與生態體系的分析。

運用飲宴行為以增加個人與社區的聲譽，再分配財富，並不是太平洋北部海岸的人們所獨有的現象。在非工業化社會的食物生產者中，競爭性的飲宴行為是相當常見的。大多數搜食者生活在邊緣區域，資源過於貧瘠，無法支持這種水準的飲宴行為。搜食社會盛行的是共享，而不是競爭。

誇富宴並未脫離那些影響範圍較大的世界事件而獨立存在(昔日也不是)。例如，在19世紀不斷擴張的世界資本主義經濟體系中，實行誇富宴的村落，尤其是瓜求圖人，展開與歐洲人的交易(如以動物皮革交換毛毯)。他們的財富因此增加。在此同時，大量瓜求圖人死於歐洲人所帶來的疾病。因此，從交易增加的財富流入人口規模急遽減少的群體中。隨著許多傳統的誇富宴發起人去世(如酋長及其家人)，瓜求圖人將舉行誇富宴的權利延伸到每個人。這導致對聲望的激烈競爭，以致瓜求圖人的誇富宴開始加上炫耀毀壞財物，包括毛毯、銅器，甚至是他們

木造房屋。他們焚毀毛毯與房屋，或將銅器投入深海中。有足夠的財富去毀壞財物代表有聲望。與歐洲人的貿易以及大幅減少的人口，使得瓜求圖人誇富宴的本質開始轉變。比他們先前舉行的誇富宴變得更具毀滅性。

然而，請注意這種毀滅性的誇富宴也發揮作用，防止鮮明劃分的社會經濟階層的發展。贈與他人或摧毀的財富，轉換成為非物質項目：聲望。在資本主義體系下，我們將收益拿來再投資(而不是將我們的紙鈔燒掉)，希望獲取更多利益。然而，舉行誇富宴的部族寧願送出他們的剩餘財富，也不願用它來拉大與鄰近部族夥伴間的社會距離。

回顧 ▶ 1. 當我們思考「人類本性」的議題時，為什麼應該記得，在我們歷史的大部分時間，平權遊群是人類社會生活的基本型態？
2. 集約農業對社會與環境關係具有重要影響，這些影響是什麼？這些影響是好的或是不好的？
3. 依據人類學家的描述，非工業化經濟體系是「嵌合於」社會之中，這個概念究竟意指什麼？
4. 你的稀有資源是什麼？關於這些稀有資源的配置，你如何進行決策？
5. 舉出幾個例子，說明你的各種不同程度的相互關係交換。為何人類學家對於交換的跨文化研究感到興趣？

Chapter 8

政治體系

- 世界各地有哪幾種政治體系？它們的社會經濟相關現象是什麼？
- 國家如何有別於其他類型的政治組織？
- 什麼是社會控制？它如何在各種不同社會中建立與維持？

章節大綱

一、什麼是政治？
二、類型與趨勢
三、遊群與部族
　　搜食者遊群
　　部族耕作者
　　村落頭人
　　「大人物」
　　跨部族兄弟會
　　游牧的政治體制

四、酋邦
　　政治與經濟體系
　　地位體系
　　階層化的萌芽
五、國家體系
　　人口控制
　　司法
　　強制力
　　財政體系

六、社會控制
　　霸權與抵抗
　　弱者的武器
　　恥感與流言
　　伊博女人戰爭
　　透過社會媒體的抵抗：
　　　個案研究

認識我們自己

你或許聽過「校園大人物」(Big Man on Campus, BMOC) 這樣的說法，用來描述一位非常出名，並且／或是受歡迎的博學之士。大人物的這個地位可能是由於眾多朋友、酷炫車子、得體穿著、可愛微笑、運動習慣及幽默感所導致的結果。在人類學中，「大人物」(big man) 有個不同但相關的意義。在南太平洋的許多原住民文化有一種政治人物，人類學家稱為「大人物」，這種領導人物透過辛勤工作，以豬隻或其他當地物產來蓄積財富。足以讓這位大人物有別於其他居民，且能讓他吸引許多忠實支持者 (一個龐大的朋友網絡) 的特質，包括財富、慷慨、雄辯、身體強壯、勇敢，並具有超自然力量。那些大人物是由於自己的人格特質而獲致這個地位，並不是藉由繼承大人物的財富或地位而來。

在這些創造成功的大人物 (或是校園大人物) 的因素當中，有沒有任何一項可用來解釋在當代國家 (如美國) 的政治人物成功呢？雖然美國政治人物經常運用自己的財富 (不論是繼承或自己創造的) 來資助競選活動，但他們也從支持者那裡徵集人力與金錢支援 (而不是豬隻)。而且，就如同大人物一樣，美國的成功政治人物嘗試對支持者表示慷慨。回饋可能採取不同形式，例如在美國白宮的林肯臥房住宿一晚、邀請參加重要晚宴、擔任大使，或針對某個地區送出大禮。部族的大人物蓄積財富，然後送出他們的豬隻。成功的美國政治人物也送出一盤盤的「豬肉」。

如同大人物，美國政治人物將成功歸因於雄辯與溝通技巧 (如美國的歐巴馬、柯林頓與雷根總統)，即使欠缺這種技巧並不必然是致命缺點 (如前後兩位布希總統)。那麼身體健壯呢？毛髮、身高與健康 (再加上甜美微笑) 依然具有政治優勢。英勇的展現大多透過服役期間的優異表現，可能有助於政治生涯，但這並非必要的。這一點也不保證成功，只要問問麥肯 (John McCain)、凱利 (John Kerry) 就會知道。[1] 那麼超自然力量呢？自稱是無神論者的候選人，就跟自我認定是巫師 (或不是巫師) 的人一樣稀少。幾乎每位候選人都宣稱自己屬於某個主流宗教。某些人甚至將他們的參選視為提倡上帝的旨意。然而，當代政治體系並不僅止於個人特質，就如同個人特質在大人物政治體系的情況。我們生活在以國家為組織型態的、階層化的社會，具有繼承的財富、權力與特權，全都具有政治意涵。如同在典型國家一樣，繼承與親屬連結關係對於美國的政治生涯成功扮演著重要角色。只要想想甘迺迪家族 (Kennedys)、布希家族 (Bushes) 與柯林頓家族 (Clintons) 就知道了。

---

1 譯注：麥肯 (生於 1936 年) 是 2008 年美國共和黨總統候選人，於 1954 年進入美國海軍學院就讀，越戰期間因駕駛戰鬥機被擊落，而在北越被俘長達 5 年半，1981 年退役。凱利 (生於 1943 年) 是 2004 年美國民主黨總統候選人，曾於 1966 年到 1970 年在海軍服役，並因在越南的戰功獲得銅星勳章及紫心勳章，但在大選期間他的服役紀錄遭到質疑。兩人均有輝煌的軍旅生涯，但卻並未對他們的總統之路加分。

人類學家及政治學家對政治體系與組織都感到興趣，但人類學的研究取向是全球性與比較性的，而且包括非國家的政治組織 (nonstates)，然而政治學家往往聚焦於研究當代及晚近的國族國家 (參閱 Kamrava 2008)。人類學的研究呈現在不同的社會中，權力、權威與司法系統的重要差異點 (參閱 Pirie 2013; Walton and Suarez 2016)。[**權力** (power) 是將個人意志行使在他人身上的能力；權威 (*authority*) 則是正式的、社會容許的權力使用方式，例如由政府官員所執行。](參閱 Schwartz, Turner, and Tuden 2011; Wolf and Silverman 2001。)

權力
將個人意志行使在他人身上的能力。

一、什麼是政治？

傅瑞德 (Morton Fried) 提出以下對於政治組織的定義：

政治組織由社會組織的許多部門所構成，這特別關聯到一些個人或群體，他們經營公共政策的事務，或試圖控制這些個人或群體的職務任命或活動 (Fried 1967: 20-21)。

這個定義必定符合當前北美地區的情況。在「經營公共政策事務的個人或群體」下，出現各種機構及各個層級的政府。試圖影響公共政策的群體，包括政黨、工會、合作組織、遊說團體、社會運動者、政治行動委員會、宗教團體及非政府組織 (nongovernmental organization, NGO)。

傅瑞德的定義較不適用於非國家的社會政治組織，在那裡往往很難找到任何的「公共政策」。基於這個理由，在討論權力行使及各群體及其代表者之間的關係管理時，我傾向於討論社會政治組織 (sociopolitical organization)。政治管理包含決策過程、爭論管理與衝突調解等。對於政治管理的研究，使我們將注意力放在做出決策與解決衝突的那些人身上。(是否存在著正式的領導人？)(參閱 Rhodes and Hart 2014; Schwartz et al. 2011; Stryker and Gonzalez 2014。)

二、類型與趨勢

在數百個地點所完成的民族誌與考古學研究成果，呈現了經濟體系與社會政治組織間的許多相關性。在數十年前，人類學家瑟維斯 (Elman Service 1962) 列舉政治組織的四個類型 (或層級)：遊群、部族、酋邦、國家。如今，我們再也不能將前三個類型視為獨立自主的政治組織型態來研究，因為它們全都存在於國族國家中，並受國家的控制所左右。考古證據顯示，在最早的國家出現前，早期遊群、部族及酋邦就已存在。但人類學出現的時間，遠比國家萌芽的時間晚了許多，因此人類學家永遠無法「身歷其境」觀察一個完全不受國家力量影響的遊群、部族或酋邦。這些群體可能依然存在一些地方政治領導者 (如村落頭人) 與地方人物 (如酋長)，但他們都在國家組織的脈絡中發揮作用。

遊群 (band) 係指小型、以親屬關係為基底的群體 (所有的成員都藉由親屬或婚姻關係，而彼此關聯)，這出現於搜食者中。**部族** (tribes) 具有植基於粗耕與畜牧的經濟體系。部族人民生活在許多村落中，並依據共同的繼嗣關係組成親屬團體 (氏族與世系群)，部族欠缺正式編制的政府，並缺乏可靠的方法強制執行其政治決策。**酋邦** (chiefdom) 是介於部族與國家之間的社會政治組織型態。酋邦的社會關係，主要植基於親屬關係、婚姻、繼嗣關係、年齡、世代與性別——正如同遊群與部族一樣。然而，酋邦雖以親屬為基礎，但其特色在於**資源取得能力的階層化** (differential access，某些人比其他人擁有更多的財富、聲望與權力)，以及永久存在的政治結構。**國家** (state) 這種社會政治組織植基於正式政府結構與社會經濟階層化。

瑟維斯這套社會類型的四個標籤是過度簡單的，以至於無法說明我們現在從民族誌與考古學所獲知的，政治多樣性與複雜性的全盤面貌。例如，我們將在下文看到的，各個部族在政治體系及制度方面具有極大變異性。儘管如此，瑟維斯提出的社會類型，確實標示出政治組織的某些重要對比，特別是介於國家與非國家的社會政治組織間的對比。例如，

部族
生產食物的社會，具有初步的政治結構。

資源取得能力的階層化
生產食物的社會，具有初步的政治結構。

遊群與部族——並不像國家具有清楚可見的政府機構——他們的政治組織並未從整體社會秩序中，單獨劃分出來且可清楚分辨。在遊群與部族，人們很難把一項行動或事件界定為政治性質的，而不僅僅是社會性質的。

瑟維斯所提出的標籤「遊群」、「部族」、「酋邦」及「國家」，都是在一套社會政治組織分類體系 (sociopolitical typology) 的類別或類型。這些類型關聯到特定的適應策略或經濟體系。如此，搜食者 (經濟類型) 往往具有遊群組織 (社會政治類型)。同樣地，許多粗耕與畜牧社會生活在部族中。雖然大多數酋邦具有農耕經濟體系，但在某些中東的酋邦，畜牧非常重要；非工業化國家大多具有農業基礎。

食物生產導致比搜食者更大規模、密度更高的人口，以及更複雜的經濟體系。許多的社會政治趨勢，反映著某些因應農耕及畜牧而衍生的管理需求。考古學家穿越時間研究這些趨勢；文化人類學家則在更晚近的群體，包括當代群體當中觀察這些趨勢 (參閱 Shore, Wright and Però 2011)。

三、遊群與部族

本章將檢視一系列具有不同政治體系的社會的個案研究。我們提出同一組問題來探討每一種社會：這個社會具有哪些類型的社會群體？這些群體如何對彼此展現自己的力量？他們如何管理其內部關係與外部關係？

▲ 搜食者遊群

當代及晚近狩獵採集者跟自己遊群以外的社會政治群體維持著強大的連結關係，這使得他們明顯有別於石器時代的狩獵採集者。當代搜食者生活在國族國家中，以及日益相互連結的世界中。例如，剛果的矮黑人已與從事農耕的鄰族，共享同一個社會世界達數個世代之久。現在所

有的搜食者都與食物生產者進行交易。再者，大多數的當代狩獵採集者會依賴政府及傳教單位，以獲取他們所消費物品的其中至少一部分。

桑人

在非洲南部說桑語的群體(「布須曼人」)，已受到說班圖語的群體(農耕者與畜牧者)影響約 2,000 年，並受歐洲人影響數個世紀。威姆森(Edwin Wilmsen 1989) 主張，許多桑人的祖先源自畜牧者，他們由於貧窮或壓迫，而被推入沙漠謀生。他認為當代桑人是鄉村的低下階級，處在更大範圍的、由歐洲人與班圖人 (Bantu) 食物生產者所控制的政治經濟體系之下。在這套體系中，有許多桑人替較富裕的班圖人照料牛隻，而不是獨立自主地進行搜食。桑人也畜養動物，這指出他們正在脫離搜食的生活型態。

肯特 (Susan Kent 2002) 提到對搜食者賦予刻板印象的傾向，將他們看成全都一模一樣。他們往往被看做是遺世獨立的、原始的石器時代倖存者。目前持續發展當中且更精確的人類學觀點，則把搜食者視為受國家、殖民主義與世界重大事件所迫，而遷入邊陲環境的一群。

肯特 (2002) 聚焦於搜食群體當中的變異性，描述桑人內部相當多的時空多樣性。自從 1950 年代與 1960 年代以來，桑人的生活本質已有顯著改變，當時有一連串來自哈佛大學的人類學家，包括李氏 (Richard B. Lee) 在內，展開對喀拉哈里地區生活方式的有系統研究。李氏及其他學者記錄許多社會變遷面向 (參閱 Lee 2003, 2012; Silberbauer 1981; Tanaka 1980)。這種長期研究持續關注隨著時間推移而產生的變化，然而在許多桑人地區的田野工作中，也顯示空間的變異。在各項重要對比中，有一項是介於定居群體與移居群體間 (Kent and Vierich 1989)。雖然近年來定居正逐漸增加，但有一些 (沿著河流的) 桑人群體已有好幾個世代採行定居生活，包括李氏 (1984, 2003, 2012) 所研究的杜比朱侯安西的桑人，以及肯特所研究的庫慈 (Kutse) 桑人，都保留較多的狩獵採集生活方式。

就搜食持續做為生計基礎的程度而言，桑人群體呈現搜食經濟體系及遊群社會文化的其他層面間的連結關係。例如，有一些桑人群體目前

依然是流動性的，或是直到最近依然強調社會、政治與性別的平等，這些都是傳統遊群的特色。在這個人口稀少且資源有限的經濟體系中，植基於親屬、相互關係與分享的社會體系依然運作良好。人們一旦獵得獸肉就必須分享出來，否則獸肉就會腐爛。這種移居尋找野生動植物的生活方式，傾向於不鼓勵建立永久聚落、累積財富，以及地位高低區別。

昔日的搜食遊群是小型移居或半移居的社會單位，由許多核心家庭在固定時節聚集而成。構成某個遊群的家庭陣容，每年都會有所不同。婚姻與親屬關係在各個不同遊群的成員間，創造許多連結關係，交易與互訪也連結了他們。遊群的領導者只是名義上的。在這樣的平權社會中，他們是一群彼此平等的人當中起頭發言的人（參閱 Solway 2006）。有時他們會提出建議或進行決策，但沒有辦法強制執行其決策。由於國家及全球化的散播，民族誌研究者越來越難找到及觀察這種遊群組織模式。

因紐特人

另一群搜食者，原住民因紐特人（或依其原住民發音，譯為伊努伊人）(Hoebel 1954, 1954/1968) 為無國家社會中的**衝突調解** (conflict resolution) 平息爭端的方式——提供一個經典案例。每個社會都具有平息爭端的方法（具有不同程度的效力），以及關於適當及不當行為的文化規則或規範。規範 (norms) 是文化標準或方針，這能讓個人區別適當及不當行為 (N. Kottak 2002)。雖然規則與規範是文化普同性，但只有在建置政府的國家社會，才具有被制定、宣告與執行的成文法律（參閱 Donovan 2007; Pirie 2013）。

就法律規章具有審判與強制執行的這個意義而論，搜食者欠缺了這種正式**法律** (law)，但他們確實具有社會控制與平息爭端的方法。欠缺法律並不意指完全無政府狀態。正如霍貝爾 (E. A. Hoebel 1954) 在對於因紐特人平息爭端方法的經典民族誌所描述的，大約 2 萬名因紐特人散居在北極圈橫跨 6,000 英里 (9,500 公里) 的地區（圖 8.1）。昔日，他們最重要的社會群體是核心家庭與遊群。個人關係將家庭與遊群連結起來。某些遊群具有頭人，也有薩滿（兼職的宗教專家），但是這些職位對於在位者所賦予的權力非常稀少。

衝突調解
生產食物的社會，具有初步的政治結構。

法律
國家社會的法律規範，包括審判與強制執行。

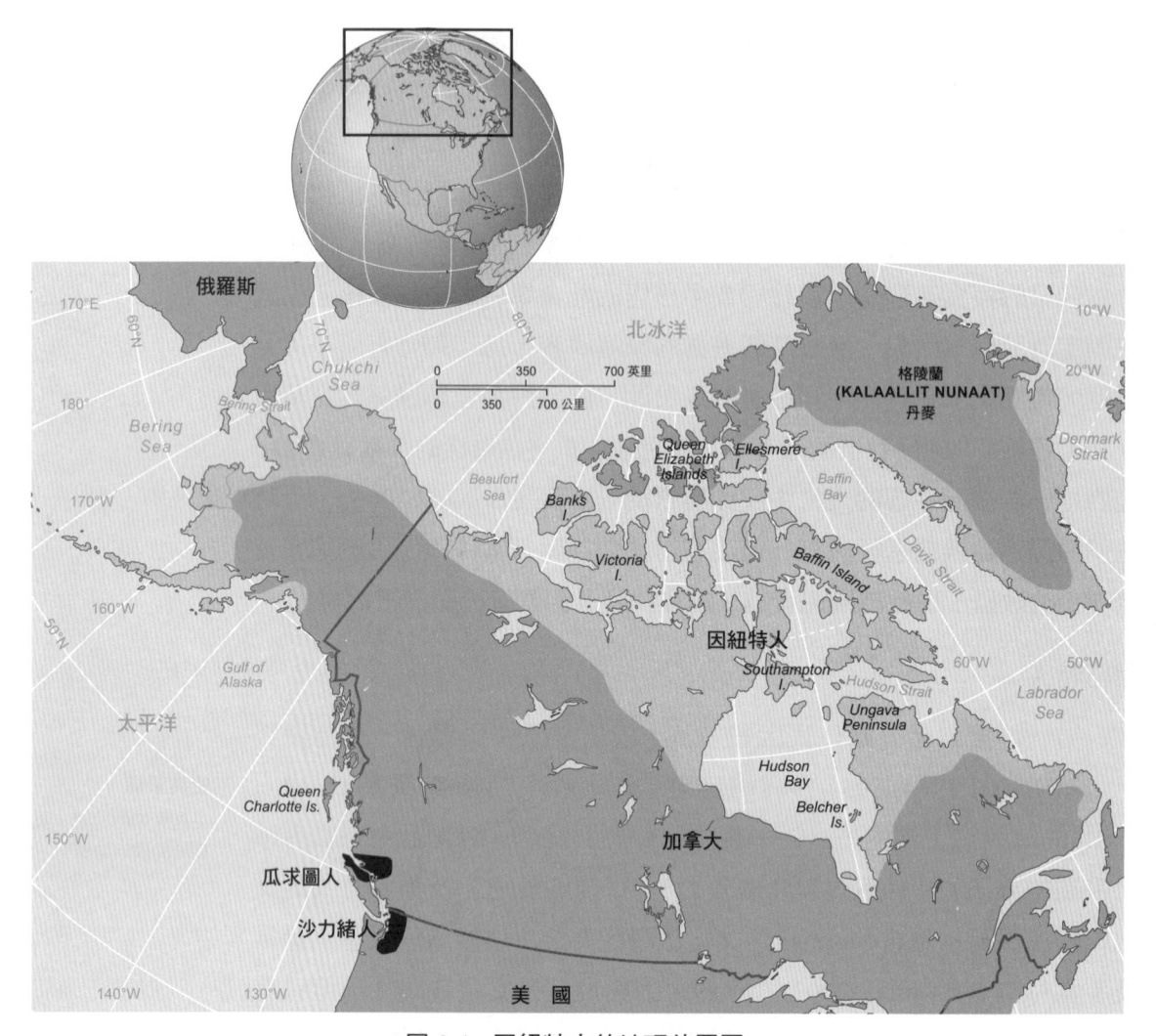

圖 8.1　因紐特人的地理位置圖

　　由男人從事的狩獵與捕魚是因紐特人的主要生計活動。在其他較溫暖地區能夠取得多樣且豐富的植物源食物，當地女人投注在採集的勞力非常重要；然而，在北極圈卻欠缺這類食物。因紐特男人在艱困環境中穿梭於海洋與陸地，所面臨的危險比女人更多。這種傳統男性角色使他們在謀生過程中逐漸折損。這就容許某些男人可以擁有二或三位妻子。這種足以支持超過一位妻子開銷的能力，賦予這些男人某種程度的聲望，但也會助長忌妒。[聲望 (prestige) 就是社會評價、尊重或讚許。] 假使一個男人只是為了增加自己的名聲，而多娶了幾位妻子，敵手就可

能偷走其中一個。大多數因紐特人的爭端是介於男人之間,而源自於爭搶女人,因偷妻或通姦而引起。

這位被妻子拋棄的丈夫有幾種選擇。他可以試著殺掉這個偷妻者,然而如果他得手的話,敵手的親人必定設法殺掉他來報仇。一場爭端可能事態升高成為多起死亡事件,雙方的親人連續謀殺對方來復仇。當地並沒有政府可用來干預及平息這種血仇 (blood feud,幾個家庭間的謀殺復仇)。但是,一個人也可以挑戰他的對手,要求對方參加一場歌鬥(song battle)。在一個公開場合中,競賽者彼此唱出具挑釁意味的歌曲。在這場比賽結束時,觀眾裁定其中一方為勝利者。但是,就算那個妻子被偷走的男人獲勝,也不能保證她能回心轉意,她往往繼續住在情夫那裡。

在具有明顯財富差距的社會中(就像我們的社會),竊盜行為是常見的,但在搜食者社會卻不常見。昔日,每一位因紐特人都能取得維持生活所需的資源。每個男人可以狩獵、捕魚、製作生計活動所需的用具;每個女人可以獲得製作服裝、準備食物與家務所需的材料。因紐特男人甚至可在其他地方群體的領域中,進行狩獵與捕魚,他們並沒有關於土地或動物的私人所有權概念。

▲ 部族耕作者

如同搜食遊群一樣,今日世界已沒有完全獨立自主的部族。雖然如此,在某些社會,部族原則依然發揮作用,例如在巴布亞紐幾內亞與非洲南部的熱帶雨林。部族大多具有粗耕或畜牧的經濟體系,而且它是依據部族共同生活以及/或是繼嗣群體 (decent groups) 的成員身分而組成(繼嗣群體係指一個群體,其成員由一個共同祖先來追溯繼嗣關係)。部族欠缺社會經濟的階層分化(意即階級結構),也沒有屬於自己的正式政府。有一些部族仍進行小規模戰事,採取的型態是部族間的劫掠。部族的政治管理機制比搜食遊群更有效力,但部族社會欠缺有效的手段執行其政治決策。最主要的管理負責人是部族頭人、「大人物」、繼嗣群體領袖、村落議會,以及跨部族組織的領導者,這些領導人物與群體所擁有的權威都非常有限。

就如同搜食者，粗耕者大多是平權的，雖然某些社會具有明顯的性別階層化 (gender stratification)：男人與女人間，在資源、權力、聲望與個人自由等方面的不平等分配狀態。粗耕村落大多是小規模的、具有較低的人口密度、村民可自由取得重要資源。人們的年齡、性別與個人特質，決定他們可獲得多大的尊重，以及可從其他人得到多少幫助。然而，隨著部族規模與人口密度的增加，平權政治型態逐漸消失。粗耕村落往往具有男性頭人 (headmen)——但是就算有女性頭人 (headwomen)，也是非常少見。

村落頭人

亞諾馬米人是居住在委內瑞拉南部及鄰接的巴西境內的美洲原住民 (Chagnon 1997, 2013; Ferguson 1995; Ramos 1995)。當人類學家剛開始研究他們的時候，大約有26,000人，居住在200到250個散布的村落中，每個村落的人口約在40到250人。亞諾馬米人是山田燒墾者，也採行狩獵與採集。他們的主食作物是香蕉與大蕉 (plantains，一種長得像香蕉的作物)。相較於搜食社會，亞諾馬米人具有更顯而易見的社會群體。亞諾馬米人具有核心家庭、村落與繼嗣群體。其繼嗣群體的範圍跨越一個以上的村落，採行父系繼嗣 (只從男性一方追溯祖先)，與外婚制 (人們的婚配對象必須是自己繼嗣群體外的人)。然而，兩個不同繼嗣群體的地方分支群體可能會住在同一村落並通婚。

村落頭人
地方部族社會的地方領導者，擁有非常有限的政治權威。

傳統上，亞諾馬米人唯一的領導位子是**村落頭人** (village head，大多是一個男人)。他的政治權威就如同搜食遊群的領導者一樣，是極其有限的。假如一個頭人希望某些事情被辦成，他必須藉著帶頭示範與勸服來進行領導。這個頭人沒有發號施令的權力。他只能勸說、斥責或試圖影響大眾意見。例如，假如他希望人們清理村落中央的廣場，來準備一場盛宴，他必須自己先動手打掃，希望村人們可以接收到他的暗示，來接替他的工作。

當這個村落內部爆發衝突時，相互爭執的兩造可能會召喚頭人，請他擔任調解者，聽取兩造的說法。他會提出一個意見與建議。要是其中

一方覺得不滿意，他也沒有權力為自己的決策背書，也沒有辦法施予懲罰。如同遊群的領導人一樣，他只是所有平起平坐的人裡面，起頭說話的人。

亞諾馬米人的村落頭人必須運用慷慨的德性領導。由於人們期望他必須比其他村人更慷慨，因此他會耕作更多的土地。當他的村落舉行一場盛宴，邀請其他村落參與時，他自家的園圃必須提供更多的食物。頭人擔任村落代表來對付外來者，包括委內瑞拉與巴西政府的代理人。

一個人開始扮演頭人角色的這條道路，端視他的人格特質，以及他可吸引的支持者數量而定。夏濃 (Napoleon Chagnon 1997) 描述村落頭人高巴華 (Kaobawa) 在有位村民想對另一個村落發動戰爭時，他負責保護對方使者的安全。高巴華是一位特別有能力的頭人。他在戰鬥中展現英勇，但他也瞭解如何圓融處事以免冒犯到其他村人。在這個村落裡，沒有人比他更具備擔任頭人的人格特質。其他人所擁有的支持者也不會比他更多 (因為高巴華的兄弟眾多)。在亞諾馬米社會中，當一群人對一位村落頭人感到不滿時，這個群體的成員可以出走，並創立一個新村落。這種事情一再發生，稱為村落分裂 (village fissioning)。

亞諾馬米社會具有許多村落與繼嗣群體，比起遊群組織型態的社會更為複雜。亞諾馬米人面臨更多的政治管理問題。雖然頭人有時可以預防一場單一的暴力事件，但在某些亞諾馬米人區域中，常可見到村落間的劫掠，尤其是夏濃 (1997, 2013) 研究的那些地區。

重要的是，我們必須體認到，亞諾馬米人並未隔絕於外在世界的事件。亞諾馬米人生活在委內瑞拉與巴西這兩個國族國家中，由外來者所發動的攻擊，特別是巴西的伐木者與採礦者，已威脅到他們 (Chagnon 2013; *Cultural Survival Quarterly* 1989; Ferguson 1995)。在 1987 年到 1991 年間巴西的淘金熱潮中，平均每天幾乎都有一位亞諾馬米人死於外界的攻擊。到 1991 年，在亞諾馬米人的土地上，有將近 4 萬名巴西淘金客。某些印地安人被公然殺害。採礦者引進新的疾病，而且誇大不實的當地人口數目顯示，舊有的疾病已變成傳染病。巴西的亞諾馬米人每年的死亡率是 10%，他們的繁殖率降到零。從那時起，巴西總統宣布一

片面積廣大的亞諾馬米人保留區，禁止外人進入。但很不幸地，地方政治人物、採礦者與伐木者往往想辦法違反禁令，亞諾馬米人的未來仍在未定之天 (參閱 Romero 2008)。

▲ 「大人物」

在南太平洋的許多社會，尤其是美拉尼西亞各島嶼及巴布亞紐幾內亞，有一種政治領袖，我們稱之為大人物。**大人物** (big man，往往是個男人) 是村落頭人的精緻版，但有個顯著差異點。村落頭人的領導權限定在同一個村落之內；大人物則在數個村落擁有支持者。因此，大人物是區域政治組織的協調者。

> **大人物**
> 慷慨的部落企業家，由許多村落所支持。

卡袍庫巴布亞人 (Kapauku Papuans) 居住在印尼的西伊利安 (Irian Jaya，位於紐幾內亞島西半部，參閱圖 8.2)。人類學家波斯皮西爾 (Leopold Pospisil 1963) 研究了卡袍庫人 (人口 45,000 人)，他們種植農作物 (以甘藷為主食)，並畜養豬隻。他們的經濟體系過於勞力密集，無法被描繪成單純的山田燒墾。勞力集約農耕需要在種植作物前，互助合作翻鬆土壤。挖掘長距離的灌溉渠道是更複雜的工作，其中往往有一位大人物來協助組織人們。相較於亞諾馬米人簡單的山田燒墾，卡袍庫人的農耕支持更大規模與更密集的人口。卡袍庫的經濟體系需要集體耕作，並對這些更複雜的經濟勞務施以政治管理。

昔日卡袍庫人的重要政治人物是大人物，稱為托諾維 (tonowi)，他透過辛勤工作，運用豬隻及其他當地財貨蓄積財富，進而獲得他所擁有的地位。大人物的後天獲致地位端賴於他有別於其追隨者的特質。重要的特質包括財富、慷慨、雄辯、身體健壯、勇敢、超自然力量，以及得到他人支持及效忠的能力。男人成為大人物是由於他們具備某些人格特質：他們並非承襲上一代的地位，而是透過辛勤工作與正確判斷來創造這個地位。財富來自成功的豬隻畜養及交易。隨著一個男人飼養的豬群與他的聲望都逐漸增加了，就會開始吸引支持者。他出資舉辦儀式性的豬隻盛宴，在其中宰殺許多豬隻 (由這位大人物及他的支持者所提供)，將豬肉分送給客人，這為他帶來更多聲望，並擴展他的支持網絡 (也請參閱 O'Conner 2015)。

圖 8.2　卡袍庫人的地理位置圖

　　這位大人物的支持者感謝他在以往所施予的恩惠，並期望未來的報償，認定他是領導人，接受他的決策，將之視為盟約。在卡袍庫人的生活中，托諾維是區域事件的重要管理者。他協助決定舉行盛宴與市集的日期。發動一些必須由區域內各個社群共同合作的經濟計畫。

　　卡袍庫人的大人物再次呈現部族社會領導權的通則：假如某個人得到財富並廣受尊敬與支持，他必定是一個慷慨之人。大人物辛勤工作，其目的並不是囤積財富，而是為了分送他的勞動成果，將財富轉換成聲望及榮耀。吝嗇的大人物會失去支持者，自私與貪婪的大人物有時遭到追隨者所謀殺 (Zimmer-Tamakoshi 1997)。

▲ 跨部族兄弟會

大人物可藉由動員來自數個村落的支持者來構成區域性的政治組織，雖然是暫時性的。在部族社會的其他原則，例如基於共同祖先來源、親屬關係或繼嗣關係的信念，可用來連結在同一區域內的許多地方群體。例如，同一繼嗣群體的居住範圍可能跨越數個村落，散居各村落的群體成員會認定同一位領導者。

親屬之外的原則也可用來連結地方群體，特別是在現代國家。生活在同一國家的不同地區的人們，可能屬於同一個工會、姊妹會或兄弟會、政黨、或宗教團體。在部族中，這類群體稱為協會 (association) 或兄弟會 (sodality)，可以提供類似的連結功能。兄弟會往往植基於共同年齡或性別，而全由男性組成的兄弟會比起全由女性組成的姊妹會更常見。

跨部族兄弟會 (pantribal sodalities)，其範圍延伸跨越整個部族、擴展到幾個村落。這種兄弟會特別有可能在跟一個鄰近部族發生戰爭時發展出來。跨部族兄弟會由屬於同一部族的許多村落抽調成員，可以動員許多地方群體的男人來攻擊或抵禦另一個部族。

跨部族兄弟會的最佳範例來自北美中央平原及熱帶非洲。在 18 世紀與 19 世紀，美國與加拿大的大草原地區的原住民族群，歷經一場許多跨部族兄弟會的快速成長。這項發展反映著隨馬匹傳播而發生的經濟變遷，馬匹由西班牙人再度引進美洲，傳播到洛磯山脈與密西西比河間的這個區域。由於馬匹的關係，許多的平原印地安社會 (Plains Indian) 改變了他們的適應策略。剛開始，他們是徒步獵捕野牛的搜食者，後來採行植基於狩獵、採集及粗耕的混合經濟體系。最後，他們變成一種更專門的經濟體系，以騎馬獵捕野牛為基礎 (後來再加上使用獵槍)。

當平原印地安人的部族正在歷經這些變遷時，其他的印地安人也採行騎馬獵捕，並遷入大平原地區。由於這些群體試圖占據同一個領域，於是爆發衝突。有一種戰爭模式發展出來，其中一個部族的成員掠奪另一個部族，往往是為了得到馬匹。這種新的經濟體系使得人們的生活方式必須依循野牛群體的活動方式。冬季時野牛四散，一個部族就會分成許多小型遊群與家庭。在夏季，當大批野牛聚集在大平原，這個部族的

跨部族兄弟會
非親屬基礎的群體，帶有區域性的政治重要性。

成員們又聚集起來。他們在同一地方紮營，以舉行社會、政治與宗教活動，但主要目的是共同獵捕野牛。

有兩項活動需要強力的領導：一是組織並進行向敵對陣營的掠奪(以捕獲馬匹)；二是管理夏季的野牛獵捕。所有這些大平原地區的文化都發展出跨部族兄弟會及其中的領導人物，以管理夏季的獵捕行動。領導者協調各項獵捕行動，確定這些人不會因為太早射擊或沒有聽從指揮就展開行動，而引起野牛亂竄。領導者對於不遵從命令者施予嚴厲懲罰，包括沒收這個人的財產。

許多採行平原印地安人這種適應策略的部族，昔日曾為搜食者，對他們而言，狩獵與採集是個人或小群體的事情。他們先前從未凝聚成單一的社會單位。年齡與性別是他們可以取用的社會原則，以迅速有效將一些彼此沒有親戚關係的人，匯集成跨部族群體。

另一個掠奪其他部族的例子，這次是掠奪牛隻而非馬匹，常見於非洲東部與東南部，在那裡也發展跨部族兄弟會。在肯亞和坦尚尼亞的遊牧民族馬賽人(Masai)，在同一段4年期間出生的男子一起接受割禮，而且終生屬於同一個名稱的群體，同一個年齡組(age set)。這個年齡組隨著年齡級(age grade)向上，最重要的就是戰士級。同組的成員彼此感受到一股強大的忠誠感。馬賽女子並沒有相對等的年齡組織，但她們也會歷經該文化所認定的幾個年齡級：經過成年禮的女子、已婚女子及婦女長者。

在西非與中非的某些地區，跨部族兄弟會就是祕密社團(secret societies)，完全由男子或女子所組成。這些組織類似美國大學的兄弟會與姊妹會，舉行祕密的入會儀式。在獅子山的孟德人(Mende)，男子與女子的祕密社團頗具影響力。男子群體——波若(Poro)訓練男孩的社會行為、倫理與宗教，並監督政治與經濟活動。波若領導人物的角色往往凌駕村落頭人，並在社會控制、爭端調解、村落政治管理等方面扮演重要角色。如同繼嗣組織一樣，年齡、性別與儀式可連結不同地方的群體成員，成為單一的社會集體，而藉此創造出族群認同感，屬於同一文化傳統的歸屬感。

▲ 游牧的政治體制

跟畜牧有關的政治體制具有多種變異型態，從部落社會到酋邦皆有。先前討論的馬賽人生活在部族社會。這類的部族畜牧者的社會政治組織植基於繼嗣群體與跨部落兄弟會。然而，其他游牧者具有酋長並生活在國族國家之中。在游牧群體人口密集居住區，政治權威的範圍會隨著管理問題的增加，而發生相當程度的擴張（參閱 Salzman 2008）。看一下伊朗的兩個游牧部族：巴瑟力人 (Basseri) 與卡什凱人 (Qashqai)（參閱 Salzman 1974）每年從靠近海岸的一處平原出發，把他們的動物帶到海拔 17,000 英尺（5,400 公尺）的草原地（參閱圖 8.3）。

處在伊朗這個國家統治當中，在昔日巴瑟力人與卡什凱人曾和數個其他族群共同使用這條游牧路線，在每年不同時節利用同一塊放牧地的時間表經過細心編排。族群的移動經過非常緊密的協調。伊朗的所有游牧群體用來指稱這種時間表的通用概念是*伊拉* (il-rah)。某一個群體的*伊拉*，就是他們在時間與空間上的傳統路線。每個群體所使用的時間表都有所不同，以一年的軌跡，規定在哪個時節可使用哪個特定區域。

每一個部族都有自己的領導者，稱為可汗 (khan) 或伊可汗 (il-khan)。巴瑟力人的可汗所掌管的群體規模較小，因此在協調部族的移動時，他所遇到的問題並不像卡什凱人的領導者那麼多。相對地，他的權力、特權、責任與權威也較薄弱。儘管如此，他的權威超出我們到目前為止所討論的任何一種政治人物。然而，可汗的權威依然是來自其個人特質，而非來自其職位。換言之，巴瑟力人之所以追隨某一位可汗，並不是因為他正好占據那個政治職位，而是他們對這個男人的擁戴與效忠。可汗仰賴巴瑟力社會各個分支繼嗣群體的頭人給予支持。

然而，在卡什凱社會，人們的擁戴對象從個人轉移到職位。卡什凱人具有多層次的權力層級，以及更有權力的酋長或可汗。想要管理 40 萬人口，就需要複雜的階層體系。這個體系的領導者是*伊可汗*，由副首領襄助，在他們之下是部族頭人；在部族頭人之下則是繼嗣群體的頭人。

有一個例子可用來說明卡什凱人的權威結構如何發展出來。某一場冰雹風暴使得某些游牧群體的行動受阻，無法在指定時間加入一年一度

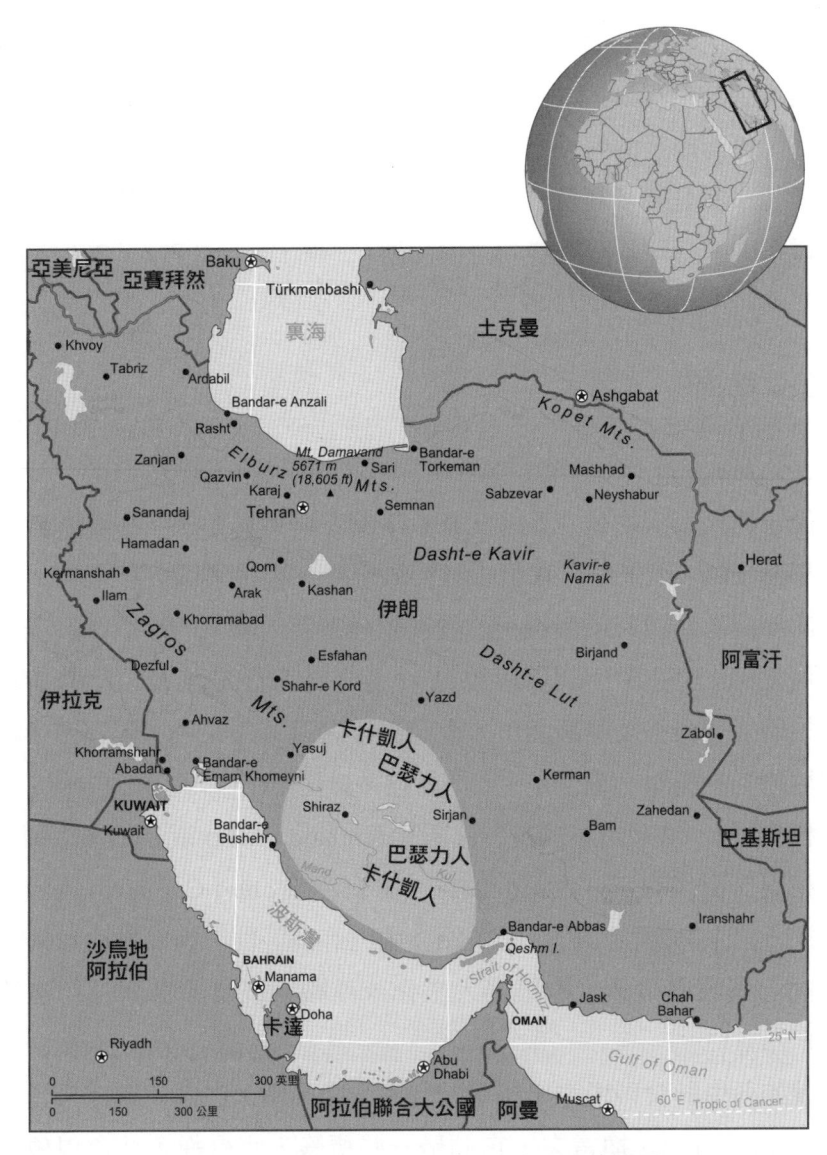

圖 8.3　巴瑟力人與卡什凱人的地理位置圖

的遷移行動。雖然這些游牧群體的每位成員都知道，他們不需要為遲到負責，但伊可汗在他們平時的放牧地點，指定一塊較貧瘠的牧草地供他們使用，只以那一年為限。這些遲到的牧人及其他卡什凱人認為這項決定是公平的，也不會提出質疑。如此，卡什凱的當權者管理著這項年度遷移。他們也會仲裁發生在人群、部族與繼嗣群體間的爭端。

這些伊朗的例子顯示一項事實，在國家當中，游牧往往只是諸多專

門化的經濟活動的其中一項。身為更大社會整體的一部分，游牧部族經常和其他族群相互對抗。在這些國族國家的脈絡中，國家政府成為最終的權威、更高層級的管理者，試圖要限制各個族群之間的衝突。國家組織的興起不僅是為了經營農業經濟體系，也是為了在不斷擴大的社會與經濟體系中，管理各個族群的各項活動 (參閱 Das and Poole 2004)。

四、酋邦

最早的國家大約是在距今 5,500 年前在舊世界興起。最早的酋邦可能更早個 1,000 年，但只有極少數存續至今。在世界的許多地方，酋邦是從部族演進到國家這個過程的過渡組織型態。國家的形成始於美索不達米亞地區 (現在的伊朗與伊拉克)。接下來發生在埃及、巴基斯坦與印度的印度河河谷及中國北方。在數千年之後，國家也出現在西半球的兩個地區：中美洲 (墨西哥、瓜地馬拉、貝里斯)、安地斯山中部 (祕魯與玻利維亞)。早期國家稱為古代國家 (archaic states) 或非工業化國家，這是相對於現代的工業化國族國家。卡奈羅 (Robert Carneiro) 將國家定義為：「自主的政治單位，涵蓋領土中的許多社群，擁有中央政府，有權力向人民收取稅金、徵集男人工作或作戰，以及頒布與執行法律」(1970: 733)。

就如同由社會科學家所採用的許多分類範疇，酋邦與國家都是理想類型 (ideal types)。換言之，它們是一些標籤，使得許多社會現象之間的對比，看起來比實際情形更清晰。實際上，從部族、酋邦到國家是個連續體。某些社會具有許多酋邦的特性，但依然保有許多的部族特質。某些發展較成熟的酋邦具有許多古代國家的特質，因此很難將它們劃分到任何一個類別。有些人類學家認識到這種「連續性的變遷」(Johnson and Earle 2000)，因此將這些近似國家型態的社會稱為「複雜的酋邦」(Earle 1987, 1997)。

🔺 政治與經濟體系

昔日曾經存在著酋邦的地理區域，包括環加勒比海地區 (如加勒比海群島、巴拿馬、哥倫比亞)、亞馬遜河低地、現在的美國東南部地區，以及玻里尼西亞。在歐洲的許多酋邦創造了巨石文化，例如在英格蘭南部建造巨石陣 (Stonehenge) 的那個酋邦。請記得，酋邦與國家可能會衰亡 (瓦解) 及崛起。在羅馬帝國的勢力擴張前，歐洲大部分地區的政治組織處於酋邦層次。羅馬帝國在西元第 5 世紀衰亡後，歐洲這些地方又回復到酋邦狀態，長達數世紀之久。我們關於酋邦的民族誌知識，有許多來自玻里尼西亞 (Kirch 2000)，在歐洲探險時代，太平洋地區的酋邦相當常見。酋邦的社會關係主要植基於親屬關係、婚姻、繼嗣、年齡、世代與性別──正如同這些因素在遊群與部族一樣。這是酋邦與國家之間的基本差異之一。國家使得許多沒有親屬關係的人結合在一起，並強迫他們對政府效忠。

然而，酋邦有別於遊群與部族之處，在於酋邦管理明確且永久的區域政治體系。酋邦可能涵蓋數以千計生活在村落或小村莊的人們。政治管理是由酋長及其助理所執行的，他們占有政治職位。**職位** (office) 是一個永久地位，當原來占據這個職位的人員死亡或退休而空缺時，就必須填補新人。由於採取有系統的方式補足職位，一個酋邦結構就會跨越世代延續下去，確保永久政治管理。

玻里尼西亞的酋長是全職的專業人士，其職責包括管理經濟體系。他們藉由命令或禁止 (運用宗教禁忌) 人們耕作某塊土地或某種作物來管控生產。在某些季節─大多在儀式場合上，例如第一次收穫祭典──人們會提供他們收穫的一部分，透過酋長的代表，傳送給酋長。各種物產循著這個層級向上流動，最後到達酋長那裡。反過來，酋長為了呈現他與親人分享食物的義務，因而資助舉辦許多盛宴，在其中送還許多他曾收到的東西 (參閱 O'Conner 2015)。有別於大人物，酋長免除了日常工作，並享有大眾所無法取得的權利與特權。然而，如同大人物，酋長依然會將所得財富的一部分返還給平民。

這種資源流動先朝著中央移動，再由中央分配出來，稱為酋長式再

職位
永久存在的政治地位。

分配 (chiefly redistribution)，提供許多經濟上的好處。假使某個社會的不同區域專精於生產某些特別的穀物、財貨或勞務，酋長式再分配可使整個社會都能得到這些東西。酋長式再分配也扮演危機管理的角色。它刺激了許多超越實際生計需求的生產，並提供中央倉庫儲存財貨，在發生飢荒時，這些財貨可能變成稀有物資 (Earle 1987, 1997)。

▲ 地位體系

在酋邦，社會地位大多植基於繼嗣關係的長幼順序。玻里尼西亞的酋長能夠背誦相當長久的系譜。某些酋長 (在沒有書寫記錄的情況下) 可以設法追溯到 50 個世代前的祖先。在這個酋邦中，所有的人認為彼此都有親屬關係。他們都推測自己是從一群共同始祖傳承下來的後代。

酋長的地位植基於繼嗣關係的長幼順序。這位酋長可能是最年長子嗣的最年長子嗣的最年長子嗣 (大多是兒子)，以此類推。長幼順序程度的計算非常精細，以至於在某些島嶼上，只要有多少個人就會有多少種等級。例如，三兄弟中的老三等級低於老二，老二又低於老大。然而，一位最年老的長兄的全部子女所擁有的地位，全都高於第二位兄弟的全部子女，以此類推。然而，在一個酋邦中，即使是最低層級的人依然是酋長的親戚，在這個以親屬為基底的情境脈絡中，每個人，甚至是酋長，都必須與他的親戚互相分享。由於每個人都擁有稍微不同的地位，因此很難在統治菁英與平民之間畫上一條清楚界線。在玻里尼西亞以外的酋邦，則採取不同方式來計算長幼關係，他們的系譜關係記憶長度也較短。然而，每個酋邦的共同特色就是關注系譜關係及長幼關係，在統治精英與平民之間欠缺清楚的區隔。

酋邦與國家具有類似的地位體系，兩者都關聯到資源取得能力的階層分化。某些男人與女人擁有取得權力、聲望及財富的特權。他們控制了重要的資源，例如土地、水源及其他生產工具。厄勒 (Earle 1987: 290) 將酋長描寫成：「一種剛萌芽的貴族，他們在財富與生活方式上擁有特權」。

相較於酋邦，古代國家在統治菁英與大眾間畫上一條更清楚的界

線,至少區分為貴族與平民。由於階層內婚 (stratum endogamy,在自己所屬的群體內進行婚配) 的結果,親屬連結關係並未從貴族延伸到平民。平民與平民婚配;統治菁英與統治菁英婚配。

▲ 階層化的萌芽

酋邦的地位體系有別於國家的地位體系,這是由於酋邦具有親屬基礎。然而,在財富與權力的階級分化的脈絡下,這種酋長式的地位體系並不會維持很久。酋長的行為舉止會開始變得太過傲慢,越來越像國王,並嘗試消除這個酋邦的親屬基礎。在馬達加斯加的酋長會將遠親降級為平民,並禁止貴族與平民間的通婚 (Kottak 1980)。這些變動一旦被這個社會所接受,就會創造出截然劃分的社會階級——彼此沒有親屬關係的幾個群體,他們在財富、聲望與權利的取得能力上有所差異 [一個*階層 (stratum)* 是兩個或更多群體的其中一個,這些群體在社會地位與重要資源的取得能力上有所差異,每個階層的成員包括兩性與所有年齡的人們]。這個創造出各自獨立社會階層的過程稱為*階層化 (stratification)*。階層化的萌芽,意味著從酋邦轉型到國家。階層化的出現是將某個政治群體歸類為國家的重要區辨特徵之一。

深具影響力的社會學家韋伯(Max Weber 1922/1968) 定義社會階層化的三個彼此關聯面向:(1) 經濟地位,或**財富** (wealth),涵括一個人一切的物質資產,包括所得、土地及其他類型的財產;(2) 權力,將某個人的意志行使在其他人身上的能力—得到這個人所想要的東西—是政治地位的基礎;(3) **聲望** (prestige) —社會地位的基礎—對於被認定為典範的行為、功績、或特質,所賦予的推崇、尊重或贊同。聲望或「文化資本」(Bourdieu 1984) 賦予人們有價值及受尊重的感覺,它們往往可轉化為經濟與政治的優勢 (表 8.1)。

財富
個人一切的物質資產;經濟地位的基礎。

聲望
推崇、尊重或贊同。

◆ 表 8.1　韋伯的三個社會階層化面向

財富	⇒	經濟地位
權力	⇒	政治地位
聲望	⇒	社會地位

統治階層
在階層化社會中，高階層或享有特權的群體。

從屬階層
在階層化社會中，低階層或沒有特權的群體。

在人類歷史首次出現的古代國家中，由男人與女人所組成的若干個整體群體（社會階層）之間，具有財富、權力與聲望的差異。每一種社會階層包含各種性別與年齡的人們，**統治階層**（superordinate，較高階層或統治精英）擁有取得有價值資源的特權；**從屬階層**（subordinate，低階層或沒有特權）的資源取得則受統治階層所限制。

五、國家體系

表 8.2 歸納到目前為止，本章所呈現的有關遊群、部族、酋邦與國家的資訊。請記得，國家是獨立的政治單位，具有社會階級與正式政府。相較於遊群、部族及酋邦，國家的規模往往較大且人口眾多，而且在所有的國家中，可以看到某些具有專門功能的社會地位、體系與次體系（參閱 Sharma and Gupta 2006）。包括以下四個層面：

1. 人口控制：國家疆界的確立、建立各種公民類別、舉行人口普查。
2. 司法：法律、司法程序、法官。
3. 強制力：永久的軍事力量與政治力量。
4. 財政：稅收。

在古代國家，這些次體系由統治體系或政府所整合，其中包括一般行政、軍事及宗教官員（Fried 1960）。讓我們逐一檢視這四個次體系。

◆ 表 8.2　遊群、部族、酋邦與國家的經濟基礎與政治管理

社會政治類型	經濟類型	例子	管理類型
遊群	搜食	因紐特人、桑人	地方的
部族	粗耕、畜牧	亞諾馬米人、卡袍庫人、馬賽人	地方的、暫時是區域的
酋邦	具生產力的粗耕、游牧、農耕	卡什凱人、玻里尼西亞人、切洛磯人	永久性的區域類型
國家	農業、工業	古代美索不達米亞、當代美國與加拿大	永久性的區域類型

▲ 人口控制

為了保持對其統轄人民的掌握，所有的國家都會舉行人口普查。國家清楚劃定了疆界，以便將這個國家跟其他社會相區隔。海關人員、簽證官員、海軍及海岸巡防人員維護著這個疆界。國家也透過行政體系的分支來控制人口：省分、縣市、鄉鎮、村里、鄰。低階官員負責管理這些分支的人民與領土。

國家往往會促進人口的地理流動與聚落遷移，這嚴重損害在人群、土地與親屬之間建立的長期連結關係 (Smith 2003)。人口遷徙隨著全球化而增加，而且戰爭、飢饉及尋求工作機會，使得移民浪潮更加澎湃。國家內部的人民開始採用新的地位 (包括先天賦予地位與後天獲致地位) 來尋求自我認同，這包括居住地、族群、職業、政黨、宗教、球隊或社團歸屬等，而不是僅僅認同於自己的繼嗣群體或擴展家庭而已。

國家也藉由對公民與非公民賦予不同的權利與義務，來管理其轄境內的各種人群。在公民當中的地位區別也是司空見慣的。古代國家對貴族、平民與奴隸賦予不同的權利。在近代美國歷史中，1863 年宣布「解放宣言」(Emancipation Proclamation) 前，對奴隸與自由公民設立了不同的法律。在歐洲人統治的殖民地則依據法律案件的當事人身分，將僅僅涉及當地人的案件或涉及歐洲人的案件，分由不同法庭審理。在當代美國，除了公民的司法體系外，依然存在著一套軍事司法體系。

▲ 司法

每個國家都具有法律，以判例與法令頒布為基礎。在缺乏文字書寫的時代，法律可能保存在口語傳統中。犯罪就是對法律規範的違犯，而且各個社會採用特定的刑罰類型。為了處理爭端與犯罪行為，所有的國家都設置法庭與法官 (參閱 Donovan 2007; Pirie 2013)。

介於國家與未受國家統治的社會之間的鮮明對比，就是對內政及家事爭端的介入，例如發生在家庭內部或家庭之間的暴力行為。國家制止了流血復仇，且調解原先存在的私人爭端。國家試圖抑制國內的衝突，但並非經常成功。1945 年後，世界上的武裝衝突大約有 85% 發生在國

家以內―包括推翻統治當局,或關於族群、宗教或人權議題的爭端 (參閱 Barnaby 1984; Chatterjee 2004; Nordstrom 2004; Tishkov 2004)。

▲ 強制力

國家如何強制執行法律及司法判決?每個國家都有執法機構――某種警力。這些執法者的工作可能包括逮捕及關押罪犯 (違法者)。關押罪犯需要有監獄及管理員,如果該國維持死刑就需要行刑人員。政府官員有權收納罰金及沒收充公的財產。政府運用其執法機構來維持國內秩序、壓制騷亂,並 (以軍隊及邊境人員) 防範外國的威脅 (參閱 Maguire, Frois, and Zurawski 2014)。正如本章的「聚焦全球化」專欄所述,新聞檢查是政府用來確保權威的另一項工具。

軍隊可幫助國家壓制並征服四鄰的非國家的社會政治組織,然而這並不是國家組織擴張的唯一理由。雖然國家在人民身上強加了許多負擔,但也提供許多好處。國家具有正規的武力機構,例如軍隊與警力來抵抗外侮與維持國內秩序。當國家成功促進國內治安,就會增進生產。

聚焦全球化
新媒體的政治角色

全球力量在國際擴散的路上經常面對各種阻礙。雖然網際網路造就了即時的全球資訊傳遞,但許多國家基於政治或道德的理由,而監控網路及其他大眾媒體。古巴限制人民的網路搜尋,而且無法登入臉書或推特。許多國家限制人民瀏覽色情網站。中國有一套複雜的監控系統――有時稱為「中國的網路長城」。中國當地的搜尋「百度」遵守政府的網路審查政策,限縮了谷歌、Bing 及雅虎在中國市場的發展。即使中國有著監控制度,但在 2015 年,中國的網民人數 (約占其總人口的一半) 已超出美國網民人數 (總人口 87%) 的 2 倍。

監控可能成為國際貿易的障礙。世界貿易組織基於促進貿易的理由,支持自由取得網路資訊:以促進自由貿易。世界貿易組織的規範容許其會員國基於保護公共道德或確保社會秩序的理由,而限制一部分的貿易,但條件是這類限制對於貿易的阻礙越小越好。

假使網際網路及其他媒體是用來提倡自由貿易,那麼自由思想又如何呢?媒體具有啟迪能力,提供閱聽者前所未聞的資訊與觀點,並為異議者建立發聲平台。另一方面,媒體也會散播與強化刻板印象及錯誤資訊,而且這麼做的話,可以封閉人民的心智,以免變得複雜。

媒體也會促進恐懼感,這往往是基於政治理由而被操弄。在國際傳播的一波波影像與資訊可能會強化這個世界是危險地方的印象,到處充滿著安全與秩序的威脅。臉書、推特、YouTube、手機及數位相機,

國家的經濟體系能夠支持大規模、密集的人口，這些人口也支應軍隊與殖民者的人力需求，來增進國家的擴張力量。

🔺 財政支持

每個國家都具有財政體制。如果沒有安穩的財政支持，國家就無法維持前面所提到的政府機器及機構。政府仰賴**財政** (fiscal) 支持 (例如稅收) 來支應政府官員與數以千計的其他專業人員的開銷和薪資。正如酋邦一樣，國家干預人民的生產、分配與消費。國家可以下令要求某個區域生產某些東西，或禁止在某些特定地點從事某些活動。就如同酋邦一樣，國家也進行再分配 (「還富於民」)，然而從人民那裡所取得的財富，只有更小一部分確實回到人民身上。

在非國家的社會政治組織中，人們習慣與親戚共享資源，然而生活在國家的人們也必須將其生產的一部分交付給國家。市場與貿易往往至少有一部分受到國家所監管，由官員監督分配與交換的過程，標準化度量衡的單位，並對於從外國輸入或穿越國境的貨物課稅。國家從所徵得

財政
在階層化社會中，低階層或沒有特權的群體。

以及有線／衛星電視連接世界各地的人們。持續且不間斷的報導模糊了國際、國家與地方的界線。地理距離變得含糊不清，而且人們每天從這麼多地方接收「壞消息」，因此放大了危機感。許多人搞不清楚這些災難與威脅究竟離他們多遠。一箱疑似爆裂物究竟是在巴黎或美國加州的巴薩迪那 (Pasadena) 被發現？那顆炸彈究竟掉到孟買或密西根？在希臘雅典或義大利羅馬的選舉結果對美國股市的影響，可能比喬治亞州的雅典與羅馬這兩座城市的選舉結果更大。

對於媒體的政治控制並不是新鮮事。(只要想想在美國被查禁與焚毀的書籍。參閱網站 http://www.adlerbooks.com/banned.html 列舉在美國不同時期被查禁書籍的清單。) 自稱衛道之士與極權政權往往想要消除不滿者的聲音，現在的新鮮事就是質疑威權的聲音可以即時散布到全球。新媒體，包括手機、推特與 YouTube 在內，已用來匯集大眾意見並籌畫抗議行動，遠土耳其伊斯坦堡、烏克蘭基輔及美國密蘇里州弗格森。你能想到其他的例子，說明新媒體如何用來質疑威權嗎？

譯注：2014 年 8 月 9 日發生在美國密蘇里州聖路易斯縣弗格森。18 歲手無寸鐵的非裔美國人布朗遭到白人警員威爾遜 (Darren Wilson) 槍殺。人們在當天展開追思活動，但不滿情緒未能平息，此後衍生出長達 16 天的抗議與暴動。

的稅收當中，有一部分重新配置在大眾的利益層面，另一部分(往往是較大一部分)提供給國家本身──它的代理人及機構。國家組織並沒有為平民帶來更多自由與歡樂，平民可能被徵召建造龐大的公共工程。其中有些計畫可能是發展經濟所需的，例如水庫與灌溉系統。但古代國家的居民也可能被迫為統治菁英建造神廟、宮殿及陵墓。統治精英沉溺於奢侈財貨 (sumptuary goods) 的消費上：珠寶、異族食物與飲料、風格獨特的衣飾，這些在昔日都保留給富人，而且只有富人才消費得起。鄉民的飲食品質變差了，因為他們努力要滿足政府對於生產、貨幣或勞力的需索。平民可能在領土戰爭中喪生，然而這場戰爭與他們的需求並沒有什麼關聯。將上述的觀察運用於當代國家，是否也正確？

雖然國家提供這些好處，但是我們不應該認為國家比其他的社會政治組織型態「更好」。就我們搜食者祖先所採行的平權及自由範圍的生活方式而言，階層化及國家都是反義字。我們剛剛思考國家對於一般人民所加諸的需索。那麼，不應感到驚訝的是，世界有那麼多地方的人群曾經抵抗並嘗試規避或逃脫國家組織。我們在「謀求生計」那一章見到，搜食者並不必然因為他們已經知道生物生產，就會採用這種生活。類似的情況是，某些社會設法要抗拒或逃脫國家組織，而採行讓國家難以監控的流浪生活。例如，史考特 (James Scott 2009) 就討論，在東南亞高地地帶採行山田燒墾的社會，如何在同一國家以低地為根基的國家體制控制之外，世代存活下來。

六、社會控制

在研究政治體系時，人類學家不僅關注正式、政府的制度，更關注其他的社會控制形式。**社會控制** (social control) 這個概念所指涉的範圍比「政治」更廣，係指：「在社會體系(信念、行為與制度)的各個領域當中，最積極關聯到維持任何規範與衝突調解層面的那些領域」(N. Kottak 2002: 290)。規範就是能讓個人區辨正當與不正當行為的文化標

社會控制
在階層化社會中，低階層或沒有特權的群體。

本章的前面各段落聚焦於正式的政治組織，而不是政治過程。我們看到政治體系的規模與強度，如何隨著經濟變遷而擴張。我們檢視在各個不同類型社會當中的爭端調解方式，或是欠缺調解的情況。我們檢視政治決策過程，包括領導者及其權限。我們也深切認識到，所有的當代人們都受到國家、殖民主義與當代世界體系的傳播所影響（參閱 Shore et al. 2011）。

　　從本章一開始，我們就引用社會政治組織做為基本概念。到目前為止，我們主要聚焦於其中的政治層面；現在我們要聚焦於社會層面。在本段我們將會看到，政治體系除了正式、政府的、公開的面向外，更具有非正式、社會的、難以捉摸的面向。

▲ 霸權與抵抗

　　除了前面「國家體系」那個段落曾討論的正式機制以外，國家還運用了那些機制來維持社會秩序？葛蘭西 (Gramsci 1971) 發展出**霸權** (hegemony) 這個概念，來指稱一套階層化的社會秩序，其中從屬者遵從統治者的宰制，這是藉由將統治者的價值予以內化，並接受這種宰制關係的「自然性」（事情本來就應該是這樣）來達成。依據布爾迪厄 (Bourdieu 1977: 164)，每一套社會秩序都試圖讓它的專斷（包括它的控制機制和宰制）看似自然且符合每個人的利益——就算情況並非如此，往往會做出一些承諾（假使你耐心等下去的話，事情就會變得更好）。

霸權
在社會秩序當中，從屬階層接受了階層體系，視為「自然」。

　　布爾迪厄 (1977) 與傅柯 (Foucault 1979) 都主張，控制人民的心靈比控制他們的身體更容易且有效。除此之外，工業化社會大多不會使用粗暴的身體暴力，而運用更難以覺察的社會控制形式取代之。這包括各種勸說與管理方式，以及監控與記錄人民的信仰、活動及接觸範圍。

　　霸權，就是將宰制者的意識型態加以內化的過程，是統治精英用來壓制抵抗並繼續掌權的方式。另一種方法就是讓從屬者相信，他們終究會取得權力——就好像年輕人讓老人家掌控他們時，通常可以預見的未來。另一種壓制抵抗的方法是將從屬者加以區隔或孤立，以便就近監視

他們,就如同在監獄的作為 (Foucault 1979)。

在某些情境脈絡下,公開抵抗得以發生或鼓勵其發生,特別是在人們被允許聚集在一起時。群眾集會的場合賦予匿名性,同時也強化並鼓勵共同的情感,讓這些人群結合在一起。受到群眾聚集及公開反叛所威脅的統治菁英,往往會壓制這類公開聚會。他們試圖限制與控制那些可能讓受壓制者團結起來的假日、喪禮、舞蹈、節慶及其他場合。例如,在南北戰爭之前,美國南方奴隸的聚會不可超過 5 人,除非有一位白人在場。

有一些妨礙社群形成過程的因素——例如地理、語言與族群隔離——也會發揮壓制抵抗的作用。統治菁英想要把被壓迫者彼此隔離,而不是讓他們團結成為一個群體。可想而知,美國南部農業莊園的園主找尋具有不同文化與語言背景的奴隸,並限制他們集會的權利。儘管有這些用來區隔奴隸的措施,但奴隸依然進行反抗,發展出屬於自己的流行文化、語言模式與宗教觀點。主人教導聖經中強調順從的教義(如聖經的約伯書);奴隸則偏愛摩西的故事與解救。這種奴隸宗教的基礎成為翻轉白人與黑人生活情況的理念。奴隸也會透過破壞與逃跑,來直接抵抗。在新世界的許多地方,奴隸設法在山林及其他孤立地區,建立自由社區 (Price 1973)。

▲ 弱者的武器

對於社會政治體系的研究,也應思考在明顯、公開的行為底下,某些可能會被隱藏的情緒與活動。在公開場合,受壓制者看似接受宰制體系,即使他們在私下場合會質疑它。史考特 (Scott 1990) 運用「公開文本」(public transcript) 這個術語來描述在宰制者與從屬者間,公開、公共的互動關係。他運用「隱藏文本」(hidden transcript) 這個術語來描述人們私下對權力的批判,這是在當權者無法看到的地方所進行的。在公開場合,統治菁英與受壓制者都遵守各種權力關係的應對禮節。統治者的行為舉止就像個主人,他們的從屬者則展現謙卑及服從,但是抵抗往往是某些潛藏在外表之下的東西。

有時候，潛藏文本可能包含著主動抵抗，卻是個別發生與精心掩飾的，而不是集體與明目張膽的。史考特 (1985) 以其田野地點的馬來鄉民為例，來說明小規模的抵抗行動——他稱之為「弱者的武器」。馬來鄉民會間接抵抗伊斯蘭教的什一稅 (tithe，宗教稅)，鄉民被期望要支付什一稅，大多是繳交稻米，這被送往省城。理論上，這些什一稅會被當成慈善施捨而回到鄉民身上，但這從未發生。鄉民並未運用暴動、示威或抗議等方式來抗拒什一稅，而是採用植基於小規模抗拒行動的「謹慎對付」策略。例如，他們並未呈報耕地面積或在面積上造假，而是藉由短報稻米或送出帶有水分、石頭或泥土的稻米，以增加重量。由於這項抗拒，他們被課徵的什一稅實際上只支付了 15% (Scott 1990: 89)。

隱藏文本往往會在某些特定時間 [慶典與嘉年華 (Carnavals)] 或某些地點 (如市場) 被公開展現。嘉年華 [就如同美國紐奧良的懺悔星期二 (Mardi Gras)] 由於具有服裝匿名性，因此成為表達平日受壓制情緒的絕佳場域。嘉年華透過衣著暴露、舞蹈、暴飲暴食與性行為，來讚揚自由 (DaMatta 1991)。嘉年華原先可能是對一整年所累積的挫折，一種活潑頑皮的宣洩管道。時間一久，它可能演變成每年一度對統治者的強力批評，對既有社會秩序的威脅 (Gilmore 1987)。[西班牙獨裁者法朗哥 (Francisco Franco，1937 年至 1975 年在位) 深知這項儀式的解禁可能演變成政治暴動，因而宣布嘉年華是違法行為。]

▲ 恥感與流言

許多人類學家提及「非正式」的社會控制過程所具有的重要性，例如恐懼、汙名、恥感與流言，特別是在小規模社會 (參閱 Freilich, Raybeck, and Savishinisky 1991)。例如，當直接或正式懲罰有其風險或不可能達成的情況下，恥感與流言，有時能夠發揮作用，成為有效的社會控制過程 (Herskovits 1937)。流言可用來讓違反社會規範的人感到羞愧。米德 (Mead 1937) 與潘乃德 (Benedict 1946) 區分恥感 (shame) 和罪惡感 (guilt)，恥感是外在的懲罰 (亦即由他人所推動的力量，如透過流言)，而罪惡感則是內在的懲罰，由個人的心理所產生的。她們認為在

非西方社會裡，恥感是最明顯的社會控制形式；罪惡感則是西方社會主要的情緒懲罰。當然，想讓恥感變成有效的制裁，遭到恥感或個人蒙羞的後果，必須被個人所內化。在小規模社會中，每個人都彼此認識，大多數人們試著避免做出足以損害名聲的行為，以免自己被社會群體網絡所疏離。

科塔克 (Kottak 2002) 研究莫三比克北部鄉村的馬庫亞人（圖 8.4）的政治體系，以及更廣義的社會控制。馬庫亞人的社會控制機制的範圍延伸超越正式政治體系，這反映在他們對社會規範與犯罪所做的討論。馬庫亞人輕鬆地談論有關違反規範、衝突，以及可能隨之而來的懲罰。鄉居的馬庫亞人所預期的主要懲罰就是牢獄、巫術攻擊與恥感。

馬庫亞人的社會控制概念的最清楚呈現，就是從關於偷取鄰居雞隻

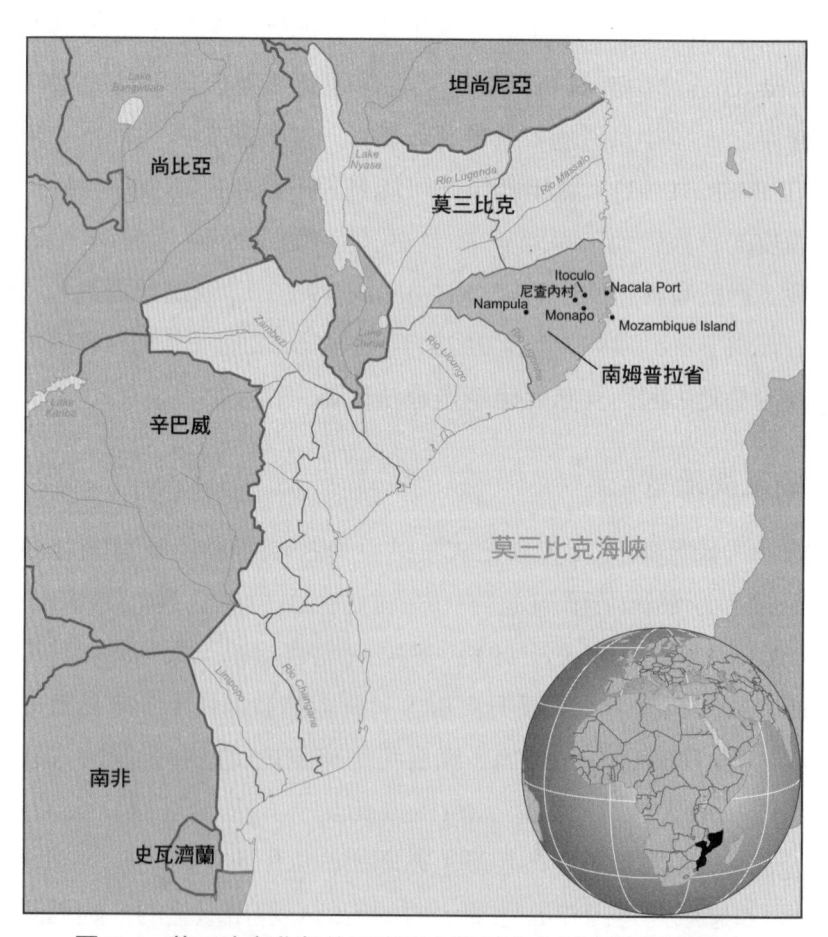

圖 8.4　莫三比克北部的馬庫亞人與尼查內村之地理位置圖
此處所顯示南姆普拉省是馬庫亞人的領域。

的討論所產生的。多數的馬庫亞村民在家屋一角有間簡陋搭蓋的雞舍。每天雞隻在太陽升起前離開雞舍，在附近漫步找尋細碎的食物。如果飼主似乎對這些家禽的下落記得不太清楚的話，村民可能會起心動念偷走鄰居的雞隻。馬庫亞人具有極少的物質財產，也缺乏肉類食物，這使得四處漫步的雞隻成為一項誘惑。他們關於雞隻漫步，以及將偶發的偷雞行為當成社區問題所做的討論，有助於釐清他們的社會控制概念—為何人們並不會偷竊鄰居的雞隻。

馬庫亞人感知到三個主要的抑制因素或懲罰：牢獄 (cadeia，卡德依亞)、巫術攻擊 (enretthe，恩瑞特) 與恥感 (ehaya，艾哈亞)[這裡所採用的懲罰 (sanction)，指的是在一個違犯規範事件之後所出現的懲罰]。主要的懲罰——巫術，以及最重要的恥感——來自社會，而不是來自正式的政治體系。首先是巫術，一旦某人發現雞隻被偷了，就會依據馬庫亞人的思維，要求傳統巫醫來代表他發動巫術攻擊，這可能導致偷雞賊死亡或罹患重病。

依據科塔克 (2002) 的研究，馬庫亞人一再提及巫師與巫術的存在，但他們並不明確指出這些巫師究竟是誰。他們認為巫術植基於惡意，這是每個人可能會在某個時候感受到的。如果個別的馬庫亞人感受到自身的惡意，可能有時就會懷疑自己是一個巫師，他們也意識到其他人具有類似感覺。這些地方理論認為，疾病、社會不幸與死亡皆是由惡意巫術所導致。在馬庫亞村落的平均餘命相對較短、嬰兒死亡率較高。當地人所面臨的健康、生命與存在問題，遠比西方人的同一類問題更嚴重。這些不確定性助長關於巫術的恐懼。任何衝突或違犯規範都是危險的，因為它可能會引發巫術攻擊。馬庫亞人特別將偷雞賊視為復仇巫術攻擊的必然目標。

馬庫亞人畏懼巫術，但他們大多提及不想偷竊鄰居雞隻的主因是恥感。一旦這位偷雞賊被發現，必須參加一場正式的、公開組成的村落聚會，由這場會議決定合適的懲罰方式與罰款。馬庫亞人在乎的並不是罰款，而是在被確認為偷雞賊之後，將會感受到強大且持續很長一段時間的恥感或羞愧。

鄉居的馬庫亞人往往終生住在同一社區裡。這類社區的人口通常少於 1,000 人，因此居民可記得大部分社區成員的身分與名聲。緊密居住的家屋、市場與學校助長這個監控過程。在這種社會環境中，人們試著避免做出足以破壞名聲，而被當地社群所疏離的行為。

恥感能成為強而有力的制裁。馬凌諾斯基 (1927) 描述超布連島人爬到棕櫚樹的頂端，然後俯身跳下而死，因為他們無法忍受大眾知道其帶有汙名的行為。馬庫亞人傳述著一名男人的故事，傳聞他跟繼女生下孩子。政治權威並未對這個男人施予任何正式懲罰 (罰款或判刑)，但有關這個醜聞的謠言廣為流傳。這個傳言濃縮在一段歌詞之中，由年輕女性團體所吟唱。當這個男人聽到這首歌提到他的名字及上述行為時，他就在一棵樹上吊自殺 (N. Kottak 2002)。[先前我們看到，歌曲在因紐特人社會控制體系所扮演的角色，我們將在下文討論伊博人 (Igbo) 女人戰爭的例子。]

我們從這段討論看到，人們不僅是政府的公民，也是社會的成員，而且除了政府刑罰之外，也存在著社會制裁。這些制裁也做為其他「弱者的武器」的例證，因為這是人們最有效掌握的制裁，例如女人或年輕人，他們所能取得的正式權威架構有限，正如我們下面所要討論的伊博人。

伊博女人戰爭

恥感與恥笑，由女人用來對付男人，這在 1929 年下半年奈及利亞東南部的一場抗議運動中，扮演著決定性的角色。在英國殖民歷史上，這個事件稱為「1929 年阿巴女人暴動」(Aba Women's Riots of 1929)，在伊博人歷史則稱為「女人的戰爭」(參閱 Dorward 1983; Martin 1988; Mba 1982; Oriji 2000; Van Allen 1971)。在這場為期 2 個月的「戰爭」中，至少 25,000 名伊博女人加入對英國殖民官員的抗議。這場大規模反叛觸發了當時在奈及利亞殖民地的歷史中，對英國統治的最嚴重挑戰。

1914 年，英國實行間接統治政策，指派當地的奈及利亞男人擔任中間人——人們所稱的「委任酋長」。這些酋長變得越來越壓迫人民、掌

握財產、恣意發布規定,並囚禁批評他們的人。殖民行政機關宣布準備向在市場經商的伊博女人抽稅,更使得當地民怨沸騰。這些女人是奈及利亞漸增的都市人口的主要食品供應商;她們唯恐在這個新稅制下,會被迫退出這個市場。市場經商的女人成為這些抗爭行動的主要策劃者。

在 1929 年 11 月,數以千計的伊博女人在聽到這個課稅政策的消息之後,聚集在各個城鎮,同時抗議委任酋長及對市場女人課稅這兩件事情。她們採用一種傳統作為,透過整晚的歌舞恥笑來監看與羞辱男人(這通常稱為「坐在男人身上」)。這個過程包括一直圍繞著委任酋長的家屋與辦公室唱歌跳舞。這些女人也會跟蹤酋長的一舉一動,藉由侵入這些男人的空間來迫使他們注意(也請參閱 Walton and Suarez 2016)。委任酋長的妻子向丈夫施壓,必須傾聽抗議者的訴求。

在奈及利亞,當代的伊博女人從一處水井取水。由伊博女人群體所發動的政治行動,成為英國殖民時期在奈及利亞及更廣大的西非地區,首次對英國當局的重大挑戰。
© Eye Ubiquitous/SuperStock

這些抗爭非常有效。課稅政策取消,而且許多委任酋長辭職,後來有些委任酋長由女人接任。其他女人則被任命為土著法庭法官。奈及利亞女人的地位獲得提升,女人在那裡的市場特別保有強大的政治權力,至今依然如此。從 1930 年代到 1950 年代,奈及利亞的許多政治事件受到這場女人戰爭所啟發,包括後續發生的抗稅行動。在非洲各地,這場女人戰爭啟發了許多其他抗爭。伊博人抗爭被視為在殖民時代,英國在奈及利亞及西非的統治權威所受到的第一場重大挑戰。這個案例顯示,女人如何有效運用其社會權力(透過歌曲、舞蹈、鼓譟,以及「敵對爭吵」)來破壞正式的權威結構,並藉此獲得在這個結構之中的更大影響力。你能想到其他的(也許是最近發生的)例子嗎?馬庫亞人及伊博的例子顯示,流言、恥笑及恥感如何能成為有效的社會控制過程,這甚至可以導致政府的變革。伊博的例子也顯示,在有效的抵抗當中,社群組織及政治動員的重要性。

透過社會媒體的抵抗：個案研究

正如我們在本章的「聚焦全球化」專欄所見，包括臉書、推特及智慧型手機在內的新媒體，已明顯用在土耳其、烏克蘭及許多其他國家的起義行動。人類學家已在許多地方研社會媒體的角色，包括巴西在內。有些人所稱的巴西「臉書革命」發生在 2013 年 6 月到 9 月間。在大大小小的城市，巴西人到街上 (與網路空間) 來抗議政府及其公共服務政策。這項運動始於聖保羅的一場小規模抗議公車費率上漲的遊行。這項運動的引爆是因為警方的粗暴影像——有許多由智慧型手機的相機所拍下——先是灌爆了網際網路，然後是電視新聞報導。這些活生生的影像喚醒老一輩對軍事獨裁時代 (1964 年到 1985 年) 的記憶。年輕一輩的巴西人受到這些由國家代理人所執行的暴力壓制畫面所震撼。有一幅令人震驚的畫面是，一位年輕記者的眼睛被鎮暴警察的橡皮子彈擊中而紅腫流血的照片，成為一再出現的特別強力的視覺畫面。

由媒體所催生的公共行動訴求，是由巴西公民對於該國經濟政治政策方向的關注所觸發的。使用臉書對於計劃抗議行動及招募抗議者具有關鍵。電視新聞加入其中，廣播抗議的時間及地點，然後播放接下來的遭遇衝突，讓觀眾在晚間新聞收看。抗議者絕大多數是中產階級的都市居民。抗爭在 2013 年巴西主辦國際足協洲際國家盃 (Confederation's Cup) 時逐漸升溫，這場比賽的場館也是用在其後即將到來的世界盃足球賽 (2014 年) 及奧運會 (2016 年)，政府在場館建設上面浮濫花費，卻忽視大多數巴西人的衛生、教育及運輸需求。

當這股公民不安情緒正在發展與擴散之際，來自美國及巴西各大學的民族誌研究者所組成的團隊，正在五個巴西人社群當中，研究電子媒體的使用與影響 [人類學家佩斯 (Richard Pace) 與我是這項在巴西不同地方所進行計畫的統籌者，計畫的贊助單位是美國國家科學基金會]。當這些抗爭密集發生時，我們的研究團隊觀察巴西人如何運用媒體來瞭解這些示威行動，以及在某些情況，運用媒體來計畫他們同時進行的抗爭。那麼，地方上的巴西人如何學會、詮釋並參與在國家層次所展現的不滿情緒？

在巴西南部的聖卡塔琳娜州(Santa Catarina)的小鎮伊比拉瑪(Ibirama)，人口約 15,000 人，這裡對於抗爭行動的地方興趣及參與是最大的。在這個社群，計畫研究者佩思(Cynthia Pace，南加州大學)觀察人們廣泛運用臉書及電視，來追蹤及參與這些抗爭。伊比拉瑪是個緊密團結的社群，在 19 世紀晚期由德國、波蘭及俄羅斯的移民所建立。這裡絕大多數是中產階級，享有夠水準的網路連結達 10 年以上。臉書是受到喜愛的溝通形式，人們每天發布新文章，甚至每小時更新，來標示人們的動態、發出地方活動邀請函，並且幫地方產業做廣告。(佩思遭到責難，因為一個星期只收到五件活動邀請，而不是正常的十件或更多，她被告知需要加更多臉友。)

隨著這些抗爭在 2013 年 6 月蔓延，佩思的屋友佩都魯(Pedro)是工程系的學生，運用臉書來發布他的計畫，想要抗議政府的腐敗及總統羅賽芙的政策。佩都魯的臉書網絡包括伊比拉瑪的數千名居民，並吸引數百人參與接下來的抗爭。佩思拍攝這場抗爭，而且佩都魯將錄影張貼在臉書上，地方電視台從這裡拿到影像，並在晚間新聞播出。這場抗爭明確地聚焦於聯邦政府的政治與經濟失策。參與者明確感受到他們的行動必定會跟全國各地的其他行動相串聯，並且會推翻羅賽芙的總統職位(在本版撰寫時，也就是在伊比拉瑪抗爭的 3 年過後，羅賽芙被停止總統職位，由副總統取代之，她的彈劾判決依然懸而未決)。[3]

距離我們其他研究地點最遠的是古魯帕(Gurupá)，位於帕拉州(Pará)的亞馬遜河，為數 9,500 人的社群。就全國標準來說，當地居民貧窮，但是這個社群大大得力於政府的消弭貧窮計畫，以及最近突然暴增的熱帶水果阿薩伊果(açaí)的外銷。古魯帕具有社會運動及抗爭的歷史，並強力支持羅賽芙的巴西勞工黨。在城鎮裡，當地人所取得的網際網路連線不穩定、緩慢，而且經常中斷。在古魯帕的鄉區根本就沒有連線。當地的手機直到 2011 年才開通，當線路暢通時，人們用手機來獲取臉書資訊。依據研究者塔利(Monte Talley)[范德堡大學(Vanderbilt

---

3 譯注：2016 年 8 月 31 日巴西聯邦參議院已通過對羅賽芙的彈劾案。

University)]，古魯帕的人們往往將抗爭行動視為都市居民的政治宣洩，而跟亞馬遜流域的實情相距甚遠。到最後，地方上的抗爭行動計畫妥當並發布在臉書上，即使說真實的組織是透過面對面的互動來達成。這項行動吸引大約 100 人，由籌辦人拍照並張貼在臉書上。這場抗爭的架構是抗議羅賽芙續任總統，實際上的事件焦點卻變成地方政治，包括來自反對黨的參與者。

由我們團隊所研究的另一個社群是圖雷吉尚 (Turedjam)，人口 500 人，靠近帕拉州的城鎮北歐利蘭吉亞 (Ourilândia do Norte) 的卡亞波 (Kayapó) 原住民領域。這個村落在 2010 年建立。有別於大多數的卡亞波村落，這裡具有電力、電視與手機服務。雖然這個社群缺乏網路連結，但某些村民會在鄰近城市上網，有些人甚至有臉書帳號。依據研究者薛帕德 (Glenn Shepard)[巴西貝倫 (Belem) 的勾艾迪博物館 (Goeldi Museum)] 表示，村民從電視上看到抗爭。然而，許多村民不諳葡萄牙文，想要繼續追蹤這些抗爭運動的細節有其困難。他們將這些距離遙遠的街頭抗議活動視為在「白人」跟他們政府之間平日不滿的抗爭。卡亞波人趁虛而入，掌握這些全國活動當成宣洩他們長期不滿的開端。當地男人把身體塗成全黑 (在這些美洲原住民當中，這是準備戰爭的訊號)，並透過短波無線電跟手機維持跟其他村落的經常聯繫。他們曾計畫在泛亞馬遜公路 (Transamazon Highway) 設置路障，試圖迫使羅賽芙政府做出讓步。他們的主要訴求包括清楚劃分卡亞波土地，以及可能有潛在威脅的水庫興建計畫。不過，他們最終放棄原先在公路設置路障的計畫，轉而跟政府官員直接對談。

從這些個案研究，我們看到在都市發生的事件，在透過電視、手機及網際網路傳播到全國時，也會影響那些跟都市距離遙遠的小城鎮及村落居民。但結果有所不同，反映著特殊的地方脈絡，包括地方的階級地位及取得媒體資訊的程度。全國的「媒體景觀」到了地方就變得破碎。在巴西 2003 年的幾個月期間，遍及全國各地的都市不滿情緒，創造一個暫時的想像凝聚力──在都市、中產階級的巴西人當中最強大。這些抗爭表達對於巴西方向的普遍不滿，但這些政治行動的目標不明確且分散，並沒有真正的共同敵人 (如殘暴的獨裁者)。雖然 2013 年的抗爭確

實動員大量的巴西人，但是並未導致立即的政治變革。羅賽芙在 2014 年獲得連任。然而，到了 2016 年她就捲入彈劾過程。[4] 社會媒體在散播政治目標及刺激行動方面必定扮演一個角色，但一場媒體抗爭本身未必能保證政治變革的發生。

◀ 回顧

1. 本章提到，「遊群」、「部族」、「酋邦」與「國家」這幾個標籤是過度簡單的，以至於無法完全說明考古學家與民族誌研究者所知的政治多樣性和複雜性。假使這套組織類型並未準確描述實際情況，我們為何不將它全盤拋棄？研究者繼續使用這些理想類型來研究社會，其價值究竟是什麼？
2. 為何不應將當代的狩獵採集者視為石器時代人群的代表？人們想到搜食者的時候，會有哪些刻板印象？
3. 什麼是兄弟會？你的社會是否有兄弟會？你是否屬於任何一個兄弟會？為什麼？
4. 你從本章關於人口密度與政治階序之間關係的討論，得出哪些結論？
5. 本章描述人口控制是每個國家的一項特定功能。請舉例說明人口控制。你本身是否有直接遭遇這類控制的經驗？（想一想你最近的出國旅遊、選舉、繳稅或申請駕照。）你認為這些控制究竟對社會有利或有害？

---

4 譯注：並因此被罷免。

Chapter

9

性別

- 人類的生物與文化性質如何展現於生理性別／社會性別的體系中？
- 性別、性別角色與性別階層化如何關聯到其他的社會、經濟和政治變項？
- 什是性傾向？從跨文化角度，性行為如何有所變異？

章節大綱

一、生理性別與社會性別
二、一再出現的性別模式
三、性別角色與性別階層化
　　較少的性別階層化——
　　　　母系與從母居社會
　　母權
　　增加的性別階層化——
　　　　父系與從夫居社會
　　父權與暴力

四、工業化社會的性別
　　工作與家庭：實情及刻板印象
　　貧窮的女性化
　　工作與快樂程度
五、超越男性與女性
六、性傾向

認識我們自己

本章的表 9.1 列舉在社會當中，各式各樣普遍由男性所從事的活動、普遍由女性所從事的活動，或是兩性皆可從事的活動。在該表中，你將會看到自己文化所常見的「男性」活動，例如建造房屋、狩獵與屠宰，連同我們認為典型的女性活動，例如洗衣與烹調。但必須記得的是，這些「規則」的例外者可能就跟遵循者一樣多。儘管並非典型案例，但在美國，女性獵捕大型獵物或男性從事烹調（只要想想任何一位名廚節目男主持人），並非前所未聞之事。除了名人以外，美國文化當中的女性逐漸增加在家庭以外的工作，參與傳統上被認定是男性的工作——醫師、律師、會計師、教授等。然而，女性在各類型職業已達平等的說法絕非事實。在撰寫本書時，美國的 100 位參議員只有 20 位女性，曾擔任美國聯邦最高法院大法官的女性只有 4 位。

種種關於合宜性別行為的概念正在不斷改變，就如同男性與女性的職業模式一樣，不再具有一致性。如今電視節目呈現超乎傳統的性別行為與性行為，然而舊有信念、文化期待與性別刻板印象依舊揮之不去。因此，美國文化期望合宜的女人行為應該是有禮貌、自我節制或柔順，這為美國女性帶來挑戰，因為美國文化也看重果斷與「捍衛自己的信念」。當美國男性與女性展現類似的行為——例如說出他們的想法時——他們會受到不同的評斷。男性的果斷行為可能受人欽佩與鼓勵，但女性的類似行為可能被貼上「挑釁」的標籤——或是更糟糕。

男性與女性都同時受限於他們的文化訓練、刻板印象與期望。例如，美國文化往往會汙名化男性的哭泣。小男孩哭泣是可容許的，但成為男人往往意味著必須放棄這項對快樂與悲傷的自然流露。當男人感受到某些情緒時，為何不能「放聲大哭」？美國男性被訓練為做出決策並堅定立場。在美國人的刻板印象當中，改變想法這件事較常被聯想到女人，而不是男人；而且可能被認定為軟弱的跡象。男人如果這麼做的話，會被視為女孩子氣。政治人物經常批評對手猶豫不決，或對某些議題胡說八道或「油腔滑調」。這個概念確實非常奇怪——就算人們發現有更好的方式，也不應改變他們的立場。男人、女人及人性可能同樣受到某些文化訓練所折磨。

由於人類學家同時研究生物、社會與文化，使得他們在探討人類行為的決定因素究竟是先天（nature，生物的素質）或後天（nurture，環境）時，居於一個獨特位置。人類的態度、價值與行為，不僅受限於我們的遺傳因素（這大多不容易找出），更是受限於我們濡化過程的經驗。我們成年人的特質是在成長與發展過程中，同時由我們的遺傳基因及環境所決定的。

一、生理性別與社會性別

有關先天與後天的諸多問題，是從對人類的生理性別 (sex) 及社會性別 (gender，或簡稱為性別) 的角色，以及性傾向 (sexuality) 的討論所衍生的。男人與女人在遺傳基因上有所區別。女人有兩個 X 染色體，男人則有一個 X 染色體與一個 Y 染色體。父親決定了嬰兒的生理性別，因為只有他可以傳遞 Y 染色體；母親則提供一個 X 染色體。

這項染色體差異表現在荷爾蒙及生物性質的對比上。人類具有性差，其程度比某些靈長類更明顯，例如長臂猿 (亞洲的小型樹居猿類)；或比其他靈長類更不明顯，例如大猩猩與紅毛猩猩。**性差** (sexual dimorphism) 係指雄性與雌性除了乳房與性器官之外的生物差異。男女的不同之處，除了第一性徵 (性器官與生殖器) 與第二性徵 (乳房、聲音、毛髮分布狀態) 外，還包括平均體重、身高、體力與壽命。女人的壽命往往比男人更長，並具有極佳耐受力。在某個特定群體中，男人往往比女人更高、更重。當然，兩性在身高、體重與體力上有許多重疊之處。而且在人類演化過程中，性差已顯著減少。

性差
雄性與雌性除了乳房與性器官之外的顯著生物差異。

然而，由遺傳與體質因素所決定的差異，其變異範圍究竟有多大？這些差異對不同社會的男女行為方式，以及他們被人們對待的方式，究竟產生什麼影響？人類學家在許多不同文化中，探索男女角色的相似性與相異性。人類學對於生理性別—社會性別的角色與生物性質，所採取的主要立場可陳述如下：

> 男人與女人的生物本質，(應該被視為) 不是一個侷限人類有機體的狹隘柵欄，而是一個寬闊的地基，可將各式各樣的結構建立於其上 (Friedl 1975: 6)。

雖然在大多數社會中，男人往往比女人更積極主動，但兩性間的行為與態度差異，有許多源自於文化，而非源自於生物。生理性別差異是生物性的，但性別卻涵蓋某個文化指定給男性與女性的所有特質，並反覆灌輸。換言之，**性別** (gender) 就是指對於一個人究竟是女性、男性或

性別
文化對於一個人究竟是女性、男性或其他性別所做的概念建構。

其他，所做的文化建構。

在文化多樣性的領域，具有「豐富且多樣的性別建構方式」的情況下，波克 (Susan Bourque) 與華仁 (Kay Warren) (1987) 指出，同一套陽剛氣質與陰柔氣質並不完全適用於所有地方。米德從事性別角色變異的早期民族誌研究，她的《三個原始社會的性別與氣質》(*Sex and Temperament in Three Primitive Societies*) (Mead 1935/1950) 一書，依據在紐幾內亞的亞拉沛旭 (Arapesh)、穆杜辜穆 (Mundugumor)、燦布利 (Tchambuli) 三個社會所做的田野研究。在這三個社會當中，男性與女性在人格特質與行為的變異令米德感到驚奇。她發現在亞拉沛旭，男性跟女性都如同美國人傳統所期望的女性行為舉止：採用溫和、親情、反應熱烈的方式。相反地，穆杜辜穆的男性及女性的行為都如同美國人所期待的男性行為：殘酷且進取。最後，燦布利的男性「像貓」，披著捲髮，逛街買東西，但女性卻是活力十足且善於管理，並且比男人更不看重個人裝飾。[艾靈頓及葛沃茲 (Errington and Gewertz 1987) 援引了這項燦布利人個案研究，雖然他們認定性別具有可塑性，但是反駁米德論述當中提到的這些特性。]

人類學有建置完備的女性主義研究領域 (Di Leonardo 1991; Lewin and Silverstein 2016; Rosaldo 1980b; Strathern 1988)。人類學家在許多文化場景中，有系統地蒐集關於性別相似性與相異性的田野資料 (Bonvillain 2007; Brettel and Sargent 2012; Mascia-Lees 2010; Stimpson and Herdt 2014; Ward and Edelstein 2013)。人類學家可以探尋許多不斷出現的性別差異主題與模式。他們也觀察到隨著環境、經濟體系、適應策略、政治體系類型而改變的性別角色。在我們檢視這些跨文化比較資料前，先依序介紹相關名詞的定義。

性別角色 (gender roles) 是一個文化指定給各個性別的任務與活動。與性別角色有關的是**性別刻板印象** (gender stereotype)，這是指人們對於男性特質與女性特質的過度簡化，但被堅決抱持的概念。**性別階層化** (gender stratification) 描述男人與女人之間，不平等的回饋 (社會所看重的資源、權力、聲望、人權與個人自由) 分配，這反映著他們在社會階

性別角色
一個文化指定給各個性別的任務與活動。

性別刻板印象
關於男性與女性，過度簡化但被堅決抱持的概念。

性別階層化
男人與女人之間的社會資源不均等分配。

層體系中的不同地位。依據史托樂 (Ann Stoler 1977) 的觀點,「女性地位的經濟決定因素」包括自由或自主性 (在支配自己的勞力及其產物方面),以及社會權力 (對他人生活、勞力與產物的控制)。

在非國家的社會中,性別階層化在聲望方面的呈現,往往比在財富方面的呈現更明顯。羅薩多 (Michelle Rosaldo 1980a) 對菲律賓呂宋島北部的依龍果人 (Ilongots) 的研究 (圖 9.1),描述了關聯到正面文化價值的性別差異,這些正面價值偏重在探險、旅遊以及對外在世界的知識。昔日的依龍果男人身為獵頭者,造訪遙遠的地方。他們獲取有關外在世界的知識,在那裡累積經驗,然後在公開演講場合中,展現他們的知識、探險與感覺。他們到演講最後會贏得歡呼掌聲。依龍果女人的聲望較低,因為她們欠缺對外在世界的經驗,而無法據以建立知識及生動表達。依據羅薩多的研究及其他非國家社會的研究基礎,王愛華 (1989) 主張,我們應當區分在一個特定社會的聲望體系與實際權力 (也請參閱 Hodgson 2016)。男性享有較高的聲望,並不意味著男人真正掌握家庭

圖 9.1 在菲律賓的依龍果人之地理位置圖

的經濟或政治權力。(如想要更瞭解羅薩多對性別研究的貢獻,請參閱 Lugo and Maurer 2000。)

二、一再出現的性別模式

民族學家比較來自許多文化的民族誌資料(亦即跨文化資料),以發現及解釋各種差異性與相似性。關於性別的跨文化比較資料,可由經濟、政治、家庭活動、親屬與婚姻等領域取得。表 9.1 呈現來自 185 個隨機取樣的社會的跨文化資料,探討依據性別而產生的勞力分工。

表 9.1 所討論的性別分工呈現的是文化一般性,而不是絕對的文化普同性。換言之,在民族誌曾描述的社會,有一項要求男人負責造船的強烈傾向,但也有例外。美國原住民族群希達札人 (Hidatsa) 由女人製作船隻,用以跨越密蘇里河。(傳統上,希達札人是北美大平原的村落農耕者與野牛獵捕者;他們目前生活在美國北達科他州。)另一個例外是鮑尼人 (Pawnee) 由女人從事木工;在北美原住民的各個群體中,他們是唯一將這項活動指定給女人者。(鮑尼人傳統上也是平原地帶的農耕者,原先居住在美國內布拉斯加州中部與坎薩斯州中部,目前住在奧克拉荷馬州中北部的保留區。)在非洲薩伊的伊圖力 (Ituri) 森林的恩布提人「矮黑人」,女人運用雙手或網子,獵捕小型或行動遲緩的動物 (Murdock and Provost 1973)。

這些跨文化歸納的例外可能發生在社會或個人中。換言之,類似希達札人的社會,就可能與男人負責造船的這項跨文化歸納相矛盾,將造船任務指定給女人。或在某一個社會,依據文化期望只可由男人造船,但也可能出現一位或一群特立獨行的女人,牴觸了這個期望,而從事這項男人的工作。表 9.1 顯示在 185 個社會的樣本中,某些活動(搖擺不定的活動)可指定給男人或女人,或是男女皆可從事。其中最重要的是種植、照料與收成農作物。以下我們將看到,某些社會習慣把較多的農耕雜事交給女人,其他社會則要求男人擔任主要農耕者。在幾乎全數交

◆ 表 9.1　依據性別的勞力分工，來自 185 個社會的資料

一般的男性活動	兩性皆可從事的活動	一般的女性活動
獵捕大型海洋動物（如鯨魚、海象）	生火	收集燃料（薪柴）
冶煉金屬	身體毀飾	製作飲料
金屬加工	清理動物膚毛	採集野生植物食物
伐木	採集小型陸地動物	製作乳製品
獵捕大型陸地動物	種植農作物	（如攪乳）
木工	製作皮革飾品	紡紗
獵捕鳥類	收成	洗衣
製作樂器	照料農作物	取水
陷阱獵捕	擠乳	烹調
造船	製作籃子	處理植物類食物
石材加工	背負重物	（如舂去穀殼）
骨角與貝殼加工	製作蓆子	
採礦	照顧小型動物	
埋葬骨骸	儲存豬肉與魚肉	
屠宰 *	織布	
採集野生蜂蜜	採集小型海洋動物	
整地	製作衣服	
捕魚	製作陶器	
照料大型家畜		
建築房屋		
犁田		
製作網子		
製作繩索		

* 在「屠宰」以上的各項活動幾乎全由男人完成，從「屠宰」到「製作繩索」的這些活動則大多由男人完成。

資料來源：採用 G. P. Murdock and C. Provost, 1973. "Factors on the Division of Labor by Sex: A Cross-Cultural Analysis," *Ethnology* 12 (2): 202-225.

給男人的工作中（表 9.1），有些（如獵捕大型陸地與海洋動物）顯然關聯到男性較大的平均體型和氣力。至於其他活動，例如木工與製作樂器，似乎具有較多的文化任意派定的成分。當然，女人也不能完全免除繁重、耗時的體力勞動，例如收集薪柴與挑水。在巴西巴喜亞省的亞潤貝，女人往往會用容量 5 加侖（18.9 公升）的水桶盛水，頂在頭上，從離家很遠的水井與水塘挑回去。

請注意表 9.1 並未提及貿易與市場活動，男性、女性或兩性都活躍其中。表 9.1 所列舉的男性工作項目較女性為多，是否帶有男性中心的

意味？女性比男性從事更多孩童照料工作，然而表 9.1 所依據的研究並未將家事活動細分到如同家事以外活動的詳細程度。從今天的家庭與職業角色的角度，以及關於當代女性與男性所從事的活動等角度來思考表 9.1。男性依然從事大部分的狩獵；兩性都能從超級市場找到蜂蜜，即使說清理嬰兒排泄物的工作 (孩童照料工作的一部分，且未列在表 9.1) 大多繼續落在女性手裡。

從跨文化角度，男人和女人對生計的貢獻大致不相上下 (表 9.2)。然而，正如我們在表 9.3 與表 9.4 所見，女性在家務與孩童照料方面所付出的勞力卻較多。表 9.3 顯示，在所有被研究的社會中，大約有一半的男人根本不做家事。即使在男人會協助家事的社會，大部分家事依然由女人完成。若將生計活動與家事加起來，女人的工作時數往往比男人更多。在當代世界，這個現象是否有所改變呢？

孩童照料又是如何？在大多數社會，女人往往是主要照料者，但男人也經常扮演一個角色。當然會有一些例外，發生在各個社會中與不同社會間。表 9.4 運用跨文化比較資料，回答這個問題：「哪一種人——男人或女人——對於嬰孩 (小於 4 歲) 的照料、處理與管教，擁有最終的權威？」雖然在總數三分之二的社會中，女人對嬰兒具有基本的權威，但依然有一些社會 (總數 18%) 由男性擁有主要的權威。在今日的美國與加拿大，有些男人成為主要的孩童照料者，即使在這兩國的文化中，女性在照料孩童方面依然扮演較明顯角色。在餵哺母乳對確保嬰兒生存扮演重要角色的情況下，特別是對嬰兒而言，讓母親成為主要的照料者是合情合理的。

男性與女性的生殖策略有一些差異。女人生育孩子、餵哺母乳，並承擔基本的嬰兒照料責任。女性藉由跟每個嬰兒建立緊密連結關係，以確保其後代的存活。一個女人如能擁有一個可靠伴侶，以減輕育兒過程的負擔，並確保她兒女的存活，也是具有繁衍優勢的。女人在她們具備生育能力的那幾年，只能生下幾名子女，這段期間始於初經 (第一次月經來潮)，結束於停經。相對地，男人具有較長的生育期，且可延續到老年。如果男人選擇這麼做的話，他們可在一段更長時間中讓許多女人

受孕，以增加繁殖成功的機會。從跨文化角度，男人確實比女人具有更多擁有多位性伴侶的機會（見表9.5、表9.6與表9.7）。在民族誌所記載的社會中，一夫多妻制比一妻多夫制更常見（見表9.5）。

男人在婚姻之內與婚姻外發生性關係的機會，要比女人之於男人的情況更多。表9.6顯示婚前性行為的跨文化比較資料，表9.7則是婚外性行為的資料。在這兩種情況，男人所受約束都比女人更少，即使在將近半數的社會中，對男女的限制一樣多。這種限制女人比限制男人更多

◆ 表9.2　男人與女人耗費在生計活動的時間與努力 *

男人較多	16
大約相等	61
女人較多	23

* 從可取得這個變項相關資訊的社會中，隨機選取88個社會統計而得的百分比。

資料來源：M. F. Whyte 1978, "Cross-Cultural Codes Dealing with the Relative Status of Women," *Ethnology* 17(2): 221-239.

◆ 表9.3　誰來做家事？ *

男人根本就不做	51
男人做一些，但是大部分由女人完成	49

* 從可取得這個變項相關資訊的社會中，隨機選取92個社會統計而得的百分比。

資料來源：M. F. Whyte 1978, "Cross-Cultural Codes Dealing with the Relative Status of Women," *Ethnology* 17(2): 221-239.

◆ 表9.4　誰對於孩童的照料、處理與管教，擁有最終的權威？ *

男人較多	18
大約相等	16
女人較多	66

* 從可取得這個變項相關資訊的社會中，隨機選取67個社會統計而得的百分比。

資料來源：M. F. Whyte 1978, "Cross-Cultural Codes Dealing with the Relative Status of Women," *Ethnology* 17(2): 221-239.

◆ 表9.5　社會是否容許兩個以上的配偶 *

只允許男人	77
男女皆可，但男人較常見	4
男女皆不可	16
男女皆可，但女人較常見	2

* 從可取得這個變項相關資訊的社會中，隨機選取92個社會統計而得的百分比。

資料來源：M. F. Whyte 1978, "Cross-Cultural Codes Dealing with the Relative Status of Women," *Ethnology* 17(2): 221-239.

◆ 表9.6　關於婚前性行為，是否存在著雙重標準？ *

是的，女人受到較多限制	44
不是，對於男性與女性的限制一樣多	56

* 從可取得這個變項相關資訊的社會中，隨機選取73個社會統計而得的百分比。

資料來源：M. F. Whyte 1978, "Cross-Cultural Codes Dealing with the Relative Status of Women," *Ethnology* 17(2): 221-239.

◆ 表9.7　關於婚外性行為，是否存在著雙重標準？ *

是的，女人受到較多限制	43
對於男性與女性的限制一樣多	55
男性遭受更嚴厲的懲罰	3

* 從可取得這個變項相關資訊的社會中，隨機選取73個社會統計而得的百分比。

資料來源：M. F. Whyte 1978, "Cross-Cultural Codes Dealing with the Relative Status of Women," *Ethnology* 17(2): 221-239.

的雙重標準，就是性別階層化現象的例證，我們接下來更有系統地來檢視。

三、性別角色與性別階層化

經濟角色影響著性別階層化。珊黛 (Sanday 1974) 在一項跨文化研究中發現，當男人與女人對生計的貢獻約略相等時，性別階層化就會減少。

在搜食社會，性別階層化最明顯的情況，發生在昔日男人所提供的食物比女人超出許多時。在因紐特人及其他北方狩獵捕魚者確實如此。相對地，在熱帶與亞熱帶地區的搜食者，採集所提供的食物往往比狩獵捕魚更多。採集普遍是女人的工作，男人通常狩獵與捕魚，而且並無任何一個社會是由女人擔任主要的狩獵者。然而，女人也會捕魚及獵捕小動物，這確實發生在菲律賓的阿格塔人 (Agta)(Griffin and Estioko-Griffin 1985)。在採集工作顯得重要時，這些社會的性別地位往往要比以狩獵捕魚為主要生計的社會更平等。

性別地位較平等的狀況，也發生在家事領域與公共領域未被截然劃分時 [家事 (domestic) 係指在家庭之內或屬於家庭]。家庭與外在世界間的強烈對比，被稱為**家事──公共領域的二分** (domestic-public dichotomy) 或是私人──公共的對比 (private-public contrast)。外在世界可能包括政治、貿易、福利或工作等。一旦家事領域與公共領域被清楚劃分，公共活動往往比家事活動享有更大聲望。這可能會促進性別階層化，因為男人大多比女人更有可能活躍於公共領域。從跨文化比較的角度來看，女人的活動比男人更接近家庭。因此，狩獵採集者的性別階層化比食物生產者更少的另一項理由，是狩獵採集者社會較少發展出家事──公共領域的二分。

我們在前面看到，某些特定的性別角色會特別連結到某種生理性別。男人往往是狩獵者與戰士。在擁有工具與武器 (標槍、刀子、弓箭)

家事──公共領域的二分
在家工作對比於較受重視的在外工作。

的情況下，男人更能成為出色的狩獵者與戰鬥者，因為相較於同一群體的女人，他們身材較大也較強壯 (Divale and Harris 1976)。男性的狩獵者——戰鬥者角色，也反映出男性活動力較大的傾向。

在搜食社會，女人在育兒時期的大部分時間，如果不是正在懷孕，就是正在哺乳。在懷孕後期與孩子出生後，帶著嬰孩的重擔限制女人的活動力，甚至她的採集工作。然而，在菲律賓的阿格塔人 (Griffin and Estioko-Griffin 1985)，背負著孩子的女人不僅從事採集，也帶狗打獵。儘管如此，在懷孕與哺乳對於活動力有所影響的情況下，女人不適合成為主要的狩獵者 (Friedl 1975)。戰事需要活動力，但在搜食社會並不會經常發生，也沒有發展出成熟的跨區域貿易。在食物生產者社會中，戰事與貿易是兩個造成男女地位不平等的公共競爭場域。

▲ 較少的性別階層化——母系與從母居社會

跨文化的性別角色變異，關聯到繼嗣規則及婚後居處規則 (Friedl 1975; Martin and Voorhies 1975)。許多粗耕者社會具有**母系繼嗣** (matrilineal descent，只從女人方面追溯繼嗣)、從母居 (matrilocality，婚後與妻子的親人同住)。在這類社會中，女性地位往往較高 (參閱 Blackwood 2000)。母系繼嗣與從母居使得有親戚關係的男人分開，而不是讓他們聚在一起。相對地，父系繼嗣與從夫居則會讓男性親戚聚在一起，在發生戰事時會比較有利。母系繼嗣——從母居體系往往出現於人口對重要資源的壓力最小、戰事最不頻繁的地方。

在母系繼嗣——從母居社會的女人往往享有較高地位，這有幾項理由。繼嗣群體的成員資格、政治職位的繼承、土地資源的配置，以及整體的社會身分，都來自女性的親屬連結關係。在馬來西亞的森美蘭州 (Negeri Sembilan)(Peletz 1988)，母系繼嗣體系使得女人獨享祖傳水稻田的繼承權。從母居創造堅實的女性親屬群體，女人在家戶外的領域擁有極大影響力。在這類母系繼嗣的情境脈絡中，女人是整體社會結構的基礎。雖然公共權威可能會 (或是看似) 被指定給男人，但有許多權力與決策可能實際由女性長者所執行。

母系繼嗣
只由女人方面追溯繼嗣。

🔺 母權

從跨文化角度來看,人類學家描述男女角色的驚人變異性,以及男女之間的權力分化。如果說父權 (patriarchy) 是由男人統治的政治體系,那麼母權 (matriarchy) 究竟必然是由女人統治的政治體系嗎?或是我們能夠如同人類學家珊黛 (Peggy Reeves Sanday 2002) 一般,將母權用來指稱一種政治體系,其中女人在社會與政治組織方面扮演比男人更顯著的角色?有個例子是印尼蘇門答臘西部的米南佳保人 (Minangkabau),珊黛已在那裡從事數十年的研究。

珊黛認為米南佳保人是一個母權社會,這是由於女人是社會秩序的中心、起源與基礎。人們將年長婦女聯想成傳統家屋的中柱,這根柱子是這個村子最古老的柱子。在一群村落中,年代最悠久的村落稱為「母親村落」。在舉行祭典時,人們採用神話故事中「皇后聖母」的稱號來稱呼這些女人。女人控制了土地繼承,而且夫妻採行從母居。在結婚典禮中,新娘連同她的女性親屬到丈夫家中,把丈夫帶回她的家戶居住。如果離婚,丈夫就只能收拾衣物離開。然而,即使女人擁有特殊地位,但米南佳保人的母權並非女性統治的同義詞,因為米南佳保人的信念就是所有的決策必須藉由共識而來。

🔺 增加的性別階層化──父系與從夫居社會

父系繼嗣──從夫居現象叢結
以父系繼嗣、從夫居及戰爭為基礎而產生的男性優越地位。

父系繼嗣
只由男人方面追溯繼嗣。

馬丁與沃里斯 (Martin and Voorhies 1975) 將母系繼嗣的消退,以及**父系繼嗣──從夫居現象叢結** (patrilineal-patrilocal complex,包括父系繼嗣、從夫居、戰爭和男性優越地位等現象) 的擴散,連結到獲取資源的壓力上。[**父系繼嗣** (patrilineal descent) 社會只由男人方面追溯繼嗣,在*從夫居* (patrilocal) 社會,女人在婚後遷入她丈夫的村子居住。] 面對資源稀少的情況,父系繼嗣──從夫居的農耕者 (如亞諾馬尼人) 經常發動對其他村落的戰爭。這支持了從夫居與父系繼嗣,這些風俗習慣使具有親戚關係的男人留在同一村落,他們在那裡培養出戰鬥時的堅強情感。這類社會往往有非常鮮明的家事──公共領域的二分,男人往往掌控聲望的階序關係。男人可能利用在戰爭與貿易方面的公共角色及較高聲望,象徵化與強化對女人的貶抑或壓制。

這種父系繼嗣——從夫居現象叢結是巴布亞紐幾內亞高地許多社會的特色。女人辛勤工作，種植與處理維持生計所需的農作物，培育與照料豬隻(主要家畜，而且是受人喜愛的食物)，並烹調家人食物，但是她們被隔絕在男人所控制的公共領域外。男人種植與分配具有聲望的農作物、準備食物以舉辦盛宴，並安排婚事。男人甚至必須賣掉豬隻，並控制豬隻在儀式中的使用方式。

在巴布亞紐幾內亞高地的人口稠密地帶，男女間的迴避行為乃是關聯到強大的資源壓力 (Lindenbaum 1972)。男人畏懼與女人的一切接觸，包括性交在內。男人認為與女人性接觸會讓他們變得虛弱。事實上，男人將每一件關聯到女人的事情都視為危險且具汙染力的。他們把自己隔離在男子會所，並藏匿珍貴儀式物品以免被女人拿到。他們延遲婚姻，有些人甚至不結婚。

相對地，在巴布亞紐幾內亞的人口較稀少地區，例如新近的移墾區域，就欠缺男女性接觸的禁忌。將女人視為汙染者的印象淡化了，異性交媾受到重視，男人與女人同住，而且生育率較高。

▲ 父權與暴力

父權 (patriarchy) 一詞描述由男人統治的政治體系，其中女人的社會政治地位及基本人權居於劣勢。米勒 (Barbara Miller 1997) 在一項針對有系統忽視女性的研究中，將印度北部鄉村的女人描寫成「飽受威脅的性別」。在某些充分發展的父系繼嗣——從夫居社會中，充斥著戰爭與跨村落的劫掠行為，這也是父權的具體表現。嫁妝謀殺案、殺女嬰、陰蒂割除術等都是父權的例證，這個制度從亞諾馬米人這類的部落社會延伸到國家社會，例如印度、巴基斯坦。

到了 21 世紀，由父權及暴力所產生的性別不平等依然存在，還有可能會致命的。任何追蹤新聞消息的人都會聽聞最近發生的公然虐待婦女及少女的案件，特別是在戰爭或恐怖主義的脈絡下，例如在波士尼亞、敘利亞與奈及利亞。這這些地方，強暴全都成為一項戰爭武器，或是當成針對受害者的男性親屬所犯下的罪過所做的懲罰。在阿富汗、巴基斯

父權
由男人所統治的政治體系。

坦及其他地方，禁止女性上學，並懲罰上學的女性。在 2014 年，奈及利亞北部的聖戰士叛軍團體「博科聖地」(Boko Haram) 也反對女性上學，他們綁架將近 300 名女性學童，施加虐待或是強迫她們結婚。

所幸，有時候這類虐待在嘗試讓女性禁聲方面失敗了。想一想馬拉拉(Malala Yousafzai)的例子(她在 1997 年生於巴基斯坦北部)，她早在 9 歲那一年就展開持續至今的生涯，成為強力且具說服力的女性教育提倡者。她勇氣十足的早期工作，包括公開演說，並為 BBC 經營一個部落格(從她 11 歲開始)，批評塔利班阻止女性上學的政策，並因此激怒塔利班，對她發出死亡威脅。在 2012 年 10 月，當時馬拉拉 14 歲，正坐在校車由學校往家裡的方向走，有一位槍手朝她射擊三次。她倖免於難，並繼續大聲疾呼教育對女孩的重要性。2014 年，馬拉拉成為有史以來最年輕的諾貝爾和平獎得主。

在許多社會，特別是父權社會，在越來越多女性進入公共領域的情況下，女人會體驗且恐懼男性的脅迫，特別是在人際關係疏離、都市的場景當中。就像本圖所顯示的，位於印度旁遮普邦阿姆利則的「金廟」(「哈爾曼迪爾·薩希卜」Harmandir Sahib) 的「女性專用」通道，是設計用來協助女性不受干擾地通過公共空間。
© Conrad P. Kottak

縱使在某些特定的社會場景當中，家庭暴力與凌虐可能較為嚴重，但它們已成為世界各地普遍存在的問題。家庭暴力也發生在核心家庭的場景中，例如加拿大與美國，並且在父權社會脈絡當中更加公開展現。都市因其人際關係的冷漠，且孤立於擴展親屬的連結網絡之外，成為家庭暴力的溫床，這也可能發生在鄉區獨立生活家戶的女性身上。

若是女人住在自己出生的村落裡，會有比鄰而居的親戚來保護她的利益。甚至在從夫居、一夫多妻的情境中，女人跟可能暴力相向的丈夫發生爭執時，大多可以依靠其他妻子與兒子的支持。然而，這一類往往能為女人提供支持網絡的社會情境，在現今世界逐漸消失。孤立的家庭與父系繼嗣社會型態的範圍正在擴大，取代了許多母系繼嗣社會。許多國家宣布一夫多妻制是違法的。有越來越多的女人與男人，發現自己正與生長家庭及擴展家庭的親戚切斷關係。

隨著女權與人權運動的擴展，人們增加對於家庭暴力與凌虐女性的關注。各國政府通過許多法令，並建立中途安置機構。例如，在巴西由

女警隊負責保護受虐婦女，就如同美國與加拿大也設置了家庭暴力受害者的庇護所。在印度各地則設置一系列「婦女專用」的設施，包括火車車廂及進出動線。但是，在這個應該更加開明的世界裡，父權體制確實持續存在。

四、工業化社會的性別

在歷史上，對於女性在家庭以外工作的態度會隨著經濟條件與世界重大事件而改變。在1900年之後的工業化傳播後，美國發展出「女人宜室宜家」的「傳統」概念。這項變遷的其中一項主因是歐洲移民湧入，提供一股男性的勞動力，他們願意賺取更低廉的薪資，包括先前由女性所從事的工廠工作在內。到最後，隨著機器工具與大量生產，進一步減低對女性勞動力的需求。

19世紀的美國女人扮演著多樣化的經濟角色。拓荒時期的女性從事農耕與家庭手工業的具生產力工作。隨著生產從家戶轉移到工廠，某些女人，特別是窮困及（或）未婚者，轉向工廠擔任受薪勞工。年輕的白人女性可能會在家庭之外工作一段時間，直到他們結婚生育為止。當然，非裔美國女人的經驗有所不同，在奴隸解放後，她們有許多人繼續擔任農田與家務工作者。

人類學家馬果里斯(Maxine Margolis 2000)描述，具性別色彩的工作、態度與信仰，如何順應美國的經濟需求而改變。例如，由於戰時美國的男人出外打仗，女人到家庭以外的地方工作就成為愛國責任。在兩次世界大戰期間，女性在生理上不適於粗重勞動的概念式微了。

隨著二次大戰後快速的人口成長與商業擴張，創造由女人填補文書工作、公立學校教師與護士等工作的需求(這些工作傳統上被界定為女性職業)。通貨膨脹與消費文化也刺激女性就業。當商品價格以及／或是需求上升時，一個家庭如果具有多重的金錢來源，就有助維持其生活水準。

二次大戰以來的經濟變遷為當代女性運動鋪路，其重要標記就是傅瑞丹 (Betty Friedan) 在 1963 年出版《女性迷思》(*The Feminine Mystique*) 一書，以及在 1966 年創立的美國全國女性組織 (National Organization of Women, NOW)。這項運動接下來提倡擴增女性的就業機會，包括同工同酬的目標 (而且令人驚訝地是尚未完全實現)。在 1970 年與 2014 年間，美國勞動力的女性百分比從 38% 提升到 47%。換言之，在家庭以外工作的全體美國人中，有將近一半是女人。目前約有 7,600 萬名女性從事有薪工作，相較之下，男性則有 8,400 萬人。在所有的經營管理與專業工作中，目前女性的人數超過一半以上 (52%)(Bureau of Labor Statistics 2014)，而這不再主要是單身女性從事工作，雖然昔日曾是這種情況。表 9.8 顯示，有越來越多的美國妻子與母親 (包括有年幼孩子者) 從事賺取薪資的工作。

　　請注意在表 9.8 中，美國已婚男性的有薪就業狀況已逐漸下降，已婚女性則在上升。在 1960 年以來，有 89% 的已婚男性有工作，相較之下已婚女性只有 32% ──中間有 57% 的差距。到了 2014 年，差距已縮小到 13%，已婚男性的有薪就業比例減少到 74%，已婚女性的比例則增加為 61%。在 2014 年美國女性全職工作的薪資中位數，是同年

◆ 表 9.8　美國母親、妻子與丈夫的有薪工作機會 (1960 年至 2014 年) *

年	已婚婦女 (有丈夫及小於 6 歲的子女) 的百分比	所有已婚婦女的百分比	所有已婚男性的百分比
1960	19	32	89
1970	30	40	86
1980	45	50	81
1990	59	58	79
2014	60	61	74

* 根據 16 歲以上的美國公民所做的統計。a 丈夫健在。b 妻子健在。
資料來源：DeNavas-Walt, C., and B. D. Proctor, 2015, "Income and Poverty in the United States: 2014." U.S. Census Bureau, Current Population Reports, P60–252. Washington, DC: U.S. Government Printing Office. https://www.census.gov/content/dam/Census/library/publications/2015/demo/p60-252.pdf, p. 11.

齡受僱男性的 79%，已從 1989 年的 68% 增加 (Entmacher et al. 2013; DeNavas-Walt and Proctor 2015)。2014 年女性的平均年收入的中位數是 39,621 美元，相對於相同條件的男性為 50,583 美元 (DeNavas-Walt and Proctor 2015)。

隨著女性在家庭以外的工作機會漸增，有關男女性別角色觀念已經改變了。不妨試著比較你的祖父母與父母，你的母親可能是職業婦女，但祖母則更有可能是家庭主婦；你的祖父比父親更有可能從事製造業，且隸屬於某一個工會，你的父親比祖父更可能參與子女照料及家務工作。

拜自動化及機器人所賜，現在的工作越來越不要求體力的勞動能力。人們利用機器來從事粗重工作之後，女性平均體型及力氣較小的情況，再也不構成她們參與藍領工作的障礙。在二次大戰期間，美國女性投入粗重的勞動，因此出現鉚釘工蘿賽 (Rosie the Riveter) 這位愛國女性的文化象徵，但我們如今已無法見到這類女性與男性共同工作，其主因在於美國勞工已逐漸拋棄粗重的勞動。在 1950 年代，美國人的職業有三分之二是藍領，如今已低於 15%。在世界資本主義經濟體系中，這些工作的地點已移到他處。具備廉價勞工的第三世界國家生產鋼鐵、汽車，以及其他笨重財貨，比美國所能生產的更低廉，美國則專精於服務業。雖然美國的國民教育體系有許多缺陷，但它確實訓練數以百萬的人們，具備從事服務業與資訊工作的能力。

自從 1960 年代以來的另一項重大社會經濟變遷，就是女性的教育程度及專業就業增加。在今日美國，從大學畢業的女生比男生更多。女性很快就會成為美國就業人口當中，受過大學教育的

在兩次世界大戰期間，女性在生理上不適合粗重勞動的觀念消退了。第二次世界大戰期間的鉚釘工蘿賽——穿著整套工作服且用印花大手帕包住頭髮的一位強壯、有能力的女人——成為愛國女性的象徵。如今是否有任何可資相提並論的海報女性？她的形象訴說了哪些關於當代性別角色的東西？

資料來源：National Archives and Records Administration

多數者。回到 1968 年,美國女性就讀醫學院、法學院及商學院 (企業管理) 的比例不到 10%。在這幾個學院的女生比例已升高到接近 50%。時至今日,年齡在 30 歲到 34 歲之間的大學畢業女性就有可能是醫師、牙醫師、律師、教授、經理及科學家,正如她們繼續從事傳統的女性職業,擔任教師、護士、圖書館員、祕書或社工。在 1960 年代,擔任後面這一系列職業的女性是前者的 7 倍。

在 1970 年,各項職業當中有 60% 是以男性占多數,其中有 80% 以上的工作人員是男性。如今這種職業區隔已實質減少。只有約三分之一的職業具有男性占多數的情況。另一方面,由女性構成 80% 或更多從業人員的職業,依然維持穩定的 10%。

即使有這麼多成果,在某些高報酬行業,例如電腦科學及工程師,女性的就業狀況繼續落後。在那些領域的女性畢業生比例確實下滑,從 1980 年的 37% 下降到大約 20%。在職業生涯當中,從電腦科學離職的女性人數是男性的 2 倍,通常是因為她們感覺工作環境是令人不舒服且不獲支持的。將近 40% 女性離開科學、工程與技術工作,她們主要的離職理由是「有敵意的大男人文化」,相對地,只有 27% 的離職理由是報酬 (Council of Economic Advisers Report, 2014)。

▲ 工作與家庭:實情及刻板印象

所有的人類都有工作及家庭責任,但近年來關於如何在這些責任之間取得平衡的概念已有極大改變。有越來越多美國的男人及女人表示,工作干擾了家庭——而不是相反狀況。大約有 46% 的有業男人及女人報導說,工作的要求有時或經常干擾家庭生活,從 15 年前的 41% 上升。

男人跟女人都越來越質疑,男人應當養家活口,女人應當負擔家務及孩童養育的概念。在今日的美國,有超過 40% 的母親是其家庭主要或唯一的收入來源,這包括單親及已婚的母親。除了女性成為養家活口者的百分比逐漸上升以外,父親也擔負起傳統上由母親所做的子女照料。現在有 7% 的美國家庭是僅有父親的單親家庭。普遍來說,美國的父親現在花在子女照料及家務的時間遠比昔日多了許多。相較於 1965 年,現

在的美國父親每星期增加4.6小時的子女照料,並增加4.4小時的家務。

然而,就如同女性在職場晉升有著揮之不去的阻礙,男性在家務方面取得成功也依然有著許多障礙。這個現象的原因包括物質與文化。物質因素包括女性依然比男性做更多的家務,一般男性在家庭之外的工作時間依然較長,並比女性賺得更多金錢,即使是在雙薪家庭之中,也存在著文化差距。有一個揮之不去的刻板印象是,沒有能力的男人才會成為家庭主夫,愚蠢笨拙的丈夫及父親成為情境喜劇的主題——特別是在大量女性開始進入職場之後所製播的節目,女性依然認定她們是比丈夫更好的家務操持者。普林斯敦大學的前教授史洛特 (Anne-Marie Slaughter 2013, 2015) 引述許多例證,美國女性依然維持著深深確立的刻板印象,關於她們自身在家務方面的優越能力,以及男性的(欠缺)家務能力——從照顧孩童到廚房 (Slaughter 2013)。

史洛特討論了就算男性尋求或是有意願在家務工作扮演重要角色,女性也可能會抗拒。一位女性可能表示希望丈夫做更多家務,但如果丈夫確實動手做了,隨後她就會批評丈夫「沒把事情做好」。正如史洛特指出,「把事情做好」意思就是按照女性的方式做事。當然,練習就會做得完美,而且21世紀的美國女性依然做著不合比例原則的家務及孩童照料。假使女性經常從事家務,而且她相信自己能做得比丈夫更好且更快,可能就會這麼做。

當女性要求丈夫「幫忙」處理家務或照料子女時,就是在確認自己身為主要的家務者及孩童照料者的角色。丈夫被視為僅僅是助手,而不是平等的夥伴。史洛特 (2013, 2015) 主張,美國人需要設想並執行一套全新的居家生活秩序。完全的性別平等意味著在工作及家庭都平等。在這兩方面都依然有很多工作需要完成。男性及女性都需要許諾,並尊重男性在家務的更大角色,而且雇主需要讓他們的員工能夠更容易在工作及家庭責任取得平衡。

父親及母親越來越想找尋的工作是能提供更多彈性、更少出差,且包括有薪育兒假等。美國在提供這些福利方面落後於其他已發展國家,這些福利有助於勞工建立長期的職業生涯,也能實現家庭責任。事實上,

美國是已發展國家當中，唯一尚未實施強制的有薪育兒假的國家。雖然有幾個州及地方政府確實提供這類育兒假，但是大多數的勞工必須仰賴雇主決定是否要提供這類福利。在美國私部門的雇主當中，只有11%特別為家庭理由提供有薪假。

有四分之一的美國勞工曾報導，因為個人生病或家庭相關因素請假，而導致失業或被威脅會失業。這種在工作及家庭取得平衡的行動，確實對於低薪勞工是有所挑戰。他們往往具有最少的工作彈性、最不確定的工時，以及最少的福利，而且他們最無法承擔無薪假。對於單親媽媽來說，這項損失會格外艱難。

▲ 貧窮的女性化

除了許多美國女性處於經濟獲利的一端，特別是受過大學教育者之外，還有另一極端：貧窮的女性化 (feminization of poverty)。它意指女性(及其孩子)在美國最貧窮的一群人當中，所占比例逐漸增加。

聚焦全球化
測量及減低性別階層化

性別階層化的清楚指標，就是男性與女性對經濟機會、政治參與、教育及衛生的資源取得，存在著明顯差距。總部位於瑞士日內瓦的世界經濟論壇 (World Economic Forum)，嘗試要測量這個差距，針對每個國家逐年蒐集資料。這個論壇從 2006 年開始發表年度全球性別差距報告 (Global Gender Gap Report)(參閱 Bechouche, Hausmann, Tyson, and Zadihi 2015)。這個報告包括一項用來測量性別不平等指標，並追蹤減低這些不平等的進度。對 145 個國家排序，依據在男性與女性之間的四項主要類別的差距大小：經濟機會及參與、教育成就、衛生與生存，以及政治培力。

這些列入指標排序的國家代表著世界 90% 以上的人口，而且其中大多數在縮減性別差距方面有所進展。全球已縮減男性與女性之間的 96% 衛生差距，以及 95% 教育差距。然而，經濟差距僅縮減 59%，政治差距更僅僅縮減 23%。換言之，性別階層化在經濟領域，特別是政治領域，依然非常明顯。

讓我們聚焦在政治與權力。在世界各地，2016 年初僅有 22 位女性擔任民選的政府領袖。《富比士》(Forbes) 雜誌在 2015 年的世界最有影響力人物排行榜中，將德國總理梅克爾 (Angela Merkel) 列為第二名〔僅次於俄羅斯總統普亭 (Valdimir Putin)，在美國總統歐巴馬的前一名〕。在前十名的下一位女性(排名第七)是美國聯準會主席葉倫 (Janet Yellen)。除了梅克爾以外，沒有任何一位女性民選政府領袖排在前十名，甚至是前 30 名！實際上，梅克爾及葉倫是世界最有影響力人物的前二十名當中唯二的女性。考量更大的政治參與數據來看，女性在各部會、國會及參議院的代表性逐漸改善，但依然僅占 20%。

就修正這些植基於性別的不平等而言，北美地區

表 9.9 顯示，已婚夫妻的家庭平均所得超出由單一女性維持的家庭的 2 倍以上。在 2014 年，由單一女性家長受薪維持的家庭，年平均所得是 36,151 美元，相較之下，已婚夫妻家戶的平均所得則為 81,025 美元。

貧窮的女性化不僅是北美地區的現象。在世界各地，單親家庭家戶 (大多以女性為家長) 的比例都在增加。其比例多寡不一，從日本大約 10%；到某些南亞或東南亞國家低於 20%；最多的是非洲中部或加勒比海地區，其比率高達 50% 左右。在已發展的西方國家當中，美國維持最高比例的單親家戶 (約 30%)、接下來依序是英國、加拿大、愛爾蘭與丹麥 (皆超過 20%)。在全球各地，女性家長的家戶往往比男性家長者更貧窮。在 2014 年，美國的女性家長家戶的貧窮比例是 43%，相較於已婚夫妻家庭的 6% (DeNavas-Walt and Proctor 2015)。在美國，有半數以上的窮人孩童生活在女性家長的家庭當中 (Entmacher et al. 2013)。

改善貧窮女性困境的其中一種方法就是，鼓勵她們組織起來。身為某個群體的成員，能幫助女性取得自信心、動員資源，並減輕跟信用有

是世界最成功的區域，緊接在後是歐洲與中亞，接下來是拉丁美洲、亞洲與非洲。中東與北非在縮減性別差距方面做得最少。北歐四國——冰島、挪威、芬蘭與瑞典——向是這項指標的前四名。雖然沒有任何國家達成完全的性別平等，這四個國家已縮減了 80% 以上的性別差距。排名最後 (第 135 名) 的國家葉門縮減不到 50%。

美國在 2015 年的全球性別差距指數排名第 28，在教育成就方面沒有差距，美國兩性的識字率都很高，而且女性在基礎教育、中等教育及高等教育的就學率也高。美國在政治及經濟方面並不平等。在同工同酬方面僅排名世界第 74，而且在政治培力排名第 72 名。

總結來說，到了 2015 年，全球 (把所有國家都考慮在內) 的政治培力差距縮減了 23%，2006 年則是 14%；經濟參與方面的差距縮減了 59%，2006 年則為 56%；教育成就差距縮減了 95%，較 2006 年的 92% 增加一點。然而，在衛生與生存方面，在 2006 年與 2014 年之間有一點減少，從 97% 減少到 96%。這些改進的速率似乎緩慢，而且依然有很大的進步空間。國家的整體經濟發展往往反映出它的性別平等程度。由於女性代表著全國才智基礎的大約一半，國家的長期競爭力顯然有賴於容許女性的機會與成就。依然有許多進步空間。你的國家會做出什麼行動來降低性別差距？(如欲取得世界經濟論壇 2015 年報告全文，請參閱網頁：http://www3.weforum.org/docs/GGGR2015/cover.pdf。)

◆ 表 9.9　美國家戶的年平均所得，依家戶類型分 (2014 年)

	家戶數 (以 1,000 計)	年平均所得 (美元)	相較於已婚夫妻家戶， 平均所得的百分比
全體家戶	124,578	53,657	66
家庭家戶	81,716	68,426	84
已婚家庭家戶	60,010	81,025	100
男性受薪者，無妻子	6,162	53,684	66
女性受薪者，無丈夫	15,544	36,151	45
非家庭家戶	42,871	32,047	40
單身男性	20,143	39,181	48
單身女性	22,728	26,673	33

資料來源：DeNavas-Walt, C., and B. D. Proctor, 2015, "Income and Poverty in the United States: 2014." U. S. Census Bureau, Current Population Reports, P60-252. Washington, DC: U.S. Government Printing Office. https://www.census.gov/content/dam/Census/library/publications/2015/demo/p60-252.pdf, p. 6.

關的風險 (Dunham 2009)。本章的「聚焦全球化」專欄描述一種指數，用來測量各國以性別為基礎的懸殊差異，並追蹤減少這些差異的進展。

工作與快樂程度

表 9.10 呈現 2014 年女性勞動參與率最高的 13 個國家。最高是 84%，位於冰島；而在這 13 國當中，美國的比例是最低的，大約 67%。表9.10也納入土耳其，做為低參與率國家的代表，僅有34% 的女性受僱。

在國家的女性勞動參與率及其國人的幸福感之間，似乎存在著一個關係。自從 2012 年開始每年出版的《世界快樂報告》(*World Happiness Report*) 試圖測量世界 158 個國家的幸福與快樂狀況。它的測量植基於一組六個基本變項，以及一系列較不重要的變項。跟幸福感具有最強大相關的變項是國民平均生產毛額 (GDP)、社會支持、健康的預期餘命、自由做出生命選擇、慷慨施予，以及對貪汙的感知。頭五項是正向指標：隨著它們的增加，幸福感也跟著增加。最後一項，對貪汙的

◆ 表 9.10　女性勞動參與率 14 個國家（2014 年至 2015 年）

國家	女性勞動參與率百分比排名（2014 年）	世界最快樂的 15 個國家排名（2015 年）
冰島	84	2
瑞士	79	1
瑞典	79	8
挪威	76	4
丹麥	75	3
紐西蘭	74	9
加拿大	74	5
芬蘭	74	6
荷蘭	74	7
德國	73	*
英國	72	*
澳大利亞	70	10
美國	67	15
土耳其	34	*

* 這些國家未列在 15 個最快樂國家。

資料來源：Organization for Economic Cooperation and Development. https://stats.oecd.org/index.aspx?DataSetCode=LFS_SEXAGE_I_R; Boyer., L., 2015; These Are the 20 Happiest Countries in the World, U.S. News and World Report. April 24, http://www.usnews.com/news/articles/2015/04/24/world-happiest-report- ranks-worlds-happiest-countries-of-2015.

感知是負向指標。換言之，人們越不感受到貪汙的存在，就越高興。2015 年的《世界快樂報告》，由「可持續發展方案網絡」(Sustainable Development Solution Network, SDSN) 所發行，可在下列網站查詢：http://worldhappiness.report/wp-content/uploads/sites/2/2015/04/WHR15.pdf。

　　瑞士是 2015 年全世界最快樂國家；加拿大排名第六，美國第十五。

　　在快樂程度及女性在家庭以外工作這兩項排名之間的相關性。人們確實想知道，為何隨著更多女性出外工作，該國公民可以感受到更大的幸福感？跟雙薪家庭有關的更大財務安全感可能是部分解釋。這些世界最快樂國家不僅有著更多的職業婦女，更有著較高的生活水準，以及更有保障的政府安全網絡。你能否想到其他因素，能用來解釋快樂及在家庭外工作之間的關係？

五、超越男性與女性

性別是社會建構的,而且社會可能會認定兩種以上的性別(參閱 Nanda 2014)。例如,在當代美國就包括許多個人,運用下列的標籤來自我認同:「跨性別」(transgender)、「陰陽人」(intersex)、「第三性」(third gender)、「變性者」(transsexual)。這些人跟主流的男性／女性區分相對立,他們是半男半女,或非男非女。由於我們越來越容易見到自我認同為「跨性別」的人們,因此必須謹慎看待將「陽剛」與「陰柔」視為固定不變及二元對立的範疇的這個想法。

我們在前面看到,生理性別是生物性質,而(社會)性別是社會建構的。包含在跨性別這個社會範疇之中的個人,可能會或可能不會在生物性質上跟正常男性或女性相對立。在跨性別範疇之中,陰陽人(詳見下文)在生物性質上往往跟正常男性或女性相對立,但跨性別也包括一些人,其性別認同並不具有明顯的生物基礎。

陰陽人跟跨性別者之間的區別,就好比生理性別跟文化性別之間區分。陰陽人指的是生物性質,而跨性別者係指由社會建構及個體所施行的認同 (Butler 1988; 1990; 2015)。**陰陽人** (intersex) 涵蓋一組情況,包括外性器官(陰莖、陰道等)與內性器官(睪丸、卵巢等)之間的不一致。對於這種狀況的舊有英文術語是 hermaphroditism(雌雄同體),由希臘的一位男神與一位女神的名字結合而成。Hermes(赫密士)是掌管男性性慾的男神(也有其他功能),而 Aphrodite(愛芙羅黛蒂)則是掌管女性性慾、愛與美的女神。

陰陽人的起因多樣且複雜 (Kaneshiro 2009):(1) XX 陰陽人,具有女性的性染色體 (XX) 及正常的卵巢、子宮與輸卵管,但外性器官看似男性。通常這導因於女性胚胎在出生前接觸過多的男性賀爾蒙;(2) XY 陰陽人,具有男性的性染色體 (XY),但外性器官未完全生成、模糊難辨或看似女性。睪丸可能正常、發育不良或欠缺;(3) 單純性腺陰陽人 (true gonadal) 同時具有卵巢與睪丸組織。外性器官可能模糊難辨,或者看似

陰陽人
涵蓋了一組生理情況,反映著外性器官與內性器官之間的不一致。

女性或男性；(4) 陰陽人也可能源自異常的性染色體組合，例如 X0（只有一個 X 染色體，而且沒有 Y 染色體）、XXY、XYY 與 XXX。後面三個情況是多了一個染色體，X 或 Y。這些染色體組合通常不會產生在外性器官與內性器官之間的不一致，但性荷爾蒙層次與整體的性發展可能會有問題。

XXY 的構造，稱為克林菲爾特綜合徵 (Klinefelter's syndrome)，這是最常見的異常性染色體組合，也是因額外染色體所導致的症狀中，排名第二多的（第一是唐氏症）。克林菲爾特綜合徵的發生率大約是在每 1,000 名男性有 1 人。每 500 名男性會有 1 人多出一個額外的 X 染色體，但不會發生主要病徵——較小的睪丸與較低的生殖力。具有 XXX 的性染色體稱為三 X 綜合徵 (triple X Syndrome)，發生機率大約是每 1,000 名女性有 1 人。三 X 染色體的女性和其他女性在體質特徵上往往沒有區別，XYY 染色體的男性相較於其他男性也是如此。特納氏綜合徵 (Turner syndrome) 涵蓋幾種狀況，其中最常見的是 0X（欠缺一個性染色體）。在這種情況下，成對的性染色體的其中一個完全欠缺或部分欠缺。典型的女性具有兩個 X 性染色體，但在特納氏綜合徵，這些染色體的其中一個漏失或異常。具有特納氏綜合徵的女孩往往不孕，因為她們的卵巢沒有功能且閉經 (amenorrhea，沒有月經週期)。

請記得，生物性質並不是命定的；人們會建構他們在社會的身分認同。受到上述其中一種生物狀態所影響的許多個人，只會將自己視為男性或女性，而不是跨性別者。一個人可能會變成**跨性別者** (transgender)，當其性別認同牴觸出生時的生理性別，以及嬰兒時社會所指定的文化性別時。跨性別這個類別是多樣性的；包含具有各種不同自我感知與性別表現形式的個人。某些人傾向於男性，某些人傾向於女性，而有些人並不傾向於任何一種主流性別。

人類學的紀錄證實了，超越男性與女性的性別多樣性，存在於許多社會當中，跨越各個社會與文化會採取多種形式（參閱 Nanda 2014; Peletz 2009）。例如，想想看閹人或「完美僕人」[在拜占庭帝國的後宮擔任安全隨從的去勢男人 (Tougher 2008)]。海吉拉 (hijras) 主要生活在

跨性別者
由社會所建構及個人所展現的一種性別認同，這牴觸了他們出生時的生理性別，以及在嬰兒期由社會所指定的文化性別。

印度北部，是文化界定的「非男非女者」，或看做是某些男子去勢，並採用女性服飾及行為。海吉拉認同於印度聖母神祇，據信能傳達祂的神力。他們也因在出生或結婚時的儀式化展演而出名，他們舞蹈與歌唱，將聖母的祝福賜予孩子或新婚夫妻。雖然在文化上被界定為 celibate，現在有些海吉拉從事娼妓業，其角色就如女人之於男人 (Nanda 1996, 1998)。海吉拉社會運動所訴求的是得到認定為第三性，在 2005 年，印度的護照增加第三種性別註記：M、F、E [分別是男性 (male)、女性 (female) 及無男子氣概的人 (eunuch，即海吉拉)] (*Telegraph* 2005)。

領會人類學

潛藏的女人、公開男人
——公開女人、潛藏的男人

數個世代以來的人類學家已將他們田野研究的比較、跨文化與生物文化觀點，運用於生理性別與社會性別的研究。至少在某種程度上，性別、性偏好，甚至是性傾向是由文化所建構的。我在此描述巴西一般人關於美感及性別的流行文化與評論，這導引我對於巴西與美國的某些顯而易見的性別差異之分析。

多年來，克羅塞是巴西的頂尖性感象徵之一，我第一次見到她是在一支電視家具廣告。克羅塞在廣告結尾，拉高聲調警告那些想買家具的人們，必須接受這些廣告商品不能退換。她警告說：「事情並不是經常如同它們看起來的樣子」。

克羅塞也不是。雖然她嬌小且非常陰柔，但其實是一個男人。再者，儘管克羅塞裝扮成女人的男子，但是他 (或者更妥當地說是她) 在巴西流行文化贏得安穩的地位。她的照片刊登在許多雜誌封面上。她是電視節目主持人，並在里約熱內盧的舞台劇中與另一位以超級壯碩形象著稱的男演員同台演出。諾貝塔甚至激發一位知名的，而且顯然是一個異性戀者的饒舌歌手，為她製作一支錄影帶。她在里約的海灘穿著比基尼泳裝昂首闊步，展現豐滿的臀部。

這支錄影帶解析巴西男性普遍對克羅塞的美麗所展現的愛慕。一位異性戀男子告訴我，他最近與克羅塞搭乘同一班飛機，並被她的長相深深打動。另一位男子則說，他想要跟克羅塞發生性關係。對我來說，他們所提的這些註解，顯示關於性別與性行為的強烈文化對比。在巴西這個以大男人氣概著稱的拉丁美洲國家，異性戀男子並不認為受扮異性癖者所吸引會減損他們的男子氣概。

克羅塞的現象可由巴西的一套性別——認同尺度來理解，其範圍從極端女性氣質直接跳到極端男性氣質，很少有中間類型。男子氣概被塑造成主動、公開的刻板印象，女性氣質被塑造成被動、家居的刻板印象。在巴西，男性與女性在權利與行為上的對比，遠較北美地區強烈。巴西人面對一種更嚴格限定的男性陽剛角色。

這個主動／被動的對比，也提供刻板印象模型，以解釋男性對男性的性關係。其中一方被認定是主動的、男子氣概 (以生殖器插入對方體內) 的性伴侶，然而另一方則是被動與娘娘腔的。後者被譏為一個寄生蟲，但插入者則很少沾上汙名。事實上，許多「主動的」(以及已婚的) 巴西男人喜歡與扮異性癖的男性娼妓發生性關係。

假使某個巴西男人並不樂意展現主動的男子氣

有幾個美洲原住民部族，包括美國西南部的祖尼人在內，其中有性別變異的個人，被描述成「雙魂」(Two-Spirit)。依各個社會而定，至少會有四種性別：陰柔女性、陽剛女性、陰柔男性、陽剛男性。祖尼人的雙魂是一個男性，他採取社會傳統上指定給女人的角色，並透過第三性的表現型態，對整個社群的社會福祉及精神福祉提出貢獻 (Roscoe 1991; 1998)。昔日巴爾幹半島的某些社會包含「立誓的處女」(sworn virgins)，她們生來是女性，但在社會男性短缺時，就採用男性的性別角色及活動，以滿足社會需求 (Gremaux 1993)。

概或被動的娘娘腔，他有另一種選擇——主動的女性氣質。對克羅塞及其他類似她的人，這種在文化上對於極端男子氣概的要求，已讓路給極端女性氣質的展現。這些亦男亦女之人構成第三種性別，這關聯到巴西兩極化的男性—女性認同尺度。

如同克羅塞的扮異性癖者，在里約熱內盧每年一度的嘉年華慶典格外顯眼，那時一種倒反氣氛控制了這座城市。美國流行小說家麥當勞 (Gregory McDonald) 運用文化上準確的言詞，在他的一本書中描述巴西嘉年華的情況：

> 每件事都變得顛三倒四 (topsy-turvy)......男人變成女人；女人變成男人；成人變成孩童；有錢人裝扮成窮人；窮人裝扮成有錢人；滴酒不沾的人變成酒鬼；偷竊者變得慷慨。非常顛三倒四。(McDonald 1984: 154)

最值得一提的是男扮女裝 (DaMatta 1991)，男人穿得像女人。嘉年華反映並表現出平時被隱藏的緊張與衝突，整個社會生活被顛倒過來。實情透過一個戲劇化的倒反呈現，而被呈現出來。

這是瞭解克羅塞本身的文化意涵的最後關鍵，她在這種場景竄紅，其中男女倒反就是這項年度最受歡迎慶典的一部分。在里約熱內盧的嘉年華慶典，扮異性癖者是耀眼人物，他們的穿著就像真的女人一樣幾乎衣不蔽體，他們穿著布料只有郵票大小的比基尼泳裝 (postage-stamp bikini)，有時上身赤裸。真實女人與變性女人的照片，爭奪著雜誌版面。往往不可能區辨天生的女人或潛藏的男人。克羅塞是嘉年華的一個永久典型——一年到頭提醒人們嘉年華的精神，包括過去、現在與未來。

克羅塞源自拉丁文化，其性別角色強烈對比於美國的情況。從村落到大都市，巴西的男人是公眾人物，女人則是居家人物。街道、海灘與酒吧屬於男人。雖然穿著比基尼的人們在週末與假日時，妝點了里約的海灘，然而平日在那裡，男人比女人更多。男人陶醉於招搖地展現性能力。當他們做日光浴、踢足球與打排球時，經常撫弄他們的性器官以維持勃起。他們以公開、獨斷與重視性活動的方式，活在屬於男人的世界中。

巴西人必須致力維持這個公共形象，經常展現他們文化對男子氣概行為的定義。公共生活是一場演出，其主要角色都由男人演出。當然，克羅塞是一位公眾人物。在巴西文化將公共世界定義為男性領域的情況下，我們現在也許更能瞭解，為何這個國家首屈一指的性感象徵，竟是專精於以女性角色公開表演的男人。

在阿爾巴尼亞北部的蓋格人 (Gheg)，昔日的「處女扮異性癖者」(virginal transvestites) 在生理上是女性，但當地人認為他們是「有名無實的男人」(Shryock 1988)。阿爾巴尼亞的青春期女孩在家人與村民的支持下，可選擇成為男人，保持獨身，並生活在男人之中 (Young 2000)。然後想想波里尼西亞的情況。東加的法卡雷提斯 (fakaleitis) 這個字彙描述行為舉止像女性的男人，因此跟展現陽剛氣質的東加主流男性相對比，薩摩亞的法法菲尼 (faafafine) 與夏威夷的瑪胡 (mahu) 指的是男性採用女性的特質、行為與視覺標示物。

本章的「領會人類學」專欄描述扮異性癖者 (男性穿著像女性) 如何構成第三性，這關聯到巴西兩極化的男性—女性認同尺度 (也請參閱 Kulick 1998)。在巴西，扮異性癖者是司空見慣的，某一種性別 (大多是男性) 的穿著打扮像是另一種性別 (女性)。在「領會人類學」專欄所述的這個案例的那個時代 (1990 年代)，想要藉由變性手術從男性變成女兒身的人們，無法在巴西獲得這項手術療程。某些男人，包括在「領會人類學」專欄中描述的克羅塞 (Robert Close)，必須前往歐洲進行手術。如今在法國，無論國籍為何，扮異性癖者都被稱為「巴西女人」[Bre'siliennes，這是法文巴西人 (Brazilian) 的陰性型態]，可見在歐洲的巴西變異性癖者有多麼常見。正如「領會人類學」專欄中所描述的，在巴西有許多男人確實與變異性癖者發生性關係，而且很少會沾上汙名。

跨性別這個範疇涵蓋了各式各樣的人們，他們的性別展現方式與認同擴大了原先的二元對立性別結構。如今在我們的媒體及日常生活越來越常看到跨性別者。美國亞馬遜頻道的連續劇《透明家庭》(Transparent) 的主角是一個跨性女人，該劇已榮獲多個獎項。跨性女子詹納 (Caitlyn Jenner) 在 2015 年崛起，獲得相當多的媒體關注，包括她自己的電視節目 (Miller 2015)。最近有幾項不同的對於美國跨性別者人口的估計。美國人口普查局嘗試透過人口普查資料中，人們的名字更改顯示其中有性別轉換者，來估算跨性別的人口數 (Miller 2015)。在參與 2010 年人口普查的人們當中，大約有 9 萬人將名字改為異性。另一項估算檢視調查資料，並估計美國人口大約有 0.3%，或者是 70 萬人，可能是跨性別者 (參

閱 Miller 2015)。

最近幾年，男同志與女同志權利運動擴增到包含男同志、女同志、陰陽人與跨性別 (lesbian, gay, bisexual, and transgender; LGBT) 的社群。美國這個 LGBT 權利運動社群，致力於促進保護其社群成員及人權的政策與社會實踐。近年來，男同志與女同志權利運動獲得幾項勝利，包括廢除捍衛婚姻法 (Defense of Marriage Act, DOMA)，以及美國軍方廢止「不問不說」(Don't Ask Don't Tell, DADT) 政策[1]。就 2015 年的情況來說，最值得一提的成果是，同性婚姻的合法化。特別針對跨性別者的權益，美國有幾個州立法禁止對於性別認同的歧視，例如華盛頓州、奧勒岡州、佛蒙特州，他們具有的跨性別人口比例大於其他尚未有此項立法的各州 (Miller 2015)。

六、性傾向

性別認同 (gender identity) 係指一個人究竟自己覺得、表現，以及被他人認定是男性、女性及其他性別。個人的性別認同並不會決定其性向，陽剛特質的男人在性傾向方面可能會吸引女性或其他男性。同樣地，女性會關聯到女性的性別認同及各種不同的性吸引力。**性傾向** (sexual orientation) 代表一個人習慣上的性吸引力與性活動對象：對象是異性，就是異性戀 (heterosexuality)；相同性別，同性戀 (homosexuality)；兩種性別，雙性戀 (bisexuality)。無性者 (asexuality)，對兩種性別都不在意或缺乏吸引力，也是一種性傾向。在現代北美社會及世界各地，都可發

性別認同
由自己及他人所認定的個人身分認同，究竟是男性、女性或其他性別。

性傾向
個人所習慣的性吸引力對象：異性、同性或雙性。

---

[1]. 譯注：昔日美國軍方禁止同性戀加入，在招募時詢問性傾向將同性戀全部剔除，若在服役期間被發現是同性戀也會遭到退役。1993 年，柯林頓總統準備廢止這項歧視同性戀政策，但遭到國會反對，於是妥協成為「不問不說」政策。軍方不得詢問個人的性傾向 (不問)，但軍人不可表示自己是同性戀或做出同性戀行為 (不說)，否則會遭到「不名譽退役」，無法享有退伍軍人的福利。2010 年 9 月 9 日，聯邦法院法官菲力普斯判定此政策違反美國憲法，歐巴馬總統於 2010 年 11 月簽署廢止法令，於 2011 年 9 月 20 日實施。

現這四種傾向。但每種慾望與經驗的類型，對個體與群體都可能具有不同意義。例如，無性者的性格在某些地方可以被接受，但在其他地方則被視為性格瑕疵。在墨西哥，男性之間的性活動可成為個人傾向，但當地社會輿論對這種性格，並不會像巴布亞紐幾內亞的艾托羅人(Etoro)一樣，給予公開的、社會的讚許與鼓勵。

在任何一個社會，每個人的性興趣與性驅力，在本質、範圍與強度上都有所不同 (參閱 Blackwood 2010; Herdt and Polen 2013; Hyde and DeLamater 2016; Lyons and Lyons 2011; Nanda 2014)。沒有人確切知道，為何會存在這些個別的性行為差異。有一部分解答可能來自生物層面，反映著基因或荷爾蒙；另一部分的解答則可能關聯到成長及發展過程的經驗。但無論有什麼用來解釋個人差異的理由，文化在於將個人的性驅力朝向集體規範來塑造，始終扮演一個角色，而且這些性規範會隨著不同文化而異。

我們從各個不同社會與不同時代，所看到的性規範多樣面貌，究竟瞭解了什麼？有一項經典的跨文化研究 (Ford and Beach 1951)，發現人們對自慰、獸交 (與動物發生性關係) 及同性戀的態度，具有極大變異。即使在同一個社會 (如美國) 之中，對於性行為的態度也會隨著社經地位、區域、鄉村相對於城市的居住型態等因素，而有所不同。然而，即使 1950 年代，早在「性解放時代」(從 1960 年代中期到 1970 年代愛滋病出現之前的這段時期) 之前，研究顯示幾乎全部的美國男人 (92%) 及超過一半的美國女人 (54%) 承認他們曾自慰。在有名的金賽報告 (Kinsey, Pomeroy, and Martin 1948)，受研究的男性有 37% 承認至少有一次達到高潮的同性性行為經驗。在一項針對 1,200 位未婚女性的研究中，有 26% 曾發生同性性行為。(由於金賽的研究使用非隨機樣本，因此這項研究成果僅能被認定為舉例說明那個時代的性行為，而不是統計學上準確的代表數據。)

福特與碧屈 (1951) 的研究顯示，在可以取得相關資料的 76 個社會中，將近有三分之二 (63%) 的社會，各種型態的同性性行為被視為正常，且可被接受。在同性之間偶一為之的性行為，有的包含性伴侶的其中一

方為扮異性癖（參閱 Kulick 1998）。但在蘇丹的阿善德人 (Azande)，扮異性癖並不是男男性關係的特色，他們看重戰士的角色 (Evans-Pritchard 1970)。未來將成為戰士的男性——年齡在 12 歲到 20 歲的男孩——離開了他們的家庭，棲身在成年戰士那裡，並與他們發生性關係。這些年輕男性被認定為成年男人的暫時妻子，並操持女人所做的家務。一旦這些年輕人晉升到戰士的地位，他們會娶進屬於自己的更年輕男性妻子。稍後，從戰士角色退下來的阿善德男人與女人結婚。他們的性行為型態非常有彈性，阿善德男人轉換性關係對象並不會遇到困難，從較年長男人（擔任男性新娘）、年輕男人（擔任戰士），到女人（擔任丈夫）（參閱 Murray and Roscoe 1998）。

男女性關係緊張的極端例子來自巴布亞紐幾內亞的艾托羅人 (Kelly 1976)，這是住在特蘭福賴區 (Trans-Fly) 的 400 人群體，他們依靠狩獵與粗耕維持生計（圖 9.2）。艾托羅人也呈現文化對人類性行為的塑造力量。以下的陳述是依據凱利(Kelly)在 1960 年代晚期的民族誌研究資料，只適用於艾托羅人的男人及其信念。由於艾托羅文化規範的限制，在當地研究的男性人類學家無從蒐集關於女性態度的對照資料。也請注意，我們在此所描述的活動已受傳教士所勸阻。由於迄今尚無針對此一活動的重新研究，我們不知道這些行為究竟有多少延續至今。基於這項理由，以下所述均為昔日的現象。

艾托羅男人關於性行為的態度，連結到有關生育、身體成長、成熟、老年與死亡的整個生命循環的信念。艾托羅男人相信，精液對於將生命賦予胎兒是必需的，據說這個胎兒是由祖靈放進女人體內。在懷孕期間的性交滋養了這個成長中的胎兒。由於他們相信男人一生中的精液數量有限，任何一次導致射精的性行為會減損精液數量，並削弱男性的生命力。孩子的出生，用精液將他餵養成人，象徵一種必要的犧牲，這會導致丈夫死亡。異性交媾只是繁殖後代所需，所以不受到鼓勵。對於性愛需索過多的女人會被視為巫師，危害她們丈夫的健康。艾托羅文化只容許每年大約 100 天可以進行異性交媾。在其他時間，異性交媾都是禁忌的行為。季節性的生育集中現象顯示，這項禁忌受到人們所遵守。

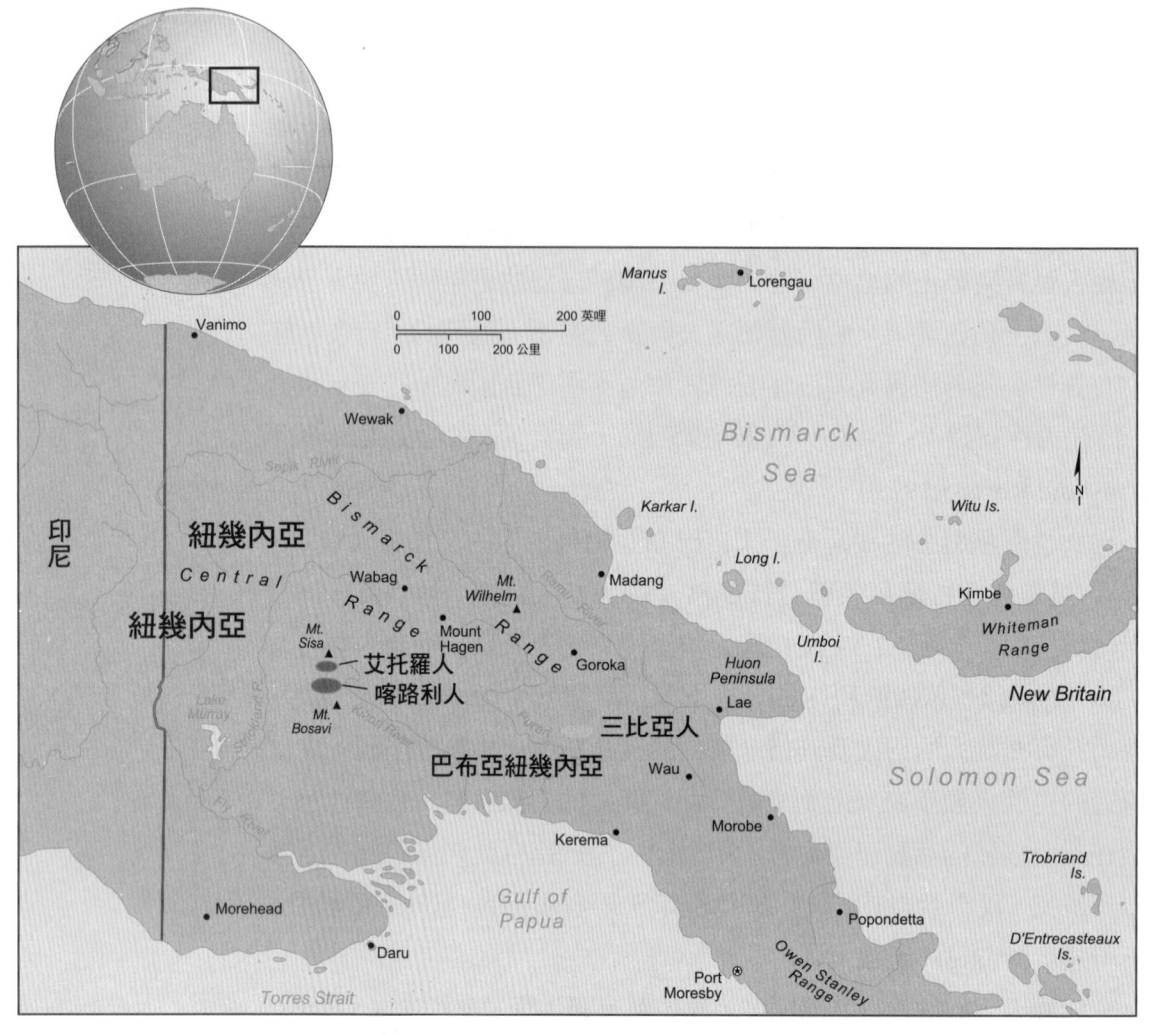

圖 9.2　巴布亞紐幾內亞的艾托羅人、喀路利人與三比亞人位置圖

紐幾內亞島的西半部是印尼的一部分。紐幾內亞島的東半部是獨立國家巴布亞紐幾內亞，艾托羅人、喀路利人及三比亞人的家鄉。

艾托羅人對異性交媾的反對是非常強烈的，以至於它被排除在社群生活外。男女交歡不可以在家屋的就寢區域，也不可在園圃裡，只能在森林裡發生異性交媾，在那個地方，這是一項危險的行為，艾托羅人認為，毒蛇會被性交發出的聲音與氣味吸引過來。

雖然男女交媾不被鼓勵，但男性之間的性行為卻被視為非常重要。艾托羅人相信男孩無法自己製造精液。男孩為了要長大成人，並賦予他

們未來孩子的生命力，必須採用口交的方式，從年紀較長的男人那裡得到精液，吸收進入體內。從10歲一直到成年，男孩都必須讓年長男人將精液注入口中。這個行為並沒有任何禁忌，可在就寢區域或園圃中進行。每隔3年，就會有一群接近20歲的男孩正式接受成年禮，他們前往一處隱密的山間小屋，那時將有幾位較年長的男人造訪，將精液注入他們口中。

艾托羅人的同性性行為受到社會規範所掌控。雖然在文化上認定，在較年長與較年輕男性之間的同性性行為是有必要的，但同一年紀男孩之間的性行為卻受到禁止。一位男孩如果從其他年輕人身上得到精液，會被認為削弱了他們的生命力並阻礙成長。當一個男孩發育特別快速，這隱約顯示著他從其他男孩身上吸收了精液，就像一位對性愛飢渴的妻子，他會被視為巫師而遭到迴避。

艾托羅人同性性行為的基礎，並非來自荷爾蒙或基因，而是文化傳統。艾托羅的例子代表著男女迴避模式的極端，這種模式普遍出現在巴布亞紐幾內亞及一些父系繼嗣——從夫居的社會中。艾托羅人與巴布亞紐幾內亞的其他大約50個部族(尤其是在特蘭福賴地區)共同具有一種模式，赫德(Gilbert Herdt 1984, 2006)稱之為「儀式化的同性性行為」(ritualized homosexuality)。這些社會的例子顯示，在巴布亞紐幾內亞及許多父系繼嗣——從夫居社會中常見的男女迴避關係的極端狀況。

人類性行為型態所具有的彈性，似乎也是我們靈長類遺傳的一個面向。自慰與同性性行為也出現於黑猩猩及其他靈長類。雄性巴諾布猿(侏儒黑猩猩)經常進行一種交互的自慰行為，學者稱之為「以陽具擊劍」。雌性巴諾布猿則和其他雌性相互摩擦生殖器官，以得到性快感(de Waal 1997)。人類具有的靈長類性潛能，是受到文化、環境與繁殖需求所塑造的。所有人類社會都有異性戀——人類社會終究必須繁衍——但其他選擇也相當常見(Rathus, Nevid, and Fichner-Rathus 2014)。正如我們的性別角色，人類性格與身分的性行為成分——就好像我們如何表達「自然的」性驅力——是由文化與環境所決定並限制。

回顧

1. 性傾向、生理性別與(社會)性別,三者如何彼此關聯?這三個概念之間的差異點是什麼?請提出一個論證,為何人類學家處於一個獨特位置,以研究介於性傾向、生理性別與(社會)性別之間的關係。
2. 以你的社會為例,說明性別角色、性別刻板印象及性別階層化。
3. 什麼是貧窮的女性化?這個趨勢正在什麼地方發生?其原因有哪些?
4. 陰陽人跟跨性別者是否相同?假使不同,他們的差異點有哪些?生物、文化與個人的因素如何影響性別認同?
5. 本章描述凱利於 1960 年代晚期對巴布亞紐幾內亞艾托羅人的研究,他對於艾托羅人男女性關係有什麼發現?凱利本人的性別如何影響他的研究內容與涉入程度?你能設想有哪些其他的研究計畫,其中民族誌研究者的性別可能會影響研究成果?

Chapter 10

家庭、親屬與繼嗣

- ◆ 人類學家為何與如何研究親屬?
- ◆ 家庭與繼嗣群體有何不同?它們的社會相關現象是什麼?
- ◆ 在各個不同社會,如何計算親屬關係?如何分類親戚?

章節大綱

一、家庭
　核心家庭與擴展家庭
　工業化與家庭組織
　北美地區親屬關係的變遷
　搜食者的家庭
二、繼嗣
　繼嗣群體的特性
　世系群、氏族、居處法則
　兩可繼嗣

　家庭相對於繼嗣
三、親屬關係計算
　系譜親屬類型與親屬稱謂
　美洲的親屬稱謂
四、親屬稱謂
　直系型親屬稱謂
　二分合併型親屬稱謂
　行輩型親屬稱謂
　二分旁系型親屬稱謂

認識我們自己

雖然核心家庭(母親、父親與他們生育的孩子)依然或多或少是美國文化的理想,但其數目現在已少於美國家戶總數的五分之一。「婚姻與家庭」、「媽媽與爸爸」這些詞彙已不再適用於大多數的美國家戶。你是由哪一種家庭養育成人的?或許是一個核心家庭。或者你可能由一位單親撫養,並得到擴展家庭親屬的協助(或者沒有)。也許你的擴展家庭親屬扮演了父母角色,你也可能有個繼父或繼母,並且(或是)在這個混合家庭有繼同胞(繼兄弟姐妹)或半同胞(同父異母或同母異父)。你的家庭也可能並不符合上述任何一項描述,或者在不同時間有不同的描述方式。

雖然當代美國家庭可能看似極端分歧,但當美國人看到其他文化的另類家庭型態,或許會感到難以理解。想像一下在某個社會當中,某個人並不確定,而且不怎麼在乎他真正的母親是誰。我在馬達加斯加的田野助理貝其力奧人男子拉貝 (Joseph Rabe),即可做為貝其力奧人常見的收養模式佐證。拉貝在他蹣跚學步時就由未生育的姑姑,也就是他父親的姊妹所扶養。他知道生母住在很遠的地方,但並不知道生母家中的兩姊妹當中,究竟哪一位才是生母。他的母親跟母親姊妹都在他年幼時去世(他父親也是),所以他並不記得他們。但他跟姑姑相當親近,並採用稱呼母親的稱謂來稱呼她。事實上,他必須這麼稱呼她,因為貝其力奧人只採用同一個稱謂瑞妮 (reny),來稱呼母親、母親姊妹、與父親姊妹。[他們也用同一個稱謂賴伊 (ray),來稱呼父親及所有的父親兄弟與母親兄弟。] 在「真實的」(具備生物基礎)親屬與社會建構的親屬兩者之間的差異,對拉貝而言是無關緊要的。

美國人對親屬與收養的態度,與貝其力奧人的案例恰成對比。我在以家庭為收聽對象的電台廣播脫口秀節目,聽到主持人區分了「生母」與養母,也區分了「精子父親」與「愛心父親」,後者可能是人們「像爸爸一樣」的養父或繼父。美國文化傾向於提倡一個概念,親屬關係是生物性質的,而且應該是生物性質。美國人在從社會建構來建構親屬方面,往往會遇到困難。美國人就算受到養父母令人滿意與完美的養育,但是找尋生父生母這件事情越來越常見(先前這種行為遭到禁止,因為完全中斷音訊)。美國人最近對親屬關係的生物層面的強調,也可見於近來激增的 DNA 測試。透過跨文化比較來認識我們自己,有助於我們理解親屬與生物並不必然合而為一,也沒有必要如此。

一、家庭

人類學家在傳統上研究的各種社會,包括本章所思考的許多例子,已激發了一股對於家庭,連同對於更大範圍的親屬、繼嗣與婚姻體系的研究興趣。從跨文化角度,親屬關係的社會建構方式,呈現可觀的多樣性。由於親屬體系對人類學家所研究的人群具有的重要性,因此成為人類學的重要議題。我們準備檢視,在大部分歷史中組織人類生活的親屬

與繼嗣的體系。

民族誌研究者在所研究的任何社會中,很快就能找出其中的各種社會分支——群體。在田野工作期間,他們也藉由觀察重要群體的活動與組成方式,來學習關於這些重要群體的事情。人們往往由於某種關係連結,而住在同個村子或社區,或者共同工作、祈禱、舉行慶典。為了瞭解這種社會結構,民族誌研究者必須探究這些親屬連結。例如,地方上最重要的群體,可能由同一祖父的子嗣所組成的。這些人可能會住在彼此相鄰的房屋、耕作毗鄰的農田、在日常工作中彼此協助。其他類型的群體,依據不同或更疏遠的親屬連結關係所組成,則較少相處在一起。

核心家庭是普遍出現的親屬群體,由雙親與子女所組成,大多共同生活在同一個家戶中。其他類型的親屬群體包括擴展家庭及繼嗣群體。擴展家庭由三個或更多世代所組成,其成員經常聚在一起,但並不必然同住。**繼嗣群體** (descent groups) 包括具有共同祖先來源的一群人——他們是從同一位 (或幾位) 共同祖先**繼嗣** (descent) 下來的。繼嗣群體往往分散居住在幾個村落,因此全部的成員並不住在一起;只有某些繼嗣群體會這麼做——住在同一個村落。我們往往會在以粗耕、畜牧或農業為生的社會中看到繼嗣群體。

繼嗣群體
個人所習慣的性吸引力對象:異性、同性或雙性。

🔺 核心家庭與擴展家庭

大多數人們在一生的不同時間中,至少會屬於兩個核心家庭。他們出生在父母與同胞 (siblings,兄弟姊妹) 所組成的家庭中。在成年後,他們可能會結婚,並建立自己的核心家庭,包括配偶與後來出生的子女。某些人可能透過前後多次結婚或居家伴侶關係,建立一個以上的家庭。

人類學家區分了兩種家庭型態:**生長家庭** (family of orientation,個人出生與成長的家庭),以及**繁衍家庭** (family of procreation,在個人結婚並生育子女後所形成的家庭)。從個人角度,重要的親屬關係包括生長家庭的父母與同胞,以及繁衍家庭的配偶與子女。

生長家庭
個人出生與成長的核心家庭。

繁衍家庭
在個人結婚並生育子女之後所形成的核心家庭。

在大部分社會,核心家庭成員之間的關係 (父母、同胞與子女) 優於他們和其他親人的關係。核心家庭組織普遍出現於世界各地,但它並

不是普同性,而且它在社會之中的重要性,隨著不同社會而有著極大差異。在某些社會中,例如以下將要提及的傳統納雅人,核心家庭是罕見或不存在的。而在其他社會,核心家庭並未在社會生活中扮演特殊角色。其他的社會單位,例如擴展家庭及繼嗣群體,可能涵蓋核心家庭的許多功能。

以下來自波士尼亞的例子,呈現擴展家庭——札篤加 (zadruga) ——如何能成為最重要的親屬單位。昔日在波士尼亞西部的穆斯林社會 (Lockwood 1975),核心家庭並非獨立自主的單位。人們習慣住在稱為札篤加的家戶中。生活在這個家戶的人們是一個擴展家庭,由男性戶長及其妻子 (年長女人) 所領導。同住在這個札篤加的人,包括他們的已婚諸子及其妻子、子女,以及他們的未婚子女。每對已婚夫妻擁有一個臥室,內部裝飾與部分家具來自妻子的嫁妝。然而,財產——甚至服飾——都由札篤加的成員自由共享。就算是嫁妝,也可能由札篤加的其他成員所使用。

昔日札篤加內部的社會互動,較常發生在其中各別的男人、女人或孩童之中,比起介於配偶或介於父母及子女之間的互動更頻繁。當札篤加的規模特別龐大時,成員就分別在三處緊鄰場地中進食:男人、女人及孩童的用餐處。傳統上,12 歲以上的孩子一起睡在男孩房或女孩房。當一個女人想要造訪另一個村落時,她並不是請求丈夫允許,而是必須請求札篤加的男性家長允許。即使男人依然覺得對自己子女比其他兄弟的孩子更親近,但他們必須公平對待這些孩子。在這個家戶的任何大人都可管教孩子。婚姻一旦破碎後,小於 7 歲的子女跟著媽媽離開。年紀稍大的子女可選擇跟著父親或母親。即使母親離開了,子女依然被視為這個家戶的一份子,他們是在這裡出生的。有一位寡婦再婚,就必須將五名子女 (全部都超過 7 歲) 留在他們亡父的札篤加中,這個札篤加由亡父的兄弟當家作主。

另一個關於在核心家庭外的其他家庭類型的例子,是由印度的納雅人 (Nayar 或 Nair) 所提供,這是位於印度南部馬拉巴海岸 (Malabar Coast) 的龐大且有力的喀斯特 (圖 10.1)。他們的傳統親屬體系是母系繼

圖 10.1　納雅人位置圖（位於印度喀拉拉邦）

嗣（matrilineal，只透過女性方面來追溯繼嗣關係）。納雅人居住在名為塔拉瓦 (tarawad) 的母系擴展家庭中。塔拉瓦是個居住綜合體，由數間建築物、自己的神廟、穀倉、水井、果園、園圃及土地所組成。塔拉瓦由女性家長領導，她的兄弟協助，住著這位家長的同胞、姊妹的孩子，以及其他的母方親屬——母系親戚 (Gough 1959; Shivaram 1996)。

傳統的納雅人婚禮似乎只是徒具形式——一種成年儀式。昔日，一位年輕女子會與一位男子走過一場結婚儀式，他們婚後在妻子的塔拉瓦待上幾天。隨後這位男子就回到自己的塔拉瓦，與姊妹、姨媽及其他的母系親屬同住。納雅男子屬於戰士階級，他們經常離家進行軍事冒險，退休後永遠回到自己的塔拉瓦。納雅女子可能擁有多位性伴侶。孩子成為母親所屬塔拉瓦的一員，他們並不會被認定為自己生父的親人，事實

上許多納雅孩童甚至不知道生父究竟是誰。養育子女是塔拉瓦的責任。因此在昔日的納雅社會可在欠缺核心家庭的情況下，達成生物上的自我繁衍。

▲ 工業化與家庭組織

跟工業化有關的地理人口流動發揮了作用，使得規模大於核心家庭的親屬群體瓦解。當人們遷移時，往往是基於經濟理由，就跟父母及其他親屬分開。到最後，大多數的美國人走進婚姻或居家伴侶關係，並建立繁衍家庭。目前美國的農耕者只有總人口的2%，因此只有極少數

領會多樣性

社會安全、親屬風格

在所有的社會，人們會照顧其他人。有時候，就如同我們的國家組織的社會，社會安全是政府的功能，也是個人與家庭的功能。在其他社會，例如這裡所描述的亞潤貝，社會安全是親屬、婚姻及擬親體系的一部分。

在我的《對於天堂的攻擊》(Assault on Paradise)一書的第四版(Kottak 2006)，描述亞潤貝的社會關係，這是我從1960年代就展開研究的巴西漁村。當我首度研究亞潤貝，我十分訝異於它的社會關係，竟如此類似於人類學家傳統所研究的平權、以親屬為基底的社會。在亞潤貝人歸納他們地方生活的本質與基礎時，一再提出兩個主張：「我們這裡都是平等的」、「我們都是親戚」。就如同氏族的各個成員一般(他們主張有共同祖源，但無法明確說出彼此究竟如何有關聯)，多數村民無法準確追溯他們與遠親的系譜連結。「這有什麼差別呢？只要知道我們是親戚就可以」。

如同大多數的非工業化社會，緊密的個人關係若不是植基於親屬，就是以親屬為模型。某個程度的社群凝聚力受到提倡，例如藉由每個人都是親戚的這個虛構說法。然而，相較於那些具有氏族與世系群的社會——依據系譜來將某些人涵納在既有的繼嗣團體之內，並排除其他人取得這個團體的成員資格——在亞潤貝，社會凝聚力確實較少發展。緊密的社會凝聚力需要將某些人排除在外。藉由主張他們都是親戚的說法——換言之，不排除任何人——亞潤貝人確實減弱了親屬關係在創造並維持群體凝聚力的潛在力量。

權利與義務大多關聯到親屬與婚姻。在亞潤貝，親屬連結關係越緊密，婚姻關係就越正式，權利與義務也就越大。伴侶可採取正式或不正式的結婚。最常見的結合方式是穩定的常規婚姻。較不常見，但具更高聲望的是合法(公民)婚姻，在法院裡進行，並賦予繼承權。最具聲望的結婚方式，結合法律宣告生效與教會儀式。

這些關聯到親屬與婚姻的權利及義務，構成當地的社會安全體系，但人們必須衡量這個體系的利益與成本。最顯而易見的成本是：村民必須依據其成功的大小比例來分享成果。當人們(大多是雄心壯志的男人)登上地方的成功之階，他們會有越來越多的依賴者。為了維持在公眾輿論的地位，並確保在年老時能依賴其他人，他們必須分享。然而，分享是一個強力的平衡機制，它會耗盡剩餘財富，並限制向上社會流動。

人們被綁在土地上——經營家庭農場或莊園。非農耕的國家可能就是一個流動的國家。美國人可以遷移到找得到工作的地方，即使說他們為此必須離開家鄉。個人及已婚伴侶往往居住在距離父母數百公里之遙的地方，他們的工作對於決定居住地點扮演著重要角色（參閱 Descartes and Kottak 2009）。這種婚後居處模式，已婚夫妻在遠離父母的地方建立新的住所，稱為**新居制** (neolocality)。這對伴侶建立一個新住所，也就是「自己的家」。對於北美洲的中產階級而言，新居制是文化偏好，也是統計學上的常態。換言之，他們既想要，而且到最後確實會建立屬於自己的家屋與核心家庭。

> **新居制**
> 夫妻建立新住所的這種生活狀態。

具體來說，這項平衡機制究竟如何發揮作用？如同在一個階層化國家，巴西的國家文化規範是由上層階級所制定。中產階級與上層階級的巴西人大多以合法方式並在教堂結婚。就連亞潤貝人都知道這是唯一「適當的」結婚方式。地方上最成功與最具雄心的男人們，模仿著巴西統治菁英的行為。他們希望藉著這麼做，而獲致聲望。

然而，合法婚姻會耗盡個人財富，例如對姻親提供經濟援助的義務。對於子女的義務也隨收入增加而升高，因為在較富裕家庭子女的存活機會往往比窮困人家更高。充裕收入帶來經過改善的食物內容，並提供手段與信心，往外地尋找更優質的醫療照料。更多孩童存活下來，意味著必須養活更多人口，並增加教育開銷（這些家長往往希望給予子女更好的教育）。在經濟成功與大家庭之間的關聯性，成為財富的虹吸管，限制個人的經濟進程。有一位漁業企業家托美 (Tomé)，預期他的生活將是不斷努力工作，假使他準備為這個成長中的家庭提供食物、衣服與教育。托美與妻子所生的孩子全都沒有夭折，但他曉得這個成長中的家庭會在短期內耗掉他的資源。「然而，到最後等到我們老了，如果需要幫忙的話，我會有幾個事業有成的兒子，來幫助他們的母親與我。」

亞潤貝人知道，哪些人具有足夠財力能跟別人分享；在這個小社區裡，成功是無法隱藏的。村民依據這項知識來產生對他人的期待。相較於更窮的人們，成功者必須與更多的親戚、姻親，以及更多的遠親分享。成功的船長與船主被期望買啤酒分給一般漁夫；商店主人必須讓人們賒帳。如同遊群與部族，任何一位有錢人都被預期展現相對應的慷慨。隨著財富不斷增加，人們更經常被要求進入許多儀式親屬關係。孩童透過洗禮（每年兩次，在神父造訪此地時舉行，也可在外地舉行），得到兩位教父母。這些人成為這個嬰兒父母的共同父母 (coparents，葡萄牙語為 compadres)。儀式親屬關係義務也會隨著財富的這項事實，是另一個限制個人財富增長的因素。

我們看到在亞潤貝，親屬、婚姻與儀式親屬關係具有成本和效益。成本就是對個人經濟成長的各種限制。最主要的效益就是社會安全——在有需要時，確定可從親戚、姻親與儀式親屬獲得協助。然而，這些收益只有在支付成本後，才會到來——換言之，只會到那些過著「合宜」生活方式的人們身上，他們並未偏離地方規範太多，尤其是那些關於分享的規範。

擴充家庭家戶
家戶成員除了已婚夫妻及其子女之外，也包括一群親戚。

擴展家庭家戶
包括三個或更多世代的擴展家戶。

應當注意的是，在美國的中產階級與貧窮階級間就有顯著差異。一個例子就是貧窮與單親家戶的關聯性；另一個例子則是美國經濟條件較差的人們當中，出現擴充家庭家戶的機會較高。**擴充家庭家戶** (expanded family households) 就是由一群親戚所組成的家庭，其中包括 (或者除了) 一對已婚伴侶及其子女。擴充家庭家戶有許多型態。當擴充家戶包含三代或更多世代的家人，就是**擴展家庭家戶** (extended family household)，例如波士尼亞的札篤加。另一種擴充家庭的類型是*旁系家戶* (collateral household)，包含同胞兄弟姊妹及其配偶與子女。另一個類型是*母主家戶* (matrifocal household)，有一位女性家長，包括其他的親戚及子女。

在較貧窮的美國人中，擴展家庭的出現比率較高，已被學者解釋為對於貧窮狀況的適應 (Stack 1975)。由於無法在經濟上採取核心家庭型態生存下去，親戚們聚集在擴充家戶中以蓄積資源 (參閱 Hansen 2005)。(本章的「領會多樣性」專欄呈現貧窮的巴西人如何運用親屬、婚姻與擬親關係，做為一種社會安全制度。)

◆ 表 10.1　美國家庭與家戶組織的變遷，1970 年與 2015 年的比較

	1970 年	2015 年
數目		
家戶總數	6,300 萬	1 億 2,500 萬
每個家戶的人數	3.1	2.5
百分比		
已婚伴侶有孩子	40%	19%
已婚伴侶無孩子	30%	29%
家庭家戶	81%	66%
五口以上的家戶	21%	10%
獨居者	17%	28%
以母親為家長的單親家庭	5%	13%
以父親為家長的單親家庭	0%	5%
包含 18 歲以下兒童的家戶	45%	29%

資料來源：Jonathan Vespa, Jamie M. Lewis, and Rose M. Kreider, 2013, "America's Families and Living Arrangements: 2012," *Current Population Reports*, P20-570, U.S. Census Bureau, Washington, D C. http://www.census.gov/prod/2013pubs/p20-570.pdf; http://www/census.gov/hhes/familes/data/cps2015.htm.

北美地區親屬關係的變遷

對許多美國人來說，核心家庭或許依然是一個文化理想，但正如我們在表 10.1 與圖 10.2 所見的，核心家庭的數目不到美國家戶的五分之一。其他類型的家庭生活方式在比例上超過核心家庭這種「傳統的」美國家戶，約為五比一（參閱 Golombok 2015）。有幾項理由，可用來解釋這個改變中的家戶組成。女人不斷加入賺取薪資的勞力市場，這往往讓她們離開生長家庭，然而經濟獨立也讓她們得以延後結婚。再者，工作的要求也與浪漫愛情相競爭。美國女人的平均首次結婚年齡，從 1970 年的 21 歲躍升到 2015 年的 27 歲。相對地，男性則由 23 歲上升到 29 歲。在 2015 年，有超過三分之一 (35%) 的美國男性及 30% 的美國女性從未結婚。

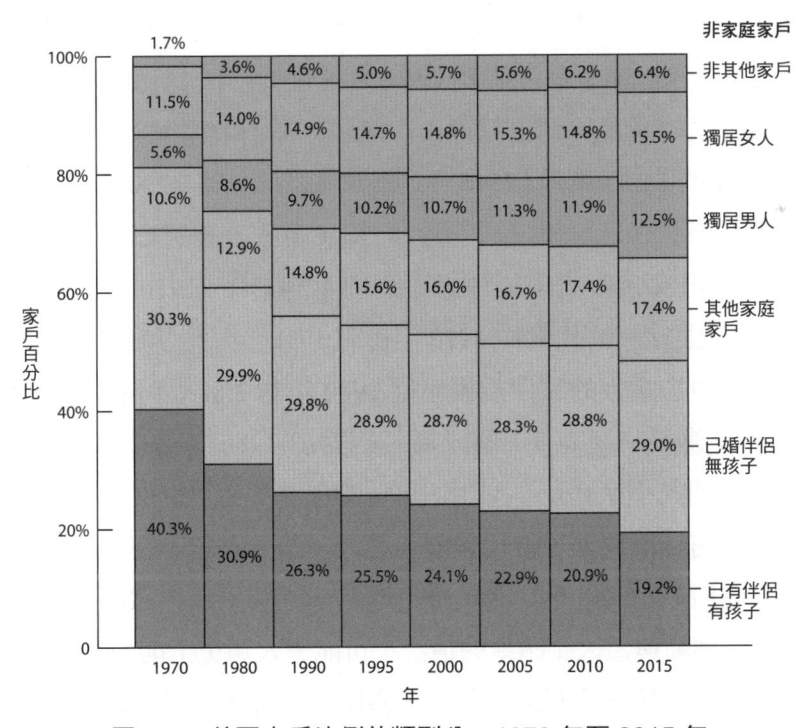

圖 10.2 美國家戶比例依類型分：1970 年至 2015 年

資料來源：Jonathan Vespa, Jamie M. Lewis, and Rose M. Kreider, 2013, "America's Families and Living Arrangements: 2012", *Current Population Reports*, P20-570, U.S. Census Bureau, Washington, D. C. http://www.census.gov/prod/2013pubs/p20-570.pdf; http://www.census.gov/hhes/familes/data/cps2015.htm.

◆ 表 10.2　美國人每千人離婚相對於結婚的比例，1950 年至 2014 年

1950 年	1960 年	1970 年	1980 年	1990 年	2000 年	2014 年
23%	26%	33%	50%	48%	49%	46%

資料來源：*Statistical Abstract of the United States 2012*, Table 132, http://www.cdc.gov/nvss/marriage_divorce_table.htm

那麼離婚的情況如何？從 1970 年到 2015 年間，離婚的美國人足足增加 6 倍，從 1970 年的 430 萬人，到 2015 年增加為 2,600 萬人 (然而，請注意每次離婚會產生兩名離婚者)。表 10.2 呈現美國在 1950 年與 2014 年間，離婚相對於結婚的比例。美國離婚率的大幅躍升發生在 1960 年到 1980 年間。在這段期間，離婚相對於結婚的比例已加倍。此後，在 1980 年與 2000 年間，這個比例維持相同水準，略低於 50%。換言之，每年新離婚人數大約是新婚人數的一半。從 2000 年開始，這個比例穩定下來，而且最近甚至下滑，到了 2014 年滑落到 46%。

單親家庭的成長比例也超過人口成長，從 1970 年少於 400 萬戶增加到 2015 年的 1,200 萬戶 (2015 年的美國人口大約是 1970 年的 1.6 倍)。大多數的單親家庭是單親媽媽家庭 (83%)，單親爸爸家庭則為 17%。在 2015 年，已婚女人與丈夫同住者不到一半 (47%)，1950 年則有 65%。單人家戶 (獨居者) 的比例從 1970 年僅有 17% 上升到 2015 年的 28%。

在美國與加拿大的家戶規模已從 1980 年的 2.8 人下降到今天的 2.5 人，典型的美國家庭有 3.1 個成員，相對於 1980 年的 3.3 人 (參閱表 10.3)。這個朝向小家庭及小型生活單位的趨勢，也可以在西歐及其他工業化國家看到。事實上，當代美國人透過工作、友誼、運動、俱樂部、宗教及其他組織化的社會活動，維持他們的社交生活。然而，這些數據所顯現的人們漸與親人相疏離的情況，可能是人類史上前所未見的。

對於北美地區的人們 (尤其是中產階級) 而言，親屬依附關係的全部範圍，比起非工業化社會人們更狹窄。雖然美國人會推算他們與祖父母、父母的同胞、表親之間的親屬連結關係，但美國人對這些人的接觸與依賴，比起其他文化的人們還要少。如果請美國人回答以下問題，就會瞭解這個情況：他們是否確切知道如何與這些表親具有親戚關係？他

◆ 表 10.3　美國與加拿大家戶與家庭規模，1980 年相對於 2011 年 (加拿大) 與 2015 年 (美國)

	1980 年	最近
平均家庭規模		
美國	3.3	3.1
加拿大	3.4	3.1
平均家戶規模		
美國	2.9	2.5
加拿大	2.9	2.5

資料來源：J. M. Fields, "America's Families and Living Arrangements: 2003," Current Population Reports, P20-553, November 2004, http://www.census.gov/prod/2004pubs/p20-553.pdf, pp. 3-4; *Statistics Canada, 2011 Census of Canada*, http://www.statcan.gc.ca/tables-tableaux/sum-som/01/cst01/famili53a-eng.htm; J. Vespa, J. M. Lewis, and R. M. Kreider, 2013, "America's Families and Living Arrangements: 2012" Current Population Reports, P20-570, U.S. Census Bureau, Washington, D C.; http://www.census.gov/hhes/familes/data/cps2015.htm.

們對自己的祖先到底瞭解多少，例如祖先的全名及曾住過哪裡？經常與他們聯繫的人，究竟有多少人是親戚？

　　來自工業社會與非工業社會的人們，對於上述問題所提出的不同答案，證實在當代國家中親屬關係的重要性正在下滑。遷移到北美地區的移民者，往往對當地微弱的親屬連結以及對家人欠缺適度尊重感到十分訝異。事實上，大多數的美國中產階級每天見到的人，就是無親屬關係者或是其核心家庭的成員 (也請參閱 Willie and Reddick 2009)。

　　有趣的是，最近的研究 (Qian 2013) 發現，傳統的美國核心家庭的最佳代表是晚近的移民。社會學家錢震超 (Zhenchao Qian) 描述在晚近移民及本地出生的美國人之間，關於婚姻與家庭的幾項差異之處。在 2010 年，錢震超從事長達 10 年研究的終結點，移民占美國人口的 13%，他們帶著自身源頭的文化來到美國。其中一個模式就是婚姻穩定，即使說新婚妻子顯然都比丈夫年輕許多。在年齡 20 餘歲中後段的移民當中，有 62% 的女性已婚；相對地，只有 43% 的男性已婚。然而，在每個年齡層，移民的結婚率都遠大於本土出生的美國人，包括那些跟移民屬於相同族群的美國人。例如，亞裔移民的結婚比例是美國出生亞裔的 2 倍。相較於美國土生土長者的婚姻，移民者的婚姻更傾向於族群同質且較少

走向離婚。在 2010 年，大約有 30% 的移民孩童生活在由男性獨力賺取家計，母親擔任家庭主婦的家庭中。這比起本土出生的美國人高出 9 個百分點。普遍來說，雙薪家庭能夠賺取的財富比單薪家庭更高。

在不同文化當中，「家庭」究竟意指什麼？在西半球人口最多的兩個國家——美國與巴西間一項最驚人對比，就是「家庭」的意義。當代北美地區的成年人往往界定家庭包含他們的配偶 (或家居伴侶) 與子女。然而，當巴西的中產階級談到家庭時，意指父母、同胞、父母的兄弟姊妹、祖父母及表親。他們稍後才會提到自己的子女，但是依然很少提及配偶，雙方各自擁有自己的家庭。子女由父母兩個家庭所共有。由於美國的中產階級欠缺擴展家庭的支持，婚姻自然就更重要。配偶關係優於夫妻對其父母的關係。這使得美國人將婚姻放在重要位置 (參閱本章的「領會人類學」專欄，瞭解在 21 世紀對美國家庭生活的一項研究)。

巴西人生活在較少遷徙流動的社會中，相較於北美地區的人們而

領會人類學

21 世紀的美國家庭生活

今日的人類學家有越來越多針對美國家庭生活的研究，包括中產階級家庭生活在內。有個極佳例子就是《二十一世紀的家庭生活：32 個家庭敞開門戶》(*Life at Home in the Twenty-First Century: 32 Families Open Their Doors*) (Arnold et al. 2012)，這項研究針對洛杉磯的 32 個中產階級雙薪家庭，聚焦於居家環境及物質文化。作者是加州大學洛杉磯分校 (UCLA) 的三位人類學家——亞諾德 (Jeanne Arnold)、葛瑞緒 (Anthony Graesch) 及奧克斯 (Elinor Ochs)——以及義大利攝影家扎嘎西尼 (Enzo Ragazzini)。全部的研究都透過 UCLA 的家庭日常生活研究中心 (Center on Everyday Lives of Families, CELF)，這是在 2001 年創立，由奧克斯擔任主任。

獲選並同意參加此項研究並成為該書內容基礎的家庭，全都是中產階級，且擁有或正在購置自己的房子。他們具有不同的族群、所得層級及社區背景。同性伴侶也包括在內。作者群採取有系統的方式來探究他們的主題。他們用影像記錄這些家庭成員的活動，運用定位裝置追蹤他們的移動，透過唾液樣本測量他們的壓力層級，並且拍攝將近 2 萬張照片 (大約是每個家庭 600 張)，包括家屋、庭院及活動。研究者也要求家庭成員訴說他們家庭的旅遊行程，並在他們出門旅遊時錄影。歷經 4 年期間，這項研究計畫產生 47 個小時的家庭旅遊訴說錄影，以及 1,540 小時的家庭互動與訪問錄影 (參閱 Arnold et al. 2012; Feuer 2012; Sullivan 2012)。

這項研究的重大發現就是家屋的雜亂程度，這是在雙薪美國家庭當中消費主義的表現。研究者總結，人類歷史上從未有家庭累積這麼多的個人物品。研究者提出假設，處理這麼多的雜亂會產生心理影響，他們收集了研究對象的唾液樣本，測量其中的壓力指標：晝夜皮質醇 (diurnal cortisol)。結果顯示，母親的

言，巴西人跟親戚維持較緊密接觸，包括擴展家庭的成員在內。南美洲兩座最大都市里約熱內盧與聖保羅的居民，並不願意離開這些都市中心，遠離家人與朋友而住在郊外。巴西人發現，住在沒有親戚的社會世界中是令人難以想像且不舒服的；相反地，美國人的特色就是學會與陌生人共同生活。

▲ 搜食者的家庭

就人口規模及社會複雜程度而言，搜食經濟社群與工業化社會相去甚遠，但他們確實具有地理流動性，這關聯到經常移居或半移居的狩獵與採集。在這裡，流動的生活方式支持核心家庭成為最重要的親屬群體；雖然在非搜食社會中，核心家庭是唯一植基於親屬關係的群體。傳統搜食社會的兩種基本社會單位是核心家庭與遊群。兩者都植基於親屬連結關係。

唾液所含的晝夜皮質醇比父親更多。研究者也注意到在錄影當中，母親常用「混亂」(mess) 或「無秩序」(chaotic) 來描述她家，但父親很少提及混亂狀態。葛瑞緒推論說，雜亂之所以會讓媽媽感到困擾，是因為它挑戰一個根深蒂固的概念，家應該是整潔並管理良好的 (參閱 Feuer 2012)。當然，家庭管理者的角色傳統是由女性擔當。相較於媽媽，對於爸爸跟孩子來說，他們擁有的物件比較像是樂趣、榮耀與滿意的來源，而不是壓力來源 (Arnold et al. 2012；Feuer 2012)。

另一項發現是孩童很少外出，就算洛杉磯的整體氣候還算溫和。他們在室內使用他們擁有的物件，這導致更混亂的狀態，包括有整面牆用來展示娃娃跟玩具。在 32 個家戶中，有超過一半有特別的房間設計用來擺放作品或學校功課，但就算是家裡的辦公桌，子女的物品也會蓋過父母的東西。研究者推測，(未能適時陪伴的) 罪惡感導致雙薪父母過度購買東西給子女。在這項研究裡，父母想辦法在平常的週末當中，花費不到 4 個小時陪伴子女，這可能導致他們用玩具、服飾及其他物件，來做過度補償 (Graesch 引述自 Feuer 2012)。

這項研究發現，廚房是家庭生活的中心。家庭成員在廚房這個空間相逢、互動、交換訊息，並且跟子女互動。而且在廚房，冰箱扮演著重要的角色。在冰箱的門上及旁邊充滿著子女成就的展示、備忘紙條、地址及電話 (包括許多已經過期者)。一般的電冰箱面板上會有 52 項東西，擠滿最多東西的冰箱會有 166 個便利貼。電冰箱充當這個家庭的歷史與活動的簡潔再現 (Feuer 2012; Sullivan 2012)。

研究者發現，在電冰箱上的物件數目跟家庭整體的雜亂程度之間，具有相關性。因此，電冰箱本身不僅是家庭生活的事件記錄者，更是其消費主義及可能是壓力程度的量表。我們可以假設，電冰箱上面有著大量的便利貼，顯示在這個家中的某個人有需要開始從事冥想，來降低他或她的血壓。

有別於工業化國家的中產階級夫妻，搜食者並不採取新居制。相反地，他們會加入遊群，這個群體有丈夫或妻子的親戚。然而，夫妻與家庭可能多次從某個遊群移居到另一個遊群（參閱 Hill et al. 2011）。雖然在搜食社會裡，核心家庭的維繫時間不像其他社會那麼長久，但他們的核心家庭往往比遊群更穩定。

許多搜食者社會欠缺長年存在的遊群組織。位於美國猶他州與內華達州大盆地的原住民壽壽尼人 (Shoshoni) 提供一個案例（圖 10.3）。昔日的壽壽尼人所能取得的資源非常稀少，因此在每年當中的大部分時間，各個家庭都必須各自穿過鄉野進行狩獵與採集。在某些季節中，幾個家庭會組成遊群，共同合作狩獵；在聚合幾個月後，他們又四散了（參閱 Fowler and Fowler 2008）。

工業化與搜食經濟的人們都不會被永遠綁在土地上。這種流動性及強調小規模的、經濟自給自足的家庭單位，使核心家庭成為這兩類社會的基本親屬群體。

二、繼嗣

我們前面看到，核心家庭在工業化國家與搜食者社會都是重要的。相對地，繼嗣群體在非工業化的農耕者與畜牧者中，就是主要的親屬群體。請記得，繼嗣群體是具有共同祖先來源的一群人——他們是從同一位（或幾位）祖先所繼嗣下來的。有別於核心家庭，繼嗣群體是永久存在的，它們可延續數個世代之久。這個群體會持續存在，即使它的陣容會有所改變。個別成員會出生與死亡、遷出與遷入。繼嗣群體的名稱會採用來自祖先的名字，或是熟悉的動物、植物或自然景觀。假使有個繼嗣群體名為「亞伯拉罕子女」，就會有代代相傳的「亞伯拉罕子女」。同樣地，也有「狼群」、「柳樹」或「竹屋人」，這些都是確實存在的繼嗣群體名稱。

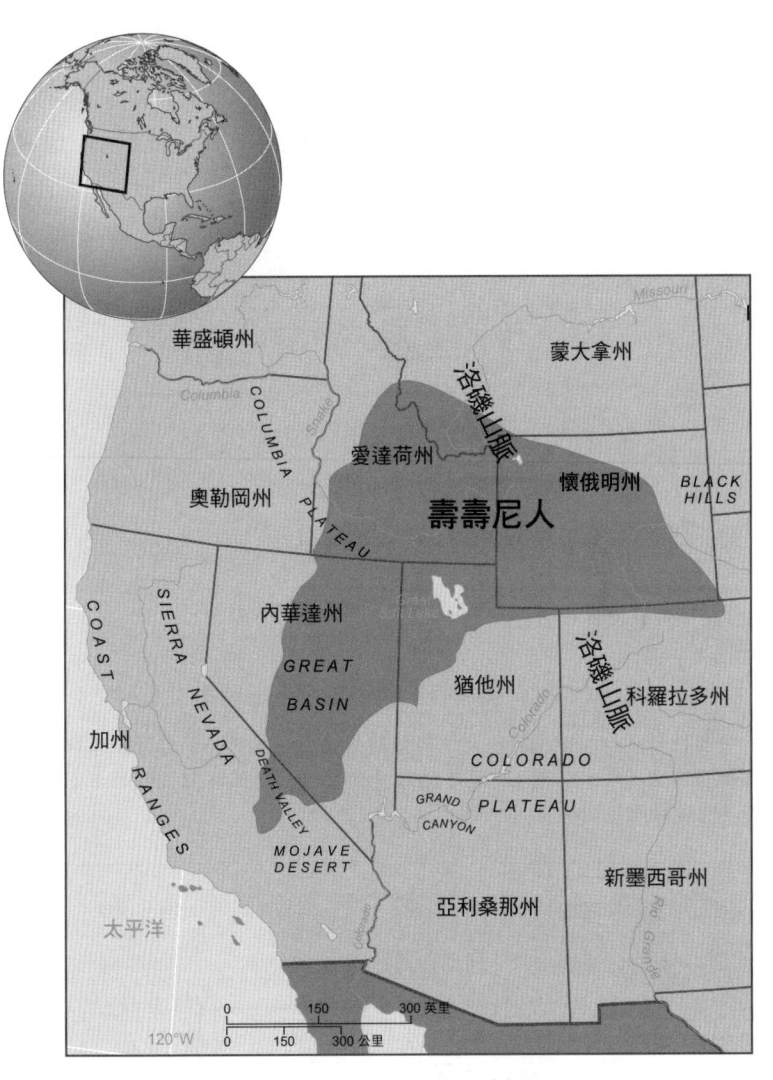

圖 10.3 壽壽尼人的地理位置圖

繼嗣群體的特性

繼嗣群體大都是外婚的 (exogamous)：外婚 (exogamy) 意指群體成員必須從自己的群體之外覓得配偶。某個繼嗣群體的成員的結婚對象，必須是來自其他繼嗣群體的某個人。通常，繼嗣群體的成員身分在出生時就確定，而且是終其一生不改變的。有兩種常見規則用來認定某些人是繼嗣群體成員，同時排除了其他人。若採行母系繼嗣 (matrilineal descent) 規則，人們在出生時就會自動加入母親所屬的群體，且終生成

為該群體的成員，因此母系繼嗣群體只包含這個群體的女人所生的子女；若採行父系繼嗣 (patrilineal descent) 規則，人們就會出生在父親的群體，且具有該群體的終生成員資格 (圖 10.4 與圖 10.5 分別呈現母系和父系

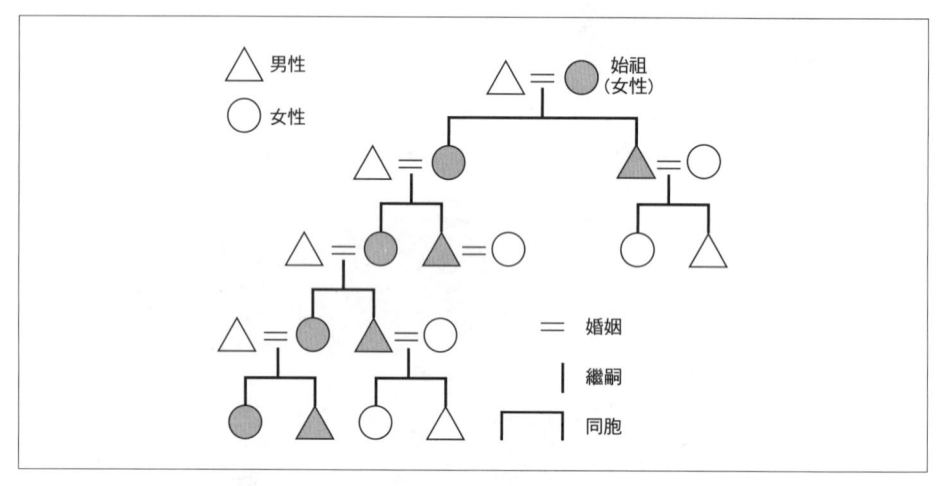

圖 10.4　一個具有五代系譜深度的母系世系群

依據從一個女性祖先傳承下來的清楚呈現繼嗣關係所建立的一個母系世系群。只有這個群體的女性所生育的子女 (灰色) 屬於這個母系世系群，這個群體男性的子女被排除在外，他們屬於其母親的母系世系群。

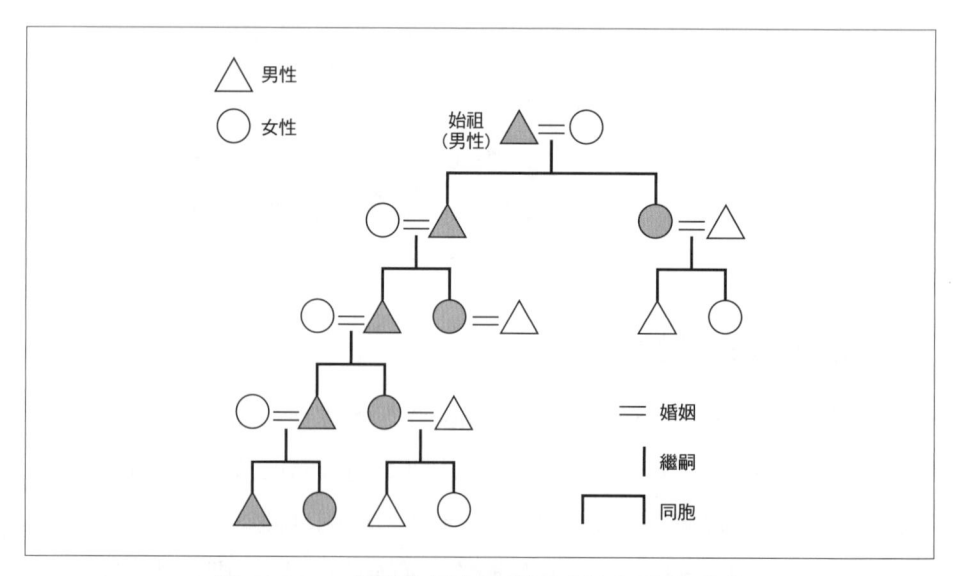

圖 10.5　一個具有五代系譜深度的父系世系群

世系群是依據從一個共同祖先傳承下來的清楚呈現繼嗣關係而建立的。在父系繼嗣的情況下，這個群體的男性所生育的子女 (灰色) 被納入，成為繼嗣群體的成員，這個群體的女性所生育的子女被排除在外，他們屬於其父親的父系世系群，並請注意世系群的外婚方式。

繼嗣群體，三角形代表男性，圓形代表女性)。父系繼嗣與母系繼嗣都是**單邊繼嗣** (unilineal descent) 的類型，這種繼嗣原則只使用單一的追溯祖先的路線，從男性或從女性。

任何繼嗣群體的成員認定自己是由同一位始祖 (apical ancestor) 所繼嗣下來的，始祖就站在這個共同系譜的最開頭或最頂端。例如，依據聖經記載，亞當與夏娃是所有人類的始祖。據說夏娃來自亞當的一根肋骨，亞當就代表聖經所陳述的父系親屬系譜的最初始祖。

世系群及氏族是繼嗣群體的兩個類型。氏族的範圍往往比世系群更大，而且可能包含幾個世系群在內。**世系群** (lineage) 是植基於清楚呈現的繼嗣關係 (demonstrated descent) 的繼嗣群體，其成員可清楚呈現他們是如何從共同祖先傳承來，藉由一一指名從始祖到現在每個世代的祖先名字 (這並不意味其背誦內容是準確無誤的，只要這個世系群的成員認為正確即可)。在聖經中，關於「誰被證明是誰的父親」的冗長描述，就是對較大的父系世系群，所展現的系譜繼嗣關係，到最後，這個繼嗣關係涵蓋猶太人與阿拉伯人 (他們最終的共同始祖是亞伯拉罕)。

有別於世系群，氏族的成員並不展現它們究竟如何從共同祖先繼嗣下來，他們僅僅主張共同的祖源，採用的是規定範圍的繼嗣關係 (stipulated descent)。氏族成員只會提到他們從某個始祖傳承下來。他們並不會試著追溯自己與始祖間的真正系譜連結關係。那麼**氏族** (clan) 就是植基於規定範圍的繼嗣關係。

馬達加斯加的貝其力奧人同時擁有世系群與氏族。他們可清楚呈現最近八到十個世代的繼嗣關係。往上追溯到這個範圍之外，他們就只有規定自己從某些特定祖先繼嗣而來。這種指定範圍的貝其力奧氏族祖先，可能會是描述得非常模糊的外國皇室，或是神話動物，例如美人魚 (Kottak 1980)。許多社會就像貝其力奧人一樣，同時擁有氏族與世系群。在這種情況下，氏族會比世系群擁有更多成員，涵蓋的地理範圍也比較大。有時氏族的始祖並不全然是人類，而是動物或植物 [稱為圖騰 (totem)]。祖先無論是否為人類，就象徵著這個群體成員的社會團結與認同感，這使得他們有別於其他群體。

單邊繼嗣
父系繼嗣或母系繼嗣。

世系群
父系繼嗣或母系繼嗣。

氏族
植基於規定範圍的繼嗣關係的單邊繼嗣群體。

繼嗣群體的經濟型態往往是粗耕、畜牧與農業。這些社會大多具有多個繼嗣群體。其中一些繼嗣群體的範圍可能侷限在同一村落內，但繼嗣群體的範圍也會橫跨一個以上的村落。住在同一地方的任何一個繼嗣群體的分支，就是地域性繼嗣群體 (local descent group)。住在同一村落的人們，可能分屬兩個以上的地域性繼嗣群體。

▲ 世系群、氏族、居處法則

正如我們前面所看到的，有別於核心家庭，繼嗣群體是永久且持續存在的單位，每個世代都會加入及失去成員。成員可以取得世系群的土地資產，他們有些人必須住在那裡，以便跨越世代經營祖產並收益。為了持續存在，繼嗣群體至少需讓一部分成員留在家鄉。達到這個目標的簡單方法就是建立一套法則，規定哪些人屬於這個繼嗣群體，以及人們婚後應該住在哪裡。父系繼嗣與母系繼嗣，再加上婚後居處法則 (postmarital residence rule)，確定在每個世代出生的人們，大約有一半留在這塊祖產過生活。

採行父系繼嗣的地方，典型的婚後居處法則是從夫居 (patrilocality)：已婚夫婦住進丈夫父親所屬的社群，因此他們子女將在父親村子中長大成人。對父系社會而言，要求從夫居是合情合理的。假使這個群體的男性成員被期望在祖產上行使他們的權力，那麼在這塊土地上將他們扶養長大，並讓他們婚後留在這裡，是很好的做法。

較少見的婚後居處法則是從母居 (matrilocality)，跟母系繼嗣有關：新婚夫妻住進妻子母親的村落中，他們的子女在母親村落中成大長人。從夫居與從母居都是單一地點 (unilocal) 的婚後居處法則。無論一個人在婚後要住在什麼地方，這個人終身都是自己原生的單邊繼嗣群體的成員。這意味著在母系社會中，住在妻子村落的男人，依然保有他原本母系繼嗣群體的成員身分；在父系社會中，住在丈夫村落的女人，依然保有她自己的父系繼嗣群體的成員身分。

▲ 兩可繼嗣

採行單系繼嗣的社會，無論是母系或父系，人們一出生就自動成為一個——而且只有一個——繼嗣群體的終生成員。單邊繼嗣法則認定某些人是群體成員，同時絕對排除了其他人。事情不會經常如此絕對。單邊繼嗣並不是人類學所知的唯一繼嗣法則。兩可繼嗣容許更多彈性及選擇。採行**兩可繼嗣** (ambilineal descent) 的話，群體的成員資格既不是在出生時就確立，也不是終生固定不變的。人們能夠選擇自己的繼嗣群體成員身分，而且他們也可同時隸屬於超過一個繼嗣群體。兩可繼嗣群體不會自動排除兒子的子女或女兒的子女，人們可選擇加入某一個繼嗣群體(如其祖父、祖母、外祖父，或外祖母所屬的群體)；人們也可改變其繼嗣群體成員身分，或者同時屬於兩個或更多群體。

兩可繼嗣
具彈性的繼嗣原則，既非父系亦非母系繼嗣。

▲ 家庭相對於繼嗣

有些權利、責任與義務關聯到親屬與繼嗣。許多社會同時具有家庭與繼嗣群體，對其中一方所盡的義務可能跟另一方的義務相衝突─母系社會比父系社會更常出現這類衝突。在父系社會，女人往往在結婚時離開生長家庭，並到丈夫的社群養育子女。在離開原家後，她對自己的繼嗣群體就不再具有基本或實質的義務。她可全心投入在子女身上，而他們將會成為丈夫群體的成員。在母系社會的情況大不同，男人同時對他的繁衍家庭(妻子與子女)與母系近親(他的姊妹及她們的子女)具有強大義務。自己的繼嗣群體延續依靠他的姊妹及她們的孩子，這是由於繼嗣是從女性延續，且他具有植基於繼嗣關係的義務，必須照顧她們的福祉。他也對妻子與子女具有義務。假使男人能夠確定妻子所生的子女是他的，就會更有動力來投注心力在這些子女身上，比起他有所存疑的情況還要多。

相較於父系體系，母系社會往往有較高的離婚率，以及較多的女性多重性伴侶現象 (Schneider and Gough 1961)。依據科塔克 (2002)，在莫三比克北部地區的母系社會馬庫亞人的研究發現，丈夫會留心妻子可能的多重性伴侶。男人的姊妹也會注意她兄弟妻子的忠誠；她並不希望兄

弟把時間浪費在那些可能不是他的子女身上，致使他減少了身為舅舅(母親兄弟)而投資在她子女身上的時間。在馬庫亞人的生育過程中，有一個交代身分儀式展現這個姊妹對其兄弟的忠誠。當妻子正在努力分娩時，丈夫的姊妹會陪在她的旁邊，必定會問道：「誰是這個孩子的真正父親？」馬庫亞人相信，假使這位妻子說謊，生產過程將遇到困難，往往以妻子及／或孩子死亡告終。這項儀式做為一項重要的社會父親身分測試，確保妻子所生子女確實是他的，同時符合丈夫及其姊妹的利益。

三、親屬關係計算

親屬關係計算
在一個特定社會之中，人們追溯親屬關係的方式。

除了研究親屬群體外，人類學家也感到興趣的是**親屬關係計算** (kinship calculation)：在不同社會中，人們依據親屬所認定的各種關係，以及他們如何談論那些關係 (參閱 Sahlins 2013)。哪些人會被認定為親戚？哪些人不會？就像種族與性別一樣，親屬關係是由文化建構的。這意味著系譜上的某些親人會被視為親戚，有一些則不會。就算在系譜上沒有親屬關係的人，也可從社會角度被建構為親戚。我們可以總結說，親屬關係計算，也稱為親屬分類，是特定社會的人們用以認定並分類親屬關係的體系。

各個文化對於生物過程跟親屬關係的關聯，具有不同的信念，包括授精對於人類胚胎的創造及發展過程所扮演的角色。我們知道一隻精蟲鑽入一個卵子的授精過程是受孕的主因。但是其他文化對生育過程抱持著不同觀點。在某些社會，人們相信是精靈將胎兒放進女人子宮裡面，而不是男人。在其他社會，人們相信在懷孕期間，胎兒必須藉由男人持續射精進入母體，來得到滋養。在許多文化的人們相信，需要多次的性交來創造一個嬰孩 (參閱 Beckerman and Valentine 2002)。例如，委內瑞拉的巴力人 (Barí) 及其鄰族，承認許多位父親可以創造同一個胚胎。當一位巴力人嬰孩出生，母親就會公開宣布一位或更多男子的名字，這是她所認定的孩子父親 (眾父親)。假使那些男子接受了這個父親身分，

他們就必須照顧這位母親和孩子。擁有超過一位正式父親的巴力孩子，結果比那些只有一位爸爸的孩子更具生存優勢。人類學家報導說，具有多位父親的孩子有 80% 存活到成年之後，只有一位父親者則僅有 64%（Beckerman and Valentine 2002）。

民族誌研究者致力於探索發現，在「親戚」及將這些親戚指名出來的某個人──**自我** (ego) 之間，所具有的特定系譜關係。自我這個字在拉丁文的意思是我 (I，或是受詞 me)。自我指的是正在閱讀這本書的讀者──也就是你自己。這是以你的觀點為基準，向外看到親人的方式。民族誌研究者藉由向多位當地人提出一些相同問題，學習該社會的親屬關係計算的範圍與方向。民族誌研究者也開始瞭解在親屬關係計算與親屬群體間的關係：人們如何運用親屬關係，以創造與維持個人連結關係，並加入社會群體。在以下提到的親屬關係圖表中，灰色正方體標示的是「自我」，代表正由人類學家檢視其親屬關係計算的那個人。

自我
個人從這個位置，來觀察一個以自我為中心的系譜。

▲ 系譜親屬類型與親屬稱謂

在此，我們可區分親屬稱謂 (在特定語言中，用以稱呼各種不同親屬的稱謂)，與系譜親屬類型 (genealogical kin types)。**親屬稱謂** (kin terms) 是在特定的文化及語言當中，用來指稱各種不同親屬的特定字彙。親屬稱謂是文化範疇，而不是生物範疇。相比之下，系譜親屬類型所指涉的是生物性，確實存在的系譜關係。父親兄弟 (father's brother) 是系譜親屬類型，然而英文的 uncle 是親屬稱謂，涵蓋 (或合併) 多種系譜親屬類型，包括父親兄弟、母親兄弟，以及「血親」的阿姨與姑姑的丈夫在內。親屬稱謂反映在特定文化當中，社會所建構的親屬。

親屬稱謂
在一個特定語言及親屬關係計算體當中，用以稱呼各種不同親屬的稱謂。

我們運用圖 10.6 的字母及符號來指稱各種系譜親屬類型。正如 uncle 這個親屬稱謂可能會 (而且確實經常) 將多種系譜親屬類型歸在一起。grandfather (祖父) 包含母親的父親、父親的父親。cousin (表親) 這個稱謂包含眾多的系譜親屬類型。就算關係最清楚的第一表親 (first cousin) 也包括母親兄弟的兒子 (MBS)、母親兄弟的女兒 (MBD)、母親姊妹的兒子 (MZS)、母親姊妹的女兒 (MZD)、父親兄弟的兒子 (FBS)、

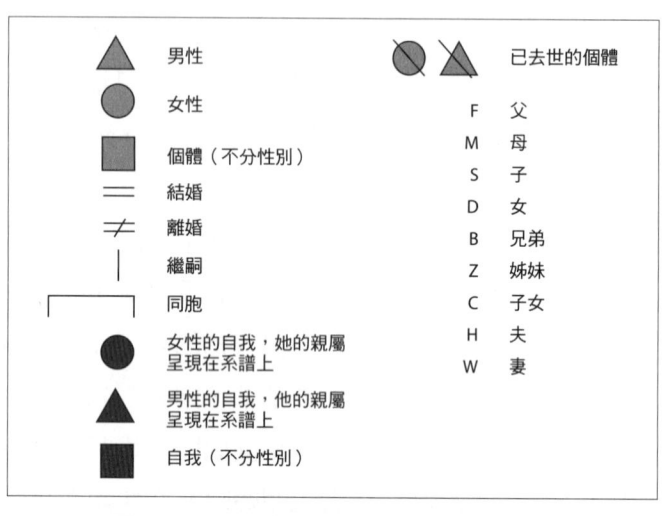

▲	男性	⊘ ▲	已去世的個體
●	女性	F	父
■	個體（不分性別）	M	母
=	結婚	S	子
≠	離婚	D	女
│	繼嗣	B	兄弟
⌐⌐	同胞	Z	姊妹
●	女性的自我，她的親屬呈現在系譜上	C	子女
▲	男性的自我，他的親屬呈現在系譜上	H	夫
■	自我（不分性別）	W	妻

圖 10.6　親屬符號及系譜親屬類型代號

父親兄弟的女兒(FBD)、父親姊妹的兒子(FZS)、父親姊妹的女兒(FZD)。因此，第一表親至少涵蓋八種系譜親屬類型。

甚至最基本的親屬稱謂 father（父親）主要用在單獨一種的親屬類型上—系譜上的父親——但是這個稱謂可延伸到養父或繼父，甚至神父或「天父」身上。

美國人用 uncle 這個稱謂涵蓋母親兄弟與父親兄弟，認定他們屬於同一種親屬。在把這些男人稱呼為 uncle 的情況下，美國人將他們和另一種系譜親屬類型 F（父親）區分開來，美國人稱 F 為父親 (Father)、爹 (Dad) 或爸 (Pop)。然而，在許多社會裡，使用同一個稱謂來稱呼父親與父親兄弟是司空見慣的事，後文我們將探究為何如此。

▲ 美洲的親屬稱謂

對北美地區人們而言，把屬於核心家庭的親戚和其他親戚區分開來是合情合理的。北美人較有可能和父母親共同生活而長大成人，而不是 aunt 與 uncle。北美人較常看到父母親，而較少看到 aunt 與 uncle，他們可能住在不同的城鎮或都市。北美人往往從父母親那裡繼承財產，而他們的表親則是 aunt 與 uncle 的第一順位繼承人。如果婚姻穩定，只要

孩子留在家裡，每天就會看到他們。孩子是父母的繼承人。相較於姪女或姪子，美國人會感覺和子女比較親近。

美國人的親屬關係計算與親屬稱謂，反映了這些社會特性。那麼，uncle 這個親屬稱謂就會把系譜親屬類型中的 MB（母親兄弟）與 FB（父親兄弟）歸為同一類，而與 F（父親）區分開來，但這個稱謂也將幾種親屬類型涵蓋在一起，美國人使用同一稱謂來指稱 MB 與 FB 這兩種不同的親屬類型。美國人之所以這麼做，是因其親屬關係計算是**雙邊的** (bilateral)，同時從男方與女方追溯親屬關係，例如父親與母親。這兩種類型的 uncle 是父母其中一方的兄弟。美國人大致上把兩者都認定為同一種親戚。

美國的大學生可能提出反駁：「不對，我跟舅舅（母親兄弟）比較親近，跟我的叔伯（父親兄弟）卻比較疏遠。」確實可能如此。然而，從一群具代表性的美國人的樣本中，我們可發現分裂，有些人偏向一方，另一群人則偏向另一方。我們可真正預期的是*向母系偏移* (matrilateral skewing)──比較喜歡母方的親戚。這種現象的發生原因很多。如果子女由單親扶養長大，較有可能由母親扶養，而不是父親。此外，就算婚姻圓滿，妻子在經營家務方面往往扮演比丈夫更主動的角色，包括家庭互訪、團聚、共渡假期與拓展家庭關係。這往往強化妻子的親屬網絡，而不是丈夫方面的，進而支持向母系偏移的現象。

雙邊親屬關係 (bilateral kinship) 意味著，人們傾向於認定透過男性與女性的親屬連結關係是相似或對等的。這種雙邊關係顯現於人們和親屬間的互動、共同生活或住處相近，以及從親屬繼承財產的權利。美國人往往不會從 uncle 那裡繼承財產，但若他們可能成為繼承人，從母親兄弟（舅舅）或父親兄弟（叔伯）得到繼承的機會幾乎是樣多。美國人通常不會跟 aunt 住在一起，但是假使確實這樣的話，可能是母親姊妹或父親姊妹。

雙邊親屬關係計算
同時從男性與女性追溯親屬連結關係。

四、親屬稱謂

在不同的社會中，人們運用不同方式來認知與定義親屬關係。在任何一個文化中，親屬稱謂體系是一套分類體系、分類學或類型學。它是當地人的分類體系 (native taxonomy)，由生活在某個特定社會的人們代代相傳而發展的。當地人分類體系係植基於人們對於他們所分類的那些事物，究竟是如何認知它們的相似性與相異性。

雖然如此，人類學家發現人們分類親屬的模式類型非常有限的(參閱 McConvell, Keen and Hendery 2013)。各自說著完全不同語言的人群，卻可能正好採用相同的親屬稱謂體系。本節將檢視四種依據親代(父母親的那個世代)所產生的主要親屬分類方式：直系型、二分合併型、行輩型、二分旁系型。我們也思索這些分類體系的社會相關現象。(請注意：在此描述的各種體系適用於親代。此外，有其他親屬稱謂體系用在對同胞與表親的分類。這類體系有六種，可參閱以下網站來瞭解其圖形及討論：http://anthro.palomar.edu/kinship/ kinship_5.htm；http://anthro.palomar.edu/kinship/kinship_6.htm。)

親屬稱謂提供了許多有關社會模式的有效資訊。假如人們用同一種稱謂來稱呼兩種親戚，我們可以假定，人們認為這兩者共享一些具社會意義的特性。許多因素影響人們與親屬互動的方式，或是認知與分類親屬的方式。例如，某些類型的親屬是否習慣住在一起，或分別居住？分隔多遠？他們可從彼此得到什麼利益？以及他們的義務是什麼？他們屬於同一個繼嗣群體，或是不同群體的成員？請記住這些問題，以下讓我們檢視各種親屬稱謂體系。

▲ 直系型親屬稱謂

直系型親屬稱謂
用四種稱謂來指稱雙親的世代。「父親」（F）、「母親」（M）、父親兄弟與母親兄弟（FB=MB）、父親姊妹與母親姊妹（FZ=MZ）。

美國的親屬分類體系是直系型體系 (lineal system)(圖 10.7)。3 號代表著 uncle 這個稱謂，美國人運用這個稱謂稱呼父親兄弟 (FB) 以及母親兄弟 (MB)。**直系型親屬稱謂** (lineal kinship terminology) 出現在美國與加拿大，其中核心家庭是最重要的植基於親屬關係的群體。

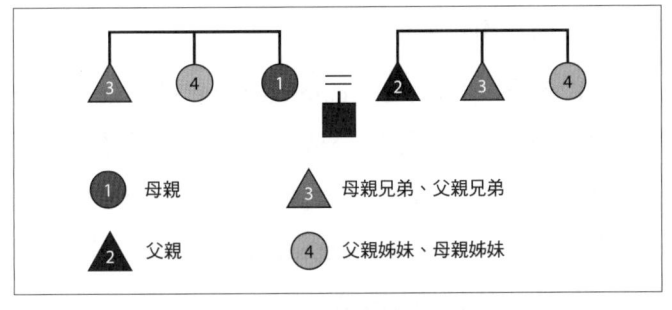

圖 10.7 直系型親屬稱謂

1 母親
2 父親
3 母親兄弟、父親兄弟
4 父親姊妹、母親姊妹

直系型親屬稱謂跟世系群毫無關聯，世系群出現在非常不同的社會情境脈絡中。直系型親屬稱謂這個名稱，來自它區分了直系親屬與旁系親屬的事實。這意謂什麼？**直系親屬** (lineal relative) 係指祖先或後代，可沿著一條直線向上或向下連結到自我的任何一位親屬 (圖 10.8)。如此，直系親屬是一個人的雙親、祖父母 (雙親的雙親)、曾祖父母 (祖父母的雙親) 及其他的直接祖先；直系親屬也包括子女、孫子女 (子女的子女) 與曾孫 (孫子的子女)。**旁系親屬** (collateral relatives) 則是其他所有的親屬，包括同胞、姪子與姪女、雙親的同胞，以及表親 (圖 10.8)。**姻親** (affinals) 則是藉由婚姻關係而產生的親戚，並不區分直系 (如兒子的妻子)，或旁系 (姊妹的丈夫)。

直系親屬
自我的任何一位直接祖先或後代。

旁系親屬
在自我直線連結之外的親屬，例如兄弟（B）、姊妹（Z）、父親兄弟（FB），或母親姊妹（MZ）。

姻親
由婚姻所產生的親屬。

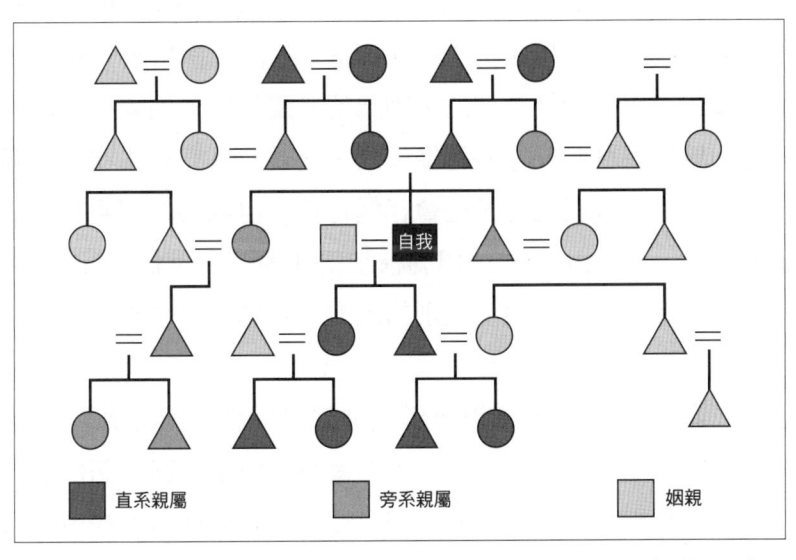

圖 10.8 從自我所認知的，直系親屬、旁系親屬、姻親的區別

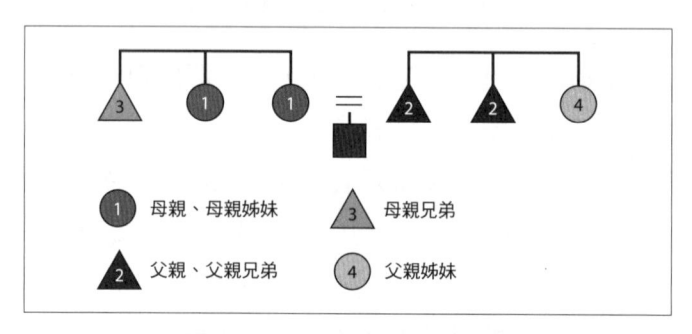

▲ 二分合併型親屬稱謂

二分合併型親屬稱謂
用四種稱謂來稱呼雙親的世代：母親與母親姊妹同一個（M=MZ）；父親與父親兄弟也用同一個（F=FB）；母親兄弟（MB）與父親姊妹（FZ）則各自具有稱謂。

二分合併型親屬稱謂 (bifurcate merging kinship terminology)（圖 10.9）二分，將母方與父方的親屬分成兩邊，但它也合併父方、母方的同性同胞。如此，母親與母親姊妹被合併在同一種親屬稱謂下──1；在此同時，父親與父親兄弟也得到同一個稱謂──2；對母親兄弟──3與父親姊妹──4則另採不同的稱謂。

圖 10.9 二分合併型親屬稱謂

二分合併型親屬稱謂出現在具有繼嗣群體的社會當中。在這種脈絡下，它的邏輯是合情合理的：一個人的母親跟父親分屬不同的繼嗣群體，因此這套稱謂體系會把這兩個群體區隔開來。更明確地說，二分合併型親屬稱謂出現在採行單邊繼嗣法則(父系與母系)與單一地點婚後居處法則(從夫居與從母居)的社會。在父系社會採用同一種稱謂來稱呼父親及父親兄弟是合情合理的，因為他們屬於同一個繼嗣群體、性別與輩分。由於父系社會往往採行從夫居，父親及其兄弟住在同一個地域群體。由於他們共同具備許多社會相關特性，自我將他們視為具有同等社會性質之人，因此用同一個親屬稱謂稱呼他們──2。然而，母親兄弟屬於不同的繼嗣群體，生活在別的地方，且具有一個不同的親屬稱謂──3。

那麼，在父系社會的母親與母親姊妹的關係究竟是如何？她們屬於同一個繼嗣群體、性別、輩分。她們大多會與來自同一個村子的男人結婚，且前往那裡居住。這些社會相似性有助於解釋為何採用相同稱謂──1，來稱呼這兩種人。

類似的觀察結果，也適用於母系社會。想像在某一個社會中，具有兩個母系氏族：烏鴉氏族、野狼氏族。自我是其母親所屬烏鴉氏族的一員。自我的父親則是野狼氏族的成員。自我的母親與母親姊妹是同一世代的烏鴉氏族女性成員。如果她們採行在母系社會常見的從母居，就會住在同一村落。因為她們在社會性質上非常類似，自我會使用同一個親屬稱謂來稱呼——1。

然而，父親姊妹屬於另一個群體—野狼氏族，生活在其他地方，具有不同的親屬稱謂——4。自我的父親與父親兄弟是同一世代的野狼氏族男性成員。如果他們與來自同一氏族(烏鴉氏族)的女性結婚，並住在同一個村子，就會額外創造出數個社會相似性質，以強化這種親屬稱謂方式。

▲ 行輩型親屬稱謂

正如二分合併型親屬稱謂，**行輩型親屬稱謂**(generational kinship terminology)使用相同稱謂來稱呼父母親及其同胞，但歸併得更徹底(圖10.10)。行輩型親屬稱謂只採用兩種稱謂指稱雙親的那個行輩(世代)。我們可將這兩種稱謂翻譯成「父親」或「母親」，然而，更精確翻譯可能是「親代的男性成員」或「親代的女性成員」。馬達加斯加的貝其力奧人採用行輩型親屬稱謂，所有的男人(父親、父親兄弟、母親兄弟)都稱為賴伊(ray)(音似英語的"rye")，而且所有的女人(母親、母親姊妹、父親姊妹)都稱為瑞妮(reny)(音似英語的"raynie")。

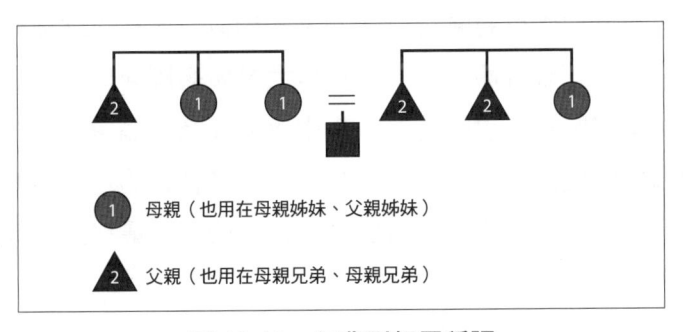

行輩型親屬稱謂
用四種稱謂來稱呼雙親的世代：母親與母親姊妹同一個(M=MZ)；父親與父親兄弟也用同一個(F=FB)；母親兄弟(MB)與父親姊妹(FZ)則各自具有稱謂。

圖 10.10　行輩型親屬稱謂

行輩型親屬稱謂並未區分父方或母方的親屬。它並沒有二分，但它確實合併。它只用同一種稱謂稱呼父親、父親兄弟、母親兄弟。在單系社會中，這三種親屬類型可能從來就不屬於同一個繼嗣群體。行輩型親屬稱謂也用同一種稱謂稱呼母親、母親姊妹、父親姊妹。同樣地，在單系社會中，這三者可能也不是屬於同一個群體的成員。

　　儘管如此，行輩親屬稱謂顯示自我與親代兄弟姊妹間的親密性──這比存在於美國人跟這些親屬類型之間的關係更加親密，美國人有多大可能將雙親的兄弟 (uncle) 稱呼為「爹」，或將雙親的姊妹 (aunt) 稱呼為「媽」？我們會預期在發現行輩型親屬稱謂的文化中，其親屬關係較美國人的親屬關係更重要，但在那些地方，並沒有將親戚嚴格區分為父方與母方。

　　行輩型親屬稱謂常見於兩可繼嗣社會，這是合情合理的，其中繼嗣群體的成員資格並不是自動產生的。人們可以選擇想要加入的群體、轉換其繼嗣群體成員身分，或同時歸屬於兩個或兩個以上的群體。行輩型親屬稱謂都符合這些狀況。這種對親密親屬稱謂的用法，顯示人們對親代所有親戚都具有緊密的個人關係。人們對雙親的兄弟姊妹及雙親都展現類似的行為。終有一天，他們必須選擇加入其中一個繼嗣群體。再者，兩可繼嗣社會往往採行兩可的婚後居處法則。這意味著一對夫妻，可選擇與丈夫或妻子所屬的群體同住。

　　重要的是，行輩型親屬稱謂也成為某些搜食者遊群的特色，包含喀拉哈里沙漠的桑人及數個北美原住民社會。這種親屬稱謂的使用，反映了在搜食者遊群與兩可繼嗣群體間的某些相似性。在這兩種社會裡，人們可選擇自己的親屬群體歸屬。搜食者大多與親屬同住，但是他們經常轉換自己的遊群歸屬，也因此在一生中可能成為數個遊群的成員。正如採行兩可繼嗣制度的食物生產者社會，搜食者社會的行輩型親屬稱謂，有助於人們與幾個親代親戚維持緊密的個人關係，最終這些親戚可能成為自我進入不同群體的入口。

二分旁系型親屬稱謂

在這四種親屬分類體系中，**二分旁系型親屬稱謂** (bifurcate collateral kinship terminology) 是最特殊的。它對親代的六種親屬類型，分別使用不同稱謂 (圖 10.11)。二分旁系型親屬稱謂並不像其他類型一樣常見。許多採用這套體系的社會位於北非與中東，而且在這些社會中，有許多人是源自同一個祖先群體的後代。

二分旁系型親屬稱謂，也可運用在父母來自不同族群背景的孩子身上，這個孩子使用不同語言的親屬稱謂稱呼親代的兄弟姊妹。因此，假如某個美國人的母親是拉丁裔，父親是英國裔，他可能會稱呼母親的姊妹與兄弟為 "tia" 和 "tio"；父親的姊妹與兄弟為 "aunt" 和 "uncle"；母親與父親則是「媽」(Mom) 和「爸」(Pop)。這是一種現代型態的二分旁系型親屬稱謂。表 10.4 歸納關聯到這四種親屬稱謂體系的親屬群體類型、婚後居處法則及經濟體系。

二分旁系型親屬稱謂
對親代的六種親屬類型（M、F、MB、MZ、FB、FZ），分別使用不同的稱謂來稱呼。

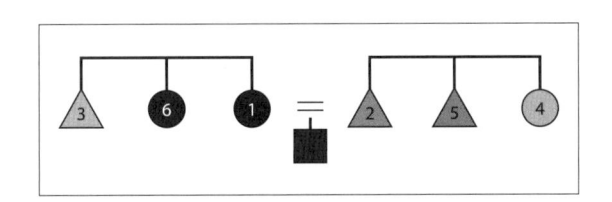

圖 10.11　二分旁系型親屬稱謂

◇ 表 10.4　四種親屬稱謂體系及其社會與經濟相關變項

親屬稱謂	親屬群體	居處法則	經濟體系
直系型	核心家庭	新居制	工業化、搜食
二分合併型	單系繼嗣群體——父系或母系	單一地點——從夫居、從妻居	粗耕、畜牧、農業
行輩型	兩可繼嗣群體、遊群	兩可	農業、粗耕、搜食
二分旁系型	各式各樣	各式各樣	各式各樣

回顧

1. 對人類學家而言,親屬關係為何如此重要?親屬關係的研究如何運用於文化人類學之外的其他人類學領域中?

2. 在本章之中,核心家庭的生活安排方式有哪幾種選項,請舉例說明。最新的(而且越來越容易取得的)生育技術,對於家庭生活安排方式可能產生哪些影響?

3. 雖然對許多美國人而言,核心家庭依然是文化理想,但是其他的家庭生活安排方式目前數量超越了「傳統」的美國家戶,大約是五比一。這個現象的原因為何?你認為這個趨勢是好是壞?為什麼?

4. 你屬於哪一種家庭或哪幾種家庭?你是否曾經屬於其他類型的家庭?將你所使用的親屬稱謂,拿來跟本章所討論的四種親屬分類體系相比較,你得到什麼結果?

5. 具有單一地點居處法則與單系繼嗣的文化,往往具有二分合併型親屬稱謂,而兩可繼嗣與兩可居處往往關聯到行輩型親屬稱謂。這個關聯性為何是合情合理的?這套由親代所使用的親屬稱謂,如何適用於你的世代?

Chapter 11

婚姻

- 人們如何界定婚姻?如何規範婚姻?婚姻包含什麼權利?
- 婚姻在創造與維持群體結盟(聯姻)上,扮演什麼角色?
- 從跨文化的角度來看,有哪幾種婚姻?它們的社會相關現象是什麼?

章節大綱

一、什麼是婚姻?
二、外婚與亂倫
三、亂倫及迴避
　　迴避亂倫
四、內婚
　　喀斯特
　　王室內婚
五、同性婚姻
六、浪漫愛與婚姻

七、婚姻如同群體結盟
　　婚姻的禮物
　　持久的婚姻結盟
八、離婚
九、多偶婚
　　一夫多妻制
　　一妻多夫制
十、線上婚姻市場

認識我們自己

廣播脫口秀的心理學家布朗妮博士(Joy Browne，她就讀大學部時主修人類學)表示，父母的職責就是給孩子「根基與翅膀」。她說，根基是比較容易的部分。換言之，撫養孩子長大比起讓他們飛走更容易。父母對你的關注是否也是如此？我聽過有關今日「直升機父母」的評論，他們盤旋在已經上大學這個年紀的孩子頭上，運用手機、電子郵件、簡訊，甚至GPS定位裝置，比起他們那個世代的父母更緊密追蹤子女的行動。關於這個模式，你是否有任何經驗？

對美國人來說，從養育自己長大的「生長家庭」，轉換到結婚並養育孩子而形成的「繁衍家庭」是一件辛苦的事。在當代美國，人們大多早在結婚之前，就有很久一段時間「離開家庭」以搶得事業先機。美國人離家上大學或是找工作，這使得他們能維持獨立生活，或跟室友同住。在非工業化社會的人們，特別是女人，可能必須在結婚時突然間離家。在從夫居的社會，女人必須離開娘家與自己的親戚，並搬去跟丈夫及其親戚同住。這可能是不愉快且疏離的轉換過程。許多女性抱怨，當她們在丈夫村落時感受的疏離及不合理的對待。

在當代北美社會，雖然無論是女人或男人往往不需要適應每天住在同一屋簷下的岳父母或公婆，但是跟他們的衝突是司空見慣的。只要花一星期時間閱讀報紙上的「親愛的艾比」(Dear Abby)(戀愛問答信箱、婦女信箱專欄)，或是收聽布朗妮博士的廣播節目，就會明白。但是他們必須學習與配偶共同生活。婚姻大多會引發調適與調整的議題。一開始，已婚配偶會相處得不錯，除非他們有來自先前婚姻的子女。假使他們確實有這類子女，調整的議題就會包括繼父母關係——與前妻或前夫——以及這個新婚姻關係在內。一旦夫妻擁有了自己的子女，在心理上，這個繁衍家庭就會取得優勢地位。在美國，對於家庭的忠誠就開始轉變(即使並不是徹底改變)，由生長家庭轉變為繁衍家庭，後者包括配偶與子女。在美國的雙邊親屬體系之下，美國人在子女結婚後，仍與他們維持關係。實際上，孫子女與祖父母具有緊密連結關係。在一個父系繼嗣社會，孫子女與父方的祖父母具有緊密連結。你能否推測為何如此？你的情況是如何？你跟祖父母及外祖父母哪一邊比較親近？那麼你對於父親這邊的叔叔、姑姑或母親那邊的舅舅、姨母，哪一邊比較親近呢？為何如此？

一、什麼是婚姻？

「愛情與婚姻」、「婚姻與家庭」：這些大眾耳熟能詳的語彙顯示了我們如何把兩人的浪漫愛情連結到婚姻，以及將婚姻連結到繁衍後代與建立家庭。但除了繁衍後代外，婚姻是具有許多重要角色與功能的制度。究竟什麼是婚姻？

從跨文化的角度，婚姻是很難定義的，因為它可能採取很多型態。

很難找到一項對婚姻的定義，範圍寬廣到足以適用於所有社會與情況。思考如下的定義，來自英國皇家人類學會的《人類學的筆記與問題》(*Notes and Queries on Anthropology*)：

> 婚姻是一名男子與一名女子間的結合，因為這個關係，這名女子所生育的孩子，被認定為這兩個伴侶的合法子嗣 (Royal Anthropology Institute 1951: 111)。

這個定義並非適用於全世界，這有幾項理由。在許多社會裡，婚姻所連結的配偶人數超過兩人，這裡我們談到多偶婚 (plural marriages)，一名男子娶了兩名 (或更多) 女子，或是一名女子嫁給一群兄弟──兄弟共妻制 (fraternal polyandry)，這是某些喜馬拉雅文化的特色。

其次，有些社會承認各類型的同性婚姻。在南蘇丹，如果努爾人的一位女子的父親只生了女兒而沒有男嗣，她可娶進另一個女子。如果想要延續這個父系世系群，男性繼承人是非常重要的。這個父親可要求女兒代表一個兒子，以便娶進一位妻子。這個女兒將成為另一個女子 (妻子) 在社會上所認定的丈夫。這個婚姻是象徵關係與社會關係，而不是性關係。這位「妻子」可以與一名或數名男子 (這必須先經過她的「丈夫」同意) 進行性接觸，直到她懷孕為止。這位妻子所生子女被人們所接受，成為這位女性丈夫與妻子的子嗣。雖然這位女性丈夫並非真正的**生父** (genitor) ─孩子在生物性質上的父親；但她是孩子的**社會父親** (pater)，或是社會上得到認定的父親。在這個努爾人的例子中，側重社會父親性質 (social paternity)，而不是生物父親性質 (biological paternity)。我們再次看到婚姻如何被社會所建構。這位妻子所生的子女，被認定為其女性「丈夫」的合法子嗣，這個丈夫在生物性質上是個女人，但在社會上是個男人，使這條父系繼嗣線路得以延續。

對於前述的婚姻定義的第三項反對理由，在於它完全聚焦於建立合法子嗣這件事。這究竟是否意味著，在生育年齡之後結婚的人們，或是並不計畫生育的夫妻，並沒有真正結婚？

事實上，在社會之中，婚姻除了為孩子提供合法地位之外，還具有幾項角色。英國人類學家李區 (Edmond Leach 1955) 觀察到，依據各個

生父
孩子在生物性質上的父親。

社會父親
孩子在生物性質上的父親。

社會的情況,有幾項權利會由婚姻制度所支配。依據李區的觀點,婚姻可以(但不是經常)達成下列六項權利:

1. 建立合法的親子關係。
2. 給予配偶一方或雙方,和對方發生性關係的獨占權。
3. 給予配偶一方或雙方,取得另一方勞動力的權利。
4. 給予配偶一方或雙方,對於另一方財產的所有權。
5. 為了子女的利益,建立一個共同財產基金——一種伴侶關係。
6. 在配偶雙方及其親戚間,建立具社會意義的「姻親關係」。

二、外婚與亂倫

在非工業化社會,一個人的社會世界包含兩種主要範疇:朋友與陌生人。陌生人是潛在的或真正的敵人。婚姻則是將陌生人轉換為朋友的主要方法之一,用來創造及維持個人與政治的聯盟關係、姻親關係 (relationships of affinity)。**外婚** (exogamy) 是在自己所屬群體外覓得配偶的習俗與行為,就具有適應價值,因為它將人們連結到更廣大的社會網絡,一旦有需要,這個網絡就會照顧、協助與保護他們。對亂倫的禁制(禁止與近親發生性關係),藉由迫使人們到當地群體之外覓得伴侶,強化了外婚制。大多數社會不允許近親之間的性接觸,特別是同一個核心家庭的成員。

亂倫 (incest) 係指跟親戚發生性關係,但各個文化所界定的近親與亂倫有所不同。換言之,就如同親屬關係一般,亂倫是由社會所建構的。例如,美國有某些州容許第一表親之間的婚姻與性關係,其他州則禁止。就跨文化的角度而言,跟第一表親的婚姻可能會也可能不會被認定為亂倫,這端視脈絡及第一表親的親屬類型而定。許多社會將第一表親區分為兩種:交表與平行表親。兩個兄弟的子女或兩個姊妹的子女,彼此是**平行表親**[**平表** (parallel cousins)]。一個兄弟的子女與一個姊妹的子女,彼此是**交表** (cross cousins)。你母親姊妹的子女,以及父親兄弟的子女,

外婚
在自己所屬群體之外找尋婚配對象的婚姻。

亂倫
和近親發生性關係。

平行表親
兩兄弟或兩姊妹的子女。

交表
兄弟與姊妹的子女。

都是你的平表;你父親姊妹的子女,以及你母親兄弟的子女,都是你的交表。

美國親屬稱謂的表親 (cousin) 並未區別交表與平表,但在許多社會裡,尤其是採行單系繼嗣的社會,這項區別非常重要。例如,想像在某個只有兩個繼嗣群體的社會。可做為範例的是半偶族 (moiety) 組織──這個名詞源自於法文的 *moitié*,意指「一半」。繼嗣關係將這個社群一分為二,因此社群中的每個人,屬於其中一半或是另一半。某些社會具有父系繼嗣的半偶族;有些則有母系繼嗣的半偶族。

在圖 11.1 與圖 11.2 中,請注意交表往往是另一個半偶族的成員,平表則是屬於你自己 (自我) 的半偶族。在採行父系繼嗣的地方 (圖 11.1),人們的身分屬於父親的繼嗣群體;在採行母系繼嗣的地方 (圖 11.2),則屬母親的繼嗣群體。你可從這兩張圖中看到,母親姊妹的子女 (MZC) 與父親兄弟的子女 (FBC) 都屬於你的群體。你的交表──亦即,父親姊妹的子女 (FZC) 和母親兄弟的子女 (MBC),則屬於另一個半偶族。

平表和自我屬於同一個世代,也屬於同一個繼嗣群體,因此他們就好像自我的同胞。我們使用稱呼兄弟或姊妹的方式,稱呼他們。平表被定義為近親,因此受禁忌約束,不可成為性伴侶或結婚對象。他們落入亂倫禁忌的範圍中,但交表則沒有。

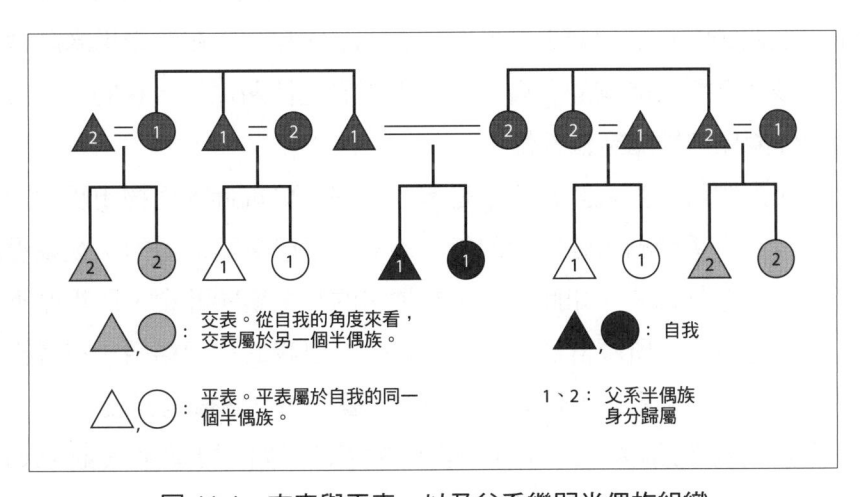

圖 11.1　交表與平表,以及父系繼嗣半偶族組織

△○：交表。從自我的角度來看，交表屬於另一個半偶族。

△○：平表。平表屬於自我的同一個半偶族。

▲●：自我

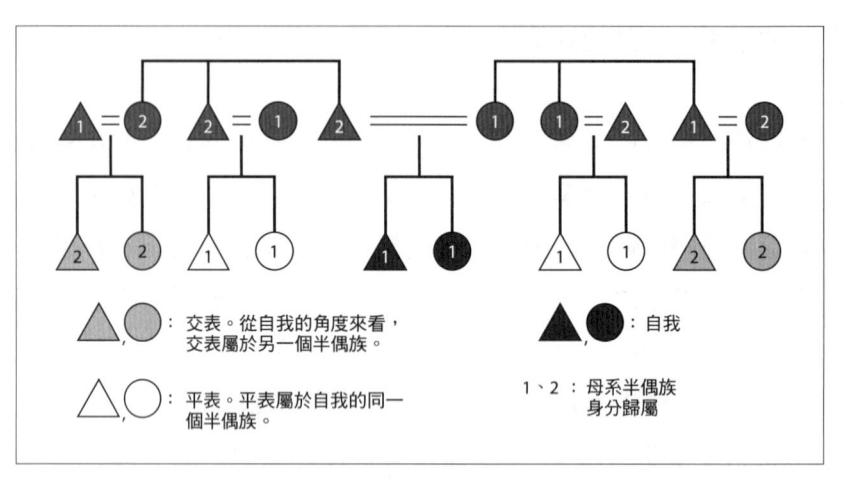

1、2：母系半偶族身分歸屬

圖 11.2　母系繼嗣半偶族組織

在某些單系繼嗣的半偶族社會，交表往往屬於另一個群體。由於交表並未被認定為近親，因此和他們發生性關係不是亂倫。事實上，在許多單系繼嗣社會，人們的結婚對象必須是交表，或是來自同一個繼嗣群體但被視為交表的人。一套單系繼嗣的法則，確保這個交表永遠不會屬於自己的繼嗣群體。在採行半偶族外婚制的情況下，配偶必須屬於不同的半偶族。

在委內瑞拉與巴西境內的亞諾馬米人 (Chagnon, 1997)，男人預期未來可能與一位女性交表親結婚，因此稱她為「老婆」，稱男性交表親為「小舅」(brother-in-law)。亞諾馬米女人則稱呼她們的男性交表親為「老公」，他們的女性交表親為「小姑」(sister-in-law)。在亞諾馬米社會，就像許多採行單系繼嗣的社會，與交表親發生性關係是合宜的，但與平表發生性關係則被認定為亂倫。

假使人們可將表親歸類成不是親戚，那麼更親近的生物親屬類別又是如何？當單系繼嗣已強力發展後，不屬於自己繼嗣群體的父親或母親可能不被認定為親戚。如此一來，在嚴格的父系繼嗣社會，母親並不是親戚，她是與自我所屬群體的一名成員——自我的父親結婚。在嚴格的母系繼嗣社會，父親並不是親戚，因為他屬於另一個繼嗣群體。

南亞的拉克赫人 (Lakher) (圖 11.3) 採行嚴格的父系繼嗣 (Leach 1961)。從圖 11.4 的男性自我來看，讓我們假設一種狀況：當自我的父

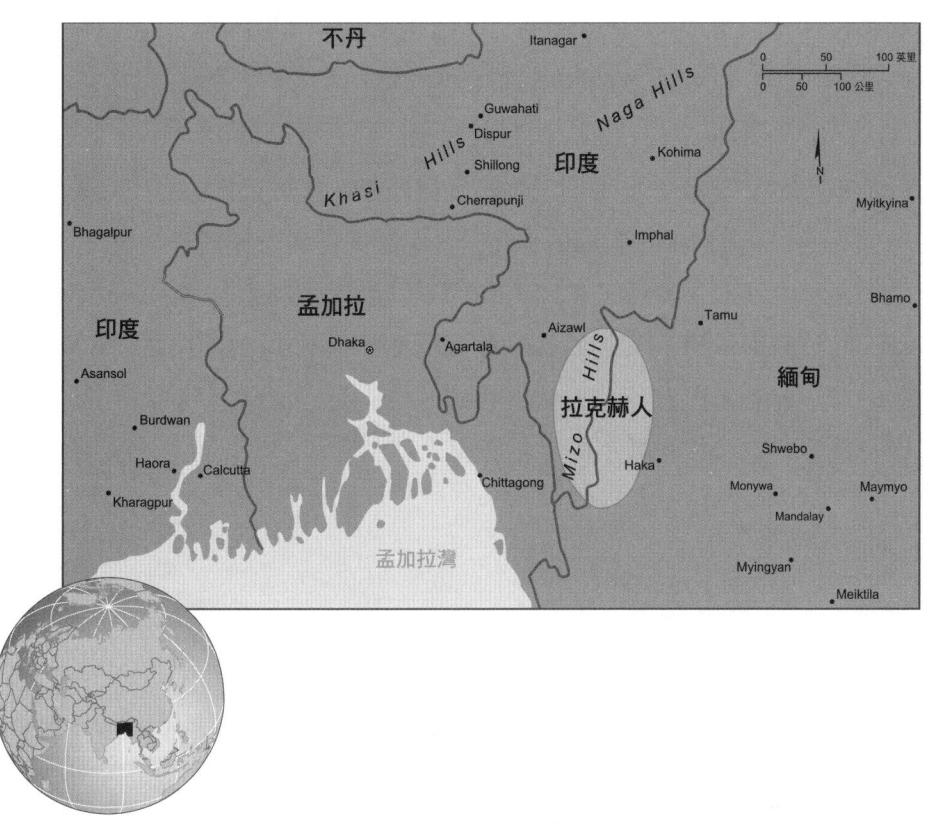

圖 11.3　拉克赫人位置圖

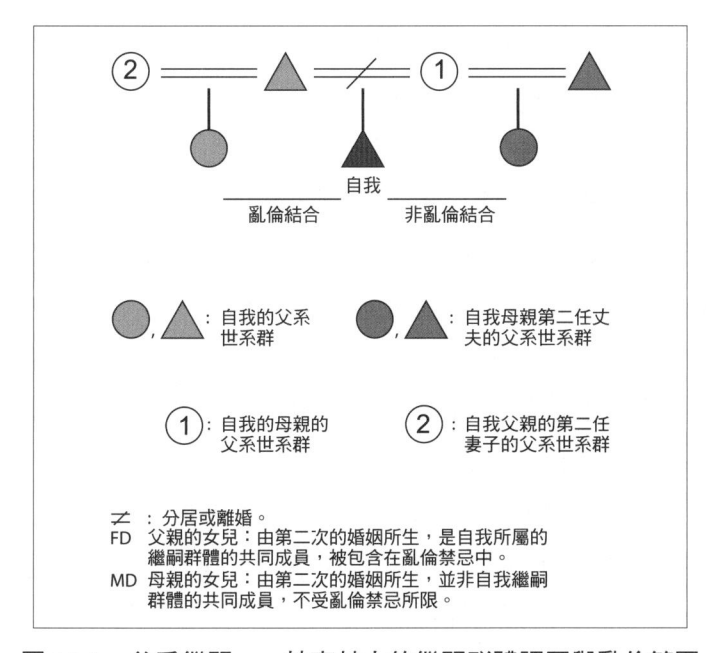

圖 11.4　父系繼嗣──拉克赫人的繼嗣群體認同與亂倫範圍

親與母親離婚後,雙方都再婚,並各自生育一名女兒。拉克赫人大多屬於他的或他父親的群體,這個群體的所有成員 [父系親屬 (agnates 或 patrikin)] 都被認定為親戚,因為他們屬於同一個父系繼嗣群體。因此,自我不可與父親第二次婚姻所生的女兒結婚,正如同在當代北美地區,一個人與自己的半同胞 (halfsiblings,包括同父異母、同母異父的同胞) 結婚是不合法的。美國社會將一切的半同胞婚姻都視為禁忌,然而拉克赫人的自我與同母異父的姊妹的性關係並不是亂倫,這名女子屬於她父親的繼嗣群體,因此不是自我的親戚。拉克赫人清楚呈現親戚的定義,以及亂倫的定義依各種不同文化而異。

三、亂倫及迴避

在針對 87 個社會的一項跨文化研究 (Meigs and Barlow 2002) 顯示,亂倫確實發生在其中的某些社會。然而,我們並不清楚這項研究的作者,究竟是否控制了亂倫的社會建構這個變項。例如,依據他們的報導,亂倫發生在亞諾馬米人社會,但他們可能一直認為交表的婚姻是亂倫,然而亞諾馬米人並不會如此想。他們所提的另一個例子是阿善提人 (Ashanti),佛提斯 (Meyer Fortes) 對於阿善提人的報導是「在古代,亂倫會被處死,現在的違犯者則被處以鉅額罰金」(Fortes 1950: 257)。這顯示阿善提人確實有人違犯了亂倫禁制,而且這類違犯在昔日跟現在都受到懲罰。更令人驚訝的是,哈婁威 (A. Irving Hollowell) 對於奧吉布瓦人 (Ojibwa) 的研究中,從 24 個人那裡蒐集亂倫資訊,其中有八個案例是親子亂倫,有十個案例是兄弟姊妹亂倫 (Hollowell 1955: 294-95)。由於民族誌所報導的親子與同胞亂倫的真實案例非常稀少,這裡又浮現關於社會建構的可能性這個問題。在許多文化,包括奧吉布瓦人,人們經常會使用同一個親屬稱謂來稱呼他們的母親與姨母、父親與叔伯,以及表親與同胞。奧吉布瓦人的例子當中所指的同胞,是否可能是表親;還有父母與孩子、叔伯與姪女?

在古代埃及,同胞婚姻顯然是受到容許的,這適用於王室及平民,至少在某些區域。依據羅馬統治埃及時期(西元第 1 到第 3 世紀)的官方人口普查統計資料,在阿爾西諾伊 (Arsinoites) 區域的有紀錄可查婚姻中,有 24% 是「兄弟」與「姊妹」之間的婚姻。在阿爾西諾伊,城市區域的同胞婚姻比例是 37%,周圍鄉村區域則是 19%,這些數據遠遠高於任何其他的人類社群內婚紀錄 (Scheidel 1997)。同樣地,人們可能會猜測這些牽涉其中的親戚,在生物性質上的確實親近程度,是否如同親屬稱謂所指的一樣接近。

依據美格斯 (Anna Meigs) 與巴洛 (Kathleen Barlow)(2002) 對於西方核心家庭組織社會的研究,「父女亂倫」最常見於繼父,比生父多得多。但假使他們是不具血緣關係的親人,這確實是亂倫嗎?美國文化對此並沒有明確的見解。亂倫也發生在生父,特別是那些在女兒孩提時期不在家中,或是很少負責照料女兒者 (Willians and Finkelhor 1995)。在這個仔細設計的研究中,兩位作者發現最不可能發生父女亂倫的情況在於,當女兒 4 歲到 5 歲期間,父親曾經確實承擔養育女兒。這項經驗增進父親的養育技巧,以及他對於女兒的撫養、保護與認同感,因而減低亂倫的危險。

▲ 迴避亂倫

在一個世紀之前,早期人類學家猜測,亂倫禁忌反映對近親交配的本能恐懼 (Hobhouse 1915; Lowie 1920/1961)。但是,假使人類確實對近親交配具有本能的嫌惡,為何需要一套徒具形式的亂倫禁制呢?沒有人會想要跟近親發生性接觸。然而,正如社會工作師、法官、精神分析學者與心理學家所知的,亂倫的發生機會比起我們所想像得更尋常。

為何各個社會不鼓勵亂倫?究竟是否如早期人類學家摩爾根所主張的,因為亂倫結合往往會生出不正常的子嗣 (Morgan 1877/1963)?在實驗室中,採用繁殖速度比人類更快的動物(如老鼠與果蠅)所進行的實驗,被用以瞭解近親交配的結果:存活率與繁殖力的衰減現象,確實會隨著跨越幾個世代的同胞交配而產生。然而,即使在這種有系統的近親

交配下,可能產生潛在的有害生物性結果,但人類婚姻模式是植基於某些特定文化信念,而不是關心未來幾個世代後可能發生的生物缺陷。無論是本能上的恐懼,或是對生物的缺陷的畏懼,都無法解釋常見的交表婚習俗。對於生物性質的關注也不能解釋,為什麼平表婚往往會受到禁制,交表婚卻不會。

在大部分社會裡,人們藉由依循外婚制度而迴避亂倫,強迫人們從自己的親屬團體外找尋配偶 (Lévi-Strauss 1949/1969; Tylor 1889; White 1959)。外婚具有適應優勢,因為它可建立新的社會連結及結盟關係。如果跟近親結婚,我們跟他們可能已處於和平狀態,所以這場婚姻有可能會產生不良後果。如果能藉由婚姻,將和平關係拓展到更廣闊的群體網絡,則會獲益更多。這個群體如採行內婚,可能使它自外於鄰近群體及其資源與社會網絡,最終可能導致這個群體的滅絕。外婚制有助於解釋人類的適應成功。除了社會政治功能外,外婚制確保各個群體間的基因混合,因此維持一個適應成功的人類物種。

四、內婚

內婚
兄弟與姊妹的子女。

外婚制將社會組織向外推展,建立與維持各個群體間的聯盟關係。相反地,**內婚** (endogamy) 規則係將擇偶或婚姻對象限定在個人所屬群體內。正式的內婚規則非常少見,但人類學家對此非常熟悉。實際上,大多數社會確實是內婚單位,雖然他們往往不需要一套明文規定,要求人們必須從自己的社會尋求婚配對象。在美國社會,階級與族群是準內婚團體。某個族群或宗教團體的成員,往往會希望子女在自己所屬群體內找尋婚配對象,即使有許多人並未這麼做。這類群體的外婚比例彼此有所差異,有些群體比較熱衷內婚。

同類婚配 (homogamy) 意指和自己相似的對象結婚,與相等社會階級的人通婚。社經地位 (socioeconomic status, SES) 與教育之間具有相關性。相似社經地位者大多具有類似的教育目標、就讀類似的學校,並

追求類似的生涯目標。例如，在精英就讀的大學裡相遇的人們，可能具有類似家世背景與職業前景。同類婚配可能導致財富集中於某些社會階級，並強化這套社會階層體系。例如，在美國女性就業機會的增加，尤其在專業領域，再加上同類婚配，已急遽增加上層階級的家戶所得。在美國人最富有與最貧窮的五分之一人口(頂端與底部的 20%)之間，這個模式成為加深家戶收入差距的因素之一。

喀斯特

內婚的極端例子是印度的喀斯特體系 (caste)，在 1949 年已由政府明令廢止，但其結構及影響依然持續存在。喀斯特是階層化群體，人們在出生時被賦予特定的成員資格，而且終生不變。印度的喀斯特區分為五個主要類別或*瓦爾那* (varna)。每個*瓦爾那*的位階都是相對於其他四個而被界定的，這些類別擴及到整個印度。每個*瓦爾那*包含了許多次級的*種姓* (jati)，每個種姓都包含了生活在同一區域內，可以彼此通婚的人們。在一個特定區域內，某個*瓦爾那*的所有次級種姓都是階序排列的，正如同*瓦爾那*本身也是階序排列的。

職業專門化經常使得某個喀斯特和其他喀斯特劃分開來。某一個社群可能包含數種喀斯特，包括農耕者、商人、工匠、祭司與清潔工。在印度各地可見的賤民 (untouchable) 瓦爾那，包括一些次級種姓，他們的祖先來源、儀式地位、職業被認為非常不純淨，使得較高層級喀斯特的人們認為，即使與這些賤民不期而遇，也會被他們玷汙。

跨越喀斯特的性接觸會導致其中較高階級的伴侶在儀式上的不潔，這個信念對維持內婚制度非常重要。一名男子若與較低階級的喀斯特女子發生性關係，可藉由沐浴與祈禱恢復自己的純淨，但一名女子若與較低階級的男子交媾的話，就無法獲得這種回復的機會。她的不潔狀態無法逆轉。因為女子會懷孕生子，這些差別待遇確保喀斯特線路的純正，以及較高階級喀斯特孩子的純正繼嗣關係。雖然印度的喀斯特是內婚群體，但有許多喀斯特再劃分為幾個外婚世系群。傳統上，這意味著印度人的通婚對象，必須是來自相同喀斯特的另一個繼嗣群體的成員。

王室內婚

王室內婚植基於某些社會當中的兄弟姊妹通婚,近似於喀斯特內婚。最廣為人知的例子來自祕魯印加帝國、古埃及與夏威夷傳統王室。這些文化容許王室的兄弟姊妹通婚。在古代祕魯與夏威夷社會,這類婚姻受到准許,即使有適用於平民的同胞亂倫禁忌。

外顯作用與潛在作用

若要瞭解王室兄弟姊妹婚姻,將風俗與行為的外顯作用 (manifest function) 與潛在作用 (latent function) 區分開來,是有助益的。一個風俗的外顯作用,係指當地人對它提出的理由。潛在作用則是這個風俗對社會產生的影響,這是當地人並未提及,甚至未曾認識到的。

王室內婚可以做為例證,呈現這兩種作用的區別。夏威夷人及其他玻里尼西亞的人們,相信瑪那 (mana) 的非個人力量。瑪那可存在於事物或人們中,身上帶有瑪那的人們有別於其他人,並具有神力。夏威夷人相信,統治者的瑪那是最多的,其他人無法勝過統治者。瑪那是依據系譜關係而來。在帶有瑪那的人們中,力量僅次於國王者就是他的同胞。國王最合適的妻子就是他的親姊妹。請注意:這個兄弟姊妹婚姻,也意味著王室繼承人也會充滿瑪那或神力。在古代夏威夷王室亂倫的外顯作用,就是這個文化對瑪那與神力的信仰。

王室亂倫也具有潛在作用——政治力量的反射。統治者及其配偶擁有相同的父母。由於人們相信瑪那是透過遺傳而來的,這些人也幾乎帶有相等的神力。當國王和他的姊妹結婚時,他們的子女無疑成為這塊土地上最具瑪那的人。沒有人可以質疑他們的統治權。然而,如果國王娶進一位女人,她擁有的瑪那比國王姊妹的瑪那更少,那麼他的姊妹和另一個人所生的子女,後來可能會引發問題。兩邊的子女可能會主張他們的神力與統治權。因此,王室的同胞婚姻可以限制繼承權的衝突,因為這種婚姻減少了能夠主張統治權的人數。王室內婚也有潛在的經濟作用。如果國王及其姊妹有權繼承祖先的財產,他們與彼此的婚姻,再一次藉由限制繼承者的數目,而讓這個財產保持完整。權力的基礎仰賴於

財富，王室內婚可確保王室財富集中在同一條線路上。在古埃及與祕魯的王室內始具有類似的效果。其他的王國，包括歐洲王室在內，也採行內婚，但以表親婚配為基礎，而不是同胞婚姻。

五、同性婚姻

那麼同性婚姻呢？有各式各樣這類的婚姻組合在許多歷史及文化場景中受到人們認定。我們先前看到南蘇丹的努爾人在父親缺乏子嗣的情況下，一位女性可以娶妻，並在社會上受認定為她的丈夫及其子女的父親(社會父親，而非生父)。在某些非洲文化，包括奈及利亞的伊博人與南非的羅維多人(Lovedu)，女人可以與女人結婚。在某些情況下，例如在西非擅長經營市場交易的女子能蓄積財產及其他形式的財富，她們可以娶進一名妻子。這類婚姻能讓這位傑出女子增進其社會地位，以及她們所屬家戶的經濟重要性(Amadiume 1987)。

有時當社會允許同性婚姻時，伴侶的其中一位也是具有相同的生理性別，但是被認定屬於一種與眾不同的、社會建構的社會性別。昔日的美洲原住民族群有一些稱為「雙魂」(Two-Spirit)的人物，代表著男性及女性之外的第三性(Murray and Roscoe 1998)。有時候雙魂在生物性質上是一個男人，但採取女性的談吐舉止、行為模式與工作任務。此外，在某些美國原住民文化中，由「男人心腸的女人」(第三或第四種性別)與另一名女子的婚姻，可將傳統男女分工的產物帶回他們的家戶中。這個男人心腸的女人進行狩獵及其他男性工作，這位妻子則扮演傳統女性角色。

在本書撰寫時，同性婚姻在23個國家合法：阿根廷、比利時、巴西、加拿大、哥倫比亞、丹麥、英格蘭與威爾斯、芬蘭、法國、格陵蘭、冰島、愛爾蘭、盧森堡、荷蘭、紐西蘭、挪威、葡萄牙、蘇格蘭、南非、西班牙、瑞典、美國及烏拉圭(圖11.5呈現已完成同性婚姻合法化的國家)。在21世紀的北美地區，大眾關於同性婚姻的意見歷經一場快速且

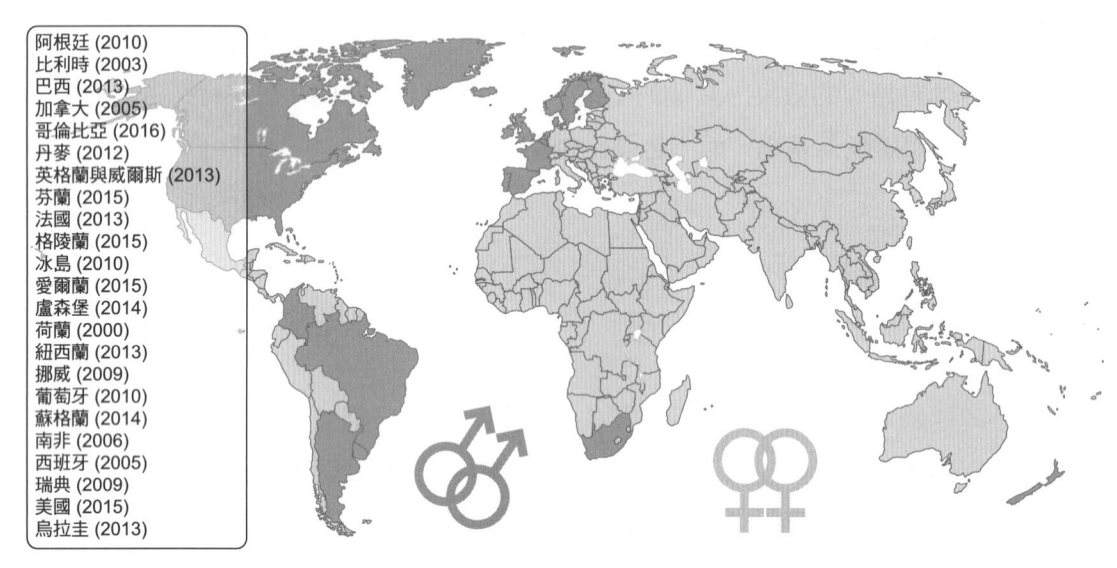

阿根廷 (2010)
比利時 (2003)
巴西 (2013)
加拿大 (2005)
哥倫比亞 (2016)
丹麥 (2012)
英格蘭與威爾斯 (2013)
芬蘭 (2015)
法國 (2013)
格陵蘭 (2015)
冰島 (2010)
愛爾蘭 (2015)
盧森堡 (2014)
荷蘭 (2000)
紐西蘭 (2013)
挪威 (2009)
葡萄牙 (2010)
蘇格蘭 (2014)
南非 (2006)
西班牙 (2005)
瑞典 (2009)
美國 (2015)
烏拉圭 (2013)

圖 11.5　容許同性婚姻的國家（截至 2016 年）及其合法化年份

領會人類學

關於婚姻的定義，人類學家可以教最高法院什麼？

如今大多數的美國人，特別是年輕一輩，無疑能接受同性婚姻的行為及合法化。然而，關於這項議題的意見變化非常快速。就像在 2004 年這麼晚近的時間，時任美國總統的小布希曾經呼籲要通過一項憲法修正案，以禁止同性婚姻。

11 年後，在 2015 年 6 月 26 日，美國最高法院發布最具社會重要性的法令——讓美國全境的同性婚姻合法化。在奧貝格費爾訴霍奇斯案 (*Obergefell v. Hodges*) 的關鍵判決，最高法院以 5 比 4 的比數通過這項跟同性結婚的權利。這項權利係同時受到正當法律程序條款 (due process clause) 及美國憲法第十四修正案所保障。

主審法官羅伯斯 (John Roberts) 對此一判決感到強烈不滿，他問道：「我們究竟把自己當成是誰？」——能如此擴大婚姻的定義。羅伯斯責難這個法庭：「一種社會制度的轉型，對於喀拉哈里布須曼人和中國漢族、迦太基人 (Carthaginian) 及阿茲提克人而言，這種社會制度在數千年來構成了人類社會的基礎。」

如果羅伯斯懂得更多人類學的知識，他就會理解到這四個社會並不會真正支持他的主張：「婚姻是普世皆同的，介於一個男人跟一個女人之間的結合」。雖然「喀拉哈里布須曼人」（桑人）確實完全是異性婚姻，他們也是隨著個人意志而離婚及再婚。在中國的漢朝（漢族），婚姻也不見得一定是一個男人跟一個女人之間的終生結合。漢族男人也可離婚、再婚並納妾。在羅馬時期的歐洲，身為羅馬帝國公民的迦太基人女性也可自由結婚及離婚。在羅伯斯所引述的這些社會當中，最後一個阿茲提克帝國則有許多人是一夫多妻。阿茲提克人僱請媒人來安排婚姻，並且要求寡婦嫁給亡夫的兄弟 (Joyce 2015)。我質疑主審法官羅伯斯想要認可經常發生的離婚、結交情婦、納妾、

戲劇化的改變。2000 年 4 月，美國佛蒙特州通過一項法案，允許同性配偶合法結合，並享有一切的婚姻權利。2003 年 6 月，加拿大安大略省的法庭判決同性婚姻合法。2 年後，加拿大國會宣布在該國同性婚姻合法。

在美國，2004 年 5 月，麻塞諸塞州成為第一個允許同性婚姻的州。此後一開始合法化的腳步緩慢，就在 2013 年重要的最高法院判決過後快速進行。哥倫比亞特區及 19 州——加州、康乃狄克州、德拉瓦州、夏威夷州、伊利諾州、愛荷華州、緬因州、馬里蘭州、麻塞諸塞州、明尼蘇達州、新罕布夏州、紐澤西州、新墨西哥州、紐約州、奧勒岡州、賓州、羅德島、佛蒙特州及華盛頓州——在 2014 年 7 月容許同性伴侶結婚。到了 2015 年 2 月，數目躍升至 37 州。

在 2015 年 6 月，即使有相當多的反對意見，美國全境已完成同性婚姻合法化。在 1996 年，美國的國會通過捍衛婚姻法 (Defense of Marriage Act, DOMA)，這項法令否決聯邦對於同性伴侶的認可及利益。

多偶婚，成為「一種社會制度，在數千年來構成人類社會的基礎」。

羅伯斯繼續主張，婚姻「從事物的本質興起，以符合關乎生命的需求：確保孩童是在由一個母親及一個父親所養育，他們承諾一個穩定的終身關係的穩定狀態。」這裡的焦點是婚姻在生育及養育子女的角色。然而，正如我們前面看到的，婚姻除了養育子女之外，賦予許多社會重要權利及義務，而且生育不見得需要婚姻或在婚姻內部發生。一個沒有生育子女的婚姻，是否會比有生育者更不具合法性？合法收養的子女是否會比由已婚異性伴侶所生的孩子更不具合法性？在當代社會，每一天都有男人跟女人結婚，但並未期望要懷胎並養育子女。

就如波納曼 (John Borneman) 與哈特 (Laurie Kain Hart)(2015) 所觀察的，婚姻是有彈性的制度，其意義及價值會隨著不同文化而改變，也會隨著時間而演進。想一想本書所提到的家庭、親屬群體與婚姻類型。從波士尼亞的札篤加到納雅人的塔拉瓦，到母系及父系的氏族、世系群、地方繼嗣群體及擴展家庭，這些環境養育了孩童，並在各式各項的親屬群體中生存茁壯。假使我們回到數千年前，就如同羅伯斯法官喜歡追溯婚姻的歷史，就會發現「從愛情、婚姻到嬰兒車」是一個例外，而不是規則。換言之，將浪漫愛、婚姻、生殖跟養育子女，大部分或甚至完全結合在核心家庭之中，是相對晚近，而不是普同或年代久遠的發展結果。

最後，想一想本書提到的各種不同婚姻形式：努爾人的女性跟女性結婚、交表婚、拉克赫人的半同胞婚姻、一連串的單偶婚，以及其他形式，都有違婚姻是一個男人跟一個女人的終生結合關係的觀念。

因此，我希望下一次最高法院的法官想要使用「數千年來」、「歷史悠久」、「普世」或「人類根本的」這些字眼來合理化一項行為之前，能夠先諮詢人類學家的意見。

在美國至少有 29 州通過各項措施，將婚姻界定成完全是異性的結合。2013 年 6 月 26 日，美國最高法院擊倒捍衛婚姻法的重要部分，賦予同性婚姻伴侶享有跟任何合法結婚伴侶相同的聯邦權利與福利。2015 年 6 月，最高法院確認在美國全境同性婚姻合法。雖然反對聲浪仍在持續 (大多基於宗教立場)，大眾意見已跟著司法的轉向，而傾向於支持同性婚姻。(本章的「領會人類學」專欄討論美國人類學會對於同性婚姻的立場，植基於人類學對於跨文化婚姻行為的知識。)

六、浪漫愛與婚姻

我們會將婚姻想成是個人事務，雖然新娘與新郎大多會尋求雙親同意，但最終的決定 (同居、結婚、離婚) 都取決於這對配偶。當代西方社會強調浪漫愛情對於美滿婚姻的必要性。這個概念也漸漸成為其他文化的特質。大眾傳媒及人們遷移，使得西方愛情對於婚姻的重要性這個概念傳播到其他社會。

但浪漫愛情究竟有多普遍？它在婚姻當中應該扮演什麼角色？由人類學家甄克維亞 (William Jankowiak) 與費雪 (Edward Fischer)(1992) 所做的跨文化研究，發現浪漫激情是廣泛流傳的，可能是普同的。先前的人類學家在異文化研究中，往往忽視某些足以解釋浪漫愛情的證據，這可能是父母安排的婚姻相當常見所致。依據來自 166 個文化的民族誌調查資料，甄克維亞及費雪 (1992) 發現，他們認為已有清楚證據顯示浪漫愛情的文化──共有 147 個── 89%
(也請參閱 Jankowian 1995, 2008)。

再者，晚近西方有關愛情對於婚姻重要性的概念，已影響其他文化的婚姻選擇。人類學家納拉揚 (Kirin Narayan) 所報導的印度北部岡格拉河谷 (Kangra) 的村民 (引述自 Coleman 1992)，即使是傳

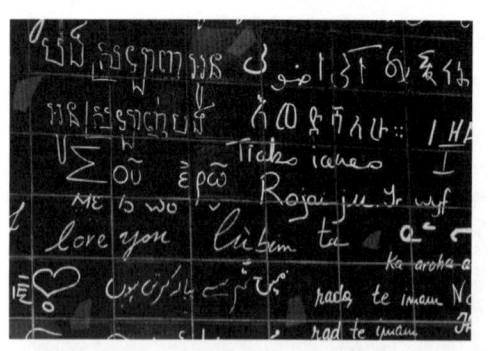

這個「我愛你」牆面位於法國巴黎蒙馬特（Monmartre）的開放空間。這展示了各種不同語言如何說「我愛你」。浪漫愛是不是文化普同性？©Conrad P. Kottak

統父母安排的婚姻，夫妻到後來也可能陷入熱戀。然而，今天在那個區域，媒體傳播的概念是年輕男女應該依據浪漫愛情為自己挑選伴侶，而且私奔跟受父母安排婚姻不相上下。

由父母安排婚姻朝向交友配對方向發展的這個趨勢，另一個例子是澳大利亞內陸地區的原住民，昔日的婚姻都在孩童非常年幼時就已由父母安排了。這個模式在 20 世紀初就被傳教士所打破，他們呼籲孩童不應在達到青春期之前結婚。人類學家伯班克 (Victoria Burbank) 表示，在傳教士進入前，女孩的結婚年齡大多在初經之前，有時甚至只有 9 歲。如今平均的結婚年齡是 17 歲 (參閱 Burbank 1988)。父母依然希望女孩們依循傳統模式，讓母親為她們挑選一個丈夫。但有越來越多女孩開始擺脫被父母安排的婚姻，與她們喜歡的某個男孩私奔、懷孕，藉此迫使父母同意她跟所愛的人結婚。在伯班克所研究的群體之中，現在大多數的婚姻是戀愛結合 (參閱 Burbank 1988; Goleman 1992)。

七、婚姻如同群體結盟

在非工業化社會的婚姻，無論是否藉由浪漫愛情而結合，現在依然是社會群體的關注所在，而不僅僅是個人的事情。婚姻的視野由社會層面延伸到政治層面。人們依然進行策略婚姻，並且確實是群體之間建立結盟關係的途徑。

▲ 婚姻的禮物

在具有繼嗣群體的社會中，人們並不是單憑自己的力量結婚，而是藉由繼嗣群體的協助。在習俗上，丈夫及其親屬在結婚前、中、後，將大筆的禮物交付給妻子及其親屬。莫三比克的巴頌嘉人 (BaThonga) 稱這種禮物為聘禮，而且贈送**聘禮** (lobola) 在父系繼嗣社會非常普遍 (Radcliff-Brown 1924/1952)。聘禮補償新娘的群體，對失去她的陪伴與勞動力的損失。更重要的是，聘禮使這個女人所生的子女，具備完全屬

聘禮
由丈夫群體交付給妻子群體的有價值婚姻禮物。

於丈夫繼嗣群體的成員資格。在母系社會中，子女是母親所屬群體的成員，因此就沒有理由要送出一份聘禮。

另一種婚姻禮物則是**嫁妝** (dowry)，由妻子所屬群體提供大量財富給丈夫的家庭。在傳統希臘鄉間的嫁妝，由新娘獲得一筆來自她母親的財富，這是在她婚姻的信託基金 (Friedl 1962)。然而，更經常發生的情況是，嫁妝並不是給予這位妻子，而是給丈夫的家庭。嫁妝往往與低落的女性地位有著正相關，最廣為人知的例子是印度。女人被視為負擔。當丈夫及其家庭娶了一個妻子時，他們希望由於這項增加的責任，而獲得補償。

相較於嫁妝，聘禮存在於更多的文化中，但是被移轉到妻子一方的聘禮項目，其性質與數量則有許多差異。在莫三比克巴頌嘉人的聘禮用來指稱普遍的風俗習慣，這項禮物是由牛隻所組成。採用牲畜做為聘禮是常見的 (在非洲以牛隻，在巴布亞紐幾內亞則為豬隻)，但這些牲畜數量多寡則視每個社會的情況而有所不同。不過，我們可以總結說，隨著聘禮價值的升高，婚姻就會變得更加穩定，聘禮是對抗離婚的保險。

想像在父系社會，一場婚姻需要從丈夫的繼嗣群體轉移 25 頭牛到妻子的繼嗣群體。男子麥可是甲群體的一員，娶了來自乙群體的女子莎拉。麥可的親戚們協助湊齊這項聘禮。他從最親近的父系親戚：他的哥哥、父親、叔伯，以及關係最近的父系堂表兄弟，得到最多的幫助。

一旦這些牛隻到達莎拉的群體中，其分配方式就非常類似當初牛隻被湊齊的方式。由莎拉的父親收下這個聘禮，如果父親已去世，則由長兄收下，他會留下大部分的牛隻，做為他兒子結婚所需的聘禮。然而，他也會分出一份給一些人，希望這些人在莎拉的兄弟結婚時可以幫忙。

當莎拉的兄弟大衛結婚時，這批牛隻有許多流向第三個群體 (丙群體)，這是大衛妻子所屬群體。此後，這些牛隻可能再充當流向另一群體的聘禮。男人往往使用姊妹的聘禮牛隻，娶得自己的妻子。在 10 年內，當初麥可與莎拉結婚時所給予的牛隻，已被廣泛交換到許多地方。

在這類社會中，婚姻是各個繼嗣群體間的協議。如果莎拉與麥可想要維繫婚姻，卻無法如願，兩個群體都可認定這場婚姻無法維持下去。

嫁妝
由妻子所屬群體提供給丈夫家庭的有價值禮物。

這類婚姻是兩個群體間的關係，也是兩個個體間的關係，在這裡就格外明顯了。如果莎拉有個妹妹或姪女 (例如她大哥的女兒)，雙方可能會同意由一位女性親屬代替莎拉。

但是，在採行聘禮的社會，個性不合往往不是威脅婚姻的主要問題。不孕才是更重要的關注點。如果莎拉沒有生出子女，她及她的群體就沒有履行婚姻約定。如果他們想要維繫這個關係，莎拉的群體就必須提供另一名女子，可能是她的妹妹，一個可以懷孕生孩子的女子。如果這種情況發生了，莎拉可選擇留下跟丈夫同住。即使說有一天她也可能會懷孕，但若她確實留下來了，她的丈夫就可能建立多偶婚。

大多數的非工業社會都容許**多偶婚** (plural marriages 或 polygamy)。這有兩種類型：一種常見，另一種則非常罕見。較常見的是**一夫多妻制** (polygyny)，男人具有超過一位以上的妻子；較罕見的類型則是**一妻多夫制** (polyandry)，一位女人擁有超過一位以上的丈夫。假如一位不孕的妻子，在她的繼嗣群體提供一位代替妻子後，仍與丈夫維持婚姻關係，這就是一夫多妻。除了不孕的原因外，其他發生一夫多妻的原因將在後文討論。

多偶婚
同時具有超過兩名以上配偶的婚姻。

一夫多妻制
男人同時擁有一名以上的妻子。

一妻多夫制
女人同時擁有一名以上的丈夫。

▲ 持久的婚姻結盟

我們可以檢視另外常見兩個例子，以說明婚姻結盟關係的本質：當配偶其中一方死亡後，婚姻結盟關係的持續。

續娶妻姊妹婚

如果莎拉在年輕時就去世，會發生什麼情況呢？麥可所屬的群體會要求莎拉所屬的群體，提供另一位女子來替代，大多是她的姊妹。這種風俗稱為**續娶妻姊妹婚** (sororate) (圖 11.6)。如果莎拉沒有姊妹，或是姊妹皆已婚，也可要求這個群體提供另一位女子。麥可娶了這名女子後，對方就不需返還聘禮，雙方的結盟關係也可持續。續娶妻姊妹婚存在於父系社會與母系社會中。在母系繼嗣、婚後從母居的社會，鰥夫可與亡妻姊妹或其母系世系群的另一位女性親屬結婚，以維持他與亡妻親屬群體間的關係。

續娶妻姊妹婚
鰥夫與亡妻姊妹結婚的風俗。

續嫁夫兄弟婚

續嫁夫兄弟婚
寡婦與亡夫兄弟結婚的風俗。

假如丈夫去世，在許多社會，寡婦可與亡夫的兄弟結婚。這個風俗被稱為**續嫁夫兄弟婚** (levirate) (圖 11.6)。就像續娶妻姊妹婚，這是維持兩個繼嗣群體間結盟關係的延續性婚姻，這種情況是以亡夫的繼嗣群體的另一位成員，取代丈夫的位置。續嫁夫兄弟婚的重要性，隨年齡而有所不同。最近的一項研究顯示，許多非洲社會雖普遍容許續嫁夫兄弟婚，但寡婦卻很少與新丈夫同住。再者，寡婦並不會只因為社會容許，而自動跟亡夫兄弟結婚，她們往往喜歡其他的安排 (Potash 1986)。

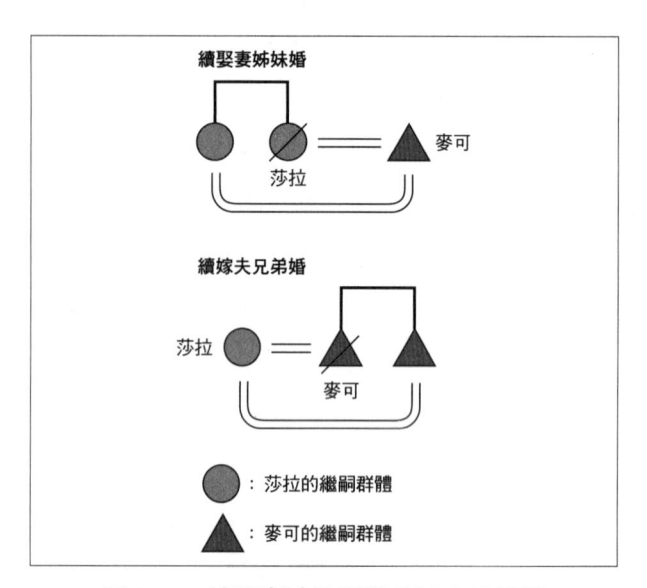

圖 11.6　續娶妻姊妹婚與續嫁夫兄弟婚

八、離婚

離婚的難易程度隨著不同文化而異。有哪些因素會發揮作用，支持與對抗離婚？就像我們前面看到的，兩個群體間的政治聯姻，比個人事務性質更濃厚的婚姻 (主要涉及配偶和孩子) 較不容易瓦解。我們也看到，數量龐大的聘禮可減少個人的離婚率；有替代性的婚姻 (續娶妻姊

妹婚與續嫁夫兄弟婚)也可維持群體的聯姻關係。離婚在母系社會往往比父系社會更常見。如果婚後居處法則採行從母居(住在妻子家中),妻子可輕易趕走個性不合的丈夫。

在昔日美國西南部的荷比人(Hopi),馬匹由母系氏族所擁有,並實行從母居婚後居住方式。家戶的家長是最年長女人,家戶也包括她的女兒及她們的丈夫與孩子。女婿在那裡並未扮演重要角色;他會回到自己母親的家中,參加其氏族的社會活動及宗教活動。在這個母系社會裡,女人受到社會及經濟的保障,且離婚率頗高。以亞利桑那州北部,荷比印地安人的歐賴比(歐賴維)[Oraibi (Orayvi)]村落為例(Levy with Pepper 1992; Titiev 1992)。提提耶夫(Mischa Titiev)在針對423名歐賴比女人的婚姻史研究中,發現有35%至少離婚一次。李維(Jerome Levy)發現147名成年女性,有31%曾離婚與再婚一次。相較之下,在美國所有曾結婚的女性中,在1960年只有4%曾離婚,1980年為10.7%,2013年則為15%。提提耶夫描寫荷比婚姻是不穩定的。婚姻容易破裂的原因,部分源自介於對母系親屬與配偶的忠誠間的不斷衝突。多數的荷比人離婚事件似乎是個人選擇。李維從跨文化角度進行歸納,高離婚率與女性穩固的經濟地位有關。在昔日荷比社會中,女性在家戶與土地所有權,以及子女的監護權方面都十分穩固。此外,離婚並沒有任何形式上的障礙。

在父系社會離婚比較困難,尤其是一旦婚姻破裂,就必須重新集合數量龐大的聘禮以償付對方。從夫居社會的已婚女人(住在丈夫的家庭社群中),可能不願意離開丈夫。有別於荷比人將子女留在母親那裡,在父系、從夫居的社會,父母離異之後,子女往往被期望留在父親那裡,做為他的父系世系群的一員。從女人的觀點,這是離婚的強大阻礙。

那麼搜食者社會的離婚又是如何?在搜食者當中,某些因素會促進離婚,其他因素則發揮作用來穩定婚姻。促進離婚的因素在於一項事實:婚姻的群體結盟功能並不那麼重要,這是由於搜食者並不像食物生產者社會一樣,以繼嗣團體為其特色。另一項讓離婚變得簡單的事實在於,如果夫妻擁有大量的共同財產,分割其聯合財產的過程就比較複雜,婚

姻往往就會維持長久。在搜食者的情況通常不是如此，他們所擁有的物質財產很少。然而，婚姻穩定性會受到支持，當核心家庭是長年存在的重要單位，具有植基於性別的分工。同時，也會支持婚姻穩定性的事實在於，搜食者往往具有稀少人口，這也意味著一旦婚姻無法持續就很難找到替代的配偶。

在當代西方社會，當浪漫愛情破滅，婚姻可能隨之破滅。婚姻雖也可能不至於破滅，主因是關聯到婚姻的其他利益發揮壓迫作用。經濟連帶關係、對子女的責任，連同其他因素，例如注意到大眾輿論，或只是無力感，都使婚姻能在性關係、浪漫感情以及／或是伴侶關係消退後，保持原狀。此外，就算是在當代社會，王室、領導者及其他統治精英依然會進行政治婚姻，類似於非工業化社會由父母安排的婚姻。

離婚率往往在戰爭後增加，在經濟蕭條時期滑落。然而，隨著越來越多的女性在家庭之外工作，對於由男人養家活口的經濟依賴逐漸減弱，當婚姻具有重大問題時，人們無疑更容易做出離婚的決定。受薪工作也使得夫妻雙方在婚姻與社會生活上受到嚴峻考驗。文化及宗教因素也有所影響，在文化上，美國人往往崇尚獨立及其現代型態——自我實現。而且新教（包括各種教派）是美國最常見的宗教型態，在美國與加拿大的兩個主要宗教中，基督新教比天主教更能容忍離婚。

九、多偶婚

在當代北美地區，離婚不僅容易且常見，多偶婚（同時跟一位以上的配偶維持婚姻關係）則是違法的。在工業化社會的婚姻關係將個人結合起來，而且比起群體間的關係，個人間的關係更可能被輕易撕裂。由於離婚越來越常見，北美地區的人們採行一連串的單偶婚(serial monogamy)：個人擁有超過一位以上的配偶，但在法律上，卻不能同時擁有超過一位以上的配偶。一夫多妻制與一妻多夫制是多偶婚的兩種類型。一妻多夫制只出現於極少數的文化中，尤其是在西藏、尼泊爾、印

度的某些族群，而一夫多妻制則較常見。

一夫多妻制

我們必須分清楚，某個特定社會對於多偶婚的容許，以及多偶婚的實際發生頻率之間的差別。許多文化容許男子擁有超過一位以上的妻子。然而，即使是一夫多妻制受到允許或鼓勵的時候，多數男子依然採行單偶婚，一夫多妻制只占了全部婚姻的一小部分。

什麼因素會促進及阻礙多偶婚呢？多偶婚在父系社會比母系社會更常見許多。女性在母系社會所享有的相對較高的地位，往往會賦予她們某種程度獨立於男性，這導致較不可能發生多偶婚。多偶婚也不可能是大多數搜食社會的特性，在那裡已婚夫妻及核心家庭往往發揮作用，成為經濟上的維生群體。大多數的工業化國家認定多偶婚違法。

當婚姻是男性及女性的期待時，相等的性比例 (sex ratios) 往往發揮作用以對抗多偶婚。在美國，每 100 名女嬰出生的同時，有 105 名男嬰出生。長大成人後，男女比例趨向相等，到最後性比例又反轉。北美地區的女性平均壽命較男性長，在許多非工業社會也是如此，孩童時代的性比例以男性偏多，在成年之後翻轉過來。在某些社會中，男人會承繼寡婦成為他的眾妻。

男性比女性晚婚的風俗習慣會促進一夫多妻制。在奈及利亞玻努地區 (Bornu) 的喀努利人 (Kanuri)，男性在 18 歲到 30 歲間結婚，女性則為 12 歲到 14 歲間 (Cohen 1967)。這種配偶間的年齡差距意味著當地寡婦比鰥夫更多。大多數的寡婦再嫁，有些採取一夫多妻的結合。在喀努利人及其他一夫多妻的社會，參與多偶婚姻的女性中，寡婦占了很高的比例 (Hart, Pilling, and Goodale 1988)。在許多社會，包括喀努利人在內，妻子數目的多寡，就是男性家長的家戶生產力、財富及社會地位的指標。擁有更多妻子，就擁有更多勞動力。增加的生產能力就意味著更多的財富。這些財富就轉而吸引更多妻子加入這個家戶。財富與眾妻子為這個家戶及家長，帶來更高的聲望。

多偶婚要獲得支持，在加入另一個成員時，就必須取得原有配偶

的同意,尤其是在她們準備共同擁有一個家戶時。在某些社會裡,第一位妻子要求娶進第二位妻子以分攤家務。第二位妻子的地位比第一位妻子為低,她們是資深與資淺的妻子。資深妻子有時會從她的近親當中挑選資淺妻子。在馬達加斯加的貝其力奧人,不同的妻子大多住在不同的聚落。男人的第一位妻子(資深妻子)稱為「大老婆」,住在丈夫種植最佳水田的村落,而且丈夫也把大部分時間花在那裡。較高地位的男人擁有多處水田與眾多妻子,這些妻子在靠近每處水田附近擁有各自的家戶。這些男人把大部分時間花在資深妻子那裡,但在一年中會造訪其他妻子。

當多偶婚具有政治上的好處時,也會受到支持。在非工業化國家中,眾妻子可扮演重要的政治角色。在馬達加斯加高地的馬力那人(Merina)社會,人口超過100萬,國王在各個行省為12位妻子建立皇宮。當他在這個王國中巡行時,和這些妻子同住。這些妻子是他的地方代理人,負責監督與報告有關行省的事務。烏干達在被殖民前的主要國家布干達(Buganda),國王擁有數百位妻子,代表他國家的每個氏族。這個王國的每個人都成為國王的姻親,且所有的氏族都有機會提供下一位統治者。在政府中,這些妻子為各地平民提供了支柱。

這些例子顯示,對於一夫多妻制並沒有單一的解釋,它的內容與功能隨著各個社會的情況而不同,甚至在某個社會中也會隨著不同情況而定。某些男人擁有多妻,因為他們從已故兄弟那裡承繼了寡嫂(續嫁夫兄弟婚)。其他人擁有多妻則是為了增加自己名聲,或希望增加家庭的生產力。有些人運用婚姻做為政治工具或經濟能力進展的手段。具有政治經濟雄心的男女經營婚姻聯盟關係,以達成他們的目標。在許多社會,包括馬達加斯加的貝其力奧人與奈及利亞的伊博人,都由女人安排這類婚姻。

如同由人類學家所研究的各種制度,在當代世界及國族國家與全球化的脈絡下,關於多偶婚的風俗習慣正在改變。例如,在土耳其傳統上,當地容許有能力供養多位妻子與許多子女的男子採行一夫多妻制。現在一夫多妻制已是違法行為,但依然有人這麼做。由於目前的多偶婚結合

喪失了法律地位，大老婆以外的眾妻子若是遭到丈夫虐待、忽視或遺棄，就會處於更危險的境地 (Bilefsky 2006)。

▲ 一妻多夫制

　　一妻多夫制非常罕見，而且是在非常特殊條件下被人們實行的。世界上採行一妻多夫制的人群，大多生活在南亞地區：西藏、尼泊爾、印度及斯里蘭卡。在這些地區的某些地方，一妻多夫制似乎是對人口流動的文化適應，這與男性經常旅行，從事貿易、商業與軍事活動有關。一妻多夫制確保至少有一個男人在家，完成性別分工中的男性工作。在資源稀少的時候，兄弟共妻制也是一種有效的策略。擁有相當稀少資源(土地)的兄弟們，將他們的資源蓄積在擴充家戶(一妻多夫家戶)中，他們只娶一名妻子。一妻多夫制限制妻子與繼承人的數目。繼承人之間競爭較少，意味著土地可在最少分割的情況下被傳承下去。

十、線上婚姻市場

　　現在的人們在線上購買每一樣東西，包括在所謂的線上「婚姻市場」的浪漫關係。在工業化及非工業化社會當中的婚姻市場，存在著巨大差異。在某些非工業化社會當中，未來可能的配偶會限定在表親或是另一個半偶族的成員(參閱圖 11.1 及圖 11.2)。有時存在著既定的外婚規則，舉例來說，這導致甲繼嗣群體的女性必須跟乙繼嗣群體男性結婚，而甲繼嗣群體的男性則必須跟丙繼嗣群體的女性結婚。婚姻通常是由親戚安排。然而，在結婚的男女兩方及其親屬群體之間，幾乎都存在著先前已建立的社會關係。

　　在當代國家，未來可能的婚配對象依然會私下碰面。有時朋友——很少是親戚——會安排這種碰面機會。除了朋友的朋友以外，婚姻市場包括學校、職場、酒吧、俱樂部、派對、教會及社團。再加上網際網路，這在當代社會已成為人們尋求並發展「虛擬」關係(包括浪漫關

表 11.1　牛津大學「我、我的伴侶及網際網路」研究計畫所選取的各國樣本

國家	樣本數	百分比
義大利	3,515	13.9
法國	2,970	11.8
西班牙	2,673	10.6
德國	2,638	10.5
英國	2,552	10.1
巴西	2,438	9.7
日本	2,084	8.3
荷蘭	1,491	5.9
比利時	1,124	4.5
瑞典	794	3.1
葡萄牙	603	2.4
芬蘭	508	2.0
愛爾蘭	368	1.5
挪威	317	1.3
奧地利	309	1.2
希臘	297	1.2
瑞士	278	1.1
丹麥	241	1.0
合計	25,200	100.0

資料來源：Bernie Hogan, Nai Li, and William H. Dutton, *A Global Shift in the Social Relationships of Networked Individuals: Meeting and Dating Online Comes of Age* (February 14, 2011, Table 1.1, P. 5). Oxford Internet Institute, University of Oxford, 2011.

係)的新場所，到最後會導向面對面的約會。在牛津大學，荷根 (Bernie Hogan)、里 (Nai Li) 與杜登 (William Dutton)(2011) 的「我、我的伴侶及網際網路」研究計畫當中，有一部分調查 18 個國家的同居伴侶 (表 11.1 列舉這些國家及各國樣本數)。這項 (在網上進行的) 研究抽樣 12,600 對伴侶 [25,200 人，年齡在 18 歲 (含) 以上]，全都可在家上網。向受訪者詢問有關他們究竟如何跟伴侶結識、他們的約會策略、他們如何維持現有關係及社會網路，以及他們如何使用網際網路。

　　牛津大學的這項研究發現，線上約會已成為婚姻市場的重要一部分。相對於離線的伴侶找尋市場，網際網路扮演著互補性的角色，而不是取代。換言之，人們依然在舊有的、熟悉的場所尋覓伴侶，但是他們也會上網找看看。其中有三分之一的受訪者有線上約會的經驗，而且大約有 15% 現有的伴侶關係是從網路開始 (Hogan et al. 2011)。

線上約會是由社會所塑造的：個人的離線社會連結關係，會影響這個人對於線上約會的意見及用法。那些知道某些人在線上約會的人們，本身就更有可能並贊同在線上約會。如同網路銀行跟網路購物一樣，網路約會也是一種「體驗科技」(Hogan et al. 2011)：個人關於那項科技的態度反映著那個人在其中的體驗。一個人越常接觸線上約會，就會越贊同它。人們甚至不需要在線上約會成功，才會對它感到滿意。只要稍加嘗試，就會增進他們對這項體驗的觀感。

這項新科技的最大受益者是誰？究竟是那些年輕、沉迷於科技，幾乎在線上購買每一樣東西的人們？或者是那些在離線社會當中被社會更加隔離的人們，包括離婚者、老年人、鰥寡，以及其他在當地社群感到孤單的人？有趣的是，牛津的研究者發現，比起年輕族群，壯年及老年更有可能運用線上約會，來找到他們現在的伴侶。在 40 歲以上的人們有 36% 透過這種方式，相對地大學年輕成人則只有 23%。

各國的媒體揭露程度，會影響該國公民的網際網路取得及線上資源的使用。在歐洲，充斥著各種媒體的北歐國家人民，最有可能運用線上約會，這獲益於一種重要的網際網路連結群聚 (有越多人們在線上，潛在的接觸資源庫就越大)。另一方面，在線上的巴西人 (無論在線上或離線都很喜歡群聚) 是最有可能知道某個人是在線上展開關係，或是跟一位在線上認識的人結婚。在這個樣本當中，巴西人的個人有關線上浪漫關係的報導有 81%，德國則僅僅不到 40%。巴西是最有可能知道某個人的伴侶是在線上認識，而英國人及奧地利人則是最不可能。

網際網路普遍重組人們的接觸。在牛津大學這項研究的受訪者當中，在線上交友者比起透過婚姻仲介者更多 (Hogan et al. 2011)。在這個研究樣本當中，2,438 位巴西人是最有可能從線上接觸，轉移到面對面接觸者。在這些有能力取得網路資源的巴西人，有 83% 報導說，他們在一開始線上認識對象之後，會跟對方碰面。日本的受訪者則最不可能在線上結識之後就見面者，他們也是最不可能從事線上約會的一群。

在某些國家，網際網路的滲透程度幾乎是全面的，而且社交網站快速蔓延。在其他國家，社交網絡及個人網站不那麼普遍。在具有優越的

網際網路滲透度的情況下,線上及離線的世界開始聚合。人們的疑慮減少了。他們將更多的「實際世界」的接觸放在線上網路,而且他們揭露更多關於自己的事情。在具有較少網際網路取得能力的國家(及地區),線上的接觸依然是更不具個人色彩且隱密的。這些接觸會發生在網站上,絕大部分使用代號、假名或頭銜,而不是個人資訊及照片。在這種場景,線上世界是更加隔離及陌生的——人們到這個地方,所遇到的人們可能是(而且依然是)從別的管道所無法結識的。

網際網路增進我們遇到其他人,並構成人際關係的機會。它能讓我們連結到老朋友、新朋友、社群及個人。它也可能觸發忌妒,例如當伴侶認識新朋友或是重新連結到老朋友——而且是基於好的理由。牛津大學的研究者發現,有許多人在線上場合,對於配偶或伴侶以外的其他人,隱匿其親密關係細節 (Hogan et al. 2011)。這些研究者也發現,重度的媒體使用並不必然會增進——而且甚至會減低——婚姻的滿意度 (Oxford 2013)。在某個特定點,同時維持幾個各自獨立的社交線路(如臉書、電子郵件、傳簡訊與即時訊息),可能會開始損害各種關係連結 (Oxford 2013)。

回顧 ▶
1. 什麼是單偶婚?在你的國家中,單偶婚具有什麼社會經濟意涵(特別加上其他發展趨勢時,如女性就業比例增加)?
2. 什麼是聘禮?在父系社會的婚姻,通常會發生什麼樣的禮物交換習俗?在你的社會中,是否存在著類似東西?為何有?為何沒有?
3. 依據李區 (1955),依據社會狀況而定,有幾種不同類別的權利由婚姻所配置。這些權利是什麼?在你對於婚姻的定義中,你認為哪些權利比其他權利更基本?你覺得有哪些權利是可以不需行使的?為什麼?
4. 在工業化社會以外的社會,婚姻往往更像是群體之間的關係,而不是個體間的關係。請闡述這句話的意義,並請舉幾個例子說明之。
5. 你自己會如何定義婚姻?你能否找出一個可能符合本章描述的所有案例的婚姻定義?

Chapter 12

宗教

- 什麼是宗教？它有哪些不同型態、社會相關事物與功能？
- 什麼是儀式？它有哪些不同型態與表現形式？
- 宗教在維持與改變社會方面，扮演什麼角色？

章節大綱

一、什麼是宗教？
二、宗教的表現型態
　　精靈存在
　　力量與作用力
　　巫術與宗教
　　不確定性、焦慮、安慰
　　儀式
　　通過儀式
　　圖騰崇拜
三、宗教與文化生態
四、社會控制
五、宗教的類型
　　宗教專家與神祇
　　新教價值與資本主義
六、世界宗教
七、宗教與變遷
　　復振運動
　　嶄新且另類的宗教運動
八、宗教與文化全球化
　　福音教派及五旬節派
　　同質化、本土化或混合？
　　反現代主義與原教旨主義
　　伊斯蘭教的傳播
九、世俗儀式

認識我們自己

你是否曾注意到，棒球球員究竟多麼常在球場上吐口水？在棒球以外的體育項目——就算是其他的男性體育人物——吐口水是不禮貌的。美式足球球員戴著頭盔，不會吐口水；籃球球員也不會，不然他們可能會在球場上滑跤。網球、體操或游泳選手都不會吐口水，甚至應邀在世界大賽開球的 (美國知名游泳選手，後來成為牙醫的) 斯皮茨 (Mark Spitz) 也不會[1]。但你只要觀看任何一場棒球比賽，在幾局之內，就會看到很多次吐口水。由於投手似乎是其中吐口水次數最多的人，這個習慣有可能源自於投手板上。這延續至今，看來就像是昔日投手習慣嚼食菸草，相信尼古丁會增進他們的專注力與投球準確度。這個吐口水習慣蔓延到其他球員，他們毫不害臊地從外野一路吐口水到球員休息室。

對於研究習俗、儀式與巫術的學者而言，棒球是特別有趣的體育項目，人類學的課程內容很容易就派上用場。居於先驅地位的人類學家馬凌諾斯基書寫太平洋群島的原住民，而不是棒球球員，他提到原住民發展出各式各樣的巫術，運用於航行這種危險活動之上。他提出，當人們面臨自己無法控制的狀況時 (如海風與天氣)，就會轉而尋求巫術的協助。在棒球裡巫術特別明顯，以儀式、禁忌與聖物的形式展現。如同航海巫術，棒球巫術用來降低心理壓力，在無法確實控制的情況下，創造出控制局面的假象。

人類學家戈美旭 (George Gmelch) 在幾篇關於棒球的著作中，運用馬凌諾斯基的觀察，巫術是最常見於由機緣及不確定性所主宰的情境。各種巫術行為圍繞在投球與打擊，這充滿著不確定性。關於外野守備的儀式較少，因為球員對此有較多的控制力。(在球季結束，平均打擊率高於 0.350 非常罕見，但野手防禦率低於 0.900 則真是丟臉。) 特別明顯的是投手的儀式 (像是吐口水)，他們可能在每次投球之間的空檔用力拉帽緣、向固定方向吐口水、用巫術方式操控松脂粉袋、對著球說話，或在放棄一場比賽後洗手。打擊者也有儀式。司空見慣的是，密爾瓦基釀酒人隊的外野手哥梅斯 (Carlos Gomez) 親吻他的球棒，他也喜歡對球棒講話、聞一聞、威脅它——而且在打出安打後，給它讚賞；另一位打擊者的則是習慣吐口水，然後用儀式般的方式用唾沫碰在球棒上，以增進他在本壘板的成功打擊機會。

人類使用工具來成就許多東西，但技術依然無法讓我們「想要什麼就有什麼」。為了在不確定情況下保持希望，而且針對我們無法控制的結果，所有的社會都採用巫術與宗教，做為精神上的撫慰、解釋與控制來源。你會做哪些儀式呢？

一、什麼是宗教？

人類學家華萊士 (Anthony F. C. Wallace) 在他的《宗教：人類學的觀點》(*Religion: An Anthropological View*) 一書中，將**宗教** (religion) 定

宗教
關連到超自然存在、力量及作用力的信仰與儀式。

---

[1] 譯注：斯皮茨生於 1950 年，曾於 1972 年慕尼黑奧運奪得七面金牌，在 2008 年應美國職棒大聯盟明尼蘇達雙城隊邀請，於世界大賽登板開球。

義如下：「與超自然存在、力量及作用力有關的信仰與儀式」(1966: 5)。他所指的「超自然」(supernatural) 是外在於感官世界的超乎尋常的領域 (但人們相信這會對感官世界產生影響)。超自然無法從經驗角度來驗證或否證，而且無法以平常話語來解釋。宗教必須「以信仰為基礎」而被人們所接受。超自然存在 (如神祇、鬼魂、魔鬼、靈魂與精靈) 位在我們的物質世界之外，這些超自然存在可能會經常造訪物質世界。也存在著超自然力量或神聖力量，其中有些由神祇與精靈所掌握，其他神聖力量則是單純存在著。然而，在許多社會中，人們相信自己可從超自然力量得到利益，身上可充滿超自然力量，或操縱超自然力量 (參閱 Bielo 2015; Bowie 2014; Bowen 2006; Crapo 2003; Hicks 2010; Lambek 2008; Stein and Stein 2011; Warms, Garber, and McGee 2009)。

華萊士對宗教的定義，聚焦於被假定普遍存在於超自然領域的範疇之中的各項存在、力量與作用力。宗教人類學的創始者之一涂爾幹 (1912/2001) 認為，重要的區分是「神聖」(sacred，宗教領域) 與世俗 (profane，日常生活)。就如超自然之於華萊士，涂爾幹的「神聖」領域有別於日常或世俗。對涂爾幹而言，雖然每個社會都認定有一個神聖領域，但這個領域的詳細內容則隨著不同社會而異。換言之，他認為宗教是文化普同性，但也認識到特定的宗教信仰與實踐會隨著不同社會而異。涂爾幹相信，澳洲原住民社會保留了最基本或最根本的宗教形式。他提到，澳洲原住民社會的大多數聖物，包括人們視為圖騰的植物與動物在內，完全不是超自然的。它們反而是「真實世界」的實體 (例如袋鼠、蛆)，已取得宗教意義，而且對於「崇拜」它們的社會群體而言，它們變成聖物。涂爾幹認為，圖騰崇拜是最根本或基本的宗教形式。

涂爾幹 (1912/2001) 聚焦於人群——信眾——他們集合來舉行祭祀，例如一群澳洲原住民祭拜某個特定的圖騰。他強調宗教的集體、社會、共享的本質，宗教所體現的意義，以及宗教所產生的情緒。他強調宗教的歡騰 (effervescence)，由崇拜所產生的集體情緒強度的高漲。正如連貝克 (Michael Lambek 2008: 5) 所說：「優質的人類學認識到，對於建構宗教世界並生活其中的人們而言，這些宗教世界是真實、生動且重要的。」

共同祭祀的信眾共享某些信仰：他們接受一套特定的教義，包括神聖及其之於人類的關係。英語的 religion 一字源自於拉丁文的 religare——「繫上、結合」——但某個特定宗教的所有成員，並不需要像共同體一樣聚在一起。次群體經常在地方聚會地點碰面。他們可參與偶爾舉行的聚會，跟代表更大區域的宗教擁護者聚首，並且能跟世界各地相似信仰的人們，形成想像的共同體。

宗教信仰的口語表現型態包括祈禱者、禱詞、聖歌、神話、文本，以及關於倫理與道德規則的論述 (參閱 Hicks 2010; Moro and Meyers 2012; Stein and Stein 2011; Winzeler 2012)。其他的宗教面向涵蓋以下概念：純淨與汙染 (包括涉及飲食與身體接觸的禁忌)、犧牲獻祭、入會儀式、通過儀式、異象追尋、朝聖、神靈附身、先知、學習、祈禱與道德行動等 (Lambek 2008: 9)。

就如同族群或語言，宗教兼具整合及分化。某個宗教的信眾藉由參與共同的儀式，可用來公開宣稱，甚至維持彼此的社會凝聚力。然而，正如我們從許多頭條新聞所得知的，宗教差異也可能關聯到仇恨對立。在今日世界，宗教之間的接觸與對抗正在增加，這發生在所謂的世界宗教，例如基督教與伊斯蘭教，也發生在更加地方化的宗教型態——傳教士大多採用籠統的貶抑名稱「異教」(paganism) 稱之。世界宗教逐漸彼此競爭，以增加信眾與全球影響力，而且有許多族群、區域及階級的衝突是採用宗教名義來架構。宗教如同一個社會與政治力量，晚近與當代的例子包括伊朗革命、宗教權在美國的興起、基督教五旬節派教會 (Pentecostalism) 在世界各地的傳播，以及各式各樣的伊斯蘭教運動 (參閱 Lindquist and Handelman 2013)。

在多年前，夏比爾 (Edward Sapir 1928/1956) 提出一項區分：「一種宗教」(a religion) 與「普同宗教」(religion)。前者可能只適用於有正式組織的宗教，例如前面所提的世界宗教；後者則是人類的普同性；這指稱存在於每個社會的宗教信仰與行為，就算是這些現象並未明顯成為獨立且清楚區分的領域。事實上，許多人類學家 (如 Asad 1983/2008) 主張，「宗教」、「政治」與「經濟」這些範疇都是約定俗成的建構，(也

許僅僅)最適用於西方、基督教與當代社會。在這些脈絡當中，宗教可能被視為特定的領域，與宗教及政治區分開來。相對地，在非工業化社會，宗教往往嵌合在社會當中。宗教信仰可能有助於管理經濟(如占星師決定何時種植)，或滲入政治當中(如君權神授)。

人類學家同意，宗教存在於所有的人類社會，它是文化普同性。然而，我們將會看到有時並不容易劃分超自然與自然，而且不同的社會採取極其不同方式來建構神學、神聖、超自然、終極真實等概念。

二、宗教的表現型態

宗教究竟從何時開始出現？沒有人能確切知道。在歐洲，尼安德塔人(Neandertal)的墓葬及洞穴壁畫上，具有宗教存在的可能證據，其中的彩繪人像可能再現薩滿這個早期的宗教專家。儘管如此，關於宗教究竟在何時、何地、為何及如何興起的任何說法，都只能是推測性的。雖然這些推測無法獲致結論，但有許多推測呈現宗教行為的重要功能與影響。我們現在要檢視幾種宗教理論。

▲ 精靈存在

宗教人類學的另一位創始者是英國人泰勒(Edward B. Tylor 1871/1958)爵士。泰勒認為，當人們試圖瞭解一些無法從日常經驗來解釋的狀況與事件時，宗教就興起了。泰勒相信古代人類及當代非工業化社會的人群，特別對死亡、夢境及恍惚出神狀態感到困惑。在夢境與恍惚出神狀態下，人們可以看見一些意象，當他們醒來或脫離出神狀態後，可能會記得這些意象。泰勒下結論說：早期人類對於解釋夢境與出神狀態的各種努力，導致他們相信，在人體中棲息著兩種實體：一種活躍於白晝；另一種替身或靈魂則活躍在睡夢與恍惚出神狀態中。雖然這兩種實體從未相遇，但它們對彼此都非常重要。一旦這個替身永遠離開身體，這個人就會死去，死亡就是靈魂的離去。泰勒從拉丁語指稱靈魂的字彙，

泛靈信仰
對靈魂或替身的信仰。

將這種信仰稱為泛靈信仰。靈魂是精靈存在的一種；人們從夢境與出神狀態中記得各種意象——其他的靈魂。對泰勒而言，**泛靈信仰** (animism) 是最早出現的宗教形式，對精靈存在的信仰。

泰勒相信宗教歷經幾個階段的演化，始於泛靈信仰。其後發展的則是**多神教** (polytheism，對於多種神祇的信仰)，然後是**一神教** (monotheism，對於單一全能神祇的信仰)。因為宗教被創造來解釋人們無法理解的事物，泰勒認為，當科學能提出更佳解釋時，宗教就會衰退。就某些層面而言，他是對的。我們現在對許多事物具有科學解釋，昔日則由宗教提出闡釋的 (參閱 Salazar and Bestard 2015)。儘管如此，由於宗教持續存在，它必定做到某些比解釋更多的事情，它勢必 (且確實) 具有其他的功能與意義。

多神教
對多種神祇的信仰。

一神教
對單一、全能的神祇的信仰。

▲ 力量與作用力

除了泛靈信仰——而且有時會跟泛靈信仰同時存在於同一個社會——就是將超自然視為非個人的力量 (power) 或作用力 (force) 的領域，這是人們可在某些情況下掌控的 [你如果有想到《星際大戰》(Star Wars) 那就對了]。這種概念特別盛行於美拉尼西亞 (南太平洋區域，包括巴布亞紐幾內亞及其鄰近島嶼)。美拉尼西亞人信仰**瑪那** (mana)，存在於宇宙中的一種神聖、非個人性質的力量。瑪那可以存在於人體、動物、植物及物體中。

瑪那
神聖的非個人力量，這採用美拉尼西亞與玻里尼西亞的名稱。

美拉尼西亞的瑪那這個概念類似我們所說的好運。帶有瑪那的物體能夠改變某個人的運氣。例如，某一位成功獵人所擁有的符咒或護身符，可用來將他的瑪那傳給下一位擁有或佩帶這個護身符的人。一位女子可能在她的園圃裡放上一顆石頭，如果生產量急遽改善，就會把這項改變歸功於這顆石頭所蘊含的力量。

類似於瑪那力量的信仰相當常見，雖然在不同社會的教義特性有所不同。思考一下瑪那在美拉尼西亞與玻里尼西亞間的對比 (玻里尼西亞係指太平洋上的一塊三角地帶，北到夏威夷、東到復活節島、西南到紐西蘭)。在美拉尼西亞，任何人可藉由機緣或努力工作而獲得瑪那。然而在玻里尼西亞，瑪那是依附於政治職位之上。酋長與貴族所擁有的瑪

那比平民更多。

由於最高等級的酋長身上充滿瑪那，因此對平民來說，跟酋長的接觸非常危險。酋長身上的瑪那流出他們的身體之外，它可能會感染土地，其他人踩到酋長的腳印就會是危險的。瑪那可以滲透到酋長的食物容器，由於較高地位的酋長擁有極多的瑪那，他們的身體跟財產也都成為**禁忌**(taboo，被區隔為聖物，並禁止平民接觸)。由於平民無法像貴族承受同樣多的神聖電流，一旦平民不慎接觸了瑪那，就必須舉行潔淨儀式。

正如霍頓 (Horton 1993) 與連貝克 (2008) 所指出的，人類有普同的思想與經驗，有些相同的情況與處境需要得到解釋。在睡眠、恍惚出神狀態、死亡時發生了什麼事情？靈魂離開了身體。為何有人事業興旺，其他人卻是失敗？人們提出許多無形因素來解釋成功及聲望的不均等，包括好運、瑪那、巫術，或是「上帝選民」。

對精靈存在的信仰 (如泛靈信仰)，以及對超自然力量的信仰 (如瑪那)，都符合在本章開頭華萊士所提出的宗教定義。大多數的宗教都同時包含精靈與非人類的力量。相同地，在當代北美人的超自然信仰中，包含存在 (神祇、聖人、靈魂、魔鬼)，以及力量 (符咒、法寶、水晶球、聖物) 等。

禁忌
神聖與受到禁制；由超自然懲罰所支持的禁制。

▲ 巫術與宗教

巫術 (magic) 係指為達成特定目的所做的超自然技術，這些技術包括巫術行動、獻祭、咒語、信條及符咒等。巫師可能會採用模擬巫術 (imitative magic)，藉由模擬某個預想結果，來產生這個結果。例如，巫師想要傷害某個人，他們可在受害者的畫像上模擬這種結果——舉例來說，在「巫毒族人偶」(voodoo dolls) 上刺針。採用交感巫術 (contagious magic) 的話，無論在一個物體上做出任何動作，據信都會影響曾經接觸這個物體的某個人。例如，有時交感巫術的施行者，會從預備加害的對象身上取得身體的產物——如指甲或頭髮。據信在這個身體物質上所施的詛咒，最終會傳到這個人身上 (參閱 Stein and Stein 2011)。巫術存在於具多樣化宗教信仰的社會中，包括泛靈信仰、瑪那、多神教及一神教等。

巫術
運用超自然技術以達成特定目標。

▲ 不確定性、焦慮、安慰

宗教與巫術不僅解釋各項事物,並協助人們達成目標,它們對於人類的感情領域也是重要的。換言之,它們滿足情緒需求及認知(如解釋)需求。例如,超自然信仰與實踐有助於減低焦慮。當事情結果超過人們的控制範圍時,巫術的技術能夠排解困惑。同樣地,宗教也有助於人們面對死亡,並忍受生命危機。

馬凌諾斯基指出,當人們面對不確定性與危險時,他們就轉向巫術尋求協助:

> 無論知識與科學究竟能幫一個人得到多少他想要的東西,他們依然無法完全控制機緣、排除意外事件、預見無法預期的自然事件轉變,或讓人類的手工製品安全可靠,並且足敷所有的實際要求 (Malinowski 1931/1978: 39)。

正如在本章「認識我們自己」專欄所討論的,馬凌諾斯基發現超布連島人在航海時(危險活動)使用各式各樣的巫術。他主張,由於人們無法控制風向、天氣、魚獲來源等,因此他們轉而求助巫術。當人們遇到知識或實際控制力量上的落差,卻又必須繼續達成目標時,他們就會依靠巫術(Malinowski 1931/1978)。

馬凌諾斯基提到,超布連島人只有在面臨無法控制的情境時,出於心理壓力,才會從依賴技術轉而求助於巫術。即使我們具有先進的科技技術,依然無法控制每件事的結果,因此巫術持續存在於當代社會。正如在「認識我們自己」專欄所討論的,巫術在棒球比賽中格外明顯,戈美旭(1978, 2001, 2006)描述運用在棒球的一系列儀式、禁忌與聖物。如同超布連島人的航行巫術,棒球比賽中的行為用來減輕心理壓力,在欠缺實際控制力的情況下,創造藉助巫術來得到控制的幻象,而棒球的巫術特別盛行在投球與打擊時。

馬凌諾斯基指出,巫術用來建立控制力,但宗教是「由人類生活的真實悲劇所產生的」(1931/1978: 45)。宗教提供情緒撫慰,特別是當人們面臨危機時。馬凌諾斯基認為,部落宗教主要關心的是籌備、慶祝並

協助人們通過許多人生事件，包括出生、成年、結婚與死亡。

▲ 儀式

有幾項特徵可用來將**儀式** (ritual) 跟其他行為區分開來 (Rappaport 1974, 1999)。儀式是形式化的——有固定風格、一再重複及固定型態的。人們會在某些特定 (神聖) 地點與特定時間舉行儀式。儀式包括儀禮次序 (liturgical orders)——在現有的儀式表現型態出現之前，就已被發明的，具有先後發生順序的話語與行為。儀式傳達關於參與者及其傳統的資訊。儀式重複出現，年復一年、代代相傳，將持久存在的訊息、價值及情感轉換成行動。

儀式是社會行動，不可避免地，某些參與者比其他人更加投入儀式背後的信仰。然而，只要藉著參與聯合的公開行動，參與者就表示他們接受一套共同的社會道德秩序，這個秩序超越了他們個人的地位。

儀式
形式化的、一再重複，並具固定型態的行為；依據一套儀禮次序來進行。

▲ 通過儀式

正如馬凌諾斯基所說，巫術與宗教可減低焦慮與紓解恐懼。弔詭的是，信仰與儀式也可以創造出焦慮不安及危險的感覺 (Radcliff-Brown 1962/1965)。焦慮可能因一場儀式而產生。確實，參與一場集體儀式 (如在東非畜牧群體常見的，為 10 歲出頭的男孩所做的割禮) 可能會產生壓力、這些壓力的共同消解，一旦這場儀式完成，就能增進參與者的凝聚力。

通過儀式可以是個體的或集體的。美國原住民傳統上的幻象追尋過程，尤其是平原印地安人，可做為例證來說明個體的**通過儀式** (rites of passage，有關於從某個地位轉換到另一個地位，或從生命的某個階段轉換到另一個階段的習俗)。青年如果要從男孩變成男人，就必須暫時離開他的社群。孤立於野外一段時間後，大多在禁食與服用藥物的情況下，這個青年將會看到一個幻象，這可能變成他的守護神。此後，他以一個社會所認可的成人身分回到自己的社群。

當代的通過儀式包括基督教的堅信禮 (confirmations)、洗禮、猶太

通過儀式
標示著生命的各種地位或各個階段之間的轉換的儀式。

男子與女子成年禮 (bar and bat mitzvahs)、入會儀式、婚禮，以及申請社會安全暨醫療保險。通過儀式包括各種社會地位的轉變，例如從男孩變成男人，以及從不具姊妹會會員身分者變成姊妹會的姊妹。更普遍來說，通過儀式可以標示任何在地點、狀態、社會地位或年齡的改變。

每一個通過儀式都有三個階段：隔離、中介、整合。在第一階段，人們從日常社會生活中退出。在第三階段，完成這項儀式後，他們重新回到社會。中介階段是最有趣的部分。這是介於中間模糊地帶，或「暫停」，人們已離開某個地方或地位，但是尚未進入或參與下一個 (Turner 1969/1995)。

中介狀態 (liminality) 往往具有某些特徵。處於中介狀態的存在於日常的社會身分區別與期望之外；他們活在一段脫離時間感的時間中。有一連串的對比，將中介狀態跟日常社會生活劃分開來。例如，尚比亞的恩丹布人 (Ndembu) 的酋長在接掌職位前，必須先經過一場通過儀式。在這個中介階段，他昔日與未來在這個社會的地位被忽略了，甚至被翻轉過來，他必須接受各種攻擊、命令與羞辱。

通過儀式往往是集體性的。由幾位個體所集合而成的群體來通過這項儀式——例如接受割禮的男孩們、兄弟會或姊妹會的入會者、軍營中的男子、參與暑期集訓的足球隊員、皈依成為僧侶的女子。表 12.1 歸納在中介狀態與日常社會生活間的對比或對立。值得一提的是，集體中介狀態 (collective liminality) 的社會面向，稱為**集體中介性** (communitas)，一種緊密的社群精神，具有強大社會凝聚力、平等與同舟共濟的感覺 (Turner 1967)。處於中介狀態的人們體驗了相同的對待方式與制約，而且必須一致行動。中介狀態可藉由日常行為的反轉，從儀式或象徵的角度被標示出來。例如，性禁忌可能被強化，或是相反地，也可能鼓勵縱慾。中介象徵，例如特殊的服裝或身體彩繪，標示著這個情況是超乎尋常的——外在於且超乎平日社會及日常生活。

中介狀態是每個通過儀式的基礎之一。再者，在某些社會，中介象徵可用來將某個(宗教的)群體跟別的群體相區分，並且跟整個社會區分開來。這類「永久中介團體」(如教派、兄弟會、異教)的最典型例

中介狀態
在一場通過儀式當中，介於中間的階段。

集體中介性
強大的社會凝聚感。

子出現在國家。有些中介特質,例如謙恭、窮困、平等、順從、性禁制與安靜等(參閱表 12.1),都可要求全部的教派或異教成員共同遵守。加入這類群體的人同意受其規則所約束,這就好比他們正在參加通過儀式——但在這種情況下,這是沒有盡頭的儀式——他們可能必須拋棄先前擁有的東西及社會連結關係,包括他們與家人的關係。中介狀態是否相容於臉書?

◆ 表 12.1　中介狀態與日常社會生活之間的對比

中介狀態	日常社會結構
轉換	身分穩定
同質性	異質性
交融	結構井然
平等	不平等
無名字	有名字
缺乏財產	有財產
欠缺地位	有地位
裸體或穿著制服	依據身分穿著
禁慾或縱慾	正常性行為
性別區分達到最小	性別區分達到最大
缺乏階級	具有階級
羞辱	榮耀
忽略個人外表	注意到個人外表
無私	自私
完全服從	只順從於較高階級
神聖性	世俗性
神聖知識的指引	技術知識
安靜	能言善道
簡單	複雜
接受痛苦與受難	避免痛苦或受難

資料來源:Victor W. Turner, *The Ritual Process: Structure and Anti-Structure* (Chicago York: Aldine de Gruyter, 1969), PP. 106-107.

　　某個教派或異教成員經常穿著制服,他們大多採用共同髮型(光頭、短髮或長髮)。中介團體讓個人湮沒在集體中,美國人的核心價值包括個人性與個人主義,這可能是美國人為何如此畏懼與猜疑「異教」的原因之一。

　　並非所有的集體儀式都是通過儀式。大多數社會都可見到某些由人們齊聚以舉行崇拜或慶祝的場合,藉此確認並強化他們的凝聚力。例如,

下文所述的圖騰儀式是強化儀式 (rites of intensification)：它們強化了社會凝聚力。這種儀式創造集體中介性，並產生情緒 [涂爾幹 (Durkeim 1912/2001) 所描述的集體精神歡騰]，這增進了社會凝聚力。

圖騰崇拜

在澳洲原住民宗教中，圖騰崇拜 (totemism) 曾是重要成分。**圖騰** (totems) 可能是動物、植物或地理景觀。在每個部族人群各有其特殊圖騰。每個圖騰群體的成員相信自己是這種圖騰的後代。傳統上，他們習慣不殺害或不食用他們的圖騰。然而，這項禁忌每年都會解除一次，當人們聚在一起為圖騰舉行儀式時，他們只有在那個場合才被容許殺掉並食用圖騰動物。這類每年一度的儀式，據信對這個圖騰的生存與繁衍是有必要的。

圖騰崇拜運用自然，做為用來解釋社會的模型 (a model for society)。圖騰往往是動物與植物，是大自然的一部分。人們透過與這些自然物種間的圖騰關聯性，而連結到大自然。因為每個群體都有不同的圖騰，社會差異就對照於大自然的對比。然而，各種圖騰植物與動物在大自然中占據不同的生態區位；從另一個層次看，它們是合而為一的，因為它們全都是大自然的一部分。人類社會秩序的一體性是藉由對大自然秩序的象徵連結及模仿而增強的 (Durkheim 1912/2001, Lévi-Strauss 1963; Radcliff-Brown 1962/1965)。

圖騰崇拜是一種**宇宙觀** (cosmology)──人們用來想像與理解宇宙的體系，在這個例子是宗教宇宙觀。著作等身的法國人類學家李維史陀也是宗教人類學的重要人物，因他對於神話、傳說故事、圖騰崇拜及宇宙觀的研究而聞名。李維史陀相信，宗教儀式與信仰的一項角色，就是公開宣示並維持一個宗教的所有參與者的凝聚力。圖騰是象徵著共同身分認同的神聖標記。這不僅對澳洲原住民而言是一項事實，對北美地區太平洋北岸的美洲原住民亦是如此，他們的圖騰柱非常有名。圖騰柱的雕刻紀念並訴說著有關祖先、動物與精靈的具有視覺效果的故事，也關聯到祭儀。在圖騰儀式中，人們齊聚紀念他們的圖騰。藉由這個行為，

圖騰
與一個特定社會群體相關聯的動物、植物或地理景觀，對這個社群而言，圖騰是神聖的或具有象徵重要性。

宇宙觀
人們用來想像與理解宇宙的一套體系，通常是宗教性質的。

他們運用儀式，維持這個圖騰所象徵的社會一體性。

在當代社會，圖騰也繼續用來區隔各種群體，包括在當代社會的俱樂部、球隊與大學。代表威斯康辛州人及密西根州人的動物分別是獾與貂熊，而且密西根人說俄亥俄州人(以七葉樹為代表)是核果(nut，暗指瘋子；更精確地說，七葉樹所生出的核果)。自然物種之間的差異(如獅、虎、熊)用來區分職棒球隊，也用來區分政黨(驢子與大象)。雖然當代的情境較為世俗，但是人們仍可在緊張刺激的大學美式足球對決中，見證到涂爾幹在澳洲圖騰宗教及其他強化儀式所看到的歡騰情緒。

三、宗教與文化生態

宗教在文化生態學也扮演重要角色。從超自然信仰所激發的行為，可能有助於人們在自然環境中存活。信仰與儀式可發揮作用，成為群體對其環境的文化適應方式的一部分。

印度人民崇敬瘤牛，牠們受到印度教的不殺生、非暴力(ahimsa)教義所保護，這項非暴力原則普遍禁止宰殺動物。西方經濟發展專家偶爾會(且錯誤地)引用印度教的牛隻禁忌為例，說明宗教信仰可能阻礙理性的經濟決策。印度人似乎受到其文化或宗教傳統的影響，不理性地忽略了高價值的食物(牛肉)。經濟發展機構也曾主張印度人不知如何培育符合需要的牛隻。他們指向在城市與鄉村閒晃且發育不良的牛身上。西方的動物畜養技術已可養育更碩大的牛隻，生產更多的牛肉與牛乳。西方的發展計畫專家責怪印度人在發展道路上停滯不前。他們受到文化與傳統所束縛，拒絕了理性發展。

牛隻自由漫步在任何一座印度城市，包括本圖所示的古吉拉特邦(Gujarat)的艾哈邁達巴德(Ahmedabad)。印度的瘤牛受到非暴力教義所保護，這項原則普遍禁止宰殺動物。
© Conrad P. Kottak

然而,這些假設既是我族中心觀點,也是錯誤的。在歷經數千年發展而來的印度生態體系中,聖牛確實扮演著重要的適應角色 (Harris 1974, 1978)。鄉民運用牛隻拉犁與拖車,這是印度農業技術的一部分。印度的鄉民並不需要那些經濟發展專家、牛肉商與屠宰商所偏愛的體型龐大、不停吃飼料的牛隻。骨瘦如柴的動物就能夠拉犁與拖車,而且牠們不致於吃垮飼主的家業。這些擁有稀少土地與飲食條件處於邊緣的鄉民,究竟要如何供應各項大型耕耘機的需要,而不需拿出生計所需食物來貼補呢?

印度人運用牛糞施肥,但不會蒐集所有的糞便,因為鄉民並未花太多時間看管牛隻,這些牛隻在某些固定時節隨意遊蕩與吃草。山坡上堆積的牛糞,在雨季會有部分被雨水沖刷到田裡。利用這種方式,牛隻間接為田地施肥。再者,在化石燃料極為稀少的國家,乾燥的牛糞也是一種基本的廚房燃料,它燃燒緩慢且均勻。

聖牛是印度文化適應的根本。就生物學角度來說,骨瘦如柴的牛適應貧瘠草地與邊緣環境,牠們提供農耕所不可或缺的肥料與燃料,而且是鄉民負擔得起的。不殺生教義背後,有印度教的全部組織力量支持,縱使在亟需食物的時刻(飢荒),也不可摧毀一項有價值的資源(聖牛)。

四、社會控制

宗教對人們具有許多意義,它幫助克服不確定性、逆境、恐懼與悲劇;它提供希望,事情將會變得越來越好。生活可以透過靈療而轉變;有罪者可以懺悔與被解救——否則他們可能繼續沉淪並受到責難。如果信徒確實內化了宗教獎懲體系,他們的宗教對於其態度、行為,以及教給孩子的知識,就會具有強力的影響。

許多人從事宗教活動,因為它對他們發揮功效,祈禱者得到解答。美國奧克拉荷馬州西南部的原住民,支付大筆金錢給信仰治療者,不僅是因為這項治療讓他們對困惑難解之事感到釋懷,更因為這項治療是

有效的 (Lassiter 1998)。每年有大批巴西人造訪位於巴喜亞省薩爾瓦多市的教堂——Nosso Senhor do Bomfim，他們向「我們的天主」(Nosso Senhor) 發誓，如果疾病得癒就會來還願。顯示這些誓言奏效且人們已經還願的東西，就是數以千計清晰可辨的還願物 (ex votos)——塑膠製身體器官模型，這些還願物連同被治癒者的相片妝點了這個教堂。

宗教可深入人心，並鼓動人們的情緒——他們的歡愉、憤怒與正義感，進而發揮作用。人們感受到一股深刻感受，包括共享的歡愉、意義、經驗、契合、歸屬感，以及對他們宗教的許諾。宗教的力量影響了行動，當不同的宗教相遇時，它們可以和平共存，它們之間的差異也可能演變成仇恨、失和，甚至戰爭的基礎。宗教狂熱使得基督教徒對異教徒發動十字軍東征，也導致穆斯林對非回教徒發動聖戰。在歷史上，政治領導人物經常運用宗教來提倡並合理化他們的觀點及政策。

宗教領袖究竟如何動員社群，並藉此獲得他們對其政策的支持？有一種方法是藉由勸說，另一種則是灌輸仇恨或恐懼。想一想巫術指控這個例子，獵殺女巫可能是強力的社會控制手段，它創造出危險與不安的氣氛，這會感染到每個人，不僅止於可能的巫術指控目標。沒有人希望被看成是反常，被指控為巫師。獵殺女巫的行動往往會相中那些可被指控及懲罰，而極少有機會報復的人們身上。在 15 世紀到 17 世紀的歐洲獵巫大狂熱期間 (Harris 1974)，大多數的指控與定罪對象是具有極少社會支持的貧窮婦女。

為了確保合宜的行為，宗教提供報償 (如宗教社群所提供的獎學金)，以及懲罰 (逐出這個社群的威脅)。尤其在國家社會常見的正式有組織的宗教，大多會規定一套倫理與道德守則，以指引人們的行為。道德守則是維持社會秩序及穩定的方法。道德與倫理守則一再出現於宗教講道、教義問答及類似的宗教活動中。它們在心理上深植人心 (受到內化)。這些守則導引行為，並產生後悔、罪惡感、恥感，以及在它們未被遵守時，產生寬恕、贖罪、赦免的需要。

五、宗教的類型

雖然宗教是文化普同性，但是宗教存在於特定社會中，而且文化差異性也會有系統地呈現於宗教信仰及實踐中。例如，在階層化、國家社會的宗教，就有別於社會地位差異不明顯的社會（欠缺國王、領主及臣民）所具有的宗教。教會、廟宇及其他的全職宗教機構，連同它們的巨大建築結構及科層體制的人員，必須以某種持久的方式受到支持，例如藉由什一稅或稅收。哪些類型的社會可以支持這類的科層體制及建築物？

▲ 宗教專家與神祇

所有的社會都有宗教人物——據信能在人類與超自然之間傳遞訊息者。更普遍地說，每個社會都有集醫療—巫術—宗教於一身的專家。當代社會能夠支持祭司及健康照料專家。搜食者社會在欠缺支持這種專業化所需的資源下，往往只有兼職的專家，他們往往兼具宗教與醫療的角色。**薩滿**(shaman)是一個通稱，涵蓋治療者（「巫醫」）、靈媒、巫師、占星師、手相師及其他占卜師。搜食者社會的薩滿大多是兼職的；換言之，他們也從事狩獵或採集。

具有生產經濟（植基於農耕與貿易）及大量密集人口的社會，也就是國族國家，能夠支持專職的宗教專家——專業的祭司。如同國家本身一樣，祭司是階序的、科層制度的組織。華萊士(1966)將這類階序社會的宗教，描述為「教會宗教」(ecclesiastical，屬於有組織的教會及其人員科層組織)與奧林匹亞宗教，奧林匹亞這個字彙來自古代希臘眾神的家——奧林匹亞山。奧林匹亞宗教是多神的。他們包括了強而有力的人格化神祇，具有專門的職能，例如愛神、戰神、海神、死神。這種神廟(pantheons，超自然神祇的集合體)在許多非工業國家的宗教中相當顯著，包含墨西哥的阿茲提克、非洲與亞洲的幾個王國。古希臘羅馬宗教是多神教，其特色是具有眾多神祇。

薩滿
兼職的靈媒—巫術—宗教的施行者。

在一神教，人們相信所有的超自然現象都由單一永恆的、無所不知的、全能的、無所不在的至上神靈所控制，或者皆為至上神靈的展現。在基督教這種教會型態的一神教，單一最高神祇是三位一體的基督。貝拉 (Robert Bellah 1978, 2011) 將大部分基督教教派稱為「拒斥世界宗教」(world-rejecting religion)。最早的拒斥世界宗教出現於古代文明中，隨著人們識字與專業神職人員而興起。這個名稱來自這些宗教傾向於拒斥自然的 (現世的、日常的、物質的、世俗的) 世界，轉而聚焦於更崇高的 (神聖的、超越現實的) 真實領域。神性 (divine) 是讓人感到精神提升的道德領域，這是人們唯一可以渴望的。這類宗教的主要目標，就是透過與超自然相融合而得到救贖。

▲ 新教價值與資本主義

救贖與死後世界的概念，主導了基督教的理念。然而，大多數的新教教派缺乏先前一神教 (包括天主教) 的階層結構。隨著教士 (牧師) 角色的縮小，個人可直接獲得救贖。無論他們的社會地位為何，新教徒可以不藉由他人媒介來接近超自然。新教對個人主義的關注，提供更合乎資本主義及美國文化所需要的宗教。

社會理論家韋伯在他深具影響力的《新教倫理與資本主義精神》(*The Protestant Ethic and the Spirit of Capitalism*)(1904/1958) 一書中，將資本主義的擴張，連結到早期新教領導者所宣揚的教義。韋伯認為歐洲新教徒 (以及他們移民美洲的後代) 在財務上比起天主教徒更加成功。他將這項差異歸因於各宗教所強調的價值有所不同。韋伯認為天主教徒較關心當下的喜樂與安全。新教徒則較為禁慾、有企業家精神及未來取向。

韋伯指出，資本主義需要讓傳統的天主教的鄉民態度，代之以一套植基於資本累積，合乎於工業經濟體系的價值。新教對辛勤工作、禁慾生活與尋求利潤，賦予崇高的價值。早期新教將人們在世間的成功，視為上帝恩典及可能獲得救贖的徵兆。依據某些新教的信條，個人可透過良好的工作表現，獲得上帝垂憐。其他教派則強調由上帝決定命運，只

有少數世人可獲選進入永生之境,而且人們無法改變自己的命運。然而,透過辛勤工作而獲致的財富與成功,可成為某個人已被上帝選定為救贖對象的強大線索。

　　韋伯也主張,理性的商業組織必須將工業生產從家庭(亦即,鄉民社會的生產場景)脫離出來。新教藉由強調個人主義,而使這種分離成為可能:被救贖的對象是個人,而不是家庭或家戶。有趣的是,在當代美國關於家庭價值的論述中,往往將道德與宗教相串連;然而,對韋伯所述的早期新教徒而言,家庭是次要的,上帝與個人才居於最高位置。

　　當然,時至今日,在美國及世界各地,信仰著各種宗教及帶著各種不同世界觀的人們都成為成功的資本家。再者,古典的新教強調誠實與努力工作,這在今日的商業運作往往發揮不了作用。即使如此,不容否認的是,新教對個人主義的強調合乎工業主義所需要的,讓人們與土地及親屬切斷關係,這些價值在許多美國人的宗教背景中,依然非常明顯。

六、世界宗教

　　有關世界主要宗教在 2010 年的統計及 2050 年的預估值,請參閱圖 12.1,這是依據最近皮尤研究中心 (Pew Research Center) 所做的詳盡研究 (2012, 2015b) 而得出。依據來自超過 230 個國家的資料,研究者估計在 2010 年,全世界有大約 58 億人宣稱有宗教信仰,大約是該年全球人口 69 億人的 84%。

　　各宗教人口方面,基督教徒約有 22 億人 (31.4%);伊斯蘭教成員約有 16 億人 (23.2%),印度教徒 10 億人 (15%)、佛教徒大約 5 億人 (7.1%)、1,400 萬猶太教徒 (0.2%)。此外,超過 4 億人 (5.9%) 實行各式各樣的傳統宗教。屬於其他宗教者約有 5,800 萬人,略少於世界人口的 1%,其中包括巴哈伊 (Baha'i)、耆那教、錫克教、神道教、道教、天理教、威卡教 (Wicca,巫師教),以及瑣羅亞斯德教 (Zoroastrianism,祆教)。

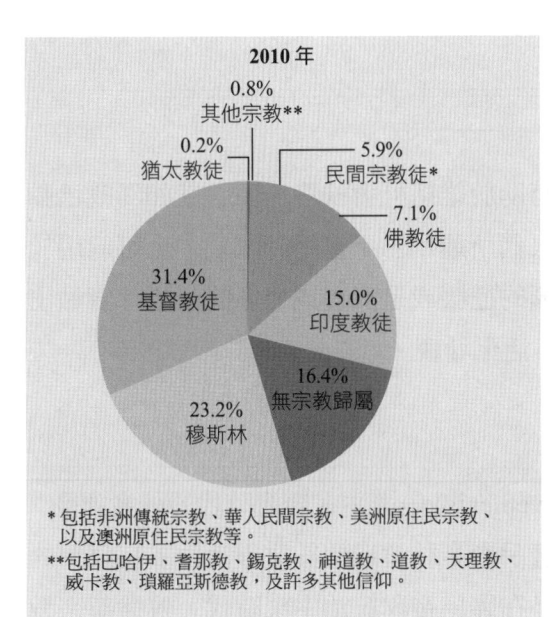

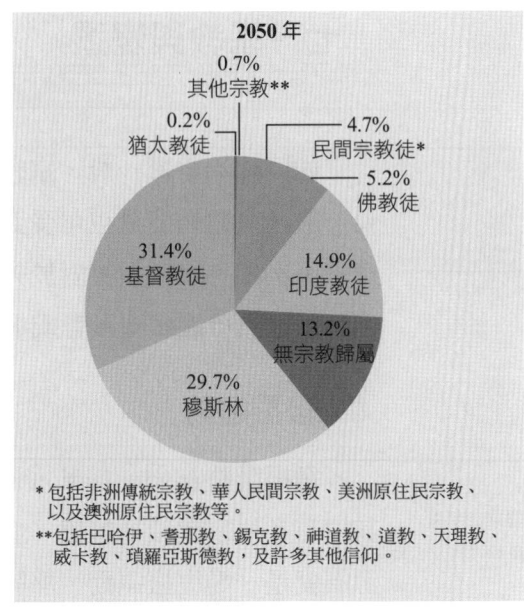

圖 12.1　世界主要宗教，依據世界人口百分比分，2010 年及 2050 年預估值

包括巴哈伊、耆那教、錫克教、神道教、道教、天理教、威卡教、瑣羅亞斯德教，及許多其他信仰。

　　大約有 11 億的世人 (約占世界人口 16%) 宣稱沒有宗教信仰或認為自己是無神論者。因此就世人的宗教歸屬而言，這類沒有宗教信仰的人們構成第三大群體，落在基督教徒及穆斯林之後。世界天主教徒的人數大約跟無神論者相同。這些沒有宗教歸屬的人們，事實上也有某些宗教或精靈信仰，即使他們並不認同自己屬於哪個特定宗教 (Pew Research Center 2012, 2015b)。

　　在世界各地，伊斯蘭教人口成長的速度大約是每年 2.9%，基督教的成長率則為 2.3%。在基督教的「重生」基督徒 (如靈恩教派／五旬節派) 的成長率，比起天主教徒或主要路線的基督教還要高出許多。最近由皮尤研究中心所做的人口推估，到了 2050 年，世界的穆斯林人口 (29.7%) 幾乎跟基督徒人口 (31.4%) 一樣多 (Pew Research Center 2015b，參閱圖 12.1)。在歐洲，到了 2050 年，穆斯林會構成人口的 10%，現在則有 6%。本章的「領會多樣性」專欄記錄晚近美國發生的宗教變遷，包括非基督宗教及無宗教歸屬者的成長。

七、宗教與變遷

如同政治組織一般，宗教有助於維持社會秩序。而且就如同政治動員一般，宗教的能量也可受到人們所運用，不僅用於改變，也可能用於革命。例如，宗教領袖對於外國的征服或是真實或想像的外國宰制做出回應，他們可能試圖影響或重新活化社會。

▲ 復振運動

復振運動
目的在於影響或復振社會的社會運動。

復振運動 (revitalization movements) 是發生在變遷時代的社會運動，其中有多位宗教領袖崛起，並著手影響社會或使其重獲活力。基督教的源頭就是一場復振運動，耶穌是在羅馬帝國統治中東時代，傳播新宗教教義的諸多先知之一。在那個外國強權統治的社會不安定時代，耶穌觸發，一個嶄新的、持久存在的，而且重要的宗教，在他同時期的其他先知就沒有那麼成功了。

船貨崇拜
美拉尼西亞的後殖民、涵化性質的宗教運動。

名為**船貨崇拜** (cargo cults) 的復振運動興起於各種殖民情境，其中當地人經常接觸外來者，卻欠缺他們所具有的財富、技術與生活水準。船貨崇拜試圖解釋歐洲人的支配力量及財富的緣由，並以巫術手段，藉由模仿歐洲人行為及操控當地人渴望的生活方式的若干象徵，來達到類似的成功。在美拉尼西亞與巴布亞紐幾內亞的船貨崇拜，交織了基督教教義和原住民宗教信仰的混合創造 (參閱圖 12.2)。船貨崇拜這個名稱來自他們對船貨的重視——當地原住民所見的從船舶或飛機的貨艙所卸下的各種歐洲貨物。

在早年的某一場崇拜儀式，成員們相信死者的靈魂將搭乘一艘船抵達當地。這些鬼魂將為當地人帶來製造完成的財貨，並把全部的白人殺光。更晚近的崇拜儀式則把船舶替換成飛機 (Worsley 1959/1985)。有許多崇拜儀式將歐洲文化成分當成聖物。其立論根據在於，歐洲人使用這些物件，具有財富，因此必定知道「船貨的祕密」。藉由模仿歐洲人使用或對待物件的方式，當地人希望能幸運地瞭解到獲取這些船貨所需的祕密知識。

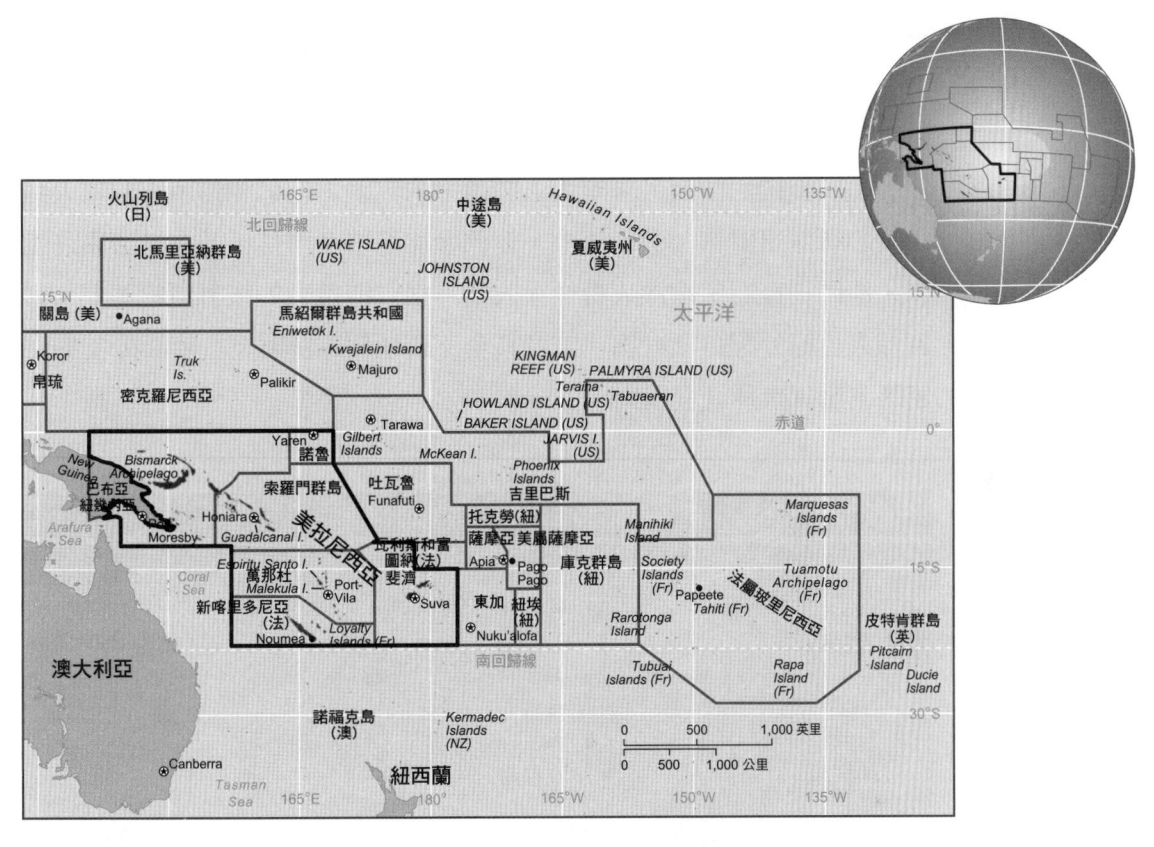

圖 12.2　美拉尼西亞位置圖

　　例如，看到歐洲人以恭敬態度對待旗子與旗杆，某個崇拜儀式的成員就開始崇拜旗杆。他們相信旗杆就是聖塔，可在生者與死者間傳遞訊息。其他的原住民興建簡易的機場跑道，希望誘使載運著罐頭、隨身聽、衣服、手錶與機車的飛機在此降落。

　　某些船貨崇拜儀式的先知們宣稱，透過歐洲支配勢力及當地人受壓迫情況的翻轉，成功就會到來。他們祈禱著這一天近了，當地人在天神、耶穌、當地祖先的協助下將會翻轉局面。當地人皮膚將會變成白色，歐洲人皮膚會變成棕色；歐洲人若不是死亡，就是被殺掉。

　　綜攝現象 (syncretisms) 是文化的混合體，特別是宗教的混合體，它源自於涵化。船貨崇拜就是綜攝現象，混合著原住民與基督教的信仰。美拉尼西亞的神話傳說提到，祖先會蛻去他們的皮膚，轉變成強而有力的精靈；死人會復活。基督教傳教士也提到審判日的死者復活。這項崇

綜攝現象
美拉尼西亞的後殖民、涵化性質的宗教運動。

拜儀式對於船貨的關注，關聯到傳統的美拉尼西亞大人物體系。美拉尼西亞的大人物必須是慷慨的，人們為大人物工作，幫助他蓄積財富，但他到最後必須提供一場盛宴，送出所有的財富。

由於美拉尼西亞人具有大人物體系的經驗，他們相信所有的富人到最後必須送出財富。數十年來，他們參加基督教禮拜，並在熱帶農莊工作。他們一直期望歐洲人會像大人物一樣，把勞力的果實還給他們。當歐洲人拒絕分配這項財富，或者甚至不讓他們瞭解財富生產與分配的祕密時，船貨崇拜就發展出來了。

◆ 表 12.2　美國人的宗教歸屬，2007 年與 2014 年

宗教歸屬	2007 年	2014 年	變遷（百分比）
基督教	78.4%	70.6%	–7.8
新教	51.3%	46.5%	–4.8
福音教派	26.3%	25.4%	–0.9
主要線路	18.1%	14.7%	–3.4
歷史上黑人	6.9%	6.5%	–0.4
天主教	23.9%	20.8%	–3.1
東正教	0.6%	0.5%	–0.1
摩門教	1.7%	1.6%	–0.1
耶和華見證人	0.7%	0.8%	0.1
其他基督教	0.3%	0.4%	0.1
非基督教信仰	4.7%	5.9%	1.2
猶太教	1.7%	1.9%	0.2
穆斯林	0.4%	0.9%	0.5
佛教	0.7%	0.7%	0.0
印度教	0.4%	0.7%	0.3
其他世界宗教*	0.3%	0.3%	0.0
其他信仰**	1.2%	1.5%	0.3
無宗教歸屬	16.1%	22.8%	6.7
無神論	1.6%	3.1%	1.5
諾斯提	2.4%	4.0%	1.6
沒有特別信仰	12.1%	15.8%	3.7
不知道／拒答	0.8%	0.6%	–0.2

所有的百分比都是以整個樣本計算。
*包括錫克教、巴哈伊、道教、耆那教等。
**包括一位論派、新時代宗教、美國原住民宗教。
資料來源：Pew Research Center, Religion and Public Life, "America's Changing Religious Landscapes," May 12, 2015, p. 3. http://www.pewforum.org/2015/05/12/americas-changing-religious-landscape/.

就像過度自信而貪婪的大人物一樣，可以讓歐洲人的財富恢復到平等狀態，如有必要也可殺死他們。然而，當地人缺乏實際可行的手段來實現傳統所告訴他們的應有作為。受到殖民者裝備精良的強大火力所阻，當地人退而尋求巫術上的財富平衡。他們向超自然神靈請求支援，以殺害歐洲人或減低他們的影響力，進而重新分配他們的財富。

船貨崇拜是對於世界資本主義經濟體系擴張的宗教反撲。然而，這個宗教動員具有政治與經濟層面的結果。美拉尼西亞人對這項祭典的參與，提供追求共同利益與活動的基礎，也有助於為設立政黨與經濟利益組織鋪路。先前由於地理、語言與風俗的因素，美拉尼西亞人被分隔開來。現在身為相同崇拜儀式的成員與相同先知的追隨者，開始形成範圍較大的群體。船貨崇拜為政治行動鋪路，透過這個過程，原住民終於重獲自主。

▲ 嶄新且另類的宗教運動

本章的「領會多樣性」專欄描述美國不斷變遷中的宗教歸屬，包括美國人口當中不歸屬於任何宗教者的明顯增加。這個朝著無宗教歸屬發展的趨勢，無論是無神論、諾斯提 (agnostic) 或「沒有特別信仰」，也可在加拿大、西歐、中國及日本看到。除了逐漸增加的無宗教歸屬之外，當代工業化社會的特色也包括新的宗教潮流及各種型態的精神至上主義 (spiritualism)。新時代運動 (New Age movements) 興起於 1980 年代，援引並混合來自多種傳統的文化元素，它提倡透過個別的個人轉型過程的改變。在美國與澳洲，許多非原住民挪用美國原住民與澳洲原住民的象徵物、場景及有意義的宗教行為，用在新時代宗教上。許多原住民社運團體強烈抗議，反對這些群體挪用及商業化原住民精神信仰及儀式，例如將北美原住民的「汗水小屋」儀式放在遊艇上舉行，並供應酒類及乳酪，原住民認為這項對其儀式及傳統的挪用就是竊取；某些印度教徒對於瑜伽的普及化也有類似感覺。

新宗教運動具有各式各樣的起源，有些受到基督教影響，有些則受到東方 (亞洲) 宗教所影響；此外，有些受到神祕主義與精神至上主義

所影響。宗教也與科學及科技同步前進。例如，總部設在瑞士與加拿大蒙特婁，提倡以複製達到「永生」途徑的雷爾宗教 (Raelian Movement)（參閱 http://www.rael.org/home）。

許多當代國家包含著非正式宗教，例如「尤魯巴宗教」(Yoruba religion)，這個名稱適用於非洲大約 1,500 萬信徒，以及西半球的數百萬名綜攝或混合宗教 (包含天主教及精靈信仰的成分) 的實行者。尤魯巴宗教的各種型態，包括薩泰里阿教 (santeria，在加勒比海西語區及美國)、坎東貝列教 (candomblé，在巴西)，以及巫毒教 (voodoo/vodoun，又譯為伏都教，在加勒比海法語區)。尤魯巴宗教帶有西非前殖民國家的根源，其散播已超出原先的宗教範圍，成為非洲離散人群的一部分。即使經歷壓制 (如古巴共產黨政府)，今日它依然是具影響力、可證實為同一的宗教。在古巴目前薩泰里阿教的信徒大概有 300 萬名，

領會多樣性

這個新時代的宗教

由於美國人口普查並未蒐集有關宗教的資料，因此美國並沒有關於宗教信仰歸屬的正式官方統計數據。為了協助填補這項空缺，總部位於華盛頓特區的皮尤研究中心在 2007 年及 2014 年舉行「宗教地景研究」。針對 35,000 名以上的成年人所做的這項詳盡調查，提供系統化比較的基礎，讓我們可以衡量在 2007 年及 2014 年間美國人宗教歸屬的變遷 (參閱 Pew Research Center 2015a)。

雖然美國繼續擁有世界上最大的基督教人口，但歸屬於基督教會的美國人口數目及百分比都在下降。在 2007 年及 2014 年之間，基督徒占美國人口下降將近 8 個百分點，從 78.4% 降到 70.6%。這項改變主要來自天主教徒及主要線路新教徒的衰減，兩者各別衰減了 3%。(表 12.2 提供在 2007 年及 2014 年間所有宗教範疇的變遷百分比。)

在美國，從小受養育為基督徒人口當中的 85%，有將近四分之一不再追隨這個信仰。先前是 (現在不再是) 基督徒的成人占美國全體成人的 19%。天主教歷經特別快速的下滑。在受養育成為天主教徒人口當中的 32%，有 41% 不再參加。天主教在總人數及百分比都下降。在 2014 年有 5100 萬名天主教徒，比 2007 年少了 300 萬人。

主要線路新教徒──衛理公會、浸信會、路德會、長老會、聖公會的人數也下滑，從 2007 年的 4,100 萬人下滑到 2014 年的 3,600 萬人。然而，美國人參與歷史上屬於黑人的新教人數在最近幾年維持穩定，大約有 1,600 萬人。福音神學教派則是唯一人數上升的基督教派，即使說它占美國人口的百分比下滑了 1 個百分點。福音神學教派現有的教徒人口是 6,200 萬人，比起 2007 年增加了 200 萬人。

在基督教徒占總人口比例下滑的同時，歸屬於基督教以外各宗教信仰的美國人的百分比上升了。在 2007 年及 2014 年之間，從 4.7% 上升到 5.9%，成長最多的是穆斯林及印度教徒。

然而，最值得注意的增加──從 16% 上升到 23%──發生在無宗教歸屬的這個範疇，也就是沒有

再加上美國約有 80 萬名。在巴西，坎東貝列教至少有 1,000 萬名信徒，也稱為馬康巴教 (macumba)。巫毒教有大約 280 萬到 320 萬信徒 (Ontario Consultants 2011)，其中有許多人 (或許大多數人) 會採用其他的稱號，例如天主教，來指稱他們的宗教。

八、宗教與文化全球化

▲ 福音教派及五旬節派

源自歐洲及北美的福音神學教派基督新教 (Evangelical Protestantism，以下簡稱「福音教派」) 快速且持續的傳播，構成高度成功的當代文化全

宗教歸屬的美國人。這些宗教上「全無」的人們自我認定是無神論、諾斯提或「沒有特別信仰」。其中將近三分之一 (31%) 認定是無神論、諾斯提；他們占美國整體人口 7%。全無宗教者目前有 5,600 萬人，人數超越天主教徒或主要線路新教徒。這些沒有宗教歸屬的美國人大多是年輕人，其年齡中位數是 36 歲，美國總人口的中位數是 46 歲，主要線路新教徒的中位數則為 52 歲。無宗教歸屬者的百分比在美國西部最多，接下來依序是東北部、中西部與南方。在西部，無宗教歸屬者占 28%，人數超越每一個宗教群體。在各族群當中，非西語裔白人最有可能是無宗教歸屬者：24%，相較之下，拉丁裔則有 20%，非裔美國人則有 18%。男性比女性更有可能成為無宗教歸屬者——27% 對 19%。

我們要如何解釋無宗教歸屬者範疇的成長？有一項因素可能是宗教團體內婚的減少。從 2010 年以來的統計數據，新婚美國人當中有 39% 是不同宗教歸屬者之間的婚姻，相較之下在 1960 年之前僅有 19%。當父母具有不同的宗教歸屬，或者其中一方有

宗教歸屬但另一方沒有時，讓子女沒有宗教歸屬比起讓他們在兩者之中擇一，可能較為容易。

同時變得越來越常見——且被人們所接受的是——人們改信其他宗教，或改為完全不信宗教。有超過三分之一 (34%) 美國人的宗教認同有別於他們孩提時所信的宗教 (或此後就沒有宗教認同)。假使把從新教的某個教派轉宗到另一個教派的人們也算進去的話，例如主要線路轉到五旬節派，這個數據就會上升到 42%。那些在孩提時沒有宗教歸屬的人們，到了成年甚至更有可能轉換到另一個宗教。大約有 9% 的美國人在無宗教歸屬的家戶中長大成人，其中有一半到了成年時主張自己有個宗教歸屬。

我們看到美國的宗教信仰及實踐的多樣性正在上升。再者，既有的宗教本身的成員比例也在種族及族群方面有所分歧。少數族群目前占美國天主教徒的 41%、五旬節派的 24%、主要線路基督新教的 14%。我們有足夠理由相信，有關宗教歸屬及從此不信宗教的各種趨勢，將在美國繼續下去。

球化型態。在一個世紀之前，當時世界上 8,000 萬名福音教派教徒，有超過九成居住在歐洲及北美 (Pew Research Center 2011)。目前估計全世界的福音教派基督徒約有 4 億人到超過 10 億人之間。大多數居住在歐洲及北美以外的地方——非洲次撒哈拉地區、中東與北非、拉丁美洲與亞洲。

在巴西，福音教派有特別爆炸性的成長及發展——這裡傳統上是 (現在依然是) 天主教徒最多的國家。1980 年，當教宗約翰‧保祿二世 (John Paul II) 訪問巴西時，有 89% 的巴西人民宣稱是天主教徒。自從那時開始，福音教派基督新教就如野火般蔓延。在 20 世紀的前半葉，福音教派基督新教小規模入侵巴西，到了後半葉就有呈幾何級數的快速成長。在 1960 年代，新教的人口僅占不到 5%。到了 2000 年，新教人口占巴西上教堂人數的 15% 以上。目前估計福音教派信徒約占巴西人口的 20% 到 25%。福音教派基督新教在巴西的滲透，抵銷了天主教的信徒規模。不利於天主教的因素在於：主要為外國籍神父且正在減少、神職人員間鮮明的政治立場對立，並且被譏為主要是女性參加的宗教。

福音教派基督新教強調保守的道德、聖經權威，以及個人的 (「重生」) 轉教經驗。大多數的巴西福音教派是五旬節派 (Pentecostal)，他們將「說方言」(glossolalia 或 speaking in tongue，對神說著流利但旁人難以明瞭的聲音) 與信仰加進治療、驅魔和神蹟當中。

五旬節派聚焦於狂熱且熱情洋溢的崇拜，這深受非裔美國人基督新教所影響，而且跟它具有共同特色。在巴西的五旬結派跟坎東貝列宗教具有共同特色，後者也包括吟詠及附身 (Casanova 2001; Meyer 1999)。

柏格 (Berger 2010) 指出，現代的五旬節派可能是人類歷史上成長最快的宗教，並聚焦於它的社會面向來解釋為何如此。依據柏格的說法，五旬節派能夠倡導人們形成強大社群，對於這些正在歷經環境變遷的人們提供實質上及心理上的支持。我個人在巴西的經驗支持柏格的假設；我所遇到的大多數新加入的五旬節派教徒，往往來自正在發生急遽社會變遷的區域之中，沒有特權、貧窮或其他被邊緣化的群體。

英國社會學家馬丁 (David Martin 2010) 主張，五旬節派的傳播是因為信徒具體實踐韋伯的新教倫理——重視自我約束、勤奮工作與節儉。

其他學者則將五旬節派視為船貨崇拜的一種，建立在巫術與儀式活動可提振物質成功的這個信念 (Freston 2008; Meyer 1999)。柏格 (2010) 指出，今日世界數以百萬計的五旬節派教徒可能包括兩種類型：一種是韋伯派的新教徒，他們工作以生產物質財富，做為救贖的象徵；另一種信徒則相信巫術與儀式會帶來好運。

改宗成為五旬節派教徒，往往被期望要脫離他們的過去及圍繞他們身邊的世俗世界。例如在巴西，地方上的五旬節派社群的成員稱為真信徒 (crentes)，藉由他們的信仰、行為與生活方式而與眾不同。他們崇拜、吟詠並祈禱。他們的衣著簡單且拋棄世俗的誘惑 (將之視為邪惡) 諸如香菸、飲酒、賭博及婚外性行為，再加上舞蹈、電影及其他流行文化等。五旬節派教徒遵行禁慾主義的道德信條，並將周遭社會世界看做是由撒旦所掌控的領域 (Robbins 2004)。

五旬節派透過其道德信條，包括尊重婚姻並禁止通姦、賭博、飲酒與爭吵，來強化家庭及家戶的力量。在他們轉宗之前的文化當中，這些活動被男人所看重。但是，五旬節派也對男人有吸引力，因為它鞏固男人在家戶內部的權威。雖然五旬節派的意識型態主要是父權的，期望女人從屬於男人，但是女人往往變成比男人更活躍的教會成員。五旬節派提倡由女人籌組運作或女性專屬的禮拜及禱告團體。在這些場景當中，女人發展出領導技巧，因此她們也可延伸其社會支持網絡，跨越家庭及親屬的範圍 (Burdick 1998)。

▲ 同質化、本土化或混合？

任何一種文化形式從某個國家傳到另一個國家時──無論是星巴克 (Starbucks)、麥當勞，或一種宗教──都必須適應於它所進入的這個國家及文化。我們可用五旬節派的快速傳播為例，來探討外國文化要素進入地方場景的適應過程。

羅賓斯 (Joel Robbins 2004) 檢視他所稱的福音教派／魅力基督教在傳播並適應於各種不同的國家及地方文化時，所能保留的基本形式與核心信仰究竟有多少。福音教派是西方的發明：它的信仰、教條、組織特

性及儀式源自於美國，緊接在歐洲崛起及新教傳播之後。五旬節派的核心教義包括接受耶穌是唯一救主、以聖靈受洗、靈療及相信耶穌再臨，這些教義跨越各個國家及文化傳播，而沒有失去其基本型態。

學者們爭論著，對於五旬學派的全球傳播過程的最佳理解，究竟應該是：(1) 西方文化宰制及同質化過程 (可能受右翼政治論點所支持)；或是 (2) 傳播出去的文化形式會呼應地方需要，因而差異化及本土化。羅賓斯 (2004) 採取中間立場，將五旬節派的散播視為文化混合型態。羅賓斯 (2004) 主張在這些五旬節派文化當中，全球及地方的因素都具有同等強度。教會保有某些核心的五旬節派信仰及行為，同時對當地文化做出回應，而且在地方層次進行組織。

羅賓斯 (2004) 回顧文獻發現，幾乎沒有證據顯示，西方政治的潛在議程推動福音教派的全球擴展。確實外國人 (包括美國籍本堂牧師及電視福音傳道人) 協助將五旬節派引進到美國以外的國家。然而，幾乎沒有證據顯示，這些海外教會受到北美的大額資助及宗教理念的塑造。五旬節派教會往往是由上而下皆由當地人組成，以組織方式運作，並留意及回應地方狀況。轉宗往往是教會議程的重要特色。一旦轉宗，五旬節派的教徒就被期望成為活躍的福音傳播者，想辦法找進新成員。傳播福音是五旬節派文化最重要的活動，也必定有助於它的成長。

五旬節派是在其他全球化力量讓人們遷離家鄉，並使地方生活瓦解的情況下而傳播開來的 (Martin 1990)。對於那些在社會生活飄移不定的人們來說，五旬節派福音新教提供緊密結合的社群，以及在五旬節派社群內部及各社群之間的個人連結的網狀架構。這些網絡可讓人們輕易取得健康照料、工作機會、教育服務及其他資源。

有別於階層化的天主教，五旬節派是平權的。追隨者不需要特別的教育──只要有神靈感動──就可以傳道或經營教會。柏迪克 (John Burdick 1993) 依據他在巴西的研究，提到許多非裔巴西人被吸引參加五旬節派社群，原因是其他跟他們具有類似的社會及種族地位者，就在教會的會眾之中。參與及領導的機會都非常充足，例如，擔任義務傳道士、執事及各種男性、女性及青年教會團體。教會的救助資金向外擴展，提

供急難救助及地方相關的社會服務。

▲ 反現代主義與原教旨主義

反現代主義 (antimodernism) 係指對現代的拒斥，轉向支持被認定更早先、更純淨、更美好的生活方式。這種觀點來自對歐洲工業革命及後續的科學、科技與消費模式所產生的幻想破滅。反現代主義者往往認為現在科技運用方式是誤導的，或認為科技的優先性應該低於宗教與文化價值。[相關案例是美國的舊秩序阿米希人 (Old Order Amish) 或賓州荷蘭人，拒絕使用汽車及各種機器。]

宗教的**原教旨主義** (fundamentalism) 描述各種不同宗教當中的反現代運動，包括基督教、伊斯蘭教及猶太教在內。原教旨主義者不僅對周遭的 (現代) 文化具有強烈疏離感，他們也跟大型宗教群體相區隔，相信這些大型宗教的創立原則已經腐化或被拋棄。原教旨主義者倡導要回歸，並恪遵這個大型宗教的「正信」(原本的) 宗教原則。

原教旨主義者闡明他們的反現代主義，也試圖解救宗教，以免它被吸收進入現代、西方文化。在基督教，原教旨主義者是「重生的基督徒」，來對應於「主流線路的基督徒」。在伊斯蘭教，他們是哲馬爾提 (jama'at，在阿拉伯文，這是植基於緊密夥伴關係的社群)，從事聖戰 (jihad，抗爭)，來對抗西方文化對伊斯蘭教的敵意，並採行天神所賦予的生活方式 [撒拉亞 (shariah)]。在猶太教，他們是超正統猶太教徒 (Heradi)，「舊約正信」猶太人。在這些原教旨主義者群體全都有鮮明劃分，介於他們及其他宗教之間，以及介於「神聖」生活方式與現代「世俗」世界之間 (參閱 Antoun 2008)。

五旬節派及基督教原教旨主義者宣揚禁慾主義的道德觀、讓他人轉宗得救的責任，以及對聖經的尊敬。然而，原教旨主義者往往引述他們成功經營道德生活，做為獲得拯救的證明；然而，五旬節派則是在他們生氣勃勃、狂喜的宗教經驗中，找到得救的信心。原教旨主義者也試圖沿著宗教界線重新塑造政治領域，但五旬節派則往往對政治沒有什麼興趣 (Robbins 2004)。

反現代主義
對現代的拒斥，轉而支持被認定為更早先、更純淨、更美善的生活方式。

原教旨主義
倡導嚴格遵守一個宗教被認定的創立原則。

▲ 伊斯蘭教的傳播

伊斯蘭教——其 16 億名信眾占世界人口的五分之一——是另一個快速傳播的全球宗教,可用來做為文化全球化的例證。伊斯蘭的全球化也可做為文化混合的例證。伊斯蘭教已成功適應它所進入的許多國家與文化,從地主國文化採取建築風格、語言行為,甚至宗教信仰。

例如,雖然清真寺(伊斯蘭教的祭祀場所)全都具有某些共同特徵(如它們面向麥加,並具有某些共同的建築特徵),它們也納入來自各國環境的建築及裝飾成分。雖然阿拉伯語是伊斯蘭教的儀禮語言,用在禱告,但大多數穆斯林採用當地語言來討論他們的信仰。在中國,伊斯蘭的概念受到儒家思想所影響。在印度及孟加拉,伊斯蘭教的先知概念混合印度教的降凡(avatar),神祇採取肉身,並降到凡間來對抗邪惡並導向正直。伊斯蘭教進入印尼是透過穆斯林商人,他們設計祈禱儀式,合於乎先前存在當地的宗教——爪哇及蘇門答臘的印度教與佛教,東方島嶼的泛靈信仰,後來那裡的人最終變成基督徒。在巴里島,印度教存留下來成為優勢宗教。我們已經瞭解,五旬節派跟伊斯蘭教兩者在傳播到世界各地時,都混合並變成跟當地有所關聯。雖然維持某些主要的核心特色,但是當地人經常用自己的意義,來解釋他們從外面所接收的訊息及社會形式,包括宗教在內。這些意義反映著他們的文化背景、經驗及先前的信仰體系。我們在檢視及理解任何的文化傳播與全球化形式時,必須考慮混合及地方化的過程。

九、世俗儀式

總結本章對宗教的討論,我們可回想在開頭所提出的宗教定義問題。第一個問題是:如果我們將宗教界定為關於超自然存在、力量與作用力,我們要如何歸類發生在世俗情境脈絡下的類儀式行為?有些人類學家相信同時存在的世俗儀式及神聖儀式。世俗儀式包括發生在非宗教場合的形式化、不變的、固定形式的、最狂熱的、一再重複出現的行為

與通過儀式。

第二個問題是：如果在某個社會，人們一向不會區分超自然與自然，我們如何分辨什麼是宗教，什麼不是？例如，馬達加斯加的貝其力奧人將巫師與死去的祖先視為真實存在的人物，他們也在日常生活中扮演某些角色。然而，他們的超自然力量卻無法具體展現。

第三個問題則是：被認為適合於宗教場合的行為，依據各文化的情況而有非常驚人的差異。某個社會認為酒醉出神狀態是信仰的確信象徵，然而另一個社會可能必須沉靜表示對神明的尊敬。誰能說哪一種情況「比較屬於宗教性質」呢？

有一些顯然是世俗的場景、事物與事件，對於曾在成長過程中接觸這些東西的人們，確實可能具有強大意義。例如，植基於影迷、美式足球、棒球與足球的認同及忠誠度，確實可能是強而有力的；搖滾巨星及樂團可以吸引許多人；在美國職棒世界大賽的勝利，可能讓「紅襪王國」（波士頓）四處都在狂歡慶祝；義大利人與巴西人很少能像該國代表隊在世界盃足球賽競爭時，舉國關注同一件事，並在情緒上合而為一。涂爾幹在宗教當中所發現的典型特質：集體歡騰，同樣可用來描述巴西人在贏得世界盃足球賽冠軍時所體驗的東西。

在宗教比較研究的脈絡中，世俗事物可以轉變為神聖事物的這個想法，並不會令人感到驚訝。在很久以前，涂爾幹 (1912/2001) 就指出，幾乎所有從高尚到荒唐可笑的每種東西，在某些社會可能被當地人視為神聖。神聖與世俗的區別並不是依據神聖象徵的內在性質。例如，在澳洲的圖騰宗教，神聖事物包含微不足道的東西，像是鴨子、青蛙、兔子與蠐螬（甲蟲的幼蟲），它們的內在性質很難讓人聯想到，它們在當地人心中所激起的宗教情感。

許多美國人相信，休閒娛樂與宗教是截然劃分的兩個領域。依據我在巴西與馬達加斯加的田野工作，以及對其他社會民族誌的閱讀，我相信這種劃分方式是一個我族中心觀點，也是錯誤的。馬達加斯加人圍繞在墳墓所舉行的儀式，是生者與死者歡愉重聚的時刻，人們狂飲爛醉，暴飲暴食，並享受性解放的愉悅。在美國有許多宗教場合，可能是乏味、

禁酒、簡樸，並強調道德層面，把「樂趣」的成分抽離到宗教之外，這迫使美國人找尋屬於自己帶有樂趣色彩的宗教。

回顧

1. 人類學家華萊士如何定義宗教？在閱讀本章之後，你認為他的定義有哪些問題？
2. 諸描述一場你或朋友曾經參與的通過儀式，這場儀式如何切合本章所提的三階段模型？
3. 從新聞報導或個人的知識，你能提出其他有關復振運動、新宗教或中介祭儀的例子嗎？
4. 宗教是一個文化普同性。然而，宗教是每個特定文化的其中一部分，而且文化的差異有系統地展現於宗教信仰與儀式，這要如何做到？
5. 本章提到許多美國人將休閒娛樂與宗教視為兩個彼此分隔的領域。依據我在巴西與馬達加斯加的田野工作，以及對其他社會民族誌的閱讀，我相信美國人的這個區分方式是我族中心主義，而且是錯誤的。你是否同意這個看法？你自己有什麼這方面的經驗？

Chapter 13

藝術、媒體與體育

♦ 什麼是藝術？從歷史與跨文化的角度來看，藝術有什麼變異？
♦ 文化如何影響媒體？媒體如何影響文化？
♦ 文化與文化對比如何藉由體育來展現？

章節大綱

一、什麼是藝術？
　藝術與宗教
　為藝術定位
　藝術與個人性
　藝術工作
二、藝術、社會與文化
　民族音樂學
　藝術與文化的再現
　藝術與溝通
　藝術與政治

　藝術的文化傳承
　持續與變遷
三、媒體與文化
　運用媒體
　評估電視的影響力
　線上及離線的連結與社交能力
四、體育與文化
　美式足球
　什麼因素決定了國際體育賽事的成功？
　失寵：名人醜聞

認識我們自己

想像一下，某個電視節目吸引全國 70% 的觀眾收看的情景。在巴西，這種情況一再發生，受歡迎的電視劇 (telenovela) 節目將要停播之前 (電視小說是黃金時段的連續劇，播出約 150 集)。這種情況也發生在 1953 年的美國，當時有 72% 的電視機收看《我愛露西》(I Love Lucy) 的主角露西 (Lucy Ricardo) 前往醫院生下小利奇 (Little Ricky) 的那一集。讓人更難忘的是在 1956 年，有 83% 的電視機收看《蘇利文電視秀》(The Ed Sullivan Show) 播出貓王普利斯萊 (Elvis Presley) 的電視處女秀。近年來，吸引最多觀眾收看的單一電視節目是 1983 年播出的《外科醫師》(M*A*S*H) 完結篇，當時有 1 億 600 萬人或 77% 的電視機收看。在 21 世紀，從 2010 年到 2016 年連續 7 年的美式足球超級盃決賽都是收視排行榜冠軍，但並未超過《外科醫師》完結篇的收視率。2015 年超級盃由西雅圖及新英格蘭對決，創下 1 億 1,440 萬人收看的記錄，但佩芮 (Katy Perry) 在中場時間表演的收視率確實比超級盃本身更高，吸引 1 億 1,850 萬人收看。2015 年超級盃的收視率是 71%，意味著在那個星期天清晨收看電視的人們當中，有 71% 是收看超級盃轉播。2016 年的超級盃由丹佛野馬隊及卡羅萊納黑豹隊對決，收看者有點減少——降到 1 億 1,100 萬人，但依然是電視史上最多人觀看節目的第三名。

在美國，最近數十年有個值得一提的發展，從「大眾文化」(mass culture) 轉移到「小眾文化」(segmented culture)。這個越來越分歧的國家認定，甚至讚揚多樣性。大眾媒體加入並強化了一這股潮流，權衡並迎合各種不同的「人口統計數據」。媒體的產品與訊息所瞄準的目標較少放在大眾，而是特定的小眾——目標觀眾 (target audiences)。

舉例來說，思考一下體育節目的演進。從 1961 年到 1998 年，美國廣播公司 (ABC) 製播每週一次的體育精選節目《體育大世界》(Wide World of Sports)。在星期六下午播出的節目中，美國人可以收看保齡球、田徑、滑冰、大學摔角、體操、冰上滾石 (curling)、游泳、潛水或其他任何一項體育運動。這個節目就像是一年到頭舉行的迷你奧運。如今美國有十多台體育專業頻道，迎合每一種觀眾的胃口 (大多屬於額外付費收看)。想想看現在人們可以選擇的項目究竟有多少：透過有線及衛星電視、網站、智慧型手機、平板、Netflix (線上付費頻道)、DVR，以及遙控器，現在的目標觀眾可收看各式各樣的頻道，分別專精於各種音樂、體育、遊戲、新聞、喜劇、科幻小說、小道消息、電影、卡通、懷舊電視情境喜劇、西班牙語與各種其他語言節目、自然、旅遊、探險、歷史、傳記，以及在家購物。新聞頻道甚至針對具有特定政治傾向的觀眾，例如福斯新聞 (Fox News) 或 MSNBC。

看起來就好像是，在這些媒體發展及政治人物不斷提出抱怨的「特殊利益」之間存在著關聯性。假使每個人依然收看相同的電視節目，你是否認為人們會有更多的共識，而且美國人就比較不會那麼兩極化呢？

一、什麼是藝術？

藝術
包括視覺藝術、文學 (口語或書寫的)、音樂與表演藝術。

藝術 (arts) 包括音樂、表演藝術、視覺藝術、說故事與文學 (口語或書寫的) 等。這些人類創造力的外顯形式，有時稱為**表演文化**

(expressive culture)。人們採用舞蹈、音樂、歌謠、繪畫、雕塑、陶藝、服飾、說故事、詩詞、散文、劇場及喜劇等，來展現自己。許多文化缺乏可輕易翻譯成「藝術」(art 或 the arts)的字彙。然而，就算是缺少可用來指稱藝術的字彙，各地人們也會將審美經驗——美麗、欣賞、和諧、愉悅的感覺——連結到具備某些特質的聲音、圖案、物品及事件(參閱 Garcia Cancilini 2014)。奈及利亞的尤魯巴人(Yoruba)用來指稱藝術的字彙歐納(ona)，涵蓋物品的圖案、藝術品本身、這類模式與作品的創作者所具有的專業精神。尤魯巴人的兩個從事皮革工藝世系群名為：歐突尼斯歐納(Otunisona)、歐西伊斯歐納(Osiisona)，語尾詞歐納就是指藝術(Adepegba 1991)。

有一本字典將**藝術品** (art) 定義為「某項美麗或超越日常意義的特質、產品、表現型態與領域；受到美學標準所影響的這類物件」(*Random House College Dictionary* 1982: 76)。依據同一本字典，**審美** (aesthetics) 包括「在藝術作品中被人們所感知的特質……；跟美感有關的心智與情緒」(前引書：22)。依據一項更晚近的字典定義，將藝術視為「以想像及技法所創造的某種事物，它是美麗的，或表達了重要的概念及感覺」(Merriam-Webster 2016)。然而，我們知道，某一件藝術品也可能在多數體驗它的人們並不認為它具有美感的情況下，能吸引注意力，具有特殊的重要性，並展現想像力與技巧。畢卡索(Pablo Picasso)的油畫《格爾尼卡》(*Guernica*)是描寫西班牙內戰的知名畫作，這幅畫描繪的景象深入人心，它雖非美麗，卻無疑撼動人心，並因此成為藝術品。

許多社會並未將藝術視為單獨、特別的活動，但這並不阻礙個人採取我們可能稱為審美的方式，受到聲音、形式、物體與事件所感動。我們的社會確實提供清楚界定的藝術鑑賞家角色。我們也具有藝術場所——音樂廳、劇場、美術館——人們可到那些地方，藉由藝術物件與表演，感受美學愉悅與情緒感動(參閱 Burt 2013)。

西方文化往往將藝術劃分為某種有別於日常生活的東西，這反映著一種更普遍的現代制度區隔，就像將政府與經濟體系從社會的其他部分劃分開來。這些領域都被視為獨立存在的範疇，並具有自己的學術專業

表演文化
舞蹈、音樂、繪畫、雕塑、陶藝、服飾、說故事、戲劇與喜劇等。

藝術品
喚起人們審美反應的物件、事件或其他表現形式。

審美
在藝術作品中被感知的各種美感性質。

人士。在非西方社會,藝術的生產與鑑賞是日常生活的一部分,就如同西方社會的流行文化。

　　本章並不打算對一切的藝術形式(或者它們的主要分支)進行全面探究。而是檢視經常用來討論表演文化的主題與議題。藝術將用來涵蓋所有的藝術,包括印刷與電影敘事在內,而不僅僅是視覺藝術。換言之,關於藝術的觀察將普遍運用在音樂、劇場、電影、電視、書籍、故事與口語傳說,以及繪畫與雕塑。在本章,某些藝術與媒體無可避免地受到更多注意。但是請記得,表演文化所涵蓋的內容遠遠超過視覺藝術。表演文化也包括說笑話、說故事、劇場、舞蹈、兒童遊戲、比賽與節慶,人類學家對這些議題都有所著墨。

　　審美愉悅感是由感官接收的。當我們想到藝術時,心裡往往就會浮現某些可被看見或聽見的事物。但有些人可能將藝術定義得更廣,包括可聞到(香氣、香味)、品嚐(食譜),或觸摸(服飾的質感)的東西。藝術必須持續多久呢?視覺作品與書寫作品,包括音樂作曲,可延續數個世紀之久。一場值得慶祝的事件,例如一場盛宴,除了留在記憶中,它根本就不是永恆的事物,可否成為一件藝術作品?再者,這些展演往往會收錄在影像紀錄當中;否則,它就會朝生暮死,就如同「極其奢華的國王饗宴」。

▲ 藝術與宗教

　　在對宗教的討論中曾提及的某幾項議題,也適用於藝術。對宗教與藝術的定義,都會提及「比平常更多」或「超乎尋常」。宗教學者可能會區分神聖(宗教)與世俗(日常);相似地,藝術學者也將事物區分為藝術性質與日常性質。

　　假使我們面對宗教聖物時,會採取特別的態度或行為;當我們體驗一件藝術作品時,是否也會展現類似的態度與行為呢?依據人類學家馬奎特(Jacques Maquet 1986)所說的,藝術品引發並維持人們的專注凝神,它引起人們的注意與迴響。馬奎特強調在產生這種藝術凝視時,這個物件形體的重要性,但其他學者除了強調形體,也強調感覺與意義。藝術

經驗包含感覺，例如受到感動及對於形式 (例如平衡或和諧) 的欣賞。

這種藝術態度可以跟宗教態度相結合，並用來強化宗教態度。許多西方藝術與音樂的巔峰作品，具有宗教的思想泉源，或在宗教服務過程中完成，如果我們造訪西方的教堂或大型美術館，一定會得到相關例子。巴赫 (Bach) 與韓德爾 (Handel) 都因創作教會音樂而家喻戶曉，正如米開朗基羅 (Michelangelo) 因其宗教繪畫與雕塑而聞名。這座建築物 (教堂與主教堂座) 本身，以及其中演奏的宗教音樂和展現的視覺藝術本身就是許多藝術品。西方藝術的某些重大建築成就確實就是宗教建築。

人們可在室外或特殊室內場景，來創造、表演或展示藝術。正如教堂將宗教劃分在日常世界之外，美術館與劇場也將藝術區隔在日常世界之外，讓它變得特別，不斷吸引好奇的遊客進入觀看。專門用來展現藝術的建築物，有助於創造藝術氣氛。建築物可能更強調這個場景就是展示藝術作品的場所 (參閱 Ingold 2013)。

儀式、儀禮與藝術的場景可能是暫時或永久的。國家社會具有永久宗教建築物：教堂與神廟。同樣地，國家社會也有專供藝術使用的建築物與結構。無國家社會往往欠缺這類永久劃分出來的場景。在社會中，藝術與宗教都是「超乎尋常」的。但在遊群與部族，可在沒有教堂的情況下創造出宗教場景。同樣地，也可在欠缺美術館的情況下創造出藝術氣息。在一年的特定時間，可將日常空間挪出來，成為視覺藝術展示或音樂演唱會，這些特殊場合就如同人們騰出來舉行宗教儀式的時間。事實上，在部族展演活動中，藝術與宗教往往混合在一起，例如，戴著面具與穿著戲服的表演者可以模仿精靈。通過儀式的特色往往就是特殊的音樂、舞蹈、歌謠、身體裝飾，以及其他表演文化的表現型態。

在北美太平洋海岸的部族，將各種不同藝術形式相結合，以創造出祭儀氣氛。戴著面具並穿著特殊服裝的舞者再現了這些精靈，他們以戲劇手法重演精靈與人類的相遇，這是當地村落、氏族或世系群的起源傳說的其中一部分。有時候，舞者運用複雜難懂的舞蹈模式。這些舞者的聲望高低是依據跟著他們跳舞的人數多寡來評定。

人們往往會 (但錯誤地) 假定非西方藝術必然關聯到儀式。事實上

如同西方社會一樣，非西方社會也有為藝術而藝術的作品。就算是宗教儀式的表演，也保留有個人發揮創造力的空間（參閱 Osborne and Tanner 2007）。例如，在口傳文學中，聽眾較感興趣的是藝術家的腔調與表演，而非表演者正在代言的這位特定神祇。

為藝術定位

審美價值是區分藝術的一條途徑，另一條途徑則是考慮藝術的定位。如果某個物件在美術館被展示，有些人會認定它就是藝術。雖然部族社會沒有美術館，但他們可能保留特殊區域，讓藝術表演在那裡舉行。例如，澳洲北部的提維人 (Tiwi)，在某個人去世後，藝術家會受到儀式上的完全授權，製作裝飾用的墳墓柱子。這些柱子藝術家被隔離在接近墳墓的一塊獨立區域。對其他人而言，那個區域是禁忌之地。社群的其他成員同意擔任贊助者，並供應這些藝術家一些不易取得的材料來進行工作 (Goodale and Koss 1971)。

在什麼是藝術及什麼不是藝術之間的界線，並不是經常清楚的。美國普普藝術家安迪沃荷 (Andy Warhol) 的知名之舉就是把日常的康寶濃湯罐頭、布瑞羅擦拭墊 (Brillo pad)，以及瑪麗蓮夢露的圖像轉換成藝術作品。許多近代藝術家則試圖將日常物品轉換成藝術作品，來消弭藝術與日常生活間的隔閡。有許多物品從來不會被當成藝術品，例如情人打字機 (Valentine Olivetti)，但若它被放置在美術館裡面，依然可以被轉化成藝術品，例如在美國紐約的現代藝術館 (Museum of Modern Art) 展出。馬奎特 (Jasques Maquet 1986) 區分了兩種藝術：一是「藉由轉換類型而產生的藝術」(art by transformation)；二是被創造且準備成為藝術品的物件——「基於目的而產生的藝術」(art by destination)。

在國家社會，我們變得必須仰賴藝術評論家、鑑定家與專家，來告訴我們什麼是藝術，什麼不是。有一齣名為《藝術》(*Art*) 的舞台劇，討論的話題就是三位朋友間的衝突，由其中一人買了一幅全白畫作而引發的，他們就如同一般人，對藝術作品的定義與價值有著不同見解。在當代社會，對藝術鑑賞的意見分歧特別常見，這類社會具有專業藝術家與

評論家,並有較多的文化多樣性。在社會分化及階層化較低的社會中,我們可以期望出現更一致的標準與協議。

為了做到文化相對性,我們必須避免將自己對藝術的標準,運用在其他文化的產物上。雕塑是藝術,對嗎?未必如此。先前我們挑戰了一個觀點:非西方藝術往往與宗教具有關聯。以下所要討論的喀拉巴力人(Kalabari) 的例子提出相反觀點:宗教雕塑並非經常成為藝術品。

奈及利亞南部的喀拉巴力人(圖13.1),刻製木雕是為了宗教目的,並非為了審美目的。他們生產的雕刻並非藝術品,而是為精靈製作的「房子」(Horton 1963)。喀拉巴力人將這類雕塑放在祭屋中,讓神靈能住在其中。人們並非為了藝術目的而創造雕塑,而是為了操縱及控制神靈力量。喀拉巴力人對於這些雕塑確實具有一些標準,但不是審美標準,美感不是目標,人們所要求的是雕塑必須充分完成,以再現它的神靈,而且雕塑者必須依據舊有模式來製作。每個神靈都有關聯到祂的特定形

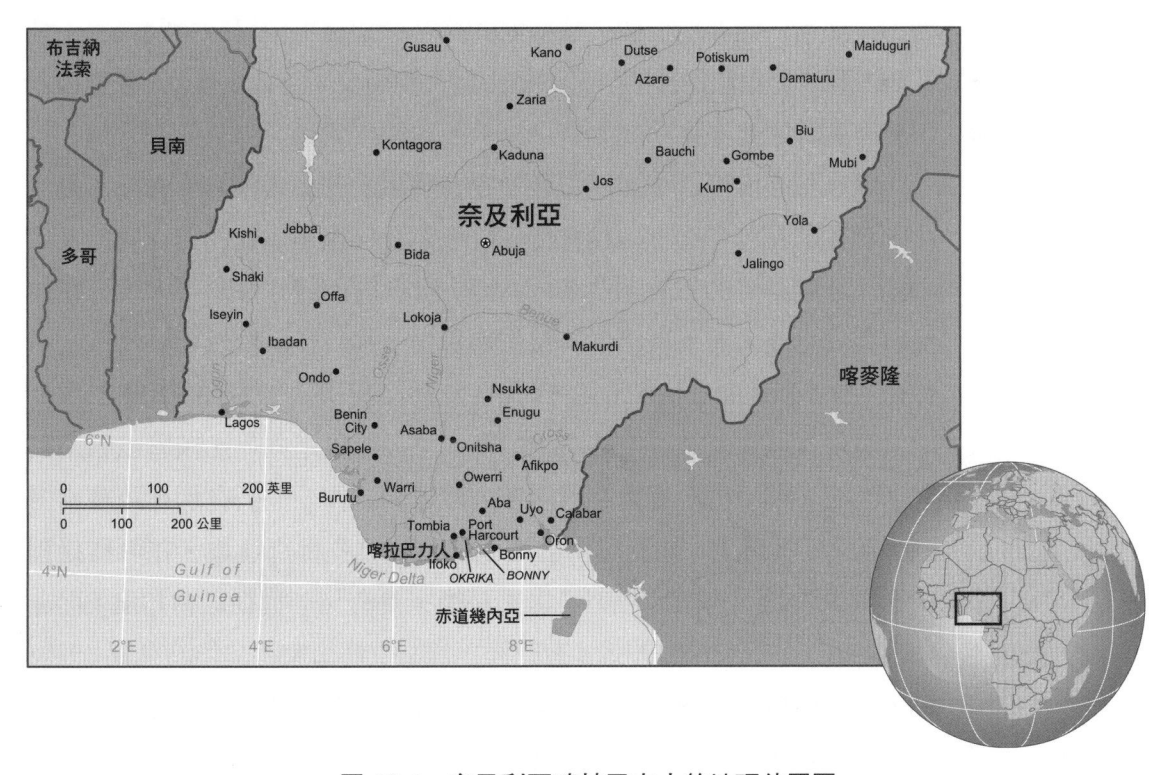

圖 13.1 奈及利亞喀拉巴力人的地理位置圖

象,而且如果雕塑者的作品過度偏離先前形象就會是危險的,受到冒犯的神靈可能會報復。雕塑者只要奉行這些完整性的標準,以及先前已建立的神靈形象,就能自由表現自我。但這些神像是令人感到厭惡的,而非美麗的。

▲ 藝術與個人性

在藝術創作方面,經常存在著介於個別藝術家及她／他所屬社會脈絡之間的交互影響。雖然西方藝術家享有反傳統或反社會的名聲是司空見慣的事,但藝術作品不可避免地反映著藝術家的文化背景,而且往往在社會當中被評斷。藝術家有粉絲也有批評者。對於西方藝術的討論往往強調個別的藝術作品;在非西方社會的藝術研究則是個相反方向,聚焦於藝術的社會脈絡。那些研究非西方藝術的學者經常受到批評:他們忽略了個人,而太專注於藝術的社會性質與脈絡。來自非洲或巴布亞紐幾內亞的藝術物件在美術館展出時,往往只標示部族名稱及捐贈作品的西方人名字,而非這位個人藝術家的名字。這種再現可能會創造出一種印象,藝術是集體創作的,而不是由個人藝術家所完成。有時確實如此,但有時並非如此。

就某種程度而言,非西方社會存在著更多的集體創作。在部落場景中,藝術家在創作過程中經常得到許多意見回饋,這比西方社會的個人藝術家所能得到的回饋還要多。在西方社會的回饋往往來得太晚,在作品已完成之後,而不是出現於製作過程中,那時作品依然可被修改。布翰南 (Paul Bohannan 1971) 在對於奈及利亞提夫人 (Tiv) 的田野工作期間,發現當地只有一些技藝卓越的藝術家,而且這些人比較喜歡私下製作。然而,較平庸的藝術家可能在公開場合工作,他們在那裡可經常得到旁觀者 (批評者) 的意見。藝術家會依據這些批評建議,在製作過程中經常改變設計,例如雕塑。提夫藝術家更有另一種從社會角度 (而非個人角度) 進行工作的方式。有時候,當某位藝術家將其作品棄置一旁,別人可能會拾起這個作品並繼續製作。提夫人並不會如同西方人一樣認為個人及其藝術作品間有某種連結關係。

即使在當代社會，藝術創作可能是個公開且有回應的過程。想一想巴西電視小說的製作過程（參閱本章的「認識我們自己」專欄）。隨著電視小說播出的進展，編劇必須密切注意觀眾的反應，採用各種不同方式來衡量，從調查到非正式訪談，例如在美髮沙龍及巴西人聚集進行「茶水間閒聊」的其他地點。在顧及觀眾反應的情況下，編劇隨後就會修訂，甚至改變電視小說的方向。

儘管有提夫人這個例子，但在許多非西方社會也存在著知名的個人藝術家。他們有可能受其他的社群成員或外界人士所認定。他們的藝術作品甚至可能為了特定場合的展演或表演（包括儀禮、或宮廷藝術與事件）而被徵集（參閱 Schneider and Wright 2010）。

在西方社會，將焦點放在個人藝術家是常見的，就算是在集體展出及表演當中，例如在交響樂的演奏當中，指揮家可能跟樂團齊名，或者更出名。哈阿帕拉 (Haapala 1998) 認為，藝術家及其作品是不可分割的。「藉由創造出藝術作品，一個人為自己創作了在藝術上的同一物，他確實創造了自己，存在於他所創作的每一件藝術作品。」依據他的觀點，畢卡索本人創造了許多個畢卡索，他就存在於這些藝術品中，並透過這些藝術品而存在，莎士比亞 (William Shakespeare)、奧斯丁 (Jane Austen) 及梅莉史翠普 (Meryl Streep) 也是如此。

有時就算在西方社會，就一件長久存在的藝術品而言，有時人們對負責創作的個人藝術家所知甚少，甚至不知道他的身分。對於我們最常記得與哼唱的歌曲，最有可能知道的是那位演唱錄音的藝術家，而不是這些歌曲的創作者。有時候我們無法從個人藝術家的角度來認識藝術，因為這件藝術品是集體創作的。我們應該將一座金字塔或大教堂歸功於誰的創作？究竟是建築者、統治者或受託進行這項工作的領導者，或是實際設計的偉大建築師？

▲ 藝術工作

英文的歌劇 (opera) 這個字彙是 opus 的複數型，意指一件工作。至少對藝術家而言，藝術是一項工作，即使這是創作性的工作。在非國家

的社會裡,藝術家可能必須狩獵、採集、放牧、捕魚或農耕來填飽肚子,但他們依然設法找出時間來製作藝術;在國家社會中,藝術家至少已被界定為專家——選擇從事藝術家、音樂家作家、或演員等職業的專業人士。假使他們設法從藝術來養活自己,就會成為全職的專業人士。假如不是,他們兼職從事藝術,而由其他活動來謀求生計(本章的「領會多樣性」專欄描述了追求音樂生涯的有天分的音樂家,但在其他領域保有「日常工作」)。有時候藝術家會組成專業團體,例如中世紀的行會或當代的工會。紐約演員工會(Actors Equity)是工會組織,這是現代的行會,用來保護其藝術家會員的利益。

製作一件藝術品究竟需要多少工作量?在法國印象派的發展早期,有許多專家將莫內(Claude Monet)及其同伴的作品視為太像草稿與自發性的,無法成為真正的藝術。已有相當成就的藝術家與評論家,習慣於更形式化與古典畫室的風格。法國印象派畫家這個名號得自他們的素描——對自然與社會情景的印象(impressions)[1]。他們獲益於繪畫的技術創新,特別是可以取得裝在錫管的油彩,帶著他們的調色板、畫架與畫布進入田野。在那裡,他們捕捉了許多不斷改變的光線與色彩影像,如今這些作品已被懸掛在許多美術館,完全被認定為藝術品。但在印象派成為一門受正式承認的藝術「畫派」之前,它的各項作品都被評論家視為粗糙與未完成。就藝術社群的共同標準來看,最早期的印象派畫作都被草率評定為太過粗糙與未完成,就好比我們先前討論的喀拉巴力人的精靈木雕一樣。

就人們所熟悉的藝術表現形式(如繪畫或音樂)而言,社會往往存在著一些標準,據以判斷藝術品是否已完成或已合乎標準。例如,大多數人們會質疑,全白畫作可否被視為藝術品。這些當時盛行的標準可能對不循正統路線或叛經離道的藝術家構成阻礙,但正如印象派的這類藝術家,到最後可能取得勝利。某些社會傾向於獎勵順從正統的行為,重視藝術家對傳統模式與技法的專精程度。其他社會則鼓勵揚棄過去、創新。各項標準可能以不成文方式維持在社會當中,或由藝術專家所維持,

---

1 譯注:法文原意為蓋印、印痕、印記。

例如藝術評論家。

當代社會的有趣特色就是,我們全都可能成為潛在的評論家。透過網際網路,一般人都能表達他們對於一大堆主題的意見,包括藝術、媒體與運動。例如,現在許多網站提供關於電影的資訊,也包括觀眾及「專業評論家」的評論跟回顧。評論不再是精英的專利,他們的意見可能跟那些「平常人」或「像你一樣的觀眾」有著明顯差別。美國人常說的一句話就是「那只是你的意見罷了」——暗示任何一個人的意見就跟其他人一樣有效。網際網路提供公開論壇,讓任何懂得夠多的人來公開傳達這些意見。

二、藝術、社會與文化

大約在距今 10 萬年前,世界最早的幾位藝術家住在伯龍玻斯洞穴 (Blombos Cave),這是位於南非面對印度洋的一處岬角高崖中。他們打獵並從海裡捕魚食用。從身體與腦容量來看,這些古代非洲人是體質構造上的現代人類。他們也將獸骨製成輕巧的工具與尖狀武器。再者,他們運用象徵符號來雕塑器物——這是抽象思考與創造性思想的具體表現,而且可以推斷的是,他們透過語言來溝通 (Wilford 2002b)。

南非的漢希伍德 (Christopher Henshilwood) 所率領的隊伍,分析來自伯龍玻斯洞穴的獸骨工具及其他器物,也包括赭石,這可能被人們用來身體彩繪。令人印象最深刻的是三件尖銳工具,這些骨頭剛開始可能是由一把石刀來塑型,然後花上好幾個鐘頭加工製成對稱形體並拋光。依據漢希伍德所說 (引述自 Wilford 2002b):「其實沒有必要這麼仔細製造這些拋射用的尖狀器 (矛頭)。對我們而言,這些東西顯示了象徵思考。這些人說:『讓我們做出一件真正美麗的東西吧……』。象徵思考意味著,人們正運用某些東西來意指其他東西。這些工具並非徒具實用目的。赭土可能用來裝飾他們的工具,或裝飾自己。」

在歐洲,藝術品的出現至少可溯及距今 3 萬年前,直到西歐的舊石

器時代晚期。舊石器時期晚期藝術的最知名作品是洞穴繪畫，繪製在地下深處的洞穴裡。這些畫像可能是通過儀式的一部分，參與儀式的人們從社會中脫離，在此繪製這些作品。此外，有一些可攜帶物件以骨頭與象牙雕塑而成，連同樂器哨子與笛子，也確定貫穿整個舊石器時代晚期的藝術表現(參閱 Lesure 2011)。藝術往往比洞穴繪畫更公開呈現。藝術在社會之中受到展示、評價、表現與欣賞。它具有觀眾或聽眾，並非只為了藝術家而存在(參閱 Pink and Abram 2015)。

▲ 民族音樂學

民族音樂學
將音樂視為文化與社會的一個面向，所做的比較研究。

民族音樂學 (ethnomusicology) 是對於世界各地的音樂，以及音樂做

領會多樣性

亞裔美國人音樂家：網路明星、想成為主流者

亞裔美國人這個泛族群稱號，將具有不同區域及國家背景的人們統括起來——東亞人(如華人、日本人、韓國人)、東南亞人(如菲律賓人、泰國人、越南人)，以及南亞人(如印度人、巴基斯坦人)等。「亞裔美國人」這個概念在 1960 年代及 1970 年代興起。在具有多樣的國家背景的人們當中，這個泛族群稱號提倡共同認同感與利益感。

在美國，對於亞裔美國人發展出幾種刻板印象，從衝勁十足、成就取向的「虎媽」，以及她的成功子女 (Chua 2011)，到精通電腦的呆子。人們認定亞裔美國人的精通領域往往是專業及技術，而不是體育或娛樂。我們在這裡的焦點是，亞裔美國人的特殊一群，他們選擇在這個刻板印象之外找工作：亞裔美國人表演者，特別是音樂家。

想一想 Legaci，這是一個菲律賓裔美國人的饒舌「男孩樂團」，出現在 2014 年 7 月的《美國達人》選秀節目 (America's Got Talent, AGT)。這個節目將他們呈現為業餘團體，即使說他們曾擔任小賈斯汀 (Justin Bieber) 的合音，而且他們在 YouTube 上有幾支受歡迎影片，因此具有音樂行動的能見度。媚兒碧 (Spicy Girl Mel B) 是《美國達人》的四位評審之一，一開始就問這四位年輕人「白天的工作」是什麼。結果是 Legaci 這四位成員都在科技領域工作，如此就肯定對亞裔美國人是「電腦呆子」跟「無趣」的刻板印象，這就如同是另一位評審斯特黑 (Howard Stern) 所說的。一直等到這個團體表演結束，他們的音樂天分才獲得肯定，並獲得熱烈的讚揚，即使說他們最終並未在「美國達人」晉級。雖然 Legaci 在網路上獲得成功，但他們無法在主流媒體取得一席之地，或者用音樂來養活自己，Legaci 的四位團員依然保有在音樂工業之外的工作。

當我們思考亞洲在國際音樂娛樂所扮演的重要角色時，亞裔美國人在主流音樂媒體的地位微不足道，就特別令人驚訝了。例如，印度的寶萊塢在全球流行文化當中具有重大展現，南韓蓬勃發展的流行音樂爆紅，成為 YouTube 有史以來點播率最高的影片。由南韓音樂人 Psy 所表演的「江南風格」(Gangnam Style)，源自於他的第六張流行音樂專輯的主打歌。到本書撰寫時，這部影片吸引了 24 億 4,000 萬次的點閱。

為文化與社會的一個面向,所進行的比較研究。如此民族音樂學的領域就結合了音樂學與人類學。音樂學方面包括對音樂本身及創作音樂的樂器的研究與分析。人類學方面將音樂視為探索一個文化的途徑,來決定音樂在該社會的歷史與當代所扮演的角色,以及影響著音樂如何被創造與表演的特定社會文化特質。

民族音樂學研究非西方音樂、傳統音樂與民俗音樂,乃至於從文化觀點來看當代流行音樂(參閱 Harris and Pease 2015; Rice 2014; Wade 2013)。為了做到這一點,必須進行田野工作─在特定社會,針對特定的音樂形式、社會功能與文化意義的第一手研究。民族音樂學家與地方音樂家對談、在田野現場錄音,並瞭解在某個社會的樂器、展演與表演者

YouTube 及其他媒體的可及性會具有培力效果,提供以其他途徑所無法取得的表現及廣泛認定的平台。亞裔美國人正在渴求在 YouTube 宇宙當中的一個重要區位。其中最成功是日裔美國人瑞安·希嘉 (Ryan Higa,日文為ライアン ヒガ),他的頻道點閱率高居 YouTube 的前十名,有 1,370 萬訂戶 (Regullano 2015)。在 2015 年《富比士》的世界 YouTube 最高所得明星排行榜的前十名中,有兩位是亞裔血統,分別是排名第七的是越南裔美國人 Michelle Phan,緊接在後的是排名第八的辛格 (Lilly Singh),她在 YouTube 上比較有名的稱號是「女超人」(Superwoman)。辛格是加拿大人,但她的族群源頭是印度人,特別是旁遮普邦。她的影片內容範圍涵蓋喜劇、饒舌到激勵演說,自從在 2010 年開始經營頻道以來,就吸引超過 10 億人點擊收看,有 700 萬名用戶。《富比士》估計她在 2015 年的稅前盈餘大約 250 萬美元。

除了辛格這個明顯的例外,YouTube 往往偏愛出身東亞及東南亞的美國人,而非出身南亞者。辛格在 YouTube 明星當中受到矚目,不僅是因為她的南亞出身背景,更因為在這個由男人絕大多數的領域,她成為非常成功的女性,因為大多數在 YouTube 獲得成功的亞裔美國人藝術家是男性。

在 YouTube 上最成功的兩位亞裔美國人是特拉菲克 (Traphik) 跟周大衛 (David Choi)。特拉菲克是泰裔美國人的嘻哈歌手,又名提拉加多 (Timothy DeLaGhetto)。周大衛是韓裔美國人創作歌手。特拉菲克有 280 萬訂戶,能夠依據他的網路聲望來舉行巡迴演唱會。他也曾上 MTV2 台的嘻哈實境秀──*Wild'N Out* 演出。周大衛的 YouTube 影片可以回溯到這個網站剛創立時的 2005 年,也辦過多次巡迴演場會,包括在美國與全球各地 (Regullano 2015)。

研究者瑞谷拉諾 (Eileen Regllano 2015) 總結說,亞裔美國人音樂家已運用 YouTube 來大眾化他們的平台,以創造顯著的新媒體曝光。人們揣想著,究竟這些有天分的音樂家要花多少時間才能夠從網路進入主流媒體?或者我們應該問個不一樣的問題:究竟網際網路本身已經變成或注定變成大眾文化的主流。辛格可以不用變成碧昂絲 (Beyoncé)、夏奇拉 (Shakira) 或是斯威夫特 (Taylor Swift),但是靠著當網路明星每年賺進 250 萬美元,她就沒有什麼必要從事其他的「日常工作」。

的定位 (Kirman 1997)。時至今日，在全球化潮流下，大異其趣的文化和音樂風格很容易相遇與混合。採用更大範圍的文化樂器與風格的音樂型態，稱為「世界融合」(World Fusion)、「世界節拍」(World Beat) 或「世界音樂」(World Music)——這是當代民族音樂學的另一項主題。

由於音樂是文化普同性，而且音樂能力似乎有家學淵源，有一種說法是音樂天分可能具有遺傳的基礎 (Crenson 2000)。是否有可能存在著「音樂基因」，興起於數萬年或數十萬年前，對於擁有這個基因的早期人類賦予了演化優勢？音樂存在於所有已知的文化，顯示它在人類早年歷史就已興起。關於音樂的古老風俗，最久遠的直接證據來自斯洛維尼亞的一處洞穴遺址的骨雕笛子。這件「迪維傑小笛子」(Divje babe flute) 是世界上已知最古老的樂器，其定年追溯到距今 43,000 年之前。

特瑞帕 (Sandra Trehub 2001) 探索音樂可能存在的生物根基，她指出在世界各地，母親唱歌給子女的方式有著驚人相似性——具有較高音調、緩慢節奏，以及獨特聲調。所有的文化都有搖籃曲，它們的聲音非常類似，因此任何人都不會把它誤認成其他音樂型態 (Crenson 2000)。特瑞帕認為，音樂在人類演化過程中可能具適應力，因為具音樂天分的母親擁有較輕鬆的時光，讓孩童得以安靜下來。安靜的孩童容易入睡並很少吵鬧，較有可能存活到成年時，因為他們的哭聲可能不會引來掠食動物，他們與母親得到更多的休息而且他們較不可能受到虐待。假使在人類演化的早期，有一種賦予人們音樂能力的基因，在這種自然選擇的優勢下，有音樂能力的成人會將他們的基因傳給子女。

由於音樂大多採取集體演出，似乎是最具社會性質的藝術形式，例如聖詩班、交響樂團、合唱團與樂團。那些在生物性質上帶有音樂傾向的早期人類，能否更有效生活在社會群體中？這是不是另一個可能的適應優勢？

原先**民俗** (folk) 這個字被創造來稱呼歐洲鄉民，包括民俗藝術、音樂與傳說故事，都是用來對照於歐洲統治菁英的「高級」藝術或「古典」藝術。人們往往認為，當歐洲民俗音樂被表演出來，這套服飾、音樂，以及常見的歌謠與舞蹈的組合，就訴說某些關於地方文化與傳統的東

民俗
屬於人民的；例如，一般人民的藝術、音樂與口語傳說。

西。觀光客及其他外地人經常透過這類表演，來瞭解鄉村生活或民俗生活；而社區居民經常運用這類表演，向外來者展現並扮演其地方文化與傳統。

在波士尼亞 (南斯拉夫內戰前的) 的穆斯林村落帕拉尼尼卡 (Planinica)，拉克伍 (Yvonne Lockwood 1983) 研究了當地的民俗歌謠，在那裡日夜都可聽到這些歌謠。大部分活躍的歌者是介於 16 歲到 26 歲的未婚女性 (女子)。從女孩到女子 (適婚女性) 的社會身分轉換，是藉由主動參與公開歌唱和舞蹈所標示的。女人催促青春期女孩一起加入歌唱，並展現如同女子一般的行為舉止。這是通過儀式的一部分，藉此女孩 (dite) 變成女子 (cura)。相對地，婚姻使大多數女子從公領域轉移到私領域；公開演唱往往就停止了。已婚婦女在自家或和其他女子相處時才會唱歌，只有偶爾跟隨女子在公開場合演唱。在 50 歲之後，婦女往往停止歌唱，即使在私人場合也是如此。對女人而言，歌唱標示在不同年齡級之間的一系列轉換過程：從女孩到女子 (公開演唱)、女子到妻子 (私下演唱)、妻子到老年人 (再也不唱)。

歌唱與舞蹈常見於男子與女子共同參加的普瑞羅 (prelos)，在帕拉尼尼卡，塞爾 - 克羅埃西亞語 (Serbo-Croatian) 的普瑞羅這個字，常常被界定成「不斷旋轉的蜜蜂」，意指任何一次互訪場合。普瑞羅在冬季特別常見，在夏季村民的工作時間較長，普瑞羅很少見。普瑞羅提供讓人們遊戲、放鬆、歌唱與跳舞的場景。所有的女子聚會場合，特別是普瑞羅，都是歌唱場合。已婚婦女鼓勵女子唱歌，往往會建議特定的歌曲。假使男性也在場，可能就會發生歌唱對決，女子與年輕男性互相戲弄對方。一場成功的普瑞羅會有許多人參與，伴隨著歌唱與舞蹈。

在戰前的波士尼亞穆斯林的其他各種生活場景中，公開歌唱是一個傳統。在某一天從山坡上割下乾草後，由村落男子組成的群體就在村外特定地點聚集。他們依據歌唱能力排隊，歌唱能力最強的男子排在前面，其次的依序排在後面。他們漫步朝村落前進，在行進時一面唱著歌，直到抵達村落中心為止，他們到那裡就會解散。依據拉克伍所說，無論在何時集合一群女子或年輕男子來舉行活動，如果沒有公開唱歌就不會結

束。《白雪公主》(Snow White)或電影《史瑞克》(Shrek)的各個角色的靈感來源，都可追溯到歐洲鄉間的這類風俗習慣。

🔺 藝術與文化的再現

源自於民俗、鄉村與非西方文化的創造性產品和影像，已藉由傳播媒體與觀光逐漸傳播，並且商品化。有一項結果就是許多西方人開始將「文化」想像成多采多姿的習俗、音樂、舞蹈與裝飾：衣飾、珠寶與髮型。在電視頻道，甚至在許多人類學影片中，存在著對藝術與宗教的偏誤看法，而不是呈現更世俗的經濟與社會層面(參閱 Grimshaw and Ravetz 2009; Schneider and Pasqualino 2014)。許多民族誌影片的開頭是一段音樂，大多是鼓聲：「碰嘎、碰嘎、碰嘎、碰嘎，在這個地方(加上地名)，人們是亟具宗教色彩的。」這種再現形式只是強化了我們先前曾評論的一項假設，非工業化社會的藝術往往關聯到宗教。可能創造出一種錯誤印象，非西方社會的人們在大部分時間都穿著色彩艷麗的服裝、歌唱、跳舞，並舉行宗教儀式。走到一個極端，這些影像所展現的文化是休閒與輕佻的，而不是展現一般人的日常生活──不僅是他們舉行節慶的時刻。

🔺 藝術與溝通

藝術也發揮作用，成為介於藝術家與社群或觀眾間的溝通形式。有時存在著介於藝術家與觀眾間的媒介者，例如演員負責將其他藝術家(作家與導演)的作品與理念，轉譯成觀眾所觀看與欣賞的表演；音樂家可以彈奏並演唱其他人的作品，也可演出自己作曲的作品；編舞家運用別人撰寫的音樂，編排與執導；舞蹈模式，讓舞者表演給觀眾欣賞。

藝術如何進行溝通？我們必須知道藝術家想要傳達什麼，以及觀眾如何做出回應。觀眾經常與藝術家立即做溝通。例如，現場表演者可能得到觀眾的立即回應，正如作家與導演也可藉由觀看自己作品的演出，而得到立即回應。藝術家希望至少得到一些不同反應。在當代社會，隨著觀眾歧異程度漸增，完全一致的反應已相當少見了。當代藝術家就如

同商人一樣，都意識到他們有一群目標觀眾(顧客)在整個人群的一部分人比其他人更有可能欣賞某些藝術形式。

藝術可以傳達多種訊息，它能夠傳達道德教條或訴說警世故事，也可為這位藝術家或社會傳達教育訊息。就如同某些儀式可引發焦慮，然後加以排解；戲劇的緊張與消解過程，也可導引觀眾做出**情緒宣洩**(catharsis)：密集的情緒釋放。藝術可以牽動情緒，讓我們大笑、哭泣、高亢或沮喪。藝術訴諸於理性，也訴諸於情緒。我們會置身於結構良好、巧妙平衡、充分展現的藝術作品中而感到愉悅。

情緒宣洩
密集的情緒釋放。

藝術經常用來紀念與延續，喚起一個持久存在的訊息。就如同儀式，藝術可提供一個記憶作用，讓人們記得某些事情。藝術品可能是設計用來讓人們記得個人或事件，例如愛滋病的傳染在世界許多地區造成致命的傷害，或是2001年令人震驚的911事件。

▲ 藝術與政治

藝術對社會的服務，究竟應該到什麼程度？藝術可以是自我覺醒來支持社會改革。藝術可用來表達或挑戰社群情感及標準。決定某件東西究竟是不是藝術品，或是關於如何展示藝術，都可能是個政治議題並具爭議性。美術館對其展示的藝術家與藝術作品，必須在社群價值及對創造力與創新期望之間取得平衡。

有許多現今受重視的藝術，在自己的年代遭致反感。當馬蒂斯(Matisse，法國野獸派創始者)、布拉克(Braque，法國立體主義)、畢卡索(西班牙藝術家，與布拉克同為法國立體主義創始者)等人的畫作，於1913年美國紐約第一屆軍械庫藝術展(Armory Show)展出時，就禁止孩童觀看。近一個世紀之後，美國紐約市政府與市長朱利安尼(Rudolph Giuliani)先後對布魯克林藝術館在1999年到2000年間的「感覺」(Sensation)展示提出告訴。

在宗教團體抗議奧菲利(Chris Ofili)的創作《聖母瑪利亞》(*Holy Virgin Mary*)(一件藝術拼貼，其媒材包括象糞)之後，朱利安尼認為這件藝術品褻瀆神明。在接下來的庭訊當中，藝術提倡者出聲反對市長的

各項舉措。美術館獲得勝訴,但奧菲利的作品繼續受到攻擊,有個人夾帶油漆進入布魯克林美術館的展示廳,企圖將油漆塗在《聖母瑪利亞》之上(參閱 Reyburn 2015)。據藝術學教授戴維斯(Michael Davis)表示,奧菲利的藝術拼貼是「令人震撼的」,因為它故意挑釁並意圖撼動觀眾,進入更開闊的思考架構。紐約市市長的反應可能植基於狹隘的藝術定義,認為藝術應當是美麗的,並植基於一種同樣受限於舊思維的觀點,認為聖母瑪利亞應以義大利文藝復興時期的繪畫筆法來描繪。

時至今日,沒有任何一位美術館館長可以籌劃並開放一項展覽,而完全不需擔心它會冒犯這個社會的某些政治組織。美國國家藝術基金會(National Endowment for the Arts)的自由主義者與保守主義者之間,就有一場持續進行的爭鬥。藝術家已被批評為遠離社會,只為自己或統治精英而創作,脫離人們所習慣的及傳統的審美價值,甚至嘲諷平常人的價值。

▲ 藝術的文化傳承

對藝術的鑑賞方式反映著個人的文化背景。觀察在西方美術館參觀的日本觀光客,他們不斷試圖詮釋所看到的東西。相對地,日本的茶道儀式或摺紙展示,對於外國觀察者也是非常陌生的。藝術鑑賞必須透過學習,而且是在特定的文化場景當中。

例如,具有特定音調及旋律模式的音樂,會讓某些人感到愉悅,卻疏遠了其他人。麥克阿勒斯特(McAllester 1954)在對那瓦荷人(Navajo)音樂的研究發現,音樂以三種方式反映著當時的整體文化:首先,個人主義是那瓦荷人的重要文化價值,個人決定自己要如何展現她或他的歌曲。其次,那瓦荷人將外來音樂視為危險的,並加以排斥(這個第二點已不再正確,現在已有那瓦荷人搖滾樂團)。第三,有一種普遍對於合乎習俗形式的壓力,也適用於音樂。在那瓦荷人的信念中,有一套演唱每一種歌曲的正確方法(那瓦荷人的位置圖參閱圖 13.2)。

人們學會欣賞某些類型的音樂及其他藝術形式,就如同他們學會聽懂與解析外國語言一樣。有別於倫敦人與紐約人,巴黎人並不會蜂擁觀

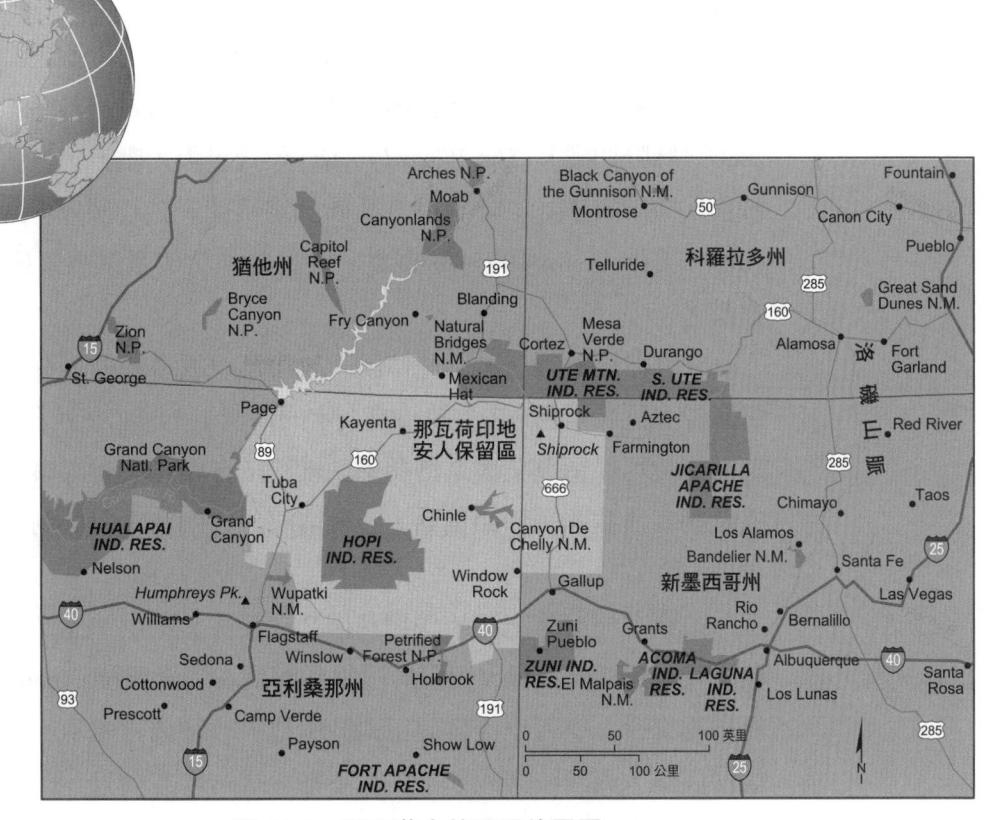

圖13.2　那瓦荷人的地理位置圖

看音樂劇。即使像《悲慘世界》(Les Misérables)這齣音樂劇有許多源自法國的成分，在倫敦與紐約及許多大城相當受歡迎，在巴黎卻票房慘敗。幽默笑話也是口語藝術，它是依附在文化背景與場景而定。在某個文化令人感到有趣的事情，到了另一個文化可能無法被翻譯得同樣有趣。當美國人說笑話卻得不到共鳴時，可能會說：「好吧，如果你當時在現場的話，就會懂了。」笑話如同審美判斷一樣，是依據情境脈絡而定的。

　　人類學對藝術的研究取向有別於傳統人文科學，藝術史的「精緻藝術」、「偉大書籍」，以及古典音樂等。人類學已延伸「受到文化薰陶」的定義，超出菁英觀點的「高級」藝術與文化 (參閱 Sansi-Roca 2015)。對於人類學家而言，每個人透過濡化過程而習得文化。在現今的學術界越來越接受人類學的文化定義，有助於將人文科學的研究，從

精緻藝術與精英藝術擴大到「民俗」與非西方藝術,乃至於大眾文化的創意表現。

本章的「領會人類學」專欄呈現人類學家採用來自大眾文化來分析神話與傳說故事的研究技術,可以延伸到美國人所熟悉的兩部奇幻電影:《綠野仙蹤》(*The Wizard of Oz*) 與《星際大戰》。這個專欄也突顯法國人類學家李維史陀 (1967) 與新佛洛伊德學派心理分析家貝特爾海姆 (Bruno Bettelheim 1975) 的貢獻,兩人對神話與童話故事研究具有重要貢獻。

在許多社會裡,神話、傳說、故事及說故事藝術,在文化傳承方面扮演許多重要角色。在欠缺書寫文字的情況下,例如在西非的許多地區,口語傳說可保留歷史與系譜關係的細節。音樂可與說故事結合起來,用在戲劇表演並強調情節重點,這個情況比它們在電影與劇場的運用機會更多。

孩童在什麼年紀開始學習藝術?在某些文化中,他們開始得很早。將學習小提琴的孩童,對照於巴拿馬圖西波諾恩貝拉 (Tusipono Embera) 社群的集會。學習小提琴的正式的引導。教師們帶頭示範,讓孩童瞭解如何演奏。圖西波諾人則是在較不拘形式的地方場景,孩童學習這項藝術,做為整個濡化過程的一部分。有許多小提琴學生之所以學習這項藝術,是因為父母希望他們這樣做,而不是因為他們具有想要展現的藝術氣質。在美國的表演活動往往關聯到學校,都具有強大的社會成分,而且往往是競爭性的。孩子與同儕同台表演。他們在這個過程中學會了競爭,無論是在運動比賽奪得冠軍,或在學校樂團擔任首席。

▲ 持續與變遷

藝術持續不斷變遷,雖然某些藝術形式已存在數千年之久。舊石器時代晚期的洞穴藝術持續了 3 萬年,它本身就是人類創造力與象徵概念的高度發展的表現,具有一段漫長的演化歷史。紀念性建築物,連同雕塑、浮雕、裝飾陶藝,以及具有文字記載的音樂、文學與戲劇,都從早

期文明延續至今（參閱 Burt 2013; Ingold 2013）。

許多國家與文化因其特殊貢獻而聞名於世，包括藝術在內。巴里島人因舞蹈而聞名；那瓦荷人因沙畫、珠寶與編織而聞名；法國人則將美食創造成藝術形式。我們依然在大學課堂閱讀希臘悲劇與喜劇，也閱讀莎士比亞與米爾頓 (John Milton) 的作品，並欣賞米開朗基羅的畫作。希臘戲劇是最持久的藝術品之一。艾斯奇勒斯 (Aeschylus)、索福克利斯 (Sophocles)、尤利匹底斯 (Euripides)、亞里斯多芬尼斯 (Aristophanes) 等希臘作家的話語，依然被用在許多英文寫作並持續存在。誰能知道，在文字出現之前的文學創作與表演型態，已有多少佚失了？

古典希臘戲劇在世界各地存續下來。在大學課堂上被閱讀、在電影中被觀看，以及從雅典到紐約的舞台被現場演出。在今日世界，劇場藝術是龐大的「藝術休閒」產業的一部分，這項產業將西方及非西方的藝術形式連結在一套兼具美學與商業面向的國際網絡中（參閱 Marcus and Myers 1995; Root 1996; Schneider and Wright 2013）。非西方的音樂傳統與樂器已加入這套網絡當中。民俗音樂家為外來者表演，對象包括不斷增加的觀光客。再者，澳洲的迪吉里杜管 (didgeridoo) 之類的「部族」樂器正在外銷到世界各地。至少在荷蘭阿姆斯特丹，就有一家迪吉里杜管專賣店。在任何一個世界首都，都有數十家商店販售來自第三世界數十國的「傳統」藝術，包括樂器在內。

即使美國的文化尊重實驗及創新，但創造力的展現也可能採用傳統的變化型態。我們在「領會人類學」專欄就看到，其中的《星際大戰》即使具有特定故事及創新特效，卻是跟先前的一篇文學敘述有著相同結構。拜全球化所賜，來自世界各地的成分與口味，現在都結合在當代的飲食內容之中。同樣地，來自各個文化與各個時代的元素，交織納入當代藝術與展演文化之中，包括當代媒體。

領會人類學

我會得到你的，我的美人，還有你的小 R2

數十年來，《綠野仙蹤》每年都在美國的有線電視播出。最早的《星際大戰》[1]，依然是美國最受歡迎的影片之一。法國結構主義人類學家李維史陀 (1967) 以及新佛洛伊德學派心理分析家貝特爾海姆 (1975) 對於神話與童話故事的研究，讓我們得以對當代美國人熟知的童話故事影像，做出如下的分析。

李維史陀檢視來自不同文化的傳說故事，他確定某個故事，可透過一系列的簡單運作過程，轉變為另一個故事，例如依據下列過程：

1. 將一個神話的正面成分轉變為它的負面成分。
2. 翻轉各個成分的順序。
3. 將一位男性英雄替換成一位女性英雌。
4. 保留或重複某些重要成分。

透過這樣的運作過程，兩個明顯不同的神話故事，可被呈現為一個相同結構的兩個變種；換言之，兩者是彼此的變型。

我們將會看到《星際大戰》是《綠野仙蹤》的有系統結構變型。我們可以思考它們有多少相似性是有意識造成的，而且有多少相似性僅僅反映了《星際大戰》作者暨導演盧卡斯 (George Lucas) 及美國其他人所共同經歷的濡化過程。

《綠野仙蹤》與《星際大戰》的故事都開始於一處乾燥鄉野，前者在美國的堪薩斯州，後者在沙漠星球塔圖因 (Tatooine)。(表 13.1 列舉這裡所討論的相似性)。《星際大戰》將《綠野仙蹤》的女性英雌桃樂絲轉換成男孩——路克天行者 (Luke Skywalker)。童話故事英雄名字的頭一個字往往較短、常見，第二個字則是描述他們的源頭或活動。那麼路克，他在太空船航行到外太空，是一位天行者；然而桃樂絲‧蓋爾 (Dorothy Gale，Gale 直譯為強風) 是被一場龍捲風 (一陣強風) 吹到歐茲國 (Oz)。桃樂絲與她的小狗托托 (Toto) 離開家，有個女人在歐茲國變成西方壞女巫，桃樂絲被她所追趕並設法逃走。路克跟隨他的機械人「Two-two」(R2D2)，他被「西斯教派黑暗公爵」達斯‧維德 (Darth Vader) 所追殺，在故事結構上維德相當於巫師。

桃樂絲與路克一開始都跟著舅舅和舅媽 (或叔叔與嬸嬸)[2] 一起生活。然而，由於這個英雄的性別轉換，這個基本關係被倒轉了。如此桃樂絲與舅媽的關係是基本的、溫暖的，並且充滿愛的；然而，路克與叔叔的關係雖然是基本的，卻是緊張且疏遠的。在這些故事裡，舅媽與舅舅 (或叔叔與嬸嬸) 都因相同理由而出現。他們再現了家庭 (生長家庭)，其中的子女 (依據美國的文化風俗) 終究必須離開，以創造自己的家庭。貝特爾海姆 (1975) 指出，童話故事往往將父母假扮成舅舅與舅媽，而且這種手法建立社會距離。故事中的孩童可處理這個英雄跟舅舅及舅媽的別離 (在《綠野仙蹤》)，或舅媽與舅舅的去世 (在《星際大戰》)，這比起處理真正父母的死亡或跟父母別離更容易。再者，這能讓這個孩子對於他或她的真實父母的強烈情感，在一些不同的、更核心的角色中被再現，例如西方壞女巫與維德。兩部電影都聚焦於這個主角與同性別雙親的關係，將那個父親或母親區分為三個角色。在《綠野仙蹤》裡，母親區分為兩個壞角色及一個好角色，她們是東方壞女巫，在故事一開頭就死掉了；西方壞女巫，在故事結尾去世；以及格琳達，好母親，繼續活下去。在原版的《星際大戰》，翻轉了這個好壞的比例，給予路克一個好父親——絕地武士 (Jedi knight)，他被宣稱在影片開頭就已死去。另有一位好父親——肯諾比 (Ben Kenobi)，他在影片結尾不明確地死亡。第三位則是邪惡的父親人物——維德。正如同《綠野仙蹤》的三號好母親繼續存活，《星際大戰》的三號壞父親則繼續活下來，而在續集反擊。

孩子跟異性雙親的關係，也再現於這兩部影片中。桃樂絲的父親角色是歐茲國的男巫，一開始就令人感到害怕的角色，後來被證實是一個騙子。貝特爾海姆提到，在童話故事中，父親角色往往被假扮成怪物或巨人，或者當這個父親被保持人類形象時，他是虛弱、冷淡或並未發揮作用的。桃樂絲依靠這個男巫來拯救她，卻發現他所提出的要求似乎不可能達成，而且到最後他只是一個平凡人。桃樂絲靠自己贏得成功，不再依賴這樣一個父親，對方所能提供的東西並不會超出桃樂絲所擁有的。

在《星際大戰》(雖然在後續幾部片子中不甚明顯)，路克的母親角色是莉雅公主 (Princess Leia)。貝特爾海姆提到，男孩經常幻想母親是父親的不情願俘虜。童話故事往往將母親假扮成公主，這個男孩英雄必須設法幫助她得到自由。採取生動的佛洛伊德學派意象，維德以一根如同巫婆掃帚柄大小的鐵針，脅迫莉雅公主。到了影片結尾，路克拯救了莉雅，並打敗維德。

在這兩部影片的結構中，有其他驚人的相似點。童話故事英雄在他們的探險過程，經常有其他陪伴者，這些陪伴者將一場成功探險所需的德性加以擬人化。這樣的角色大多一次出現三個。桃樂絲帶著智慧(稻草人)、愛(鐵樵夫)與勇氣(獅子)。《星際大戰》包含一組在結構上相同的三個角色——韓蘇洛 (Han Solo)、C3PO、秋巴卡 (Chewbacca)——但他們與特定性格的關聯並不精確。配角在結構上也是平行的：小好人 (Munchkins) 與爪娃人 (Jawas)；蘋果樹與沙人 (Sand people)；有翅膀的猴子 (Flying Monkeys) 與帝國風暴兵 (Stormtroopers)；而且有相對的場景——女巫城堡與死星，翡翠城與反抗軍基地。結局也是類似的，路克靠自己完成他的目標，運用催原力 (Force)(瑪那，神奇力量)；桃樂絲的目標則是回到堪薩斯州。她藉由敲鞋根三下，並運用銀鞋的力量 (Force) 來達成這個目標。

所有成功的文化產物都混合新舊成分，運用人們所熟悉的主題。他們可用小說手法重新安排這些內容，並因此在創造或接受這些文化產物的這個文化中，贏得一個恆久地位。《星際大戰》成功地運用在小說之中的舊有文化主題，它藉由引用這種美國童話故事來做到這一點，從 20 世紀初就已成為書籍，可由人們所取得閱讀。你是否觀看了最近一部大受歡迎的《星際大戰》系列電影《原力覺醒》(*The Force Awaken*)？如果是的話，請試著將這部新片看成是原創《星際大戰》的轉型，做出你的結構分析。提示：另一個乾燥行星、跟小機器人緊密連結的是英雄而非英雄、邪惡父親被邪惡兒子所取代。

譯注：
1 本文《綠野仙蹤》的譯詞引自包姆原著，區昕改寫 (2005)，《綠野仙蹤》，台北：東方出版社。《星際大戰》譯詞引自「Tatooine——星際大戰的發源地」，網址：http://www.starwars.idv.tw/。
2 在美國社會，uncle 一字的指稱範圍包括舅舅與叔叔，aunt 一字則包括舅媽與嬸嬸。本段翻譯直接參照前述譯本。

◆ 表 13.1 　《星際大戰》做為《綠野仙蹤》的結構轉型

《星際大戰》	綠野仙蹤
男性英雄 (路克天行者)	女性英雄 (桃樂絲)
乾燥的塔圖因星球	乾燥的堪薩斯州
路克跟隨 R2D2：	桃樂絲跟隨托托：
R2D2 逃離維德	托托逃離女巫
路克與叔叔、嬸嬸同住：	桃樂絲與舅舅、舅媽同住：
與叔叔 (同性) 的基本關係	與舅媽 (同性) 的基本關係
與叔叔的緊張、疏離關係	與舅媽的溫暖、緊密關係
同性別雙親的三個角色：	同性別雙親的三個角色：
兩個好父親、一個壞父親	兩個壞母親、一個好母親
好父親在一開頭的死亡	壞母親在一開頭的死亡
好父親在結局的死亡 (?)	壞母親在結局的死亡
壞父親存活下去	好母親存活下去
與異性別雙親 (莉雅公主) 的關係：	與異性別雙親 (歐茲國男巫) 的關係：
莉雅公主是不情願的俘虜	男巫做出不可能達成的要求
鐵針	帚柄
公主被拯救	男巫結果變成騙子
三位陪伴者：	三位陪伴者：
韓蘇洛、C3PO、秋巴卡	稻草人、鐵樵夫、獅子
配角：	配角：
爪娃人	小好人
沙人	蘋果樹
帝國風暴兵	有翅膀的猴子
場景：	場景：
死星	女巫城堡
提卡爾 (反抗軍基地)	翡翠城
結局：	結局：
路克運用魔法來達成目標 (摧毀死星)	桃樂絲運用魔法來達成目標 (回到堪薩斯州)

三、媒體與文化

　　今日的大眾文化或流行文化成為文化型態的特色，已快速出現及傳播，這是拜當代生活的物質條件的重大改變所賜，特別是工作組織、運輸、通訊及媒體等，包括體育、電影、電視節目、遊樂園區與速食餐廳，已成為國家文化及國際文化的強力成分 (參閱 Sanjek and Tratner 2016)。它們提供一套由共同期望、經驗與行為所構成的架構，凌駕宗

教、階級、正式宗教歸屬、政治情感、性別、族群及居住地等方面的差異性。

▲ 運用媒體

任何由媒體所支持的影像，可從其本質來分析，包括它的象徵與影響。它也可被當作**文本**(text)──任何可由接觸它的人們所接收、處理、詮釋、並賦予意義的東西──來分析。以這種概念來看，這個詞彙可用來指稱影片、影像或事件。「讀者」──文本的使用者──創造了屬於自己的詮釋，並從它衍生自己的感覺。媒體訊息的「讀者」經常產生屬於自己的意義。

文本
一個文化產物，由接觸它的人所擁有並指定其意義。

媒體學者費斯科(John Fiske 2011)認為，每個人對於流行文化的用法，就是具創造力的行動(對「文本」的原創性「解讀」)。例如，某個特定的明星、電影、遊戲或電視節目，對每一位粉絲具有某些不同的意義。費斯科主張，當他們以實用、直接的方式，跟自己的日常生活建立關聯時，個人從文本所創造的各種意義是十分愉悅的(Fiske 2011; 也請參閱 Fiske and Hartley 2003)。

媒體的閱聽者採用對他們有意義的方式，來主動選擇、評估並詮釋媒體。人們基於各式各樣的理由而使用媒體：為了證實某些信念、沉醉於幻想、發現無法在地方上獲得的資訊、找尋資料、進行社會比較、消解挫折、提出詳細的社會方針，以及規劃人生計畫等。流行文化[從街頭音樂(hip-hop music)到漫畫]可使那些處於(或覺得自己)欠缺權力或受壓迫的群體，表達其不滿與抗爭。

在巴西南部的某一座城鎮伊比拉瑪(Ibirama)，寇斯達(Alberto Costa)發現當地婦女及年輕男女都特別著迷於電視小說，這是有故事情節的晚間電視節目，類似於美國的肥皂劇，往往描寫精緻的都市場景(參閱 Kottak 2009; Pace and Hinote 2013)。在伊比拉瑪的年輕男人與婦女運用電視小說的更自由內容來挑戰保守的地方價值。在巴西，比起較無權力的人們，菁英、知識分子、教育工作者、神職人員及老人往往對媒體更加猜疑與輕視。這些群體往往將媒體訊息視為威脅或翻轉他們身為

權力或文化資本的護衛者的傳統權威。

最近迪斯卡提 (Lara Descartes) 與筆者在美國密西根州中產階級的田野工作當中,發現父母揀選足以支持或強化他們觀點與生涯選擇的媒體訊息 (Descartes and Kottak 2009)。媒體所塑造的各種不同的工作與家庭形象,給予父母有機會將自己認同於或對比於這些媒體角色。城鎮居民將自己比擬於媒體上的人物與情境,也比擬於他們生活中的人物。我們也發現,正如同巴西的情況,相較於其他人,某些人士(傳統主義者)對媒體更加輕視、不信任或抱持敵意。

當人們尋找某些訊息,或者在自己家鄉社群無法輕易找到這類訊息時,他們有可能向其他地方找尋。媒體,特別是現代的社會媒體,能讓當地人串連到豐富的網絡,提供各項連結、資訊、娛樂及潛在的社會支持。在巴西,更大幅使用所有的媒體,是向外發展取向的一部分,這是普遍希望得到超乎當地及平常所能獲取的資訊、連結、模式與支持。對於我們在密西根州的某些報導人而言,媒體提供一條通往更廣闊世界的大道。然而,有些人則是安於孤獨,甚至試圖增加孤獨程度,他們限制自己接觸媒體,並限制自己與子女對外界社會的接觸。

連結到更大的世界,無論是真實或想像的、線上或離線的,都是人們移動超越地方價值與期待的一條途徑,即使這個逃脫只是暫時的,或想像他人的苦樂而感同身受的。伊格納修 (David Ignatius 2007) 描寫 19 世紀英國小說的逃避現實者 (escapist) 價值,故事中堅強的英雌追求著「自由思想與個人自由」,在她們追尋某些更多的目標時,拒斥「輕鬆的安逸,以及由父母安排而與同階級男人婚配」。即使(而且/或是由於)她們具備獨立或反叛的性情,例如珍・奧斯汀所著的《傲慢與偏見》(*Pride and Prejudice*) 一書中所描寫的伊莉莎白・班內特 (Elizabeth Bennett) 這類人物,幾乎都可找到幸福快樂的結局。在 19 世紀的讀者發現這位英雌的成功「深深令她們滿意」,因為在現實生活(地方社群)中,很少有機會見到這類行為與選擇(本段的引述文字全部來自 Ignatius 2007: A21)。

媒體的另一個角色是提供社會凝聚力──用於分享的基礎──當

家人或朋友觀看喜愛的電視節目，或共同參加這類活動。媒體也能為更大範圍的(全國或國際的)群體提供共同的基礎。巴西人與義大利人可以在同一時間，由於世界盃足球賽(兩國對戰)的一個進球而受到刺激，但雙方情緒截然不同。而且他們可以記得同一個決定勝負的射門長達數十年之久。人們透過接觸相同的媒體，而習得的共同資訊與知識，呈現了人類學所揭示的文化概念(也請參閱 Askew and Wilk 2002 以及 Ginsburg, Abu-Lughud, and Larkin 2002)。

▲ 評估電視的影響力

我和同事頭一次覺得電視可能影響巴西人的家庭計畫，是當我閱讀《紐約時報》(*New York Times*) 的一篇短文。這篇報導依據對巴西人所做的訪談，指出電視(連同其他因素)正在影響巴西人擁有較小規模的家庭。所幸我們的媒體對巴西鄉村的影響研究計畫，提供我們測試這項假設所需的量化資料。

我們的發現證實在其他地方的研究所呈現的，家庭規模的最強力預測因素是婦女的教育水準。然而，結果變成有兩項電視變項——目前收看程度，以及特別是家庭裝設電視的年數——是更理想的家庭規模預測變項，比其他預測變項更準確，包括收入、階級與宗教等。

在我們針對四個收看電視年數最長的城鎮所做的研究中，一般女人家中擁有電視機 15 年，而且懷孕胎數為 2.3 胎。在三個最近才擁有電視的社區，一般女人家中擁有電視 4 年，懷過 5 胎。因此，收看電視的年數長度是有用的生育歷史預測因素。當然，在某個地點的電視收視情況，正是當地整體取得的外在體系與資源逐漸增加的面向，而這些資源也包括改良的避孕方法。但長期在家收看電視的影響，不僅呈現於我們對不同地點的比較研究，更呈現於我們同一組樣本之內，各個地點、年齡層，以及個別婦女之間。

在這些關聯性背後的社會機制是什麼？目前在巴西實施家庭計畫(包括避孕)的機會，比昔日更大；但是在非洲、亞洲與拉丁美洲的經驗，可以取得避孕技術並不會保證家庭計畫工作的成功，而是必須創造出大

眾對避孕的需求。通常，就像在印度，必須透過「社會行銷」，包括有計畫的多媒體宣傳活動。然而在巴西，很少直接運用電視宣傳來讓人們減少生育子女數。那麼電視如何影響巴西人計畫較小規模的家庭？

我們注意到巴西電視上的家庭，其子女人數往往比巴西傳統小鎮的家庭更少。在每一集電視小說 (晚間連續劇)，由於敘事形式與製作成本的限制，演員角色限定在 50 人。電視小說往往是性別均衡的，而且包含不同社會階級的數個三代擴展家庭(因此有些主角可藉由升級婚「向上爬升」)。這些敘事風格的常規，限制了電視中每個家庭的子女人數。我們的結論是，人們對適當家庭規模的概念受他們所收看的電視內容所影響，日積月累之後，城鎮的核心家庭規模就會比傳統家庭更小。再者，商業電視節目的目標就是販賣商品與生活方式。巴西電視上的家庭往往演出享受消費商品與休閒生活，這是觀眾學著嚮往的生活。電視小說可能傳達一個概念，觀眾可藉由模仿電視角色的家庭計畫，而達成那種生活風格。巴西電視對於家庭計畫的影響，正如同我們在第 1 章所描述的，似乎是更普遍、受電視所影響的社會態度，由傳統的社會態度轉變到更自由的態度。人類學家頓恩 (Janet Dunn 2000) 在巴西所做的延伸田野工作，顯示收看電視如何確實發揮作用，影響生育選擇及家庭計畫。

▲ 線上及離線的連結與社交能力

數個世代以來的人類學家已強調，年代久遠的社會制度 (如婚姻與貿易) 所具有的連結社會功能 (創造結盟關係)。今日世界提供許多極其新潮的社會連結管道。索金 (Aaron Sorkin) 選擇《社會網絡》(*The Social Network*) 做為他描寫臉書創立過程電影的標題，臉書的更準確名稱應是社群網站 (social networking site, SNS)，人們造訪這些網站以獲得在網路空間的連結關係。現代媒體能讓地方人群取得這些連結，提供人們聯絡、資訊、娛樂及潛在的社會支持。在巴西人當中，我們看到廣泛的媒體使用，反映著外向的傾向、普遍對連結關係 (社群網絡) 的期望，這超出當地及平常可取得的社群網絡。

巴西正在快速增加網際網路存取及社會媒體使用。隨著巴西中產階

級的成長，網際網路的使用已傳遍整個國家，雖然在沿著亞馬遜河流域及鄉村地區的小社群，但網路依然不穩定。大約有 60% 的巴西人具有線上連結，相較之下，美國則有將近 90% (Poushter 2016)。有許多在線上的巴西人使用臉書，從 2010 年起就在巴西的智慧型手機上免費使用 [筆者跟佩斯 (Richard Pace) 的討論]。巴西的臉書用戶人數排名世界第三 (僅次於美國及印度)。臉書網站在巴西的成長率超乎尋常，光是在 2012 年到 2013 年間就增加 3,000 萬名新用戶 (跟佩斯的討論)，現在巴西人有超過 7,000 萬名臉書用戶。在離線狀態，巴西人本質上就是社交人群，而且他們似乎把這種社交能力轉移到線上世界。就如同在美國，社群軟體強化了家庭連結，同時建立並維持跟更廣大由不具親戚關係者所構成的世界的接觸。

在美國的研究提供更多證據，顯示社群軟體增進社會連結，而不是讓人們孤立 (就如同某些畏懼社群軟體者)，並切斷他們的社會關係。皮尤研究中心持續進行的網際網路與美國生活研究計畫，透過調查研究，探究社群軟體的使用如何關聯到信任、社會支持及政治參與 (參閱 Hampton et al. 2011)。到了 2015 年，估計約有 90% 的美國成年人 (18 歲以上) 在線上活動 (Poushter 2016)。這些人當中，有 74% 參與至少一種社群媒體。臉書是最主要的，吸引 71% 的線上美國人，相較之下，Pinterest 有 28%、Instagram 有 26%、推特則有 23% (參閱 Pew Research Center 2015c)。

皮尤研究中心在 2010 年到 2011 年所做的研究發現，有半數以上的臉書用戶每天至少造訪該網站一次。這種典型造訪者最有可能對其他用戶的張貼內容「按讚」、對張貼或狀態留言、對照片留言、更新自己的狀態，或是傳送私訊。在皮尤研究中心的這項研究裡，隨著社群媒體使用的增加，信任、社交能力及政治參與的數量也增加。在網際網路用戶當中，表示人們值得信任的情況是不使用網路者的 2 倍，而且臉書用戶特別值得信任且社群取向。每天多次造訪臉書的用戶 (臉書重度用戶) 表示大多數的人們值得信任，這個比例比其他網際網路用戶高出 43% (而且是不使用網際網路者的 3 倍)。這種臉書重度用戶在她或他的社群

網絡當中,能比其他網際網路用戶找出更多的「緊密連結」。就他們的社群網絡所提供的支持及陪伴而言,網際網路用戶比不使用者高出 3 到 6 個百分點,而臉書重度用戶比起整體的網際網路用戶要高出 5 個百分點。人們必須在臉書上揭露個人及家庭的細節,這就難怪他們會具有更值得信任及社群取向。

再者,網際網路用戶,特別是臉書用戶,比起其他美國人有更多政治投入。這項皮尤研究計畫是在美國 2010 年國會大選期間進行的。當時有 10% 的受訪者曾參與政治示威,有 23% 的受訪者曾試圖說服其他人投票支持特定候選人,而且有 66% 的受訪者確實去投票或打算要投票。顯然網際網路用戶比不使用者更有可能參與政治集會、投票,或嘗試要影響某些人的投票傾向。在此,臉書重度用戶又顯得相當突出,甚至比一般的網際網路用戶更有可能做這些事情。

有哪些關係是由臉書所支持及強化的呢?一個人的「臉友」可能依序是高中朋友、擴展家庭的成員、同事、大學朋友、家人、某個社團或群體的成員,以及鄰居,只有 7% 的臉友是未曾碰面的 (Hampton et al. 2011)。

在美國及世界各地,網際網路的使用情形在年輕人、受過教育及富裕者當中特別興盛,並且在所有的地方、年齡群體、所有的收入及教育層級的人們中正在增加。儘管如此,在美國全體大眾當中明顯有一塊 (約 11%) 依然自我隔絕在線上連結關係之外 (Poushter 2016)。在美國的一些區域 (主要是鄉間),依然無法存取或是存取不穩定。所需要的開銷 (如電腦及寬頻) 是另一項限制。在所有的年齡層當中,65 歲以上這一群最有可能缺乏連結。有數百萬美國人依然離線,主要是因為他們年紀較長或教育程度較有限。有三分之一的離線者主張他們沒興趣使用網際網路、沒有意願嘗試或不需要,其他人則表示有各種障礙使他們無法上網,包括支付費用的能力及網路可及性 (Zickuhr 2013)。在漸趨相互連結的世界,這些障礙及藉口必定會逐漸消失,美國及世界各地人們的上網比例會越來越高。

確實,年長者在網際網路 (包括社群媒體) 的使用上也邁開大步。

美國 65 歲以上年長者的使用率從 2005 年起就如雨後春筍般興盛起來，當時只有 2% 使用社群媒體。今天這個數字已超過 35% (Perrin 2015)。在 2005 年，鄉村的美國人只有 5% 使用社群媒體，如今已接近 60%。

四、體育與文化

我們現在轉到體育活動的文化脈絡，以及其中所表現的文化價值。我們可以找出在體育、媒體與藝術之間的連結。如同許多藝術家及媒體人物，體育人物也是表演者，其中有些人具有名人地位，他們的表現及所作所為必須符合文化期待及標準。由於我們有許多體育賽事知識來自媒體，對體育的討論也就不可避免地延伸到媒體在當代生活無所不在的角色。這個段落主要描述體育與媒體如何反映文化。體育與媒體也會影響文化，正如我們前面所看到的，關於巴西電視如何調整人們的社會態度與家庭計畫。媒體(及體育)與文化的影響是相互性的，而且反之亦然，這是否讓你感到訝異？

▲ 美式足球

在秋季的每個星期六，數百萬的美國人四處奔波觀看大學美式足球比賽，高中球場裡則舉行較小型比賽，有數百萬美國人收看美式足球的電視轉播。事實上，大約有一半的美國成人會觀看超級盃，所吸引的觀眾包括不同的族群背景、區域、宗教、政黨、工作、社會地位、財富層級及性別等。

美式足球的流行程度，特別是職業美式足球，直接取決於大眾傳播媒體。美式足球之所以流行，它的領域入侵、猛烈碰撞與暴力，偶爾還會導致受傷，究竟是否顯示美國人是暴力人群？美式足球的觀眾，是否藉由觀看別人的行為，來實現他們的敵對與攻擊傾向？人類學家亞仁斯 (W. Arens 1981) 採取懷疑的態度看這種解釋。他主張，假使美式足球是一個特別有效的表達攻擊性的管道，就可能已經(如同足球與棒球)傳

播到其他國家，各國人民就像美國人一樣，都具有許多攻擊傾向與敵意。亞仁斯合理推論，有關美式足球流行程度的解釋必定存在於其他地方。

亞仁斯主張，美式足球之所以流行是因為它象徵美國生活的某些重要面向，特別是其特色是植基於分工的團隊合作，這是現代生活無所不在的特色。蒙大古 (Susan Montague) 與墨賴斯 (Robert Morais)(1981) 將這項分析往前再推進一步。他們將美式足球的價值，特別是團隊合作，連結到有關於商業的價值。就如同公司的工作人員，理想的球員工作認真且全心投入隊伍。然而，公司的決策過程非常複雜的，而工作者有時不會因全心投入與良好工作表現而獲得獎勵。這些人類學家認為，美式足球的決策過程較簡單，且獎勵較符合實情，這一點有助於解釋美式足球的流行程度。即使我們無法瞭解艾克森美孚石油 (ExxonMobil) 或微軟的運作方式，任何球迷卻都可成為美式足球的專家，深諳其規則、隊伍、分數、統計數字及比賽模式。更重要的是，美式足球顯示商業界所強調的價值，確實有可能實現。有一些球隊，其球員工作最努力、呈現最強的精神，並發展與協調他們的天分的話，就會被預期比其他球隊贏得更多勝利。

▲ 什麼因素決定了國際體育賽事的成功？

為何某些國家專精於特定的體育賽事？為何某些國家在奧運會贏得多達數十面或百餘面獎牌，但其他國家的獎牌卻屈指可數？這不僅關乎國家富有或貧窮、已發展或低度發展，甚至政府或其他機構是否支持有希望的運動員，甚至也不是「國家的求勝意志」問題，即使有幾個國家強調他們所贏得的獎牌數勝過美國，然而在文化上把焦點放在勝利，並不必然會得到預期結果。

文化價值、社會力量及媒體，影響了國際體育賽事的成功。我們可比較美國與巴西來瞭解這一點，這兩個國家在南、北美洲大陸都占據一大比例的面積，而且各自具有人數眾多的體質特徵與族群多樣的人群。雖然兩國是各自大陸的經濟強權，但在 2012 年倫敦奧運的表現卻有著強烈對比，美國贏得 104 面獎牌，其中包括 46 面金牌；相較之下，巴西只贏得 17 面獎牌，其中有 3 面金牌。

美國人對於體育賽事的興趣，多年來已由不斷成長的媒體事業所磨利，媒體持續提供比賽、運動會、季後賽、冠軍賽與賽事分析。有線電視與衛星電視提供幾乎成為常態的運動賽事報導，包括每項體育活動及賽季的完整報導。美式足球超級盃是美國的全國體育賽事。媒體提供奧運的詳盡報導，並吸引大量觀眾收看。相較之下，巴西電視的體育賽事報導內容就少了許多，也欠缺如同美式足球超級盃或美國職棒大聯盟世界大賽之類的全國賽事。4年一度的世界盃足球賽是巴西唯一吸引全國廣大觀眾收看的體育賽事。

在國際體育賽事中，巴西人會覺得，由巴西國家代表隊或偶爾出現的全國知名個人運動員所獲致的勝利，會為整個國家帶來榮耀，但是巴西媒體非常不能容忍失敗者。在1984年奧運，如今已成為傳奇人物的帕拉多 (Ricardo Prado) 在男子游泳400公尺混合四式決賽奮力向前游去，最終贏得銀牌，這場比賽在巴西的黃金時段播出，有一家電視新聞雜誌說道：「就好比他就是整個國家在一場集體追求成功的競賽中，穿上游泳衣，跳進游泳池裡」(*Isto É* 1984)。帕拉多自己的感覺也肯定了雜誌的說法：「當我站在跳台上，心裡只想著一件事：他們會如何看待巴西人的比賽結果。」在他以1.33秒的差距打破自己所保持的世界紀錄，卻只獲得銀牌時，帕拉多向游泳隊的同伴說：「我認為每樣事情都做對了。我覺得像一個勝利者，但在巴西，他們會不會認為我是一個失敗者？」帕拉將美國與巴西運動員的狀況相互對比。他說，美國有這麼多的運動員參賽，所以不會有其中一位必須承擔這個國家的所有希望 (*Veja* 1984a)。所幸，巴西人確實似乎看重帕拉多的表現，這足以代表「巴西在奧運游泳比賽有史以來的最佳表現」(*Veja* 1984a)。媒體將帕拉多封為「銀人」，而且不厭其煩地將他在這場400公尺混合四式 (他曾保有其世界紀錄) 的表現，描寫成有史以來最具挑戰性的一場游泳比賽。然而，這些對於帕拉多的仁慈字眼，並未延伸到其他的巴西隊員。新聞社指責他們「接二連三的失敗……從奧運開賽頭幾天就不斷累積」(*Veja* 1984a)。[巴西直到2008年北京奧運，才終於由費爾和 (Cesar Cielo Filho) 在男子50公尺自由式，贏得第一面游泳金牌。]

由於巴西運動員被期望代表國家，並由於團隊體育賽事受到重視，巴西媒體過度聚焦於勝利。當然，勝利也是美國的文化價值，特別是就團隊體育賽事而言，就如同巴西一樣。美式足球教練的名言包括：「勝利並不是最重要的事情；它是唯一要做的事情」，以及「你們要是輸得坦然，你們就真是輸了」。然而，某些體育項目聚焦於個人，這是美國運動員往往表現良好的項目，特別是徑賽、游泳、跳水、體操與滑冰等；美國文化也讚揚「雖敗猶榮」、「個人最佳成績」、「重回賽場的運動員」與「特殊奧運」，並讚許那些表現優異卻可惜未能奪冠的選手。在美國的業餘與個人體育運動中，美國文化告訴美國人，努力工作與個人精進可以如同勝利一樣重要。

　　因為美國人習慣被他人告知，美國文化過度強調勝利，因此美國人可能難以置信的是其他文化更看重勝利。巴西確實如此，熱衷於體育賽事的巴西人一心所想的就是世界紀錄，或許是因為只有一場勝利（如足球）或是最佳時間紀錄（如游泳），才能讓巴西在某件事情成為無庸置疑的世界冠軍，就算這只是一時的。帕拉多先前在 400 公尺混合四式的世界紀錄，在他奧運出賽之前就被媒體一再提及。這樣重視最佳時間紀錄的標準，也為巴西人提供妥當的基礎，以便在游泳或競賽選手沒能前進得夠快，未能達到先前的成績時，責怪他們的表現。人們可以精確預測，具有更主觀標準的體育賽事，在巴西可能不會非常受歡迎。巴西人喜歡責備失敗的運動員，而且想要對體操或跳水選手提出負評，可能比較困難，因為美感與動作表現無法像時間一樣被輕易量化計算。

　　我認為，巴西人之所以如此看重勝利，是因為勝利非常稀有。美國的資源更充裕、社會階級較不明顯、追求成就的機會更多、貧窮更不普遍，因此美國社會有容納更多勝利者的空間。巴西社會更為階層化；在頂端的中產階級及一小群精英群體全部加起來或許只占全國人口的一半。巴西人的體育賽事呼應來自大社會的教訓：勝利是稀有的，而且保留給有特權的少數人。

身分相對於成就

　　據信有助於運動成功的各種因素是屬於更大的文化價值脈絡，特別

有關的是介於先天賦予地位與後天獲致地位間的對比。先天賦予地位(如年齡)是植基於某個人是誰，而不是做了什麼。個人較能控制他們的後天獲致地位(如學生、高爾夫球員、網球選手)。由於美國人強調公平競爭(至少在美國人看來是如此)，美國文化強調後天獲致地位優於先天賦予地位。美國人認定自己要盡可能創造最佳的生活，成功來自於成就，一位美國人的身分是由他或她所獲致的成就而定。

另一方面，巴西人的身分認同並非依成就而定，而是依個人出生的身分而定——這是在個人連結網絡中的一條線路，源自於社會階級與擴展家庭。父母、姻親與擴展家庭親屬指定幾條通道，個人可以從中找到預期的工作場域與職位。家庭地位與網絡成員身分實質決定了個人財富，而且所有的社會生活都是階層化的。具有較高地位的巴西人並不會像美國人一樣耐心排隊。重要人物希望他的事情可以立刻辦妥，而且社會下層者馬上就會讓開。高地位的巴西人有可能會說出：「你知不知道你現在正在跟誰說話？」美國人聽到這句話的回話，反映著他們的民主與平權精神：「你認為自己是什麼人物？」(DaMatta 1991)。

以下對於巴西柔道獎牌得主的描述 [《維嘉雜誌》(*Veja*) 所報導的內容]，呈現天生賦予地位及特權的重要性：

> 奧運柔道中量級銅牌得主卡莫納 (Walter Carmona) 從 6 歲開始學習柔道，並在 12 歲在聖保羅贏得冠軍。……卡莫納與家人 (父母與兄弟姊妹) 同住在聖保羅。……他受到身為工廠老闆的父親全力支持。卡莫納的生活舒適——他能夠在學校學習，並且無後顧之憂地專心致力於柔道 (*Veja* 1984b: 61)。

相對地，美國記者在面對出身富裕家庭的運動員時，很少將這種特權歸結為成功的主因。美國媒體幾乎大多聚焦於成就的面向，某些特別的個人榮耀或成就，往往提及運動員對於逆境的搏鬥 (生病、受傷、疼痛，父母、兄弟姊妹、朋友或教練的死亡)，受到特別描寫的運動員不僅是成功的，更是尊榮與自我犧牲的。

在巴西人聚焦於天生賦予地位的情況下，具有引導作用的假定就

是，一個人所做的事情不能逾越他的身分。有一年，巴西奧林匹克委員會並未送出女子游泳選手參與當年的夏季奧運，這是由於無人符合委員會武斷建立的甄選時間條件，使得一位南美洲紀錄保持人無法參賽，然而其他國家成績不及於她的選手卻能出賽。似乎沒有人想像，奧運的刺激可能觸發游泳選手做出超乎平常的表現。

人們認定美國文化是務實且現實的，但它有個值得一提的關於來自背後力量的信念。這些價值就是成就取向社會的價值，在這個社會(理想上)「每件事都有可能發生」，相較於先天賦予地位的社會，事情在開始之前就已告終結。在美國的體育賽事報導之中，處於劣勢(而逆轉)者與出乎意料的結果，提供某些「最光明的」時刻。巴西文化對於出乎意料的事情興趣缺缺。

運動員內化了這些價值。巴西人假定，假使你進入一場決賽，跟頂尖種子選手同台比賽，你就有機會贏得獎牌，就如帕拉多所做到的。帕拉多第二位抵達終點這件事，回到故鄉之後可能會塑造完美的形象，因為他早在這場比賽開始前就已刷新先前的世界紀錄。

在美國文化對於工作賦予崇高價值的情況下，確實會令人感到訝異的是，美國媒體將這麼多注意力放在無法預知的結果，而且很少提及在奧運比賽表現背後的多年訓練、準備與競爭。人們可能假定在運動員確實進入奧運賽事時，所有選手的條件都非常接近(美國人的平等價值)，因此只有神祕與機遇因素能用來解釋不同的成功程度。美國人重視出乎意料的因素，這同時運用在失敗與勝利。機遇、命運、神祕與不確定性等概念，都被視為解釋失敗的合理化理由。例如，競賽與滑冰選手摔倒、韌帶斷裂；體操選手「匪夷所思地」從鞍馬跌下來。

巴西人將更多責任放在個人身上，較少歸咎於超乎人類所能控制的因素。當某些人應該表現優異卻未達到應有水準時，他們會因著失敗而受到責難。然而，在巴西的文化中，健康狀況欠佳是一個合宜的失敗理由。相對地，美國媒體更常談論勝利者的損傷與病痛，而不是失敗者的相同問題。

▲ 失寵：名人醜聞

在成就取向的社會，往上發展就是重大的成功——表現良好且具持續向前，爬升到頂尖，變成明星；往下走則是失敗：失寵。美國人有一個說法：「當他們變得越大時，就摔得越重。」這可以輕易用在美國名人身上，從運動到娛樂人物到政治人物。(拜媒體的成長及無所不在所賜) 所有美國人越來越熟悉名人的醜聞及其前後發展階段。受到媒體大肆報導的名人醜聞，無論是在政治圈、娛樂圈或是運動圈，都可分析為一齣社會劇，其中有四個已知的階段：違犯、大眾反應、贖罪，以及重新融入。

一開始，某種罪過 (通常是跟性有關) 變得眾所皆知，而且媒體瘋狂追逐。在歷經一段大眾羞辱與取笑之後，這位名人發表一篇充分公開的道歉，通常是牽著另一方受傷害伴侶的手。人們會期望接下來會發生其他和解行動，但是這些行動未必會被大家所知道。假使這項道歉及和解被大眾所接受，這項醜聞就會逐漸褪去。假使沒有再犯同樣過錯的話，這位名人終究會透過恢復名譽、自新或改變生活風格，而找到最終的平復。

美國人在最近幾年多次見證了這個過程——最多是跟政治人物有關。例子包括柯林頓總統、愛達荷州參議員克瑞格 (Larry Craig)、路易斯安那州參議員維特 (David Vitter)、紐約州長斯皮策 (Eliot Spitzer)、2008 年副總統參選人愛德華斯 (John Edwards)。前南卡羅萊納州長 (現為該州國會議員) 桑福德 (Mark Sanford) 非常有名的謊稱前往阿帕拉契山步道健行，來隱藏其實是和阿根廷情婦前往布宜諾斯艾利斯的這件事。多次發生性醜聞的前國會議員維納 (Anthony Weiner) 曾歷經這個過程至少兩次，他的第一次失寵導致他辭去國會議員，第二次違犯則導致他退出紐約市長候選人競選。在一開始，人們認為他經過適當悔改及自新，但是當媒體報導顯示他在最近 (而且是在懺悔過後) 所發出的性騷擾簡訊，維納的聲譽就再度狂跌。

以上述方式沉淪的名人多為男性。女性名人的醜聞 [如琳賽‧蘿涵 (Lindsay Lohan)] 能夠成為媒體報導主題，往往是因其古怪或不正當行

為、身體形象的改變 (如人們可覺察到的變胖或暴瘦) 或被指控有失控行為，接下來她們往往透過某種方式退隱以及／或是澄清，而獲得拯救。在最幸運的個案，贖罪會導向職業生涯的回春。

在運動方面，近年來最廣為人知的醜聞主角是老虎‧伍茲 (參閱 Starn 2011)。這場失寵始於 2009 年後半，媒體報導他在感恩節之後，已過午夜時分發生一場車禍，撞上消防栓，他的妻子用高爾夫球桿打破車窗玻璃把伍茲救出來。就在這場車禍之前，小報消息就開始指控這位高爾夫球員的婚外幽會。車禍之後媒體展開追逐，爆出更多婚外情。他的聲望暴跌，因為這位高爾夫球員曾非常成功且受人景仰，而且他曾小心翼翼且有效經營形象。

這位高爾夫球員的罪過及接踵而至的媒體羞辱與審判，緊接著就是無從逃脫的道歉及和解 (即使他未能保住婚姻)，這使得伍茲逐漸重新回到高爾夫球世界。標示著伍茲重新融入高球世界的事件，就是他贏得 2013 年美巡賽年度球員大獎。那一年他在參賽的 16 場巡迴賽中，贏得五次冠軍，在其他三次進入前十名。伍茲或許回來了，但他再也不是昔日尚未失去光環的頂尖高爾夫冠軍贏家，至少就目前狀況來看，這個失寵過程似乎依循著既有的軌跡。然而，在本書撰寫時，伍茲的職業生涯正因一連串的背部手術而蒙上陰影。

回顧

1. 回想你最近一次參觀美術館的經驗。你喜歡什麼東西，為什麼？你的審美品味，能夠歸因於教育或文化的成分有多少？你認為歸因於個人品味的成分又有多少？你要如何做出區分？
2. 想想看某一種音樂作曲或表演，你會認為它是藝術，但它的藝術地位是有爭議的。你會如何說服別人來認定這是一項藝術？你預期會聽到哪些和你立場相左的說法？
3. 你能否回想起一場關於藝術品或藝術的政治爭辯？爭辯的內容有哪些不同立場？
4. 媒體的閱聽者採用對他們有意義的方式，主動選擇、評估與詮釋媒體。人們基於各種不同理由來使用媒體。你能舉出幾個例子嗎？哪些例子最直接關聯到你消費媒體的方式，而且或許是你採取有創造力的方式來影響與生產媒體？
5. 本章描述體育與媒體如何反映文化。你能想到幾個例子，說明體育與媒體如何影響文化嗎？

Chapter 14

世界體系、殖民主義與不平等

- 世界體系是在何時與為何發展出來？它的今日面貌為何？
- 歐洲殖民主義何時與如何發展？它的後續影響如何呈現於後殖民研究？
- 殖民主義、共產主義、新自由主義、發展與工業化如何做為各種干預哲學的例子？

章節大綱

一、世界體系
　　世界體系理論
　　世界體系的萌芽
二、工業化
　　工業革命的起因
　　工業革命相關的政治經濟變遷
　　工業階層化
三、不平等的持續
　　美國的財富分配
　　美國邊陲地區的環境危機
四、殖民主義
　　第一階段的歐洲殖民主義：西班牙與葡萄牙
　　商業擴張與歐洲帝國主義
　　英國殖民帝國
　　法國殖民主義
　　殖民主義與族群身分
　　後殖民研究
五、發展
　　新自由主義
　　北美自由貿協議的經濟難民
六、第二世界
　　共產主義
　　後社會主義轉型
七、今日的世界體系

認識我們自己

在我們 21 世紀的世界體系，人們藉由現代的運輸與通訊工具，所建立的連結是前所未見的。民族誌研究者曾在一個世代之前旅居的村落，當地人後代目前正過著跨國生活。對我來說，這種新型態跨國主義最生動例證來自馬達加斯加。這些例子始於南部貝其力奧人的鄉間小城安巴拉發奧 (Ambalavao)。在 1966 年到 1967 年，我在那裡租了一間小房子。

在 1966 年，馬達加斯加脫離法國獨立，但城鎮裡依然住著許多外國人，提醒他們殖民主義的存在。除了妻子跟我以外，安巴拉發奧至少有 12 名世界體系的中間人，包括一名印度布商、幾位華人雜貨店老闆，以及幾位法國人。法國和平團的兩位年輕人在那裡教書。其中一位是努易勒 (Noel)，他就住在當地一個顯赫家族的對面。由於努易勒經常出言輕蔑馬達加西人，因此我對於他向這個家族的女子求婚這件事深感驚訝。這位女子是樂諾兒 (Lenore)，萊昂 (Leon) 的妹妹，她是一位教師，變成我們的好朋友。

我第二次來到馬達加斯加是在 1981 年 2 月的短暫造訪。我必須在首都安塔那那利佛 (Antananarivo) 待上幾天。在那裡，在一場人民暴動之後，政府下達宵禁，我每天晚上只能待在剛剛落成不久的希爾頓飯店。我和一群蘇聯的飛行員同住在這家飯店，他們是來教導馬達加西人如何防禦他們這座島嶼，這是印度洋的戰略要地，以對抗想像中的敵人。稍後，我前往貝其力奧人的鄉間拜訪萊昂，他已成為有名望的政治人物。然而不湊巧的是，他正好在莫斯科，參與為期 3 個月的交換計畫。

我下一次造訪馬達加斯加是在 1990 年夏天。我遇到艾茉莉 (Emily)，她是努易勒及樂諾兒所生的 22 歲女兒，我在 1967 年曾經見過兩人的追求過程。艾茉莉的阿姨帶著她，來到我在安塔那那利佛下榻的飯店與我會晤。艾茉莉當時準備造訪美國的幾座城市，她希望在那裡學習行銷。幾個月過後，我在佛羅里達州再次見到她。她向我們問起從未謀面的父親。她寄了幾封信到法國，但努易勒從未回信。

安巴拉發奧人的後代現在都生活在世界各地。艾茉莉這個殖民主義的孩子，有幾位阿姨在法國 (馬拉加西女人嫁給法國男人)，另一位在史瓦濟蘭 (退休外交官)。她的家人並不是特別富有，卻到過俄羅斯、加拿大、美國、法國、德國及西非。你有幾位同學，可能包括你自己在內，具有晚近跨國移民的根源？肯亞鄉村的後代 (雖然他本人並未在那裡出生) 甚至在美國成長並連任兩屆美國總統。

雖然在小規模社群進行田野工作是人類學的註冊商標，但如今已不可能找到遺世獨立的人類社群。真正孤立的社群可能從未存在。數千年來，人類的各個社群就已彼此聯繫接觸。地方社會往往參與一套較大的體系，如今這套體系具有許多全球面向。我們稱為當代世界體系 (modern world system)，以這個詞彙指稱一個世界，其中各國在經濟與政治上都互相依賴。

一、世界體系

世界體系及其中各國的關係是由資本主義世界經濟體系所塑造的 (參閱 White 2009)。在 15 世紀期間及其後國際貿易的巨幅增加，導致**資本主義世界經濟體系** (capitalist world economy)(Wallerstein 2004; Wallerstein et al. 2013)，這是單一的世界體系，致力以銷售或交換目的而從事生產，帶有獲取最大利潤的目標，而不是僅限於供應本地的需求。**資本** (capital) 係指投資在商業的財富或資源，帶有運用生產工具以創造利潤的企圖。

世界體系理論

世界體系理論的建立，可追溯到法國社會史學家布勞岱爾 (Fernand Braudel)。在他的三鉅冊《十五到十八世紀的文明與資本主義》(*Civilization and Capitalism, 15th-18th Century*)(1981, 1982, 1992) 中，布勞岱爾主張，社會是由許多相互連結的體系構成的。社會本身是更大型體系的一些次體系，世界體系則是最大的體系。**世界體系理論** (world-system theory) 的基本主張就是，世界各個國家都屬於一個較大的、全球的體系，其特色是財富與權力的差異。這個體系植基於資本主義，至少從 16 世紀以來就已存在，從那時起，舊世界跟美洲大陸就建立經常接觸。

世界體系理論將特定國家指稱到三種不同地位的其中一個：核心、半邊陲、邊陲 (也請參閱 Wallerstein 2004)。**核心** (core) 包括最強力且最有權力的國家，最具生產力的經濟及最大的資本集中程度。核心國家壟斷了大多數有利可圖的活動，尤其是對全球金融的控制 (Arrighi 2010)。**半邊陲** (semiperiphery) 介於核心與邊陲間的中間類型，當代的半邊陲國家都已工業化。如同核心國家一般，他們生產並出口工業產品與商品，但欠缺核心國家所具有的權力與經濟控制力。巴西這個半邊陲國家，將汽車銷售到奈及利亞 (邊陲國家)；將引擎、濃縮柳橙汁、咖啡及蝦子銷售到美國 (核心國家)。**邊陲** (periphery) 包括世界上最貧窮

資本主義世界經濟體系
以獲利為導向的全球經濟，植基於為銷售或交換而生產。

資本
投資在商業的財富，帶有產出利益的目的。

世界體系理論
一套可被識別清楚的社會體系，植基於財富與權力的階層分化，超越了個別的國家。

核心
在世界體系中的強勢位置；具有先進生產體系的國家。

半邊陲
在世界體系中，介於核心與邊陲中間的位置。

邊陲
在世界體系中，最弱勢的結構與經濟位置。

及享有最少權力的國家。即使目前工業化的觸角已深入邊陲國家，但是邊陲地區經濟活動的機械化程度比半邊陲地區更低。邊陲地區生產原料與農業商品，並逐漸將勞力輸出到核心與半邊陲國家 (Shannon 1996)。

今天在美國與西歐地區，來自邊陲與半邊陲國家的移民 (無論是合法或非法) 提供核心國家所需的廉價農業勞動力。在美國地理距離相隔甚遠的各州，例如加州、密西根州、南卡羅萊納州，都大量利用來自墨西哥的農業勞工。從非核心國家取得相對廉價的農業勞工，例如墨西哥 (在美國)、土耳其 (在德國)，使得核心國家的農民及商業經營者獲得許多利益，但也供應送回半邊陲與邊陲地區的移民者家庭的匯款。拜 21 世紀的電訊科技所賜，廉價勞工甚至不需遷移到美國。在印度有數千個家庭的經濟來源是美國公司「外包」給非核心國家的工作──從電話秘書到軟體工程。(參閱本章的「聚焦全球化」專欄。)

▲ 世界體系的萌芽

世界貿易遠比當代資本主義世界經濟要古老許多。早在西元前 600 年，腓尼基人沿著固定的貿易路線圍繞不列顛，並環繞非洲航行。同樣地，印尼、中東與非洲已藉由跨印度洋貿易相互連結，至少有 2,000 年之久。15 世紀，歐洲建立與亞洲、非洲、新世界 (加勒比海及美洲大陸) 的頻繁接觸。哥倫布 (Christopher Columbus) 在 1492 年首次從西班牙航行到巴哈馬與加勒比海地區，很快就有更多航海者跟進。這些航海探險為大量的人力、資源、產品、觀念及疾病的交流，開闢了一條道路，舊世界與新世界從此永遠連結在一起 (Crosby 2003; Diamond 2005; Mann 2011; Marks 2015)。哥倫布交換 (Columbian exchange) 這個術語用來描述東、西兩個半球在接觸之後，兩者之間的人群、資源、產品、觀念與疾病的傳播。

先前在歐洲及世界各地，鄉村人民的生產主要是為了供應自己的需求，種植自己的食物，且從地方產品來製作服飾、家具與工具。超出日常所需的生產，則用以繳稅或購買貿易項目，例如鹽與鐵等。直到 1650 年，英國人的食物來源，正如今日世界大多數地區的食物來源一樣，都

是依賴地方上生產的主食 (Mintz 1985)。然而，接下來的 200 年，英國變成進口貨物的大量消費者，在進口貨物中，最早出現與最受歡迎的物品之一就是蔗糖 (Mintz 1985)。

甘蔗最初是由巴布亞紐幾內亞人所種植，首先在印度加工成為蔗糖。經由地中海東部傳到歐洲後，哥倫布就把甘蔗帶到新大陸 (Mintz 1985, 2007)。巴西與加勒比海地區的氣候，經證實適合種植甘蔗，歐洲人在那裡建立熱帶栽培業，以供應不斷增加的蔗糖需求。這在 17 世紀，導致一套立基於單一現金作物 (經濟作物) 的熱帶栽培業經濟體系 (plantation economy) ── 這個體系稱為單一作物生產 (monocrop production)。

在逐漸成長的國際市場中，對蔗糖的需求激勵了跨越大西洋的奴隸貿易，以及植基於奴隸勞力的新世界熱帶栽培業經濟體系。到了 18 世紀，英國對棉花原料的需求增加，導致移民快速遷入目前的美國東南部地區，並在那裡產生另一套植基於奴隸制度的單一作物生產體系。就像蔗糖一般，棉花成為助長世界體系的重要貿易項目。

二、工業化

到了 18 世紀，世界已為**工業革命** (Industrial Revolution) 搭好了舞台。工業革命就是 (歐洲在 1750 年後) 透過工業化，將「傳統」社會轉變成「現代」社會的歷史轉型過程。工業革命大約在 1750 年始於歐洲。然而，工業社會的種子早在 18 世紀之前就播下了 (Gimpel 1988)。例如，1589 年在英格蘭發明的一種織布機，遠遠早於它在兩、三個世紀之後的工廠發揮獲利作用之前。

工業革命需要資本來進行投資，這種資本來自完備的跨洋貿易體系所產生的龐大利潤。富人們投資在機器與帶動機器運轉的引擎，資本投資支持創新與發明，新的工業機器及技術同時增加農耕與製造方面的生產。

工業革命
在世界體系中，最弱勢的結構與經濟位置。

歐洲的工業化是由家庭生產體系 (domestic system of manufacture)，或家庭手工業體系) 發展而來，到最後取代了它。在家庭生產體系中，一位組織者兼企業家供應原料到勞工家中，並從他們那裡收回成品。這位企業家的經營範圍可能跨越數個村落，他擁有原料、支付這些工作的費用，並安排行銷。

▲ 工業革命的起因

工業革命始於生產棉花、鋼鐵、陶瓷等產品的機器。這些由人們廣泛使用的財貨，其生產過程可被拆解成幾項簡單規律動作，可由機器來進行。當生產工作由家庭轉移到工廠，工廠機器代替了手工，農業社會就轉變成工業社會。當工廠生產廉價的常用財貨，工業革命就導致生產的急速成長。工業化助長都市的成長，並創造新型態的都市，工廠聚集在煤礦與勞動力低廉之處。

工業革命始於英國，這有幾項理由。比起其他國家，英國需要進行創新以因應常用財貨的需求——來自本國境內及廣布世界各地的殖民地。隨著工業化進展，英國的人口急遽增加，在18世紀時增加了1倍(尤其是1750年之後)，在1800年到1850年間，再增加1倍。人口爆炸助長消費，但英國的企業家無法以傳統生產方式迎合這些新增需求。這個需求觸發了實驗、創新、進一步的工業化，以及快速的技術變遷。

同樣支持英國早期工業化的是該國的自然資源優勢。英國蘊藏豐富的煤礦與鐵礦，並有航行便利的海岸及水道。這個航海島國位於國際貿易的交會點上。這些特色賦予英國有利位置來輸入原物料，並輸出其產製的財貨。英國工業化成長的另一項因素在於18世紀英國所占領的殖民帝國有許多英國人的移民家庭，當他們想在新世界複製歐洲文明時，就把目光投向自己的母國，這些殖民地購買大量的英國常用財貨。

學者曾討論特定的文化價值與宗教對於工業化的助益。有許多英國新興中產階級是新教，他們的信仰與價值鼓勵勤奮、勤儉、傳播新知、發明創新的才能，以及願意接受改變 (Weber 1904/1958)，這些文化價值特別合乎推動工業革命的企業家創新精神。

▲ 工業革命相關的政治經濟變遷

工業革命相關的政治經濟變遷是好壞參半的。英國的國民所得在 1700 年到 1815 年之間增加了 3 倍，在 1939 年前增加超過 30 倍。舒適標準上升了，但是富裕程度卻不均。起初，工廠勞工能賺得優厚工資，直到企業主開始從生活水準較低及工資 (包括女工與童工) 較低廉地區引進勞動力為止。黑煙與垃圾汙染了 19 世紀的城市。居住環境擁擠且不衛生，人們面臨著疾病爆發與不斷上升的死亡率所苦。這也是狄更斯在《聖誕頌歌》(*A Christmas Carol*) 一書所描寫的吝嗇老財主斯庫魯基 (Ebenezer Scrooge)、薪水不夠糊口的醫院雇員克雷齊 (Bob Cratchit) 與他的兒子小提姆 (Tiny Tim) 的世界，以及馬克思所描述的世界。

▲ 工業階層化

工業革命催生一個嶄新的階層體系──新型態的社會經濟階層化。馬克思依據他對 19 世紀英國工業資本主義的觀察，將這種階層化視為一種鮮明且簡單的區別，介於兩個對立的階級：資產階級 (bourgeoisie，資本家)，以及無產階級 (proletariat，沒有財產的勞工)(Marx and Engels 1848/1976)。資產階級可溯源到跨洋貿易，這轉變西歐與北歐的社會結構，創造出富裕的商人階層 (White 2009)。

工業化改變了社會，將生產工作從農場與農舍轉移到磨坊和工廠，在那裡可取得機械化動力，可將勞工集合起來操作笨重機器。**資產階級** (bourgeoisie) 擁有工廠、礦場、大型農場及其他生產工具。**勞工階級** (working class) 或**無產階級** (proletariat) 必須出賣勞力求生存。

工業化藉由促進從鄉村到都市的遷徙，加速了無產化 (proletarianization) 的過程 - 勞工脫離對生產工具的控制。資產階級不僅控制工廠，也開始控制學校、出版業及其他重要的機構。階級意識 (class consciousness，對自己所屬經濟群體的認同與凝聚力) 是馬克思階級觀點的重要部分，他將資產階級與無產階級視為兩個極端利益對立的政治經濟階層部門。馬克思將階級視為一股強力的集體力量，可動員人類能量來影響歷史發展進程。他認為，勞工基於他們的共同經驗將會發展出

資產階級
生產工具的擁有者。

勞工階級（無產階級）
必須出賣勞力以求生存的人們。

階級意識,這可能導致革命性的變遷。

雖然在英國並未發生無產階級革命,但勞工確實發展出保障他們利益的組織,以增加在工業獲利的分配比例。在 19 世紀,貿易工會和社會主義政黨興起,展現一股逐漸升高的反資本主義精神。早期的英國勞工運動的訴求就是讓幼童離開工廠,不再擔任童工;並限制女性與孩童的工時。工業化核心國家的階層化趨勢逐漸成形,資本家控制了生產,但勞工逐漸組織起來,爭取更佳的工資與勞動條件。到了 1900 年,許多政府制定工廠法與社會福利計畫,核心國家的大眾生活水準隨著人口成長而增加。

如今,公開上市公司把資本家和勞工的區分予以複雜化,經由退撫制度及個人投資,某些勞工成為公司的部分所有人,而非無產的勞工。現在重要的資本家並不是工廠的老闆,他可能已由數以千計的股東所取代,而是執行長或董事長,但他們都不是真正擁有這家公司。

韋伯指責馬克思的社會階層化架構過度簡化,且全然是經濟的階

聚焦全球化
在世界什麼地方找得到工作?

在世界各地,年輕人正在放棄傳統的生計方式,轉而尋求賺取現金的機會。有一首流行歌曲曾問道:「在他們親眼見過巴黎之後,你要如何把他們留在農場工作?」如今大多數人都見過巴黎及世界上其他的大都會,也許不是親身到過,但可藉由印刷品或電視螢幕播放的影像。現在的年輕人受過更好的教育,而且比老一輩更精通於世界之道。漸漸地,他們接觸到在農場以外獲致更美好物質與文化生活的希望。他們找尋能賺得現金的工作,但工作機會稀少,於是刺激在國內與跨越國界的移民。假使他們無法賺到合法的錢財,就找尋非法的機會。

最近幾年,工業化社會的工作機會也變得稀少,包括美國與西歐國家。美國設法從 2007 年到 2009 年的「經濟風暴」中復甦,股票市場的道瓊工業指數一飛沖天,從 2009 年 3 月的 6,457 點低點上揚到 2015 年 5 月的高點 18,312 點。然而,差不多在這段時間,獲利增加的公司把不斷上升的利潤提存起來,而不是拿來僱用新人。畢竟,資本主義的目標是獲利能力,而支付優渥的薪水給本國公民並不必然是獲取最大利潤的最佳方法。為了降低勞力成本,公司繼續將工作機會外包,而機器繼續取代人工。企業漸漸提供顧客誘因,讓他們繞過需要人工處理的部分。透過網際網路,我們現在可在買機票(不用再麻煩旅行社)、列印登機證、預訂飯店房間、轉帳、付帳單。由網路巨人亞馬遜所凌駕的企業不僅包括「媽媽與爸爸」的小型商店,甚至包括昔日一度強大的連鎖商店,包括巴

層化觀點。正如在「政治體系」一章所看到的，韋伯(1922/1968)曾界定三項(分立但彼此關聯的)社會階層化面向：財富、權力與聲望。韋伯也相信，植基於族群、宗教、種族、國籍而來的社會身分認同(social identity)，在優先順序上可能優於階級(基於經濟地位的社會身分認同)。事實上，現代世界體系就是由植基於國籍、族群與宗教的集體身分認同來交錯劃分的。階級衝突大多發生在國家內，且民族主義阻礙了全球性的階級凝聚力，尤其是無產階級。

雖然在大多數國家，資本家階級掌控了政治，逐漸增長的財富使得核心國家能提供他們的公民更高的工資。然而，如果沒有這套世界體系，核心國家勞工的生活水準就很難獲得改善。從邊陲及半邊陲國家流向核心國家的財富，有助於核心國家的資本家在滿足本國勞工需求時，也維持其利潤。在邊陲地區，工資與生活水準低落很多。現在的世界階層化體系(world stratification system)的特色是介於核心國家的資本家與勞工，以及邊陲國家的勞工間的實質對比。

諾(Barnes and Noble)、希爾斯(Sears)、賽博(Radio Shack)。時至今日，當一個人設法跟這家公司電話聯繫時，這個接聽者身在孟買或馬尼拉的可能性，就像在美國本土的明尼阿波利斯或邁阿密一樣多。

勞工能做些什麼？在歷史上，答案是集體協商，而且工會依然為勞工帶來好處。在 2015 年，美國工會成員每週的平均薪資是 980 美元，依然高於未加入工會者的薪資 776 美元 (U.S. Bureau of Labor Statistics 2015)。但能發揮作用的工會是全國或地方的，而不是今日勞動市場的全球性。設想在孟買的勞工發動罷工，究竟有多大可能獲得底特律勞工的同情？

公司提出抱怨，帶有一些合理化理由，表示工會限制它們的彈性、適應性與獲利能力。在美國，企業及其支持的民選政治人物越來越公開反對工會，而且更積極限制勞工組織工會及招募會員。在美國參加工會的勞工比例已經達到 70 年來的最低點。參與工會者的百分比在 2015 年掉落到 11.1%，相較之下，1983 年則有 20.1%，在 1950 年代中期則高達 35%。在 2015 年，私部門勞工參與工會者人數有 760 萬人，相較之下，公部門的勞工參與工作者人數有 720 萬人。但是，公部門勞工參與工會的比例 (35.2%) 顯然比私部門勞工 (6.7%) 更多。整體工會成員參加比例下降的一項原因是公部門 (政府) 的勞工職缺由於政治人物所強加的緊縮措施而減少。從美國到希臘到英國，這類緊縮措施已經在國際間傳播，減少就業機會及勞工利益。

三、不平等的持續

現代的資本主義階層體系並非簡單且二分的,它們包含著(尤其在核心及半邊陲國家)由技術專精與專業勞工所構成的中產階級 (middle class)。連斯基 (Gerhard Lenski 1966) 主張在先進工業化國家,社會平等往往會增加。社會大眾會改善其取得經濟利益與政治權力的能力。在連斯基的理論架構,政治權力流向大眾反映著中產階級的增長,中產階級減低介於資產階級與無產階級間的兩極化。中產階級的各種就業機會蓬勃發展,為創造支持社會階層流動及更複雜的社會階層體系 (Giddens 1981)。

▲ 美國的財富分配

大多數當代美國人主張自己屬於中產階級,他們傾向於認定中產階級是一個龐大的、沒有差異的群體。然而,在中產階級當中,以及特別是介於最富有與最貧窮的美國人之間,存在著明顯且逐漸增加的社會經濟對比。表 14.1 呈現美國 2014 年最頂端到最底層的五分位(五分之一)家戶所得變化。在這張表裡,美國所得最高的五分位家戶賺得全國所得的一半以上,是最低的五分位家戶的 17 倍。2014 年的這個比例 17:1,

◆表 14.1 美國的國民所得五分位,2014 年

	國民所得百分比	家戶所得平均數
頂端 5%	21.9	$332,347
頂端 20%	51.2	194,053
第二層 20%	23.2	87,834
第三層 20%	14.3	54,041
第四層 20%	8.2	31,087
底端 20%	3.1	11,676

資料來源:C. DeNavas-Walt and B. D. Proctor, "Table 2: Income Distribution Measures Using Money Income and Equivalence-Adjusted Income, 2013 and 2014," p. 9 and "Table A-2: Selected Measures of Household Income Dispersion: 1967 to 2014," p. 31. *Income and Poverty in the United States:* 2014. U.S. Census Bureau, Current Population Reports, P60-252. Washington DC: U.S. Government Printing Office. http://www.census.gov/content/dam/Census/library/publications/2015/demo/p60-252.pdf.

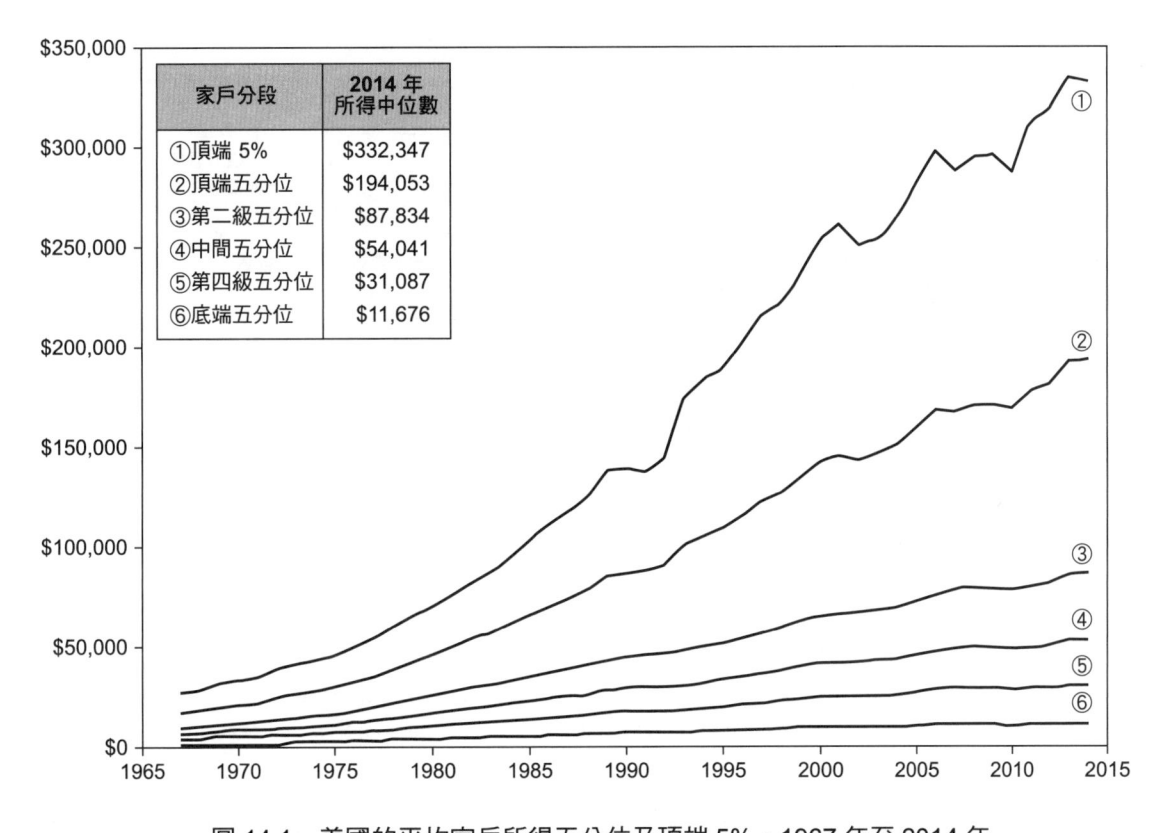

圖 14.1　美國的平均家戶所得五分位及頂端 5%，1967 年至 2014 年

家戶分段	2014 年所得中位數
①頂端 5%	$332,347
②頂端五分位	$194,053
③第二級五分位	$87,834
④中間五分位	$54,041
⑤第四級五分位	$31,087
⑥底端五分位	$11,676

資料來源：C. DeNavas-Walt and B. D. Proctor. "Table H-3: Mean Household Income Received by Each Fifth and the Top 5 Percent, All Races; 1967-2014". *Income and Poverty in the United States: 2014.* U.S. Census Bureau, Current Population Reports, P60-252. Washington DC: U.S. Government Printing Office. http://www.census.gov/content/dam/Census/library/publications/2015/demo/p60-252.pdf.

可資比較的是 2000 年的 14：1，1970 年的 11：1。圖 14.1 檢視平均所得的變遷——從 1967 年到 2014 年——針對五個五分位 (20%)，以及頂端 5% 的家戶。請注意：相較於底端的五分位，頂端五分位及特別是頂端 5% 的所得巨幅增加。

最頂端的 1% 似乎特別受到眷顧。雖然在 2007 年至 2009 年的大蕭條期間，最頂端的 1% 家戶所得巨幅滑落 (大約 36%)，但是到了 2012 年已回彈了 31%；其餘的 99% 在大蕭條期間所得下滑 12%，但在同期只回復不到 1%。自從蕭條結束之後，最頂端的 1% 家戶所得回到 95%。更高的股價、家庭資產價值與公司獲利等，推動富有美國人的經

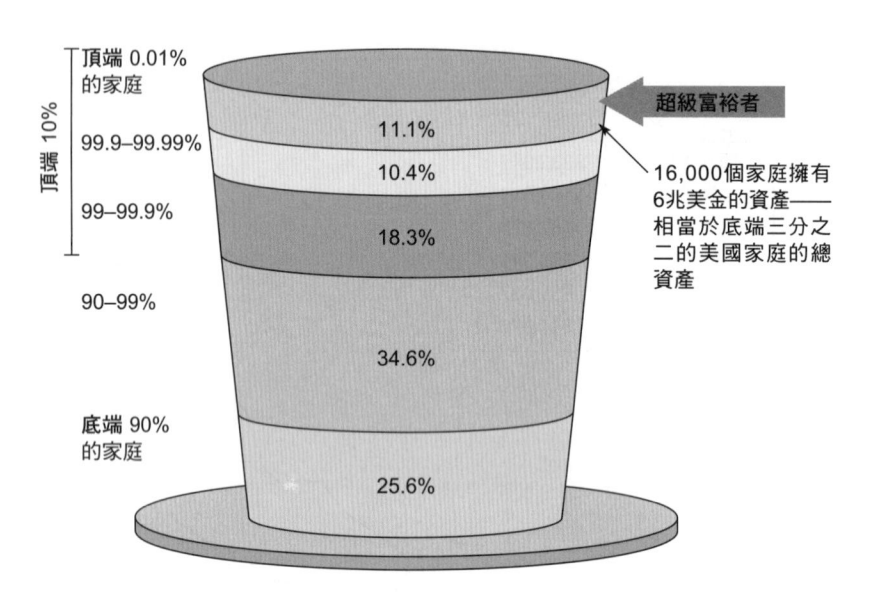

圖 14.2　美國家庭資產的分配狀態，並且將頂端的百分之一家庭區分為三個群體——富裕、非常富裕及超級富裕

資料來源：Coy, Peter, "The Richest Rich Are in a Class by Themselves," April 03, 2014. Copyright 2014 by Bloomberg. All rights reserved. Used with permission; Saez and Zucman 2014.

濟復元，但藍領與白領勞工持續感受到高失業率和停滯薪資所帶來的後果 (Lowrey 2013)。

如果我們考慮資產 (投資、不動產、動產等)，而不考慮所得，這項對比就更驚人了。圖 14.2 顯示，頂端的 1% 家戶掌握美國的 39.8% 資產 (Coy 2014; Saez and Zucman 2014)。在頂端的 0.1% 的 16,000 個超級富裕家戶合計的資產，相當於最底下三分之二家戶的總資產。圖 14.2 也顯示，在底端 90% 的家戶只擁有美國總資產的將近四分之一 (25.6%)。人們體認到這種財富不均，而且富者越富、貧者越貧，導致在 2011 年的占領運動，並助長桑德斯在 2016 年美國總統大選的聲勢崛起 (雖然最後退選)。占領運動及桑德斯的選戰都吸引人們注意美國大多數人民所體驗到的經濟恢復停滯。

美國邊陲地區的環境危機

在世界體系中，邊陲國家的經濟發展及政治影響力都處於最不利

情況。在任何國家中，包括 21 世紀的美國，某些區域及社區同樣處於不利情況。這種不平等的其中一項表現，就是社區所面對的暴露在汙染及環境危害的程度。比起更富裕或更平常 (中產階級) 的社區，較貧窮及大多由少數族群所居住的社區更有可能成為暴露在有毒廢棄物的受害者。

2015 年到 2016 年的新聞報導凸顯密西根州的弗林特 (Flint) 的困境，當地的水源供應在 2014 年因經費縮減而導致的水源更換之後受到嚴重汙染。密西根州政府在財政緊急狀態期間，從弗林特的民選首長那裡接掌該市的行政及預算，暫時將弗林特的水源從休倫湖及底特律河轉換到弗林特河 (Flint River)。這項轉換發生在 2014 年 4 月，當時準備生效的時間是 3 年，直到從休倫湖興建的一條新供應線路完工為止。弗林特河素以令人作嘔的味道聞名，而且就在轉換水源過後不久，居民就抱怨家裡的自來水看起來、聞起來跟喝起來都讓人不舒服 (McLaughlin 2016)。

在轉換水源的 4 個月後，弗林特居民沃爾特斯 (Lee-Anne Walters) 女士關注她家人逐漸惡化的健康情況，聯絡來自維吉尼亞科技大學的土木工程教授及水源品質專家愛德華斯 (Marc Edwards)。沃爾特斯女士先前向市政府及州政府官員求助，但他們都答覆說沒有問題。然而，當愛德華斯測試流進她家的自來水時，發現鉛濃度是他在以往 25 年的測試中前所未見的。愛德華斯教授籌組研究團隊，他們確認弗林的水源供應的整體毒性，提供科學證明，最終導致官員放棄了弗林特河 (Kozlowski 2016)。

這個新的水源侵蝕了將自來水輸送到這座城市各個家庭的鉛管。居民抱怨著無數的衛生問題，包括皮膚疹、掉髮、噁心、頭昏眼花及疼痛。當地的小兒科醫師發現，自從水源從休倫湖轉換到弗林特河，幼童體內的鉛濃度已經加倍，在某些案例中甚至增加 3 倍，直到市政府在 2015 年 10 月將水源轉回到修倫湖及底特律河為止。無法彌補的損害不僅發生在公共衛生，更是發生在鉛管。州政府的回應就是分送濾水器及瓶裝水 (McLaughlin 2016)，爆發關於誰必須負責出資替換弗林特市水管的爭議。在 2016 年 1 月 5 日，密西根州州長斯奈德 (Rick Snyder) 宣布弗

林特進入緊急狀態。過後不久,美國總統歐巴馬宣布這個城市進入聯邦緊急狀態,授權由聯邦緊急事務管理署(Federal Emergency Management Agency)及國土安全部(Department of Homeland Security)提供額外協助。在本書撰寫時,弗林特居民已提出數十項法律訴訟,控告各機構及個人,包括弗林特市政府、該州的環境管理部、斯奈德州長,違反美國的《安全飲水法》(Safe Drinking Water Act)。

發生在密西根州最貧窮城市的這場毒物危害事件並非偶發,在全美各地(正如在許多其他國家),環境危害是不合乎比例地傷害著貧窮及少數族群的社區。弗林特有 57% 的居民屬於非裔美國人。有超過 40% 的居民生活在貧窮線之下,相較之下,全州及全國的比例分別是 17% 及 15%,人們會質疑類似事件是否會發生在密西根州的富裕社區當中。

研究呈現工業在決定何處設置汙染性設施時,往往將目標瞄準少數族群及低收入的社區 (Erickson 2016)。環境研究者墨海 (Paul Mohai) 及沙哈 (Robin Saha)(2015) 分析美國過去 30 年來有毒廢棄物處理設施的設置地點資料。他們的樣本包括興建於 1966 年到 1995 年間的 319 處商業運轉的有毒廢棄物處理、儲存與處置設施。他們的研究呈現在環境危害物質處理地點,非常清楚的種族及社經地位偏差模式。會產生汙染的設施及其他地方嫌惡的土地使用方式,在過去是,現在也依然是,不合乎比例地設立在非白人且貧窮的社區。這些社區在反對這類設施選址方面,具有最少的資源及政治影響力。

研究者也檢視汙染性設施建造時的社區人口比例,以及緊接在環境危害廢棄物設施建立後的人口變遷。他們發現汙染性設施往往建立在人口轉換當中的社區。在這項設施到來前的 10 年或 20 年間,白人就不斷遷出,而且少數族群及窮人就遷入。這種人口及社會的轉換,往往是伴隨著社群領袖的辭世,以及社會連結與公民組織的弱化。反對這些環境危害物質設施的力量消失了。相對地,富裕社區會很快發動有組織的環境威脅抗爭,而且有權者必須嚴肅看待他們。工業則選擇發生抗爭機會最小的路線,並將目標鎖定具有最少資源及政治影響力的社區。弗林特的故事得到媒體的頭條報導,但對於美國邊陲地帶的環境威脅,依然有數百個類似的故事有待訴說。

四、殖民主義

在過去 500 年，影響文化互動的重大力量是商業擴張、工業資本主義、殖民與核心國家的權力分化現象 (Wallerstein 2004; Wolf 1982)。由於西方國家的建構過程在工業化之前已告完成，工業化加速地方對較大規模網絡的參與。柏德利 (Bodley 2012) 指出，持續擴張是工業化經濟體系的特徵，這個擴張主義的傾向助長歐洲殖民帝國在 16 世紀及此後的成長。

殖民主義 (colonialism) 係指一個外國勢力對一塊領土及其人民實施政治、社會、經濟與文化的長期控制。殖民強權採取殖民者及行政人員的型態，建立並維持其本身在受控制區域的現身（參閱 Stoler, McGranahan, and Perdue 2007）。**帝國主義** (imperialism) 係指一套蓄意的政策，將一個國家或帝國（如大英帝國）的統治範圍延伸到外國之上，並奪取與掌握海外殖民地（參閱 Burbank and Cooper 2010）。帝國主義可回溯到早期國家，包括舊世界的埃及帝國與新世界的印加帝國。希臘帝國由亞歷山大大帝所創造，凱薩大帝及其繼承者擴展了羅馬帝國的勢力。更晚近的例子則包括英國、法國與蘇維埃帝國（參閱 Burbank and Cooper 2010）。

假使帝國主義幾乎就如同國家本身一樣古老，那麼我們可將殖民主義回溯到古代的腓尼基人 (Phoenicians)，他們在距今 3,000 年前沿著地中海東岸建立許多殖民地。古代希臘人與羅馬人是貪婪的殖民者，也是帝國創造者（參閱 Pagden 2015; Stearns 2016）。

殖民主義
外國勢力對一塊領土及其人民的長期控制。

帝國主義
一套蓄意的政策，目的是掌握並統治外國的土地與人民。

▲ 第一階段的歐洲殖民主義：西班牙與葡萄牙

第一階段的殖民主義始於歐洲的「大發現時代」(Age of Discovery)——發現美洲與通往遠東的航海路線。在 16 世紀，西班牙人征服墨西哥（阿茲提克帝國）與祕魯-玻利維亞（印加帝國），探索並殖民廣大區域，包括加勒比海地區、美國南部、中南美洲。在太平洋區域，西班牙的統治延伸到菲律賓及關島。葡萄牙殖民帝國統治南美洲最大的

殖民區域——巴西、非洲的安哥拉與莫三比克、南亞的果阿(位於印度西南海岸)。美洲各國在 19 世紀初期為尋求獨立所發生的許多叛變與戰爭,終結了歐洲帝國主義的第一階段。巴西於 1822 年宣布從葡萄牙獨立。在 1825 年前,大多數的西班牙殖民地取得政治獨立。西班牙繼續掌握古巴與菲律賓,直到 1898 年(當年西班牙美西戰爭中戰敗)為止,然而在其他地方,西班牙則已退出殖民場域。在殖民主義第一階段的主要殖民國家是西班牙、葡萄牙、英國與法國,後二者則掌控了第二階段。

商業擴張與歐洲帝國主義

在 19 世紀的歐洲商業利益尋求海外市場的腳步漸漸加速。這股追求商業擴張的動力,導致歐洲帝國主義在非洲、亞洲及大洋洲的發展。在 19 世紀後半葉,歐洲帝國的擴張得力於更發達的運輸體系,這促進歐洲人在澳大利亞及北美、南美廣大區域的殖民定居。這些新殖民地從工業化核心購買財貨,運回小麥、棉花、羊毛、羊肉、牛肉與皮革。歐洲殖民主義的第一階段是在哥倫布之後,持續探索及剝削美洲大陸與加勒比海地區;第二階段則是隨著歐洲國家競逐殖民地而開始,介於 1875 年與 1914 年間。

英國殖民帝國

類似其他幾個歐洲國家,英國有兩個殖民主義階段。第一階段始於 16 世紀伊莉莎白時代的多次航海探險。在 17 世紀,英國取得北美洲大部分的東部海岸、加拿大的聖羅倫斯盆地、加勒比海諸島、非洲的奴隸站,以及在印度的利益等。

英國人與西班牙人、葡萄牙人、法國人、荷蘭人共同探索新世界。英國人主動退出墨西哥與中南美洲,讓予西班牙人與葡萄牙人。1763 年英法七年戰爭結束,迫使法國退出加拿大及印度的大部分地區,在此之前英法兩國在這些地方相互競爭 (Cody 1998)。美洲獨立革命終結了英國殖民主義的第一階段。印度、加拿大及許多加勒比海島嶼依然在英國控制之下。

英國殖民主義的第二階段——大英帝國,所謂的「日不落國」在第

一階段的灰燼中崛起(參閱 Black 2015)。英國人移居澳洲始於 1788 年，但在 1815 年後快速增加。英國在 1815 年取得荷屬南非，在 1819 年建立的新加坡提供一個基地，使英國貿易網絡延伸到南亞與中國沿海地區。在此一時期，英國的傳統敵對帝國，尤其是西班牙，在規模上急遽縮小。英國身為帝國強權及居世界領導地位的工業化國家，其地位是無可匹敵的。

在維多利亞時代(1837 年至 1901 年)，英國的殖民擴張持續進行。維多利亞女王的首相迪斯雷利(Benjamin Disraeli)(任期 1874 年至 1880 年)運用帝國主義觀點：「白種人的負擔」(the white men's burden)——詩人吉卜林(Rudyard Kipling)所創的語彙——來合理化其對外政策。英國人認為，在帝國之內的人民無力管理自己，因此英國人的引導是有其必要的，以便讓他們變成文明人與基督教徒。這種父權主義及種族歧視的教條，合理化英國對中非與亞洲的領土取得及控制(Cooper 2014)。

大英帝國在 1914 年前後達到巔峰，當時佔領了地表面積的五分之一，統治了四分之一的人口(參閱圖 14.3)。在二次大戰之後，隨著追求獨立的民族主義運動，大英帝國開始瓦解。印度於 1947 年獨立，愛爾蘭於 1949 年獨立。在 1950 年代末期，非洲與亞洲的去殖民過程加速進行(參閱 Buettner 2016)。如今，英國及前殖民地依然存在的連結主要是語言或文化的關係，而不是政治關係(Cody 1998)。

▲ 法國殖民主義

法國殖民主義也有兩個階段。第一階段始於 17 世紀初期。在 1789 年法國大革命前，傳教士、探險家與貿易商主導了法國的勢力擴張。他們為法國開拓許多區域，包括加拿大、路易斯安那領土、幾座加勒比海島嶼、印度的某些地區。印度與加拿大於 1763 年割讓給英國 (Harvey1980)。

法國第二帝國的基礎在 1830 年至 1870 年間建立。在英國是由獲利動機導致殖民主義的擴張，但法國殖民主義有更多成分是由政府、教會與軍隊所發動，而非純粹為了商業利益。法國取得了阿爾及利亞與

中南半島的一部分(柬埔寨、寮國、越南)。就像英國一樣,法國參與1870年之後的新一波帝國主義浪潮。到了1914年,法國帝國的領域有四百萬平方英里(約合1,036萬平方公里),包含了大約六千萬人民(參閱圖14.4)。在1893年之前,法國已完全建立在中南半島的統治地位,突尼西亞與摩洛哥分別在1883年與1912年成為法國的保護國(Harvey 1980)。

誠然,法國人與英國人一樣,在殖民地具有實質的商業利益。但他們也跟英國人一樣,追尋國際榮耀及聲望。法國人的干預哲學是一種文明教化的任務(mission civilisatrice),這是英國「白種人的負擔」的同義詞。目標是將法國的文化、語言與宗教(天主教)深植在所有的殖民地(Harvey 1980)。

法國運用兩種殖民統治類型:間接統治(indirect rule)在具有長期國家組織歷史的地區,透過當地領導人及既有政治架構來治理,例如摩洛哥與突尼西亞;以及直接統治(direct rule)在非洲許多地區由法國官員所執行。在那裡,法國強加新的政府架構,以控制各式各樣的部族與文

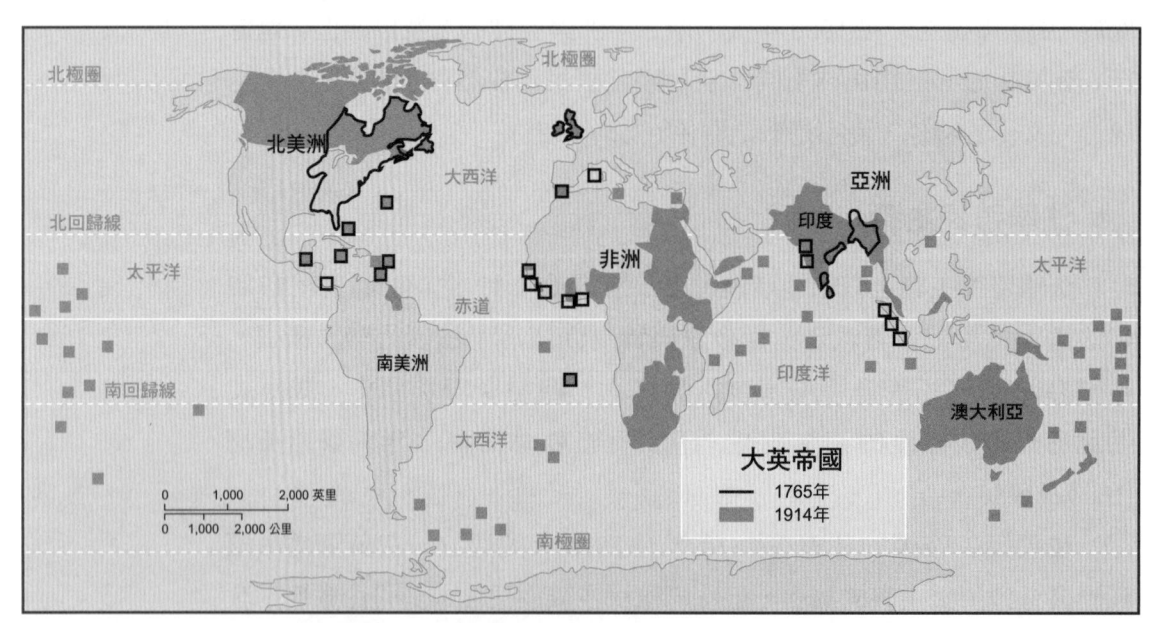

圖14.3　大英帝國地圖,1765年及1914年

資料來源:Academic American Encyclopedia, Vol. 3. 1998 Edition. Grolier, 1998.

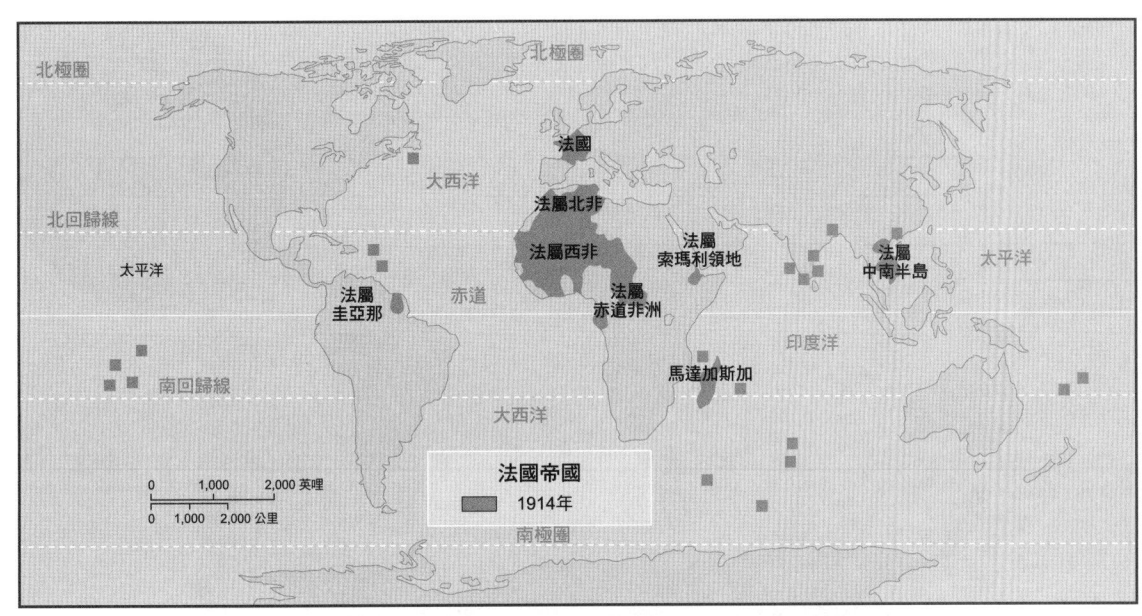

圖 14.4　法國帝國地圖，大約在 1914 年的顛峰時期

資料來源：Academic American Encyclopedia, Vol. 3. 1998 Edition. Grolier, 1998.

化，有許多地方原本是沒有國家的。法國帝國就如同大英帝國一樣，在二次大戰後開始瓦解，法國雖然藉長期戰爭維持它在中南半島與阿爾及利亞的帝國完整性，但終究徒勞無功。

▲ 殖民主義與族群身分

目前有許多在新聞所見到的地緣政治名稱，在殖民主義前都不具有相同意義。整個國家及國家內部的社會群體與區分方式，都是殖民時代的發明。例如在西非，如果從地理邏輯來看，有數個相鄰國家可以合為同一個國家 (多哥、迦納、象牙海岸、幾內亞、幾內亞比索、獅子山、賴比瑞亞等國)。相反地，它們卻因殖民時代所提倡的語言、政治與經濟對比，而劃分為這些國家 (圖 14.5)。

數以百計的族群或「部族」是殖民者的建構產物 (參閱 Ranger 1996)。例如，坦尚尼亞的蘇庫馬人 (Sukuma) 首先被殖民行政體系登記為單一部族。傳教士在翻譯聖經及其他宗教經典時，將許多方言整合成單一的蘇庫馬語。此後，這些書籍在傳教士學校傳授，並傳播到歐洲籍

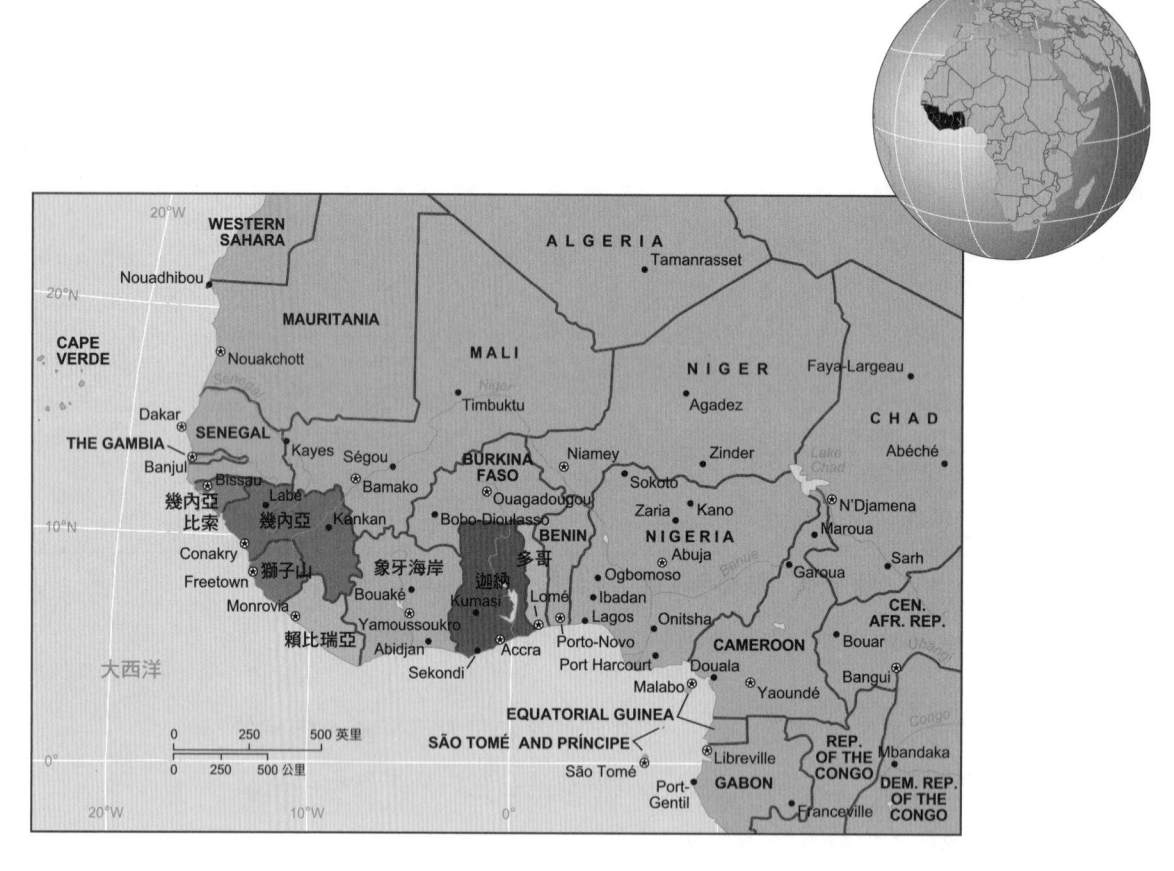

圖 14.5 殖民主義所創造的西非小國

的外國人及其他未使用蘇庫馬語的人們。久而久之，這就標準化了蘇庫馬語言與族群身分 (Finnstrom 1997)。

　　如同東非的許多地區，盧安達與浦隆地兩國的農耕者和畜牧者居住在相同地區，並說著同一種語言。在歷史上，他們分享同一個社會世界，雖然他們的社會組織是「極端階層化的」，幾乎「類似喀斯特」(Malkki 1995: 24)。有一種傾向將從事畜牧的圖西人 (Tutsis) 視為比農耕的胡圖人 (Hutus) 更優越。圖西人被呈現為貴族，胡圖人則是平民。但比利時統治者在盧安達派發身分證時，僅將擁有 10 頭以上牛隻的人們劃歸為圖西人，擁有較少牛隻的飼主則被登記為胡圖人 (Bjuremalm 1997)。在多年之後，1994 年盧安達發生大規模屠殺時，這些當初被殖民者任意派

定的人口登記，被人們有系統地用在「族群」識別上 [這個事件在電影《盧安達飯店》(*Hotel Rwanda*) 一片中逼真呈現]。

▲ 後殖民研究

在人類學、歷史學與文學中，後殖民研究的領域從 1970 年代開始成為顯學 (參閱 Ashcroft, Griffiths, and Tiffin 2013; Nayar 2016)。**後殖民** (postcolonial) 係指對歐洲國家及受其殖民的社會 (主要在 1800 年之後) 的互動關係的研究。在 1914 年，當時的歐洲各大帝國統治全世界 85% 以上的地區 (參閱 Streets-Salter 2016)。後殖民這個字彙也常被用來描述 20 世紀後半葉，接續在殖民時代之後的這段時期。更進一步延伸，後殖民可用來指稱一種對抗帝國主義與歐洲中心主義的立場 (Buettner 2016; Petraglia-Bahri 1996; Stoler 2013)。

先前的殖民地 [後殖民地 (postcolonies)] 可區分為定居者、非定居者與混合三種類型 (Petraglia-Bahri 1996)。定居者國家擁有大量的歐洲殖民者，以及較稀疏的原住民族群，包括澳洲與加拿大。非定居者國家包括印度、巴基斯坦、孟加拉、斯里蘭卡、馬來西亞、印尼、奈及利亞、塞內加爾、馬達加斯加與牙買加等。這些國家都有實質多數的原住民族群，以及相對稀少的歐洲定居者。混合國家包括南非、辛巴威、肯亞與阿爾及利亞。這些國家都有大規模的歐洲移民社群，即使當地仍擁有等量齊觀的原住民族群。

在這些國家的殖民經驗都有所不同的情況下，後殖民也就成為一個意義鬆散的術語。例如，美國曾被歐洲人統治，且經歷獨立戰爭才脫離英國，但美國是不是一個後殖民地區？我們大多不會如此理解，主要原因是這個國家在當今世界的強權位置，以及它對待美國原住民的方式 [有時稱為內部殖民 (internal colonization)]。後殖民的研究正在茁壯，能讓學者針對各種不同情境脈絡下的權力關係，進行一項廣大範圍的調查。這個領域的較大主題：包括帝國的形成過程、殖民化的影響與目前的後殖民地情勢 (Petraglia-Bahri 1996; Stoler 2013)。

後殖民
描述在歐洲國家及受其殖民並曾經統治的區域之間的關係。

五、發展

在工業革命期間，有一股強大的思想潮流，將工業化視為有利的自然發展與進步過程。許多經濟學家依然假定工業化會增加生產與收入。他們試圖在第三世界（「發展中」）國家創造一個過程，類似 18 世紀首先在英國自主發生的經濟發展歷史。

我們在上文中看到大英帝國運用「白種人的負擔」這個口號，合理化它的帝國主義擴張過程。同樣地，法國也宣稱他們從事在殖民地推動文明教化的任務。這兩種觀念都是**干預哲學**(intervention philosophy) 的明證，這是意識型態上的合理化理由，使外來者得以引導原住民族朝特定方向前進。經濟發展計畫也帶有干預哲學。柏德利 (Bodley 1988) 主張，隱藏在干預後面的基本信念——無論是由殖民者、傳教士、政府、發展計畫者所抱持的——在這 100 餘年來都是相同的。這個信念就是工業化、現代化、西方化與個人化，皆是人們可追求的演化進程，且各項提升原住民族群生活的發展計畫，將為這些族群帶來長期利益。

> **干預哲學**
> 外來者的意識型態合理化，以引導或統治原住民。

▲ 新自由主義

當前顯著的干預哲學就是新自由主義。這個名詞涵蓋一套由許多假定所構成的組合，在最近 30 年間廣布世界各地 (參閱 Carrier 2016)。新自由主義政策由資本主義國家與發展中國家所施行，包括後社會主義社會 (如前蘇聯的各個國家) 在內。**新自由主義** (neoliberalism) 就是由亞當・斯密 (Adams Smith) 的資本主義宣言《國富論》(*The Wealth of Nations*) 所奠立的古典經濟自由主義的現有型態。這本書於 1776 年出版，就在工業革命發生後不久。斯密提倡以自由放任 (政府放手不管) 的經濟體系做為資本主義的基礎：政府對該國的經濟事務應該置身事外。斯密認為，自由貿易是國家經濟發展的最佳途徑。不應對生產賦予任何限制、沒有貿易障礙與關稅壁壘。這套哲學之所以稱為「自由主義」，是因為它的目標是或自由化解放政府對經濟體系的控制。經濟自由主義鼓勵「自由」企業與競爭，帶有產生利潤的目標 (弔詭的是，斯密的自由主

> **新自由主義**
> 這項原則是政府不應管理私人企業，自由市場應居於主導位置。

義就是現今資本主義的「保守主義」)。

經濟自由主義盛行於美國,直到羅斯福 (Franklin Roosevelt) 總統在 1930 年代推行「新政」(New Deal) 為止。世界經濟大蕭條導致一股朝凱因斯學派經濟學的轉向。凱因斯 (John Maynard Keyens 1927, 1936) 主張,充分就業是資本主義成長的必要條件。因此,各國政府與中央銀行必須干預經濟提高就業率,且政府應該提升公共利益。

特別是共產主義沒落 (1989 年至 1991 年) 之後,出現一股新自由主義的復活,它已擴散到全球各地。在世界各地,新自由政策由強大的財政機構所執行,例如國際貨幣基金、世界銀行,以及美洲開發銀行 (Inter-American Development Bank)(參閱 Edelman and Haugerud 2005)。新自由主義主張有必要實行開放的 (沒有關稅壁壘的) 國際貿易與投資。利潤應該透過降低成本達成,無論是藉由改善生產力、資遣勞工,或找尋願意接受更低薪資的勞工。為了換得外國貸款挹注,許多後社會主義與發展中國家的政府,被迫接受新自由主義的前提:減少管理可以導致經濟成長,最後這將透過「由上而下」的過程使每個人受益。伴隨著這個自由市場與降低成本的信念,就是強加緊縮經濟開銷的措施,以減低政府支出。這可能使得政府有必要減少在教育、健康醫療照料及其他社會服務的公共開銷,正如最近在希臘及其他地方發生的強制緊縮政策。

▲ 北美自由貿易協議的經濟難民

在最近數十年,來到美國找工作的移民當中有許多來自墨西哥。大多數美國人都意識到當地大量的墨西哥移民,大多是未取得合法文件的勞工。然而,大多數美國人未能感受到各種國際力量,包括新科技及新自由主義的北美自由貿易協議 (North American Free Trade Agreement, NAFTA) 究竟應該對這項遷移負起多大責任。羅培茲 (Ana Aurelia López 2011) 顯示這些力量如何摧毀墨西哥的農耕體系,使得農耕土地劣化,並讓墨西哥農夫及小型商家流離失所——如此就助長數百萬未取得合法文件的墨西哥人遷移到美國。以下的敘述是對她的研究發現的提要。

如欲理解直到最近在墨西哥依然持續發生的事情，我們需要知道當地的農業傳統開始於至少 7,000 年前。數千年來，墨西哥農民將玉米、豆類及藜 (稱為「三姊妹」) 種在一起。這種多元農耕 (種植多種作物) 所收成的玉米產量，要比單獨種植玉米 (單一農耕) 更高。為了保持地力，「三姊妹」田地必須能在種植 2 年之後，「休息」5 年。

歷經世代傳承，墨西哥農民選出幾種不同的玉米品系，適應於具有大量變異的特定微環境。墨西哥成為世界玉米基因多樣性的寶庫。當其他地方的玉米生長有疾病或有疑似害蟲或者品質不佳時，墨西哥可將基因更優越的玉米品種提供給其他國家。

在北美自由貿易協議之前，墨西哥政府支持該國農民，每年透過價格補貼，以較高成本向農民收購一部分的收成。這些穀物送到遍及全國各地、經營成功的連鎖商店，名為國營大眾生計公司 (Compañía Nacional de Subsistencia Populares, CONA-SUPO)，以低於市價將玉米及其他主食賣給都市鄉村的窮人。關稅壁壘保護墨西哥農民，免於輸入外國玉米，例如美國種植的玉米。

對於墨西哥的可持續農耕文化的首波攻擊始於 1940 年代，當時引進了「綠色革命」技術，包括需要施以化學成分 (如肥料) 的種子。墨西哥政府鼓勵農民換掉他們傳統的、具有基因多樣性的「混種玉米」，改種具基因同質性的「改良種玉米」，來自美國的雜交種。農業化學公司在一開始提供免費的化學肥料。

公司的代表造訪鄉村，並提供免費的種子及化學肥料樣品給農民使用。頭一年超乎尋常的大量收成的消息一傳開來，其他的農民就放棄了傳統的玉米品系，代之以「改良種」依賴化學肥料的玉米。隨著這項轉換加速發展，這些新種子及相關的化學肥料價格就開始上揚。到最後，農民不再負擔得起種子或所需的化學肥料。當缺乏金錢的農民想回頭種植先前的混種玉米時，卻發現植株會長高，但不會結穗。在受到化學肥料所影響的土地上，只有來自美國的改良種玉米才會結穗。如今，由於農業化學物質——化學肥料及殺蟲劑的散播，有超過 60% 的墨西哥農耕土地劣化。(本章的「領會人類學」專欄描述另一個環境遭到化學汙染

而惡化的案例,採礦業成為被指控對象。)

那麼北美自由貿易協議對墨西哥的經濟有什麼特別影響呢?這個「自由貿易」協議在1994年生效,產生另一股對於傳統墨西哥農耕的重擊。為了實施北美自由貿易協議所需的借款協議,迫使墨西哥依循著新自由主義路線來重構該國經濟。政府必須終結對於小農所種植玉米的價格補貼,也必須結束墨西哥國營大眾生計公司的食物商店,這在昔日曾嘉惠鄉村及都市的窮人。

這些終結措施對墨西哥農民及其都市與鄉村窮人造成極大傷害。相對地,美國的農業工業體系從北美自由貿易協議受益。美國政府持續補貼自己的玉米農民,否則他們就無法經營。在北美自由貿易協議實施之前,墨西哥的邊境關稅使得美國玉米的銷售無利可圖。在北美自由貿易協議之下,墨西哥的玉米關稅遭到分階段撤銷,然後來自美國的玉米開始淹沒墨西哥的市場。

北美自由貿易協議經濟給墨西哥的玉米小農幾條路走:(1) 繼續待在墨西哥鄉村受苦;(2) 到墨西哥城市找工作;(3) 遷到美國找工作。北美自由貿易協議並未創造出勞力共同市場(換言之,使得墨西哥人、美國人跟加拿大人有能力自由穿越各國邊境,並在北美任何地方合法工作的市場)。北美自由貿易協議也未針對預估將受到此一貿易協議所影響,而被迫離開土地的1,500萬名墨西哥玉米農民,提供必要的糧食。正如事先的預期(以及計畫好的),有數百萬墨西哥人遷移到美國。

由於北美自由貿易協議的關係,墨西哥玉米農民逃離鄉村,而且美國補貼的玉米淹沒了墨西哥的市場。有一群人數不斷減少的傳統農夫留下來種植,並保留墨西哥獨特的玉米品種。目前大約有三分之一到二分之一的墨西哥玉米從美國進口,其中有許多來自總部設在美國的世界最大玉米出口商阿徹丹尼爾斯米德蘭公司 (Archer-Daniels-Midland)。北美自由貿易協議也加速其他的美國企業鉅子進入墨西哥市場:沃爾瑪百貨 (Walmart)、陶氏農業企業 (Dow Agribusiness)、孟山都 (Monsanto)、萬寶路 (Marlboro) 香菸、可口可樂。這些跨國企業接下來就取代了墨西哥許多小型企業,意外地創造出另一波移民潮——先前的雜貨店主及其員

工到美國去。

我們可以總結北美自由貿易協議對墨西哥經濟的影響：摧毀了傳統的小農經濟、讓農地品質劣化、讓小農及小型企業人們流離失所，並助

領會人類學

礦業是不是可持續發展的？

人類學家如何協助他們所研究的人群？工業化的擴張，正如這裡所舉例的採礦工業，已導致原住民經濟、生態與人群的毀滅。今日的跨國企業集團，連同本文所描述的國家巴布亞紐幾內亞，正以加速度的速率，重演在工業革命期間，從歐洲與美國展開的資源耗盡過程。然而，所幸今日世界存在著環境監督團體，包括人類學家在內，這並未出現於工業革命的頭一個世紀。這裡描述一所知名大學面對的難題。某一家公司的運作已摧毀原住民的地景與生計，是否適合擔任一所致力於環境可持續經營的學術機構的顧問？

在1990年代，BHP畢里頓 (BHP Billiton) 這家礦業鉅子公司，由於在巴布亞紐幾內亞的銅礦與金礦開採，引發舉世譴責。它的採礦過程摧毀數千個農耕與漁撈家庭的生活方式。他們所賴以維生的水源受到礦場汙染，而且這家公司直到一場具指標性的集體訴訟，才同意補償原住民。

今天，有幾位代表著世界各地原住民的社運份子與學術界人士表示，這家公司持續巧妙閃躲它在採礦過程所造成的問題。

然而，在美國密西根大學的安亞柏校區，BHP畢里頓享有崇高聲望：它是該校新設立的葛拉漢環境可持續經營研究中心的14位企業成員之一。

這所大學校內與校外的評論顯示，密西根大學將BHP畢里頓列為致力於可持續經營研究中心的顧問，嚴重損害這個機構，並容許這家公司獲得在環境與社會責任上的掩護，這是它不應得到的名聲。

這些爭論呼應著有關企業「綠漂」(greenwashing) 的討論，這發生於史丹佛大學與加州大學柏克萊分校，分別針對來自埃克森美孚和英國石油公司 (BP) 的巨額研究補助進行討論。

就密西根大學針對BHP畢里頓的其中一位評論者而言，這個事情帶有個人長期投入的成分。人類學系助理教授柯區 (Stuart Kirsch) 在大部分學術生涯中，記錄BHP畢里頓在巴布亞紐幾內亞的歐帖迪 (Ok Tedi) 礦區所造成的損害。

在1987年，當時柯區還是年輕的民族誌研究者，首度造訪這些受影響社群，參與控告這家公司的一項集體訴訟，並協助村民參與1996年的法庭解決方案。他說：「我維持著學術生涯，同時成為一名社會運動者。」

他接下來出版幾篇學術論文，關於他與當地永貢人 (Yonggom) 共同進行的工作，當他們進行抗爭，以爭取這家公司的承認與賠償——這項學術成就協助他在今年獲得終身教職——而且他繼續參與社會運動者及學術人士所組成的網絡，他們追蹤世界各地的採礦活動，以及它對於未發展地區社群的影響。

柯區說，這家公司的採礦行動汙染歐帖迪與福賴河 (Fly River)，並導致數千名當地居民遷離家園，因為採礦所導致的洪水使他們無法種植作物來養活自己。

BHP畢里頓的總部位於澳洲，後來承認這個礦場「並未合乎我們的環境價值標準」，並將它轉讓給一家獨立公司，這家公司將所有的礦區使用費付給巴布亞紐幾內亞政府。

但柯區說，這家公司藉著這麼做，規避了彌補它所造成損害的責任。BHP畢里頓公司表示，它原先傾向於關閉這座礦場，但是巴布亞紐幾內亞政府由於需

長遷往美國的大規模移民。在遷移過程中，這些數百萬的經濟難民面臨著令人卻步的挑戰，包括跟家人及故鄉分離、危險的跨越邊境，以及越來越有可能發生的——被美國驅逐出境。

要採礦的收益，施壓讓這個礦場繼續經營。這項協議使得BHP畢里頓免除未來關於環境損害的責任。

BHP畢里頓公司的發言人哈里(Illtud Harri)表示，該公司對於過去在歐帖迪礦場所做的一切感到遺憾，但認為它從這個礦場的撤出過程是「負責任的退場」，留在當地的將是一套系統，支持當地社群的教育、農業與社會計畫。

塔布特(Talbot)是成立2年的葛拉漢環境可持續經營研究中心的代理主席，他說：「……，我們有意識地選擇一群跨部門的組織成員」，從大約140人的名單中選出諮詢委員會，……而且有幾家公司對於可持續經營「並未做出任何重大努力」而遭到拒絕。BHP畢里頓公司成立於2001年，由澳洲的礦業公司布羅肯希爾特許公司(Broken Hill Proprietary Company)與總部設於倫敦的畢里頓(Billiton)公司合併組成，目前是全世界最大的採礦公司，在25個國家擁有超過100座礦場。BHP畢里頓公司的章程包括一段聲明，該公司「對於健康、安全、環境責任與可持續發展，(具有)一個優先的承諾」。但批評者表示，該公司在一些對於環境權與人權都帶有可疑紀錄的採礦計畫中，持續扮演一個重要角色，即使其中有許多計畫，該公司並不是直接負責的。BHP畢里頓公司擁有各項資源，可在這場論壇將本身塑造為「金童」，但是柯區說：「想要見到歐帖迪與福賴河的人們出席，可能比較困難。」

這場論壇可協助導正這個不均衡狀態，他說：「讓學生與教師們決定，究竟該公司是否適合擔任密西根大學的顧問。對每個參與者而言，這將是一個具教育意義的過程。」

最新追蹤消息：在本版撰寫時(2016)，BHP畢里頓公司不再列名為密西根大學葛拉漢環境可持續經營研究中心的成員。而且在巴布亞紐幾內亞，在BHP畢里頓公司將採礦權轉讓給歐鐵迪礦產有限公司之後，這個獨立運作的公司花費超過10億美元進行環境修復。在1996年的解決方案論令BHP畢里頓公司將其全部股份交給巴國人民，換得免除未來的法律追訴。這些股份現在保留在一家總部位於新加坡的信託基金，PNG可持續發展計畫公司(總值超過10億美元，而且持續增加中)。這個信託基金的任務就是提升巴布亞紐幾內亞西部省的發展，也就是歐帖迪這處礦藏所在地，並且跨越巴國各地。今天，巴國的省級與國家政府及PNG可持續發展計畫公司是歐帖迪礦產公司的唯一股東，這家公司將所有的盈餘交給巴國政府。在沿著福賴河下游數百英里，漁夫及農民依然抱怨著他們環境遭到毀壞，即使歐帖迪礦場提供巴國國家收益的16%。

資料來源：Goldie Blumenstyk, "Mining Company Involved in Environmental Diaster Now Advises Sustainability Institute at U. of Michigan," Chronicle of Higher Education, Vol. 54, Issue 15 (December 7, 2007), p. A22. Copyright 2007, The Chronicle of Higher Education. Reprinted with permission. 最新追蹤消息http://www.radioaustralia.net.au/pacific/radio/program/pacific-beat/documentary-special-ok-tedi/1069558 以及作者與柯區的個別討論。

在今日世界體系當中，新自由政策所造成的其他可資比較的結果，延伸超越了墨西哥的範圍。隨著當代全球化力量在全球各地改變了鄉村地理景觀，城鄉遷徙及跨國遷徙已成為全球現象。一再發生的是，綠色革命科技已將生計經濟轉變成貨幣經濟，助長了對金錢的需求，以獲得來自外國的輸入品，但卻讓土地被化學製品所鉤住，減低了基因多樣性及可持續發展性，並迫使最貧窮的農民離開土地。很少有美國人會意識到北美自由貿易協議所扮演的角色，具體來說，在終結長達 7,000 年的可持續農耕文化及讓數百萬名墨西哥人流離失所，更普遍來說，可相提並論的發展結果正在全世界各地發生當中。

六、第二世界

「第一世界」、「第二世界」、「第三世界」這幾個標籤代表著常見的(雖然是我族中心觀點的)分類各個國家的方式。第一世界係指「民主的西方」——傳統上被認為對立於「共產主義」所統治的「第二世界」。第二世界係指包括前蘇聯，以及東歐與亞洲的社會主義和曾實施社會主義的國家。以這套分類體系繼續下去，「低度發展國家」或「發展中國家」構成第三世界。

▲ 共產主義

共有主義
（小寫 c），財產由社群所擁有，人民為公共利益而工作。

共產主義
（大寫 C），這個政治運動目的在於以蘇維埃風格的共產主義取代資本主義。

英文的 communism 有兩種意義，這與它如何被書寫有關：它的 c 究竟是小寫或大寫。英文字首以小寫 c 顯示的 communism 是**共有主義**，描述一種社會體系，其中的財產由社群所擁有，人民為公共利益而工作。英文字首以大寫 C 顯示的 Communism 是**共產主義**，這是一種政治運動與教條，試圖推翻資本主義並建立一種共有主義的國家型態，例如從 1917 年到 1991 年蘇聯曾盛行的情況。共產主義的輝煌時代是 1949 年到 1989 年這 40 年間。在這段期間的共產主義政權數目，比起先前與此後都更多。全世界目前只剩下 5 個共產主義國家，包括中國、北韓、寮國、

越南與古巴，相較之下，1985年則有23個。

　　共產主義隨著俄羅斯在1917年發生的布爾什維克革命而興起，其思想起源是馬克思與恩格斯(Friedrich Engels)，然而它對不同時代及國家的意義並不一致。普遍來說，所有的共產主義體制都是威權的(authoritarian，提倡對權威的順從，而不提倡個人自由)，還有許多是集權的(totalitarian，禁止成立反對黨，並要求個人對這個國家完全效忠)。在每個共產主義國家，共產黨獨享所有的權力，而且這些政權是高度中央集權的，並嚴密遵守教條。共產主義國家的生產工具所有權屬於國家，而不屬於私人。最後，所有的共產主義政權都帶有提倡共有主義的目標，培養屬於同一國際運動的歸屬感(Brown 2001)。

　　社會科學家往往將這類社會稱為社會主義，而不是共產主義。目前有許多人類學家及其他學者研究後社會主義(postsocialist)社會，這些國家過去強調由政府機關依據中央計畫來重新分配財富(Giodano, Ruegg, and Boscobonik 2014; Verdery 2001)。在後社會主義時期，過去曾採行計畫經濟體系的國家，現在大多依循新自由主義的教條，將國有資源朝向私有化與市場化。這些轉型中的社會正展開民主化與市場化。有一些這類社會已朝向正式的自由民主體制，具有許多政黨、選舉與各種權力的均衡。

▲ 後社會主義轉型

　　新自由主義經濟學家假定，蘇聯計畫經濟體系的瓦解，將可提高國民生產毛額(GDP)與生活品質，這項目標係以解除中央集權管制的市場體系取代原有體系，且透過私有化來提供誘因。1991年10月，甫於當年6月當選俄羅斯總統的葉爾辛(Boris Yeltsin)宣布激進的市場取向改革計畫，推動朝向資本主義的變革。葉爾辛的「震撼療法」切斷對農場與工廠的金錢資助，並結束市場價格管制。在1990年代，後社會主義的俄羅斯面臨許多瓦解，導致國民生產毛額、平均餘命與出生率的巨幅衰退，以及貧窮情形增加。在2008年到2009年間，就在俄羅斯經歷連續十年的經濟成長後，也受到全球經濟衰退所影響，但其經濟在2010

年快速恢復且繼續成長，其出生率及平均餘命也是如此。自從 1990 年代晚期至今，貧窮率已實質下降，但最近有上升趨勢——即使居住在莫斯科的億萬富翁比紐約或倫敦更多 (Rapoza 2012)。在 2014 年，俄羅斯的貧窮率是 11.2%，低於美國在同年的貧窮率 14.8%。

七、今日的世界體系

工業化的擴散持續到今天，但是有些國家在世界體系中的位置已發生變動。表 14.2 歸納這些變動。在 1900 年前，美國成為世界體系的核心國家之一，在鋼鐵、燃煤與棉花生產上超越英國。日本在短短數十年間 (1868 年至 1900 年) 從中世紀的手工業國家轉變成工業化國家，1900 年前加入半邊陲國家的行列，1945 年到 1970 年間朝向核心國家邁進。印度與中國加入了巴西，成為半邊陲國家的領導者。圖 14.6 呈現當代世界體系的地圖。

20 世紀的工業化增添數以百計的新型態產業，與數以百萬計的新工作機會。生產量的增加，往往超過人們的實際需要。廣告的促銷策略是為了銷售每一樣可採取工業大量生產的物品。大量生產催生過度消費的文化、崇尚物慾及奢侈品消費。文化變成是全球視野。

表 14.2　各國在世界體系中的起落

從邊陲到半邊陲	從半邊陲到核心	從核心到半邊陲
美國 (1800 年至 1860 年) 日本 (1868 年至 1900 年) 台灣 (1949 年至 1980 年) 南韓 (1953 年至 1980 年)	美國 (1860 年至 1900 年) 日本 (1945 年至 1970 年) 德國 (1870 年至 1900 年)	西班牙 (1620 年至 1700 年)

資料來源：Thomas R. Shannon, An Introduction to the World-System Perspective, 2nd ed., p. 147, Westview Press, 1989, 1996.

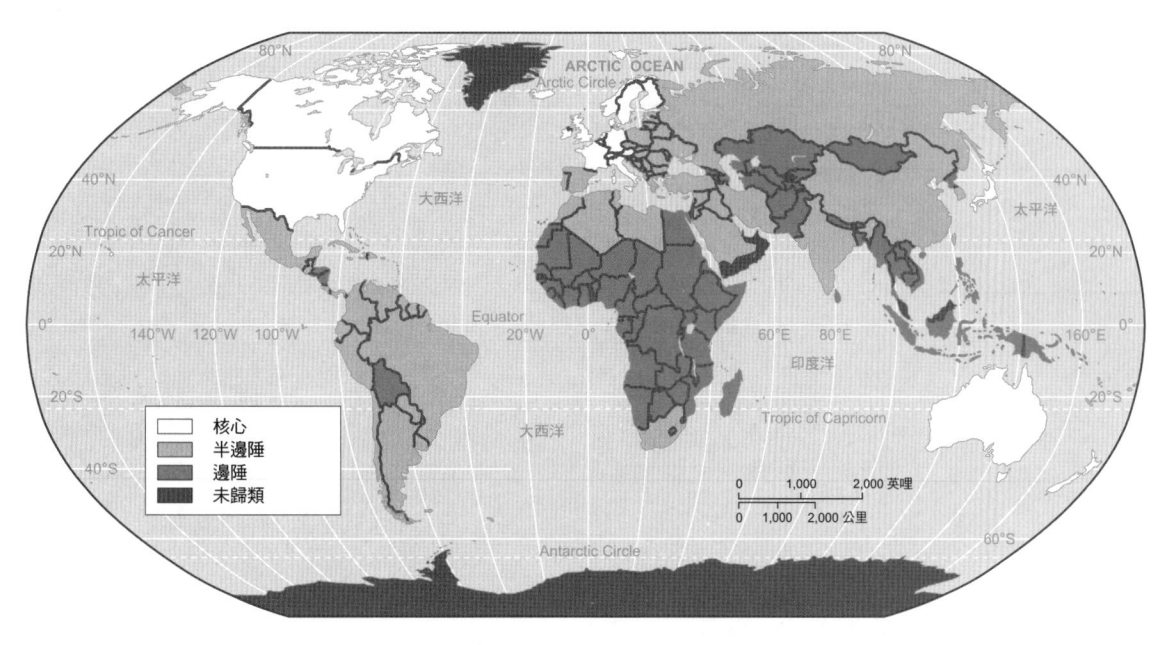

圖 14.6　今日的世界體系

1. 依據世界體系理論，各個社會是較大體系的次體系，世界體系是最大的體系。◀回顧
你參與了哪些不同層級的體系？
2. 世界體系理論如何有助於我們解釋，為何許多公司在印度僱用數以千計的新進員工，同時裁退在美國與歐洲同樣數目的員工？
3. 工業革命有哪些起因及社會經濟效應？關於早期工業化過程的知識，對於有志探究今日工業化發展動力的人類學家而言，這項知識會如何產生關聯？
4. 思考一個最近發生的，其中某個核心國家干預了另一個國家內政的例子，這個國家用來合理化這項行動的干預哲學是什麼？
5. 下列的論述（第449頁）有多大程度依然是確實的：「從邊陲及半邊陲國家流向核心國家的財富，有助於核心國家的資本家在滿足本國勞工需求時，能夠維持其利潤」。核心國家的勞工是否依然滿足？有什麼因素可能會減低他們的滿意程度？

Chapter 15

人類學在全球化世界的角色

- 什麼是全球氣候變遷？人類學家如何研究這個議題以及其他環境威脅？
- 什麼是文化帝國主義？有哪些力量發揮作用來支持或抵抗它？
- 什麼是原住民？近年來，他們的重要性如何與為何增加？

章節大綱

一、能源消耗與工業化造成的低落

二、全球氣候變遷

三、環境人類學
　　全球化對地方自主性的衝擊
　　森林砍伐
　　新興的疾病

四、族群接觸
　　文化帝國主義與地方化
　　全球的影像體系
　　全球消費文化

五、移動的人們

六、原住民

七、人類學的功課

認識我們自己

你喜歡的科幻電影或電視節目是什麼？在你的記憶當中，會浮現出哪些其他星球或未來地球的影像？你是否會想起《星際大戰》的死星 (Death Star)、塔圖因的兩個太陽，或在《星際大戰》的其他星系等等的影像？那麼《阿凡達》(Avatar) 的潘朵拉星 (Pandora) 呢？對你來說，這些影像就像真實的星球一樣熟悉。你也可想想，電影如何呈現外星人。在一方面是《ET 外星人》(ET) 片中無意危害人類的星球植物收集者，以及《阿凡達》片中瀕臨絕種的納美人。更典型的外星人是地球將來的征服者，呈現於兩部《ID4 星際終結者》(Independence Day)、三部《星艦戰將》(Starship Troopers) 系列電影，以及其他百餘部片子當中。此外有其他影片，主要角色是跨星球事務的全能、全知的護衛者，最知名的是《地球停轉之日》(The Day the Earth Stood Still)(1951 年與 2008 年的版本皆是)。

假使我們對於其他星球某些最生動的感知來自於小說，現代科技讓我們比以前更容易將地球同時感知為一個星球與我們的世界。人類學家可運用谷歌地球應用程式 (Google Earth) 來定位他們在世界偏遠角落曾研究的社群所在位置。我的同事與我曾運用空間影像資料，因為對於馬達加斯加的森林砍伐成因感興趣，

我們檢視一系列連續幾年拍攝的衛星影像，以確定森林植被消失最明顯的區域。然後我們前往馬達加斯加，實地研究這些區域。有趣的是，想像外星人從類似的影像可能「看到」什麼。假使這些外星人 (就如較為仁慈的電影所想像的) 比較有興趣研究地球上的生命，而不是征服、控制或甚至吃掉地球的居住者，他們就會有一大堆東西需要詮釋。在我的海外研究工作，我深深感受到兩個主要全球趨勢：人口增加，以及由生計經濟轉向貨幣經濟。這些趨勢導致農業集約化、資源耗盡 (包括森林砍伐) 與移民，這使得我們問起自己究竟是誰時，越來越難不以全球視野思考。

我深切感受到有越來越多年輕人放棄傳統的生計方式 (參閱 Sukarieh and Tannock 2015)。他們找尋能賺得現金的工作，但工作機會稀少，於是刺激在國內及跨越國界的移民。接下來，跨國遷移增加美國、加拿大及西歐國家的文化多樣性。每天美國人都會見到來自不同地方的人，他們的祖源國家與文化曾由數個世代的人類學家所研究——這使得文化人類學成為在日益相互連結的世界當中，跟我們日常生活最息息相關的學科。

本章將人類學觀點應用於探討當代全球議題。首先，讓我們回顧全球化 (globalization) 這個術語的兩種不同意義。在本書的用法，全球化最主要的意義是全球性的連結。現代的運輸、溝通及金融體系具有全球規模。它們是相互連結的生產、分配及消費體系，延伸跨越所有的國家及地區。全球化的第二個意義是政治的，必定跟意識型態、政策及新自由主義有關 (參閱 Kotz 2015)。以這個更限縮範圍的定義，全球化所指的是國際金融強權的各項努力，以創造一個全球的自由財貨及勞務市場。第二種，也就是政治意義上的全球化，已產生且持續產生顯而易見的反對聲浪。在本書當中，全球化是一個中性的術語，用來解釋全球相

互連結及連帶關係，而不是任何一種政治立場 (參閱 Erikson 2014; Ervin 2014)。

　　某些作為及危機現在具有全球影響力，這項事實讓我們有理由討論關於能源消耗及環境惡化，包括氣候變遷或全球暖化。本章也將思考森林砍伐及新興傳染病對全球生物多樣性與人類生命所帶來的威脅。本章第二部分將從生態學轉向當代的人群、技術、金融、資訊、影像及意識型態的流動，這造就全球的消費文化。有一部分的全球化是跨文化溝通，透過媒體、旅遊與遷徙，逐漸讓來自不同社會的人們直接接觸。最後，我們將思考這些接觸與外部連結如何影響原住民，以及原住民群體如何組織起來，以面對並處理國內與全球的議題。

　　我們不可能在短短一章 (甚至一本書)，就能完整回顧當前最顯著且受到人類學家所研究的全球化議題。有許多這類議題 (如戰爭、流離失所、恐怖主義、非政府組織、媒體) 在前面各章及一系列的「聚焦全球化」專欄中做了討論。如欲瞭解人類學對於各種全球議題的分析，請參閱以下的最近出版書籍：柏德利 (Bodley 2012, 2015)、Shirley Fedorak (2014) 與 Richard Robbins (2011) 等書。

一、能源消耗與工業化造成的低落

　　工業化使得人類有必要由依賴可再生能源，轉而使用石化燃料。地球的石油、天然氣及煤礦，目前正在不斷耗盡，以支持前所未見的消費水準。美國人是世界上不可再生能源的最大消費者。美國人平均每人每天消耗能量，大約是搜食者或部族的 35 倍 (Bodley 2015)。

　　表 15.1 比較美國及前十大能源消耗國家的能源消費量，包括總數及平均量。從總量來說，美國在各國排名第二，占了世界每年消耗量的 17%。中國排名第一，占了世界每年消耗量的 22%。然而，北美人——加拿大人及美國人——在人均能量消費量排名第一與第二。美國人的能量平均消耗量是中國人的 4 倍、印度人的 16 倍。能量消耗量在中國及

領會多樣性

遭到長期折磨的多樣性：全球力量及原住民

在全球各地，多樣性正遭受到長期的折磨。阿拉斯加的暖化速度是美國其他地方的2倍，被迫搬遷的居民成為氣候變遷難民——由於逐漸上升的海平面正在侵蝕及淹沒他們的聚落，因此被迫搬走。在南太平洋的馬歇爾群島島民也面臨逐漸上升的海平面，這使得他們的聚落變得不適合居住，而且土地因鹽分過多而無法從事農作 (Davenport and Haner 2015)。在巴西的亞馬遜流域，外來的定居者，包括農民、牧牛者及商業伐木者，都非法進逼著原住民保留地。有一股力量正在全球發揮作用，包括氣候變遷及發展在內，都在威脅著原住民的生活方式、生計及生命。

我們現在聚焦在挪威的北極地區，當地有大約十萬名薩米人 [Sami, 或稱拉普人 (Lapp)]，延伸跨越一片廣大領土——挪威、瑞典芬蘭的北部區域，以及俄羅斯的科拉半島 (Kola Peninsula)。薩米遊牧民族在昔日曾按照季節帶著牲口跨越這片廣袤土地，並不怎麼注意國界在哪裡。如今，在這個西歐僅存的極地原住民薩米人的總人口當中，僅有十分之一繼續維持畜養馴鹿來謀生 (Wallace 2016)。

薩米人的生活方式正在受到逐漸累加的摧毀，而不是受到一個大計畫或事件所摧毀。一連串小型建設計畫，包括道路與油管，所累積的結果就是在過去一個世紀當中，挪威未被干擾的馴鹿棲息地減少了70%。就如同許多原住民一般，薩米人必須跟強大的外來利益團體相競爭，來使用他們傳統上的（放牧）地帶。在數個世紀以來，薩米人生活在國家組織之下。國家容許薩米人放牧他們的牲口，但土地屬於國家政府所有。薩米人必須應付在國家層次由計畫者、國會議員及法庭所制定的決策。對於國家及商業利益有好處的東西，往往都會優先於對當地人可能是最好的東西。

從外界輸入的東西可能兼具正面及負面的。薩米人受益於GPS項圈及智慧型手機應用軟體來追蹤牲

◇ 表 15.1　2012年至2013年世界能源消耗量前十大國（以千兆英熱單位計）

	總量	每人平均消耗量
全世界	510.6*	74.4**
中國	113.2	82.0
美國	89.9	312.8
俄羅斯	27.7	229.9
印度	23.6	19.9
日本	18.8	163.6
加拿大	13.2	396.6
德國	12.9	160.6
巴西	11.0	59.0
南韓	10.8	228.9
法國	9.9	165.1

* 510.6 千兆英熱單位 (BTU.)(510,600,000,000,000,000 BTU)。
** 74.4 百萬英熱單位。

資料來源：U.S. Energy Information Administration, International Energy Statistics. http://www.eia.gov/cfapps/ipdbproject/IEDIndex3.cfm?tid544&aid52;Hydrocarbons-technology.com. "Energy Gluttons- The World's Top 10 Energy Comsumers," http://www.hydrocarbons-technology.com/features/festureenergy-gluttons-the-worlds-top-10-enery-comsumers-4433940/.

口,並運用雪上摩托車及全地形車輛來圈養。負面而言,工業基礎建設的不斷進逼,減少他們的活動範圍及自由。當前威脅包括水庫、道路、實戰軍事訓練、高壓電力線路、風力發電廠及銅礦。現在有許多薩米人不得不使用卡車及船隻運送牲口,往返於夏季及冬季的放牧區之間。當法庭批准對於薩米人有負面影響的大範圍計畫時,這些畜牧者只能拿到一次補償金,來彌補他們的損失 (Wallace 2016)。

挪威正在推動從北極地區取得更多資源及興建更多工業設施的計畫。薩米人擔心他們大多藉由畜牧來維持的語言及文化到最後會被犧牲,來讓大社會受益。政府有雄心來推動可再生能源的目標,包括更多的水力及風力發電計畫。這些計畫雖然可能「有益於全球」,但卻負面影響了馴鹿畜養,以及極地的生物多樣性、野外環境的地景、以及傳統的生計活動。有一個提議中的風力發電廠 (目前正在司法複審階段),以及相關的電力管線,將會實質侵犯一群畜牧者在夏季的放牧地,這群人說著南薩米語,由聯合國教科文組織 (UNESCO) 列入瀕臨滅絕的語言名單中 (Wallace 2016)。

除了來自發展的威脅之外,薩米人也持續跟軍方產生衝突。自從冷戰時期開始,挪威軍隊就經常現身在薩米人的鄉村中,預防俄羅斯可能從斯堪地那維亞的北方入侵。軍隊的操練大多每天舉行,戰事演習,包括實彈射擊在內,造成這些畜牧者在進行活動時,必須留意飛來飛去的子彈 (這段關於當代薩米人的敘述主要來自於 Wallace 2016)。

就算是最開明的政府,也會推動不符合保護原住民傳統活動及生活方式的政策。就如同某些目標在於保存生物多樣性的生態保育計畫,對全球有益的各種努力,例如綠色能源的發展,對當地人群可能不是最佳選擇。計畫者必須留意,尋求在對全球有益及對人民有益的東西之間,尋求微妙的平衡。

印度不斷攀升,在美國及加拿大微幅縮減,在歐洲則有更大幅縮減。

工業化已傳播到亞洲、拉丁美洲、非洲及太平洋地區。工業化擴張所帶來的一項影響,就是原住民的經濟、生態與人口的持續毀滅 (參閱本章的「領會多樣性」專欄)。在兩個世紀前,當時工業化正在發展中,有 5,000 萬人依然生活在邊陲地區外,政治獨立的遊群、部族與酋邦中。在 1800 年,這些非工業化社會控制地球的一半土地及當時全世界的 20% 人口 (Bodley 2015)。工業化緊接著破壞了這個平衡態勢,而轉向有利於國家的發展 (參閱 Hornborg and Crumley 2007)。

許多當代國家正以加速度的速率,重演在工業革命期間曾在歐洲與美國發生的資源消耗過程。所幸,今日世界上有許多環保團體把關,這是工業革命的頭幾個世紀中所欠缺的。在各國與國際進行合作與制裁的情況下,當代世界可從過去的教訓獲益 (參閱 Hornborg, McNeill, and Martinez-Alier 2007)。

然而，今日世界存在著新的危險，其中有些已變成全球規模。伴隨著全球化而來的就是重大危機可快速傳播到個別國家之外。拜當代運輸系統所賜，在世界某個角落爆發的疾病，可能很快變成全球威脅。誰能忘記 2014 年伊波拉病毒的威脅？再者，除了某種疾病可能帶來的真實威脅以外，可能變成全球議題的是由大眾媒體磨利的高漲危機感知，使得人們認為，任何地方的任何人都有可能因某種疾病而致死，然而這個疾病已證實幾乎完全發生在某個特定區域。另一項全球威脅可能會散播比疾病更快，就是網路攻擊。我們應當畏懼網路病毒，就好像畏懼真實病毒一樣。我們已經變得如此仰賴網際網路，以致於任何能阻礙或暫停網路空間的資訊流通的事情，都會具有全球反彈。能夠隨時隨地影響地球人們的危機，就成為**危機全球化** (globalization of risk) 的一部分。危機再也不僅僅是地方性的，像是美國密西根州弗林特所爆發的水資源危機，或者是區域性的，像是加州乾旱，全都變成全球範圍。人們往往更容易擔憂短期的威脅 (如毒水或是伊波拉) 或中期的威脅 (如恐怖主義)，而較少擔憂長期威脅 (如全球氣候變遷)。

二、全球氣候變遷

每位化石燃料使用者都對全球氣候變遷做出貢獻 (也就是這位消費者的「碳足跡」)。全世界現在有 70 億個碳足跡，這項事實具有重大的全球意義。2015 年超越了 2014 年，成為世界有史以來溫度最高的一年 (在美國阿拉斯加州以南的 48 州，2015 年是有史以來溫度第二溫暖的一年，僅次於 2012 年)。這場熱浪的理由之一是，一股不尋常的大型聖嬰現象氣候模式，將大量熱氣灌進大氣當中，甚至更重要的是由人類排放的溫室氣體所導致的全球暖化 (Gillis 2016b)。

溫室效應 (greenhouse effect) 是保持地表溫暖的自然現象。溫室氣體包括水蒸氣 (H_2O)、二氧化碳、甲烷 (CH_4)、一氧化二氮 (N_2O)、氯氟碳化合物 (halocarbons) 與臭氧 (O_3)。假使沒有溫室氣體，我們所知的生

溫室效應
導因於大氣所蓄積的氣體而產生的暖化。

命就不會存在。這些氣體就好比溫室的窗戶,能讓太陽光進入大氣,然後防止熱氣從大氣逸散。

以往大氣中的二氧化碳含量會自然波動。每次二氧化碳增加,地球就會升溫、冰原溶解及海平面上升。自從工業革命以來,人類將二氧化碳灌進大氣的速度遠比以往大自然更多 (Gillis 2015)。在工業革命之後,所有的溫室氣體全都增加了。如今,大氣中所蓄積的溫室氣體已達 40 萬年以來的最高峰。假使沒有展開行動來減緩溫室氣體的排放——溫室效應就會持續增加,地表溫度也是如此 (National Academy of Sciences 2008, National Research Council 2011)。

自從 19 世紀以來,地球表面溫度已上升華氏 1.8 度 (攝氏 1.0 度) (Gillis 2016a)。這項增加並不是歸因於太陽輻射的增加,其原因主要是**人因的** (anthropogenic)——由人類及其活動所導致。誰能夠合理否認,如今超過 70 億的人口,連同他們的動物、農產品與機器,對環境的影響勢必高於距今 12,000 年前生活在地球的大約 500 萬名狩獵採集者?

科學家比較喜歡使用**氣候變遷** (climate change) 這個術語,而不是全球暖化 (global warming)。前者指出,除了逐漸上升的氣溫以外,更包括海平面上升、降雨和風暴的增加,以及對生態體系的影響。海洋對於氣溫的微小波動極為敏感。在 19 世紀,隨著工業化的進展,海平面開始上升:自從 1880 年以來已經上升了 8 英寸 (20.32 公分)(Gillis 2016a)。聯合國跨政府氣候變遷小組 (Intergovernmental Panel on Climate Change) 回顧並總結關於氣候的研究,估計在持續居高不下的溫室氣體排放量的條件下,在 21 世紀可能會導致海平面上升 1.7 到 3.2 英尺 (51.81 公分至 97.54 公分) (Gillis 2016a)。海平面不斷上升所帶來的一項後果,就是海岸社群受到潮汐而淹水情況的惡化,包括美國東岸在內。位在美國馬里蘭州安納波利斯 (Annapolis) 的潮汐觀測站,在 1955 年到 1964 年這 10 年間測得的潮汐高度,共有 32 天淹水。50 年過後,在 2005 到 2014 這十年間,共有 394 天淹水。在南卡羅萊納州的查爾斯頓,在 1955 到 1964 這十年的淹水 34 天,增加到 2005 年到 2014 年這 10 年間,共有 219 天淹水 (Gillis 2016a)。

人因的
由人類及其活動所導致。

氣候變遷
由人類及其活動所導致。

氣候變遷對於未來區域天氣模式的確實影響，目前尚未充分確定（參閱 DiMento and Doughman 2014）。預期陸地區域將比海洋區域更暖和，最大程度的暖化將會發生在高緯度地區，例如加拿大、美國北部、北歐與俄羅斯。全球暖化可能使這些區域受益，讓冬季氣候更怡人、生長季節更長。然而，在世界各地可能有更多人受害（參閱 Cribb 2010）。我們已知在北極地區的氣溫上升是全球平均值的 2 倍，北極地區景觀與生態體系正在快速改變，而且是人們能夠感受到的，這正在阿拉斯加的若干區域產生數以百計的「氣候難民」，當地的永凍土正在溶解，原住民村落沉到海平面以下（參閱 Yardley 2007）。可預期的是，世界各地的海岸社群將發生更多水災及更嚴重的風暴與浪潮。瀕臨危險狀態的包括人們、動物、植物、水源供應，以及觀光業與農業。（表 15.2 總結主要發揮作用來暖化及冷卻的各項因素。）

　　全球的能源需求就是減緩氣候變遷的唯一最大阻礙。在世界各地，能源消耗隨著經濟及人口擴張而持續成長。特別是中國與印度正在快速增加其能源使用量，主要來自化石燃料，因此溫室氣體排放量也增加。兩國的大城市，最出名的就是北京及新德里，如今已在世界最汙染城市之列。中國目前的能量消耗量占全球消耗量的 22%，2000 年則是 9%。美國的消耗量則從 2000 年占全球消耗量的 25% 滑落到 2013 年的 17%（參閱表 15.1）。化石燃料的替代品包括核能，以及可更新能源技術，例如太陽能、風力、生質能發電。

　　2015 年，美國人類學會發布「人類及氣候變遷聲明」(Statement on Humanity and Climate Change)，請參閱以下網址：http://www.aaanet.org/cmtes/commissions/CCTF/upload/AAA-Statement-on-Humanity-and-Climate-Change.pdf 這項聲明提出幾項重點，包括下列數點：

- 人類文化及行動是發生在最近 100 年這場劇烈環境變遷的最主要導因。影響氣候變遷的兩項主要因素是：(1) 仰賴化石燃料做為主要能源；(2) 不斷擴張的消費文化。
- 氣候變遷將會加速遷徙，讓社群變得不穩定，並加速傳染病的傳播。

◈ 表 15.2　暖化與冷卻地球的東西

暖化	
二氧化碳	具有自然與人為的來源；因燃燒化石燃料而增加
甲烷	由於人類活動而增加，包括飼養家畜、種稻、垃圾掩埋，以及天然氣的抽取、處理與運輸過程
臭氧	具有自然來源，往往是在大氣層的同溫層，在那裡的化學物質已造成臭氧層減少；當對流層（大氣層的底層）碳水化合物與一氧化氮汙染物發生化學反應時，也會產生臭氧
一氧化二氮	已由農業與工業來源而增加
氯氟碳化合物	在實施氯氟碳化合物使用禁令前，使用於冰箱的冷媒
氣膠	某些漂浮在空氣中的氣膠微粒與小滴會暖化地球；燃燒化石燃料或植被會產生黑色碳微粒（煤煙）；它們普遍藉由吸收太陽光輻射，而具有暖化效果
冷卻	
氣膠	某些氣膠冷卻地球；燃燒化石燃料所產生的硫酸鹽（四氧化硫）氣膠，將陽光反射回太空
火山噴發物	散發氣體狀的二氧化硫，一旦進入大氣，就形成硫酸鹽與火山灰，兩者都將陽光反射回太空
海冰	將陽光反射回太空
凍原	將陽光反射回太空
暖化／冷卻	
森林	森林砍伐創造一些開闊陸地區域，將更多的陽光反射回太空（冷卻）；森林砍伐也移除了能吸收二氧化碳的樹木（暖化）

- 受到最大影響的將會是海岸、島國、高緯度（例遙遠北方）、高海拔（如山岳地帶）區域的居民。
- 昔日對於氣候變遷的討論，傾向於放在國際及國家層次。我們也需要在區域及地方層次進行計畫，因為氣候變遷的影響會隨著特定地點而異。受影響社群可能跟人類學家通力合作，必須成為最活躍的參與者，來計畫如何適應氣候變遷──以及實行那些計畫。

三、環境人類學

人類學一向關心環境力量如何影響人類,以及人類活動如何影響環境。在 1950 年代到 1970 年代,興起一門研究領域,稱為文化生態學 (cultural ecology) 或**生態人類學** (ecological anthropology)(參閱 Haenn, Wilk, and Harnish 2016)。這個領域一開始聚焦於文化信念及實踐如何協助人類群體適應其環境;以及人們如何利用其文化成分,來維持他們的生態體系。生態人類學家呈現,許多原住民群體做了合情合理的工作,以經營他們的資源,並保存其生態體系(參閱 Menzies 2006)。這些群體具有傳統的資源分類方式,並採取可持續的方式來運用資源(參閱 Dagne 2015)。**民族生態學** (ethnoecology) 描述某個文化對於環境的感知與行為的一套組合(參閱 Vinyeta and Lynn 2013)。

在國內及國際的各種誘因之下所導致的剝削及低落,昔日曾受到保護的地方與區域環境逐漸失效或無關緊要(參閱 Dove, Sajise, and Doolittle 2011)。人類學家一再見證,對於他們所研究的人群及其環境的各種威脅。這些威脅包括商業伐木、工業汙染,以及把外來管理體系強加在地方生態體系之上(參閱 Johnston 2009)。今日的生態人類學,亦即環境人類學 (environmental anthropology),不僅嘗試瞭解環境問題,更試著找出解決之道。

當地人民及其地理景觀、觀念、價值與傳統經營體系,都面臨來自各方的攻擊(參閱 Hornborg, Clark, and Hermele 2011)。外來者嘗試以他們的想像,重新塑造原住民的地理景觀與文化。例如,有許多農業發展計畫的目標,似乎盡可能將全世界塑造成像美國中西部的農業州。往往想要強加機械化農耕與核心家庭土地所有權,即使這些制度可能不適於距離美國中西部非常遙遠的地區。發展計畫若是試圖取代當地制度,代之以他們文化感到陌生的制度,往往會失敗 (Kottak 1990b)。

生態人類學
研究文化對於環境的各種適應方式。

民族生態學
某個文化對於環境的感知與行為的一套組合。

▲ 全球化對地方自主性的衝擊

　　與環境變遷有關的文化傾軋，可能發生在發展計畫威脅原住民及其環境之時(參閱本章的「領會多樣性」專欄)。另一場與環境變遷有關的文化傾軋，可能發生在外界所制定的環境保護規章與原住民及其民族生態學相衝突時。如同發展計畫一樣，環境保育計畫可能要求人們改變其做事方式，以滿足計畫者的目標，而不是當地人的目標。在世界不同地方，如馬達加斯加、巴西與美國的太平洋西北海岸，人們被要求、被告知或被迫放棄一些基本經濟活動，因為這樣做的話，有益於「自然」或「地球」。巴西的亞馬遜流域是國際環保運動者的關注焦點，但是「有益於地球」的口號在該國不怎麼管用。巴西人抱怨外國人(如歐洲人與北美人)摧毀他們的雨林來追求經濟成長之後，才提倡「全球需求」與「拯救亞馬遜流域」。保育計畫提倡激烈改革的發展計畫，而未讓當地人參與並執行這些會影響他們的政策，就會面臨當地人的反對。當人們被要求放棄原有生計基礎時，他們往往會抵抗。

　　例如，有個案例來自馬達加斯加東南部的安度哈赫拉(Andohahela)森林保護區邊緣的塔諾西人(Tanosy)的一位男人。多年來，這個男人仰賴這塊保留區內的水田與放牧地維生。現在外來機構想以保育名義，要求他放棄這塊土地。這個男人是一位富有的歐姆比亞薩(ombiasa，傳統的巫醫)，他擁有四位妻子、12個孩子、20頭牛，具有雄心、工作勤奮，並且產量豐富。他運用金錢、社會支援與超自然權威，正在發動有效的抵抗，反對那些勸說他放棄田園的保育官員。這位歐姆比亞薩主張，他已交出某些土地，但正在等待補償土地。他最有效的抵抗工具是超自然力量。人們把這位保育官員的兒子之死歸因於歐姆比亞薩所施行的巫術。從那時起，這位保育官員推動政策就沒有那麼積極了。

　　環境主義的傳播，可能顯露人們所抱持的各種截然不同的觀念，關於植物及動物的「權利」與價值，相對於人類的權利與價值。在馬達加斯加，許多知識份子與官員提出抱怨，外國人似乎比較關心狐猴及其他瀕臨絕種物種，而較不關心馬達加斯加的人民(馬拉加西人)。有一位當地的地理學家告訴我：「下次你來到馬達加斯加，就不會再有馬拉

加西人了。所有的人都必定要餓死,而且必須找一隻狐猴到機場去迎接你。」大多數馬拉加西人所感知的是,人們的貧窮是比動植物生存更迫切的問題。

儘管如此,有誰能夠質疑保育工作,包括生物多樣性的保存,是一個值得推動的目標?對於應用生態人類學的挑戰,就是在面對勢不可擋的人口成長與商業擴張的情況下,設計合乎文化的策略,以達成生物多樣性的保育工作。一位學者如何得到當地人民支持保育措施,然而這項措施卻可能至少在短期間內減少他們對於資源的取得?就如同一般的發展計畫,最有效的保育策略關注著當地人民的需求與期望。

森林砍伐

人類學家知道,食物生產者(農耕者與畜牧者)對環境的損害,往往比搜食者更大。人口增加與擴張食物生產的需求,導致古代中東與中美洲等地的森林砍伐(參閱 Cairns 2015; Hornborg and Crumley 2007)。就算到了今日,許多農耕者認為樹木是大株雜草,必須加以移除,並代之以具生產力的農田。

森林砍伐往往是由人口壓力所驅使。例如,馬達加斯加的人口年增率2.6%,每個世代會增加1倍。在50年前,這個國家的人口是600萬人,如今則有2,300萬人。人口壓力導致遷移,包括城鄉遷移。馬達加斯加首都安塔那那利佛在1967年僅有10萬人口,但如今增加到接近200萬人。假使城市居民的燃料仰賴來自鄉下的木材,都市成長就會促進森林砍伐,正如馬達加斯加的情況。當森林的水源保護功能消失,農作物的生產力就會下降。馬達加斯加被稱為「大紅島」,因為它的土壤顏色而得名。在這座島嶼上,人們可親眼目睹侵蝕與水源流失的影響。從它的河流來看,馬達加斯加就像流血不止而死。不斷增加的水源流失,不再被樹木所保持,導致接近高漲河流的低地稻田受到侵蝕,以及灌溉水渠的淤積 (Kottak 2007)。

全球的森林砍伐情勢,包括對生計經濟體系的人口壓力(來自出生或遷徙)、商業伐木、道路建設、現金作物、與都市擴張有關的燃料木材,

以及跟牲口和放牧有關的清理與焚燒。森林流失有許多原因，這項事實具有一個政治意涵：不同的森林砍伐情勢，需要不同的保育策略。

我們可以做些什麼？應用人類學可以加入這項問題的討論，刺激政策制定者思考新的保育策略。傳統的保育方式是限制人們進入被指定為國家公園的區域，然後僱用公園巡守員並懲罰入侵者。現代的策略比較可能考慮，住在森林或附近的人們(大多為窮人)所具有的需求、期望與能力。既然有效的保育工作端賴地方人民的合作，在設計保育策略時，應該注意到他們所關注的議題。

改變行為的理由必須對當地人有意義。在馬達加斯加，森林對農業的經濟價值(對抗侵蝕的機制與潛在灌溉水源的寶庫)，提供對抗森林砍伐的誘因，這比起「保存生物多樣性」這類全球目標更強力。大多數的馬拉加西人並不知道狐猴及其他瀕臨絕種生物只存在於馬達加斯加，假使保護森林會讓當地人的生計陷入危險，這類資訊也不會成為他們保護森林的誘因。

為阻擋全球的森林砍伐威脅，我們需要能發揮作用的保育策略。立法與執法可能有助於減少由經濟利益所驅使的、藉由焚燒與全面砍除而導致的森林砍伐。但地方人民也會善用及濫用森林。對於具環境保護取向的應用人類學家而言，一項挑戰就是發現一些途徑，使森林保育對地方人民具有吸引力，並確保他們的合作。應用人類學家必須致力使「為全球著想的東西」，能夠為人民著想(參閱 Wasson et al. 2012)。

▲ 新興的疾病

在以往數十年當中，有許多可能致命的傳染病出現並傳播。這些新興疾病(emerging disease)包括HIV／愛滋病、伊波拉病毒(Ebola)、西尼羅河病毒(West Nile)、嚴重急性呼吸道症候群(severe acute respiratory syndrome, SARS)、萊姆病(Lyme disease)、茲卡熱(Zika)等。這些疾病的出現全都因人類活動的結果。由許多因素所驅使，包括人口增加、不斷改變的聚落模式及商業擴張，人類不斷進逼野生大地，特別是森林地帶，並且創造出有利於病原體傳播的條件。例如，在亞馬遜地區，

研究顯示森林砍伐面積僅僅增加 4%，瘧疾的發生率就增加 50%。這是由於瘧蚊會在最近砍伐森林的區域，陽光跟水分交錯的地方快速繁殖 (Robbins 2012)。

某些新興疾病是人畜共通的 (zoonotic)──從動物傳染到人類。疾病從野生動物傳染給家養動物，再傳染給人類，這個過程自從新石器時代人類開始家養動物之後，就持續發生。由於人口增加及全球化力量的影響，如今人畜共通傳染病造成重大威脅。每年新興疾病使得 200 萬人死亡，而且這些疾病有 60% 源自動物 (Robbins 2012)。

從森林及野生動物經由人類家養動物跳到人類身上的疾病，其中一種是尼帕病毒 (Nipah virus)，這是在南亞由果蝠傳染到人類，開始傳染。由於果蝠跟尼帕病毒已共同演化數百萬年，對於果蝠的健康損害極低。然而，當這種病毒從果蝠轉移到其他物種身上時就可能致命。果蝠會吃食果子的漿液，然後吐出殘渣。在 1999 年，馬來西亞的鄉間，疑似有一隻受病毒感染的果蝠將牠咀嚼過的果子碎片掉進養豬場的飼料槽 [2011 年的電影《全境擴散》(Contagion) 描繪這個場景]，病毒就從豬隻傳染給人類。在馬來西亞受感染的 276 人當中有 106 人死亡，在新加坡有 11 人或更多人因此死亡，因為當時病毒透過活體豬從馬來西亞出口到那裡。在最近幾年，南亞爆發幾場小規模的尼帕病毒流行。

這些從野生動物傳染給人類的前所未見疾病，在最近半個世紀增加了 4 倍，反映著人類逐漸增加對疾病熱區的進逼，特別是在熱帶地區 (Robbins 2012)。現代的航空交通助長傳染病的跨國爆發，或者甚至變成全球傳染病 (pandemic) 的可能性。HIV ／愛滋病一開始是透過在非洲獵殺並屠宰黑猩猩的野味獵人，從黑猩猩跳到人類身上。

生物學家及醫師敏銳覺察到由人畜共通傳染病所造成的威脅。有一項名為 PREDICT 的國際計畫，總部位於加州大學戴維斯分校，資助的研究團隊包括獸醫師、保育生物學家、醫師及流行病學家在內，期望在疾病傳染給人類之前，先找出在野生環境中會導致疾病的有機體 (參閱網站 http://www.vetmed.ucdavis.edu/ohi/predict/)。PREDICT 計畫受到美國國際發展署所資助，試圖要「預測」、找出熱點，並預防人畜共通傳

染病從世界各地的傳染疾病高風險地區散播開來。在非洲、拉丁美洲及亞洲的 24 個國家參與這項計畫。PREDICT 的科學家監控著已知有致死病毒存在，以及人類正在進逼的區域。其中一個地方就是在南美洲連接大西洋及太平洋的一條新建的公路，穿過巴西全境及祕魯的安地斯山地區。

PREDICT 科學家也從野生物種收集血液、唾液及其他樣本，以建立一個病毒「圖書館」，以利在某一項疾病威脅逼近時，能迅速辨識。這個圖書館聚焦於最有可能將疾病傳給人類的動物，例如靈長類、鼠類及蝙蝠。PREDICT 科學家也研究預防疾病傳染的方法，有時解決方案非常簡單，例如在孟加拉，尼帕病毒的爆發可以透過在收集海棗汁液的容器上，蓋上竹編的濾網 (每個花費 8 美分) 而獲得抑制 (Robbins 2012)。由於人類藉由改造環境，創造讓疾病得以產生及散布的條件，人類學家就可藉由研究環境進逼的文化 (及經濟) 的導因，並建議文化上合宜且可行的方案來做出貢獻。

四、族群接觸

至少從 1920 年代，人類學家就開始研究變遷，發生在工業化社會與非工業化社會間維持著接觸的地方。涵化 (acculturation) 係指當許多群體持續進行第一手接觸，所引發的文化變遷 (Redfield, Linton, and Herskovits 1936)。大多數的涵化研究聚焦於西方文化及非西方文化之間的接觸，這種接觸大多反映著西方對於非西方社會的主控。在那種情況下，具主導性的西方社會的文化模式較有可能強加在非西方社會之上，或由非西方社會所接受，而非相反情況。然而，在非西方社會居住的西方人也會受到當地場景的文化實踐所影響。在後殖民時代，人們不斷由前殖民地遷移到前殖民國家。不可避免地，這些移民帶著自己的文化實踐。司空見慣的是，他們的飲食、音樂、藝術及服裝風格影響前殖民國家的文化實踐。假使接觸維持得夠長的話，兩者的涵化將是相互的──

影響著兩個群體,即使說其中一個所受的影響更大。

涵化是文化採借(或傳播)的一種型態,需要持續不斷的第一手接觸。然而,傳播可以在欠缺第一手接觸的情況下發生。例如,大多數吃熱狗(frankfurters,「法蘭克福香腸」)的北美人從未到過德國的法蘭克福;大多數駕駛豐田(Toyota)汽車或食用壽司的北美人,也從未造訪日本。雖然涵化可用以描述任何文化接觸與變遷的例子,但這個術語最常用來描述**西方化**(westernization)——西方擴張對原住民人群及其文化的影響。如此,原住民穿著由商店買來的衣服、學習印歐語系的各種語言,或以其他方式採行西方生活習慣,都稱為「涵化」。涵化可能是自願的或是被迫的,而且人們對這個過程可能有相當程度的抵抗。

西方化
西方擴張對於世界各地原住民文化所產生的涵化影響。

在族群接觸後接踵而來的,可能就是原住民文化發生不同程度的毀滅、宰制、抗拒、存續、適應及調整。在最具毀滅性的接觸中,原住民文化及從屬族群文化面臨著消失的命運。當原住民社會跟更強大外來者的接觸嚴重威脅原住民文化時,在最初的接觸後,往往就會緊接著發生一段「震撼時期」(Bodley 2012)。外來者可能攻擊或剝削原住民,這種剝削會增加死亡率、摧毀生計、使得親屬團體破碎、損害社會支持體系,並引發新的宗教運動。在震撼時期,外來者可能以軍方武力為後盾對人民進行壓制。這些因素可能導致這個群體的文化瓦解 [族群文化消滅 (*ethnocide*)] 或人群消失 [種族屠殺 (*genocide*)]。

▲ 文化帝國主義與地方化

文化帝國主義
散播某一種(強勢)文化,而以犧牲其他文化為代價。

文化帝國主義(cultural imperialism)係指某個文化的傳播或進展以犧牲其他文化為代價,或是它壓制了其他文化,加以修改、取代或摧毀——通常因為兩個文化的經濟或政治影響力有所差異。在法國殖民帝國的孩童,也從在法國本土使用的教科書,來學習法國的歷史、語言與文化。大溪地人、馬達加西人、越南人與塞內加爾人都藉由背誦有關「我們的祖先高盧人」的教科書,來學會法語。

某些評論者認為,隨著同一套產品及品牌在全球的傳播,現代科技及大眾傳媒正在抹去文化的差異性。然而,其他評論者看到當代科技的

一項角色,能讓各個社會群體(地方文化)展現自己並存續下來(參閱 Lule 2015; Mirrlees 2013)。例如,廣播、電視、影片、數位媒體,以及越來越重要的是網際網路(如 YouTube),不斷將地方上的事情,帶到更大範圍的觀眾面前(參閱 Fuchs and Sandoval 2014)。蘇珊·波伊爾(Susan Boyle)在英國電視節目上演唱「我曾有夢」(I Dreamed a Dream)這首歌,旋即在網路上造成轟動,並使她成為全球巨星;類似的情況,YouTube 助長南韓江南大叔 Psy 的「江南風格」在全世界爆紅。當代媒體在刺激與籌畫各種地方與社群活動方面,扮演著重要角色。想一想 YouTube、臉書與推特曾採取哪些方式,來連結世界各地所有的人們。

在巴西,地方活動、慶典與表演正在外來力量(包括大眾媒體與觀光)所造就的情境脈絡中不斷改變(參閱 Sharpley and Teller 2015)。在巴西的亞潤貝 (Kottak 2006), 電視普及刺激人們對傳統的年度表演伽甘卡 (Chegança) 的參與,這重演當年葡萄牙人發現巴西的場景的舞蹈表演。亞潤貝人曾經前往省城,為製播鄉村社區傳統表演的電視節目,在攝影機前面表演伽甘卡,而且電視台的攝影機也來到亞潤貝錄製。

在亞馬遜河沿岸的幾個城鎮,為了滿足讓電視攝影機拍攝的需要,現在每年一度的地方儀式表演更形鋪張。例如,在亞馬遜河的帕蘭汀鎮 (Parantíns),每年任何時候搭船抵達的觀光客,會先安排觀賞一部錄影帶,介紹該鎮每年一度的奔巴 (Bumba Meu Boi) 慶典。這是模仿鬥牛的盛裝表演,其中有一部分曾在全國的電視播出。由各個地方社群保存、重新復活,並增加其傳統儀式的表演範圍,這套模式正在不斷擴張。我想看看能否在網路上看到什麼,我剛才在 YouTube 上觀看了亞潤貝及帕蘭汀的這些年度慶典活動的影像片段!

巴西的電視協助嘉年華超越其傳統都市中心,傳播到全國各地 (Kottak 2009)。然而,地方對嘉年華及其豐富內容(華麗的遊行隊伍、服裝、瘋狂舞蹈)傳播遍及全國所產生的反應,卻顯示他們對外界刺激的回應並非簡單或一致的。各地的巴西人並不直接採用嘉年華,而是以不同方式回應。他們大多不會舉行嘉年華,而是修改他們的地方慶典,以符合嘉年華的意象;其他人們則主動拒斥嘉年華。有一個例子來自亞

潤貝，嘉年華在那裡從未成為重要慶典，可能是因為嘉年華的舉行時間接近在 2 月紀念聖方濟 (Saint Francis of Assisi) 的傳統慶典。昔日，村民無力負擔兩場慶典的開銷。現在亞潤貝村民不只拒斥嘉年華，他們也對這項主要慶典漸漸感到敵意。亞潤貝人感到不滿的是，聖方濟現在變成「外來者的事情」，因為每年 2 月這個慶典吸引數千名觀光客來到亞潤貝。

現在許多亞潤貝人比較喜歡參加傳統的 7 月慶典，紀念聖約翰 (Saint John)、聖彼得 (Saint Peter)、聖安東尼 (Saint Anthony)。在過去，這個慶典的規模比聖方濟慶典更小，而亞潤貝人現在以嶄新的活力與熱情來紀念他們。除非地方採取合作態度，否則全國或全球關注的東西可能會變成如此景象。

人們持續創造與再創造文化，對於他們從外界所接收的文本、訊息與產品等，賦予自己的意義。**地方化** (indigenization；或譯本土化、在地化) 就是人們修訂採借而來的各種形式，讓它們切合地方文化。地方化發生在不同的文化領域，舉凡速食、音樂、住宅風格、科學、恐怖主義、慶典、政治觀念與制度等 (Ellen, Lycett, and Johns 2013; Fiske 2011; Wilk 2006; Wilk and Barbosa 2012)。

▲ 全球的影像體系

隨著全球化的進展，在更多地方的人們想像著「相較於他們以往的生活方式，一套更廣大的『可能』生活方式的組合。這項改變的重要來源是大眾傳播媒體……」(Appadurai 1991: 197)。美國做為全球媒體中心，加入者包括加拿大、日本、西歐、巴西、墨西哥、奈及利亞、埃及、印度及香港。

正如印刷品 (參閱 Anderson 2006)，電子媒體能在國家疆界範圍之內 (有時會超出疆界範圍)，傳播不同國家的各種文化，因此增進全國的文化認同。例如，數百萬巴西人先前 (由於地理隔絕或不識字) 無從知道在大都市、全國及國際所發生的事件與訊息，現在透過網絡及 (特別是電視) (Kottak 1990a, 2009)，得以參與一套更大規模的「媒體景觀」

地方化
採借而來的各種文化受到修訂，以合乎當地文化的這個過程。

(mediascape)(Appadurai 1991)。

在巴西,最受歡迎的電視網 [全球電視 (Rede Globo)] 大量依賴當地製作的電視節目,特別是電視小說,這是當地製作的連續播出節目,類似美國的電視連續劇。全球電視網每天晚上向世界上人數最多與最忠實的觀眾播送 (全國各地約 8,000 萬名觀眾),吸引這麼多人收看的電視節目是由巴西人為巴西人所製作的。

大眾傳媒也可對跨國生活的人們,發揮維持族群與國家認同的作用。在許多國家,說阿拉伯語的穆斯林,包括移民者,會收看總部位於卡達的半島電視台 (Al Jazeera) 的節目,這有助於增進族群與宗教認同。在人群遷徙到他處時,他們可透過這個媒體彼此得到聯繫,以及他們與故鄉的聯繫。**離散** (diaspora,從一個原鄉、祖居地散播出去的人們) 已擴大了傳播媒體、通訊與旅遊業的市場,他們將目標放在特定的族群、國籍或宗教信仰的觀眾。

離散
某個地區的後裔,已散播到許多地方。

▲ 全球消費文化

除了媒體以外,其他重要的跨國力量是生產、商業與金融。正如阿帕度賴 (Arjun Appadurai 1991: 194) 所說:「在全世界各地,金錢、商品及人們都永無止境地彼此追逐。」許多拉丁美洲社群居民,現在仰賴從跨國勞工移民所匯回的外來現金。同時,美國的經濟體系也逐漸受外國投資影響,特別是來自英國、加拿大、德國、荷蘭、日本與中國。美洲的經濟體系也增加對外國勞工的依賴——藉由輸入勞工,並出口工作機會。

商業及媒體已助長全球消費文化,植基於對某些生活方式及其產品的渴求。人們也渴求並消費各項知識及資訊,這可透過媒體取得,並有很多小玩意能讓人們容易取用媒體 (參閱 Kennedy 2015)。媒體也提供連結性,以及用來表達共同情感的論壇。例如,在中東 2011 年的阿拉伯之春期間,社群媒體的使用大爆發。在網路空間當中,中東人發現某些在他們日常、離線的世界中所漏失的東西:容許建立社會集體性的平台,以及對於不滿情緒的集體發聲。就商業角度來說,從那時開

始,社群媒體就大規模進入這個區域。超過 40% 的中東人能取得網際網路,其中有 90% 每天使用社群媒體。臉書是最受歡迎的社會連結,有 94% 的中東社群媒體使用者造訪,阿拉伯語變成推特成長最快的語種。LinkedIn(專業社群網絡及求職網站)則有將近 600 萬名阿拉伯人用戶 (Jazra 2014)(這裡是世界上青年失業率最高的區域之一)。這項快速揚升的中東網際網路現身,發生地點正是有 40% 的人口 (3 億 8,000 萬人) 在 30 歲以下。智慧型手機是中東市場行銷的媒體景觀的另一個重要因素。舉例說明正在不斷擴張的消費市場,由谷歌所做的全球調查發現,有 93% 的智慧型手機用戶會注意到行動廣告,而且這些人有 39% 會接著在線上購物。沙烏地阿拉伯的手機普及率是 190%,意味著每個人幾乎擁有兩支手機 (Hamdan 2013)。媒體與行銷是新的資訊科技伴侶。

　　舉例說明全球的消費文化,幾乎人們都曾見過印著宣傳西方產品的 T 恤。在巴西里約熱內盧的大街上,可以聽到美國與英國搖滾巨星的歌曲錄音帶,震耳欲聾地播放著;在此同時,從加拿大多倫多到馬達加斯加,各地的計程車司機都收聽巴西的音樂。韓國饒舌歌手的影片透過網際網路,而在國際大流行。鄉民和部族人民之所以參與這個當代世界體系,不僅因為他們已受到金錢所束縛,更因為其產品與影像已被世界資本主義體系所取用。他們已被外來者商業化 [就好比電影《暮光之城》(*Twilight*) 系列書籍與電影中的奎魯特人 (Quileute,狼人一族的後裔)]。更進一步,原住民也可透過類似《文化存續季刊》(*Cultural Survival*) 的管道,來行銷自己的影像與產品。

五、移動的人們

　　透過全球化所創造的連結關係,同時擴大並消除舊有的邊界與社會階級區分。阿帕度賴 (1990: 1) 將今日世界描寫成一個「跨越地方的」「互動體系」,這是「非常嶄新的」體系。人們比昔日更常旅行,無論

是難民、移民、觀光客、朝聖者、宣教者、勞工、商人、發展計畫工作者、非政府組織人員、政治人物、恐怖份子、士兵、運動明星，或是媒體吹捧的人物等。今天人們的移動範圍已急遽擴張。由於跨國遷徙是如此重要，因此有許多墨西哥鄉間居民的最重要親屬與朋友，有可能生活在他們身旁，也有可能在數百或數千英里之遙。許多移民維持與故鄉的聯繫關係，透過社群媒體，藉由打電話、傳簡訊、Skyping、電子郵件、臉書、FaceTiming。從某個角度來看，他們的生活是多重地點的(multilocal)——同時生活在不同地方。例如在美國紐約市的多明尼加人，被描寫成住在「兩座島嶼之間」——紐約長島的曼哈頓，以及多明尼加共和國 (Grasmuck and Pessar 1991)。

　　隨著有許多人們「移動」了，人類學研究的單位從地方社群拓展到離散人群——某個地區的後裔，他們已散播到許多地方。有越來越多的人類學家追蹤著以往所研究的鄉村人群後代，從鄉村到都市地區，並跨越國界。1991 年美國人類學會年會在芝加哥舉行，人類學家坎帕 (Robert Kemper) 主辦一場研討會，討論長期的民族誌田野工作。坎帕長期研究墨西哥的金樽莊 (Tzintzuntzan)，在那裡，他追隨指導教授佛斯特 (George Foster) 研究長達數十年之久。然而，他們現在的資料範圍不僅是金樽莊本身，也包括它在世界各地的後裔。在金樽莊的人們離散的情況下，坎帕甚至能利用他在芝加哥停留期間，訪問來自金樽莊的人們，他們已在芝加哥建立一個根據地。在今日世界，人們帶著自己的文化傳統及人類學家遷徙到他處。

　　後現代性 (postmodernity) 描寫我們的時代與處境：今日的世界變動不居，這些不斷移動的人們瞭解如何依據地點與情境脈絡，來經營其多重身分。就最普遍意義來說，**後現代** (postermodern) 指的是既有的教條 (規則或標準)、類別、區分與界線變得模糊，並加以打破。這個字彙源自於**後現代主義** (postmodernism) ——在現代主義之後出現的建築風格及改造運動，始於 1970 年代。後現代建築拒斥了現代主義的特性：規則、幾何造型的秩序、簡樸等。現代主義的建築被期望具備清楚與功能取向的設計。後現代設計「比較不修邊幅」且更有樂趣。它運用來自不

後現代性
質疑既有的教條、身分與標準的時代。

後現代
以打破既有的教條、類別、區分與界線為其特色。

後現代主義
在現代主義之後出現的建築改造運動；如今描述在音樂、文學及視覺藝術等方面可相提並論的發展過程。

同時空的各種風格——包括流行文化、族群文化及非西方文化。後現代主義將「價值」加以延伸，超越了古典、菁英與西方的文化形式。後現代現在用來描述在音樂、文學與視覺藝術方面，在這段時期的相對應發展。從這個源頭開始，後現代描述一個世界，其中傳統的標準、對比、群體、界線與身分，正在逐漸解開、向外延伸並打破。

隨著全球化的進展，新類型的政治與族群單位正在不斷產生。在某些例子，許多文化與族群結合成更大規模的組織。出現茁壯中的泛印地安認同 (Nagel 1996)，以及國際性的泛部族運動。因此，在 1992 年 6 月，世界原住民會議 (World Conference of Indigenous Peoples) 與聯合國環境與發展會議 (United Nations Conference on the Environment and Development, UNCED) 同時在巴西里約熱內盧舉行。除了外交人員、新聞記者及環保人士以外，有 300 位原住民與會，他們代表著世界依然持續存在的部落多樣性——從北歐的拉普蘭 (Lapland) 到非洲的馬利 (Mali)(Brooke 1992；也請參閱 Maybury-Lewis 2002; Maybury-Lewis, Macdonald, and Maybury-Lewis 2009)。

六、原住民

種族屠殺
透過大量謀殺，蓄意消滅某個群體。

有太多關於征服、併吞及發展的事情，關聯到**種族屠殺** (genocide)——蓄意消滅特定的族群，例子包括猶太人大屠殺、1994 年的盧安達，以及 1990 年代初期的波士尼亞。柏德利 (1988) 估計，從 1800 年到 1950 年間，每年平均約有 25 萬名原住民死亡，其主要原因包括戰爭、謀殺、引進外來疾病、奴役、土地強奪，以及其他的非法占有與陷入貧窮。

目前在世界上依然有超過 5,000 個原住民群體，居住在大約 90 個國家當中。他們構成世界上 5% 的人口，約有 3 億 7,000 萬人，他們依然是世界上最弱勢及最脆弱的人群，其中有許多人發動抗爭，以保有他們的土地及自然資源 (參閱本章的「領會多樣性」專欄)。

所有存續下來的原住民族群,如今都生活在國族國家裡。縱使已在不同程度上喪失祖先的語言及文化,但大多能保有獨特的族群認同。有許多群體渴望自治。為了描述他們是當地領域的最原先的住民,原住民 (indigenous people) 這個字彙與概念在 1982 年進入國際法領域,聯合國成立原住民族群工作小組 (United Nations Working Group on Indigenous Population, WGIP)。這個小組每年聚會一次,包括來自全球六個大陸的代表。聯合國大會在 2007 年採納這個小組所提出的原住民權利宣言 (Declaration of Indigenous Rights)。國際勞工組織 (International Labor Organization) 於 1989 年通過第 169 號公約 (Convention 169),支持文化多樣性及對原住民的培力。這些宣言與文件,連同工作小組所執行的全球工作,已影響各國政府、非政府組織及國際機構,採用有利於原住民的政策。在 2012 年,聯合國資助一場高規格的原住民權利宣言 5 週年紀念活動 (參閱 Doyle 2015; Drahos 2014)。2014 年 9 月,聯合國主辦世界原住民會議,重申聯合國在持續提倡及保護原住民權利的角色 (參閱 http://wcip2014.org)。世界各地的社會運動已採用原住民做為自我認同與政治標籤,用來追求社會、文化與政治權利 (Brower and Johnston 2007; de la Peña 2005)。

在使用西班牙語的拉丁美洲地區,社會科學家與政治人物偏好使用的西班牙文字彙是 *indígena* (原住民),而不是 *indio* (印地安人),後者是殖民語彙,由西班牙與葡萄牙征服者用來指稱美洲大陸的土著居民 (de la Peña 2005)。直到 1980 年代中期與末期為止,拉丁美洲的公共論述及國家政策都強調同化。過去 30 年,我們可看見一場戲劇化轉變,強調重點已由生物與文化上的同化 (mestizaje),轉向尊重差異性,特別是身為原住民的認同。

例如,在厄瓜多爾,有些群體先前被視為使用印加古語 (Quichua) 的鄉民,現在被歸類成原住民社群,並擁有政府指定的保留地。其他的安地斯山「鄉民」,也經歷再原住民化 (reindigenization)。巴西承認了該國西北部的 30 個新申請的原住民社群,先前這個區域的人們認定原住民群體已告消失。在瓜地馬拉、尼加拉瓜、巴西、哥倫比亞、墨西哥、

巴拉圭、厄瓜多爾、阿根廷、玻利維亞、祕魯與委內瑞拉等國所進行的憲政改革，已確認他們是多元文化國家 (Jackson and Warren 2005)。目前有幾個國家的憲法承認許多原住民權利，包括文化獨特性、可持續發展、政治代表權，以及有限度的自治。

原住民權利運動存在於全球化脈絡之中，包括聚焦於人權、婦女權益與環境主義的跨國社會運動。跨國組織已協助原住民影響國家的立法過程。拉丁美洲自 1980 年代以來，已體驗一股普遍由威權統治朝向民主的轉變，然而對原住民的歧視及不平等持續存在。

邱本斯與葛斯其勒 (Ceuppens and Geschiere 2005) 檢視最近在世界不同角落興起的概念：土生土長 (autochthony，屬於某個地方的土著，或是起源地)──具有隱性的排除外來者訴求。土生土長與原生 (indigenous) 這兩個語彙都可溯源至古典希臘歷史，並具有類似意義。土生土長指稱的是自我與土地。英文 indigenous 這個字的直譯是：在裡面出生，在古典希臘的意義是「在這座房子內」出生。這兩個概念都強調需要保衛祖先土地 (父權) 以抗拒外來者，也帶有最早來到此地者的特殊權利與保障，這是相對於後來的移民──無論是合法或非法的移民 (Ceuppens and Geschiere 2005; Hornborg et al. 2011)。

在 1990 年代，土生土長這個概念在非洲許多地方成為一項議題，觸發了許多暴力事件，以排除 (歐洲人與亞洲人)「外來者」。同時，在歐洲關於移民與多元文化主義的爭論中，土生土長成為一個重要概念。有別於「原住民」，在歐洲的主流群體訴求的是土生土長之人 (autochthon) 這個標籤。這個語彙呈現一項引人矚目的事實，排除外來者這個概念已由全世界的日常政治所採用 (Ceuppens and Geschiere 2005)。美國人所熟悉的當代例子包括族群國族主義的興起，以及 2016 年的英國脫歐公投。

本質論 (essentialism) 描述了一個過程，將某一種認同視為固有的、真確的與凍結的，如此就忽略這個認同的發展過程當中的歷史過程與政治運作。然而，認同絕對不是固定不變的，而是流動與多重的。人們掌握著多種特定的、有時彼此競爭的自我標籤與認同。例如，某些祕魯

本質論
將認同視為在歷史上發展成為固有且未曾改變的。

群體認同自己是混血兒 (mestizos)，但依然將自己視為原住民。認同是流動的、動態的過程，而且有許多成為原住民的途徑。要自我認同為原住民，並不需要說著原住民語言或穿著「土著的」服飾 (Jackson and Warren 2005)。

七、人類學的功課

人類學告訴我們，人類對環境的適應性比其他物種更有彈性，這是由於我們的主要適應工具是社會文化性質的。然而，在面對全球化風潮的情況下，當不同群體將全球化的外來元素加以地方化的時候，昔日的文化型態、制度、價值與風俗習慣往往會影響後續的適應，使得各群體的行動與反應產生持續存在的多樣性。在我們這個漸趨全球化的世界，人類學提倡以人群為中心的社會變遷視野。人類學的存在本身，對於持續瞭解世界各地人們的相似性與相異性的需求有其貢獻。

人類學提供切題的、確實是強而有力的方法來觀照世界如何實際運作。昔日的教訓可以也應該被運用於現在及未來，希望有助於人類。人類學家知道文明及世界強權的興衰，以及在重大創新之後往往緊接著發生社會轉型，例如新石器時代及工業革命。現有的世界體系及其中的權力關係，很少有機會永久維持下去。無論將來會演變成如何，我們社會的未來將會把源頭追溯到我們社會的現在。換言之，未來的發展將需要建立在先前存在的實踐與制度，加以修正，並有可能需要拋棄。在今日世界所見的各種潮流當中，有哪些最有可能在長期過程中轉變這個社會？運用你新近建立的人類學知識，試著想像人類可能的未來。

1. 將人類學觀點運用於探討當代全球議題，究竟意指為何？你能否想到一個用來探討這類議題的人類學研究問題？想像你有 1 年時間 (及經費) 來從事這項研究計畫，你會如何運用時間與資源？
2. 在最近幾年，全球氣候變遷的議題受到熱烈爭論。為何會有這麼多的爭論？

◀ 回顧

你是否認為地球上的每個人應該同樣關心並共同負擔責任,為全球氣候變遷做一些事情?為什麼?

3. 請思考在各個當代事件(包括宗教、族群、政治與法律)的脈絡中,多數群體與少數群體所享有的權利。在多元社會,有哪些基於宗教的權利應當受到保障?在一個國家之內,有哪幾類群體應該具有特殊權利?那麼原住民呢?
4. 你目前(或者過去)是否過著多地點的生活?你如何經營這種生活?
5. 有一種觀點將認同視為天生的與不會改變的,人類學家採用哪一個術語來描述這種觀點?然而,我們知道,各種認同並不是固定的;它們是流動與多重的。這意味著什麼?後者對於瞭解原住民政治運動,具有哪些意涵?

中文索引

一劃

一夫多妻制　polygyny　361
一妻多夫制　polyandry　361
一神教　monotheism　376
一般性　generality　39
一般性相互關係　generalized reciprocity　233

二劃

二分合併型親屬稱謂　bifurcate merging kinship terminology　338
二分旁系型親屬稱謂　bifurcate collateral kinship terminology　341
人因的　anthropogenic　479
人科動物　hominids　35
人族　hominins　35
人類學　anthropology　3
人類學與教育　anthropology and education　107
人權　human rights　46

三劃

大人物　big man　252
子語　daughter languages　155
山牧季移　transhumance　219
工業革命　Industrial Revolution　445
干預哲學　intervention philosophy　462

四劃

中介狀態　liminality　380
內婚　endogamy　352
公共人類學　public anthropology　119
反現代主義　antimodernism　399
天生賦予地位　ascribed statuses　164
文化　cultures　3
文化人類學　cultural anthropology　8
文化帝國主義　cultural imperialism　488
文化相對觀點　cultural relativism　45
文化唯物論　cultural materialism　84
文化報導人　cultural consultant/informant　63
文化殖民主義　cultural colonialism　201
文化傳承　cultural transmission　129
文化資源管理　cultural resource management, CRM　16
文化權　cultural rights　47
文本　text　426
氏族　clan　329
父系繼嗣　patrilineal descent　290
父系繼嗣-從夫居現象叢結　patrilineal-patrilocal complex　290
父權　patriarchy　291

五劃

世系群　lineage　329
世界體系理論　world-system theory　443
主位　emic　67
主要的文化報導人　key cultural consultants　63
功能論　functionalism　80
半邊陲　semiperiphery　443
句法　syntax　134
外婚　exogamy　346
市場原則　market principle　231
平表　parallel cousins　346
平等互惠關係　balanced reciprocity　234
本質論　essentialism　496
母系繼嗣　matrilineal descent　289
民俗　folk　416
民族　nation　187
民族生態學　ethnoecology　482
民族音樂學　ethnomusicology　414
民族誌　ethnography　8
民族語意學　ethnosemantics　140
民族學　ethnology　9
生父　genitor　345
生命史　life history　63
生物人類學　biological anthropology　13
生物文化觀點　biocultural　6
生長家庭　family of orientation　315
生產力　productivity　129
生產工具　means, or factors, of production　222
生產模式　mode of production　220
生態人類學　ecological anthropology　482

六劃

交表　cross cousins　346
全球化　globalization　50
全貌觀　holistic　3
共有主義　communism　468
共產主義　Communism　468
再分配　redistribution　232
同化　assimilation　190
同時限　synchronic　81
地方化　indigenization　490
地位　status　163
多元文化主義　multiculturalism　191
多神教　polytheism　376
多偶婚　plural marriages 或 polygamy　361
宇宙觀　cosmology　382
次文化　subcultures　43
次群體　subgroups　155
自我　ego　333
行輩型親屬稱謂　generational kinship terminology　339
西方化　westernization　488

七劃

低度差異化　underdifferentiation　105
佝僂病　rickets　172
巫術　magic　377
形態學　morphology　134
形貌論　configurationalism　82
我族中心觀點　ethnocentrism　44
村落頭人　village head　250
系譜法　genealogical method　62

八劃

兩可繼嗣　ambilineal descent　331
刻板印象　stereotype　198
呼喊系統　call systems　127
宗教　religion　372
居於先驅地位的象徵人類學　symbolic anthropology　87
性別　gender　281
性別角色　gender roles　282
性別刻板印象　gender stereotype　282
性別階層化　gender stratification　282
性別認同　gender identity　307
性差　sexual dimorphism　281
性傾向　sexual orientation　307
歧視　discrimination　198
治療者　curer　114
法律　law　247
泛靈信仰　animism　376
直系型親屬稱謂　lineal kinship terminology　336
直系親屬　lineal relative　337
知情同意　informed consent　73
社會父親　pater　345
社會控制　social control　266
社會語言學　sociolinguistics　14
表型　phenotype　168
表演文化　expressive culture　404
長期研究　longitudinal research　64
非裔美國人英語　African American Vernacular English，AAVE　152

九劃

姻親　affinals　337
客位　etic　67
帝國主義　imperialism　455
後天獲致地位　achieved statuses　164
後現代　postermodern　493
後現代主義　postmodernism　493
後現代性　postmodernity　493
後殖民　postcolonial　461
政治經濟學　political economy　91
相互關係　reciprocity　233
相互關係的連續體　reciprocity continuum　233
相關性　correlations　211
科學　science　16
科學醫療　scientific medicine　114
負面互欺關係　negative reciprocity　235
降格繼嗣　hypodescent　177
音素　phoneme　134
音素學　phonemics　136
音韻學　phonology　134
風格轉換　style shifts　144
食物生產　food production 5, 206

十劃

原住民智慧財產權　indigenous intellectual property rights, IIPR　48
原始語言　protolanguage　155
原教旨主義　fundamentalism　399
夏比爾-霍夫假說　Sapir-Whorf hypothesis　137
家事-公共領域的二分　domestic-public dichotomy　288
旁系親屬　collateral relatives　337
核心　core　443
核心價值　core values　34
氣候變遷　climate change　479
畜牧者　pastoralists　218
疾病　disease　111
病徵　illness　111
耕作型態的連續體　cultivation continuum　216
能動　agency　89
財政　fiscal　265
財富　wealth　261

十一劃

假設　hypothesis　20
偏見　prejudice　198
健康照料體系　health care systems　113
動作學　kinesics　132
問卷　questionnaire　61
國家　state　187
國家文化　national culture　43
國族國家　nation-state　187
國際文化　international culture　43
國籍群體　nationalities　189
從屬階層　subordinate　262
情緒宣洩　catharsis　419
族群文化消滅　ethnocide　200
族群認同　ethnicity　163
族裔群體　ethnic group　163
涵化　acculturation　49
理論　theory　20
粗耕　horticulture　213
統治階層　superordinate　262
船貨崇拜　cargo cults　390

訪談表格　interview schedule　61
貫時限　diachronic　81
通過儀式　rites of passage　379
部族　tribes　244
都市人類學　urban anthropology　109
陰陽人　intersex　302

十二劃

勞工階級　working class　447
單線演化論　unilinear evolutionism　77
單邊繼嗣　unilineal descent　329
復振運動　revitalization movements　390
普同性　universal　39
普通人類學　general anthropology　7
殖民主義　colonialism　189　455
游牧　pastoral nomadism　219
無產階級　proletariat　447
焦點字彙　focal vocabulary　139
詞彙　lexicon　134
象徵　symbols　29
超有機　superorganic　86
鄉民　peasants　229
階層化　stratified　184
集體中介性　communitas　380
黑色素　melanin　171
亂倫　incest　346
傳播　diffusion　48
嫁妝　dowry　360
搜食　foraging　207

十三劃

新自由主義　neoliberalism　462
新居制　neolocality　319
溫室效應　greenhouse effect　478
禁忌　taboo　377
經濟有效運用　economizing　227
經濟體系　economy　220
置換　displacement　130
聘禮　lobola　359
詮釋人類學　interpretive anthropology　87
誇富宴　potlatch　236

資本　capital　443
資本主義世界經濟體系　capitalist world economy　443
資產階級　bourgeoisie　447
資源取得能力的階層化　differential access　244
跨性別者　transgender　303
跨部族兄弟會　pantribal sodalities　254
農耕　agriculture　213
遊群　band　212
過度創新　overinnovation)　103

十四劃

圖騰　totems　382
瑪那　mana　376
種族　race　176
種族分類　racial classification　167
種族歧視　racism　176
種族屠殺　genocide　200　494
稱呼語　honorifics　146
綜攝現象　syncretisms　391
語言　language　126
語言人類學　linguistic anthropology　14
語音學　phonetics　136
語意學　semantics　140
儀式　ritual　379
審美　aesthetics　405
樣本　sample　71
熱帶地區　tropics　171
衝突調解　conflict resolution　247
複合社會　plural society　190
複雜社會　complex societies　71
調查研究　survey research　71
適應策略　adaptive strategy　207

十五劃

隨機樣本　random sample　71

十六劃

歷史特殊論　historical particularism　79
歷史語言學　historical linguistics　155
獨立發明　independent invention　49
獨特性　particularity　39

親屬稱謂　kin terms　333
親屬關係計算　kinship calculation　332

十七劃

應用人類學　applied anthropology　15　96
濡化　enculturation　29
繁衍家庭　family of procreation　315
聲望　prestige　261

十八劃

擴充家庭家戶　expanded family households　320
擴展家庭家戶　extended family household　320
職位　office　259
薩滿　shaman　386
醫療人類學　medical anthropology　111
雙語體　diglossia　144
雙邊的　bilateral　335
離散　diaspora　491
邊陲　periphery　443

十九劃

藝術　arts　404
藝術品　art　405
關聯性　association　20
難民　refugees　201

二十劃

繼嗣　descent　177
繼嗣群體　descent groups　315

二十一劃

續娶妻姊妹婚　sororate　361
續嫁夫兄弟婚　levirate　362
霸權　hegemony　267

二十二劃

權力　power　243

二十三劃

變項　variables　71

英文索引

A

acculturation　涵化　49
achieved statuses　後天獲致地位　164
adaptive strategy　適應策略　207
aesthetics　審美　405
affinals　姻親　337
African American Vernacular English，AAVE　非裔美國人英語　152
agency　能動　89
agriculture　農耕　213
ambilineal descent　兩可繼嗣　331
animism　泛靈信仰　376
anthropogenic　人因的　479
anthropology　人類學　3
anthropology and education　人類學與教育　107
antimodernism　反現代主義　399
applied anthropology　應用人類學　15, 96
art　藝術品　405
arts　藝術　404
ascribed statuses　天生賦予地位　164
assimilation　同化　190
association　關聯性　20

B

balanced reciprocity　平等互惠關係　234
band　遊群　212
bifurcate collateral kinship terminology　二分旁系型親屬稱謂　341
bifurcate merging kinship terminology　二分合併型親屬稱謂　338
big man　大人物　252
bilateral　雙邊的　335
biocultural　生物文化觀點　6
biological anthropology　生物人類學　13
bourgeoisie　資產階級　447

C

call systems　呼喊系統　127
capital　資本　443
capitalist world economy　資本主義世界經濟體系　443

cargo cults　船貨崇拜　390
catharsis　情緒宣洩　419
clan　氏族　329
climate change　氣候變遷　479
collateral relatives　旁系親屬　337
colonialism　殖民主義　189, 455
communitas　集體中介性　380
complex societies　複雜社會　71
configurationalism　形貌論　82
conflict resolution　衝突調解　247
core　核心　443
core values　核心價值　34
correlations　相關性　211
cosmology　宇宙觀　382
cross cousins　交表　346
cultivation continuum　耕作型態的連續體　216
cultural anthropology　文化人類學　8
cultural colonialism　文化殖民主義　201
cultural consultant/informant　文化報導人　63
cultural imperialism　文化帝國主義　488
cultural materialism　文化唯物論　84
cultural relativism　文化相對觀點　45
cultural resource management, CRM　文化資源管理　16
cultural rights　文化權　47
cultural transmission　文化傳承　129
cultures　文化　3
curer　治療者　114

D

daughter languages　子語　155
descent groups　繼嗣群體　315
descent　繼嗣　177
diachronic　貫時限　81
diaspora　離散　491
differential access　資源取得能力的階層化　244
diffusion　傳播　48
diglossia　雙語體　144
discrimination　歧視　198
disease　疾病　111
displacement　置換　130

domestic-public dichotomy　家事—公共領域的二分　288
dowry　嫁妝　360

E

ecological anthropology　生態人類學　482
economizing　經濟有效運用　227
economy　經濟體系　220
ego　自我　333
emic　主位　67
enculturation　濡化　29
endogamy　內婚　352
essentialism　本質論　496
ethnic group　族裔群體　163
ethnicity　族群認同　163
ethnocentrism　我族中心觀點　44
ethnocide　族群文化消滅　200
ethnoecology　民族生態學　482
ethnography　民族誌　8
ethnology　民族學　9
ethnomusicology　民族音樂學　414
ethnosemantics　民族語意學　140
etic　客位　67
exogamy　外婚　346
expanded family households　擴充家庭家戶　320
expressive culture　表演文化　404
extended family household　擴展家庭家戶　320

F

family of orientation　生長家庭　315
family of procreation　繁衍家庭　315
fiscal　財政　265
focal vocabulary　焦點字彙　139
folk　民俗　416
food production　食物生產　5, 206
foraging　搜食　207
functionalism　功能論　80
fundamentalism　原教旨主義　399

G

gender　性別　281
gender identity　性別認同　307
gender roles　性別角色　282
gender stereotype　性別刻板印象　282
gender stratification　性別階層化　282
genealogical method　系譜法　62
general anthropology　普通人類學　7
generality　一般性　39
generalized reciprocity　一般性相互關係　233
generational kinship terminology　行輩型親屬稱謂　339
genitor　生父　345
genocide　種族屠殺　200, 494
globalization　全球化　50
greenhouse effect　溫室效應　478

H

health care systems　健康照料體系　113
hegemony　霸權　267
historical linguistics　歷史語言學　155
historical particularism　歷史特殊論　79
holistic　全貌觀　3
hominids　人科動物　35
hominins　人族　35
honorifics　稱呼語　146
horticulture　粗耕　213
human rights　人權　46
hypodescent　降格繼嗣　177
hypothesis　假設　20

I

illness　病徵　111
imperialism　帝國主義　455
incest　亂倫　346
independent invention　獨立發明　49
indigenization　地方化　490
indigenous intellectual property rights, IIPR　原住民智慧財產權　48

Industrial Revolution　工業革命　445
informed consent　知情同意　73
international culture　國際文化　43
interpretive anthropology　詮釋人類學　87
intersex　陰陽人　302
intervention philosophy　干預哲學　462
interview schedule　訪談表格　61

K

key cultural consultants　主要的文化報導人　63
kin terms　親屬稱謂　333
kinesics　動作學　132
kinship calculation　親屬關係計算　332

L

language　語言　126
law　法律　247
levirate　續嫁夫兄弟婚　362
lexicon　詞彙　134
life history　生命史　63
liminality　中介狀態　380
lineage　世系群　329
lineal kinship terminology　直系型親屬稱謂　336
lineal relative　直系親屬　337
linguistic anthropology　語言人類學　14
lobola　聘禮　359
longitudinal research　長期研究　64

M

magic　巫術　377
mana　瑪那　376
market principle　市場原則　231
matrilineal descent　母系繼嗣　289
means, or factors, of production　生產工具　222
medical anthropology　醫療人類學　111
melanin　黑色素　171
mode of production　生產模式　220
monotheism　一神教　376
morphology　形態學　134
multiculturalism　多元文化主義　191

N

nation　民族　187
nation-state　國族國家　187
national culture　國家文化　43
nationalities　國籍群體　189
negative reciprocity　負面互欺關係　235
neoliberalism　新自由主義　462
neolocality　新居制　319

O

office　職位　259
overinnovation　過度創新　103

P

pantribal sodalities　跨部族兄弟會　254
parallel cousins　平表　346
particularity　獨特性　39
pastoral nomadism　游牧　219
pastoralists　畜牧者　218
pater　社會父親　345
patriarchy　父權　291
patrilineal descent　父系繼嗣　290
patrilineal-patrilocal complex　父系繼嗣─從夫居現象叢結　290
peasants　鄉民　229
periphery　邊陲　443
phenotype　表型　168
phoneme　音素　134
phonemics　音素學　136
phonetics　語音學　136
phonology　音韻學　134
plural marriages 或 polygamy　多偶婚　361
plural society　複合社會　190
political economy　政治經濟學　91
polyandry　一妻多夫制　361
polygyny　一夫多妻制　361
polytheism　多神教　376
postcolonial　後殖民　461
postmodern　後現代　493
postmodernism　後現代主義　493

postmodernity　後現代性　493
potlatch　誇富宴　236
power　權力　243
prejudice　偏見　198
prestige　聲望　261
productivity　生產力　129
proletariat　無產階級　447
protolanguage　原始語言　155
public anthropology　公共人類學　119

Q

questionnaire　問卷　61

R

race　種族　176
racial classification　種族分類　167
racism　種族歧視　176
random sample　隨機樣本　71
reciprocity　相互關係　233
reciprocity continuum　相互關係的連續體　233
redistribution　再分配　232
refugees　難民　201
religion　宗教　372
revitalization movements　復振運動　390
rickets　佝僂病　172
rites of passage　通過儀式　379
ritual　儀式　379

S

sample　樣本　71
Sapir-Whorf hypothesis　夏比爾-霍夫假說　137
science　科學　16
scientific medicine　科學醫療　114
semantics　語意學　140
semiperiphery　半邊陲　443
sexual dimorphism　性差　281
sexual orientation　性傾向　307
shaman　薩滿　386
social control　社會控制　266
sociolinguistics　社會語言學　14
sororate　續娶妻姊妹婚　361
state　國家　187

status　地位　163
stereotype　刻板印象　198
stratified　階層化　184
style shifts　風格轉換　144
subcultures　次文化　43
subgroups　次群體　155
subordinate　從屬階層　262
superordinate　統治階層　262
superorganic　超有機　86
survey research　調查研究　71
symbolic anthropology　居於先驅地位的象徵人類學　87
symbols　象徵　29
synchronic　同時限　81
syncretisms　綜攝現象　391
syntax　句法　134

T

taboo　禁忌　377
text　文本　426
theory　理論　20
totems　圖騰　382
transgender　跨性別者　303
transhumance　山牧季移　219
tribes　部族　244
tropics　熱帶地區　171

U

underdifferentiation　低度差異化　105
unilineal descent　單邊繼嗣　329
unilinear evolutionism　單線演化論　77
universal　普同性　39
urban anthropology　都市人類學　109

V

variables　變項　71
village head　村落頭人　250
wealth　財富　261
westernization　西方化　488
working class　勞工階級　447
world-system theory　世界體系理論　443